KB059422

시간의 탄생

ZEIT:
Eine Kulturgeschichte
by Alexander Demandt
Published by Propyläen Verlag, an imprint of Ullstein Buchverlage GmbH, Berlin

그림 출처(그림 번호로 표기했습니다.)

본문 그림

AKG images: 1, 4, 5, 7, 9, 10, 12, 15
저자 개인소장: 2, 3, 6, 11, 16~18
존 캠프(Camp, John M.): 8
바티칸 도서관(Biblioteca Vaticana): 13
갈로로망 문화박물관(Musée gallo-romain de Lyon-Fourvière): 14

부록 그림

AKG images: 2, 5, 6, 7, 8, 9, 10, 12, 14, 16, 17, 18, 19, 20, 21, 22, 23, 24, 25, 26, 27, 28
bpk: 3, 4
국립독일박물관(Deutsches Museum): 11
성 안드레아의 대주교박물관(Museo Arcivescovile e Oratorio di San Andrea): 13
저자 개인소장: 15
아우구스트 공작 도서관(Herzog August Bibliothek Wolfenbüttel): 29

〈부록 그림 1〉

순간에서 영원으로 이어지는 시간과 문명의 역사

시간의 탄생

알렉산더 데만트 지음 | 이덕임 옮김

북라이프

옮긴이 **이덕임**

동아대학교 철학과와 인도 푸네 대학교 인도철학 대학원을 졸업했다. 오스트리아 빈 대학교 독일어 과정을 수료했으며, 현재 바른번역 소속 번역가로 일하고 있다. 옮긴 책으로 《자발적 가난》, 《선택의 논리학》, 《의지력의 재발견》, 《기술의 문화사》, 《노력 중독》, 《비만의 역설》, 《구글의 미래》 등이 있다.

시간의 탄생

1판 1쇄 발행 2018년 1월 15일
1판 5쇄 발행 2020년 8월 6일

지은이 | 알렉산더 데만트
옮긴이 | 이덕임
발행인 | 홍영태
발행처 | 북라이프
등 록 | 제313-2011-96호(2011년 3월 24일)
주 소 | 03991 서울시 마포구 월드컵북로6길 3 이노베이스빌딩 7층
전 화 | (02)338-9449
팩 스 | (02)338-6543
e-Mail | bb@businessbooks.co.kr
홈페이지 | http://www.businessbooks.co.kr
블로그 | http://blog.naver.com/booklife1
페이스북 | thebooklife
ISBN 979-11-85459-98-1 03300

* 잘못된 책은 구입하신 서점에서 바꾸어 드립니다.
* 책값은 뒤표지에 있습니다.
* 비즈니스북스는 독자 여러분의 소중한 아이디어와 원고 투고를 기다리고 있습니다.
  원고가 있으신 분은 bb@businessbooks.co.kr로 간단한 개요와 취지, 연락처 등을 보내 주세요.
* 북라이프는 (주)비즈니스북스의 임프린트입니다.
* 비즈니스북스에 대한 더 많은 정보가 필요하신 분은 홈페이지를 방문해 주시기 바랍니다.

시간은 시간을 초월한 주제다

○ "책은 각자의 운명을 가지고 있다."

200년경 로마의 희극작가 테렌티아누스 마우루스Terentianus Maurus의 말이다. 오늘날에도 자주 인용되는 이 문장은 작가 자신이 쓴 책의 불확실한 미래와 서로 다른 독자의 이해력을 염두에 둔 표현이다. 하지만 여기서는 책의 근원이라 할 수 있는, 이전에 일어난 사건들을 기반으로 한 운명과 저자의 능력을 가리킨다.

이 책은 머나먼 과거의 뿌리와 경험 그리고 사색과 독서를 통해 자라났다. 1970년 마인츠학술조약에서는 그동안 우리가 연대를 추정할 때 기준점으로 사용해온 월식과 일식에 대한 고대 전통적 정보의 오류를 다뤘는데, 시간에 대한 내 연구의 출발점이 바로 여기라 할 수 있다.

나는 1990년과 1999년 두 번에 걸쳐 베를린자유대학교 프리드리히 마이네케 연구소의 세미나에서 고대 로마 작가 켄소리누스Censorinus가 쓴 《탄생의 책》De die natali에 관해 강연했고 많은 성과를 얻었다. 7세기에 쓰인 이 기록을 나는 쾰른 대성당 도서관에서 찾아냈다. 이 기록은 대부분 고대 텍스트와 마찬가지로 단 하나의 원본 형식으로 보관되어 있었고 1988년에 클라우스 잘만Klaus Sallmann이 이중 언어를 사용하여 간단하게 주석을 덧붙였다. 당시는 '볼로냐 선언' 이전의 시기로 대학이 무제한적 학문의 자유로 학생들을 괴롭히던 시대였다. 시간의 개념과 같은 독특한 주제의 연구도 허용되던 때였으니 말이다. 그때 조 리츠콥스키Joe Ritzkowsky가 '그 주의 역사'라는 탁월한 주제로 숙제를 냈는데 나는 이를 통해 많은 것을 배울 수 있었다.

1989년 9월, 로마에 있는 독일 고고학연구소에서 세미나를 준비하고 있었는데 거기서 프랑크푸르트 출신의 고고학자인 한스 폰 슈토이벤Hans von Steuben을 만났다. 그는 내가 다루던 주제가 자신이 편집하고 있던 《베크의 고고학 도서관》Beck's Archaologischer Bibliothek이라는 책의 매듭이 될 만하다고 보았다. 1991년에 그와 계약했지만 2008년에 슈토이벤은 그만 세상을 떠났고 그의 작업들은 중단되었다. 하지만 나는 계속 그 주제를 밀고 나갔다.

1997년 5월에는 글리니케의 유서 깊은 숙소에서 개최된 구아르디니 재단 세미나에서 '시간의 개념—현 시대에 존재하는 고대'라는 주제로 발표를 했다. 작은 단위에서 큰 단위로 시간 개념을 전개시키는 방식은 세비야의 이시도르Isidor von Sevilla(세비야의 대주교—옮긴이)의 《어원학》Etymologiae과 베다Beda의 《시간 이론에 대하여》De temporum ratione를 참조했다.

예나 지금이나 시간을 다룬 책은 흘러넘친다. 시간은 수많은 면모를 가지고 있고 이는 시간을 다룬 책도 마찬가지다. 내가 하려는 작업은 주로 서구사회의 시간을 다룬 문화사에 관한 것과 순간에서 영원으로 이어지는 시간의 기원과 발전에 대한 것이다. 이는 시간이라는 복잡한 관념을 통해 그 의미를 파악하고 과거와 현재로 이어지는 달력의 연대기를 세우기 위한 치열한 시도라고 볼 수 있다. 우리 삶의 일부분을 차지하고 있는 시간과 그것을 언어화하는 것의 역설, 이것이 나의 테마다. 시간을 측정할 때의 물리적, 천문학적, 기술적 요건과 관련된 기본 조건과 고대를 현대로 전환시키는 방식 등 그 모든 것을 나는 약식으로나마 이 책에서 다루기로 했다.

이 책에서는 고대 문화에 상대적으로 많은 공간을 할애하고 있다. 그 이유는 우리가 시간에 있어서 고대에 얼마나 큰 빚을 지고 있는지 고대 사학자로서 알리고 싶었기 때문이다. 우리의 일상적인 계획을 비롯하여 시간을 셈하는 방식, 7일을 한 주로 구성하고, 각 날에 요일을 붙이고, 달마다 이름을 붙이며, 달력을 만들고 절기와 나이 그리고 영원의 개념을 만든 것, 이 모든 것이 고대의 유산에 포함된다. 에른스트 윙거Ernst Junger는 1977년《에우메스빌》Eumeswil에 다음과 같이 적었다. "무엇을 생각하건, 우리는 그리스 시대부터 시작해야 한다."

시간은 시간을 초월한 주제다. 매우 광대한 주제지만 우리가 가늠해야 하며 따라서 헌신해야 하는 대상이기도 하다. 몽테스키외가《법의 정신》Esprit des Lois에서 한 말을 다시 한 번 인용하고 싶다. "이 주제는 실로 거대한 영역에 관한 것이다. 내가 보기엔 사물의 질서를 보여주는 관념들을 이해하기 위해서는 사물 자체를 관찰하는 것보다 더 많은 시간이 필요하다. 많은 것들을 나는 그저 무시함으로써 어느 정도 성과를 거두고 통과할 수 있었다."*

현재의 시간 개념에 도달하기 위해 인류는 얼마나 먼 길을 여행해왔는가. 1년을 12개월로 나누기 시작한 것은 3천여 년이 넘었지만 달력에 주週 번호를 표기하기 시작한 것은 1993년부터로 이제 겨우 20년이 넘었다(독일 달력의 경우, 1월 첫 월요일을 기점으로 주마다 번호를 부여해 표기한다.—옮긴이주). 시간을 이해하기 위해 무수한 방법과 실험, 우회와 오류, 퇴행이 거듭 이루어져왔다.

BC 3000년 초기부터 16세기 후기에 이르기까지 시간을 통제하는 권한은 종교계에 있었고 그 책임은 성직자가 맡았다. 성공과 실패도 이들 몫이었다. 진보에 대한 열정을 가로막고 이성의 힘에 맞서는 관습과 전통의 오만한 아집으로 인해 중요한 혁신이 이루어지지 못한 채 현재까지 이어지고 있다. 오늘날 전 세계에 통용되고 있는 표준 시간은 현대 문명을 위한 핵심적 전제였지만 복잡하고 힘든 투쟁의 결과이기도 하다는 것을 보여드리고 싶다.

이 책은 계획보다 늦게 출판되었다. 메피스토의 말을 빌려 이에 대해 사과드린다. "고요한 정신은 수년 동안 바빴다. 훌륭하게 숙성되는 과정을 위해 치열하게 움직이는 것은 오로지 시간뿐이었다."

물론 시간 혼자서 그 모든 것을 이룬 것은 아니며 수많은 이들의 도움과 조언이 그에 덧붙여졌다. 마리아 알펠디, 에른스트 발트루슈, 만프레트 클라우스, 나의 형제 에케와 내 아들 필리프 데만트, 카이 에흘링, 도리스 에슈, 게르노트 에슈리히, 페터 로베르트 프랑케, 사비네 프랑케, 율리안 퓌러, 펠릭스 켈러호프, 한스 코프, 디트리히 쿠르체, 안드레아 모르간, 울라프 라더, 크리스토프 슈바이게르트, 알리나 소로세누, 울리히 반케와 크리스티안 벤트, 또한 마지막으로 10여 년 동안 말 그대로 내 모든 수작업 원고를 디지털화시켰고 근본적인 주제부터 단일한 주제에 이르기까지 매일 아침마다 식탁 맞은편에서 나와 대화를 나누며 훌륭한 생각과 비판을 통해 나를 수많은 오류로부터 구제해준 힐트루트 퓌러에게도 거듭 고마움을 전한다.

이 책은 나와 1968년부터 1974년까지 콘스탄츠대학교에서 함께 시간을 보냈던 위대한 중세연구가 아르노 보르스트Arno Borst(1929~2007년)를 기념하는 의미이기도 하다. 당시 끊임없이 제기되던 역사학자들의 의무에 대해 그는 간결하게 답했다. "사람들이 관심을 둘 만한 가치가 있는 방식으로 우리는 역사를 보여주어야 한다." 이 책도 그러한 목적에서 쓰였다. 다른 어떤 책보다 나에게 많은 가르침을 베푼 이 책을 나는 이제 떠나보낸다. 나머지 부족한 부분은 고대 로마 시인 오비디우스의 말을 빌려 여러분의 혜량을 구하겠다.

> 원본에 있는 오류가 무엇이건Quicquid in his igitur vitii rude carmen habebit,
> 내가 나아지게 했음을 받아들여주시길emendaturus si licuisset eram.

알렉산더 데만트

차례

제2장

시간의 상징과 신들

제3장

고대의 하루와 시간

제4장

기독교 시대의 시간과 시계

제5장

주와 요일

제6장

고대의 달력, 한 달과 한 해

제7장

기독교 달력

제8장

사계절

제9장

고대의 시대와 연대

제10장

기독교 기원

제11장

축일과 축제 그리고 기념일

제12장

인생의 단계

제13장

시대와 시기

제14장

문화와 유적

일러두기

1. 본문에 등장하는 인명과 고유명사는 국립국어원 '외래어표기법'을 기준으로 표기했으나 일부는 국내에서 통용되는 표기를 따른 경우도 있다.
2. 원어는 독일어판 원서에 명시된 대로 병기했다. 인명의 경우 그리스·라틴어 표기를 따른 경우도 있다. 본문에 인용된 도서 중 국내 출간 도서는 출간된 제목을 사용하고 미출간 도서는 역자가 번역한 제목과 원서명을 함께 기재했다.
3. 주와 참고문헌도 철저히 원서를 기준으로 했다. 한국의 주석 표기방식에서 잘 쓰이지 않는 약어 f와 ff는 '다음 몇 페이지를 참조'하라는 뜻으로, 원서에 실린 표현을 존중해 그대로 옮겼다.
4. 성경 인용문은 원칙적으로 새 번역《성경》에 따르되 문맥상 필요할 때는 다음과 같이 줄여서 썼다. 예: (《마태오 복음서》 24장 35절 → (마태 24:35)
5. 본문과 부록에 실린 도판 정보는 각 도판 하단에 작가, 작품명, 관련 정보, 소장처, 제작 연도 순서로 표기했다. 작가나 소장처, 제작 연도 등이 정확히 알려져 있지 않은 도판의 정보는 기재하지 않았다. 본문 안에 삽입된 그림은 '그림'으로, 부록에 실린 그림은 '부록 그림'으로 구분해 순서를 표기했다.

제1장

시간의 개념과 메타포

일반적으로 시간에 대해 정의 내리는 건 어렵다.
_키케로

시간은 모든 이들의 입술에 걸려 있다

○ '시간'Zeit이라는 단어는 독일인이 가장 자주 사용하는 단어 열 개 중 하나다. 이는 무엇을 의미하는가?

시간은 '나누다'를 의미하는 어원으로 거슬러간다. 영어의 타임time과 프랑스어인 탕temps 그리고 라틴어인 템푸스tempus는 '자르다'라는 의미의 그리스어 템노temno와 '잘라냄'이라는 뜻의 토메tome에 뿌리를 두고 있다. 우리는 시간을 '구역별로 잘라서' 헤아리고 측정한다.

템푸스라는 단어에는 재고 담금질하고 혼합하는 그 모든 것이 포함되어 있다. 고대 로마의 수필가 겔리우스Aulus Gellius가 문학가 마르쿠스 바로Marcus Terentius Varro의 문헌을 통해 알게 된 예언가들의 신전인 템플룸templum은 예외적인 구역으로 '도려내진 채로' 존재하는 공간이었다. 또한 예언가들은 '사색하는'kontemplativ 혹은 '관찰하는'contemplare 일을 한다. 온도Temperatur는 열을, 템포Tempo는 속도를 측정한 값이며, 기질Temperament은 히포크라테스Hippocrates가 이야기한 네 가지 체액이 서로 다른 양으로 혼합되어 있는 상태를 말한다. 그리스에서 시간을 가리키는 크로노스chronos는 아마 '흐르다'라는 개념에 바탕을 둔 것 같은데 같은 이름을 가진 강도 있다. 호메로스와 헤시오도스조차 이 단어를 항상 '기간'의 의미로 사용했다. 시간, 즉 크로노스는 다양한 형태로 의인화되고 상징화되었다. 제국 시대의 라틴어에서 우리는 시간의 복수형인 크로니카chronica가 시도니우스아폴리나리스Sidonius Apollinaris가 사용한 것처럼 '지속적인'chronical이라는 의미와 동시에 시간의 묘사chronographia 혹은 시계chronographus와 같은 의미로 쓰였다는 것을 발견했다. 내가 가지고 있는 브로크하우스 백과사전만 하더라도 크로노chrono로 시작되는 단어가 '연대기'Chronoaxie, '변시성의'chronotrop 등 스물여섯 개가 있고, 그 외에 '크로노'가 포함된 단어로는 시대착오Anachronismus, 통시성Diachronie, 공시성Synchronismus 등 합성어도 숱하게 많다.

시간은 규정할 수 없다

○ '시간'이라는 단어의 역사적 유래를 살피다 보면 그 배경과 관련된 의미에 집중하게 된다. 아우구스티누스는 《고백록》에서 이렇게 질문한다. "시간이란 무엇인가?" 그는 시간이 무엇인지 알고 있지만 말할 수는 없었다. 역설이 아닌가? 내 손자조차 '이제 잘 시간이야'라고 하는 것이 무슨 의미인지를 이해한다. 정의를 내리는 것은 어렵지만 배경이 그 의미를 분명하게 만든다. 플라톤은 《티마이오스》에서 '움직이지 않는 영원 속에서 끊임없이 움직이는 이미지'라고 시간을 정의했다. 아리스토텔레스는 이전 혹은 이후에 따른 움직임의 횟수와 범위라고 정의함으로써 보다 냉철한 입장을 취했다.[1] 1687년 라이프니츠는 "템푸스 오르도 무타티오눔"tempus ordo mutationum이라 말한 바 있다. 이는 '시간은 변화의 수를 말한다'는 의미다. 아인슈타인

은 시계가 작동이 잘 된다는 조건에서라면 시간은 시계가 보여주는 것이라고 통명스럽게 말했다. 하지만 이러한 경우에서조차 시계가 보여주는 것은 시간이 아니라 단지 몇 시인가뿐이다.

이 모든 시간에 대한 정의는 시간의 요소를 이미 내포하고 있는 개념이라고 볼 수 있다. 여기서 우리는 변화와 움직임, 사건이나 충동, 이전이나 이후, 결과와 불가피성, 기간이나 일시적 혹은 지속적인 변화와 같은 표현들을 마주친다. 이 모든 용어는 이미 모두 시간적, 공간적 요소를 내포하고 있다. 시간은 개념의 수단에 의해 정의되고 다시 그것은 시간의 개념에 의해 정의되므로, 시간을 정의하는 것은 시간의 본질을 나타내기보다는 순환적이며 표현의 문제라 볼 수 있다. 시간 그 자체는 항상 이미 결정되어 있는 것이다. 시간을 정의할 때조차 우리는 시간을 필요로 한다. 피타고라스는 "시간은 하늘의 영혼이다."라고 선언함으로써 딜레마를 피하려 했으며[2] 쇼펜하우어는 《인생론》에서 "시간이란 하찮은 물질 존재와 우리 자신에게 일정한 기간의 실재성을 부여하는 척하는 우리 뇌의 발명품이다."라고 냉소적으로 표현하기도 했다.

그렇다면 시간이라는 본질에 대한 질문은 어떤가? 여기서 '본질'이라고 하는 것이 무엇인지는 아직 확실하지는 않다. 본질의 본질은 무엇인가? 우리가 사물의 본질적인 혹은 비본질적인 특징을 구별하는 것은 그것이 지닌 '특수한 성질'이나 '눈에 띄는 특수성'에 주목하는 것이다. 가령 어떤 글을 정의할 때, 우리는 인쇄된 서체가 아닌 내용에 주목한다. 특정한 사람에 대해 매력을 느끼는 것은 그 사람의 성격 때문이지 머리칼 색 때문이 아니다. 그리고 이런 본질적 특징은 비물질적인 것이다.

그렇다면 시간의 정의와 관련하여 비물질적인 것은 무엇일까? 같은 범주에 포함되어 있는 여러 가지 중 하나를 다른 것과 구별하게 하는 성격의 '본질'이라는 단어에 대해 생각한다는 건 그것을 정의한다는 것이다. 목이 흰 명금과 대비되는 검은머리꾀꼬리의 특수성이란 어떤 대상을 결정하는 데 유용한 수단이지만 그것을 모기와 비교할 수는 없다. '시간'은 무엇과 달라야 하는가? 혼란의 위험이 있는가? 어떤 것을 정의하려면 최근류에서 다른 부류와의 특수한 차이점을 살펴봐야 한다. 가령 휘파람새라는 종에서 검은머리꾀꼬리가 가진 특수성을 보는 것이다. '시간'에 있어서 그에 해당되는 것은 '차원'이라고 볼 수 있다. 하지만 이것 또한 '공간'과 마찬가지로 즉각적으로 경험할 수 있지만 동의어의 반복 없이는 정의할 수 없는 기초적 범주에 속한다.

공간이란 무엇인가

○ 이는 '공간이란 무엇인가'라는 질문에서 잘 드러난다. 모두들 그것이 의미하는 바를 알고 있고 이에 대한 정의는 필요도 없고 가능하지도 않다. 하지만 공간이 시간과 마찬가지로 물질적인 어떤 것에 구속되어 있다는 것은 매우 중요한 발견이다. 공간이란 오직 그 내용과 내부, 외부의 공간이나 간격을 통해서만 인식이 가능하기 때문이다. 텅 빈 공간은 고대인들이 말한 것처럼 순수한 무無가 아니다. 공간을 보다 자세히 정의하기 위해서는 자연스러운 공간적 경계를 표현하는 범위나 거리 같은 단어 외에도 위치나 자리 같은 단어도 요구되는데, 이 모든 것이 공간에 대한 사고에 포함되고 인식되어야 한다. '차원'Dimension이라는 단어조차 라틴어의 '멘수라'mensura, 즉 측정하고 계산하는 공간의 관념을 어원으로 삼고 있다. 이는 우리가 숫자를 '일련의' 개념으로 생각하기 때문이다. 사실 '정의'definition라

는 단어조차 끝과 한계와 제한을 의미하는 피니스finis에서 비롯되었다. 제한Limitierung의 어원인 라틴어 '리메스'limes는 경계에 놓인 길과 공간적 구분을 의미한다.

사건은 시간을 구성한다

○ 시간은 모든 사건의 근본적 자산이다. 시간은 움직임과 변화를 요구하는데 이러한 움직임은 역으로 시간을 필요로 한다. 사건들은 역사의 주제다. 그러므로 '시간의 역사'와 같은 표현은 의미가 없다. 이러한 천박한 제목이 진정으로 의미하는 것은 우주의 역사 혹은 시간 측정의 역사, 시간을 다루어온 역사에 관한 것이다. 시간 그 자체는 역사가 없으며 변화도 없지만 그것이 가진 규칙성을 통해 우리는 변화의 표상을 감지한다. 시간 그 자체가 변화한다면 우리는 변화하는 시간의 방향과 속도를 보여줄 수 있는 변화하지 않은 초시간Metazeit을 결정해야만 한다. 하지만 초시간이라는 가정된 개념조차 변화할 수 있는 것이기 때문에 결국에는 끝없는 순환에 빠질 수 있다. 그러므로 시간을 지속되는 어떤 것으로 생각하는 게 낫다. 이로써 우리는 영원히 모든 곳에 편재하는 시간의 동그라미 속에서 벌어지는, 서로 다른 기간을 가진 여러 사건들을 측정하고 비교할 수 있는 것이다.

사건을 인지하는 데는 또한 시간이 필요하다. 여러 사건 속에서 '곧', '나중에'와 같은 객관적 시간을 우리는 한꺼번에 인식하는 것이 아니라 하나씩 주관적으로 인식하고 기억으로 서로 연결시킨다. 이러한 시간적 구조는 우리의 말과 생각에 스며 있으며 쓰고 읽는 문자뿐 아니라 악기를 연주하거나 노래를 하고 음악을 감상할 때도 존재한다. 시간 구조를 작동시키면서 속도를 더하거나 멈추거나 아예 움직이지 못하게 할 수는 있지만 그 의미를 파괴하지 않고서는 돌이킬 수 없다. 빠르거나 느리게 되돌아갈 수 있는 것은 오직 영화뿐이다. '의미'는 방향과 관련 있으며 '전송'과 동의어로 사용된다. 역사적 기술이 가진 딜레마 중 하나는 여러 가까운 장소에서 벌어지는 동시다발적 사건을 보여주는 것이 불가능하다는 데 있다. 독자들은 이미 지나가버린 시점으로 가서 다른 장소에서 벌어진 일을 마음속에서 다시 한 번 복기해야 한다.

시간은 대상과 공간을 필요로 한다

○ 시간은 움직임을 필요로 하고 움직임은 시간을 필요로 한다. 둘 다 대상과 공간을 필요로 한다. 독일어와 라틴어도 그 이면에는 이와 같은 개념이 깔려 있다. 공간도 시간도 나뉘어 있는 것이다. 구분을 통해 구역이 생겨난다. 공간적 개념으로부터 시간의 기본 개념이 도출되었는데 일정한 기간이나 시점, 시간의 축, 시간의 방향, 시간 범위와 간격 그리고 최근에 특히 많이 거론되는, 벽에 난 아주 작은 창문이나 새장 창살과 같은 의미의 '시간 창문'Zeitfenster이라는 개념 등이 있다. '이따금', '당분간'과 같은 표현은 원래 두 개의 시간 말뚝 사이의 간격을 의미하는 것이었다. 시간의 측정 방식을 통해 '길고 짧은' 시간의 구역이 나뉘게 된다. 우리는 '이전'과 '이후'라는 시간적 개념을 공간적으로 구분하며 '가까운' 미래와 '오래된' 과거를 구별한다. 가령 마지막으로 월급 인상이 이루어진 것은 '아주 오래전'이며 경제 위기는 우리 '눈앞에' 와 있다.

한 줄로 뻗은 시간 혹은 순환하는 시간은 직선이나 원 형태의 시간을 의미한다. '시작'과 '끝' 같은 단어들은 시공간과 관련하여 사용된다. 우리가 '걸어서 한 시간', '하루 행군해야 하는', '몇 광년이나 떨어진' 거리라고 이야기할 때 공간의 거리는 시간의 개념에 의해 표시된다. 시간과 공간 사이를 중재하는 것은 어떤 경우에는 도보자의 속도고 또 어떤 경우에는 빛의 속도다. 아무튼 우리는 '시간에 의해 구분되는 거리'라는 기준을 통해 그것을 결정한다. 공간 없는 시간이란 생각할 수 없고, 역으로 시간 혹은 (전체적인) 움직임을 통해 시간을 만들어내고 (개별적으로) 사용하는 다른 에너지 전송체 없이는 공간을 생각할 수 없다. 시간과 시간 측정에는 그것이 향하는 다른 대상이 필요하다. 우리는 외따로 공간을 생각할 수 없다. 아무것도 없고 아무것도 규칙적으로 발생하지 않는, 시간 없는 공간이란 생각할 수 없다. 생각이란 공간과 시간에 스스로를 묶는 과정이며 아무것도 일어나지 않는 것에 대해 생각할지라도 생각 자체가 하나의 사건이다. 시간에 관련된 진술은 항상 공간에 대한 개념을 사용한다. 하지만 반대로 시인 한스 작스Hans Sachs의 글에서처럼 환락향Schlaraffenland이 '크리스마스를 지나 3마일' 거리에 있다고 하는 구절을 이해하기는 어려운 일이다.

질서정연한 움직임의 요약체

○ 시간은 질서정연한 움직임의 개요라고 할 수 있다. 그러므로 시간이 움직임에 의해 표현되거나 시간에 의해 움직임이 생겨나고 거기서 다른 것들이 파생되는 방식 말고 다른 대안은 있을 수 없다. 시간과 움직임은 모두 상호의존성과 선행성, 연속성을 내포하고 있으며 자체적으로 이미 시간성과 움직임을 결정한다. 시간과 움직임은 둘 다 시간적으로나 논리적으로

나 따로 떼어서 생각할 수 없다. 시간은 공간의 움직임에 의해 측정되고 움직임은 공간 속의 시간에 의해 측정된다.[3] 플라톤은 《정의》Definitionen에서 시간에 대해 다음과 같이 말한다. "시간은 태양의 움직임이고 속도를 측정하는 기준이다."

그런데 움직이는 건 태양인가, 우리인가? "하나 둘 셋, 빠른 속도로 시간이 달린다. 우리도 그와 함께 달린다."라고 토비아스 크노프Tobias Knopp는 썼다. 땅 위에서 움직임의 개념으로서의 시간은 우리가 '무슨 일이 일어났다'라고 말할 때 구체화된다. 파수스passus는 '단계'라는 의미다. '진전'Fortschritt이라는 언어의 이미지, 더 정확하게 말해 괴테가 사용한 '진보'Vorschritt라는 단어는 핀다로스Pindaros(고대 그리스의 합창시 작자—옮긴이) 때부터 있어왔다. 시간의 '진보', 즉 '이온 포르소'Iōn porsō가 모든 것을 밝혀줄 것이다. 한 번은 앞으로 가고 한 번은 뒤로 가고 때로는 위로, 또 어느 때는 밑으로 가기도 하지만 시간은 '움직인다.' 경험은 물리적으로 이루어지고 시간 속에서 활용된다. '해'Jahr의 어원은 '가야 하는'gehen에서 비롯되었다. 같은 뜻을 가진 라틴어 '아누스'annus는 원래 '달리는 사람'을 지칭했다. 영어 단어 '언제나'always에는 '길'way이라는 단어가 포함돼 있다.

또한 시간은 물의 움직임으로 나타나기도 한다. 시대를 뜻하는 '아이온'Aion은 사건의 흐름, '소용돌이치는 물결'rheuma biaion이라는 뜻이라고 마르쿠스 아우렐리우스Marcus Aurelius는 말했다. 이미 우리가 본 것은 지나갔고 가까이 다가오는 것은 다시 사라진다. 헤라클레이토스Heraclitus of Ephesus도 이미 BC 500년에 이와 같은 비유를 사용했으며[4] 플루타르코스Ploutarchos도 《도덕론》Moralia에서 "같은 강에 두 번 발을 담글 수 없다."는 짧은 명언을 남겼다. 물론 같은 물은 아닐지라도 니더강에 두 번 발을 담그는 것은 가능하다. 강이라는 은유가 의미하는 바는 끊임없는 변화다. 베르길리우스Vergilius

나 포겔바이데Walther von der Vogelweide도 마찬가지지만 시간이 너무 빨리 지나간다고 말할 때 그 심리적 기준이 되는 것은 우리의 기대다. 우리는 그저 그 기대에 걸려 넘어질 뿐이다.

나, 지금, 여기

○ 시간과 공간이 함께한다는 것은 분명한 사실이다. 우리는 항상 언제 어디서나 자신이 처한 상황 속의 특정한 장소, 특정한 시간에 놓여 있으므로 모든 사건과 과정은 언제, 어디서, 어떻게와 같은 날짜와 공간에 속해 있다. '나, 지금, 여기' 세 단어 중 하나라도 사용할 때마다, 다른 시간과 공간에 속한 자신을 생각할 때마다 그 생각 속에는 지금과 여기도 포함되어 있다. 문헌에 따르면 두 공간을 한꺼번에 볼 수 있는 능력을 가진 사람은 오로지 피타고라스밖에 없다. 이암블리코스Iamblichos가 그의 책《피타고라스학파의 삶에 대하여》De Vita Pythagorica에서 기술한 바에 따르면 피타고라스는 하루에 이탈리아의 메타폰툼Metapontum과 시칠리의 타우로메니온Tauromenion이라는 두 장소에서 목격되었다.

공간과 시간을 말할 때, 우리는 직접 경험을 통해 오래된 과거와 먼 미래에 대해서 물리적으로 알게 된다. 우주학에서 말하는 물리적 거리로서의 시간 개념의 최대치는 바로 '광년'Lichtjahre이다. 우주에서 이론적으로 공간에서 측정 가능한 가장 최대치의 광년은 지금 여기서부터 140억 년 전에 이루어진 빅뱅의 시기까지다. 공간의 끝이 시간의 시작인 것이다. 우주는 점점 팽창하며 늙어가고 있으며 공간과 시간도 평행하게 팽창하고 있다. 반대로 최소치, 가장 작은 공간의 단위는 인간이 생각할 수 있는 가장 짧은 움직임의 단위이며 시간 간격인 플랑크Planck의 시간을 들 수 있겠다. 움직임이 이루어지는 이보다 더 짧은 시간의 단위는 생각하기 어렵다. 최소한의 공간 시간 단위 조건에서는 엄밀하게 말해 연속된 움직임이 아닌 아주 작은 일련의 단계별 진행이 이루어진다. 이들은 매끄럽게 이어지는 영화 속 영상처럼 받아들여진다.

시간은 순환적인가 혹은 직선적인가

○ 그러므로 공간적 사고 속에는 순환성과 선형성이라는 차이가 존재한다. 하나의 사건이 계속 반복될 때 우리는 순환적 시간을 떠올릴 수 있다. 음악의 경우라면 론도Rondo에 해당될 것이다. 이것이 한 방향으로만 계속 물러서지 않고 전진한다면 우리는 '선형적 시간'이라고 부른다. 음악으로 치자면 푸가다. 우리는 선형적으로 반복되는 단위를 헤아림으로써 시간의 흐름을 측정한다. 자동차를 통해 순환성과 선형성을 비교해볼 수 있다. 달리는 차의 바퀴가 같은 형태로 돌아가는 것은 순환성에 해당되고 길 위에서 주행하는 것은 선형성에 해당된다. 시곗바늘은 12시에서 다음 12시로 계속 순환하며 돌아가지만 시간은 선형적으로 더해져 하루가 된다. 하루의 시간도 아침부터 저녁까지 직선적으로 이어지지만 매일 순환적으로 반복된다. 달도 궤도를 돌면서 초승달에서 보름달로, 보름달에서 초승달로 순환하는 것과 동시에 봄에서 겨울까지 직선적으로 움직이면서 한 해를 맞이하고 그 한 해는 처음에서 끝으로 계속 반복되면서 '해의 순환'이라는 주기를 만들어낸다. 개별적인 한 해의 선형 구조는 그 순환적 반복의 결과로, 서서히 다시 역사적 발전이라는 선형적 방향으로 이어지고 이는 세계의 역사가 된다.

순환성에서 선형성으로의 변화는 세네카도 잘 알고 있었다.[5]

그러므로 이들이 시간의 순환적, 선형적 단위의 교차라는 현상을 확대해서 세상을 이해하는 데 적용했다는 것을 분명히 알 수 있다. 360년에 플라톤학파의 기독교도였던 마리우스 빅토리누스Gaius Marius Victorinus는 우주의 선형적 시간을 하느님으로부터 나와서 하느님에게 돌아가는 하나의 원형적 개념으로 해석했다. 이와 대조되는 것이, 기독교 이전의 끝없이 반복되는 '시간의 순환'이라는 개념이다. 아리스토텔레스는 《분석론 후서》에서 물의 소용돌이 속에서 하늘과 땅을 이어주는 범우주적 형상을 보았다. 엠페도클레스Empedoklcles는 날과 달, 해가 계속 반복되는 것처럼 태어남과 죽음도 변화하며 이 세상의 시간도 변화하는 것이라고 시간을 순환kyklos의 개념으로 받아들였다.[6] 이는 다시 셀 수 없는 세상의 시간으로 이루어진 역동하는 전체라는 개념으로 이어지는데 여기서 시간은 목적을 가지고 되풀이되는 시대의 연속으로 이해되는 것이 아닌, 그저 모든 것이 회귀하고 반복되는 개념이다.

플라톤은 《정치가》에서 시간의 영원한 반복을 순환anakyklesis이라고 칭했다. 마르쿠스 아우렐리우스Marcus Aurelius는 아우구스티누스가 자신을 끝도 없고 암울한 시간의 순환circuitus temporum을 주장한 철학자로 비난하며 '예수님도 우리의 죄로 인해 죽음을 맞이했다'라고 하자 '시간은 우주의 기본적인 정신'이라고 반박했다. 아우구스티누스는 사람들이 일반적으로 칭하는 순환하는 시간의 개념을 '고대적'이라고 비판했다. 시간이란 개념을 수량으로 한계 짓기 어려운 만큼, 시간의 순서도 한계를 정할 수 없다. 이러한 시간의 프레임으로는 과거의 시작도 없고 미래의 끝도 없다.[7]

시작과 끝을 상정하는 세계관은 신의 유래에 대한 이론이라고 볼 수 있는 헤시오도스의 《신통기》Theogonia에서 발전되었다. 이 책에 의하면, 태초에는 '깊은 무'에서 비롯된 카오스chaos적 혼동이 있었다.[8] 우주가 생겨나기 이전에 태초로 가이아Gaia, 지구가 생겨났고 그다음에는 사랑의 신인 에로스Eros가 생겨났으며 거기서 온 자연과 불멸의 신 들이 번성하게 되었다.

소크라테스 이전의 원자론 이론에는 세상의 처음과 끝에 대한 언급이 있다. 마닐리우스Marcus Manilius의 《포에타》Poeta에 따르면 혼돈의 검은 물질이 우주를 '낳았으며' 이는 다시 어둠 속으로 용해된다. 고대의 원자론에서는 인류 역사의 시작을 태초의 혼돈에서 비롯된 '회오리'라고 여긴다. 반면 플라톤은 《티마이오스》에서 세상이 창조자인 신demiurgos에 의해 만들어졌으며 그로 인해 하늘과 흐르는 시간이 생겨났다고 보았다. 세상의 시작은 사실로, 끝은 가능성으로 받아들여졌다. 이는 성경 속의 시간을 환기시키는데, 세상의 창조와 함께 시작되고 마지막 심판의 날과 함께 끝나므로 한계가 있는 시간이다. 비슷하게 현대물리학에서도 처음과 끝에 관한 자연법칙 이론에서 시간을 빅뱅에서 우주의 열 죽음에 이르기까지 점근적으로 접근한다. 이 세계의 역사는 재앙과 함께 시작되고 벽에 부딪힘으로써 끝이 나는 것이다. 그 이유는 멈출 수 없고 돌이킬 수 없는 순환의 과정에서 일시적으로 물결 속 소용돌이처럼 작동하여 반대 방향으로 향하게 되는 엔트로피적 현상의 증가 때문이다. 이 세계의 길은 유한하고 살아갈 날도 얼마 남지 않았다. 우주의 열 죽음은 반드시 다가올 일이지만 마지막 심판일처럼 언제 올지 알 수 없다. 지난 2천 년의 시간과 마찬가지로 모든 것의 '거의' 끝은 기독교인들의 믿음에 따르면 하느님만이 아실 일이다(마태 24:35).

유례없는 일과 반복되는 일

○ 시간의 순환성과 선형성은 서로를 배제하지 않으며 오히려 서로를 보완한다. 이는 자동차나 뾰족탑을 보면 알 수 있다. 또한 반복성과 유일성 사이에 존재하는 상반성은 메울 수 없는 간격은 아니다. 비슷하게 반복되는 자연현상과 단일하게 발생하는 것처럼 보이는 역사적 사건의 차별성도 시각 차이에서 오는 관점일 뿐이다. 엄격하게 말하자면 자연현상이나 과정도 실제로 지속적으로 반복되는 것만은 아니기 때문이다. 비슷하게 보이는 자연현상과 똑같이 흘러가는 긴 시간 속을 세밀하게 들여다보는 것이 시간을 측정하기 위한 기본이다. 좀 더 날카롭게 관찰하다 보면 그 안에서 온갖 차이가 드러나는데, 우리가 얼마나 더 예리하게 관찰할 수 있는지 그 한계는 아무도 알 수 없다.

게다가 뭉뚱그려서 말하자면 전쟁과 위기, 재앙 같은 역사적 과정도 사실 어느 정도는 반복되는 것이다. 단지 정확하게 분별해야 할 우리의 필요성이 변수로 작용할 뿐이다. 마찬가지로 역사적 사건도 분류할 수는 있지만 사실은 하나의 등급에 속하는 것이다. 그렇지 않다면 '제2차 세계대전'과 같은 분류는 불가능할 것이다. 모든 전쟁은 그 자체로는 특별하지만 그럼에도 불구하고 계속해서 반복된다. 그러므로 효율적인 언어 사용을 위해 불가피하게 추상화라는 전략이 요구된다. 모든 특별한 용어는 독특한 면이 있지만 관습적 허용 오차 범위 내에서는 서로 닮아 있다. 모든 종류의 경험과 실천적 합리성은 반복되지 않는 사건 속에서도 우리가 반복의 가능성을 인식하고 느낀다는 사실에 기반을 두고 있다. 경험이야말로 적용 가능한 기억인 것이다.

시간의 경계는 무엇인가

○ 시간을 전체로 볼 때에는 전체성의 한계에 대한 질문이 생긴다. 이에 대해서는 두 가지 관점으로 말할 수 있다. 끊임없이 지속적으로 반복된다는 스토아적 순환 세계관에 의하면 이 세상 모든 일은 결국 똑같은 일의 반복일 뿐이다. 개별적인 사건의 바퀴 사이에는 수많은 경계가 있지만 전체적으로는 아무런 한계가 없다. 반면 성경을 따르는 기독교인들은 단 하나의 직선적으로 향하는 바퀴만을 알고 있었는데 이는 창조에서 마지막 심판에 이르러 끝난다. 여기에는 처음과 끝이라는 두 가지 한계밖에 없다. 신이 시간을 창조하기 이전에는 시간도 없었으며 심판 이후에도 시간이 없는데, 성경에는 사자의 목소리를 가진 종말의 천사가 하느님 앞에서 '더 이상 시간이 없을 것입니다'(묵시 5:6)라고 맹세하는 장면이 나온다. 저 위에 계신 하느님으로 인해 영원히 축복받는 삶이 계속될 것이고 저 아래의 '용광로의 불'에서는 저주받은 자들의 영원한 '울부짖음과 이빨 가는 소리가' 들려올 것이다(마태 13:42). 그러므로 안겔루스 질레지우스Angelus Silesius는 다음과 같이 적었다.

> 천국에서는 호산나를 부르는 소리가 끊이지 않고
> 저 아래 지옥에서는 오직 비참함과 고통뿐이라.

두 공간 모두 위아래에서 끊임없이 울려 퍼지는 소리가 들려오며 이는 공간 속 하모니로 '늘 같은 노래가 울린다.'[9] 사후 세계의 양쪽 공간 모두 시간을 측정할 수 없고 사건도 없으며 모든 지위는 균등하고 시간은 과거의 것이 된다.

현대 물리적 세계에서는 대부분 선형 체계를 상정하는데, 순환적 체계도 역시 받아들이고 있다. 현대 우주학의 표준에 따르면 선형적 기본 구조인 세계의 처음은 140억 년 전 빅뱅으로 시작되어 연이은 폭발로 인해 물질과 시간, 공간이 생겨났다. 이는 오늘날까지 바뀌지 않는 유효한 자연법칙으로 이해된다. 이것의 지속적 유효성을 의심하게 되면 과거나 미래에 대해 이성적 논증을 할 수 없다. 자연법칙은 지구의 역사와 함께하는 것이며 점진적으로 발전해온 것이 아니라는 생각은, 만약 점진적 발전 과정 이론을 받아들인다면 보다 우월한, 시간을 초월한 자연의 법칙에 복종할 수밖에 없다는 가정에서 비롯된다. 그렇게 되면 그 발전을 초래한 상위의 자연법칙을 받아들일 수밖에 없고 이는 한없는 회귀를 전제로 한다. 있을 수 없는 일이다! 폭발 이후에 팽창이 이루어지다가 에너지의 간격으로 인해 결국 움직임이 정지된다. 열과 차가움의 긴장에 균형이 생기고 엔트로피의 결과로 무질서 상태가 완벽하게 정리된 것이다. 열 죽음 이후로는 더 이상 아무것도 일어나지 않는다. 따라서 빅뱅 이전과 같이 시간이라는 개념은 그 의미를 잃어버리게 된다. 하지만 공간은 시간을 넘어 살아남는다.

이 열린 우주offenes Universum(계속 팽창하는 우주—옮긴이) 개념은 프리드만Friedmann의 '닫힌 우주'geschlossenes Universum 이론에 의해 반박되었다.[10] 닫힌 우주 이론에 따르면 우주의 팽창은 우주가 다시 수축하고 나서 최대치를 맞이한 다음, 서서히 '마지막 빅뱅' 단계에 이르러 다시 시작하게 된다. 즉, 우주의 역사는 무에서 무로 이어지는 긴 여행인 것이다.

우주의 전진과 후진의 반복은 플라톤의 《정치가》 13장에도 서술되어 있다. 마지막 빅뱅이 일어난 후에 다시 다른 형태로 게임은 시작되지만 그 규칙은 똑같다.

빅뱅에서 열 죽음에 이르는 선형적 모델이나 빅뱅에서 최종 빅뱅으로 다시 이어지는 순환적 원형 모델, 둘 다 시간과 영원성의 차이점에 관한 보편적 질문을 해결했다. 구어체에서 '영원'은 '항상', '언제나'라는 말과 전혀 다를 바 없으므로 두 단어 모두 양쪽 모델에서 항상, 언제나 유효하게 사용할 수 있다.

> 그대가 굳이 구별하지 않는 한
> 시간은 영원과 같고 영원은 시간과 같다.

안겔루스 질레지우스의 저서 《방랑하는 천사》에도 드러나듯이, 시간이 영원하다는 말은 원이 둥글다는 말처럼 너무나 당연하고 불필요하다. 그러므로 시간은 한 이론에서는 나타났다가 결국 사라지는 것, 다른 이론에서는 무한히 그대로 존재하지만 원형적 모델이나 선형적 모델이나 할 것 없이 항상 영원한 것으로 이해할 수 있다. 두 이론 모두 우주는 영원한 움직임이다.

영원과 초월적 시간

○ 영원을 시간을 넘어서는 개념으로 받아들인다면 '닫힌' 선형적 시간의 모델을 추종하는 것이며 이는 영원성이라는 형이상학적 개념에도 해당된다. 플라톤의 아이온aion과 키케로의 저서 《발견론》De Inventione에서 말한 영원성aeternitas도 같은 의미다. 아우구스티누스는 시간을 '영원성의 특정한 부분'pars quaedam aeternitatis이라고 생각했다. 이처럼 광대한 시간을 전제로 하는 영원성에서 우리는 차원을 넘어서는 일종의 초월적 판타지를 보게 된다. 이는 시간의 구슬chronosphäre 바깥에 있는 초월적 공간적 이미지로

시간을 넘어 그 위에 존재하는, 시간에 상관없이 멀고 가까움을 가리지 않고 '지금, 여기'nunc stans 존재하는 플라톤과 아우구스티누스의 신의 개념과 결부된다. 죽어가는 그리스도도 '죽음'으로 '시간을 벗어나 영원 속으로' 들어가는데 그 영원은 아주 먼 곳으로, 심판의 날을 맞이하여 그리스도 또한 '모든 것의 끝'으로 이동하기 때문이다. 시간이 없는 곳에 자리 잡은, 시간에 속박된 우주는 영원 속의 섬이 되거나 좀 불친절하게 말해서 클라우디아누스Claudianus의 영원의 동굴spelunca aevi로 들어간다.

시간의 전후와 공간 너머(예를 들어 우주의 동굴 바깥)에 있는 그 무엇에 대한 질문은 그 너머에 무엇이 있다는 것을 전제로 한다. 그리고 그 무엇은 시간과 공간, 육신을 넘어서는 것이므로 칸트는 1794년에 이 개념을 '공포스러운 무엇'이라고 칭했다. 칸트에게 이 개념은 '충격적인 상상 속 개념'이다. 아우구스티누스도 《고백록》에서 마땅히 이렇게 썼다. "시간이 없는 곳에서는 시간이 없다."Nec aliquo tempore non erat tempus 비우주적, 원형적, 초월적, 별도의 물리적 시간은 시간의 개념을 배가시키고 수용된 시공간의 한계를 넘어 그것과 나란히 존재하는 상상 속의 초월적 우주, 시간 너머의 시간, 초월적 공간과 우주를 필요로 한다. 이러한 초월적 시간은 시간의 전후에도 존재하는 것으로 시간의 시작에서 끝나고 시간의 끝에서 시작되는 것이 아니므로 시간과 동시에 나란히 존재하는 것으로 보아야 한다.

하지만 그렇게 되면 언제부터가 초월적 시간이며, 어디서부터가 초월적 공간인가 하는 문제가 곧바로 제기된다. 이를 위해서는 초월적 시간과 공간이 시작되는 한계 지점이 필요하다. 이는 신학에서도 마찬가지다. 신이 시간의 흐름에 따라 소멸하는 존재가 아니라 전지전능한 존재라면(스피노자가 《에티카》에서 말했듯이) 그는 시간뿐 아니라 영원 그리고 영원을 넘어서는 초영원성까지 창조했을 것이다. 이로써 경계의 문제가 발생한다. 또한 세상에 속한 초공간이란 개념은 아낙시만드로스Anaximandros가 주장한 다원성 개념을 받아들일 것을 전제로 한다.[11] 시공간의 한계를 뛰어넘은 초시간이나 초공간에는 외부적 경계가 없다 하더라도 명료한 이해를 위해서는 일상적인 개념에서는 공간과 시간이라는 기준이 필요할 수밖에 없다.

시간과 공간이 지도에 나와 있는 구역이 아니고, 스티븐 호킹이 지구의 북극에서는 북쪽에 아무것도 없다고 말했듯 일종의 자기복제적 개념이라는 것을 인식함으로써 우리는 초월적 세계로의 끝없는 회귀를 피해야 한다. 공의 표면은 그 자체로서는 한계가 아닌 것 같지만 공 내부와 외부 사이의 한계 역할을 한다. 우리는 시간과 공간을 존재와 비존재의 경계, 자연의 법칙이 유효한 영역으로 해석할 수도 있다. 이 영역 안에서 비로소 지식을 얻는 것이 가능하다. 다시 말해 공간의 바깥과 시간 너머에는 아무것도 없다는 것이다. 그렇지 않으면 빅뱅도 진정한 시작이 없고 열 죽음에도 진정한 끝이 없다. 한계조차 건너뛸 수 있는 것이다. 그러므로 공간과 시간에는 개별적 공간과 시간과 같은 외부적 경계가 없다고 볼 수 있다.

창조와 발생

○ 모든 것의 시작이라는 문제로부터 벗어날 수 없다면 세상이 무에서 스스로 창조되었다고 하는 이론(칸트가 이미 1755년 말한 바 있다)과 스스로를 창조하기도 한 전지전능한 신이 세상을 창조했다는 이론 사이에서 선택해야 하는 순환논증의 오류petitio principii에 처하게 된다.

루크레티우스Titus Lucretius Carus가 자연 창조자rerum natura creatrix라는, 칸트도 동의한 관점을 분명하게 견지했다면 대 플리니우스Gaius Plinius Secundus

는 신 혹은 자연deus sive natura이라는 이중적 입장을 취했다. 스피노자에 의하면 이는 생산하는 자연natura naturans과 생산된 자연naturam naturatam으로 구별된다.

자연적이고 내재적인 우주생성론이 무로부터의 발생origo ex nihilo 이론이라면 종교적이고 초월적 우주생성론은 무로부터의 창조creatio ex nihilo를 전면으로 내세운다. 말하자면, 아우구스티누스가 《고백록》 9장에서 말한 것처럼 창조 이전과 세상의 창조 이전에는 에너지도 물질도 시간도 공간도 없었다는 것이다. 말하자면 무이거나 신이거나 둘 중 하나다. 두 가지 모두 논리적으로는 동등하다. 하지만 두 가지 이론 모두 납득하기 어려운데, 이 이론에서 그것이 사실이든 상상의 산물이든 시간과 공간 그리고 그 내용은 모두 인간의 사고로 연결되는 문제이기 때문이다. 그러므로 신이 '존재하는가'에 대한 고색창연한 질문은 신이 상상적 존재일 뿐 존재하는 모든 것의 창조자가 아니기 때문에 플라톤이나 기독교인들의 관점에서는 별 의미가 없다. 바로 그런 이유로 그 신은 그 자체로 존재가 될 수 없으며 논리적, 물리적 존재가 아니라 존재 이전의 그 무엇인 것이다. 그렇다면 그것은 무엇인가?

여기에 심리학이 끼어들게 된다. 세상이 시간과 공간 속에서 무로부터 창조되었다는 것은 초월적이고 무형인 신, 칸트식으로 말하자면 근원적 존재Urwesen에게서 창조되었다는 것만큼이나 납득할 수 없다. 부정적인 표현을 더 확대시키지 않으려면 이 두 가지 이론 중 어느 것이 더 납득하기 어려운지 굳이 물어보지 않는 것이 좋을 것 같다. 그렇지만 상상하자면 무로부터의 발생론이 좀 더 받아들이기 어려운 추정이라고 해도 되지 않을까 싶다. 특히 스스로 발생했다는, 도저히 받아들이기 힘든 창조론이 결국 창조론에 더해 창조자라는 개념을 만들어내는 결과를 가져왔다. 마리 폰 에브너에셴바흐Marie von Ebner-Eschenbach가 한 말에 내 말을 덧붙이자면 이렇다. 인간이 생각해낸 최고의 개념은 '신'이다. 신이 생각해낸 두 번째로 멋진 개념은 '인간'이다. 그리고 지금까지 신이 생각해낸 최고의 멋진 개념은 '세상'이다.

모든 것은 무언가에서 생겨났다

○ 모든 사건이 주어진 조건에서의 시간에 기반을 두고 있고 일상적으로 연결되어 있으므로 시간의 유래에 관한 질문은 인과성의 유래에 대한 질문으로 이어진다. 또한 '그 때문에'propter hoc가 아닌 '그 결과'post hoc만을 우리에게 알려주므로 이 질문은 관찰에만 기반을 둔 것이라고 할 수 없다. 이러한 개념은 통제된 방식으로 반복되기 때문에 우리가 아무렇게나 받아들이지 않는 사건의 시간적 연속성을 보여준다. 이를 인식하는 것은 인간의 체계적 비교와 지성이다. 오직 내재된 인과적 필요성에 따라서 한 사건으로부터 원인과 결과를 관찰하고 해석하는 것이다. 이는 칸트가 영국의 경험주의자들에게서 증명한 것처럼 충분한 이성적 근거 없이 종종 경험으로 확인된다. 하나의 사건에서 원인을 발견하지 못한다고 해서 그것에 원인이 없다고 결론 내릴 수 없으며, 단지 우리가 아직 찾지 못한 것일 수 있기 때문이다. 우리가 원인을 보지 못하는 것은 우리의 감각이 그것을 받아들이지 못해서가 아니라 인지능력의 부재 탓일 수도 있다. 인과성에서 원인은 이미 유효한 개념이라는 것을 전제로 한다. 원인을 이성적으로 증명하려는 시도는 유한한 인간과 무한성에 관한 모든 근본적인 주제에서 볼 수 있듯이 밑도 끝도 없고 근거도 없는 것이다. 있을 수 없는 일이다!

이 세상 어떤 것도 무로부터 창조될 수 없으며 모든 것은 무엇인가로부터 생겨났다는 기존의 믿음은, 필요하지만 충분하지는 않은 전제라고 할 수 있다. 눈송이 하나, 단풍잎 하나조차 개별적으로 온전하게 설명하기는 불가능하다. 새로운 것의 '나타남'을 위해서는 출현에 대한 개념이 필요한데, 이는 시간에도 역시 적용할 수 있다. 오래된 것들에서 새로운 것이 출현한다는 것은 시간 속의 모든 개념에 해당되지만 시간이라는 현상 자체에는 해당되지 않는다. 시간은 그 자체로 사건의 작동 가능성을 의미하며 우리에겐 그것을 사고할 수 있는 능력이 필요하기 때문이다.

시간 속의 시점

○ 앞서 바라본 시간은 모든 것을 포괄하는 개념의 시간이지만 '공간'space을 일컬어 우주와 개별적 공간 모두를 포함하는 의미로 사용하는 것처럼 개별적인 개념으로 시간이라는 용어를 쓰기도 한다. '시간'은 시간의 축에 있는 특정한 시간을 가리키곤 하는데, '시간이 흐른다'라고 하거나 '때때로'Zeit zu Zeit라는 표현이나 '언제 몇 시에?'라고 할 때 그렇게 쓰인다. 이때 그 대답은 기간이 아니라 시계나 달력, 연례적 사건 위에 놓인 하나의 점 또는 시점이다. '잡지'Zeitschrift와 같은 단어도 '현재'Gegenwart라는 시간적 의미를 내포하고 있으며 '현대의'zeitgemäß란 단어는 '나의 진정한 시간'이라는 의미이며 '동시대'Zeitgenosse는 '동시성'Gleichzeitigkeit의 의미를 강하게 내포하고 있다.

종종 지속적으로 반복되는 시간의 간격 속에서 사건과 분리된 인간과 자연의 속성이 시간을 측정하는 연결고리가 되기도 한다. 이는 우리 몸의 생체적 과정에서도 볼 수 있고 하늘이나 땅의 자연현상이나 시계라는 형식을 빌린 기술 장치를 통해서도 표현된다. 우리는 작은 단위로 거대한 시간의 거리를 측정한다. 이때 불규칙적인 변화는 시간을 측정하는 기반이 될 수 없으므로 지속적으로 변화하는 구름 낀 하늘이나 폭포와 같은 자연현상은 매 순간마다 새롭고 독특한 형상을 제공한다. 시간을 '나눌 수 없고' 측정할 수 없는 곳에서는 시간을 규정할 수 없는데, 한 방향으로 흐르는 것이 아니라 어지럽게 널려 있거나 정지해 있거나 호박 속의 개미 떼처럼 사라져 버리기 때문이다. 물리학에서는 블랙홀을 시간이 없는 상태라고 말한다.

솔로몬의 《코헬렛》에는 "하늘 아래 모든 것에는 시기가 있고 모든 일에는 때가 있다."는 표현이 나온다. 이는 자신이 처한 상황에 관한 것이다. 상황에 딱 맞는 시점, 기회Kairos를 잘 파악하고 사용함으로써 행동에 성공할 수 있다. 현재 무엇을 할지 잘 파악해서 약속을 잡고 행동하라는 것이다. 또한 '늦는 자는 인생에서 벌을 받을 것이므로' 약속 시간을 잘 지키고 마감일을 놓치지 말아야 한다. 물론 너무 빨리 도착하는 사람은 사후 만족감이라는 보상을 받게 된다. 하지만 그것이 무슨 위로가 되겠는가? 잘못된 시간에 씨를 뿌리는 자는 씨와 시간 모두를 놓치게 된다. 1944년 7월의 암살 음모단(히틀러를 암살하려고 했던 단체—옮긴이)은 공격할 기회를 기다려야 할지 아니면 준비해야 할지 격론을 벌였다. 원하는 대로 성공을 거두지 못한 후자를 보면 '기회'Chance가 '떨어지다'cadere라는 단어와 주사위 게임에서 '뜻밖의 행운'을 의미하는 'cadentia'에서 유래했다는 것을 알 수 있다. 키케로의 《의무론》을 보면 기회를 의미하는 라틴어 어원인 '오카시오'occasio에서 '절호의 기회'를 뜻하는 그리스어 '유카이리아'eukairia가 파생했다고 한다. '한순간', '눈 깜짝할 사이에 모든 일이 일어날 수 있다!', '입술과 성배의 가장자리에서 불길한 세력의 손길이 어른거린다!' 이러한 격언적 사고는 고대의 디오니시우스 카토를 비롯한 여러 그리스 작가들에서도 볼 수 있다.[12] 아리스토텔레스는 소모스의 왕인 앙카이오스Ankaios가 멧돼지들이 밭을 파헤쳐 놓았다는 소식을 듣자마자 순간적으로 뛰쳐나가 멧돼지 사냥을 하다가 죽었다는 이야기를 전해준다.

추상적인 시간, 구체적인 시간

○ 시간이란 단어는 개별적 시점뿐 아니라 세상에 속한 기간도 가리킨다. 시점과 기간 모두 전과 후라는 한계를 가지고 있다. 시점의 거리를 통해서 우리는 시작과 끝을 알 수 있고 그것의 범위와 기간을 알 수 있다. 우리는 통상적으로 '시간이 얼마나 걸릴까'라고 묻곤 한다. 대학 강의는 보통 정시에서 15분 늦게cum tempore 시작한다. 이 시간을 알기 위해 항상 시계가 필요한 것은 아니다. 담배 한 대를 피우는 시간 혹은 커피 한 잔을 마시는 시간으로 추정할 수 있다. 아우구스투스 황제는 화가 날 때면 상대의 말에 대답하기 전 그리스어 알파벳을 순서대로 한 번 되뇌었다고 한다. 500년 전 콘스탄츠 공의회의 얀 후스Jan Hus는 화형대 위에 서서 불꽃이 그의 몸에 닿자 '주기도문을 두 번 욀 때까지' 고개를 세차게 흔들다가 결국 몸을 축 늘어뜨렸다고 한다. 이는 페터 폰 밀라도니오비츠Peter von Mladoniowitz라는 동시대인의 증언에 나온다.[13]

단수형의 시간Zeit은 추상적이지만 복수형의 시간Zeiten(시대)은 구체적이다. 추상성은 복수형을 통해 구체화된다. 즉, 추상화를 위해서는 구체적인 무엇인가가 주어져야 한다. 물리적으로 획일적이고 균등한 세계의 시간은 역사적으로 동일하지 않고 서로 다른 시간으로 구성되어 있으며 그것에 의해 만들어진다. 이는 셀 수 없는 사건들에 의해 만들어진 독자적인 시간이다. 독일어에서 시간은 복수형이나 부정관사로 표현된다. 시간은 배경에 의해 구별되는데 이는 십자군 시대나 지구 나이와 같은 특정한 시기도 마찬가지다. 기간이라고 불리는 한정된 시간은 위협적인 법적, 경제적 시간과 연관되어 있다.

'시대가 바뀌고 있다'는 표현을 쓸 때, 그것은 시간 그 자체를 의미하는 것이 아니라 특정하게 한정된 시간 속에 처한 조건을 의미한다. 그 속에는 단수형의 시간부터 복수형의 시간까지 혼재한다. 즉, 복수형의 시간 속의 특정한 단수적 시간인 것이다. 우리가 '시간이 흐름에 따라'라는 표현을 쓸 때, 그 시간은 시간 속의 시간이다. 대부분은 자기가 속한 시대를 의미한다. 우리가 '영원'zeitlos이라는 표현을 사용할 때 등장하는 시간은 시간을 창조하는 시간이다. 곱셈표에 근거하여 황금분할로 건축된 파르테논 신전의 아름다움은 특정한 시간에 한정되지 않는다. 즉 '영원'이라는 단어는 '항상'이라는 역설적 의미를 가지고 있는 것이다.

과거, 현재, 미래

○ 호메로스가 《일리아스》 1장에서 예언자인 칼카스Calchās가 '현재 어떤 상태인지, 어떻게 될지 그리고 어찌 살아왔는지'를 알고 있다고 묘사한 것으로 보아, 그는 전통적인 세 가지 시제인 미래와 현재, 과거를 이미 알고 있었다. 미래와 과거는 현재 우리의 순간에 의해 구성되며 우리의 생각도 심장박동과 함께 달라진다. 이는 물리적, 객관적 시간이 아닌 개인적이고 주관적인 시간이다. 살아가는 동안 우리는 이 두 가지 시간을 끊었다가 이었다가를 반복한다. 켄소리누스는 과거와 현재, 미래를 현재에서 이동해가는

선으로 묘사했다. 현재는 과거의 미래이며 미래의 과거다. 미래가 과거의 미래이므로 과거는 지나간 미래다. 현재praesens는 선longitudo이 아니라 과거preterit와 미래futurum를 잇는 연결점coniunctio이다. 현재는 과거처럼 늘어나지도 미래처럼 줄어들지도 않는다. 그것은 '시간'을 통해 흘러가고 오는 것이 아니라 말 그대로 항상 존재하며 이런 점에서 영원하다. 영원은 현재의 반영이며 현재는 또 영원의 반영이라고 할 수 있다.

우리는 움직이면서 존재하는 시간의 한 점에 갇힌 존재들이다. 존재하면서 움직이는 이 동시성은 회전하는 바퀴의 고요한 중심축과도 같다. 우리는 기차 안에서 이를 경험하는데, 우리가 가만히 열차 안에 앉아 있는 동안 기차는 시골길을 달려간다. 우리가 아무리 기차 안에서 걸어 다닌다 하더라도 미래를 향해 (앞으로) 갈 수도, 과거로 (되돌아) 갈 수도 없다. 하지만 시간은 우리를 향해 달려오고 있으며 우리 인식의 한 부분이다. 우리가 외부에서 보고 듣는 모든 것은 그것을 인식하는 순간 이미 과거에 속해 있기 때문이다. 순수한 현재는 그것을 인식하는 순간에만 존재한다.

석양 무렵 우리가 바라보고 있는 지는 해는 이미 지평선 속으로 넘어간 지 8분 지난 것인데, 이는 태양빛이 우리에게 닿는 데 8분이라는 시간이 걸리기 때문이다. 우리가 현재라고 인식하는 별빛으로 가득 찬 밤하늘도 사실은 아주 오래된 과거다. 이는 동시에 존재하지 않는 것의 공시성Gleichzeitigkeit을 보여준다. 우리가 지금 보는 봄의 대삼각자리Frühjahrsdreieck에 있는 스피카Spica는 바스마르크 시대와 같은 140광년 전 하늘에 있던 별의 모습이다. 460광년 떨어진 북극성은 카를 5세 시대의 모습을 우리에게 보여준다. 우리가 보고 있는 오리온은 셉티미우스 세베루스Septimius Severus 시대의 모습이고 이는 민타카Mintaka(오리온자리의 델타별—옮긴이)도 마찬가지이며 하트샤Hatysa(오리온의 검 부분에서 가장 밝게 빛나는 별—옮긴이)는 마르쿠스 아우렐리우스 시대의 별의 모습이다. 우리가 지금 보고 있는 그 별들은 어쩌면 이미 오래전에 소멸했을지도 모른다. 반대로 900년 후의 오리온좌 리겔Rigel에서 현재 우리 지구의 모습을 볼 수 있을 것이다. 소리와 빛의 파장이 우리에게 전달되는 데는 시간이 걸리므로 우리에게 닿는 그 모든 것들은 얼마나 오래전인지 상관없이 언제나 과거에서 온 메시지라고 할 수 있다.

현대식 해석

○ 이미 흘러간 시간은 더 이상 그 자리에 있지 않고 미래는 아직 오지 않았으므로 즉각적으로 우리가 경험할 수 있는 것은 현재뿐인데, 이것은 현재가 시간의 선에서 다른 두 부분을 잇는 매개로써 높은 연관성을 가진다는 증거를 보여준다. 현재는 과거에 대한 기억과 다가올 미래에 대한 기대로만 존재한다. 그러므로 고요한 삶이라는 이상은 과거를 후회하지 말고 미래를 두려워하지 않으며 현재를 즐기는 것에서 실현될 수 있다. 호라티우스Quintus Horatius Flaccus가 《서정시》Carmina에서 말한 바처럼 '현재를 즐기라! 카르페 디엠carpe diem!' 같은 생각은 산상수훈Bergpredigt에서도 마찬가지로 드러난다. "그러므로 내일을 걱정하지 마라. 내일 걱정은 내일이 할 것이다. 그날 고생은 그날로 충분하다."(마태 6:34) 이는 《방랑하는 천사》에도 나온다.

> 피어나소서, 그리스도여, 이제 오월이 눈앞에 다가왔으니.
> 주께서 여기 지금 피지 않으면 영원히 죽음 속에 갇혀 있으리다.

"내가 유일하게 숭배하는 여신은 시간입니다."라고 괴테는 카를스바트에서 프리데리케 브룬Friederike Brun에게 말했고 그녀는 1795년 7월 9일 이 말을 적어놓았다. 동양에서도 이러한 교리를 강조한다. 1년의 길이를 재면서 오마르 하이얌Omar Khayyam은 시간이 '이 여인숙에 머무는 동안' 술과 여인 그리고 노래를 즐기라고 외쳤다. 그 길이 영원한 밤으로 이어질지 천국으로 이어질지는 가능성으로 남겨두었다. 프리드리히 로젠Friedrich Rosen이 138년에 편역한 그의 책 《루바이야트》Rubaiyat에는 다음과 같은 구절이 나온다.

> 미래가 쥐고 있는 것이 무엇인지 묻지 말고
> 지나간 일은 불평 말라.
> 가치 있는 것은 오로지 현재라는 현금뿐.
> 과거와 미래에 대해서는 묻지를 마라.

역사가들의 이론 속에서 실질적인 의미의 현재주의Prasentismus(현대의 가치나 개념에 비추어 과거의 일을 해석하려는 경향—옮긴이)는 시간의 현존에 대한 개념을 언제나 과거에 귀속되거나 현재 중요하게 여기는 관심사만 과거로부터 취하는 방식으로 해석해왔다. 둘 다 중요하게 숙고할 문제이긴 하지만 그렇게 위협적인 문제는 아니다. 아우구스티누스는 현재라는 문제를 보다 급진적으로 바라보았다. 현재가 이미 존재하지 않는 시간인 과거를 아직 존재하지 않는 시간인 미래로 이동시키는 수단일 뿐이라면 그것은 어떻게 시간이 될 수 있겠는가? 시간은 일종의 거리지만 현재는 공간을 가지지 못한다.

이러한 주장을 제대로 이해하기 위해서는 교회의 신부들이 말한 언어적 정확성이 요구된다. 미래와 과거가 존재하지 '않는다'는 것은 그것이 '현재형'이 아니라는 것뿐이다. 당연하다. 가까이 있다는 것은 존재의 요건이 아니라 그것이 어디에 있는지를 나타내는 지표일 뿐이다. 현존과 부재는 '있다 혹은 없다'의 문제가 아니다. 시간은 존재의 필요조건이므로 그것이 존재하는 것을 부정할 수 없으며 따라서 그 존재는 일종의 선존재Präexistenz라고 할 수 있다.

과거와 미래가 단지 상상일 뿐이며 우리의 의식에만 존재한다고 얘기하는 것을 허용한다면 현재조차 그저 의식에 지나지 않는 것이 아닐까? 하지만 그 상상의 종류는 다르다고 할 수 있을 것이다. 그것을 간과하는 사람은 기억이 실재와 비실재로 구별될 수 있다는 것을 생각하지 못했거나 두 번째로 미래에 대한 기억도 일정 부분 현실적이지만 어느 한편 비현실적이라는 사실을 간과한 것이다. 엄격한 언어적 표현에 따르면, 현재는 미래현재형이나 과거현재형으로밖에 사용할 수 없지만 아우구스티누스조차 일반적인 언어 사용에 타협할 수밖에 없었다. 그렇지만 점들이 모여서 선이 될 수 있는가? 어느 누구의 현재가 가능할까? 일단 적어도 세 가지 종류의 현재는 가능하다. 신부가 하느님의 말씀을 전할 때의 시간, 그것을 적는 나의 시간 그리고 사랑하는 독자들이 그것을 읽는 시간 모두 현존하는 시간이다.

'시간이 있는가' 하는 질문은 '공간이나 사물이 존재하는가' 하는 질문만큼이나 어리석다. '시간이 있다'라는 문장은 의미론에서 보자면 향단지Potpourri(향을 내기 위한 그릇. 향을 담는다는 것은 물리적으로 불가능하지만 실제로는 가능하다는 의미—옮긴이)와도 같다. 여기서 '실재'에 대해 사적인 해석을 하거나 자신의 존재에 대해서 확신을 갖지 못하는 자만이 시간과 공간의 실재를 의심할 수 있다. 다시 말해, 시간은 절대적 혹은 상대적 사고의 대상인 것이다. 뉴턴과 라이프니츠의 유명한 논쟁은[14] 둘 다 어떤 면에서 옳다고 볼 수 있다. 뉴턴이 말하는 절대적인 시간이란 우주를 넘어서는 것으로 그것 없이는, 또 시간의 변화 없이는 어떤 움직임도 불가능하다. 라이프니츠의 상대적인 시간이란 순간을 인식하지 않고서는 생각할 수 없는 것으로 무슨 일이 일어나고 있는 동안에만 그 이름을 붙일 수 있다. 내 책상 위에 있는 시계는 부엌의 오븐 위에서 돌아가는 시간도 역시 측정한다. 엄격하게 말해서 '텅 빈 시간'은 측정할 수 없으므로 '구별'할 수 없고 따라서 시간이 될 수 없다. 시간이 없는 공간을 생각할 수 있다면 절대적 시간의 보편성은 논리적으로 필요하지 않다. 아인슈타인의 상대성이론은 시간의 속도가 측정 도구의 속도와 관련 있다는 사실을 가르쳐준다. 하지만 이것은 날아다니는 시계라는 불가능한 비유에만 해당되지 시간의 불가피성과 불가소성을 반박하지는 못한다.

객관과 주관은 서로 접촉한다

○ 시간 개념이 현재에 묶여 있기 때문에 주관성과 객관성의 관계에 대한 질문이 생겨난다. 우리는 '객관적으로' 사실을 보며 '주관적으로' 인식하고 받아들인다. 인식하기 전에 대상이 존재하므로 처음에는 객관성에 우위를 부여했다가 곧 인식 과정은 인식 능력에 달려 있다는 것을 깨닫는다. 그러므로 객관성은 일시적인 것으로 주관성이 우위에 서게 되는 것이다. 이 둘은 상호의존적이므로 둘 중 어떤 것이 더 우위성을 점할 수 있는가에 대한 질문은 해결될 수 없다. 우리는 거울을 쳐다보는 것을 피하는 것처럼 망각이라는 수단 속에 자신의 주관성을 숨길 수 있다. 하지만 그렇게 하는 것은 관념을 둘로 쪼개는 것이며, 근본적으로 주관적인 인식과 인식 가능한 지식의 범위 내에 객관성이 있을 경우에만 성립될 수 있다는 성찰의 문을 닫는 셈이다. 비록 사실과는 독립적으로 시간이 존재할지라도 실제로 그것

을 인지하는 것은 그것을 감지할 수 있는 의존적 맥락을 통해서다. 이것은 전 인류에게 적용되는 존재론적 문제이므로 질레지우스는 시간을 신이라는 주제와 연결하는 시를 썼다.

> 신은 진실로 아무것도 아니며, 그가 특별한 존재가 되는 순간은,
> 그가 나를 택하여 내 안에 들어와 있을 때다.

자기반성을 위해서는 생각과 언어라는 도구가 필요하듯 시간과 공간은 자기인식을 위한 필수불가결한 조건이다. 우리가 스스로를 객관화할 때 주체가 없어지는 것이 아니라 인식하는 자와 인식을 당하는 자로 그 주체가 둘이 되는 것이다. 이러한 방식으로 우리는 언제나 청중을 속일 수 없는 경기에 임한다. 주체성 또한 우리가 없앨 수는 없지만 자신과의 소통을 통해 상호주관성이라는 형식으로 객관성에 접근할 수 있다.

이처럼 현재 속에서 주관성과 객관성은 서로 접촉한다. 우리의 현재 의식적 행위는 그것을 가장 확실하게 보여주는 가능성이다. 우리는 현재를 제외하고는 스스로를 생각할 수 없다. 그렇게 할 수 있는 사람은 알베르트 아인슈타인뿐이다. 1955년 임종 몇 주 전에 아인슈타인은 세 개로 나뉜 시간의 구분을 '지속적인 환상'hartnäckige Illusion이라고 불렀다. 그렇다면 환상이란 또 무엇인가? 영원의 관점에서 보자면 시간을 보는 것은 오직 신뿐이다. 인간 자신의 현존이 극단적 주관성에서 극단적 객관성을 만들어내며, 이 두 가지 정반대의 극단은 마치 극서 지방이 극동 지방과 합쳐지는 것과 같다. 지구만 둥근 것이 아니다. 우리의 심장박동은 세상의 심장박동과도 같다. '지금'이라는 단어는 내가 이 글을 쓰고 있는 2014년 11월 24일의 시리우스에도 해당된다. 그렇지 않으면 남쪽 하늘에서 볼 수 있는 시리우스의 8년

전 모습이 오늘날에는 어떠할지 궁금해할 필요도 없는 것이다.

시간이란 무엇인가

○ 우리가 측정하는 시간은 객관적이다. 원칙에 따르는 모든 이들이 같은 결과를 얻기 때문이다. 주관적 시간이란 우리가 느끼는 시간을 말하며 이것은 개인적인 것이다. 우리는 생각하는 동안, 또 신체의 작용을 통해 주관적 시간을 경험하며 자연의 흐름이나 사건의 패턴을 통해 외부적 시간을 경험한다. 이 시간은 우리 기억의 형태로 의식적으로 혹은 무의식적으로 저장되거나 돌이킬 수 있다. 우리가 경험하는 시간은 항상 현존하며 멈출 수 없고 한 방향으로 저항할 수 없이 나아간다. 눈이 공간을 파악하듯이 귀도 시간을 경험한다. 음악을 듣거나 글을 읽을 때 마음속 귀로 듣게 되면 그 느낌이 반드시 시간과 연속적으로 일치하지는 않는다. 공간의 부분은 나란히 나뉘지만 시간의 부분은 곧, 나중에처럼 연속적인 순서로 나뉜다.

일상 속에서 시간을 느낄 수 있도록 우리는 (일종의 내면적 시계라고 할 수 있는) 시간을 추측할 수 있는 감각을 갖추고 있다. 그 감각으로 시간의 길고 짧음을 구별하고 시간이 빠르거나 느리게 흘러간다고 느낀다. 여기엔 우리가 처한 상황이나 일어나는 일의 종류가 중요한 역할을 한다. 셰익스피어의 《뜻대로 하세요》As you like it라는 희극에서 로절린드는 올랜도에게 이를 가르쳐준다. 로절린드는 시간을 걷거나 종종걸음을 치거나 질주하거나 멈추는 말의 움직임에 비유하면서 그에 맞는 상황을 예로 든다. 일이 많을 때 시간은 빨리 흐르고 별일 없으면 시간도 더디 흐른다. 이는 반대의 상황도 마찬가지다. 여행하는 동안 일기장은 빼곡하게 기록으로 가득 차지만 보통 때는 한 페이지도 채우기 힘들다. 역사에도 마찬가지로 적용된다. 야코프 부르크하르트Jacob Burckhardt는 역사의 위기를 다음과 같이 정의했다. "세상은 갑자기 엄청난 가속도가 붙어서 나아간다. 보통 수세기에 걸쳐 일어날 변화가 몇 주, 몇 달 안에 유령처럼 세상을 휩쓸고 이 세상을 끝장낼 것처럼 보인다."

역사에서 사건의 밀도가 시간의 지표라면 개인의 삶에 있어서는 인간의 수명이 그 지표가 된다. 젊을 때는 시간이 천천히 흐르는 것 같지만 나이가 들면 한순간에 지나간다. 이러한 시간의 가속화 현상은 아마도 살면서 느끼는 1년의 감각이 변하기 때문일 것이다. 스물한 살의 젊은이에게 1년이란 21분의 1이지만 팔순의 노인에게는 80분의 1에 지나지 않는다. 그리하여 나이가 들어가면서 우리는 인생의 짧음을 한탄하며 세네카처럼 인생을 낭비하지 않았는지를 자문하게 된다. 이는 세네카의 대화록인 〈인생의 짧음에 대하여〉De Brevitate Vitae에 잘 드러난다. 한 사람의 생애를 나이만으로 측정할 수는 없다. 중국 속담에 '귤 반 개도 귤 하나만큼이나 달콤하다'는 말이 있다.

흐르는 시간에 대한 불만은 늘 있기 마련이다. 이런저런 즐거운 일이 많이 일어날 때면 시간이 짧게 느껴진다. 시간은 훨훨 날아가고 우리는 아쉬움을 느낀다. 하지만 단조로움으로 가득 찬 시간, 별일 없거나 불쾌한 일만 있는 시간은 길게 느껴진다. 시간이 하염없이 늘어지는 것이다. 볼썽사납지만 어쩔 수 없다. 사람들은 또한 대화를 통해 시간을 보내거나 줄이기도 한다. 푸블릴리우스 시루스Publilius Syrus의 책에는 이렇게 적혀 있다. "말이 많은 동반자는 역마차를 대신한다." 이는 1478년에 출간된 제프리 초서Geoffrey Chaucer의 《캔터베리 이야기》에서도 확인된 바 있고 게오르크 비크람Georg Wickram의 책에 나오는, 1555년 스트라스부르에서 열리는 축제에 참석하기 위해 짐수레를 타고 떠난 여행객들을 보면 잘 알 수 있다. 사람들은 서로 자신의 이야기를 시작한다. 시간이 길거나 짧게 느껴진다고 불평하는 사람들의 모습이 이야기를 통해 나타난다. 1931년 창작된 달리Dali의 시계 그림을 보면 시간의 확장성을 알 수 있다(부록 그림 1 참조). 누군가를 기다리게 함으로써 자신의 권력을 과시하기도 한다. 무솔리니가 괴팍한 시인 단눈치오Gabriele D'Annunzio에게 인사차 가르다 호수 근처 그의 저택을 찾아갔을 때 그는 비토리알레의 홀에서 30분을 기다려야 했다. 이곳을 방문하는 이들은 지금도 이 일화를 듣곤 한다.

가능성과 현실

○ 세상의 시간과 살면서 느끼는 시간 사이의 관계는 모래시계를 보면 알 수 있다. 미래의 시간은 흘러내리면서 점점 짧아진다. 과거의 시간은 점점 불어나고 쌓인다. 미래는 비단 인간의 삶뿐만 아니라 모든 영역에서 셀 수 없는 기회를 제공하는 듯하다. 현재에서 실현되어 과거로 바뀌는 개별적인 미래의 시간 속에 많은 것들이 제외된다. 마치 가을에 떨어진 수백만 개 씨앗 중에서 싹이 터서 열매가 되는 것은 몇 개에 지나지 않는 것처럼, 수많은 행동 중 내가 선택하는 것은 한 번에 한 가지에 지나지 않는다. 현실이란 우리 상상 속 가능성의 바다에 떠 있는 섬과도 같다. 과정 속에 존재하는 가능성의 유일한 증거가 그것의 실현이라는 가설은 일상과는 거리가 먼 이야기다. '어쩌면 오늘 저녁에는 비가 올지도 모르겠네요' 하고 우리가 말할 때는 하늘이 어두워지거나 비가 잘 오지 않을 때다. 즉, 이는 지나치게 심각하게 적용할 필요가 없는, 경험적으로 증명된 가능성인 것이다.

과거에 대해 '정말 그랬는가'라고 질문한다면 우리는 분명하게 '예' 혹은 '아니오'로 답할 수 있다. 미래에 대해 '그게 가능한가'라고 묻는다면 우리는 그 가능성의 확률에 따라 신중하게 답할 것이다. 예를 들어 '내일 태양이 떠오를 가능성이 있다'는 말은 틀린 것은 아니지만 불필요한 표현이다. 태양이 떠오르지 않으면 내일은 없기 때문이다. 과거를 안다는 것은 우리에게 그것에 대한 믿음을 바탕으로 예방책을 준비하고 합리적인 기대를 할 수 있게 한다. 자연의 흐름에 관련된 예측은 분명 '매우 확실하다'고 볼 수 있다. 하지만 인간의 계획에는 언제나 불확실성과 위험 요소가 깃들어 있으며 이는 야고보의 조건 유보에 속하는 것이다. "도리어 여러분은 '주님께서 원하시면 우리가 살아서 이런저런 일을 할 것이다.' 하고 말해야 합니다."(야고 4:15) 일어나는 모든 현상의 뒤에 서 있는 하느님의 의지에 대한 믿음에도 불구하고 자기결정의 필요성은 유효하다. 자유는 자기를 스스로에게 맡김으로써 대안을 선택할 수 있게 하고 일어나지 않은 사건에 대해 생각해볼 가치를 부여한다.

무엇이 미래를 결정하는가

○ 결정의 자유는 운명론자들에게는 하나의 환상과도 같다. 하지만 '필요한 일이 아니라면 아무것도 하지 말라'는 말조차 대안을 제시하는 것이다. 모든 일어나는 현상의 필연성에 대한 믿음, 이후 세대가 이전 세대를 완전히 결정한다는 믿음 그리고 저 높은 곳에 존재하는 권능이 이 세상을 사랑한다는 믿음은 예나 지금이나 있어왔다. 예언과 점성학, 신탁을 비롯한 운명과 미래에 대한 예측의 형식은 이러한 믿음에 바탕을 두고 있다. 스토

아학파에서의 운명Heimarmene이라는 단어와 기독교에서의 숙명론, 이슬람 신학에서 말하는 운명Kismet은 모두 현실보다 더 높은 곳에 자리한 어떤 것에 대한 믿음을 바탕으로 하고 있다. 헤르더Johann Gottfried Herder와 헤겔, 마르크스와 쇼펜하우어 같은 현대 사상가들도 어떤 의미에서는 이 같은 믿음의 추종자였다. 하지만 만일 모든 것이 신의 영적 의지에 따라 이루어진다면 그 의지는 죄인이나 판사 모두에게 해당되는 것이며 그렇다면 성경의 애덕Nächstenliebe이라는 개념도 별다른 의미가 없는 것이다.

자연과학에서 이전의 사건을 통해 이후의 사건 흐름을 미리 결정하는 것은 규칙을 발견하기 위한 합리적 전제 조건이라고 할 수 있다. 이는 연구 작업을 하거나 상대적으로 단순한 작업을 수행하는 데도 유효하다. 하지만 복잡한 현상을 파악하는 데는 규칙에 따른 원리와 혼란스러운 특성이 같이 작용한다. 따라서 별자리의 움직임을 정확하게 더듬어보고 예측하는 것은 가능하지만 전체 행성계의 과거나 미래에 대해 확실한 규칙을 가지고 분석하고 자세하게 예측하는 것은 불가능하다. 수십억 개의 은하가 같은 자연 원리와 유래를 가지고 있다면 그 모양이나 분포 방식이 모두 같아야 할 것이고 모든 별과 모든 눈송이, 모든 곡물이 똑같은 크기를 가지고 있어야 할 것이다. 하지만 그렇지 않은 것을 보면, 실제 일어나는 우주의 사건들이 우리가 알고 있는 몇 가지 우주의 법칙에 기반을 둔 것만은 아니라는 것을 알 수 있다. 생물학에서도 마찬가지다. 보리수나무에서 보리수 나뭇잎이 나오는 것은 확실하지만 언제 몇 개의 나뭇잎이 돋아날지는 예측할 수 없고 잎 모양이나 진화의 과정도 추측하기 어렵다. 이 책을 포함해서 모든 세계의 역사가 새싹처럼 미리 예측할 수 있는 것이라는 생각은 그리 타당하지 않은 것이다.

발전과 진화

○ 일련의 사건들이 시간을 가로질러 연결되는 것에 대해 사람들은 진화라는 단어를 붙여서 통용했다. 이는 현대에 와서 생물학과 역사, 경제와 기술 분야 등 지식의 많은 영역과 사람들의 삶을 지배해왔다. 1645년에 논증된 이래로 이 진화라는 단어는 매우 빠르게 전파되었다. 이는 문자를 읽기 위해 두루마리 문서를 펼친다는 뜻의 라틴어 '에볼보'evolvo라는 단어에서 유래했으며 '에볼루티오'evolutio로 발전했다. 이 단어는 고대부터 진화라는 비유적인 의미로 사용되었다. 겔리우스는 소포클레스Sophocles를 인용해 다음과 같이 말했다. "모든 것을 보고 듣는 시간은 모든 것을 드러낸다." 다시 말해, 시간은 은밀한 범죄를 비롯하여 모든 것을 드러낸다. 키케로의 《최고선악론》에서 에볼루티오는 시가 적힌 텍스트를 펼치는 것이나 의미를 명확하게 함을 뜻했다. 이를 설명하기 위해 '엑스플리카레'explicare(펼치는)라는 단어가 사용되었는데 아우구스티누스는 하느님이 하나의 씨앗in nuce에서 나무를 키워낸다고 표현했다. 여기서 책에 대한 메타포는 자연에 대한 메타포로 확장된다.

고대의 저자들에게 에볼루티오는 보이지 않는 것을 보이는 것으로 전이시키는 갑작스러운 전환이었다. 현대에서 이 단어는 목표 지향적인 과정 속에서 어떤 것이 발전해나가거나 우리에 의해 발전되는 것을 의미한다. 칸트는 1784년에 이렇게 썼다. "자연에서 창조된 모든 존재는 한 번은 완전하고 확실하게 자신의 능력을 발휘할 수 있도록 되어 있다." 칸트는 이러한 생물학적 성숙의 과정에 대한 관념을 전체 인류의 발전 과정에도 적용시켜 인류의 역사가 완벽한 미래를 위한 과정이라고 생각했다. 1859년 다윈은 그 말을 거의 반복했다. "모든 육체적 정신적 성질은 완벽을 향해 전진하려는 경향이 있다." 이것은 그의 《종의 기원》 마지막 부분에 나오는 구절이다. 다윈에 따르면 진화의 목표는 신체적 정신적 완벽함에 도달하는 것이지 신다윈주의자들이 주장하는 것처럼 목표 없이 단지 변화하는 환경에 적응하려는 것이 아니다. 살아 있는 유기 물질의 역사나 기술의 진화 과정 혹은 발전하는 행성의 체계 등을 보면 적어도 현재의 상태에서 일시적이나마 목표로 하는 지점이 있음을 알 수 있다. 아리스토텔레스의 《영혼에 관하여》De Anima를 보면, '텔로스'telos, 즉 목표란 한 방향의 흐름에 가속도가 붙는 것으로 이전에는 가능성으로 존재하던 것을 단순한 변화가 아닌 자발적으로 구현하는 것이라고 정의하고 있다.

목적론적 관점에서 진화, 발전이라는 단어는 의지로서의 목적telos의 긍정적인 측면을 의미한다. 그러므로 어른이 되는 성숙의 과정을 발전이라 부르지 죽음으로 향하는 에너지의 상실 과정이라고 하지는 않는다. 발전 과정은 같은 방향에서 '앞으로 나가는' 방식의 끊임없는 변화를 요구한다. 무엇인가가 '이루어져야' 하는 것이다. 그것이 없다면 단지 연속적인 상황이나 사건에 대한 역사만 있을 뿐이다.

어떤 것이 진화하는 것은 그 과정에서 서서히 분명해지다가 끝에 가서는 확실해지기 마련이지만 거기에 이름을 붙임으로써 예측의 의미로 사용하기도 한다. 하지만 개별적이고 오랜 시간에 걸쳐 벌어지는 현상은 그 이름을 얻기까지 시간이 걸린다. 4~6세기경의 민족대이동만 보더라도 처음에는 오직 훈족 중 한 사람만이 여행을 시작했을 것이다. 샤를마뉴(카롤루스 대제)가 '카를'이 되기 전, '대제'가 되기 훨씬 전에 우선 출생이라는 사건이 필요했다. 그가 겨우 한 살이 되었을 때 30년 전쟁이 시작되었다. 어떤 시작도 처음부터 시작은 아니었다. 시간은 모의실험이 불가능하다. 어떤 사건의 초기에 그것을 깨닫는 것은 힘들지만 통제하기는 쉽다. 후기 단계에서는 그 반

대가 된다. 그러다 보니 깔때기 효과와 같은 자율적 동력이 생기게 된다.[15]

분명 누군가는 말아놓은 두루마리 책의 내용을 알고 있다. 아무리 완전히 말려 있어도 그 전에는 펼쳐져 있던 것이기 때문이다. 씨앗 속에 식물의 형태가 이미 들어 있다는 것도 분명히 결정된 것이다. 라이프니츠는 "현재는 미래를 잉태하고 있다."고 했다. 이 같은 시간의 흐름에 대한 출생의 은유는 헤라클레이토스의 이사야의 비유에서부터 헤겔과 마르크스에 이르기까지 많이 볼 수 있다.[16] 괴테조차 '이미 형성된 개념으로서의 감싸인 시간, 아담의 시간에서부터 이어져 연속적으로 발전해온 이미 존재하는 것'[17]이라고 전제함으로써 결정론적 연속의 관념으로서의 시간을 바라보았다. 오늘날 개발도상국을 이야기할 때 개발은 하나의 목표가 된다. 선진국, 즉 개발된 국가는 이미 개발되었거나 너무 개발되었으므로 더 이상 스스로를 개발하지 않는다. 이들은 목표 없이 열린 미래를 향해 나아간다.

시간 안에 존재하던 것들의 변화

○ 개발, 발전이라는 단어는 시간 속에서 존재하던 물질의 진화를 전제로 한다. 이는 시간이 작동되는 곳이면 어디서건 해당되는데 나이나 변화, 역사의 '소유' 등을 들 수 있다. 이때 '소유하다'haben라는 동사는 시간을 넘나드는 정체성을 가진 소유자를 전제로 한다. 이것은 어떤 사건(물질)의 끊임없이 변화하는 상태를 통해 이루어진다. 칸트는 《순수이성비판》에서 변화하는 시간 속의 동일한 요소를 다른 상황을 겪으면서도 여전히 같은 모습으로 남아 있는 실체라고 부른다. 하늘은 항상 변하지만 여전히 그대로다. 우리는 종종 '시간은 모든 것을 변화시킨다'고 말하지만 강력한 변

화에 의해 상황이 어떤 새롭고 다른 이름으로 불릴지라도 시간은 그대로 있다. 비잔티움과 콘스탄티노플, 이스탄불은 같은 지역이기 때문에 이름이 다를지라도 같은 도시를 가리키지만 캐나다의 브런즈윅과 뉴브런은 이름이 비슷하고 인구가 비슷할지라도 전혀 다른 도시다. 도시의 정체성에 대한 기준은 공간이며 나아가 관습이다.

지속성은 수량화할 수 있는 개념이다. 어떤 때는 더 많이 변화하고 어떤 경우에는 적게 변화한다. 그러므로 여기서 그 정체성을 결정짓는 요인은 어떻게 언어로 표현하는가의 문제로 논쟁 가능성이 많다. 어떤 상황에 대한 해석과 관련된 역사적·법적·정치적 논쟁들이 이를 잘 증명해준다. 독일인들은 '과거의 독일인'인가? 오스만 터키 이전의 아시아는 터키의 역사에서 아주 미미한 부분에 불과한가? 독일연방공화국은 독일 제국의 후계자가 될 수 있는가? 여기서는 충돌하는 이해와 권력관계가 큰 역할을 한다. 독일인들이 고대 문화를 파괴했는지, 계승했는지에 대한 질문조차 16세기에는 민감한 동시대적 주제였다. 하나하나의 개별적인 논쟁을 가늠하기 위한 법에 정해진 기준이란 없다.

순수하게 학문적이면서도 방법적 관련이 있는 것으로 쇼펜하우어가 1813년 자신의 박사 논문에서 다룬 '변화하는 시간'을 들 수 있다. 시간적 변화란 갑자기 일어나는 것인가? 아니면 플라톤이 《파르메니데스》Parmenides에서 주장한 것처럼 단계별로 진행되는 것인가, 아리스토텔레스가 《자연학》에서 주장한 것처럼 미끄러지듯 흐르는 것인가? 이것은 아리스토텔레스가 받아들였지만 플라톤은 부정한 두 가지 단계 사이의 '과도기'라는 개념을 어떻게 볼 것인가의 문제이기도 하다. 이 논쟁에서 양쪽이 어떤 면에서는 모두 옳다고 볼 수 있다. 엘리시움에서 벌어진 두 철학자 간의 대화 형식을 띤 논쟁[18]에서는 고대에서 중세로의 전환이 다루어진다. 여기서 두 시대 사이의 간격, 고대 후기라고 부를 수 있는 간격을 받아들이는 것은 아리스토텔레스적 관점이다. 또한 다른 전환기 없이 고대에서 과도기로, 과도기에서 중세로 단계별로 변화한 것으로 보는 것은 플라톤적인 관점이다. 언어가 시간의 현상을 표현하기에는 빈약한 수단이므로 궁극적으로는 수많은 현상 모두를 구별하는 것이 불가능하더라도 언어의 단층에 의존할 수밖에 없다.

언어 속의 시간

○ 언어 속의 시간은 역설로 이어진다. 시간과 움직임, 이들은 어떻게 연결되어 있는가? 우리가 시간을 통과하는 것인가, 시간이 우리를 통과하는 것인가? 과거나 미래는 우리 앞에 놓여 있는 것인가? 생각의 방향을 공간에서 생각해보자. 그 결과는 모순적일 것이다. 우리가 시간을 통과하건 시간이 우리를 통과하건 그 방향은 반대편이다. 파울 플레밍Paul Fleming은 다음과 같은 시를 썼다. "인간은 시간 속에 있고 시간 역시 인간 속에 있다." 이러한 구조는 물속이나 땅 위에서의 움직임으로 표현할 수 있다. 땅 위에서 우리가 움직이는 것은 과거에서 출발하여 미래로 가는 것이다. 미래는 우리 앞에 놓여 있고 우리는 미리 계획한다. 무슨 일을 하는 것은 예견하고 행동하는 것이다. 즉, 앞으로 나아가는 것이다. 미래는 열린 공간이지만 거기서 나갈 길은 보이지 않는다. 우리가 스스로 길을 선택해야만 한다. 그렇다면 이것이 갈 길인가? 우리는 하나의 길을 양쪽 방향으로 갈 수는 없다. 만약 한 길을 포기하고자 한다면 걸음을 멈추어야 한다. 미래로 향한 길에서 우리는 모든 것을 다 선택할 수는 없다. 하지만 우리가 계속 가려고 하는 방향은 선택할 수 있으며 그것이 '열린 미래'다. 이것은 긍정적 이미지일까?

희망하라!
미래는 열려 있다.
피톤의 용의 아가리처럼
크게 열려 있다.

시간이 움직인다는 것은 '미래'에서 우리에게로 흘러들어오는 것이다(그 전에 있었다는 것인가? 그렇다면 언제부터 있었을까?). 또한 우리에게서 멀어져서 '과거'로 흘러들어간다(그 후에도 거기 있을까? 그렇다면 얼마나 오래 있을까?). 이는 '끊임없이' 벌어지는 일이며 오늘 우리가 하는 일은 미래에는 어제가 되고 내일은 과거가 된다. 내가 아무 일도 하지 않는다 하더라도 시간은 우리를 데리고 과거로 간다. 이 과거는 실제로 존재하는 것이다. 여기서 우리는 선조들의 발자취를 보고 업적이라는 형식으로 남은 그들의 흔적을 확인한다. 우리는 의식적으로건 무의식적으로건 이들을 따르고 미래의 후손들도 우리 뒤를 따라 미래에서 나타난다. 시간은 다가오면서 (죽음을 포함한) 무언가를 가져오고 우리에게서 (삶을 포함한) 무언가를 빼앗고 탈출한다. 이러한 시간 방향의 양면성 때문에 역사학자들이 시간을 '앞당기다'vordatieren와 '소급하다'zurückdatieren라는 단어를 동의어로 쓸 수 있는 것이 허용되는 반면 정치가들이 '사민당은 시대와 함께 간다'Die SPD geht mit der Zeit라는 표현을 쓰는 것은 원칙적으로 불가능한 것이다(독일어 '가다'geht는 '앞으로 가다'와 '뒤로 가다'를 동시에 의미하기 때문에 전진한다는 의미만으로 쓰일 수 없다는 뜻이다.—옮긴이).

시간이라는 단어가 가진 양면적 의미는 비단 독일어에만 해당되는 것이 아니다. 라틴어와 그리스어에서도 볼 수 있다. 베르길리우스는 《농경시》Georgica에서 '그러나 시간을 잃어버렸고 그 시간을 다시는 되찾지 못할 것이다'라고 썼다. 시간은 과거로 도망쳐버렸다. 메소포타미아와 이집트에서조차 사람들은 눈앞에 펼쳐진 과거를 보았다.[19] 인간은 오직 과거만을 볼 수 있지만 미래로 향한 길에 있다. "멸망으로 이끄는 문은 넓고 길도 널찍하여 그리로 들어가는 자들이 많다."(마태 7:13) "예수가 산상수훈에서 말씀하셨다. 그리고 그 길을 걷는 자 무수하도다." 정반대로 쓰이기도 한다. 세례자 요한은 선포했다. "나보다 더 큰 능력을 지니신 분이 내 뒤에 오신다."(마르 1:7) 그는 선구자이며 먼저 가는 이요, 선지자로서 미래에서 온 구세주였다. 요한은 구세주의 길을 닦는 '예언자'이며(루카 1:76), 우리를 위해 우리보다 먼저 죽음을 맞이하신 그리스도를 닮은 이다.

시간의 흐름을 나타내는 물의 은유도 추상적이긴 마찬가지다. 물결을 따라 헤엄치는 이는 자신이 미래를 향하고 있다고 믿지만 사실 그 흐름은 그저 수원에서 하구로 강물이 흐르는 방향일 뿐이다. '근원으로 돌아가는' 흐름은 과거, 즉 순수한 출처로 돌아가는 것이다. 거기서 물이라는 풍부한 전통이 우리에게로 흘러온 것이다. 하지만 우리가 강변에 서서 흘러가는 물을 바라볼 때 물결은 우리로부터 멀어져 돌이킬 수 없는 과거로 흘러간다. 우리의 현재는 과거에서는 미래였지만 미래에서는 과거일 뿐이다. '먼저 놓여 있는 것', '우리 앞에 일어난 일'은 과거다. '우리 앞에 놓여 있으며', '임박한' 것은 미래다. 우리가 '나중에야Nach 홍수가 지든 말든 무슨 상관이냐'라고 말하건 '먼저Vor 홍수가 지든 말든 무슨 상관이냐'라고 말하건 의미에는 차이가 없다.

수평적 시간 흐름의 모호성은 수직적 흐름에서도 반복된다. 심플리키오스Simplikios는 헤라클레이토스에게 말한다. "모든 것은 흘러간다." 물론 언덕 아래로 말이다. 시간은 위에서 아래로 움직인다. 고고학적으로 연대가 '높은' 것으로 판명나면 날짜를 '아래로 조정'해야 한다. "오호라, 덧없는 날들이 지나가는구나."라고 호라티우스는 《서정시》에서 한탄했다. 시간의 흐름을 '랩수스 템포리'lapsus tempori라고 불렀으며 지난 시간은 '위에' 존재하는 '수페리오라 템포라'superiora tempora이며 제일 오래된 혹은 첫 번째의 기억을 '가장 높은', '수마 메모리아'summa memoria라고 불렀다. 그리스에서도 마찬가지다. 동시에 시간은 아래서 위로 움직이는 것으로 파악되기도 했다. 라틴어로 '디에스 수프레무스'dies supremus(가장 높은) 혹은 '수무스'summus(높은)는 역으로 '가장 최근의 마지막 날'이라는 의미로 쓰인다. 또한 그것을 때로 '적절한 시기'라는 뜻으로 사용하기도 한다. 시간은 연도와 함께 증가한다. 시간 속에는 낮은 연도도 있고 높은 연도도 있다. 시간의 연속적 흐름과 마찬가지로 숫자의 연속적 흐름도 공간적으로 사유되었다. 고고학이나 지질학에서 지층은 아래쪽으로 내려갈수록 오래된 것으로 파악되는데 그리하여 석탄의 하부층은 오래된 것이고 상부층은 상대적으로 오래되지 않은 것으로 본다.

시간의 경계, 구분, 이중성

○ 언어 속에서 시간의 움직임 방향을 가리키는 이중적 의미는 유기적 시간의 은유이기도 하다. '현재는 과거의 무덤이고 미래의 산파이다'라는 표현은 거꾸로 쓸 수도 있다. 현재는 과거를 줄이고 미래를 증가시키기 때문이다. 이중적 의미는 또한 '늙은', '새로운' 혹은 '젊은'과 같은 의미에도 최종적으로 연관되어진다. '늙은'이라는 단어에는 '심신이 미약하며 시대에 뒤떨어진', 즉 '구식인'이라는 부정적 의미가 따라붙는다. 하지만 같은 단어는 또한 '선하고 친근하며 존경할 만한'이라는 긍정적인 의미로 쓰이기도 한다. 어

떤 저작물에 권위와 흥미를 덧붙이고자 한다면 고대의 책을 발견한 척하는 것도 한 방법이다. BC 621년 요시야가 모세 율법을 인용한 것이나 루시우스 셉티미우스Lucius Septimius가 312년에 딕티스 크레텐시스Dictys Cretensis라는 저자와 함께 썼다는 호메로스와 플라톤, 바오로의 가짜 책들과 트로이 전쟁에 대한 회고록을 예로 들 수 있겠다. 시간이 흐를수록 값어치가 높아진다는 것 때문에 자신의 이익을 위해 소설이나 예술작품을 위조하거나 위법적으로 소유권을 주장하는 것은 시간을 넘나드는 인간사의 형태이기도 하다. 《일리아스》에서 네스토르Nestor는 '옛날 좋았던 때'에 대해 칭송을 아끼지 않았고 고대에서 도덕적 타락에 대한 한탄은 끊임없이 등장하는 테마이긴 하지만 호라티우스의 《시학》Ars Poetica이나 플루타르코스의 《도덕론》처럼 과거를 미화하는 자를 비웃는 작가들도 이미 등장했다. 과거에도 좋은 시절이란 없었다는 것을 우리는 이미 알고 있다.

새로움이란 말도 모호하긴 마찬가지다. 로마의 정치나 종교에서 새로운 것Res nova이나 새로운 부채의 탕감tabulae novae(새로운 시대가 도래하여 기존의 채무가 탕감되는 것을 의미한다.—옮긴이)은 혁명을 예고하는 것이었고 기독교는 새로운 종교라는 미명 아래 거부되었다. 반면 항상 혁신을 외치던 투키디데스처럼 아테네인들은 보편적으로 새로운 것을 긍정적인 것으로 받아들였다. 이는 사도 바오로가 51년에 아고라에서 설교할 때도 역시 경험한 사실이다. 한번은 아테네 사람들이 그를 잡고 아레이오스 파고스로 데리고 가서 말했다. "당신이 말하는 그 새로운 가르침을 우리가 자세히 알 수 있겠소? 당신은 우리가 듣기에 생소한 것을 전하는데, 우리는 그것이 무엇을 뜻하는지 알고 싶소."(사도 17:19~20) 오늘날 많은 곳에서 혁신이 요구된다. 또한 많은 곳에서 환영받는다. '현대적'이라는 말은 칭찬이다. 유행은 권력이 된다. 세상엔 새로운 것들에 대한 광기가 넘친다. 오늘날 소위 찬양되는 '아방가르드'는 자본주의 용병들에게는 그저 '쓰레기 더미'에 지나지 않을 뿐이다. 모든 이의 흥미를 끄는 주제는 최근의 화젯거리여야만 한다. '현재'aktuell라는 표현은 '수명이 짧은'ephemer이라는 의미를 완곡하게 표현한 것이다. 대중 미디어는 새로움에 환호하고 명예를 선사한다. '신문'Zeitung은 원래 '새로운 메시지'neue Nachricht라는 뜻이었다. 1568년부터 1605년까지 발행되었던 아우크스부르크의 〈푸거 신문〉Fugger-zeitung은 무역상들에게서 들은 외국의 사건들을 보도하던 신문이었다. 이 신문은 거의 매일 보급되었고 한 부당 4크로이처에 팔렸다.

시간에 기반을 둔 횟수에 대한 용어도 역시 모호하기는 마찬가지다. 원래는 단순히 '한 번'einmal이라고 불렸던 '한때'einst라는 단어도 먼 미래와 먼 과거까지 아우르는 의미를 지니게 되었다. "그런 날이 한 번은 올 것이다." 1793년에 보스Johann Heinrich Voss가 번역한 《일리아스》의 한 구절이다. "그녀도 한때 과거에는 노인으로 불리었다." 릴케는 1907년에 시빌Sibylle이라는 여자에 대해 이렇게 썼다. 마찬가지로 라틴어 '올림'olim도 '먼 미래'라는 뜻으로 쓰이기도 했다. 이 단어 속에는 가장 오래된 과거와 까마득한 미래가 결합되어 있다. 이중적 의미 속에는 '오래된'이라는 의미도 있는 것이다. 절대적 의미에서 이 단어는 이 세상의 나이부터 갓난쟁이의 살아온 날까지 과거의 가장 오랜 시간부터 가장 짧은 시간까지를 담고 있다고 볼 수 있다. 이는 더 오래된 의미로, '오래된'alt이란 단어는 '성장하도록 먹이를 주는'이라는 뜻의 라틴어 '알레레'alere와 연관되어 있으며 상대적인 관점에서 오늘로부터 아주 먼 과거의 시점 혹은 기간을 나타낸다. 이러한 이중적 의미는 페테르 프랑케Peter Franke가 "이 로마 동전은 얼마나 먼 건가요?"라는 내 질문에 대답할 때 잘 드러났다. "아, 이건 전혀 오래된 게 아니고 새 동전이에요."

'새로운, 젊은' 같은 단어들은 그저 상대적인 의미로 쓰일 뿐이다. 우리가

"빌헬름 하우프는 젊었을 때 세상을 떠났다."라고 말할 때, 그 '젊었을 때'란 현재의 시점에서 얼마 지나지 않은 근래일 수도 있고 오래된 특정 시간일 수도 있다. '나이 든, 오래된'alt이란 단어와 '새로운'neu, '젊은'jung이란 두 단어는 그러므로 비대칭적이다. 'alt'는 절대적이고 상대적인 의미를 동시에 지니고 있지만 'neu' 혹은 'jung'은 단지 상대적인 의미만을 가지고 있을 뿐이다. 한 쌍의 단어가 이렇게 기울어진 개념을 담고 있는 것은 그리 드문 일이 아니다. 가령 짧은 길의 '길이'나 개미의 '크기', 언덕의 '높이'와 같은 표현들은 이러한 비대칭적인 의미를 담고 있다. 아무리 이른 시간이라도 우리는 "지금 몇 시입니까?"Wie spat ist es?(직역하면 '얼마나 늦었나요'라는 뜻—옮긴이)라고 묻는다. 주어진 기간 안에서 우리는 이르거나 늦은 시간을 구별하며 아침과 저녁을 구분 짓는다. 초기 고딕 양식과 후기 고딕 양식이 구분되는 것도 그 덕분이다.

고대와 현대의 불화

○ 루이 14세의 통치기에 고대의 '오래된' 것과 '현대적인' 것 중 무엇이 더 현실에 효율적인지에 대한 질문이 등장한 것을 보면 역사 속에서 '오래된, 늙은'과 '새로운, 젊은'이라는 표현이 사용될 때는 숨은 역설이 있다는 것을 알 수 있다. 1566년에 장 보댕Jean Bodin이 자신의 시대에 자부심을 가지고 고대 클래식에 열광하는 르네상스에 질문을 던진 것도 같은 맥락에서다. 이러한 논쟁은 1687년 파리에서 저명한 동화작가인 샤를 페로Charles Perrault가 〈루이 대왕의 세기〉Jahrhundert Ludwigs des Großen라는 작품으로 신구 논쟁을 촉발시킴으로써 절정에 달했다.

1584년의 조르다노 브루노Giordano Bruno와 1620년의 프랜시스 베이컨이 제기한 '현대'라는 용어에 대한 비평에서, 1688년 베르나르 퐁트넬Bernard de Fontenelle은 연극적 논쟁을 통해 '현대'의 편을 들어주었다. 베이컨Francis Bacon의 《신기관》Novum Organum을 보면, '현재는 오래된 세상의 구현이니 사실 오래된 것은 새로운 것이요, 현대적인 것은 오래된 것'이라는 표현이 등장한다. 망해가는 세상senium mundi에 대한 만연한 인식은 사실 인류의 청춘기라고 할 수 있는 로마 시대에 등장한 것이다. 나이에 대한 은유를 통해서 우리는 시간이 가진 까다로운 본질을 설명할 수 있다. 중세에 오토 폰 프라이징Otto von Freising은 이것을 긍정적으로 해석했다. 그의 저작 《연대기》chronik 서문을 보면 그는 늙은이의 지혜로움이라는 비유를 들어 자신이 속한 시대가 고대의 시대보다 우월하다는 입장을 피력했다.

오늘날 우리가 '옛날'이라고 부르는 오래된 과거는 '가장 최근의 시간'jungst von jung에서 가늠한 시간이다. 하지만 시간도 스스로 나이를 먹는 것으로 봐야 할까? 만약 그렇다면 구석기시대는 신석기시대로 불러야 하고 신석기는 구석기로 불러야 할 것이다. 구석기에서 신석기로 이어지는 400만 년 동안 시간도 그만큼 나이를 먹었기 때문이다! 하지만 시간은 나이를 먹지 않고 단지 객체만이 나이를 먹는다. 여기서 대상을 중심으로 흘러가는 시간은 '시간을 초월하여' 변하지 않고 언제나 그 자리에 있는 자연 시간과는 구별할 필요가 있다.

'오래된, 늙은'과 '새로운, 젊은'이라는 표현의 상이한 활용 방식은 그것이 다양한 시간에 대한 논리와 출발점을 가지고 있기 때문이다. 보통 우리가 흔히 쓰는 방식대로 우리의 현재를 출발점으로 삼거나 베이컨과 퐁트넬이 그랬듯이 세상의 시작을 출발점으로 삼을 수도 있다. '오래된' 그리스인과 로마인, 게르만인에 대해 이야기할 때, 우리는 그들의 이전에 존재했던 상상의 시간들을 포함해서 그들이 사라지고 나서도 오늘날까지 계속 나이가 들고 있다는 것을 전제로 한다. 하지만 이미 존재하지 않는 것들도 계속 나이를 먹을 수 있을까? 어떤 현상을 오래된 것으로 생각할 때 우리는 시간을 되돌리는데 과거로 더 멀리 돌아갈수록 그 시간은 우리의 뒤 혹은 앞에서 더 멀어진다. 초기일수록 오래된 것이고 후기일수록 새로운 것이다. 심판의 날jungste Tag(직역하면 '최근의 날'이라는 의미—옮긴이)은 세상이 최고령에 달한 마지막 날이다. 그렇다면 이 세상이 처음으로 창조된 날은 가장 젊은 날이 아니겠는가?

이러한 역설은 비단 독일어의 문제만은 아니다. 베투스vetus에서 유래한 '오래된'이란 뜻의 라틴어인 베투스타스vetustas는 단지 오래된 세상, 지난 지 한참인 과거만을 가리키는 것이 아니라 먼 미래, 곧 나이가 들어갈 세상까지도 포함한다. 실례로 키케로의 작품에는 그 둘을 모두 볼 수 있다. 베투스타스는 팔레르너Falerner 와인의 연도만 가리키는 것이 아니라, 당대 호민관의 명성이 미래에도 오래토록 전해질 것이라는 의미도 지닌다. '오래된, 늙은이'라는 의미의 라틴어 베투스는 '해, 연도'Jahr를 뜻하는 그리스어 에토스etos와 연관 있는데, 베투스타스는 언제인지는 상관없는 단순히 시간의 길이를 의미한다. 싸움Querelle은 시간 속에서 의식의 변화를 암시한다. 퐁트넬이 현대를 오래되고 늙은 시대라고 했을 때, 그는 현재를 르네상스나 그리스·로마 '시대'와 비교해서 말한 것이 아니라 진화의 과정이라는 개념 속에 자리 잡은 인류 전체의 수명에 대해 이야기한 것이다. 순환적인 역사의 개념을 대신하여 직선적이고 진화적인 역사 과정이라는 개념이 등장한 것이다. 이로써 그는 현대의 역사적 그림을 그리는 데 결정적인 역할을 했다.

제2장

시간의 상징과 신들

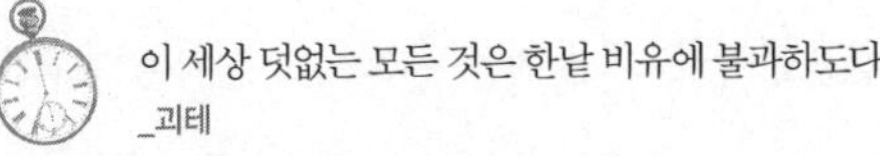

> 이 세상 덧없는 모든 것은 한낱 비유에 불과하도다.
> _괴테

시간의 의인화

○ 단순히 시간을 그대로 받아들이는 게 아니라 제대로 다루기 위해서 우리는 시간을 전체 또는 부분적으로 나누어 사용하며 여러 개념과 수를 이용해왔다. 하지만 이 모든 것들은 추상적이어서 사람들은 초기부터 시간을 구체화할 수 있는 상징, 즉 만질 수 있는 시간을 창조하기 시작했다. 시간의 특정한 속성을 표현해주는 물체나 생물체를 활용하기 시작한 것이다. 그것들은 은유의 형식으로 단지 언어로만 표현되는 대상이 아니었다. 비록 문헌을 통해서지만 구체적으로 눈에 보이는 대상으로 표현되었다. 또한 예술작품으로도 구체화되었는데 종종 오래된 묘비 등에 덧없고 영원함을 보여주는 상징으로 사용되었다.

그리스·로마 사람들은 시간을 인간과 같은 복잡하고 추상적인 존재로 묘사하기를 즐겼는데, 이때 시간은 대부분 여성의 형상을 띠었다. 우리는 미덕이나 악덕과 같은 도덕적 의인화나 예술과 과학의 의인화뿐 아니라 도시나 국가와 같은 공간과 모든 시간 단위도 의인화된 것들을 볼 수 있다. 또한 그들은 특정한 연도와 계절, 5년에 한 번씩 열리는 제례와 열두 달, 낮과 밤, 아침과 저녁도 의인화해서 표현했다. 프톨레마이오스 2세 필라델포스Ptolemaios II Philadelphos는 BC 271년 겨울 알렉산드리아에서 열린 디오니소스 축제의 가장행렬에서 자신의 부모를 기리기 위해 이 모든 시간 단위를 의인화해서 표현했다.[1] 한 해年는 한때 제우스를 양육한 아말테이아Amalthea의 황금빛 풍요의 뿔로 치장한 가면을 쓴, 키가 6큐빗(고대에 사용되던 길이 단위의 하나. 손가락 끝에서 팔꿈치까지의 길이로 약 45센티미터—옮긴이)이 넘는 거인의 모습으로 나타났다. 그다음에는 금으로 잔뜩 치장한 처녀 펜테테리스Penteteris가 호라이를 비롯하여 다른 의인화된 시간의 상징들을 이끌고 나타났다. 안티오코스 4세는 BC 166년에 안티오케이아에서 거행된 자신의 행렬에 위의 가장행렬을 모방했다.[2] 그리스 7현인 중 하나로 알려진 린도스의 클레오불루스Cleobulus가 만들었다고 전해지는 수수께끼는 다음과 같다. "한 아버지 밑에 열두 명의 자식이 있고 서른 명씩 손녀들이 두 번 태어났는데 한 번은 머리칼이 희고 한 번은 머리칼이 검다. 이들은 모두 불멸의 존재이지만 매일 죽는다."[3] 그 아버지는 해年다.

크로노스와 크로노스

○ 특정한 기간을 가리키기 위한 이 세상의 신과 동물, 식물의 왕국과 도구들을 활용한 상징들이 생겨났다. 인간의 형상을 한 의인화된 존재인 크로노스Chronos는 탈레스의 작품에서는 가장 지혜로운 사람이며[4] 핀다로스의 시에서는 지복으로 가득 찬 신들을 뛰어넘는 모든 존재의 아버지다.[5] 그는 '모든 전진하는 것'에 빛을 주는 존재이기도 하다. 소포클레스의 책에 등장하는 시간은 모든 것을 보고 듣는 존재로서 진실은 그의 딸이다. 겔리

우스가 번역한 '진실은 시간의 딸이다'라는 구절은 아르노 보르스트에 의해 역사적 상대주의로 잘못 해석되었다. 그것만이 아니다. 레오나르도조차 그것을 재해석했다.[6] 하지만 앞의 구절은 진실이 시간이 흐르면서 변한다는 의미가 아니라 시간이 지나면서 진실이 밝혀진다는 의미다. 플루타르코스는 《도덕론》에서 시간, 크로노스의 어원을 로마의 사투르누스인 크로노스 신과 동일화시키면서 그를 '진실의 아버지'로 승격시켰다. 크로노스Chronos와 크로노스Kronos 신 사이의 연관성은 오래된 것으로 이미 소크라테스 시대 이전인 BC 6세기경에 시로스Syros의 페레키데스Pherecydes가 쓴 저서에도 그 내용이 등장한다. 이는 헤시오도스의 《신통기》를 통해서도 잘 볼 수 있는데 이야기에 따르면 크로노스 신은 제우스를 뺀 자신의 자식들을 모두 잡아먹었다. 다만 제우스는 크로노스 신의 아내가 보자기에 제우스 대신 돌멩이를 싸서 주는 바람에 살아남을 수 있었다. 크로노스 신은 나중에 이들을 다시 토해냈다고 한다. 파우사니아스Pausanias는 델피의 신전에서 이 장면이 새겨진 것을 보았다고 한다. 요하네스 리두스Ioannes Laurentius Lydus는 《데 멘시부스》De Mensibus에서 다음과 같이 설명했다. 크로노스 신은 모든 것을 탄생시키고 또 모든 것을 파괴하는 시간을 상징한다. 이시도르의 저서에서 이것은 해로 상징된다. 바로는 크로노스 신이 자신의 아이들을 다시 토해내는 이야기를, 해마다 소멸했다가 다음 봄이면 소생하는 곡식들의 변화와 결부시켰다. 아우구스티누스는 《신국》De civitate Dei에서 흙이 생산물을 선사하기도 하고 또 거두기도 한다고 썼다. 바로크 양식의 메달 위에 묘사된 사투르누스 신은 자신의 자식들을 잡아먹는 날개 달린 사신으로 등장하는데 그 아래에는 "나는 잡아먹기 위해 창조한다."라는 문장이 적혀 있다. 이러한 시간의 역설적 이중 기능은 멜레아그로스Meleagros의 《그리스 사화집》Anthologia Graeca에 적힌 경구에 잘 표현되어 있다. 크로노스는 보이지는 않지만 안 보이는 것을 보이게 하고 보이는 것을 안 보이게 한다.

아이온과 시간의 신들

○ 에우리피데스Euripides의 《헤라클레스의 자녀들》에 따르면 크로노스Chronos의 아들은 아이온Aion이다. 철학자 헤라클레이토스는 아이온에서 아이의 모습을 보았다. 그는 아이온이라는 아이 신이 심심풀이로 가지고 노는 장기판처럼 세상사를 관장하는 것으로 보았다. 헤라클레이토스는 에페수스에 있는 아르테미스 신전의 마당에서 아이들과 주사위 놀이를 하면서 동료들에게 그들과 정치를 토론하느니 아이들과 노는 게 더 낫다고 말했다.[7] 핀다로스의 책 《이스트미아 송가》Isthmien에는 아이온이 인간의 등에 시간이라는 짐을 얹고 이들의 인생길을 험난하게 만드는 신으로 나온다. 그리스 문화에서 아이온은 페르시아의 신 주르반Zurvan과 성향이 비슷하며 도시 알렉산드리아를 관장하는 신으로 한 해가 시작되는 무렵인 1월 6일 밤에 동정녀에게서 태어나 크리스마스의 기원이 되었다. 5세기 후반의 신플라톤주의자였던 헤라이스코스Heraiskos는 알렉산드리아 시민들이 아이온을 오시리스Osiris와 아도니스Adonis와 동일시하면서 밀교적 신으로 숭배했다고 증언한다.[8]

이러한 오래된 숭배문화는 아직도 살아 있다. 이후에 이집트 파노폴리스Panopolis의 주교가 되는 고대 후기의 시인 논노스Nonnos는 5세기 초 〈디오니소스의 노래〉Dionysiaka라는 자신의 서사시 7편에서 늙고 칭얼거리는 아이온을 등장시켜 제우스에게 불쌍한 인류를 위해 무엇이든 해달라고 간청토록 한다. 그리하여 신들의 아버지는 그의 말을 들어주기로 한다. 제우스와

[그림 1] 미트라 문화에서 12궁도의 한 자리를 차지하고 있는 아이온. 높이 1.2미터. 피렌체. 로마 시대. 3세기경.

세멜레 사이에서 디오니소스가 탄생하는데, 그는 내가 즐겨 마시는 2013년산 사울하이머 돔헤르 백포도주를 포함하여 우리 인류에게 술을 가져다준 신이라고 할 수 있다.

여러 조각상이나 돋을새김 등에서 볼 수 있는 아이온은 벌거벗은 젊은이로 뱀에 둘러싸여 있으며 다양한 상징으로 장식되어 있다([그림 1] 참조). 후광이나 사자의 머리를 하고 있으며 날개와 성화가 달려 있고 배경에는 태양과 달이, 구석에는 12궁도와 바람의 형상이 새겨져 있다.[9] 알렉산드리아에서 아이온은 솔Sol(로마의 태양신—옮긴이)과 세라피스Serapis와 결합되어 표현되는데 마크로비우스Macrobius가 그 모습을 묘사하고 있다. 아이온은 시간의 상징으로 뱀에 휘감겨 있으며 머리가 세 개다. 사자의 머리는 현재를, 늑대의 머리는 과거를, 개의 머리는 미래를 나타낸다. 이 같은 괴이한 결합은 동양의 오랜 전통이다.

사자와 뱀은 오르페우스교의 태초의 신인 파네스Phanes 상에도 등장한다. 또한 황금빛 날개는 신의 편재성을 상징한다.[10] 그는 모든 존재의 창조자인 크로노스가 창조한 세상의 알에서 최초로 태어난 원형적 존재로 자웅동체이며 모든 것에 빛을 가져다준다.[11] 그는 고대 후기에 와서는 이런저런 신으로 현현하는데 헬리오스Helios나 에로스와 같은 신으로 취급되기도 하고 때로 판pan이나 헤라클레스, 미트라 혹은 디오니소스와 동등하게 여겨지기도 했다. 논노스가 쓴 가장 긴 고대의 서사시인 〈디오니소스 이야기〉를 보면 파네스가 붉은 잉크로 이 세상의 역사를 먼저 기록했다고 한다. 그다음에는 시간의 신인 크로니오스Chronios가 복수의 일기장에 모든 이의 행적을 기록했다.[12]

카이로스, 찰나와 기회

○ 아이온이 가장 긴 시간이라면 카이로스Kairos, 즉 기회는 가장 짧은 시간이다. 이는 우리가 눈치채고 활용해야만 하는 찰나의 특별한 순간이다. 카이로스는 제우스의 막내아들이었다. 올림피아에서는 카이로스 숭배 문화가 있었는데 파우사니아스가 그를 모신 제단에 대해 기록한 바 있다. 리시포스Lysippos는 콘스탄티누스Constantinus 황제 치하의 시키온Sicyon에서 콘스탄티노플로 옮겨온 청동으로 BC 330년경에 동상을 만들었다. 히메리우스Himerius 다음으로 만든 것은 짧은 뒷머리에, 너무 빨리 달아나지 않도록 손으로 잡기 쉽게 앞머리를 길게 늘어뜨린, 발가벗은 소년의 동상이다. 소년은 오른손에는 칼을, 왼손에는 한 쌍의 저울을 들고 있으며 발꿈치에는

날개를 달고 있다. 주피터Jupiter조차 눈 깜짝할 사이에 달아나버리는 소년을 잡아올 수 없다고 파이드로스Phaedrus는 기록하고 있다.[13] 이와 같은 이야기는 《카르미나 부라나》Carmina Burana(1803년 보이에른 지방에서 발견된, 익명의 다수가 함께 만든 세속 시가집—옮긴이)에 나오는 디오니시우스 카토의 격언에서도 볼 수 있다.

보다시피 그것은 사실이다.
앞쪽에는 머리칼이 무성하지만
오카시오는 대개 대머리로 나타난다.

비슷한 의미로, 마리 폰 에브너에셴바흐가 1879년에 쓴 격언에는 '삶을 지배하는 것은 순간의 규칙이다'라는 표현이 등장한다.

키케로의 《의무론》De officiis에 따르면 오카시오와 같은 뜻을 지닌 것으로 오포르투니타스opportunitas, 영어로는 기회opportunity가 있다. 이 라틴어는 뱃사람들의 언어에서 기원을 찾을 수 있는데 항구에 도착하는 순간 혹은 항구portus에 도착할 가능성을 의미했다고 한다. 이후 《발견론》De Inventione에서 이 단어는 무엇인가를 하거나 하지 않기에 '적절한 시간'pas temporis을 의미하는 뜻으로 일반화되었다. 기회주의자란 성공을 위한 변화를 엿보고 있는 확고하고 잘 단련된 사람, 타고난 성격보다 카이로스를 중시하는 사람을 말한다.

신약성경에서는 카이로스를 하느님의 왕국과 천국의 왕국이 곧 도래하거나 임박한 '완전한 시간', '현재'라고 칭한다(마르 1:14, 13:33). 《로마서》의 바오로의 서신에서 카이로스는 새 시대의 아침에 깨어나는 순간을 가리키는 '구원의 날'이기도 하다. 유대인들이 카이로스를 무시하고 하느님이 주신 마지막 구원의 기회를 업신여긴 결과로 예루살렘이 멸망할 것이라고 예수는 예언했다(루카 19:44). 오늘날 카이로스, 즉 단 한 번의 기회는 아침 식탁에서 내 아내 힐트루트가 이야기하는 슈퍼마켓의 특별 세일에 있다. 손님들도 즐겁고 경제도 덩달아 즐거워지는 순간이다.

이 주의 히트 상품이나 이달의 책, 올해의 스포츠 선수 등 오늘날 이벤트는 커다란 역할을 한다. 박물관의 상설 전시장은 사람들에게 외면을 받지만 특별 전시는 언제나 사람들의 관심을 받는다. '독특함'은 언제나 대중을 끌어모으는 자석과 같으며 이러한 특별 행사는 미리 알릴 때조차 올해, 이 세기, 세계 역사상 등 한정된 시간과 공간을 지정해야만 비로소 효과를 발휘한다. 사실 엄격하게 말하자면 독특하지 않은 것이 어디 있겠는가?

낮과 밤

○ 낮을 뜻하는 헤메라Hemera와 밤을 뜻하는 닉스nyx는 둘 다 그리스어로, 여성형이다. 헤메라의 아버지는 카오스. 이들은 6세기의 오르페우스교의 교리에 관련된 다양한 계보에 등장하는데, 이를 통해 헤메라의 남자와 아이 들을 볼 수 있다. 파우사니아스는 올림피아에서 본 그녀의 초상에 대해 묘사한 바 있다. 리두스는《데 멘시부스》에서 해시계의 낮을 상징하는 고르곤Gorgon의 얼굴을 설명한다. 그는 비잔틴의 상상력을 발휘하여 태양을 상징하는 페르세우스가 메두사인 아테나의 머리를 낫으로 자르는 장면을 묘사했는데 이는 태양이 하루의 시간을 분리시키는 것과 같은 의미를 지닌다. BC 166년 무렵 안토니케이아에서 열린 안토니쿠스 4세의 축제 행렬에서 헤메라와 닉스는 인간의 모습으로 나타났는데 메셈브리아Mesembria(정

오)와 에오스Eos(새벽)도 마찬가지였다.[14] 헤메라는 하얀 날개를 단 모습으로 형상화되었다. 에오스는 《일리아스》에서 '장미빛 손가락을 가진' 신으로 묘사되었고 헤시오도스는 《신통기》에서 에오스를 태양과 달의 여동생으로, 바람과 별의 어머니로 묘사했다. 그녀는 금빛 별 장식이 박힌 가운을 입고 백마가 끄는 마차를 탄 모습으로 그려졌다.

그리스인들은 닉스를 카오스의 딸이며 낮과 죽음 그리고 별의 어머니로 받아들였다. 그녀는 잠과 꿈과 동행하며 두 마리의 흑마가 끄는 검은 마차를 타고 다니는데 이들 모두는 날개가 달린 모습으로 나타난다. 달은 닉스의 눈이다. 오르페우스적 환상의 세계에서 닉스는 하늘(우라누스)과 땅(가이아)의 최초의 어머니다. 닉스를 위해 수탉과 검은 양을 바치는 희생제가 열렸다.[15] 오르페우스 교리에서 닉스는 제우스의 증조할머니인데 호메로스가 쓴 얘기에 의하면 제우스는 닉스를 두려워했다. 하지만 제우스를 기쁘게 해 주기 위해 닉스는 그가 알크메네와 보내는 밤을 길게 늘였다. 세네카는 〈인생의 짧음에 대하여〉에서 닉스가 밤의 길이를 두 배로 늘였다고 하고 아르테미도로스Artemidorus Daldianus는 세 배로 늘였다고 썼다. 성서에도 낮의 길이가 연장되는 이야기가 나온다(여호 10:12). 이스라엘과 아모리 사람의 전투에서 여호수아의 청을 듣고 하느님이 '백성들이 적에게 복수를 마칠 때까지' 기브온의 태양과 아잘론의 달을 머물게 했다.

로마인들은 날을 인격화시켜서 '디에스'dies라고 불렀는데, 오비디우스가 쓴 《변신이야기》Metamorphoses에는 왕관을 쓴 태양의 신 포에부스Phoebus의 오른쪽과 왼쪽에는 각각 디에스dies(날)와 멘수스Mensus(달), 아누스Annus(해), 세쿨라Saecula(세기), 호라이Horae(계절)가 서 있다. 히기누스Hyginus에 의하면 에테르ether(공기)는 여성으로 생각되었다. 디에스는 하늘과 땅, 바다의 부모이며 세상은 가족의 이미지로 그 질서가 형성되었다.

계절의 등장, 호라이

○ 계절은 호라이로 의인화되었는데 이전에는 여러 숫자와 기능으로 표현된 반신적 존재였다가 시간이 지나면서 점차 비슷한 발음의 호라hora(시간)와 연관이 깊어졌다. 호라는 시간의 모든 측면을 가리키는데 특히 꽃이 피거나 곡식이 무르익거나 미모가 빛을 발하는 때와 같은 적기를 의미한다. 호메로스의 책에 등장하는 계절인 호라이는 그때까지 비인격적인 존재였다. 《일리아스》에서 봄의 호라는 간단하게 렌트Lent로 지칭되었고 《오디세이》에서는 겨울 호라가 추운 날들을 상징했다. 헤시오도스의 《신통기》에 등장하는 호라의 복수형인 호라이는 제우스와 율법의 여신 테미스의 딸들이며, 테미스는 우라누스와 가이아의 딸이다. 헤시오도스와 아폴로도로스Apollodorus도 호라이에 대해 언급했다. 호라이는 에우노미아Eunomia(질서), 디케Dike(정의), 에이레네Eirene(평화)로 이루어져 있는데, 이들은 각 계절과는 상관이 없다. 아테네에서는 이들이 신성화되어 우아함을 나타내는 우미優美의 여신들인 카리테스Charites와 동등하게 받아들여졌다. 카리테스의 이름에서 드러나듯이 아우크소Auxo는 다산의 여신으로서 성장을, 탈로Thallo는 풍요를, 카르포Karpo는 수확을 상징한다. 로마 시대의 지성인 켄소리누스는 그리스의 호라이를 이집트의 신인 호루스Horus와 연관지으면서 동시에 해를 뜻하는 호로스horos와 연감 작가인 호로그라포이horographoi와도 연관시켰다.

호라이가 제일 처음 큰 행사에 모습을 드러낸 것은 앞서 언급했듯이 프톨레마이오스 2세 필라델포스의 디오니소스 축제의 가장행렬에서였다. 이들은 각 계절의 색에 맞추어 그에 맞는 과일들로 치장했다.[16] 그림에 나오는 호라이는 글을 통해 알 수 있다. 필로스트라투스Philostratus는 천국으로의 승천을 그린 그림에 대해 호메로스에게 설명했다. 공기 중으로 승천을 하던 중

시인은 계절의 여신들을 만난다. 이들은 노래하고 서로의 손을 맞잡은 채 1년을 의미하는 원을 그리며 춤을 추었다. 논노스는 호라이를 '한 해의 딸들'이라고 불렀다.

겨울 호라는 비를 흩뿌리는 젖은 베일로 나타나고, 봄의 호라는 장미 향기를 흩날리며 등장하며 꽃들과 제비를 사랑하는 제피로스Zephyros로 수놓인 가운을 입었다. 세 번째로 여름의 호라는 수확을 위해 낫을 휘두르며 얇은 옷을 입고 태양의 열기로 인해 이마에 땀을 흘리며 아름다운 다리를 자랑하며 춤을 추었다. 또한 가을의 호라는 머리에 올리브 화환을 쓰고 포도넝쿨에서 포도를 따고 나뭇가지에서 나뭇잎을 거두었다.

호라이는 실러Friedrich von Schiller에 의해 다시 한 번 재조명된다. 1795년에 그는 《월간 문학》litterarische Monathsschrift이라는 잡지를 창간했고 튀빙겐의 유명 출판업자인 코타Cotta가 이를 출판했다. 헤시오도스의 세 명의 호라이의 이름을 인용하면서 실러는 잡지를 바이마르 고전주의의 반열에 들게 했다. 그는 이 잡지에 미학 교육을 위한 편지를 싣기도 했다. 당대의 가장 걸출한 작가였던 괴테도 앞장서서 이 잡지에 자신의 재능을 기부했지만 결국 2년 후인 1798년 1월 28일에 실러가 괴테에게 보낸 편지에 드러나듯 '세 여신에게 사형선고를 내려야 했다.' 1797년, 출판업자인 코타가 잡지 수익에 불만을 품고 잡지를 폐간하기로 한 것이다.

경계를 다스리는 신, 야누스와 테르미누스

○ 시간과 영원에 관한 고대 로마의 신인 영원의 신deus aevi은 야누스Janus다. 야누스는 야누아Janua(문)를 지키는 문지기 신이었다. 야누스는 열

쇠와 같은 특징을 가지고 있었다고 오비디우스는 《행사력》Fasti에서 전한다. 야누스는 문두스mundus(세상)와 켈룸caelum(천국)과 동격이었으며 '신들의 신'deorum deus으로 불리기도 했다.[17] 그는 시작의 신이었으며 '1월'은 그에게 신성한 달로서 사람들은 1년의 첫 번째 달에 희생제를 올리고 가장 먼저 그에게 기도를 올렸다. 두 얼굴을 한 야누스는 한쪽 얼굴은 동쪽의 미래를 향하고 다른 한쪽의 얼굴은 서쪽의 과거를 향하고 있다. 어떤 경우에 야누스는 헬리오스 또는 카오스와도 동일시되는데, 리두스의 《데 멘시부스》에 의하면 시간의 신이라고 불린다. 포에니 전쟁 후에 야누스의 이중적 옆모습을 동전에 새기기 시작했고([그림 2] 참조) 이후에는 인본주의자들의 상징으로 사용되기도 했다.[18] 대 플리니우스에 의하면 누마 왕은 야누스 신에게 그의 첫 번째 동상을 바쳤다. 야누스를 위한 축제는 이후에 8월 17일에서 10월 18일로 옮겨졌다.

동상을 보면 야누스는 오른손으로 300이라는 숫자를, 왼손은 65라는 숫자를 보여준다. 합쳐서 365가 되는 숫자에 대해[19] 퀸틸리아누스Marcus Fabius Quintilianus는 교육받은 이들은 이처럼 손가락으로 숫자를 표현하는 방법을 알고 있었고 유럽인들은 16세기까지 수학책을 통해 그것을 배울 수 있었다고 말했다. 중국에서는 손가락으로 숫자를 표현하는 방식을 지금도 교육하고 있다. 며느리인 진홍이 나에게 알려준 바에 따르면 말이다.

가장 오래된 야누스의 성전은 포룸 로마눔의 아치형 입구인데, 야누스의 날개는 전쟁 시에는 열리고 평화로운 시기에는 닫혀 있게끔 되어 있었다. 이 같은 은유 방식은 독일어에도 쓰인다. 전쟁이 '열리고'eröffnet 평화를 구하는 것은 독일어로는 문처럼 평화를 '닫는다'schließ라고 표현한다. 아우구스투스 황제 때까지 아치형 입구가 닫힌 것은 단 세 번뿐이었다고 벨레이우스Velleius는 기록했다. 보통 때 이 문은 항상 열려 있었다고 한다. 야누스의 신전은

[그림 2] 야누스를 돋을새김한 로마 시대의 구리 동전. 뒷면에는 BC 260년 카르타고와의 해전에 승리한 기념으로 뱃머리가 새겨져 있다.

로마에 여러 개 있었는데 그중에는 오비디우스가 《행사력》에서 언급한 트라스테베레의 야니쿨룸Janiculum 언덕 위에 있던, 지금은 사라진 야누스 신전도 포함된다. 그 외에도 아우구스티누스가 '야누스 게미누스'Janus geminus라고 부른 야누스 사면문도 있다. 이 문은 신전 앞에 서 있는데 네 개의 얼굴로 각각 네 방향을 바라보고 있다. 교회 신부들은 야누스 숭배에 반대하며 《요한 복음서》 10장 9절의 하느님의 말을 인용했다. "나는 문이다."

오늘날 많은 관광객이 몰리는 포룸 보아리움의 사면 아치형 문인 아르코 디 지아노Arco di Giano는 사실 야누스 사면문과는 아무 상관 없는 디오클레티아누스Diocletianus 시대의 사면문이자 승전문이다. 중세기에 호전적인 프랑지파니Frangipani 가문은 그곳에 첨탑이 있는 성을 세웠는데 1830년에 파괴되었다. 고대의 건축물은 19세기에 이르러 전통적인 모습대로 정화되고 복원되었는데 로마의 판테온에 있는 아크로테리온이나 트리어, 프랑켄투름의 시메온 교회에 있는 로마 시대 문인 포르타 니그라Porta Nigra같이 후대에 다른 건축물이나 형상이 덧붙여지는 일이 없이 그대로 복원되었다.

공회Senate Curie 앞에 서 있던, 지금은 사라진 야누스 신전은 고대 로마인의 신앙이 기독교 로마 시대에도 이어져왔음을 증명한다. 다행히 신들의 모습을 형상화한 청동상이나 건축물들은 410년 고트족Goths의 침입과 455년의 약탈에도 불구하고 살아남았다. 프로코피우스Procopius Caesariensis가 남긴 유스티니우스 1세의 고트 전쟁에 대한 기록을 보면, 고트족의 왕인 비티기스 치하에서 537년에 몇몇 로마인이 도시를 구하기 위해 야누스 신전의 문을 은밀히 열려고 시도했다. 하지만 콘스탄티누스 대제 시대 이후로 더 이상 문을 여는 일이 없었으므로 문은 굳게 잠겨서 아주 살짝만 열릴 뿐이었다. 벨리사리우스Flavius Belisarius는 문을 연 범인을 잡으려 했으나 결국 찾지 못했다. 그리하여 야누스의 도움이 있건 없건 로마는 무사할 수 있었다.

아우구스티누스의 《신국》에 따르면, 야누스가 시작을 알리는 신이라면 테르미누스Terminus는 종말을 알리는 신이다. 테르미누스는 경계를 의인화한 신이었으며 그의 석상은 카피톨리노 언덕에 자리를 잡고 숭배의 대상이 되었다. 주피터조차 테르미누스에게 야누스보다 높은 명예를 부여해야 할지 고민했는데 그것은 대체로 끝맺음이 시작보다 더 큰 즐거움을 주기 때문이었다. 오비디우스는 《행사력》에서 테르미우스의 평화로운 권능에 대해 찬가를 불렀다. 테르미누스는 싸움을 피하기 위해서 경계를 만들었지만 그 뒤로는 경계를 두고 싸움이 멈추지 않았다. 《신국》에 의하면 아우구스티누스는 로마 제국의 황제인 하드리아누스Hadrianus나 율리아누스Julianus, 요비아누스Jovianus가 제국의 전선을 수호하지도 못했으면서 테르미누스를 숭배한 것을 비웃었다. 테르미누스가 신성시되는 달은 2월이며 이때 전년도의 끝맺음을 알리는 테르미날리아Terminalia 축제가 열렸다. 이로써 '테르미누스'라는 공간적인 경계는 시간적 경계로 넘어가서 시공간의 이중적 의미를 지니게 되었다. 고대 후기에 비문으로 새겨진 '테르미누스는 자연의 왕이다'terminus rex rerum라는 표현에서 테르미누스는 '왕'으로 격상되어 모든 인간에게 자연의 유한한 본성을 알려주었다. '일기'Terminkalender도 매일 그것을 우리에게 가르쳐준다.

뮤즈 클리오

○ 넓은 의미의 시간의 상징에는 클리오clio도 포함된다. 클리오는 아폴론이 이끄는 아홉 명의 뮤즈에 속하는데 헤시오도스도 《신통기》에서 이들이 제우스와 기억의 화신인 므네모시네Mnemosyne 사이에서 태어난 딸들이라고 언급했다. 태어날 때부터 기능적인 역할을 부여받은 이들은 헬레니즘 문명에서 각각의 영역에 맞는 기능을 수행했다. 아우구스투스 황제 치하에서 디오도로스Diodoros는 클리오를 역사적 '명성'을 뜻하는 클레오스kleos와 결합시켰다. 그리하여 클리오는 영웅 서사시와 기도의 여신으로 배정되었다. 클리오는 역사 기록학을 발명한 여신으로 간주되기도 한다. 그녀는 트리어의 모자이크에서 키타라Kithara와 함께 묘사되었는데 그 외에는 대부분 두루마리 천에 무엇인가를 쓰고 있는 모습으로 나온다. 《그리스 사화집》에 등장하는 고대 후기의 이행 연구시는 클리오를 역사와 예언의 뮤즈로 칭한다. 그 책에서 클리오는 과거와 미래를 책임지는 역할을 하고 있다.

해, 달, 별

○ 우리에게 밤과 낮을 주고 계정을 관장하며 우리 삶에 빛과 온기를 주며 성장을 가능하게 하는 태양은 이미 초기 예배 의식에서도 여왕의 지위

를 누리고 있었다. 모든 종교에서 태양은 대부분 남성으로서 중대한 역할을 차지하고 있는데 바빌로니아의 샤마시Shamash나 이집트의 아몬레Amon-Re, 그리스의 헬리오스나 포이보스 아폴로Phoebus-Apollo, 로마의 솔sol이 그 다른 이름이다. 교회의 사제들도 예언자 말라키Malachi의 말처럼 예수를 '정의의 태양'으로 해석한다.

시간을 가리키는 역할을 하는 달조차 신격화되었다. 달의 여신은 바빌로니아에서 신Sin이라고 불리었고 그리스에서는 셀레네Selene, 로마에서는 루나Luna였다. 신화에서 달은 아르테미스, 다이애나와 연관되었고 이후에는 '초승달 위에 앉은' 성모 마리아 같은 모습으로 표현되었다. 연속적으로 시기에 따라 변화되는 달의 모습은 삶과 죽음 그리고 운명의 불확실성을 상징했다. 《카르미나 부라나》 17편에도 잘 드러나 있다.

> 오, 운명이여,
> 달처럼 모양을 바꾸며
> 그대는 커졌다 작아졌다를 되풀이하누나.
> 고약한 삶이여…….

달의 변화와 관련된 미신은 수없이 많다. 하늘의 빛과 함께 달빛 또한 영원을 상징한다. 《시편》 72장 5절에서 솔로몬은 하느님에게 이렇게 아뢰었다. "세세 대대로 해처럼 달처럼 살게 하소서." 페르시아의 왕은 '태양과 달의 형제'라는 칭호를 가지고 있었으며[20] 그 모양이 사산왕조Sassaniden의 왕관에 새겨져 있었다. 이후에 이 문양들은 비잔틴오스만 제국의 도상학에 차용되어 오늘날에는 터키의 국기를 장식하고 있는데 하현달 옆의 달이 별로 바뀌었을 뿐이다. 그리하여 영원을 상징하던 문양이 실수로 밤의 상징으로 바꿔고 말았다.

그 외에도 많이 사용되는 시간의 상징 중 하나가 천궁도Tierkreiszeichen의 별자리다. 천궁도가 가장 먼저 언급된 것은 BC 6세기 후반, 테네도스 섬 출신의 천문학자 클레오스트라투스Cleostratus에 의해서다. 천궁도가 도형화된 형태로 나타나는 것은 BC 4세기부터다. 마케도니아의 왕이었고 아테네인들이 신으로 숭상했던 데메트리우스 1세 폴리오르케테스Demetrius Poliorcetes는 BC 307년에 우주의 시간과 공간을 도상화한 12천궁도 문양을 새긴 코트를 입은 모습으로 묘사되었다.[21]

로마에서도 이 문양은 인기를 끌었다. 미식가 트리말키오Trimalchio는 만찬에서 열두 개의 별자리로 장식한 동그란 접시에 음식을 담아 손님들에게 내놓는 이벤트를 벌이기도 했다. 아우구스투스 황제 시대의 동전에는[22] 달과 황제의 별자리인 염소자리를 새겼다. 콘세르바토리 궁전에는 별자리를 장식으로 삼아 지구본 위에 올라 있는 로마 황제 코모두스Commodus의 멋진 상반신 조각이 남아 있다.[23] 또한 고대 이후의 그림들에서는 지구본이나 시계에 별자리가 많이 사용된 것을 볼 수 있다.[24]

주르반과 미트라

○ BC 12세기까지 마술사나 무당들의 숭배를 받았던 이란의 시간의 신 제르반Zervan 혹은 주르반Zurvan의 흔적이 곳곳에 남아 있다. 그는 우주의 운명을 결정하는 신으로 그 안에 시간과 공간, 빛과 어둠, 선과 악이 구별되지 않은 채 공존한다.[25]

이원론적인 조로아스터교에서는 신과 악마인 아후라 마즈다Ahura Mazda와 아리만Ahriman이 쌍둥이로서 주르반에 의해 창조된 것이라고 알려져 있다. 《분데헤쉬》Bundehesh에서[26] 아후라 마즈다는 전지전능하고 영원한 창조신이며 아리만은 유한한 존재다. 주르반은 헬레니즘-로마 문화기에 아이온과 미트라로 합병되었다.

플루타르코스의 《영웅전》에서 보이듯 동양 혹은 페르시아에서 시간의 신으로서 숭배받던 미트라는 소아시아에서 이탈리아로 와서 재정착한 해적들에 의해 폼페이우스 황제 치하에서 전 제국으로 퍼졌다. 돌로 된 유적을 통해 우리는 전형적인 황소 살해 의식을 볼 수 있고 배경에 시간을 나타내는 여러 상징들의 변화를 볼 수 있다.[27] 그중 각 달을 나타내는 별자리와 영원을 나타내는 뱀의 형상, 시간의 휘발성을 나타내는 한 쌍의 날개와 한 주를 나타내는 행성의 신, 아침과 저녁 그리고 낮과 밤을 나타내며 위아래로 비춰지는 불꽃과 태양의 후광과 초승달을 볼 수 있다.

앞에 나타난 여러 상징들은 미트라 숭배가 성행했던 시대를 보여준다. 사제들은 7단계로 나누어 각 행성의 신들을 숭배했다. 수성, 금성, 화성, 목성, 달, 태양, 토성의 순서대로 점점 단계별로 올라가면서 숭배하는 방식이었다. '정복될 수 없는 태양 신' 미트라의 생일은 이탈리아에서는 겨울의 극점인 12월 25일에, 이집트에서는 1월 6일에 경축되었다. 또한 미트라는 한 해의 신인 아이온으로 숭배되기도 했다. 미트라의 다른 이름인 메이트라스Meithras의 문자에서 도출된 숫자 값은 365였다. 미트라의 생일은 4세기에 기독교인들에 의해 크리스마스로 바뀌게 되었다.

잿더미에서 날아오르는 피닉스

○ 시간을 상징하는 신성화된 존재와 더불어 비슷한 기능을 가진 신화적 존재도 빼놓을 수 없다. 시간을 상징하는 가장 오래된 동물은 피닉스Phoenix다(부록 그림 5 참조). 신비로운 이 새의 이름에는 여러 가지 의미가 있다. 호메로스의 시에서 피닉스는 '자주색'이며 교역을 통해서 들여온, 그리스인들에게 가장 인기를 끌던 제품 중 하나인 자주색 달팽이를 의미했다. 초기 라틴어에서 '포에니'Poeni라는 단어는 포에니 전쟁에서 비롯된 것으로 받아들여졌다. 카르타고가 페니키아인들의 도시 티레Tyre의 딸에 해당되는 도시로 여겨졌기 때문이다. 피닉스는 이후에 중동 지역에서는 대추야자나무를 가리키는 표현으로 사용되기도 했다. 또한 장소를 가리키는 이름으로 쓰이기도 했고 호메로스는 아킬레스의 스승 이름으로 등장시키기도 했다.

피닉스의 초기 전통은 이집트에서 발견할 수 있다. 이집트의 신성문자에서 이 새는 보이네Boine라고 불렸는데 아미아누스Ammianus Marcelinus에 따르면 그리스에서 피닉스로 재탄생되었다. 이 새는 헬리오폴리스Heliopolis(이집트의 고대 신전 도시—옮긴이)에서 신성한 태양의 새로 숭배를 받았다. 태양이 그렇듯이 피닉스도 매일 나타났다가 사라지기를 반복하는데 한편으로는 고대 이집트의 소티스Sothis 주기에 따라 1461년째에 등장한다고도 전해진다(소티스 주기는 달력상의 1월 1일과 소티스 별의 출현이 일치하는 시점을 기준으로 한 것으로 1460년마다 돌아온다.—옮긴이). 아돌프 에르만Adolf Erman에 의하면 피닉스는 원래 나일강이 범람할 때마다 나타났던 왜가리를 가리키는 단어였다. 안토니우스 피우스Antoninus Pius 시대에 주조된 이집트 동전에는 피닉스, 천궁도와 함께 그리스어 '영원'이 새겨져 있어 당시의 영향력을 짐작할 수 있다.

그리스 문학에서 피닉스가 처음으로 등장한 것은 헤시오도스의 〈여인목록〉Megalai Ehoiai이다. 그는 피닉스는 사람보다 972배나 더 오래 살 수 있다고 썼다. 헤로도토스도 이집트에서 독수리만 한 크기에 붉은색이 도는 금빛 날개를 가진 '신성한 새'의 상을 보았는데 피닉스가 500년마다 몰약으로 만든 알에 죽은 아버지를 넣어 아라비아에서 헬리오폴리스로 날아온다는 믿기 힘든 얘기를 들었다고 한다. 또한 오비디우스는 피닉스가 아시리아의 새로 스스로 생겨나고 환생하며 500년마다 몰약과 계피로 만든 둥지를 지어서 그 향에 취해서 죽는다고 묘사한다. 죽은 피닉스에서는 새로운 피닉스가 날아올라 똑같은 운명을 맞이한다. 멜라Mela는 다음과 같이 표현했다. "피닉스……. 이것은 자신의 재탄생이다."

하지만 대 플리니우스는 이에 대해 의구심을 비추었다. "이것이 동화 속 얘기가 아닐지 모르겠다." 그는 다음과 같이 보고했다. 피닉스의 그림은 단 한 장밖에 남아 있지 않다. 그 새는 이집트와 인도, 아라비아에 살며 깃털의 색이 화려하다. 540세까지 살며 뼈에서 아기 새가 자라 나온다. 고대 로마의 원로였던 마닐리우스Manilius는 피닉스가 행성의 배열이 반복되며 태양이 물병자리로 들어가는 위대한 해의 첫해인 215년마다 나타난다고 기록했다. 마닐리우스가 기록을 남긴 때는 푸블리우스 리키니우스 크라수스Publius Licinius Crassus와 그나이우스 코르넬리우스 렌툴루스Gnaeus Cornelius Lentulus가 영사직을 맡고 있던 시기인 BC 97년이므로 피닉스가 나타난 해는 셀레우코스 왕조 시대였던 BC 312년이라고 할 수 있다. BC 47년에는 클라우디우스Claudius 치하에서 로마의 800주년을 기념하여 피닉스를 마르티우스Martius 캠퍼스에서 전시했다고 국편 신문에서 보도했다. 그것은 영원성aeternitas의 상징이었다. 대 플리니우스는 그것이 가짜일 것이라고 확신했다. 타키투스Tacitus 또한 저서 《연대기》를 통해 의심을 표했다. 그 외에도 수없이 황당무계한 기록이 있지만 옛날은 어둠 속에 잠겨 있다.

'잿더미에서 날아오르는 피닉스' 모티프가 처음 사용된 것은 1세기 말 무렵 네로 황제 치하에서 불타버린 로마 제국의 부활을 은유하며 천 년이 지난 후 다시 부활하는 새를 언급한 마르쿠스 발레리우스 마르티알리스Marcus Valerius Martialis였다. 2세기의 동전에는 지구본 위에 그려진 피닉스의 모습이 보이는데 영원aeternitas이라는 글자가 그 둘레에 새겨져 있다. 루키아노스Lucianus의 기록을 통해 피닉스의 다른 면모를 볼 수 있다. 기적의 마법사인 페레그리누스 프로테우스Peregrinus Proteus는 스스로를 '피닉스'라고 불렀는데 장작더미에서 스스로 불타 죽은 '인도의 새'처럼 그 자신도 장작더미 위에서 스스로 몸을 살랐기 때문이다. 하지만 피닉스와는 달리 페레그리누스는 다시 부활하지 못했다. 그 대신 루키아노스는 자신의 두 눈으로 불꽃 속에서 날아오르는 독수리 한 마리를 보았다고 사람들을 속였으며 사람들은 그의 말을 곧이곧대로 믿었다고 한다. 그때부터 불타는 장작더미는 피닉스 전설의 필수적인 부분이 되었다. 그것은 무덤이자 요람이며 삶과 죽음 그리고 시작과 끝을 동시에 상징했다.

기독교 문학에서 피닉스 전설이 가장 먼저 수록되어 있는 것은 96년 무렵 클레멘스 로마누스Clemens Romanus가 쓴 글에서다. 그는 여기서 플리니우스의 버전을 언급하며 그것을 예수의 부활과 비교했다. 310년 무렵 신부였던 락탄티우스Lucius Caecilius Firmianus Lactantius는 불 위에서 날아오르는 피닉스에 대한 긴 시를 통해 다음과 같은 교훈을 설파했다. 영원히 살기를 원하는 자는 때가 되었을 때 죽어야만 한다. 고대 후기 피지올로구스Physiologus('자연에 대해 아는 자'라는 뜻—옮긴이)에서 우리는 그리스도와 함께 죽음에서 부활하는 '인도에서 온' 피닉스의 모습을 접하게 된다. 그는 《요한복음서》(10:17~18)의 하느님 말씀을 인용하여 다음과 같이 살짝 변용했다.

"나는 생을 버릴 힘도 그리고 그것을 부활시킬 힘도 가지고 있노라." 안겔루스 질레지우스는 《방랑하는 천사》에서 피닉스의 이미지를 자신과 결부시켰다.

> 나는 피닉스가 되어 하느님 앞에 스스로를 불사르고
> 주님과 다시는 갈라지지 않을 것이다.

고대 이후의 문화사에서 피닉스의 이야기는 엄청난 속도로 전파되었다. 피닉스는 장수와 영생, 종말 이후의 부활을 상징했다. 아라비아의 우주학자 알카즈위니Al-Qazwini도 1700년을 살고 코끼리를 사냥하며 스스로 불을 피워 죽음에 이르는 새를 이야기했다.[28] 단테도 〈지옥〉 편에서 영원히 저주받은 자들에 대해 묘사했으며 셰익스피어는 《헨리 8세》에서 피닉스를 여성으로 묘사하며 미래의 엘리자베스 여왕을 가리키는 칭호로 바쳤다. 헤겔은 주요한 문화적 재앙에 대한 역사철학을 강의하면서 피닉스를 '가장 고귀한 사고'의 집체이자 '동시에 새로운 삶을 일으키는' 동양적 형이상학적 존재로 보았다. 《악마의 황금 머리카락 세 올》Der Teufel mit den drei goldenen Haaren이라는 독일 동화는 악마적 존재인 피닉스의 깃털 세 개에 대한 이야기다. 이 밖에도 수많은 상표와 문장impresa, 화폐에서 피닉스를 모티프로 삼았는데[29] 1967년 그리스의 군부독재 정권은 화폐 드라크마drachma에 피닉스를 그려 넣었다. 내가 사는 곳의 이웃 동네에 있는 스포츠클럽도 '피닉스 뒤셀즈하임'이란 이름으로 1919년에 창설된 것을 자랑스럽게 내세운다.

스스로를 잡아먹는 뱀

○ 스스로 재생하는 존재인 피닉스라는 시간의 상징과는 대조적으로 뱀이라는 시간의 상징은 스스로 탈피하고 자신의 꼬리를 먹어치우는 존재다(부록 그림 6 참조). 이같이 개조된 생물학적 모델은 물리학의 역설을 보여준다. 즉, 끊임없이 스스로를 파괴하면서 재생시키는 시간의 역설이다. 탐욕적인 시간의 이빨에 관해서는 시모니데스Simonides조차 BC 500년경에 언급한 바 있으며 오비디우스의 책에서도 피타고라스가 시간의 속성에 대해 불평하는 대목이 등장한다. 시간은 크로노스가 자신의 아이들을 잡아먹듯 자신이 창조한 모든 것을 집어삼키며, 끊임없는 변화 속에서 자연이 지속적으로 스스로 재생되듯 거듭 되살아난다. 따라서 이 쉴 새 없는 변화 속에서도 모든 것은 그대로 남아 있는 것이다.

마르쿠스 아우렐리우스 시대에 아르테미도로스가 쓴 꿈 해석에 대한 책에서, 커다란 뱀은 그 길이로 인해 시간의 상징으로 나타난다. 뱀이 허물을 벗은 자리에 새로운 피부가 솟아나는 것은 계절의 영원한 변화를 상징한다. 영원이란 자기 자신을 먹어치우는 뱀과도 같다. 플라톤의 《티마이오스》에 나오는 다리도 발도 없는데 자기를 먹어치우면서 둥글게 순환하는 둥근 세상의 원형으로서의 뱀을 생각해볼 수도 있다. 이러한 이미지는 현재 런던과 오슬로의 박물관에 전시되어 있는 이집트에서 출토된 헬레니즘적 주술석판에 그려진 드라콘 우로보로스drakon uroboros(끝이 없는 뱀)와도 일맥상통한다. 우로보로스는 《연금술사 클레오파트라》Chrysopoiiader Kleopatra라는, 300년 무렵 현재 베네치아에 속한 고대 이집트에서 발견된 문헌 속의 연금술이라는 알 수 없는 신비한 영역에 대한 단서를 제공한다([그림 3] 참조).[30] 여기에 새겨진 것은 신플라톤적 세계의 공식인 "모든 것은 하나다."hen to pan라는 문

[그림 3] 우로보로스를 형상화한 꼬리를 무는 뱀. 흰색과 검은색은 각각 낮과 밤을 상징한다.

장인데, 오르페우스교와 그노시스파gnostische에서는 이 문장과 우로보로스 상징을 순환하는 우주론을 표상하기 위해 사용했다. 그리고 이들을 통칭하여 오피스파Ophites라고 했다. 이들은 시리아 왕국의 뱀 숭배교도라고 할 수 있는데 이들의 신앙은 로마의 히폴리투스Hippolytus의 논쟁을 통해 우리에게 알려졌다.

뱀의 이미지는 클라우디아누스가 400년에 스틸리코Stilicho에게 보낸 찬양시에서 발견되었다. 머나먼 알 수 없는 땅, 신조차 거의 찾지 않는 땅에 오래된 영원의 동굴이 있었다. 그곳에는 주름진 세월의 어미가 살고 있었는데 그녀는 자신의 자궁에서 '시간'을 낳았다가 다시 잡아들이기를 반복한다. 동굴은 늘 푸르른 비늘을 번쩍이는, 모든 것을 신성한 평화로 만들어버리는 뱀이 에워싸고 있다. 뱀의 꼬리는 뱀의 입 안에 들어가 있고 이로써 시작과 끝이 연결되어 있다. 동굴의 입구에는 무척 늙었지만 여전히 혈기왕성한 문지기 나투라Natura가 그의 주위를 날아다니는 요정들에 에워싸여 앉아 있다. 자비로운 노인의 모습을 한 나투라는 아마 오르페우스교의 최초의 신 파네스Phanes가 아닐까. 그는 자연의 영원한 법칙을 작성하면서 온 우주의 삶을 지배하는 별들의 행선지를 지시한다.

클라우디아누스는 밀라노의 왕궁에서 살았지만 원래는 알렉산드리아 출신이다. 《데 멘시부스》에서 리두스는 피라미드에서 스스로의 꼬리를 먹어치우고 있는 뱀의 형상을 보았다. 이는 순환하는 한 해의 표상이었다. 뱀은 오래오래 살면서 탈피를 통해 활력을 얻을 뿐 아니라 삶을 만족시킨 다음에 스스로를 먹어치우고 다시 태어나는 동물로 표현되었다.

이러한 고대 후기의 신비한 인식은 르네상스 시대에 피렌체의 피치노 Marsilio Ficino에 의해 부활되었는데 그는 우로보로스를 이집트의 시간에 대한 상징으로 보았다.[31] 그때부터 이러한 상징이 자주 등장하는데[32] 특히 연금술에 관련된 문헌에서 빈번히 볼 수 있다. 세계의 뱀이 오케아노스Okeanos와 같이 평평한 지구를 둘러싸고 꼬리를 물고 있는 상징에서 우리는 또다시 시간과 공간이 서로 합치되어 있는 것을 볼 수 있다.

> 영원의 상징으로서
> 뱀은 그 꼬리를 물고 있다.
> 하지만 너무 많이 삼키게 되면
> 결국에는 모두 사라지게 될 것이다.

시간의 상징, 나무

○ 시간을 상징하는 식물은 나무다. 나무처럼 성장과 소멸을 선명하게 보여주는 대상은 없다. 싹이 나서 커가는 모습과 봄의 연둣빛에서 여름의 녹색, 가을의 알록달록한 단풍색과 겨울을 맞이하여 떨어져 내리는 모습은 한 해의 흐름을 보여준다. 나무껍질과 몸통, 나이테는 나무의 나이를

눈으로 가늠할 수 있게 하며 마른 나무는 죽음의 상징이자 모든 것의 유한함을 보여준다. 나이테는 나무 안에 장착된 달력이라고 할 수 있으며 둘레나 온도에 따라 그 둘레의 크기는 다르지만 적어도 개별적으로 나무의 수명을 짐작할 수 있다. 1727년과 1816년, 1921년의 기록적인 가뭄이 나무에 오롯이 새겨져 있다. 서로 나이가 다른 떡갈나무의 나이테를 비교하고 연동시킴으로써 연륜 연대학dendrochronology은 매우 의미심장한 고고학적 자료를 제공하는 듯하다. 중유럽의 나무 달력은 1996년 기준으로 보면 BC 6255년까지 거슬러간다. 꿈 해석을 다룬 아르테미도로스의 책에서 떡갈나무를 시간의 상징으로 언급했을 때, 그는 자신이 얼마나 정확하게 본질을 꿰뚫고 있는지 몰랐을 것이다. 호메로스의 책에서도 나무는 시간의 변화에 대한 은유로 언급되었다. 《일리아스》에서 글라우코스Glaucus는 트로이의 성벽 앞에서 자신의 적인 디오메데스Diomedes에게 말한다. 남자들의 싸움이란 나뭇잎의 움직임과도 같다. 가을에 바람이 불면 떨어지고 봄이 오면 새롭게 싹이 트는 것이다. "한쪽에서는 하나의 가계가 움트고 또 한쪽에서는 흙에서 흙으로 돌아간다." 로마의 월계수 축제인 다프네포리아Daphnephoria에는 인공적인 시간의 시계가 등장했는데 아테네의 철학자 프로클루스Proclus Diadochus가 포티오스Photios의 책 《비블리오테카》bibliotheca를 근거로 증언한 것을 보면 이를 알 수 있다. 이 나무에는 1년 365일을 상징하는 짙은 황색의 옷감 조각이 365개 매달려 있었고 태양과 달, 별 모양의 금속이 장식되어 있었다고 한다. 그 나무는 5월제 기념 기둥과 터키식 휘장의 중간쯤에 속한 것이었다.

금속으로만 만든 나무의 전통은 페르시아의 차라투스트라Zarathustra의 전통에 존재해왔다. 나무줄기는 전체 시대를 상징하지만 헤시오도스가 묘사한 철의 시대를 상기시키기도 한다. 600년경에는 매우 고대적인 사고가 담긴 바흐만 야시트Bahman Yasht가 전하는 예언자의 꿈에 대한 기록이 전해진다. 그는 네 개의 가지로 이루어진 나무를 보았는데 한 가지는 금으로, 또 한 가지는 은으로 되어 있고, 세 번째는 강철로, 나머지 가지는 녹슨 쇠로 되어 있었다. 각각의 가지는 점점 쇠락하는 페르시아 역사의 시기를 대표하는데 이 순수 교리는 아케메네스 제국에서 번성한 이론으로 사산 제국의 쇄신과 아랍 제국에 의해 위협에 처하기 전 '불사의 영혼'을 가진 코스로프 아누쉬르반Khosrow Anuschirvan 치하에서의 마지막 전성기를 가리키는 것이다.[33] 요아킴 폰 피오레Joachim von Fiore는 스물한 개의 가지로 이루어진 세 나무를 언급했는데 이는 성부와 성자, 성령이라는 각각의 시대를 가리킨다.

생물학적 시간의 상징은 《창세기》의 꿈에 대한 해석에 등장한다. 《창세기》 40~41장을 보면, 요셉은 파라오에게 세 개의 가지는 사흘, 일곱 개의 소와 일곱 개의 이삭은 7년의 상징이라고 말한다. 나무와 시간의 연관성은 '판차탄트라'Panchatantra라는 인도의 설화에 바탕을 두고 프리드리히 루케르트Friedrich Ruckert가 쓴 〈삶과 죽음〉Tod und Leben이라는 우화에도 드러난다. 미친 낙타에 쫓겨 도망치던 남자가 우물 속에 뛰어들었는데 다행히 중간쯤에서 검은 딸기나무에 걸리게 된다. 남자는 아래를 바라보다 우물 아래쪽에 입을 벌리고 있는 용을 목격하고 위로 눈을 돌리는데 거기엔 자신이 애써 달아나려 했던 (고된 삶을 상징하는) 낙타가 거친 숨을 뿜으며 아래를 쳐다보고 있는 게 아닌가! 그러는 동안 남자는 딸기 덤불의 가지를 흰 생쥐와 검은 생쥐가 번갈아가며 갉아 먹고 있는 것을 발견한다. 그가 찾아낸 유일한 위안이라고는 덤불 속 검은 딸기 열매뿐인데 그것을 먹는 동안 그는 자신이 처한 괴로움을 잊고 만다.

동양에서 유래된 이야기 중 투란도트Turandot 이야기는 1197년 페르시아의 시인 니자미Nizāmī Ganjavī가 쓴 《일곱 명의 지혜로운 공주 이야기》에 그 기원을 두고 있다. 니자미의 이야기에서 제대로 된 이름을 갖지 못한 주인공 투란도트는 '투란의 딸'Turan-Dokht로 불렸으며 러시아에 살고 있었다. 그녀를 찾아오는 모든 구혼자는 실패할 경우 목숨을 바쳐야 하는 '목을 건 수수께끼'를 풀어야 했다. 이 이야기는 그 후 수많은 과정을 거친 다음, 역시 전작에 버금갈 정도로 아름답고 예민한 '베이징에서 온' 공주 이야기로 독일 극작가 실러의 각색을 통해 재등장한다. 그는 1801년 투란도트 이야기를 비극적 이야기로 재탄생시켰다. 투란도트는 '장엄한 어조로 일어선다.'

유한의 존재들이 시들어가는 나무
언덕만큼 늙었지만 그럼에도 불구하고 언제나 젊고 푸르며
한쪽으로 돌아누우면 이파리들은 햇빛을 받지만
수 초 만에 검은 빛깔로 변하고
해를 등지고 만다.
이제 그에게는 새로운 반지가 생긴다.
번성할 때마다 인간들에게
그 모든 세월을 보여주는구나.

공주가 묻는다. "이 나무와 비슷한 것이 무엇일까요?" 니자미의 이야기에서는 이름이 나오지 않지만 실러의 희곡에서는 타타르 제국에서 온 듯한 멋진 옷차림의 칼라프 왕자가 수수께끼를 풀어낸다. 나무는 한 해를, 이파리는 낮과 밤을 의미한다.

운명과 체스

○ 인간이 만든 시간의 상징으로 페르시아 왕의 이름을 딴 인도의 체스판을 들 수 있겠다. 그 체스판은 흰색으로 표현된 낮과 검은 색으로 표현된 밤으로 나뉜다. 오마르 하이얌이 만든 체스판이나 그가 썼다고 전해지는 사행시는[34] 이 세상을 운명과 인간이 서로 겨누는 체스판으로 비교하고 있다. 체스의 장기말은 높은 권력의 손아귀에 사로잡힌 어리석은 물체일 뿐인데 그것은 헤라클레이토스가 아이론을 체스 게임에 몰두하는 어린애라고 부를 때 그 의미가 일맥상통한다.[35] 키케로는 저서 《모순》Paradoxa에서 사람들의 운명의 게임Ludibrium fortunae에 대해 언급했다.

체스 게임은 중세의 명암 이론에 재등장한다. 하느님은 악의 검은 말에 맞서서 흰색 말을 놓는다. 하지만 체스판 위의 인간을 구제하거나 저주하는 것은 인간의 일이 아니며 왕을 제외한 모든 인간은 체스판 위에서 추방될 수 있다. 하지만 이들 모두는 하느님의 심판을 또한 기다린다. 1490년 무명의 장인 BR이 만든 베를린의 축소형 체스판은 죽음의 왕과의 체스 게임을 묘사하고 있다. 왕 옆에는 모래시계를 든 시계 얼굴을 한 천사가 있다. 이를 통해 우리는 물체의 형상인 시간의 상징을 본다(부록 그림 3 참조).

물레의 축과 실

○ 그리스의 아주 오래된 시간의 상징은 방추hē atraktos(물레로 실을 자아 감는 데 쓰는 나무 막대기—옮긴이)의 형태를 하고 있다. 플라톤의 《국가》에 의하면 이것은 순환하는 움직임을 통해 별자리의 공전을 일으키는 필연의

신인 아난케Anankē를 상징하는 것이다. 방추의 손잡이와 고리는 강철로 만들어져 있고 합금으로 만들어진 회전축Spindle은 여덟 개의 동심원으로 이루어져 있다. 이 동심원은 각각 천상의 여덟 개의 영역을 상징하는데 일곱 개의 행성과 별자리를 보여주는 것이다. 아난케의 방추 막대기 부분에는 실을 잣고 나누고 자르는 일을 하는, 아난케의 세 딸인 모이라이moirai가 묘사되어 있다. 플라톤의 《국가》는 라케시스Lachesis는 과거를, 클로토Klotho는 현재를, 아트로포스Atropos는 미래를 각각 노래하는 것으로 본다. 이들은 라틴 문화에서는 운명의 신인데 켈트 문화에서는 세 명의 만신Matronae이고 게르만 문화에서는 '노르넨'Nornen이라 부른다. 중세에 이들은 무덤을 지키는 세 여인인, 세 마리아drei Marien로 불리었다.

시간의 상징으로서의 실은 의존성을 보여준다. 한 담대한 기업의 성공이 '비단 실에 대롱대롱 매달려 있다는 것'은 끊어질지 몰라서 불안하다는 것을 의미한다. 붉은 실은 연대기적인 순서에 따른 사건의 배경을 보여주는 것이다. 이는 3차원적으로 확장되는 그물인 '사건의 사슬'에 의해 더욱 강화되는데, 관계의 네트워크를 상징한다. 방직의 모티프를 시간의 상징으로 삼은 것은 테르툴리아누스Quintus Septimius Florens Tertullianus의 시간의 사슬concatenationes temporum 개념에서부터 헤르더와 칸트, 괴테의 시간에 대한 사유에까지 다양한 형태로 나타난다.[36] 빌헬름 부슈Wilhelm Busch도 놓쳐서는 안 될 시인이다.

> 구름 속에 검은 운명이
> 코 위에 사마귀를 얹고서 앉아 있네.
> 그러면서 삶의 한 줄기 실을
> 꼬집고 자르고 끊어버리네!

시간의 상징 만들기

○ 고대의 시간 상징에는 가장 오랜 시간을 견디는 재료인 돌, 바위가 포함된다. 특히 브레튼Breton의 거암유적과 같은 구조물들은 영원에 대해 사유하도록 만든다. 인간의 작업과 맞서 싸운 자연의 투쟁 흔적을 보여주는 폐허는 세기를 넘어서는 시계로서 우리에게 시간을 보여준다. 로마의 콜로세움과 같은 건물은 소멸하지 않고 꿋꿋이 세월을 버텼는데 수도승 베다Beda는 다음과 같은 말을 남겼다. "콜로세움이 서 있는 한 로마도 서 있을 것이다. 콜로세움이 무너지면 로마도 무너질 것이고 로마가 무너지면 이 세상도 같이 무너질 것이다."《다니엘서》 2장에 나오는 진흙 발의 거인은 쓰러져가는 제국의 승계자 이미지로 표현된다.

시간을 건축의 이미지로 언어화시킨 것은 후기 피타고라스적 존재의 감옥이라는 이미지인데, 여기서 인간을 해방시킬 수 있는 것은 오직 죽음뿐이다. 이는 필롤라우스Philolaos의 책에 나오는 내용인데 플라톤이 자신의 책《파이돈》에서 인용한 바 있고 이후에 그노시스파 철학자들과 기독교의 보에티우스Anicius Manlius Severinus Boethius가 감옥에서 또다시 언급한 바 있다. 《방랑하는 천사》에서 이 세상은 감옥이다. 시간이 그보다 다정한 이미지로 표현된 것은 이슬람 문헌에 등장하는 문이 두 개 달린 여인숙의 비유다. 오마르 하이얌은 그의 뛰어난 저서《루바이야트》에서 여러 가지 다른 표현을 통해 시간을 비유했다. 길 위에 여인숙이 있어 여행자들은 태어나면서 들어가고 죽어서 그곳을 나온다.

토마스 만의 소설《요셉과 그 형제들》에 나오는 "과거라는 우물은 깊도다."라는 구절은 우리에게 역사에 대한 가르침을 전해준다. 1939년에 프리드리히 마이네케Friedrich Meinecke는 역사란 '우리 삶의 정신이 보존된 방'이며 그 속에서 우리는 지식을 얻는다고 표현했다. 죽은 자들은 과거의 '심연'으로부터 소환된다.

모래시계와 해골

○ 시간에 대한 가장 확실한 증거를 보여주는 물질은 시계다. 이는 달력이나 연력과는 달리 짧은 단위의 움직임과 소리를 통해 시간을 우리에게 전달한다.[37]

시계라는 기계 안에는 시간의 흐름을 상기시켜주는 시계 문자판이 있다. 이는 동시에 시침과 분침의 끊임없는 움직임을 통해 영원을 암시하기도 한다. 이는 윗부분의 미래가 줄어들면서 아랫부분의 과거가 쌓여가는 것을 우리에게 보여줌으로써 삶의 덧없음, 순간성을 드러내는 모래시계와도 다르다. 현대의 동전에서는 모래시계만큼 시간의 상징으로 자주 등장하는 이미지가 없다. 알브레히트 뒤러Albrecht Dürer는 1513~1514년 세 편의 걸작 판화로 이를 각각 표현했다([그림 4] 참조).

시간의 개념은 뼈만 남은 사람이 모래시계를 들고 있는(종종 날개가 달려 있기도 한다) 이미지를 통해 더욱 강조하기도 한다.[38] 해골의 이미지는 우리 미래의 모습이다(부록 그림 2 참조). 이 같은 상징에 대한 기독교의 메시지는 이 세상의 공허함을 깨닫고 영원함에 대해 사유하라는 것이다. 공허함vanitas은 솔로몬의 핵심적인 가르침이다. '헛되고 헛되니'Vanitas vanitatum '바람을 좇는 것이나 다름없다.' 뒤러의 판화와 성경은 거듭하여 모래시계를 보여준다.

하지만 로마인들은 관점이 매우 달랐다. 페트로니우스Gaius Petronius Arbiter의 작품 〈트리말키오의 향연〉 속에 나오는 벼락부자이자 바람둥이인 트리말키오는 잔치에 팔다리와 머리가 움직이는 은으로 만든 해골을 들고 와서는 이리저리 가지고 놀다가 갑자기 인간사에 불평을 터뜨리면서 다음과 같이 열변을 토한다. "이 해골이 제대로 움직일 수 있을 때까지 오래오래 살아 보세!"

[그림 4] (위 왼쪽부터) 알브레히트 뒤러의 판화 작품 속 모래시계: 〈기사 죽음 그리고 악마〉Ritter, Tod und Teufe, 〈골방 안의 제롬〉Der heilige Hieronymus im Gehaus, 〈멜랑콜리〉Melancholie.

폼페이 모자이크 속의 백골([그림 5] 참조)과 보스코레알레에서 출토된 은제 잔은 '램프가 불타고 있는 한' 삶의 기쁨을 즐길 것을 종용하고 있다. 삶의 빛은 촛불의 형상으로 빛나고 있는데 포름 안에 놓인 성모마리아의 영원한 불꽃이나 차하르 타크Chahar Tak의 마법사 그리고 교회의 영원한 빛과는 대조적으로 어느 때고 꺼지거나 사라질 수 있다. 불 또한 양초와 마찬가지로 시간의 상징이며 카스파르 슐리흐Kaspar Schlich의 《플리쉬와 플룸》Plisch and Plum(1882년에 출간된 그림 역사책—옮긴이)에 나오는 호각도 그에 속한다. "물에 떨어지면 호각은 꼬록 소리를 내며 생명이 끊기고 만다."

우리는 죽음의 상징으로서의 낫이라는 이미지를 모래시계와 함께 빌헬름 부슈의 〈크노프, 총각의 모험〉Tobias Knopp에서 볼 수 있다([그림 6] 참조). 이 그림은 410년에 로마 원정에 나선 서고트족 왕 알라리크Alarich가 로마 시민의 수가 얼마나 많은지를 경고하는 원로에게 한 대답을 상기시킨다. "풀

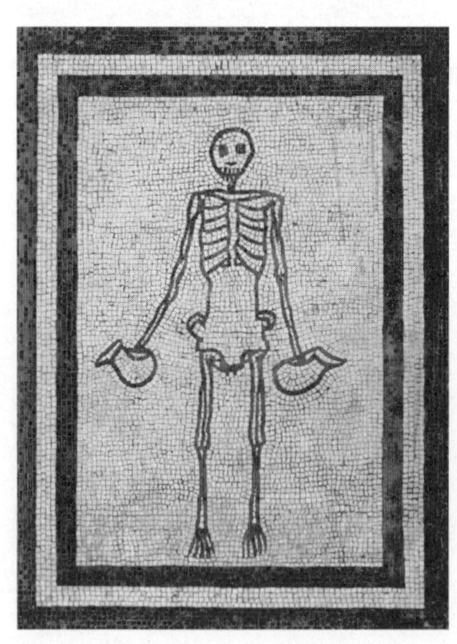

[그림 5] 물병을 든 죽음. 그 메시지는 '마시자!'다. 폼페이의 바닥 모자이크, 나폴리, 79년 이전.

[그림 6] "하나 둘 셋, 숨 막히는 경주에서 시간은 달려가고 우리는 좇아간다." 빌헬름 부슈, 〈크노프, 총각의 모험〉.

이 무성할수록 낫질하기가 더 쉬운 법이지!"[39] 죽음과 시간의 상징으로서의 낫Drepanē은 아우구스투스의 시간에도 증명되었다.[40] 《일리아스》에도 죽음의 신이 등장하며 《시편》 90장 6절에서는 삶이란 저녁에 시들어 말라버리는 풀이라고 노래했다.

신의 방아

○ 방아Mühle도 시간을 상징하는 도구다. 물레방아 바퀴는 풍차와는 달리 누군가가 강제로 멈추게 하지 않는 한 끊임없이 돌아간다. 강물은 거침없는 시간의 흐름을 의미하며 바퀴의 순환은 같은 일이 영원히 반복되는 것을 상징한다. 방아는 자연의 수확물을 빻아서 사람들이 쓸 수 있도록 하는데 이것은 시계가 시간별로 잘라놓은 시간을 우리가 그에 맞춰 활용하는 것과 같다. 리코프론Lycophron은 제우스에게 밀레우스(방앗간 주인)라는 별칭을 붙였다. 방앗간 작업은 인간의 역사와 일치한다고 볼 수 있는데 더 정확하게는 신이 인간의 활동을 공정하게 배분하는 행동을 가리키는 것이다.

하지만 보상과 처벌은 종종 한없이 느리게 진행되다 갑자기 모습을 드러내기도 한다. "하느님의 방앗간은 천천히 돌아가지만 경이로울 만치 훌륭하도다." 1541년 세바스티안 프랑크Sebastian Frank와 1654년 프리드리히 폰 로가우Friedrich von Logau가 사용한 대중적인 방아 이미지는 그 근원을 고대에 두고 있다. 트라야누스Traianus 치하에서 플루타르코스의 《도덕론》에는 하느님의 뒤늦은 복수에 대해 이야기하는 대목이 나오며, 기독교적인 형상으로는 마르쿠스 아우렐리우스 치하에서 로마의 절박한 몰락을 앞두고 《시빌라의 신탁》Oracula Sibyllina을 통해 전 세계적 전쟁과 마지막 심판을 암시하는 이미지로 등장한다. 카이로네이아나 알렉산드리아의 그리스 작가들이 언급한 방아가 어떤 모양인지는 불분명하다. 보통의 방아는 오스티아나 폼페이에서 볼 수 있는 것처럼 두 겹의 깔때기로 된 나귀나 말이 돌리는 방아다. 물레방아가 퍼진 것은 겨우 4세기부터인데 이것은 하느님의 방아라는 시간 개념을 훨씬 분명하게 구현하고 있다.

재탄생의 바퀴

○ 시계와 방아라는 물체 모두에 시간의 은유로 등장하는 바퀴는, 인도에서는 그 자체가 삶의 순환을 나타내는 수레바퀴로서 인간이 욕망을 극복하고 해탈에 이르기 전에는 끊임없이 쫓아갈 수밖에 없는 것으로 그려진다. 인도 국기에는 '법륜'Dharmacakra이라고 하는, 불교의 상징인 다르마의 바퀴가 새겨져 있다. 잘 알려진 힌두교의 전설에 의하면 '바퀴를 굴리는 자'Sudarsana라고 불리는 천상의 왕(여기서는 창조신 비슈누를 가리킨다.—옮긴이)이 공중에 한 번씩 원반을 던져 세상을 지배한다. 이 원반은 그리스의 히아

신스 신화에 등장하는 태양신의 상징과도 같고 부처의 가르침을 상징하기도 하여 사르나트에 세워진 아소카 왕의 기둥에도 새겨져 있다. 국기에 새겨진 바퀴는 물레의 바퀴다. 이는 영국의 방직 산업체에 의존하지 않기 위해 가내수공업적 물레 잣기 운동을 펼쳤으며 스스로 옷을 지어 입기도 한 간디의 실천적 운동의 상징이기도 하다.

운명의 수레바퀴

○ 사람들에게서 많은 사랑을 받는 시간의 이미지는 '운명의 수레바퀴'Rota Fortunae인데 이는 동시에 불행의 수레바퀴이기도 하다. 키케로는 카이사르 황제의 장인인 피소Piso에 대해 부정적으로 이야기하면서 비슷한 표현을 사용했다. 타키투스Tacitus는 《대화》Dialogus de oratoribus를 통해 이러한 메타포가 진부하다고 비판했지만 그럼에도 불구하고 이 수레바퀴 은유는 오랫동안 대중에게 사랑받았다. 아미아누스 마르켈리누스Ammianus Marcellinus는 운명의 수레바퀴를 운명의 여신 네메시스의 상징물로 표현했는데 보통 사건을 주관하는 여신으로서 사람들을 불행 속에 밀어넣는다고 묘사한 반면 클라우디우스는 그녀가 원래의 관습과는 달리 스틸리코를 위해 운명의 수레바퀴를 우호적으로 돌리는 모습으로 묘사했다. 또한 보에티우스는 바퀴를 불가피한 운명과 어쩔 수 없는 삶의 기복을 나타내는 상징으로 묘사했다. 오토 폰 프라이징의 《연대기》에서 바퀴는 세계 제국으로서의 로마의 흥망성쇠를 상징한다. 《카르미나 부라나》 16편에도 다음과 같은 글귀가 나온다.

운명의 수레바퀴는 도네.
나는 내려가고 추락하고
또 어떤 이는 높이 솟아오르네.
저 아득하게 높은 꼭대기에는
왕이 앉아 계시는구나.
몰락을 조심하라고 일러주게!
바퀴의 축 아래에 적혀 있다네.
헤쿠바 여왕이라고!

헤쿠바가 누구인지는 덴마크의 왕자인 햄릿이 가르쳐준다. 그리스어로 헤카베Hecabe라고 불리는 이 트로이의 여왕은 운명의 수레바퀴 아래에서 오디세우스의 노예로 생을 마감한다. 중세의 세밀화([그림 7] 참조)에는 운명의 수레바퀴를 비엔나의 프라터 공원에 서 있는 바퀴처럼 거대하게 묘사했다. 현대 초기에는 수레의 모티프에 커다란 의미를 부여했다.[41]

우리 시대에 우뚝 서 있는 운명의 수레바퀴 중에는, 일본에서 흔히 볼 수 있는, 전 국가적 질병으로 불리기까지 하는 파친코라는 게임기, 슬롯머신도 포함된다. 이 휘황찬란한 게임 천국에서 기술개발의 결과물인 기계들이 낮 동안 기계가 돌아가는 공장에서 사람들이 벌어들인 돈을 다시 빼앗는다. 이 역시 하나의 수레바퀴와도 같다. 서서 돌아가는 바퀴가 아니라 누워서 돌아가는 원반 위에서 굴러가는 공이 게임의 향방을 결정하는, 스스로 알아서 돌아가는 룰렛 게임은 사람들에게 행복보다는 불행을 더 많이 안겨준다.

Sebaſtian Brant.

Wer ſitzet vff des glückes rad
Der iſt ouch warten fall /mit ſchad
Vnd das er ettwann nåm eyn bad

Von gluckes fall

Der iſt eyn narr der ſtiget hoch
So mitt man ſåch ſyn ſchand vnd ſchmoch
Vnd ſůchet ſtåts eyn höhern grad
Vnd gdencket nit an glückes rad

[그림 7] 제바스티안 브란트Sebastian Brant의 《바보 배》Das Narrenschiff에 그려진 행운 혹은 불행의 수레바퀴, 뒤러의 판화, 1494년.

도공의 물레바퀴

○ 그에 비해 실제 생활에 유용한 것으로 도공용 녹로를 들 수 있겠다. 녹로에 대한 은유적 표현은 BC 2000년경, 고대 이집트 현자인 이푸베르Ipuwer의 말에 나타난다. "땅이 옹기장이의 녹로처럼 빙빙 돌고 강도들이 보물을 강탈하면서 모든 사람이 도적이 되었다."[42] 그리고 이런 환란의 시간에 대한 한탄이 이어진다. "이제 내 가슴속에는 더 이상 행복이 없다네." 페르시아 시인인 오마르 하이얌도 다른 의미에서 도공의 녹로를 언급했다. 그는 시간의 덧없음에 대한 서글픈 사유의 형태로 이를 구체화했다. "진흙 속에 왕들이 어렴풋이 보이는데 그것은 아마도 죽은 이들이 먼지가 되어 누워 있는 것이다."라는 표현은 이 세상의 바퀴가 돌고 돈다는 의미다.[43] 이는 그의 시에서 친숙한 표현 방식으로 이 세상은 돌고 도는 환영에 불과하며 존재하는 모든 것은 다시 죽음으로 돌아간다는 사유를 포함하고 있다. 그럼에도 불구하고 인간은 그 책임으로부터 자유롭지 못하다.[44]

> 그대의 삶에서 선과 악을 마주치더라도
> 괴로움과 고통 혹은 행복과 평화를 맛보더라도
> 운명의 바퀴는 아무런 잘못이 없다.
> 이 세상의 바퀴는 그대보다 그 힘이 천 배나 약하도다.

수레바퀴 살

○ 시간의 상징으로서 수레바퀴는 회전과 운동, 끊임없는 회귀와 지

속적인 변화가 동시에 결합된 이상적인 물체다. 직선적이면서도 순환적인 삶과 죽음의 구조를 반영하는 데 바퀴만큼 적합한 상징물은 없을 것이다. 다른 단순한 장치들의 원칙과는 다르게 바퀴의 원칙은 바퀴 축에서 볼 수 있는 하늘에서 땅으로의 순환이라는 분명한 상징을 빼면 자연에 바탕을 둔 것이 아니다. 바퀴가 발명된 것과 거의 비슷한 시기에 그에 대한 언급이 BC 3000년 무렵 메소포타미아 도시 문명의 유적에서 발견되는데 이라크의 호모 우티남 사피엔스Homo utinam sapiens 문화의 절정기에 이에 대한 표현이 등장한다.

그리스 문화에서는 바퀴에 대한 비유가 BC 6세기경에 등장한다. 밀레투스의 아낙시만드로스는 방아나 바퀴처럼 돌아가는 우주에 대해 이야기했다.[45] 또한 마르쿠스 아우렐리우스 역시 이에 대해 언급했다. "이것은 세상의 순환바퀴다. 위에서 아래로 영원에서 영원으로." 보에티우스의 글에는 세상을 관장하는 신이 날개 달린 마차에 서서 지구본을 들고 있다. 《야고보서》에는 '창조의 바퀴'가 인간의 분주한 세상을 상징하는 것으로 나온다. 헤르더는 다음과 같이 말했다. "혈통을 완벽하게 이어주는 천천히 돌아가는 거대한 바퀴를 돌리는 것은 오로지 작고 빨리 돌아가는 바퀴다." 니체는 다음과 같이 논평했다.

> 돌고 돌아가는 세상의 바퀴
> 끊임없이 과녁을 바꾸며 돌아가네.
> 화난 사람은 그것을 비참함이라 부르고
> 바보들은 그것을 게임이라 부르네.

시간의 상징으로서의 수레바퀴는 실제 바퀴와는 달라서 멈출 수도 되돌릴 수도 없다. 그러므로 그것은 무쇠와도 같은 필연성을 상징한다. "우리는 깔려 죽지 않고서는 운명의 바퀴살을 건드릴 수 없단다." 1794년 2월 6일, 괴테의 모친은 바이마르에서 괴테에게 위와 같은 내용의 편지를 보냈다. 당시 프랑스와 프로이센이 프랑크푸르트를 점령하기 위해 싸우고 있었으며 시민들은 아무런 힘이 없었다. 아마 괴테의 모친도 1787년 포자Posa의 후작이 다음과 같이 이야기를 하는 실러의 〈돈 카를로스〉Don Carlos를 읽었던 모양이다. "그대 혼자서 유럽을 가로질러 세상이라는 운명의 수레바퀴에 몸을 던지고 싶은가? 그 수레바퀴는 바퀴살에 인간의 팔다리를 끼우고도 절대로 멈추지 않고 돌아가지 않는가?" 이 희곡의 주인공인 필리프는 분명 그것을 시도했고 일시적으로나마 성공을 거두었다. 시간의 상징으로서의 바퀴는 클라이스트Bernd Heinrich Wilhelm von Kleist와 야코프 부르크하르트Jacob Christoph Burckhardt, 막스 베버도 사용했고 동독의 《노이 도이칠란트》Neue Deutschland도 사설에서 1979년 아프가니스탄에 붉은 군대가 침입한 것을 비판한 서구 언론에 대해 그것이야말로 '국제적 반동'이며 '역사의 수레바퀴를 뒤로 돌리려는 시도'라고 비판했다.[46] 당시의 수레바퀴는 동독이 원한 대로도 서구 세력들이 원한 대로도 굴러가지 않았다.

미친 듯이 달리는 태양의 말

○ 괴테의 《에그몬트》Egmont에는 환경에 의해 제한된 정치적 자유를 위해 투쟁하는 네덜란드인에 대한 이야기가 나온다.[47] 보에티우스와 헬리오스의 이륜 마차를 따라 자신의 마차를 운전하며 에그몬트는 말한다. "보이지 않는 유령이 채찍질하는 양 태양의 말은 우리의 운명을 따라 미친 듯이

달리는구나. 우리는 그저 용감하게 고삐를 쥐고 여기저기 바위를 피해 수레가 달리도록 할 뿐, 이 길이 어디로 이어지는지 어떻게 알겠는가? 길이 어디서 시작된 건지 그 누구도 기억하지 못한다."

에그몬트에 묘사된 삶에 대한 이 우화적 비유는 현대 사회를 비판하는 데 가장 즐겨 쓰이는 소재이기도 하다. 이는 문명의 일반적인 가속화에 대한 불평이다. 사방에 조급함과 야단법석이 넘친다. 시간에 대한 압박은 스트레스로 이어진다. 1984년 미국에서 발명된 이 단어는 브로크하우스 백과사전에서도 볼 수 있듯이 산업 사회를 이해하는 데 핵심적인 단어가 되었다. 그러는 사이 동물과 식물조차 스트레스에 감염되었다. 이러한 현상은 새로웠다. 스토아 철학자와 기독교인에게도 인내와 평정은 중요한 미덕이었다. 그러므로 파우스트가 '인내심이여! 저주받아라!'라고 했을 때, 그 외침은 끔찍하게 들린다. 무엇도 하지 않고 어떠한 경험을 하지 않으며 얻는 것이 아무것도 없을 때, 우리는 지루함에 빠진다. 니체에게는 지루함이야말로 1878년의 유럽의 행동주의, 온갖 야단법석의 근원적 이유였다. 그는 '창세기의 7일째 날에 하느님이 느끼신 지루함'에 대해 농담 식으로 언급하기도 했다. 사실 그 후에 일어난 일을 생각해보면 그와 정반대이지만 말이다.

의인화된 시간

○ 인간이 어떤 경우에는 시간에 쫓기고 어떤 경우에는 시간이 천천히 흐른다고 느낄 때, 시간은 사유화되고 괴물처럼 느껴지기도 한다. 시간은 여러 가지 형태로 의인화된다.[48] 크로노스는 모든 것의 아버지이며 모든 것을 보고 들으며 공평하게 판정한다고 핀다로스는 말한다. 소포클레스도

시간은 진실의 어머니라고 말한다. 클라우디아누스는 시대는 태어나는 것이라고 말한다. 아이스킬로스Aeschylos의 글 속에서 시간도 나이가 들고 사람들에게 교훈을 준다. 세네카의 '게걸스러운 시간'은 모든 자연과 사람을 집어삼킨다.[49] 이후의 문헌에는 그와 대조적인 표현도 등장한다. 괴테는 '전지전능한 시간'이 '인간 속으로 스며들었다'라고도 표현했다.[50] 그는 1824년 2월 25일 에커만Eckermann에게 다음과 같이 말했다. "그런데 시간은 정말 놀라운 존재가 아닌가. 자기 기분대로 하는 폭군과도 같지." "소크라테스를 독살하고 얀 후스를 화형시킨 것은 시대였다."[51] 우리는 인간에게 친숙한 행동이나 특징을 시간과 시대에 대한 의미 속에 부여한다. 시간은 오가면서 우리에게 무엇인가를 주고 또 가로챈다. 시간은 짧으며 이런저런 것을 우리에게 요구한다. 그것은 모든 것을 빛 속에 드러내며 모든 상처를 치유하기도 한다. 시간은 기다리는 자의 편이며 모든 갈등을 가라앉힌다. 시간은 아스트리드 울레Astrid Ule의 말처럼 이런저런 일들을 하며 "천천히 흘러가면서 내가 내린 결정의 덩어리를 조각해낸다. 떨지 말라! 시간은 내게 말한다. 그렇지 않으면 당신이 다치게 될 것이다!" 그저 뒹굴면서 신의 시간을 훔치는 자는 도박이나 유리알 유희를 하는 것과 마찬가지로 시간을 죽이는 것이다. 시간은 빠짐없이 우리 모두를 치고 지나간다.

우리는 과거 영웅의 시대나 현대의 신이 없는 시대 혹은 행복한 현재나 불행했던 과거라는 표현을 자주 접한다. 그렇다면 정말 시간이 슬퍼하거나 아파할 수 있을까? 이어진 전쟁으로 인한 질병의 시대를 휴고 발Hugo Ball은 '은총과도 같은 엑소시즘'을 통한 다다이즘으로 치유하고자 했다. 1926년에 휴고는 '온 세상이 신경증에 걸려' 방향을 상실했다고 보았다.[52] 히틀러도 자신만의 방식으로 방향 상실에 빠져 세상을 끝냈다. 그는 1934년 7월 13일 독일의회 앞에서 '낡고 병든 시대를 없애겠다'고 공언했다. 여기서 건강은 여러 가지 의미를 지닌다. 오늘날에는 그저 '달콤한 인생'dolce vita을 뜻하지만.

니체는 시간을 악마화시킨 장본인이기도 하다. 포겔프라이Vogelfrei 왕자는 노래한다. "시간이여! 떨어지는 침을 핥아 먹는 마녀여, 그대는 매시간 천천히 흘러내리는구나." 왕자는 '영원의 구렁텅이'를 저주하지만 1885년 작인 《차라투스트라는 이렇게 말했다》에서는 시간에 대한 애정을 표현한다. 모래시계를 들고 빗자루를 타고 다니는 시간의 마녀는 빌헬름 부슈의 〈그 후〉Hernach에 등장하며 한스 라이저Hans Reiser의 무시무시한 〈악사〉Spielmann라는 유화에는 시계의 바퀴에 갇힌 악사가 등장한다. 기계가 악사를 질식시키는 것일까?

물질화된 시간

○ '시간'이라는 단어의 언어적 역설은, 시간이 의인화되었으나 물체처럼 구체적으로 다루어진다는 사실에 포함되어 있다. 누군가 나에게 시간을 주고 나는 그것을 받지만 시간은 내 손안에서 녹아 없어진다. 약속을 미루거나 프로젝트를 포기함으로써 혹은 서두르거나 물건을 정리함으로써 시간을 절약하고 시간을 벌 수 있다(그것은 어디서 오는 것일까?). 무엇인가를 찾거나 기다릴 때, 또 불필요한 일을 하거나 의미 없고 이상한 일을 하거나 그저 손가락만 비틀고 있을 때, 우리는 시간을 잃어버린다(어디로 가는 것일까?). '꾸물거리기'나 '빈둥거리기'는 눈살을 찌푸리게 하는 행동이고 선생님들은 '게으름이야말로 악의 뿌리'라고 생각하고 가르치며, 스케줄을 들여다보고 있는 사업가도 마찬가지로 그렇게 생각한다. 아무것도 하지 않는 것은 시간을 낭비하는 것이며 괴테에 따르면 시간은 '하느님과 자연이 주신 가장 큰

선물'이다.[53] 또한 괴테의 《서동시집》에도 '나의 영역은 시간이다'라는 너무나 독일적인 표현이 등장한다. 티투스Titus 황제는 그날 좋은 일을 한 가지도 하지 않았을 때 이렇게 한탄했다고 한다. "친구여, 나는 하루를 잃어버렸구나!"

우리는 쉬는 동안 일하기도 하고(보통 그런 경우가 많다) 그럴 때는 굳이 부담을 느끼지도 않지만 일하는 시간과 휴식하는 시간을 구분한다. (당신이 자발적으로 선택했을 경우) 일하는 시간은 의미론적으로 긍정적이며 (한 일 때문에) 쉬는 시간은 (해야 할 일 때문에) 부정적으로 받아들여진다. 로마인들에게 이것은 정반대였다. 사업이나 직업 혹은 노동에 쉬는 것otium의 반대말인 네고티움negotium이라는 단어를 붙였다.

시간은 항상 삶에 관한 것이기도 하다. '시간은 돈이다'라는 미국인들의 신조는 1748년 사업가 벤저민 프랭클린Benjamin Franklin이 고안한 것이다. '시간은 돈'이라는 것은 자본주의의 상징이기도 하다. 가게에서는 작은 이익을 볼 수 있지만 큰돈을 만질 수 있는 것은 주식 시장에서다. 성공적인 투자가는 가치의 변동을 경쟁자보다 더 빨리 알아채야 하므로 몇 초 안에 사활이 결판나기도 했다. 돈을 통해 우리는 다른 사람의 시간을 소유할 뿐 아니라 형기를 돈으로 대신 치를 수 있다는 예에서 드러나듯이 자신의 시간도 살 수 있다. 사실 '시간은 돈이다'라는 말은 삐딱한 공식이다. 그것을 반대로 하는 것은 쉽지 않기 때문이다. 시간을 돈으로 바꾸는 것이 돈을 시간으로 바꾸는 것보다 더 쉽다. 시간을 소비함으로써 우리는 돈을 늘릴 수 있지만 둘 중 하나를 선택해야 한다. 이것이 시간의 역설 가운데 하나다. 시간이 돈이긴 하지만 돈이 많은 사람은 대개 시간을 풍족하게 갖지 못한 경우가 많다. 그것은 또한 나이의 문제이기도 하다. 젊은이들은 자기 앞에 놓인 시간이 많지만 보통 돈이 적다. 반면 나이 든 사람은 돈은 많지만 시간이 없는 경우가 많은데 특히 더 많은 돈을 벌려고 시간을 일하는 데 쓰는 일이 많다. 미하엘 엔데는 1973년 어린이를 위한 철학소설《모모》에서 시간은행에서 일하는 회색 신사를 창조했다. 신사는 아이들이 사용하지 않은 시간을 나중에 불려서 되돌려주겠다고 꾀어낸다. 생각해보면 저축된 시간의 가치는 예금자의 죽음에 이르러서 최고조에 달하게 된다. 예금자는 시간부자라는 자랑스러운 모습으로 죽음을 맞이하며 삶의 속도를 조절함으로써 시간이라는 자본을 후대에게 물려준다. 그렇게 해서 은행의 잔고가 늘어나듯이 우리 시간의 잔고도 증가하는 것이다.

쇼펜하우어나 슈펭글러Spengler같이 자신의 수입에 의존해 생활하면서 자산을 배가시키는 일에 몰두하지 않은 사람은 우리 사회에 흔치 않다. 시간의 주인이란 아침 식사 시간에 하루를 어떻게 사용할지 내적 외적으로 자유롭게 선택할 수 있는 사람이다. 미래를 현재에 굴종시키고 현재를 과거에 묶어두는 사람은 시간이 없는 사람이다. 시간에 관해서는 파산자라고 볼 수 있다. 어째서 우리는 "나는 다른 일을 하고 있거든요."라고 말하는 대신 "나는 시간이 없어요."라고 말할까? 아마 자신이 하는 일에 대해 설명해야 하고 그에 대한 비판을 받는 것을 거북하게 여기기 때문이 아닐까? 스스로의 삶을 유지하기 위해 일하는 것은 필요하지만 돈을 벌기 위해 자신의 시간을 희생하는 사람은 나쁜 거래를 하는 것이다. 어떤 이는 진정한 신을 위해 희생하지만 가짜 신을 위해서 희생하기도 한다. 시간에 대한 광적 집착은 질병이다. 시간주의Chronokratie는 독재다. 시간숭배는 우상숭배다. 가짜 신 중에서도 예수는 마몬Mammon을 거론했다(마태 6:24). 부자가 자신의 곳간을 채우고 휴식을 기다릴 때 그의 시간은 끝이 난다(루카 12:16).

시간을 누린 게으른 어부

○ 시간의 가치에 대한 현대적 교훈은 게으른 어부의 우화를 통해 얻을 수 있다. 한 어부가 하루의 고기잡이를 마치고 해변에 누워 해를 쬐고 있었다. 지나가던 사업 설계사가 다가오더니 말을 걸었다. "그렇게 빈둥거리는 대신에 일을 하십시오. 물고기를 팔아 바지선 대신에 돛 달린 어선을 사는 게 어때요? 그런 다음 그 어선을 타고 가서 물고기를 잡아 팔면 모터가 달린 어선을 살 수 있을 거요. 그러면 물고기를 더 많이 잡을 수 있으니 부자가 되어 해변에서 느긋하게 해를 받으며 누워 쉴 수 있을 겁니다." 그러자 그 어부가 대답했다. "그렇겠지요, 그런데 당신이 말한 그것을 내가 지금 하고 있지 않습니까."

제3장

고대의 하루와 시간

태양력의 하루와 달력의 하루

○ 시간의 법칙은 공동체 속의 사람들에게 적용될 뿐 아니라 자연 속의 생명이나 신의 삶에도 적용이 된다. 가장 짧은 자연의 흐름의 단위라고 할 수 있는 독일어 '날'Tag은 원래 밤과 반대되는 의미의 하루 중 밝은 시간을 의미했다. 사실 우리가 아침에 "날이 밝았다."라고 할 때, 여전히 날은 일상적인 의미의 낮으로 사용되기도 한다. '주의회'Landtag나 '독일 의회'Reichstag, '회의'Tagung, '의사 일정'Tagesordnung과 같은 독일어에는 아침 식사 이후의 시간Tag이 포함된다. 이런 의미에서 '날'은 '해가 나 있는 동안'sonnen 혹은 '일하는' 시간으로 말할 수 있다.

날이 밝음과 상관있다는 근거는 '디에스'dies라는 라틴어의 어원에서도 드러난다. 디에스는 빛과 하늘을 의미하는 인도유럽어에 바탕을 두고 있다. 그리스의 하늘 신인 제우스와 로마의 주피터는 여기서 비롯된 것이다. 바로의 《라틴어》De lingua Latina에 나오는 이들의 오래된 이름은 디에스 파테르dies-pater, 즉 아버지 하늘이다. 이 이름은 게르만 신인 치우Ziu과 연관되어 있는데 '화요일'Dienstag이라는 단어에서 다시 그 연관성을 볼 수 있다. 날은 또한 '오늘날' heute이라는 단어와도 관련 있으며, 라틴어에서도 '오늘' hodie은 바로 '그날' hoc die이라는 단어에서 유래했다. '어제' gestern라는 단어는 라틴어 어제의 날이라는 뜻의 '헤스테르누스' hesternus와 관련 있고 '내일' morgen은 또한 '다음 아침'이란 뜻이었다. 이것은 주일의 하루라는 날의 개념을 명백히 가리키는 것이다. 그것은 밤을 포함하며 오늘날엔 보다 정확하게 말하자면 밤의 절반 두 개를 의미한다. 이러한 이중적 의미는 오래된 인형극에서 메피스토가 파우스트를 속이기 위해[1] 사용하는 트릭이기도 하다. 파우스트는 밤과 낮을 계약에 포함시켰지만 메피스토는 이것을 각각 별도로 계산하여 그 절반이 지난 후에 파우스트를 지옥으로 데리고 간다.

'날'에 대한 이중적 의미는 창세기적 이야기에도 등장한다. "하느님은 빛을 낮 yom이라 하시고 어둠을 밤이라 하셨다."(창세 1:5) 여기서 날은 태양일을 의미한다. 하지만 이 날이 일주일(또한 yom이라 한다) 안에 포함되면 그것은 주일 중의 하루다. 《요한 복음서》 9장 4절에서 예수는 한나절의 의미를 설명한다. "나를 보내신 분의 일을 우리는 낮 동안에 해야 한다. 이제 밤이 올 터인데 그때에는 아무도 일하지 못한다." 사막에서 예수는 "40일을 밤낮으로 단식하셨다."(마태 4:2). 부활의 '사흘째 날'에는 밤도 포함된다. 이러한 낮과 밤의 모호성은 호메로스에도 나온다. 《오디세이》에 의하면 밝은 한나절의 날은 밤에 대비되는 헤마르 Hemar 혹은 헤메라 Hemera의 의미다. 또한 완전한 하루란 한 해를 구성하는 '달과 날' 속의 날을 의미한다. 바오로는 완전한 하루를 '밤과 낮' Nychthēmeron이라는 단어로 불렀다.

이는 라틴어에서도 마찬가지다. 대 플리니우스는 통속적인 의미에서의 '날'을 빛에서 어둠으로 들어갈 때까지의 시간, 즉 노동 시간을 의미한다고 언급했다. 낮과 밤이라는 '디에부스 에 녹티부스' diebus et noctibus라는 표현은 상당히 친근한 것이기도 하다. 성례법에는 낮에 치르는 의식과 밤에 치르는 의식을 구분하고 있다. 밝은 노동 시간인 낮과는 대조적으로 주일의 날은 밤을 포함하는 완전한 '시민법상의 하루'dies civilis를 의미한다. 라틴어에는 날을 가리키는 세 번째 의미도 있다. 키케로에게 'dies'는 마감일과 편지에 쓰는 날짜를 가리킨다.

우리가 날을 기준으로 시간을 세는 것이 당연한 일은 아니다. 로마 사람들이 날을 기준으로 시간을 헤아렸다면 게르만인들은 밤을 기준으로 시간을 계산했다고 타키투스는 증언한다. 영어에서의 '2주일'fortnight이란 표현은 이를 잘 말해준다. 그런 점에서 우리는 아이들에게 "크리스마스까지 이제 세 밤이 남았다."라고 하는 것이다. 게르만인들에게 밤은 낮보다 앞서는 것이었으며 낮이 밤보다 앞서는 것이 아니었다. 갈리아에 살던 켈트족도 같은 개념을 가지고 있었다고 카이사르는 기록했다. 북유럽 신화에서 밤은 낮의 어머니다. 이는 헤시오도스의 《신통기》에도 나오는 이야기다. 소포클레스의 비극 전집에서 밤이 헬리오스, 즉 태양을 낳았는데, 그 이름은 헤라클레스가 죽음을 맞이한 테살리아 출신의 트라키스Trachis 처녀의 이름을 따서 지은 것이다. 밤을 기준으로 시간을 헤아리는 오래된 역사를 거쳐오면서 우리는 아일랜드에서 인도에 이르기까지 인도유럽어 문화권에서는 '밤'Nacht이라는 단어가 비슷한 소리를 낸다는 것을 알 수 있다.

하루의 시작과 하루의 기간

○ 특정한 국가에서는 낮의 기간은 일출에서 일몰까지의 시간을 가리킨다. 플리니우스의 기록에 따르면 아테네인들이 그러하고, 타키투스의 기록에 따르면 게르만인들도 마찬가지이며 유대인들도 그와 같다. 이러한 분

류 방식에 따르면 크리스마스이브는 이미 크리스마스인 12월 25일에 속하는 것이다. 크리스마스이브에 태어난 아이는 다음 날 일몰 전에 태어난 아이와 생일이 같다고 할 수 있다. 대 플리니우스는 또한 바빌로니아인들은 일출에서 다음 일출까지의 시간을 하루로 계산하는 방식을 사용하므로 낮 다음에 밤이 오는 것으로 본다. 켄소리누스에 따르면 알프스 지역에 사는 움브리아인들은 정오에서 다음 정오까지를 하루로 계산했다. 이러한 분류법은 밤을 반으로 쪼개지 않기 위해서 천문학자들이 사용하던 방법으로, 2세기에 클라우디우스 프톨레마이오스Claudius Ptolemaeus가 사용한 이래로 1924년까지 사용해온 방법이다.

자정에서 자정까지를 하루로 치는 오늘날 달력의 방식은 고대 이집트에서 흔하게 사용되었고 그리스 천문학에서도 사용했으며 BC 150년경에 활동했던 로데스Rhodes의 히파르코스Hipparchus도 이를 사용했다. 자정이라는 시간을 알리기 위해서는 물시계가 필요했다. 다시 대 플리니우스에 따르면, 로마에서도 사제와 바로와 같은 과학자들이 시민법상의 하루dies civilis를 이와 같은 방식으로 한정했다고 한다. 이는 법적 관련성이 있는 개념으로, 가령 로마를 하루 동안 떠나 있는 것이 허락되었던 호민관들을 고려한 것이었다. 자정 이후에 도시를 떠나 다음 자정 이전에 돌아오면 그는 노동일을 통째로 결근한 셈이지만 전체 하루의 시간 동안 자리를 비우지는 않은 것으로 간주되었다. 이는 마크로비우스가 남긴 기록 《농신제》Saturnalia를 통해 알 수 있다. 한편 플루타르코스는 《도덕론》에서 특이한 사항도 기록했다. 로마인들은 자정을 하루의 시작으로 선택했는데 이는 새벽에 시작되는 전투 활동을 위한 준비의 일환이었다고 한다. 태양과 달의 움직임을 보고 하루의 경계를 삼는 것에 대해 그는 현실적이지 않다고 여겼다. 1년 동안 그 시점이 계속 바뀌기 때문이었다. 게다가 해가 통째로 떠올랐을 때를 일출의 시간으로 삼을지 아니면 첫 태양광이 비칠 때로 할지도 모호한 일이었다. 태양의 중간이 수평선에 닿을 때를 그 시점으로 결정하자는 제안 역시 문제를 해결하기엔 역부족이었고 결국 태양이 보이지 않는 자정과 태양이 절정에 이른 정오를 시간의 경계로 삼는 것이 더 나은 선택으로 받아들여졌다.

아침과 저녁

○ 하루를 체계화하기 위해 우리는 아침과 오전, 오후, 저녁이라는 단어로 구분하고 '이른', '늦은'과 같은 부사로 시간을 구분한다. 인도유럽어에서는 [pr/fr]라는 소리로 '이른'(빠른)이라는 단어를 규정했는데 이는 포르vor(앞)나 포른vorn(앞서), 퓌르스Fürst(첫 번째)와 같은 단어에 깃든 소리이기도 하다. 그리스어로는 프로스pros와 프로토스protos가 있으며 라틴어에는 프라이prae(앞서)와 프로pro(앞에), 프리무스primus(첫째의), 프링켑스princeps(으뜸의)가 있다. '늦은'spat이라는 단어는 '길게 늘어진'이라는 의미를 가지고 있으며 거리를 의미하는 라틴어 스파티움spatium과 연관되어 있다. '내일'Morgen이라는 단어도 원래는 '새벽'Dämmerung이라는 의미였다. 아침은 새벽과 함께 시작되거나 일출 전의 오로라로 시작되며 종종 오전 전체를 의미하기도 하는데, 이것은 제곱면적 단위를 가리키기도 했고 고대 독일어로는 오전 중에 쟁기질을 끝낼 수 있는 경작지라는 뜻이기도 했다. 슈바벤 지역과 바이에른 지역의 사람들은 오전 중에 3,000제곱미터의 경작지를 쟁기로 갈았고 작센 지역과 프로이센 지역 사람들은 약 2,500제곱미터의 땅을 갈 수 있었으며 헤센 지역 사람들도 마찬가지였다.

호메로스는 《일리아스》와 《오디세이》에서 보듯 하루를 새벽Morgenroten부터 시작하는 것으로 여겼다. 샛별은 장밋빛 손가락을 가진 오로라Aurora, 즉 에오스Eos 혹은 헤오스Heos의 지도자였다. 이 단어는 동쪽Osten과 부활절 Ostern과 연관되어 있다. 샛별은 빛을 가져오는 존재라는 뜻으로 헤오스포로스Heophoros나 포스포로스Phosphoros라고 불리었다. 같은 뜻의 라틴어로는 루키페르Lucifer가 있다. 루키페르, 곧 루시퍼가 악마의 이름으로 불리게 된 것은 오리게네스 이후 교회 신부들의 성서적 해석에 기인한 것이다. 《이사야서》(14:12)에 "어찌하다 하늘에서 떨어졌느냐? 빛나는 별"이라는 기록이 나온다. 예언자는 고대의 풍속에 따라 바빌로니아의 왕의 몰락을 별의 추락에 비유했다. 베들레헴의 별은 '유대인들의 새로 태어난 왕'을 상징한다. 바빌로니아 왕의 추락은 《루카 복음서》에 언급된 바와 마찬가지로 천사인 사탄의 추락과 연결됨으로써 빛의 사신은 어둠의 왕자가 되었다.

저녁별 헤스페로스Hesperos는 오케아노스 너머에 있는, 황금 사과가 열리는 신의 정원을 지키는 밤의 님프들을 연상시킨다.

스트라본Strabon은 '축복의 섬'이 해가 지는 서쪽 먼 끝에 있다고 보았다. 콜럼버스 훨씬 이전에 대서양 너머 황금의 땅이 있다고 믿은 이들이 있다니 신기한 일이 아닌가! 샛별과 금성을 동등하게 여긴 관점은 BC 6세기 레지움의 이비쿠스Ibycus에 의한 것인데 그를 살해한 범인이 두루미에 의해 발각된 이야기를 플루타르코스의 《도덕론》에서 보고 실러는 시로 옮기기도 했다. 하지만 사람들은 시인보다 철학자를 더 신뢰하는 까닭에 이 같은 이야기의 발견을 피타고라스나 대 플리니우스, 파르메니데스와 디오게네스 라에르티오스Diogenes Laertios의 공으로 돌렸다고 한다.

바빌로니아 사람들은 금성을 이슈타르Ishtar라고 불렀고 그리스인들은 아프로디테, 로마인들은 비너스라고 불렀다. 호메로스는 《일리아스》에서 금성을 가장 아름다운 별로 칭하기도 했다. 금성은 자주 칭송의 대상이 되었다.

볼프람 폰 에셴바흐Wolfram von Eschenbach가 시로 표현한 금성에 대한 찬가는 바그너의 〈탄호이저〉에서는 처연하게 들린다. "오 나의 자애로운 저녁별이여/나는 언제나 행복한 마음으로 반겨 맞이하지만/그녀를 결코 배반하지 않는 내 마음을/꼭 전해주시오, 그녀가 지나갈 때/아득히 높은 곳에서 천사가 되기 위해/그녀가 이 땅의 골짜기 위를 날아오를 때에." 여기서 그녀란, 닿을 길 없는 여주인공 엘리자베스를 가리킨다.

로마의 하루 구분

○ 마크로비우스는 《농신제》에서 로마인들이 하루를 열두 개의 단위로 나누었다고 한다. 시민법상의 하루는 오늘날의 자정과 같은 '잉리나티오 메디아 녹티스'inclinatio media noctis로 시작되었다. 그다음에는 수탉이 우는 시간gallicinium이 오고 수탉이 다시 조용해지는 시간conticuum이 이를 따른다. 하루가 시작되기 전의 이 세 종류의 시간 다음에는 일출의 시간이 이어지는데 다음과 같다. 첫 번째 빛의 시간은 딜루쿨룸diluculum이라고 하고 정오 이후에는 메리디에스meridies가 오며 그다음에는 일몰의 시간인 오키둠occiduum이 이어지는데 12표법에서는 이를 마지막 시간, 수프레마 템페스타스suprema tempestas라고 한다. (마크로비우스의 글에는 나오지 않지만) 그다음에는 크레푸스쿨룸crepusculum, 황혼의 시간이 따라온다. 마크로비우스는 로마어로 저녁이라는 뜻의 베스페라vespera가 그리스어 헤스페로스Hesperos에서 왔다고 했는데 이는 낮의 마지막 부분이자 하늘의 첫 번째 별이란 뜻이다. 그다음에는 불을 붙이는 시간인 프리마 팩스prima fax와 모두 다 잠드는 콘쿠비아concubia의 시간이 다가온다.[2] 어둠은 아무것도 할 수 없는 인템페

스타intempesta의 시간이다.

태양의 경로에 따른 시간

○ 로마인들은 드디어 하루의 시간을 세상의 지역에 따라 분류해 사용하기 시작했다. 오리엔스Oriens는 해가 뜨는 곳이며 옥시덴스Occidens는 해가 지는 곳이었다. 이들은 지질학에서 흔하게 쓰이는 용어가 되었다. 동방박사(마태 2:1)는 라틴어 성경에서는 아브 오리엔테ab oriente(동양에서 온)로, 그리스어로는 아포 아나톨론apo anatolon(아나톨리아의 동쪽에서 온)이다. 여기에는 특정 지역이 언급되지는 않았다. 유대, 유다이아 지방은 동양도 서양도 아니다. 이와 같은 이름은 루터의 종교개혁 이후부터 사용되었다. 어쩌면 대륙의 이름도 태양 경로와 관련이 있을 수 있다. '유럽'은 그 어원상 '어두운', '저녁의' 뜻을 지닌 '에렙'ereb으로부터 파생되었을 수도 있다. '아시아'는 일출과 연관된 단어라고 할 수 있다. 동쪽은 '레반테'Levante로 해가 '떠오르는'levare 동쪽 지중해 지역을 가리키며, 그 반대인 '포난테'Ponente는 서쪽 부분으로 해가 '지는'ponere 곳이다.

열두 조각의 하루

○ 문명이 더욱 발전하면서 하루의 시간을 시적으로 혹은 일상적으로 결정하는 것만으로는 불충분해졌다. 이에 따라 시간을 헤아리는 방식이 도입되었다.[3] 독일어로 '(특정한) 시간'Stunde은 '일어서다'stehen라는 단어

와 연관되어 있으며 처음에는 '시간이 되었거나', '종이 울리는' 고정된 시점을 가리켰다. 이런 의미에서 이는 '진실과 작별, 죽음의 순간'과도 같다. 《요한 복음서》(19:27)에서의 시간은 라틴어이자 그리스어인 '호라'hora에서 기원한 '지금부터'라는 의미다. 이는 시계 속의 어떤 시간이 아니라 시점을, 60분보다도 짧은 기간을 가리킨다. 1534년 이후부터 사용한 '영광의 순간'Sternstunde이라는 표현은 오로지 두드러진 어떤 한 시점을 의미한다. 두 시점 사이의 어떤 시간의 흐름인 '호라' 혹은 '시간'은 부차적인 시간이다.

비슷하게 '시대'Epoche라는 단어는 '절개', '구획'이라는 의미에서 진화되었다. 호메로스는 그때까지도 단위로서의 시간stunde을 알지 못했다. 《일리아스》를 보면 그의 영웅들은 하루에 세 끼를 먹었는데 가장 중요한 식사 시간은 보통 해 지기 전 저녁 무렵이었다. 플라톤은 이미 오래전부터 시간의 개념이 정착되었음에도 불구하고 '몇 시간'이라고 표현하지 않고 '하루의 작은 부분'이라고 표현했다. 십이진법은 1년에 12개월이 있다는 사실에 기반하여 발전되었다. 십진법이 우리의 손가락 수에 착안하여 발전된 것처럼 이 또한 자연스러운 발견이었다. 헤로도토스는 그리스인들이 바빌로니아로부터 하루의 12시간이라는 개념을 베꼈다는 사실을 알고 있었으며[4] 플리니우스는 다른 많은 문화유산과 같이 이 또한 그리스에서 로마로 전파된 것으로 생각했다. 플리니우스에 따르면 이는 BC 450년경 12표법Zwölftafelgesetzes 이후에 발견된 것이다. 그전에는 시간을 구분하는 단위로 일출과 일몰밖에 없었다. 이는 같은 기록의 조각에 '정오'라는 표현이 언급된 것과는 상충되는 내용이다.

그리스와 로마에서는 일출과 일몰 사이를 12시간으로 나누어 사용했는데 각 시간의 길이는 낮의 길이에 따라 달라졌다. 로마에서는 여름 동안 열다섯 개의 평분점이 있었다면 겨울에는 아홉 개밖에 없었다. 밤 시간을 12단위로 나눈 경우에도 그것은 마찬가지였는데 단지 계절이 반대로 바뀌어 적용될 뿐이었다. 아토스 수도원에서는 아직도 이 같은 규칙을 사용한다. 계절에 따른 불공평한 시간을 한시적 시간이라고 불렀다.

서수 형태로 분류된 시간은 고대 언어에서는 어떤 것이 만료된 시점이라는 의미가 강했다. 여섯 번째 시간hora sexta은 12시 정오를 가리켰다. 이는 예수가 죽음을 맞이한 시간이며 《루카 복음서》에서는 호라 헤크테hora hektē라고 한다. 여섯 번째 시간은 1년 내내 같은 시각이며 로마에서는 정오로서 원로관의 입구에 선 집행관이 연단 사이와 그라이코스타시스Graecostasis 사이로 남쪽의 해를 볼 수 있는 시점이기도 했다.[5] 보통 원로관의 입구에는 그리스어로 말하는 외국 사신들이 원로들에게 자신들의 소망을 전하기 위해 대기하고 있었다. BC 338년 라틴어 대회의 우승자를 기념하기 위해 세운 마에니아 기둥Columna Maenia이라는 유적이 있다. 그 사이에 해가 깃드는 것을 보면, 집행관은 원로들에 대한 알현이 끝났다는 것을 공표했다. 이는 일몰과 함께 끝이 났다. 로마의 민회는 그 당시에 조명 시설이 없었다.

그리스 시대의 이집트에서 시간은 날이나 달과 마찬가지로 '행성'들과 연관되어 있었다. 이는 천문학적 대응 원리 때문이었다. 카시우스 디오Cassius Dio는 이 원칙에 따르면 한 주의 첫째 날의 첫 번째 시간은 크로노스(토성)에 속한다고 기록했는데 그것은 크로노스가 지구에서 가장 먼 곳에 살기 때문이었다. 두 번째 시간은 제우스에 속한 것이었고(목성) 세 번째는 아레스(화성)에 속했으며 네 번째는 헬리오스(태양), 다섯 번째는 아프로디테(비너스), 그리고 여섯 번째 시간은 헤르메스(수성), 일곱 번째 시간은 셀레네(달)에 속했다고 알려졌다. 이 순서는 다시 반복되는데, 예컨대 여덟 번째 시간은 토성이 되고 아홉 번째는 목성이 되며 열두 번째는 금성이 된다. 그런 다음에는 항상 같은 순환 방식으로 12시간의 밤 시간이 오는데 두 번째 날의 첫 번째 시간은 태양으로 시작된다. 이 같이 행성의 순서에 따른 날들의 순서를 통해 요일의 이름을 알 수 있다. 모든 시간에는 행운의 가치가 포함되어 있었다.

그리스의 해시계

○ 하루의 시간을 정확하게 알기 위해서는 시계가 필요하다. '시계'Uhr라는 독일어는 라틴어 'hora'에서 온 것이다. 구어체에서 '시계'는 여전히 '시간'이란 의미를 지녔는데 가령 우리는 '몇 시들(복수)이에요?'Wie viele Uhren? 라고 하지 않고 '몇 시(단수)예요?'Wie viel Uhr?라고 질문한다. 여기서 'Uhr'는 시간을 보여주는 기계가 아니라 시간 자체를 가리킨다. 해의 움직임에 따라 아침과 점심, 저녁이 오는 것처럼 해를 하루를 나누는 기준으로 삼는 것은 자연스러운 일이었다. 그래서 해시계가 생겼다. 그리스에서는 해시계를 해바라기hēliotropion, 그림자 잡기skiothērikon, 시간의 손Hōrologion이라고 불렀다. 로마에서는 시계를 바로 시대부터 호롤로지움hōrologium이라고 칭했는데 역시 그 기원을 해로부터 찾을 수 있다. 라틴어 'hora'도 그리스에서 온 외래어다. 호메로스 시대에 이 단어는 크로노스와 비슷하게 단순히 시간, 어떤 기간을 가리키는 의미로 사용되었으나 점점 더 1년의 흐름과 계절을 나타내다가 특히 봄을 가리키는 의미로 사용되었다. 이 시대에는 이미 호라가 계절과 자연을 주관하는 신 호라이로 의인화된 것을 볼 수 있다. 헤로도토스는 그리스인들은 열두 개의 시간으로 나뉜 해시계를 가지고 있다고 기록했으며 바빌로니아에서 그 원형을 찾을 수 있는 해시계의 틀인 폴로스polos와 시곗바늘인 그노몬gnomon도 언급했다. 사실 시계는 동양에서 더 오랜 역사

를 가지고 있다. 1910년 예루살렘의 서가자 지구에서 발굴된 상아로 된 이집트의 휴대용 해시계는 BC 1200년경의 메르넵타Merenptah 파라오의 시대까지 거슬러 올라간다. 《여호수아기》에 기록된 것보다 더 신기한 기적의 시계 이야기가 성서에는 기록되어 있다. BC 700년경 예루살렘의 유다 왕국의 히즈키야가 병에 걸렸을 때 예언자 이사야는 그의 병을 고쳐주겠다고 언약했다. 그가 하느님에게 은총의 신호를 보여줄 것을 요청하자 하느님은 히즈키야 이전의 왕이었던 아하스Ahaz 소유의 해시계의 그림자가 열 시간이나 뒤로 돌아가도록 만들었다. 이 이야기는 《열왕기하》(20:8)와 《이사야서》(38:7)에도 두 번씩이나 나온다. 알렉산드리아 사람이었던 아피온Apion은 칼리굴라Caligula의 치했던 40년경에 이집트인 모세가 오벨리스크의 그림자가 해시계의 역할을 하도록 만들었다고 주장했다. 플라비우스 요세푸스Flavius Josephus는 이 관점에 반대했다. 이는 아하스의 해시계가 이집트에서 왔음을 암시한다. 하지만 그 해시계도 아시리아와 어느 정도 연관되어 있으리라고 보인다.

여행을 많이 했던 헤로도토스와는 달리 그리스인들은 자신들을 발명가로 칭하는 것을 좋아했다.[6] 밀레투스 출신의 아낙시만드로스Anaximandros[7](부록 그림 7 참조)나 그의 제자였던 아낙시메네스Anaximenes[8]는 스파르타에 '그림자 잡기' 해시계를 세우고 그림자로 시간을 측정하는 이론인 그노미크Gnomik를 발명했다고 전해진다. 밀레투스에는 그 이전에도 일종의 시간 책이라고 할 수 있는 호롤로지온Horologion이 있었다. 아리스토텔레스는 국가로서의 아테네를 설명한 저작을 통해 BC 411년의 평의회에서는 위원들이 미리 정해진 시간에 나타나지 않을 경우에는 드라크마로 벌금을 물어야 했다는 사실을 기록했다. 여기서 호라는 시간의 의미로 사용되었다. 해시계는 BC 1세기 비트루비우스Marcus Vitruvius Pollio가 시대에 이미 그리스 전역의 도시에 전파되어 있었는데 그는 건축을 다룬 자신의 저서에서 이에 대해 언급했다. 또한 시계를 만드는 것을 건축가의 일이라고 기록했다. 아테네에서 천문학자 메톤Meton은 BC 432년에 시간의 손(호롤로지온)이라고 불리는, 프닉스Pnyx의 벽에 설치된[9] 해시계를 수리했다고 전해진다. 시라쿠사에서는 디오니시우스라는 폭군이 BC 380년에 해시계를 설치했고[10] 히에론 2세는 BC 260년경에 해바라기 시계를 세웠다고 전해진다.[11]

달력 시계

○ 고대의 해시계는 형태가 달랐다. 그림자 부분은 평평한 모양이거나 반원통, 반원뿔, 반구의 모양을 하고 있었다. 이 같은 배舟 모양의, 정확하게는 '바지선' 모양의 그리스 해시계는 천구 모양과도 일치했으며 일정한 시간에 열한 번의 타종이 울렸다. 특이하게도 이 시계에는 기호로 된 시각의 표시가 없어서 선명하게 표시된 중간선을 기준으로 하나씩 시점을 헤아려야만 했다. 여기서 보이는 것은 춘분 시간으로 매일 달라지는 하루의 시간과는 달랐다.

그노몬의 각도와 길이를 통해 그림자가 달라지는 해시계는 달력의 역할도 병행했다.[12] 그림자는 계절마다 달라지는 해의 모양에 따라 늘어나거나 줄어들기 때문이었다. 하지만 그림자 달력에는 보통의 달을 나타내는 선이 아니라 한 해를 네 부분으로 나눈 절기선이 표시되었는데 그중에서도 정교한 모델에는 황도 12궁이 표시되기도 했다. 따라서 그러한 시계에는 황도 12궁의 별자리가 표시되었다. 여기서 해가 지나가는 길은 바늘이 아닌 판자 위에 파인 세밀한 홈을 통해서 볼 수 있도록 했는데 빛이 지나가면서 만드는, '리네아 클레멘티나'Linea Clementina라는 이름의 특정한 그림자 등을 통해서 시간을 측정할 수 있었다. 막대기 모양의 그노몬이 보여주는 그림자는 세밀한 시점을 가리키지는 못했지만 길이가 달라지는 것을 통해 시간을 측정할 수 있었다. 루키아노스의 《농신제》에는 그림자가 약 30센티미터 정도로 길어지면 목욕을 해야 할 때라는 기록이 나온다. 시계는 매일의 일정을 조절하는 역할을 했다. 그림자 시계에서 태양빛이 사라지는 때는 현재를 상징하기도 했다.

> 무정한 해시계여!
> 밝은 빛은 오로지 미래와 과거만이 즐기는 것
> 그 빛을 적시에 뿌리기 위해
> 그대가 머무는 곳은 오로지 그늘 속이구나!

로마의 해시계와 그 이후

○ 공식적으로는 처음 로마에 해시계가 등장한 것은 시칠리아에서 온 것이었다. 바로는 《라틴어》에서 이를 '솔라리움'solarium이라 불렀다. BC 263년에 영사였던 마니우스 발레리우스 메살라Manius Valerius Messalla는 포룸에 해시계를 설치했다. 그것은 카타니아에서 약탈해온 것이었다. 하지만 이 시계는 카타니아의 위도에 맞게 설계된 것으로 로마의 위도와는 맞지 않았다. 플리니우스에 의하면 정확하지 않은 해시계 옆에 정확하게 설계된 시계가 설치된 것은 99년이 지난 BC 164년에야 가능했다고 한다. 키케로는 《연설문》Pro Quinctio에서 이곳이 부랑자들이 몰려드는 약속 장소가 되었다고

전한다. BC 292년에 루키우스 파피리우스 쿠르소르Lucius Papirius Cursor가 로마로 가져온 시계의 기원에 대해서는 대 플리니우스도 알지 못했다. 하지만 그때부터 시계에 따라 일상생활이 영위되는 현상은 보편적으로 어디서도 환영받지 못했다. 겔리우스는 플라우투스Titus Maccius Plautus의 희극에 나오는, 축제에 초대된 '기생충'인 어릿광대의 불평을 인용했다. "부디 시간을 나누고 솔라리움을 만든 이를 신께서 처벌해주시길! 예전에는 내 배 속이 세상 어느 것보다 정확한 시계여서 식사가 있는 곳으로 나를 인도했다오. 하지만 이젠 아무리 배가 고파도 시계의 허락 없이는 한 입도 먹지 못하게 되었답니다. 이 도시는 시계로 가득 차 있지만 불쌍하게도 사람들은 굶어 죽을 지경이지요!"

폼페이에 있는 오래된 목욕탕에는 목욕 시간을 조절해주던 해시계가 있었다.[13] 또한 건조한 지역에 물 부족 사태를 방지하기 위해 공중 우물을 사용하는 데 필요한 법정 시간표를 설치해두었다. 플리니우스는 투니시아 남부의 총독 통치 지역에 설치된 시간표를 보고 이 사실을 증언했다. 《라틴 비문선》Inscription Latinae Selectae에 실린 누미디아Numidia(대략 기원전 3세기부터 북아프리카에 존재하던 왕국—옮긴이)의 비문을 보면 관개 시점에 대한 자세한 일정이 대대로 전승되었다는 것을 알 수 있다. 또한 《학설휘찬》Pandekten에서 볼 수 있는 것처럼 법 전문가들이 이에 대한 조언을 맡기도 했다(부록 그림 13 참조).

중세 말기에는 바퀴 달린 시계가 일반적이었지만 해시계가 사라진 것은 아니었다. 문화사에서 흔히 볼 수 있듯이 새로운 발명품은 예전의 것들을 곧바로 대체해서 퇴행시키는 것이 아니라 점점 그 현실적 중요성을 감소시켜 과거에는 기능적으로 사용되던 물건을 미학적 의미를 가진 대상으로 변화시킨다.

그 예로 들 수 있는 것이 양초와 전구, 말과 차 그리고 과거 '크로아티아 사람들이 목에 매던 스카프'(제1차 세계대전에 참전한 크로아티아 병사들이 목에 두르던 스카프가 넥타이의 시초라고 한다.—옮긴이)와 현대의 넥타이 등일 것이다. 그러므로 우리가 오늘날 볼 수 있는, 1477년에 만들어진 알피르스바흐의 교회 시계나 1538년에 만들어진 샤르트르Chartres의 시계를 비롯하여 르네상스 시대의 시청, 궁전 정문 앞에 전시되었던 시계들은 더 이상 시간을 가리키는 기능으로만 존재하는 것이 아니다(부록 그림 9 참조). 가령 해시계는 인생의 덧없음이나 즐거움을 상기시키는 격언 속에 자주 등장하기도 한다. "해시계처럼 오직 행복한 시간만을 가리켜라." 릴케가 1908년의 시 〈해시계〉Die Sonnenuhr에 쓴 것처럼 불행한 시간은 드러나지 않는다. '여름날의 비'가 보행자 구역의 시계를 가릴 때, '차양이 넓은 밝은색 밀짚 모자를 쓴 여자'가 시계를 가릴 때도 그것은 '침묵'을 지킨다. 재기 넘치는 공학 예술가들은 온갖 다양하고 정확한 해시계를 만들어 1997년에 전시했다.[14] 시계 기술이 더 이상 필요하지 않은 시대에 가장 정교한 해시계 기술이 완성된 것이다.

시계가 된 신체

○ 가난한 사람들은 자신의 몸을 시계로 사용했다. 여성이 지배하는 공동체 사회의 미덕에 대한 책인 아리스토파네스의 《여인들의 민회》에는 프락사고라가 남편 블레피로스에게 하인들이 모든 일을 마쳤으니 그림자의 길이가 10피트가 되면 식탁으로 와서 식사를 하라고 이야기하는 장면이 나온다. 여기서 그의 몸은 시곗바늘 역할을 하는데 그림자가 정오까지는 줄

어들고 정오에서 저녁까지는 점점 늘어나기 때문이다. 그림자의 길이는 상대의 맞은편에 서서 발걸음으로 재었다. 슈투트가르트 고등학교의 교사 구스타프 빌핑어Gustav Bilfinger는 1886년에 그림자 길이가 10피트가 되는 것은 한여름 아테네의 위도 기준으로 4시가 조금 지난 오후이라는 것을 발견했다.[15] 그리스의 만찬이라 할 수 있는 데이프논deipnon은 로마의 체나cena와 마찬가지로 이른 저녁에 시작되었다.

그림자와 시간을 재는 도구로 몸을 이용한 것은 고대 후기까지 전역에서 실행되던 방식이었다. BC 400년 전후로 원로원에서 높은 지위를 상징하는 '고귀한 분'vir illustris의 위치에 있던 팔라디우스가 농업에 대해 쓴 책을 보면 사르디니아의 영지에서 시간에 따라 달라지는 몸의 그림자 길이를 측정한 이야기가 나온다. 그는 열두 달을 기준으로 각각 그림자 길이를 재도록 했다. 매달 말마다 매일 달라지는 몸의 그림자 길이를 피트의 단위로 세밀하게 기록했는데 1년에 각각 두 달은 그림자의 길이가 똑같이 측정되었다. 팔라디우스의 기록에 의하면 1월과 2월의 첫 번째 시간에는 그림자 길이가 29피트이고 두 번째는 19피트, 세 번째는 15피트, 네 번째는 12피트, 다섯 번째는 10피트이며 여섯 번째는(점심시간) 9피트가 된다. 그러다가 일곱 번째 시간부터는 다시 그림자가 길어져서 10피트가 되고 여덟 번째에는 12피트, 아홉 번째에는 15피트, 열 번째와 열한 번째에는 15피트에서 29피트로 길어진다. 열두 번째는 일몰의 시간이다. 팔라디우스의 기록에 의하면 발걸음으로 잰 그림자의 길이가 같아지는 때는 2월과 11월, 3월과 10월, 6월과 7월이다. 한 달의 범위 내에서 달라지는 그림자의 길이는 무시하도록 했다. 아마 각 달의 중간을 비교 자료로 선택하지 않았을까 추정된다. 고대에는 매일 분 단위로 정확히 시간을 계산하는 경우는 없었다.

거대한 시계

○ 산업화 이전 세계의 도시에는 온갖 종류와 크기의 해시계가 설치되어 있었다. 주머니에 휴대할 수 있는 크기부터 거대한 크기까지 다양했다.[16] 하지만 세계에서 가장 큰 해시계는 유럽이 아니라 인도에서 만들어졌다. 그것은 현재 델리 남부 라자스탄 주의 수도인 자이푸르에 걸려 있는데 이 시계의 기원은 자이푸르를 세운 마하라자 자이싱 2세Maharaja Jai Singh로 돌아간다. 45미터의 베이스 위에 놓인 삼각형 구조의 27미터에 이르는 그노몬이 시간마다 4미터씩 움직이며 그림자를 드리운다. 그림자의 움직임은 육안으로도 관찰할 수 있다.[17]

로마의 캄푸스 마르티우스Campus Martius에 놓여 있던, 고대에 가장 거대했던 해시계는 이미 안녕을 고했다.[18] 황제 아우구스투스는 이 해시계에 새로운 얼굴을 만들어주었다. BC 9년, 황제는 수학자 노비우스 파쿤두스Novius Facundus를 시켜 평화의 제단과 자신의 능묘와 가까운 곳에다 아우구스투스 해시계Solarium Augustum를 만들게 했다. 그 전해에는 두 개의 오벨리스크를 카이로에서 헬리오폴리스로 가져오게 했다. 하나는 키르쿠스 막시무스Circus Maximus의 스피나에 놓였다가 1589년에 포폴로 광장으로 이동되었으며 높이가 22미터에 달하는 다른 하나는 캄푸스 마르티우스에 놓였다. 중세에 이 오벨리스크는 다섯 조각으로 갈라져 땅에 묻히고 말았다. 1748년에 오벨리스크의 하단과 함께 발굴이 되었는데 괴테는 1787년 9월 1일에 "모든 유적 중 가장 오래되고 영광된 유적의 조각들이 캄푸스 마르티우스의 더러운 구석에서 나무판자로 가려진 채 누워 있다."라고 한탄했다. 괴테의 친구였던 화가 티슈바인Tischbein은 〈캄파냐의 괴테〉Goethe in der Campagna라는 작품에서 오벨리스크 조각을 가져다가 그림 속에나마 넣었다. 당시에 오벨리스크는 세소스트리스Sesostris가 세운 것으로 여겨졌으나 나중에 상형문자를 판독한 바로는 프사메티쿠스 2세가 자신의 즉위 1주년을 축하하기 위해 아스완에서 오벨리스크를 가져와 세웠다고 한다.

피우스 2세는 오벨리스크의 돌덩어리를 다시 붙여서 몬테치토리오 궁전 앞에 세워져 있던 원래 자리에서 250미터 떨어진 곳에 다시 세워두었는데 이곳은 1871년부터 이탈리아의 의회 모임이 이루어지는 장소가 되었다.

《라틴 비문선》을 보면 노비우스 파쿤두스는 오벨리스크의 하단을 만들었는데 그 안에는 이집트와 싸워 승리한 황제를 칭송하며 태양신에게 바친다는 비문이 적혀 있다. 오벨리스크는 금박 입힌 청동관을 쓰고 있는데 현재 캄피돌리오 광장의 콘세르바토리 궁에 전시되고 있다.[19] 플리니우스에 의하면 오벨리스크는 1년 동안 변화되는 날의 길이를 보여주기 위한 그림자 표지 역할을 했다. 사각면의 바닥 위에 청동으로 된 기둥을 끼워서 세웠다. 오벨리스크의 바닥에서 북쪽을 향하게 세웠는데 정오가 되면 공의 그림자가 동지점에 오도록 설계했다. 하지점에는 그림자의 길이가 짧아졌다가 다시 북쪽 방향을 향하게 되었다. 기둥의 빗장을 보고 계절과 달, 하루의 시간을 각각 읽을 수 있었다. 하지만 한 해의 상반기인지 하반기인지는 그것을 보고 알 수 없었다. 오벨리스크에는 시간을 알리는 눈금이 없었으므로 괴테가 생각한 것과 같은 해시계의 역할이 아니라 한 해의 달력 역할에 더 적합했다고 할 수 있다. 따라서 호롤로지움Horologium이라고 부르는 대신에 솔라리움solarium이라고 하는 것이 더 맞을 것이다. 플리니우스는 자신의 글에서 이 두 가지 용어를 모두 쓰지는 않았다.

1970년에서 1981년 사이에 독일 고고학연구소 소장이었던 에드문트 부흐너Edmund Buchner는 파를라멘토 광장(옛 캄푸스 마르티우스—옮긴이)의 북쪽에서 고고학 발굴 작업을 했다.[20] 1748년에는 건물의 기반이 발견되었는데 그것을 통해 자오선을 가늠할 수 있었다. 복층 건물의 지하 6미터 아래에는 6.6미터에 달하는 청동 기둥이 그대로 놓여 있었다. 대 플리니우스가 생각한 대로 기둥에는 시간을 구별할 수 있는 줄이 새겨져 있었다. 또한 황도 12궁에서 태양의 위치가 표시되어 있었다. 서쪽 면에는 남쪽 방향으로 그리스어로 '양자리'(3~4월)에서 '황소자리'(4~5월)라는 글씨가 적혀 있고 '초여름'Therous arche이라는 부연 설명이 적혀 있다. 동쪽 면에는 그림자가 북쪽 방향으로 '사자자리'(7~8월)에서 '처녀자리'(8~9월)에 드리워져 있는데 추가로 '여름 폭풍우의 끝'Etesiai pauontai이라는 표현이 새겨져 있다. (1781년에도 볼 수 있는) 이러한 명각은 게오르크 크리스티안 아들러Georg Christian Adler의 로마에 관한 저서의 목록에도 포함되어 있다. 하지만 이 기둥의 발견이 아우구스티누스의 유적지가 아니라 그보다 후기인 도미티아누스Domitianus(81~96년) 시대의 유적에서 발견되었을지도 모른다는 사실이 확실해지면서(아우구스티누스 유적은 1.6미터가 더 깊었다.) 발굴의 경이로움은 감소되었다. 아마도 티베르강의 홍수로 인해 과거 해시계가 놓여 있던 지역이 둘로 갈라진 결과 새롭게 해시계를 건설하지 않을 수 없었을 것이다.[21]

대 플리니우스의 해시계에 대한 묘사에 자극을 받았거나 해시계의 원칙에 호기심을 느꼈기 때문인지 교황 클레멘트 6세는 산타마리아델리안젤리 성당에 달력을 만들었는데 이는 한동안 디오클레티아누스 목욕탕의 본관으로 사용되다가 1702년에 미켈란젤로에 의해 다시 신에게 헌정되었다. 지붕 위의 남쪽 구석에 놓인 작은 구멍을 통해 정오 때가 되면 교회의 오른쪽 바닥면과 북쪽으로 사선을 이루도록 설치되어 있는 리네아 클레멘티아에 햇빛이 비추이도록 설계했다. 또한 정오에 비치는 해는 천궁도의 한 지점에 머물도록 설계되어 한 해의 어디쯤인지를 확인할 수 있도록 했다. 이들은 또한 콘세르바토리 궁의 지구본을 코모두스Commodus 황제의 초상화로 장식하기도 했다. 시간 속에서 묘사된 황제와 교황은 각각 세속적, 신성적 세계를 상징했다.

한밤의 별자리

○ 태양이 지나가는 경로를 통해 하루를 여러 시간으로 나눌 수 있듯이 밤에는 별들이 움직이는 경로를 통해 그것을 가늠할 수 있었다. 낮에 태양이 움직이는 방향과 마찬가지로 밤하늘의 별들도 매 시간마다 동쪽에서 서쪽으로 움직인다. 하지만 밤에는 그림자가 없기 때문에 별들을 관찰하는 방식으로 대체되었다. 천구에 자리 잡은 태양의 고도는 한 해 동안 달라지는데 이에 따른 북극성의 높이는 항상 같다. 하지만 밤하늘의 별자리는 한 해 동안 밤마다 조금씩 동쪽에서 서쪽으로 움직이면서 매년 같은 위치로 돌아오기 때문에 가령 오리온자리는 11월의 저녁에는 동쪽에 나타나지만 2월의 저녁에는 서쪽 하늘에 사라지고 없다. 415년에 피살된 여성 과학자 히파티아Hypatia의 아버지인 알렉산드리아 대학의 수학자 테온Theon조차 밤하늘의 별들을 지켜보면 시간을 알 수 있다는 것을 발견했다. 한밤중의 별들이 태양을 대신하는 것이다. 이때 남쪽으로 향하는 각도인 방위각이 밤 시간을 결정하는 역할을 한다.

한밤중의 별들을 통해 하루의 시간을 가늠할 수 있게 하는 장치도 개발되었다. 클라우디오스 프톨레마이오스 시대부터 '붙잡다'lambanō라는 어원에서 나온 아스트롤라베Astrolabe가 사용되었다. 그것은 400년에 알렉산드리아 지방에서 본격적으로 개발되었고 이후 아랍 천문학자들이 보다 정교하게 만들었는데 휴대용 별자리 판에서부터 천문학적 활동을 보여주는 복잡한 모의 장치까지 갖가지 형태로 존재했다.[22] 하지만 아스트롤라베는 밤 시계로 활용하기에는 어려웠으므로 실질적인 의미가 그리 크지 않았다. 이처럼 밤의 세계를 보여주는 장치는 16세기경에도 발명되긴 했으나[23] 밤의 시간을 가리키는 데 사용되기보다는 능숙한 장인의 기술을 보여주는 기구로서의 역할이 더욱 컸다.

시간과 분의 평분점

○ 시간을 보다 세세하게 알고자 한다면 시간을 쪼개야만 한다. 하루 중 각기 다른 길이의 시간을 통해서 시간의 가치를 구별해내기란 어렵다. 그러므로 그리스에서는 시계가 어떠한 역할도 하지 못했다. 우리는 고대 올림픽 게임에 대해 많은 것을 알고 있지만 경주자나 마차의 기록을 알지는 못한다. 당시는 그저 경쟁자를 이기는 것이 승리의 기준이었지 경주 시간은 상관없었기 때문이다. 2014년 2월 소치에서 열린 동계 올림픽에서 스키 선수의 경주 시간은 100분의 1초로 나누어 계산되었다. 그리스 천문학자들은 보통은 평분시Equinox를 사용했다. 이 평분시는 정오에서 다음 정오에 이르는 시간을 스물네 개로 공평하게 나누었다.[24] 토지 측량가들이 남긴 《로마 측량가들의 저작》Die Schriften der romischen Feldmesser을 보면, 고대 후기에는 하루의 주야 평분시를 보다 세분화해서 나누는 방식이 성행했다. 현재 우리가 사용하는 것과 같이 시를 분과 초 단위로 쪼개는 것이 아니라 다섯 가지의 세분화된 단위로 나누었다. 따라서 한 시간은 5풍티puncti(현재 기준 12분), 10미누티minuti(6분), 15파르테스partes(약 4분), 40모멘타momenta(약 1.5분) 그리고 60오스텐타ostenta(1분)로 나뉘었다.

순간을 가리키는 모멘텀momentum이라는 단어는 원래 모비멘텀movimentum이라고 했는데 이는 '움직이게 하다'라는 뜻의 모베레movere에서 온 것이다. 라틴어로 어떤 형태로든 움직임과 상관이 있는 것을 의미한다. 역동적 관점에서는 힘을 뜻하고 공간적으로는 거리를 의미하며 시간적으로는 일정한 시한을 의미한다. 또한 종종 '한순간'을 의미하기도 한다. 순간을 의미하는 독일어인 모멘트Moment는 중성이 없는 프랑스의 남성격 단어에서 빌려온 것이나 독일 표준어에서는 중성으로 표현된다. 여기서 모두들 슈베르트의 〈악흥의 순간〉Moments Musicaux을 떠올릴 것이다.

이시도르의 책에서, 모멘텀은 가장 작은 시간의 단위이며 별들의 움직임을 보고 이름을 지은 것으로 기록되어 있다. 로마 황제 트라야누스를 찬양하는 글에서 소 플리니우스는 시간의 한 점punctum temporis은 모멘텀보다 짧다고 썼다. 14세기부터 사용되어온 '점'Punkt이라는 단어는 원래 '쏘다'Stich라는 의미가 있었다. 마르쿠스 아우렐리우스가 자신의 스승 프론토에게 보내는 편지에 나오는 한 시간의 스물네 번째 순간을 가리키는 스크루플룸scrupulum이나 스크리플룸scripulum과는 다르게, 모멘텀은 측정 가능한 시간을 의미하지는 않는다. '꼼꼼한'skrupulös이라는 단어는 작은 것에도 매우 세심하게 주의를 기울이는 것을 가리킨다. '거리낌'Skrupel이 없는 사람은 행동에 주저함이 없다. 자연적 시간 흐름에 의해 결정되는 '분'Minute은 측정이 가능하다. 아미아누스 마르켈리누스Ammianus Marcellinus는 이것으로 개기식의 시간을 측정했으며 아우구스티누스는 점성학에서 이야기하는 출생의 중요한 시점을 분의 단위로 정했다.

여기서 시간은 오늘날과 마찬가지로 60개의 부분으로 나뉘어 있었다는 것을 언급할 가치가 있겠다. 이는 2세기의 클라우디오스 프톨레마이오스가 개발한 60진법의 체계에서부터 시작되었다. 프톨레마이오스는 시간을

2단계로 구분해서 나누었는데, 처음 순서로 '첫 번째 작은 부분'pars minuta prima(분을 의미함.—옮긴이)이 오고 다음으로는 '두 번째 작은 부분'pars minuta secunda(초를 의미함.—옮긴이)이 오는 걸로 나누었다. 이 두 가지의 구분이 어떤 현실적 의미가 있는 것인지 우리는 알지 못한다. 과학적으로 사용하려면 정상적으로 조정되어 있는 시계가 필요하다. 과연 이러한 목적에서 시간 측정용 고양이를 이용할 수 있을까?

고양이 시계

○ 아테네의 플라톤학파의 마지막 수장이자 다마스쿠스 출신 다마스키오스Damaskios가 520년경에 쓴 철학자 이시도르의 전기를 보면, 이집트인들은 고양이를 통해서 시간의 흐름을 배웠다는 구절이 나온다. 고양이를 집에서 기르기 시작한 이들은 이집트인들이었다. 그리스·로마 사람들은 집고양이를 기르지 않았다. 다마스키오스에 따르면 이집트에서 가장 신성하게 여기는 이 동물은 밤과 낮 동안 '시계장치처럼' 매시간 열두 번씩 오줌을 싸는 버릇이 있었다. 게다가 고양이가 낳는 새끼의 수를 통해서 한 달의 날짜를 가늠할 수 있었다고 한다. 첫 번째로 낳은 새끼는 일곱 마리, 두 번째는 여섯 마리, 세 번째는 다섯 마리, 네 번째는 네 마리, 다섯 번째는 세 마리, 여섯 번째는 두 마리 그리고 일곱 번째는 한 마리의 새끼를 낳았다고 한다. 플루타르코스의 《도덕론》에도 순서는 반대였으나 같은 내용이 등장한다. 요약해보면 한 달의 궤도 안에 28일이 존재한다는 것이다. 개인적으로 나는 플라톤이 자신의 마지막 철학적 계승자인 플루타르코스의 이 같은 주장에 어떤 반응을 보였을지 궁금하다. 아스무스Asmus에 따르면 위에서 언급

한 '시계장치'란 분명 물시계를 가리키는 것일 게다. 이것은 주야 평분시에 따라 조정되지만 1년에 두 번 춘분점과 추분점만을 보여준다. 이것은 마리 폰 에브너에셴바흐의 아포리즘을 떠올리게 한다. "멈춰 선 시계도 하루에 두 번은 정확하게 시간을 맞춘다. 몇 년 후에는 흡족하게 성공의 횟수를 헤아리고 있을 것이다."

시간을 가리키는 새

○ 이집트의 고양이보다 더 신뢰할 만한 시간 안내자는 새다. 그중에서도 수탉이 대표적이다. 한때 수탉은 알렉트리온이라는 인간이었는데 군신 아레스가 아프로디테 신과 밀애를 나눌 때 그를 경비원으로 세웠다. 하지만 그는 잠에 빠져버렸고 태양의 신 헬리오스가 떠오르는 것을 놓쳤다. 《오디세이》에 따르면 헬리오스는 이들의 불륜을 아프로디테의 남편인 헤파이스토스에게 알렸고 그는 침대에 있던 연인을 보이지 않는 그물로 잡아 신들 앞에 조롱거리로 바쳤다고 한다. 이에 대한 벌로 아레스는 알렉트리온을 수탉으로 만들어버렸다.

케오스의 시모니데스Simonides는 수탉을 '하루의 선포자'로 칭했다. 아르테미도로스는 수탉이 하인들을 깨워서 일을 시키는 역할을 한다고 썼고 대 플리니우스도 그를 칭송했다. 대 플리니우스는 수탉이 별자리의 흐름을 읽을 수 있고 일출부터 일몰 후 잠자리에 들기까지 세 시간마다 운다고 했다. 교회 신부였던 요한 카시아누스Joannes Cassianus는 《제도집》Institutiones에서 아침 시간에 수탉이 여러 번 운다고 언급했고 한 번에 네 번 운다고 적었다. 수탉이 우는 횟수는 이처럼 중요하게 계산되었다. 이는 베다도 마찬가지였다. 그는 자신의 저서 《교회사》Historia ecclesiastica gentis Anglorum에서 수녀원장이 '수탉이 울 무렵에' 죽음을 맞이했다고 기록했다. 알렉산드로스 대왕이 유리통 콜림파를 타고 깊은 바닷속을 탐사했을 때 수탉을 데리고 가서 시간을 확인했다.[25] '갈리아인의 현재 시간'은 1300년 무렵의 수많은 방랑시인들이 즐겨 노래한 테마이기도 했다. 당시에는 이미 교회 첨탑의 십자가 위에 수탉이 서서 바람이 부는 방향을 꼬리로 보여주고 있었다. 방랑시인의 노래에는 '수탉이 서서 꼬리를 바람 부는 쪽으로 향하고 있다'는 구절이 나온다.[26] 독일인이라면 린트하임의 종탑 혹은 클레버슐츠바흐Cleversulzbach의 낡은 교회탑 위의 수탉, 거대한 수탉을 노래한 뫼리케Eduard Friedric Mörike의 가곡을 떠올리지 않을 이가 어디 있겠는가?

하루의 시간을 알려주는 조류는 수탉 이외에도 있었다. 아우소니우스Decimus Magnus Ausonius는 제비의 지저귐에 아침에 눈을 떴고 로미오는 종달새 소리에 일어났다. 로미오가 아침마다 들려오는 종달새의 지저귐을 듣고 떠나자 줄리아는 말한다. "그건 종달새가 아니라 나이팅게일이었어요." 하지만 셰익스피어 작품 속의 줄리엣은 새소리를 구별하지 못했다(아니면 구별하지 않고 싶었던 것일까?). 헤겔은 밤이 찾아오는 시간을 부엉이로 표상했다. 미네르바의 부엉이가 바로 그것이다. 황혼이 저물어야 새가 날개를 편다. 이것을 독일어로 풀이하자면 철학은 저녁 시간이 되어서야 나타나는 것이다. 독일의 흑삼림지에서는 시계처럼 뻐꾸기 울음소리가 밤낮으로 들려온다. 이는 독일인의 정신을 상징하며 크리스마스트리나 옥토버페스트처럼 세계로 수출하는 성공적인 독일의 문화 상품이라 할 수 있다.

아테네의 수량계

○ 시계는 사람이 만든 도구다. 하지만 대부분 만들어진 후에는 스스로 잘 알아서 작동된다. 해시계는 인간이 따로 조치를 취하지 않아도 알아서 작동한다. 물시계나 모래시계, 기계식 시계도 근력이나 중력에 의해 작동된다. 단지 현대의 전자식, 발진식 시계만이 화학적 에너지를 필요로 한다. 이들 시계는 안개가 낄 때나 밤에도 작동되며 밀폐된 공간 속에서 돌아간다. 이같이 어떤 상황에서도 사용할 수 있는 시계의 시초는 물시계였다. 물방울이 일정하게 떨어지거나 비워지는 양을 통해서 시간을 측정하는 것으로, 위에는 물이 새어 나가는 용기를 놓고 아래에는 물을 받아들이는 용기를 놓은 방식이었다. 해시계가 항상 좋은 기후에만 사용할 수 있는 것이라면 물시계는 물의 양과 흐름을 통해 시간을 읽을 수 있었다. 물의 흐름은 빨라지기도 하고 느려지기도 하며 멈추기도 했다. 마치 아발론의 계곡에서 야훼가, 테베스강에서 제우스가 태양의 길을 차단하듯이 말이다. 해시계로는 정확한 시간을 측정하는 것이 불가능했지만 물시계로는 가능했다. 분당 시간을 측정할 수 있는 것은 물시계뿐이었다.

물시계에 관한 역사를 보면 고고학적 사실을 알 수 있게 된다. 물시계는 이집트에서 기원했다. BC 1550년경 무덤의 비문을 보면 아메넴헤트Amenemhet라는 사람이 물시계를 발명했다고 기록되어 있다. 이집트의 카르낙에서는 BC 1400년경의 것으로 보이는, 작은 주둥이가 달리고 안쪽 면에는 저울이 달린 원뿔형 물병이 발견되었다. 이는 현재 런던의 과학박물관에서 볼 수 있다.

그리스인들은 물시계를 물 도둑Klepshydra이나 물 지침기hydroskopeia라고 불렀다. 물시계는 BC 5세기 후반부터 아테네 법정에서 중요한 도구로 사용

[그림 8] 재구성된 물시계. 물시계에 새겨진 안티오키스는 당시 소의원회에 임명되었던 부족을 가리킴. BC 4세기, 아테네.

되었는데 아고라에서 출토된 물시계의 파편은 BC 400년 전후의 것으로 기록되어 있다. 아탈로스 스토아의 박물관에 있는 재구성된 물시계를 보면 각각 6.4리터의 물을 담을 수 있는 두 개의 항아리가 있는데 그리스어로 초엔Choen이라 불리는 항아리의 아래쪽 구멍을 열어 구멍이 막힌 다른 한쪽으로 물이 흘러가도록 되어 있으며 한쪽 항아리의 물이 비면 서로 바꿀 수 있도록 제작되었다. 물이 흘러가는 시간은 6분이었다([그림 8] 참조).[27]

이 물시계의 가장 중요한 기능은 제한된 시간 안에 연설을 마치도록 하는 것이었다. 이소크라테스Isocrates는 한때 이렇게 말했다. 상대의 부당한 논점을 열거하려면 자신에게 주어진 물의 양이 배가 되어도 충분하지 않다. 법정에 사건이 배당되고 목격자를 심문할 때 제비뽑기로 선출된 판사가 물시계를 조절하는 역할을 맡았는데 손으로 배수구를 조절했다. 아리스토텔레스는 《아테네인의 국제》Politeia Athenaion에서 물이 흘러내리는 4~5분 동안 한 연설을 사건의 가치를 기준으로 하여 평가한 다음, 드라크마 화폐로 환산했다고 기록했다. 이는 주로 물질과 관련된 법적 분쟁의 경우였다. 하지만 철학적 주제의 경우, 플라톤이 《티마이오스》에서 전했듯이 물시계는 무시되었다. 굳이 물시계의 법칙을 맹종할 이유가 없기 때문이었다.

물시계는 환자의 맥박을 재기 위해서 사용하기도 했고 군대에서는 야간 순찰 시간을 정하기 위해 사용하기도 했다. 폴리비우스Polybius와 후기 로마 시대에 《군사학 논고》를 쓴 베게티우스Flavius Vegetius Renatus는 다음과 같이 기록했다. 야간 순찰은 세 시간씩 4교대로 나누어 이루어졌는데 그보다 길게 임무를 수행할 수 있는 병사가 없었기 때문이었다. 교대 시간은 물시계에 맞추어 나팔 모양의 트럼펫을 불어 알렸다. 고대 후기까지도 연설 시간을 물시계에 따라 정하는 일은 보편적이었다고 심포시우스Symphosius는 전한다.[28] 아테나이오스Athenaeus가 매춘부 헤타에라Hetaera를 '스톱워치용 물시계'라는 별명으로 부른 것은 그녀의 오차 없는 영업 방식을 일컬은 것이다. 시간이 돈이라는 것은 1748년에 벤저민 프랭클린이 굳이 말하지 않았어도 누구나 아는 사실이다.

일상생활을 조절하려는 목적으로 아테네에는 BC 4세기경부터 물시계가 있었다고 전해지는데 아고라의 남서쪽 구석에 놓여 있었다는 것이 고고학적으로 증명되었다. 이 물시계의 물은 아크로폴리스의 북쪽 경사면의 수원에서 흘러들어왔다. 거의 1,000리터를 수용할 수 있었던 돌로 된 물 탱크에는 조그만 배수구가 있었다. 탱크 바닥에 도달하는 데 17시간 걸리는 부표에 시침 역할을 하는 막대기가 달렸는데, 이 눈금자가 고정된 판에 가리키는 시간을 따라서 시간을 읽을 수 있었다.[29]

시계는 일출의 순간부터 움직이도록 되어 있었다. 시간의 길이가 계절마다 달라지기 때문에 매달 눈금자도 갈아주어야 했다.

BC 1세기경 아고라에 세워졌다는 물시계 외에 아테네의 로마 시장에는 물시계 유적이 남아 있다([그림 9] 참조). 13미터 높이의 팔각형 탑 형태인 이 유적은 바람의 신을 새긴 부조로 장식되어 있다. 이 '바람의 탑'은 키로스

[그림 9] 물시계 유적, 바람의 탑, BC 1세기.

출신의 안드로니코스Andronikos가 세운 것으로[30] 아테네의 표준 시계 역할을 했다.[31] 벽에는 해시계가 붙어 있었고 지붕에는 바람개비가 달려 있었다.

크테시비오스의 휘파람 소리

○ 시계기술이 현저하게 진보한 것은 BC 270년경 알렉산드리아의 크테시비오스Ktesibios에 의해서였다. 그는 다양한 길이의 시간을 가리키는 '조응식'anaphorisch 달력 시계를 발명했다. 이 '겨울 해시계'horologium hibernum는 비트루비우스가 잘 묘사했다. 아고라에 있던 예전 물시계처럼 물이 흘러들면서 수위가 올라가고, 이는 평형추와 실로 연결되어 있는 막대선이 달린 부표를 '조응적'으로 떠오르게 한다. 부표가 떠오르면 추가 내려가면서 막대선이 둥글게 회전하도록 만들고 이것이 회전하면서 정확한 시간을 가리킨다. 이 시각표는 낮 시간에만 한정된 것이 아니라 1년 내내 작동할 수 있었으며 달력 시계 역할을 했다. 1902년의 잘츠부르크의 로마 시대 유적 발굴을 통해 비트루비우스의 묘사와 일치하는 증거가 발견되었다.[32] 그것은 청동으로 만들어진 BC 200년경의 '천문 겨울 시계'였다. 이 시계는 잘츠부르크 극선 방향에 놓인 당시의 별자리뿐 아니라 천궁도와 각 달의 위치를 보여주었다. 낮과 밤의 시간을 읽기 위해서는 매일 시계를 점검하고 바꿔주어야 했다. 이 시계는 물을 조절해주는 이가 필요했기 때문에 공공장소에 설치했다. 1917년 베를린 학회에서 딜스Diels에 의해 재건축된 이 물시계는 1918년 11월 10일 혁명군에 의해 파괴되었는데 사진으로 남아 있다.[33]

다른 물시계 모형을 보면 부표 위에 눈금자가 올라선 모양이다. 그것이 가리키는 판은 회전하는 원통 모양으로 나선형으로 확장되는 시간 길이가 달의 길이를 가리키도록 되어 있었다. 물의 수위를 증가시키는 방식 대신에 수위를 낮추는 방식을 사용할 때는 밖으로 쏟아져 나오는 물이 연결된 원통형 판을 돌아가게 하여 물레방아 바퀴를 작동시킨다. 수위가 올라갈 때는 뒤쪽 바퀴가 돌아가면서 눈금자를 회전하도록 만든다([그림 10] 참조).

크테시비오스가 개발한 첫 번째 시계는 귀를 위한 것이었다. 수압을 기압으로 바꾸는 데 성공해서 거기서 휘파람 소리가 나도록 한 것이다. 플라톤이 계획에 맞추어 일하기 위해 알람시계를 사용했다는 아테나이오스의 기록(174년)을 굳이 믿을 필요는 없겠지만, 그는 그와 같은 장치가 있다는 것을 증언했다. 루키아노스는 《히피아스》Hippias에서 그 소리를 소의 울음소리와 비교했다. 어쩌면 그는 직접 그 소리를 들었을 수도 있다. 안티필로스의 즉흥시에는 아우구스투스 황제 치하의 물시계에 대한 언급이 등장하는데 매일 하루에 열두 번씩 한 시간마다 휘파람 소리가 도시 전역에 울려 퍼졌다고 한다. 그중에서도 일의 끝을 알리는 여섯 번째 휘파람 소리가 가장 인기 있었다고 한다. 이는 해시계에 적혀 있는 즉흥시에서도 볼 수 있다. "여섯 시간만으로도 충분하다네. 나머지 시간은 커다란 목소리로 유한한 우리의 '삶'을 노래하자!"[34] 또한 그리스어 '살다'Zēthi는 일곱 번째 이후의 시간은 휴식을 위한 시작이므로 일곱에서 열 번째까지의 시간을 의미한다고 해석할 수 있다. 점심 이후에는 공적이고 사적인 업무 및 중요한 여러 업무가 끝나는 것으로 되어 있었다.[35] 요세푸스는 《유대고대사》Antiquitates Judaicae에서 알렉산드리아 파로스 섬의 《70인 역 성경》Septuaginta의 번역가들은 일이 많아 아홉 번째 시간에 일을 마치곤 했다고 말했다. 프톨레마이오스 2세는 위의 성경을 그리스어로 쓰도록 했는데 이는 오늘날까지 보존되었다. 인공조명 아래서 활발하게 활동해온 학자들을 가리키는 단어로 '램프의 불빛 아래서 밤늦게 일하다'elucubrare라는 로마어 표현이 있다. 키케로도 이런 방식

[그림 10] 크테시비오스의 복합적 기능 물시계. 비트루비우스가 묘사한 대로 1567년에 재구성했다.

으로 집필했다고 하며 타키투스 역시 책을 쓸 때 마찬가지였다고 한다. 이 같은 저작 활동은 1년 내내, 대부분 늦은 밤 램프 아래에서 이루어졌다.

로마의 수량계

○ 물시계는 일반적인 문화적 시차를 거쳐 그리스에서 로마로 전파되었다. 로마에서도 물시계는 역시 '클렙시드라'clepsydra, '호롤로지움'horologium, '호라리움'horarium이라고 불리었으며 어떤 경우에는 '솔라리움 엑스 아쿠아'solarium ex aqua라고 불리기도 했다.[36] 중세에는 '아쿠아틸레'aquatile라고도 불렸다. 처음으로 로마에서 사용된 것으로 증명된 물시계는 공공장소에 있었다. 바로와 대 플리니우스, 켄소리누스는 당시 검열관이었던 나시카가 BC 159년에 포룸 로마눔의 바실리카 아에밀리아에 겨울 시계(홀로지움)를 세워서 낮과 밤을 '물'로 균등하게 나누었다고 증언한다. 그전까지는 로마 시민들은 낮 시간을 정확하게 측정하는 방법을 몰랐다고 한다.

그때부터 우리는 아테네와 로마의 법정, 원로원 등지에서 연설 시간을 제한하는 용도로 사용되는 물시계를 볼 수 있게 되었다. 대 플리니우스가 젊었을 당시에 그는 다섯 시간이나 지속되는 탄원 때문에 열여섯 개의 물시계를 배정받았다고 한다. 물시계의 물이 흘러내리는 시간이 약 20분 이내였다는 것을 감안한 것이다. 탄원자는 보통 연설을 시작하기 전에 자신에게 필요한 물시계의 수를 요구했고 판사가 최종적인 결정을 내렸다. 대 플리니우스는 두 개 혹은 하나, 어떤 경우에는 반 개의 '시계'가 사용된 연설에 대해 언급하고 있으며 마르티아누스Martianus는 일곱 개의 시계를 사용한 연설에 대해 언급하기도 했다.

물시계는 휴대가 가능했다. 《갈리아전기》를 보면 카이사르도 물시계를 가지고 다녔는데 그걸 통해 영국의 여름밤이 이탈리아보다 짧다는 사실을 발견했다. 부유한 이들의 저택에서 물시계가 발견되기도 했다. 이는 네로 황제 시기 페트로니우스의 저작을 통해 확인할 수 있다. 신흥 갑부였던 트리말키오는 거실에 물시계와 함께 매 시간마다 트럼펫을 불어서 잃어버린 시간을 주인에게 알려주는 시계노예까지 두고 있었다. 페트로니우스와 동시대를 살았으며 역시 네로 황제의 희생양이었던 세네카는 로마 시계의 부정확성에 대해 불평했다. 《클라우디우스를 호박으로 만들기》Verkürbissung des Claudius라는 책에서 그는 두 개의 시계가 일치하는 것보다는 두 철학자의 의견이 일치하는 것을 보는 게 쉽다고 썼다.

민가에서 물시계가 시간을 구분하는 역할을 했다는 것은 피사의 항구도시인 포르투스 피사누스Portus Pisanus의 '고귀한' 기독교 처녀인 실바나Silvana의 무덤의 비문을 통해 알 수 있다.

> 고귀한 처녀인 실바나는
> 21년과 3개월 4시간 6스크루플리를 살았고
> 6월 24일에 묻혔다.

비문에 따르면 그녀는 '21년과 3개월'을 살았으며 날짜는 누락된 것 같다. 그 대신 '4시간 6스크루플리'scrupuli를 살았으며 6월 24일에 묘지에 묻혔다. 이렇게 해서 실바나의 생일을 알 수 있다. 그녀는 마지막 날 4시간과 15분 후에 죽었다. 여기서 가리키는 시간은 밤과 낮의 시점이 아닌 보통 시간을 가리키는 것으로 보인다.

로마의 일상

○ 시계는 로마인들의 일상을 지배했다. 물론 지위나 직업에 따라 로마인의 하루는 현저하게 차이가 났다. 예를 들어보자. 마르티아누스는 자신이 쓴 즉흥시를 궁정 노예인 에우페무스Euphemus와 황제 도미티아누스Domitianus에게 바치려 했다. 그 시는 다음과 같다. "첫 번째와 두 번째 시간(여름에는 6시와 7시에 해당)에 모든 아침 문안이 이루어지네. 세 번째 시간(약 8시)에는 법관들이 쉰 목소리로 업무를 시작한다네. 다섯 번째 시간(11시)까지 로마에서는 온갖 일이 일어나네. 여섯 번째에서 일곱 번째 시간(12시에서 13시)까지는 점심시간이라네. 여덟 번째와 아홉 번째 시간(14시 30분부터 16시)까지는 오일 마사지나 팔라에스트라palaestra에서 스포츠를 즐긴다네. 그 후에는 휴식 시간이지. 열 번째 시간(약 17시)은 식사 시간이로다. 그 후에 황제는 건강한 팔로 술잔을 들어 적당히 음주를 즐기신다네. 자, 에우페무스여, 이제 나의 농담으로 황제를 즐겁게 할 차례가 되었도다. 아침에 황제에게 문안을 올리려고 하니 내 뮤즈인 탈리아Thalia는 데리고 오지 마시게." 여기서 부유층에는 수면 시간이 길게 허용되었다는 것을 알 수 있다. 이 글은 부유층들이 그다지 많은 일을 하지 않았다는 것을 알 수 있다.

이는 고대 후기의 지주들에게도 마찬가지로 적용된다. 모젤강에 대한 유명한 시를 쓴 시인이자 부유한 원로의원이었던 아우소니우스는 374년 무렵에 시를 통해 갈리아 지역의 일상을 묘사했다. 아침에는 제비 소리에 잠을 깨지만 그 후에는 해시계가 하루의 할 일을 일러준다. 그는 지난밤에 술을 너무 많이 마셔 늦잠을 자던 하인을 깨운다. 매질이나 그보다 더한 처벌로 위협을 가해야만 하인은 깨어난다. 그리고 세수할 물을 주인에게 갖다 바친다. 이교도처럼 아침 제사를 지내는 대신에 그는 영혼을 정화시키기 위해 아버지와 아들 그리고 성령에게 기도를 올린다. 다섯 번째 시간이 되면 요리사는 점심 식사에 대한 지시를 받고 노예들은 손님들을 초대하기 위해 심부름을 가는데, 식사 시간이 되면 여섯 명의 인원이 참석한다. 그런 다음 구술을 받아 적기 위해 비서가 등장하는데 속기로 지주의 온갖 골칫거리를 적어 내려간다. 이후에 이것은 친구에게 보내는 편지의 소재로 쓰이게 된다. 그러는 사이 식사는 끝이 나고 저녁 별이 꿈 없는 잠을 바라며 사라진다.

물시계는 시도니우스 아폴리나리스의 편지에도 언급되어 있다. 여기서 그는 부유한 원로 의원인 페트로니우스 막시무스Petronius Maximus가 자신의 하루를 물시계에 따라 엄격하게 계획하기 때문에 다섯 번째 시간에는 물시계의 알림을 받은 요리사의 부름에 따라 식사를 한다고 썼다. 페트로니우스 막시무스는 455년 3월 로마의 황제가 되었으나 반달족이 로마를 정복하고 약탈한 5월에 사망했다. 그 후 이들은 물시계를 카르타고로 가지고 갔는데 시간을 재려는 시시한 목적 때문이 아니라 무기를 주조하기 위한 금속으로 사용하기 위해서였다. 이러한 목적에서 이 게르만족들이 로마의 금속 예술품을 부수어 자신들에게 맞는 용도로 재사용했다는 것을 고고학적 발견을 통해 알 수 있다. 오래된 재료가 새 재료인 것이다! 잘츠부르크에서 발견된 시계 조각은 이것으로 설명할 수 있다.

풍부한 시간

○ '무르익은 때'Fülle der Zeit라는 개념은 물이 차오르는 시계에서 비롯됐다고 볼 수 있다. 안쪽이 텅 빈 물통은 스스로 채워져야만 그 기능을 할

수 있다. 《일리아스》에는 '죽음으로 그대는 삶의 의무를 다하는 것이다'라는 표현이 나온다. 헤로도토스는 데마라투스Demaratus가 '열 달을 채우기 전에' 세상에 나왔다고 기록하고 있다. 플라톤이 《티마이오스》에서 쓴 것과 같이 '시간의 모든 숫자가 1년 전체를 채울 때' 그것은 대년Great Year(완전년이라고도 부르는 플라톤의 완전한 주기 개념—옮긴이)이 된다. 신학적으로 중요한 것은 신약에 나오는 무르익은 시간이라는 개념이다. '시간이 무르익으면 하느님의 그의 아들을 보내시나니'와 같은 구절은 바오로의 《갈라티아서》에 등장한다. 또 바울이 에페수스인에게 보냈다는 가짜 편지에도 다음과 같은 구절이 나온다. '나이의 길이'가 완전해짐으로써 그리스도는 이제 어른이 되었다. 성 아우구스티누스는 마지막 심판일이 늦추어지는 것에 대해 우선 하느님이 정하신 신자의 숫자가 채워져야 한다고 대답했다. 시계의 이미지 속에 있는 거침없는 시간의 흐름은 인간의 영향력 바깥에 있는 것이므로, 이와 같은 메타포는 은총의 선택이라는 아우구스티누스의 운명론적 교리와 일치한다고 볼 수 있다. 하느님은 전지전능하고 편재하는 존재이므로 누가 천국에 가고 지옥에 떨어질 것인지를 미리 알고 있다. 하느님의 앎은 그의 의지이기도 한 것이다.

아르키메데스의 천구

○ 해시계와 물시계는 시간을 재는 두 가지의 기본적인 수단이다. 해시계는 하루 중에 우리가 있는 시점이 어디인지를 알려주고 물시계는 그것이 작동된 후로 얼마나 많은 시간이 흘렀는지를 알려준다. 세 번째 시계 모델은 어느 때고 상관없이 별자리의 '배열'을 통해 시간을 읽어내는 것이었

다. 키케로는 자신의 책에서 마르켈루스Marcus Claudius Marcellus가 BC 212년에 시라쿠사를 정복한 후에 온갖 약탈품 사이에서 오직 아르키메데스가 만든 신기한 천문학적 도구만을 가지고 왔다고 기록했다. 이는 타이어 모양으로 생긴 혼천의渾天儀, armillary sphere이자 청동구로 한 바퀴 돌리면 해와 달, 다섯 개의 행성의 움직임을 보여주었다. 이를 통해 일식이 달의 그림자로부터 생긴다는 것을 알게 되었다.

안티키테라의 시간 기계

○ 아르키메데스의 천구는 안티키테라Antikythera 섬에서 발견된 천측기와 마찬가지로 시간을 알려주는 것은 확실히 아니었던 듯하다. 이 기발한 기술은 예술의 역사에서 중세 후기에 다시 찾을 수 있다.[37] 1900년에 그리스의 스폰지 다이버가 크레타의 북서쪽 끝에 있는 사이드 섬 인근의 42미터 수심에서 고대 선박의 잔해를 발견했다. 그곳에서 청동으로 만든 예술품과 82조각으로 잘게 부서진 작은 기계의 조각들이 발견되었는데 이를 조립하는 작업이 아직도 진행 중이라 한다. 구체적으로 그 크기는 가로 32센티미터, 세로 19센티미터, 높이 10센티미터였다.

각각 세 개씩인 크고 작은 원형판 안에는 일곱 개의 계기 바늘이 각각 들어 있다. 예전에는 40개였으나 현재 31개만 남아 있는 이 원형판의 톱니바퀴를 회전 손잡이로 돌릴 수 있었다. 원형판이 회전하면서 그 움직임과 위치를 통해 현재 시간을 알 수 있었다. 또한 그것을 통해 천궁도에서의 태양 위치나 천문학적 주기 일식 날짜, 올림피아 게임을 비롯한 다섯 개의 범그리스적 경기를 알 수 있었다.

또한 원형판에는 자세하게 사용하는 법이 새겨져 있는데 도리아 양식의 언어는 아르키메데스가 일했던 곳이 시라쿠사라는 사실을 말해주고 있다. 과학자들이 도표에 적힌 정보를 해독한 것을 보면 이는 부유한 원로의 값비싼 장난감이 아닌가 추측된다. 이 같은 종류의 매우 고귀한 공예품은 16세기에 와서 다시 유행하게 되었다. 오토 카젤만 해도 천문 관측기가 여러 개 있었다.

가자의 마법 시계

○ 고대의 시계 중 가장 놀라운 작품은 가자 지역에서 출토된 고대 후기의 헤라클레스 시계였다. 그것을 만든 그리스의 디자이너가 누구인지는 모르지만 가자 지역의 수사학자였던 프로코피우스Procopius가 500년경에 시적인 문장으로 시계에 대해 묘사한 기록은 남아 있다.[38] 이 시계는 기둥으로 된 현관과 복층 건물의 형태로 이루어져 있다. 박공 부분에는 메두사의 머리가 조각되어 있는데 한 시간마다 눈알을 굴리는 것으로 시간의 흐름을 알려주었다. 그 아래에는 열두 개의 문이 각각 두 줄로 놓여 있었다. 윗줄은 밤 시간을 위한 것으로 시간의 흐름에 따라 빛이 왼쪽에서 오른쪽으로 이동했고 아래층은 낮 시간 동안 헤라클레스가 하는 일을 보여주었다. 모든 문 위에는 독수리가 앉아 있는데 한 시간마다 헬리오스가 걸어가면서 문을 가리킬 때마다 몸을 구부리고 날개를 펼쳤다. 그러면 문 안에서 헤라클레스가 나타나서 자신의 전리품을 보여주는데 그 첫 번째는 네메아의 사자 가죽이다. 독수리는 헤라클레스에게 왕관을 씌워주고 청중들에게 인사한 다음 다시 들어갔다. 한 시간 후, 두 번째 문이 열리면 헤라클레스가

머리가 아홉 달린 뱀을 가지고 나타난다. 세 번째 시간에는 금빛 뿔을 가진 사슴이 나타난다…… 기타 등등.

널리 울려 퍼지는 헤라클레스 시계의 타종 방식은 1시에서 12시까지 죽 연속적으로 타종하는 것이 아니라 오전에 여섯 번 오후에 여섯 번 치는 방식이었다. 프로코피우스는 이 타종 방식을 매우 현실적인 방식이라고 평했다. 타종 수가 적을수록 기억하기도 쉽고 아침 시간인지 저녁 시간인지는 모르는 사람이 없을 것이기 때문이다. 타종은 건축물 맨 아래에 놓인 작은 신전에 서 있는 헤라클레스가 징을 치는 것이었다. 또한 그때 오른쪽과 왼쪽에 놓인 작은 신전에서도 헤라클레스가 자신의 행동을 상징하는 형태로 등장한다. 이 마법의 시계 속에 등장하는 여러 단역 중에는 트럼펫을 불어서 하루를 마감하는 디오메데스도 있다. 다른 여러 가지 신화적 인물들은 프로코피우스의 묘사에서 확실하게 설명되지 못했다. 여기서 눈에 띄는 것은 기독교 시대에서 그리스 신화가 표현된 방식인데 헤라클레스는 존경해마지않는 올림푸스의 신으로 숭배되었다는 점이다. 가자는 마르나Marna 신을 402년까지 숭배했으나 주교인 포르피리오스Porphyrios가 제국 군대의 도움으로 이를 쳐부수고 종말을 맞이하게 했다.[39]

물 오르간

○ 소리 나는 물시계는 유압 오르간hydraulis 또는 오르가논organon이라고도 불린 물 오르간Die Wasserorgel 같은 기능을 했다. 이는 크테시비오스의 발명품이기도 했으며 그리스에서 로마로 건너왔다. 물에 의해서 기압이 생기고 그로 인해 '유압적'으로 바람의 공간이 생긴다고 비트루비우스는 정

확하게 묘사했다. 고대 후기까지 로마에서 이 기구가 유행했다고 아미아누스는 증언했다. 오르간 음악은 원로 의원들의 축제나 제국 황제들의 의식, 경기장에서 검투사들이 싸울 때 울려 퍼졌다고 한다. 부다페스트의 아쿠인쿰Aquincum 박물관에는 그 복제품이 놓여 있는데 그 소리가 상당히 애잔하다. 전문가의 손길이 닿으면 말이다! 로마의 오르간은 음색이 상당히 건조했다. 고대의 뛰어난 오르간 주자 중에는 황제 네로도 있다. 이교도들의 숭배 예식에 오르간이 쓰인 관계로 기독교인들은 이 악기를 미심쩍어하는 경향이 있었다.[40] 비잔티움이 황제 피핀Pippin에게 선물로 바친 이 악기를 황제는 프랑코니아로 가지고 왔다고 757년에 왕가의 실록에 기록되어 있다. 라이헤나우의 시인이자 수도사였던 발라프리트 스트라보Walafried Strabo는 이 악기를 숭배 의식에 사용한 이가 샤를마뉴 대제였다고 기록했다.

독일 왕들의 시계

○ 오르간 이전에 시계는 알프스를 넘어 게르만족에게로 전해졌다. 그것은 처음에는 리옹의 부르고뉴(프랑스 지명이며 독일어로는 부르군트Burgund—옮긴이) 왕조의 궁전에 선보였다. 군도바트Gundobad 왕자는 로마의 군대에서 갈리아의 장군 칭호를 얻었으며 472년에 대원수였던 삼촌 리키메르Rikimer의 부름을 받고 로마로 갔는데 거기서 리키메르는 자신의 장인이었던 안테미우스Anthemius를 포위해서 굴복시켰다. 군도바트는 황제를 살해하려는 목적을 달성하고 그해 말에 죽은 리키메르의 승계자가 되었다. 이러한 로마의 혼란기에 군도바트는 474년에 리옹으로 돌아가서 비어 있는 왕의 자리를 차지하여 516년까지 왕좌에 머물렀다.

이탈리아는 493년 이래로 고트족 왕인 테오도리쿠스Theodoricus Magnus 대왕이 지배했는데 그는 군도바트의 아들 중 한 명의 장인이기도 했다. 군도바트는 로마에서 시계를 보고 경탄하면서 테오도리쿠스에게 하나 달라고 청했다. 제국의 정치가이자 역사가였던 카시오도루스Cassiodorus는 507년에 《잡문집》Variae을 통해 이와 관련된 두 통의 편지를 남겼다. 하나는 테오도리쿠스가 위대한 학자이자 철학자인 로마의 보에티우스에게 보내는 편지였다. 이 편지에서 왕은 정치적 교류를 위해 조그만 선물을 준비하는 것이 좋으니 군도바트를 위해 물시계와 해시계를 만들어 가능한 빨리 라베나로 전문가를 보내달라고 요청했다. 그 비용은 왕이 지불할 것이라고 약속했다. 이탈리아에서는 일상적인 기계일 뿐인 시계지만 갈리아의 게르만족들에게는 마법의 물건이기 때문이었다. 그다음에는 그리스의 과학과 기술을 라틴어 독자들에게 소개한 보에티누스에 대한 칭송이 이어졌다. 또한 오르간과 전쟁 무기, 물시계의 청각적, 천문학적 정교함도 편지에 언급했다. 기계는 세상의 축소판인 것이다! 기계는 (그렇게 단정 지을 수 있을지 모르겠지만) 자연의 친구다. 보에티우스는 그 사실이 다른 세계에도 잘 알려져 있으며 자신처럼 위대한 학자를 통해 외국의 부족들이 자신들은 우리와는 비교할 수 없이 열등하다는 사실을 스스로 알아차릴 것이라고 편지에 썼다.

두 번째는 테오도리쿠스가 군도바트에게 시계를 전하면서 쓴 편지였다. 이 시계는 부르고뉴인들에게 혼란을 바로잡아줄 삶의 질서와 불가분의 관계에 있는 과학의 가치를 알려준다. 야생동물들에게는 배 속이 시계지만 인간은 문명의 질서에 따라 살아가는 존재가 아닌가! 샤를마뉴 대제의 아버지인 피핀 황제도 교황 바오로 1세가 로마에서 보낸 물시계를 하사받지 않았던가.[41]

아랍의 시계공들

○ 기술적으로만 본다면 몇 세기 동안 알프스 북쪽에서는 아무 일도 일어나지 않았다. 그리스어로 적힌 기술문명에 대한 고대의 전통적 유산을 처음 번역하고 전달한 것은 아랍인들이었다. 궁정 실록에 기록된 바에 의하면 칼리프인 하룬 알라시드Harun al-Rashid가 807년에 아헨 왕조에 보낸 청동으로 만들어진 물시계는 매우 인상적이었다. 이 예술품은 12시간마다 커다란 용기에 청동 공을 뱉어내는데 소리가 울리는 효과를 냈다. 또한 열두 개의 문에서 기수가 등장하는데 이들이 등장하기 전에는 열려 있던 창문이 닫히게 되어 있었다. 시계의 여러 다른 특징들은 아인하르트Einhard가 쓴 궁중 기록에 누락되어 있다. 이 기록에 의하면 아랍인들은 그리스 기술의 승계자로 묘사되어 있다. 비슷한 예술적 시계가 1200년 무렵에 드샤사리Dschasari에 의해 만들어졌다.[42] 팔레르모에는 루지에르 2세가 아랍 기술공을 시켜 1142년에 '시계작품'을 만들게 했다.

아랍 문화를 찬양한 황제로 호엔슈타우펜 왕가의 프리드리히 2세를 빼놓을 수 없다. 그는 1232년 5월에 아풀리아에서 다마스쿠스의 술탄인 알아쉬라프Al-Ashraf의 사신을 맞이했다. 그는 살라딘 왕의 조카이자 알카밀의 동생이기도 했는데 프리드리히 2세는 알카밀과 1228년에 예루살렘과 여러 성지에 대한 조약을 맺기도 했다. 바빌로니아의 술탄은 황제에게 마법의 인공 구조물인 텐토리움tentorium을 선물했는데 그것은 태양과 달이 주기에 따라 움직이는 모습과 '빈틈없는 정확성'으로 낮과 밤의 시간들의 움직임을 보여주었다. 수력으로 가동되는 천문시계였다. 쾰른 왕의 연대기에 따르면 그것의 가치는 은화로 약 2만 마르크에 이르렀다고 한다.

프리드리히 왕은 이 보석이 박힌 천체 관측기를 베노사의 가장 고귀한 보물로 꼽았다. 그가 답례로 보낸 선물은 두 가지의 신비로운 자연 생명이었는데 바로 흰 곰과 흰 공작이었다.[43] 이는 기독교 세계에 앞선 아랍 세계의 기술문명을 보여주는 또 하나의 에피소드이기도 하다(부록 그림 10 참조). 하지만 중세 후기부터는 유럽의 문명이 상승세를 타기 시작하여 현재까지 전 세계를 지배하고 있다. 물론 이런 진보가 세계에 도움이 될지는 의심해볼 여지가 있다.

제4장

기독교 시대의 시간과 시계

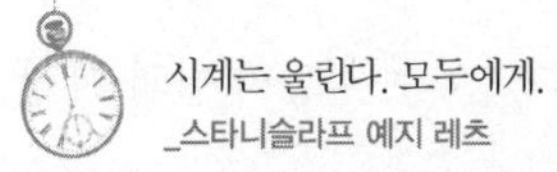

기독교의 종말론적 공포

○ 오늘날까지 유효한 시간에 대한 인식이 형성된 것은 기독교를 통해서다. 시계와 달력 그리고 그것의 청각적, 시각적 신호가 편재하면서 우리는 유한한 존재이며 삶은 짧고 소중하다는 것을 일깨워주는 일종의 시간에 대한 강박증이 생겨났다. 측정은 측정되는 대상을 겸손하고 작아지게 만든다. '겸손'Maßhalten은 '지나친 행동을 삼가다'라는 뜻이다. '과도한'maßlos이란 '지나치게 큰'이란 의미다. 7현인 중 하나였던 린도스의 클레오불루스는 이렇게 말했다. "그중의 제일은 겸손Maß이다."

기독교인들의 시간 개념은 기본적으로 세례자 요한 때부터 시작된 종말에 대한 믿음의 심화, 즉 구세주의 도래라는 개념으로 이해할 수 있다. 예수도 세례자 요한의 메시지를 받아들였다. 그는 사막 위에서 설교했다. "때가 차서 하느님의 나라가 가까이 왔다. 회개하고 복음을 믿어라."(마르 1:15) 그리스 신학에서 묘사하는 종말론적 행동이란 다시 한 번 생각하고 개종하라는 가르침으로 요약되는데, 결국 '개종'이 강조된 것이다. 라틴어로 적힌 불가타 성경에도 '누더기 옷을 입고 재를 뒤집어쓴 채' 회개하고 뉘우치라고 종용하는 점에서 앞과 같은 의미다(마태 11:21). 다가오는 멸망의 날과 세상을 심판하는 법정을 위해 준비해야 한다는 것이다. '지켜보며 기도하라'고 예수는 말한다(마르 14:38). 시간이 모자란 것은 세상뿐 아니라 사람도 마찬가지다. 기독교인들은 열린 미래로 가는 것이 아니라 이상한 세상에서 천국에 있는 집으로 순례하여 돌아가는 것이다. 즉, 이들에게 죽음이란 고향으로 돌아가는 것이다.

솔로몬은 이와는 매우 다르게 설교한다. '우리는 짧은 인생 동안 (……) 먹고 마시고 환호해야 한다.' 로마인들도 비슷한 생각이었다. 로마의 시인 페르시우스Aulus Persius Flaccus는 에피쿠로스학파의 관점에서 호라티우스의 "현재를 즐겨라."carpe diem와 유사하게 "죽음을 기억하며 살라!"vive memor leti고 말했다. "죽음에 대해 명상하라."meditare mortem라고 한 세네카는, 죽음이란 자연이 부르면 지불해야 할 대가와도 같다는 스토아적 개념을 가지고 있었다. 여기서 그가 사용한 '죽음의 확실성'이란 개념을, 마르틴 하이데거는 《존재와 시간》에서 차용하여 '죽음을 향한 존재'란 그 자체로 '존재의 일상성'이며 '죽음을 향한다는 것은 존재에게 그 자체로 놀라운 능력 같은 것'이라고 분석하고 정의했다. 메피스토는 말했다. "인간은 말만 듣고도 거기 무엇인가 있을 것이라고 믿는다."

침묵하는 수도사의 죽음에 대한 경고memento mori는 기도와 회개를 통해 사후의 삶을 준비하라고 신자들에게 촉구하는 것이다. 우리에게 얼마 남아 있지 않은 시간은 곧 다가올 심판의 날이라는 복음적 은유를 통해 더욱 분명하게 느껴진다. 한밤중의 시간이다.

포도밭 우화에서 노동의 시간은 고대 아이온을 상징한다. 하지만 저녁에는 보상 받을 수 있다. 마지막 시간으로 들어선 자는 이전의 노동자들과 마찬가지로 은화를 받을 수 있다. 데나리온Denarion(고대 로마의 은화—옮긴이)은 어떤 면에서 천국의 왕국으로 들어가기 위해 치러야 할 값이기도 했다(마태 20장). 교리 서신의 첫 구절에서 요한은 '저녁 시간'이 되어서 말한다. "얘들아, 이제 마지막 시간이 되었다!"

동시에 그리스도가 나타나는 새로운 세상의 날이 시작된다. 《요한 복음서》의 시작 부분에서 예수는 어둠 속의 로고스처럼 등장하는데 그것이 인간에게는 아침 시간이 된다. 《로마서》에서 바오로는 자신이 새로운 날의 처음을 맞이한다고 여긴다. 그는 늦잠꾸러기를 깨우며 소리친다. "이제 잠에서 깨어날 시간이 되었다……. 밤은 지나고 새벽이 왔도다." 오토 폰 프라이징의 《연대기》에서 볼 수 있는 것처럼 그리스도를 일출 무렵의 구세주로 보는 것은 기독교의 시간에 대한 개념에서 하나의 전형이며 낮 시간의 은유는 역설적인 의미를 담고 있다.

밤에서 낮으로 전환되는 시간의 변화에 대한 비유는 이미 구약성경에서도 나타난 바 있다. '어둠 속에서 걷는 자들은 위대한 빛을 볼 것이다.' 이스라엘이 이방인의 손아귀에서 해방시킨 다윗의 아들이자 예언자인 이사야는 이렇게 약속했다. 에돔족도 역시 같은 희망을 품었다. 세일에서 밤이 얼마나 남았느냐고 야경꾼에게 물었다. 그는 대답한다. "아침이 오고 있지만 아직 도래하지는 않았습니다. 나중에 다시 여쭈어주십시오!" 1917년 11월 7일 뮌헨의 한 대학에서 연설을 하던 막스 베버는, 곤경에 처한 독일의 상황에서 '새로운 예언자와 구세주를 기다리는' 청중들에게 이사야의 이 문구를 인용했다.

복음에 나오는 시간

○ 초기 기독교에서, 낮 시간에 순서를 정하는 건 고대부터 내려온 전통에 속한 것이기도 했다. 다만 시간에 대한 개념이 새롭게 더해져 보다 정밀해졌다. 더 오래된 종교의 경우 낮이 중요한 역할을 맡았으며 간혹 밤 시간이 중요성을 가지는 경우도 있었다. 하지만 기독교의 경우 시간의 중요성이 강조되었다. 복음에서 시간은 그리스적 개념과 일치했다. 때로 시간은 포도원에서 일하는 일꾼들의 불평에 언급되는 일정한 시간을 의미하기도 했다. "맨 나중에 온 저자들은 한 시간만 일했는데"(마태 20:12) 혹은《사도행전》 19장 34절에는 '에베소(에페수스)인들의 아데미(아르테미스)는 위대하시다!'라는 외침이 두 시간이나 지속되었다는 문장이 나온다. 솔로몬 왕은 다음과 같이 설교한다. "하늘 아래의 모든 고귀한 존재들에게는 자신들만의 때가 있다."《마태오 복음서》 15장 28절에서 예수가 가나안의 한 처녀에게 나으라 하니 "바로 그 시간에 그 여자의 딸이 나았다." 예수는 이와 유사한 치료의 기적을 보였다. 제자들은 천국의 구름에서 언제 어느 때에 하느님의 아들이 나타나실지 아무도 몰랐다.《요한 복음서》에는 여러 다른 사건마다 '그때가 다르게 나타난다.'

낮 시간은 12시간인데 이에 따라 일상이 결정된다. 세 번째 시간이 가장 많이 언급되는 시간으로서 고대에서는 가장 인기가 많았고[1] 그다음에 많이 언급된 시간은 여섯 번째와 아홉 번째 시간인데 이는 표준 시간으로는 9시와 12시 그리고 오후 3시를 의미한다. 이 '성스러운' 시간을 신부들은 기도 시간으로 정했다. 복음서에 일곱 번째 시간이 기도 시간으로 등장하는 예는 단 한 번이다(요한 4:52).

잠 못 드는 수도사들

○ 예수는《루카 복음서》18장 1절에서 쉬지 않고 기도할 것을 요구했으며 바오로는《로마서》12장 12절에서, 또《테살로니카 전서》5장 17절, 골로새의 강연 등에서 기도를 기독교인들의 의무로 명했다. 하지만 이를 수행할 수 있는 이들은 밤낮으로 잠시도 쉬지 않고 삼중 합창을 하며 기도를 하는 비잔티움의 '잠 못 드는' 아코에메테acometae, 즉 수도사들밖에 없었다. 428년에 콘스탄티노플에서 이들을 위한 최초의 수도원이 건설되었다. 그중 가장 유명한 수도원은 일시적이지만 수천 명의 수도사가 머물기도 했던 스튜디오스 수도원이었다. 1555년에 이 오랜 수도원은 오스만 제국의 제28대 술탄 바예지드 2세의 시종무관에 의해 임라호르 드차미Imrahor Dschamii라는 모스크로 바뀌었는데, 1894년 지진 후에는 텅 비게 되었다.

교회의 시간과 기도서

○ 《루카 복음서》에서 예수가 한 말에서 나왔지만 수도사들은 실제로는 보다 온건하게 해석되었다. 초기 기독교인들은 하루에 세 번 기도하는 유대인의 방식을 그대로 수용했다. 사도들의 가르침이자 120년경에 쓰인《디다케》Didachē에는 '우리 아버지'에 대한 기도가 하루에 세 번 필요하다는 가르침이 등장하며 약 200년경에 쓰인 테르툴리아누스의《기도》De oratione라는 책에는 하루에 적어도 세 번의 기도가 필요하다고 적혀 있고 추가로 식사 전, 목욕 전에도 기도를 해야 한다고 쓰여 있다. 수도승 베다는 한 시간을 통째로 '하느님에게 부여받은 것'이며 천문학적 미신을 믿는 자

만이 한 시간을 4등분한다고 썼다.[2] 카시아누스도 《수도원 규율》Institutiones coenobiorum에서 엄격한 이집트 예식에 따라 갈리아 지역의 수도원에서 먹고 잠자기 전에 기도해야 한다고 저술했다. 밤부터 아침까지 기도한 후에 성무일도Officium Divinum의 경우 제1시 기도, 제3시 기도, 제6시 기도, 제9시 기도, 만종기도 등 일곱 번의 기도가 세 시간 간격으로 이루어졌다. 성 베네딕트가 쓴 중세 교회 규칙서에는 8장부터 18장까지 시간에 따라 진행되는 '일곱 미사'가 등장한다.[3] 성 베네딕트가 546년 서거했다고 전해지고 전통적인 베네딕트 규칙서는 8세기에 기술된 것으로 보아 이 규칙서가 기록된 시기와 진짜 저자가 누구인지는 확실하지 않다.

수도사들이 매우 엄격하게 시간에 따라 기도한 것과 마찬가지로 평신도들도 역시 시간을 엄격하게 지켰다. 12시인 호라 섹스타hora sexta 후에는 시에스타(이는 섹스타에서 유래되었다) 시간이 되었다. 논Non은 영어로 눈noon인데 점심시간을 가리킨다. '시칠리아 만종 반란'Sizilianische Vesper은 1282년에 일어난 프랑스인들에 대한 학살 사건이며 '아시아의 만종 사건'Vesper von Ephesos은 BC 88년에 미트리다테스 4세Mithridates Ⅳ가 소아시아의 로마인들을 학살한 사건이다. 또 율리우스의 만종 사건Julius Vesper은 378년 소아시아 지역에서 발생한 고트족 지원군들의 학살 사건이다(기독교인들은 아이러니하게도 저녁 예배 시간vesper에 맞추어 타민족 혹은 이교도들에 대한 학살을 자행하곤 했다.—옮긴이).

가장 멋진 예는 12세기 기도서다. 이 책들은 종종 성인이나 축제일 표시 등으로 화려하게 꾸몄는데, 해당 달마다 다른 그림(《베리 공의 지극히 호화로운 시도서》Tres Riches Heures du due de Berry가 그 예다. 부록 그림 22 참조)으로 장식된 기도서도 있고 기도서 가장자리를 그림으로 장식한, 막시밀리안 1세를 위해 1515년에 뒤러가 만든 기도서 등도 있다. 릴케의 1903년 《시도집》

Stundenbuch에는 하느님이 형상이 표현되어 있다.

모래시계

○ 수도원에는 의식을 위한 시간을 알려줄 기구가 필요했다. 처음에는 로마에서 온 해시계나 물시계가 사용되었다. 그 후 진보된 기술을 이용한 모래시계가 나왔다. 고대에는 모래시계에 대한 기록이 없다. 모래시계를 일컫는 클렙사미디온Clepsammidion이나 클렙사멘Clepsamen 그리고 아레나리움Arenarium은 고대 이후의 단어들이다. 두 개의 깔때기가 맞닿은 좁은 입구에서 모래가 흘러내리도록 만드는 것([그림 11] 참조)이 그 당시 기술로는 실현 불가능했다. 로마인들의 유리 연마 기술은 케이지 컵을 통해 볼 수 있듯이 놀라웠지만 유리 불기 기법은 비슷한 수준에 도달하지 못했다. 모래시계는 9세기의 유명한 유리 공예가였던 샤르트르 출신의 수도사 리우트프란트Liutprand에 의해 발명되었다고 알려져 있지만 이는 사실이 아니며, 믿을 만한 기록은 14세기 이후에나 찾을 수 있다. 가장 오래된 모래시계는 푸블리코 궁전의 암브로조 로렌체티Ambrogio Lorenzetti가 1338년에 그린 프레스코에서 찾아볼 수 있다. 여기서 그는 회화를 통해 좋은 정부와 나쁜 정부를 비유적으로 표현했다. 기품 있는 한 부인이 오른손에 모래시계를 들고 있다. 그것은 4대 덕목 중 하나인 절제를 상징한다. 플라톤은 그의 책 《국가》에서 4대 덕목을 정의, 지혜, 용기, 절제로 규정했다. 키케로가 쓴 의무 조항에서도 이 덕목은 다시 등장한다. 그는 절제Maß를 말과 행동이나 성격과 질서를 유지할 수 있는 능력으로 규정했으며 그것을 온건함modestia과 절제temperantia라고 불렀다. 템푸스tempus와 마찬가지로 시간은 나누는 것이며

[그림 11] 전도서의 표지 그림으로 사용된 루돌프 코흐의 모래시계. 솔로몬은 가차 없이 흘러내리는 시간을 소중하게 사용할 것을 우리에게 경고한다. 1910년의 뒤러 성경.

올바른 '속도' 그리고 균형 잡힌 '절제'의 문제로 네 가지 덕목을 바르게 조합한 것이다.

이 네 가지 덕목은 암브로시우스Sanctus Ambrosius에 의해서 기독교 윤리로 자리 잡았다. 또한 이시도르의 네 가지 덕목에서도 지혜, 정의, 용기 그리고 절제를 찾을 수 있다. 절제는 욕망과 강한 탐욕을 자제하는 데 중요한 역할을 했다. 자신을 조절하는 데 있어서 자신의 본성을 극복하는 것은 이미 스토아학파에서 중요하게 여기는 금욕주의적 기본이다. 영원한 구원을 위해 '일시적인' 쾌락을 멀리하는 것은 초기 기독교에서 구원으로 가는 고귀한 길이었다. 지혜의 온건한 형식이기도 한 절제란, 14세기 이탈리아 화가 암브로조 로렌체티의 프레스코화에 따르면 세속적이고도 정치적인 덕목이기도 하다. 오늘날에는 검소함이라는 미덕으로 부를 수 있을 것이다.

모래시계는 물시계처럼 하루의 시간을 가리키는 것이 아니었다. 모래시계는 길어도 몇 시간밖에 작동하지 않기 때문에 시간 간격을 조절하기 위한 작은 물시계 기능을 했다. 후기 중세에서 모래시계를 필요로 한 곳은 법원이 아닌 교회였다. 이는 일정한 시간 동안 설교를 하도록 하기 위해서였으며, 대학에서도 강의 시간이 너무 길어지지 않도록 모래시계를 활용했다. 오늘날에도 우리는 멋진 아침 식사를 위해 달걀 삶는 시간을 조절해주는, 고운 빛깔의 모래가 든 모래시계를 사용한다. 물론 대부분 할머니 세대에서 물려받은 것이다. 모래시계는 조용히 작동하고 주의를 기울여야 하므로 현대의 주부들은 타이머를 선호한다.

작가 에른스트 윙거에게 모래시계는 '시간의 상형문자'였다. 그는 모래시계가 고대 게르만족 상형문자였던 룬rune의 삶ᛉ과 죽음ᛦ을 각각 표현하는 것으로 보았다. 모래시계는 운명을 반영한다. 셰익스피어의 《베니스의 상인》에도 모래시계가 등장하는데 이는 치명적인 모래톱에 빠진 선주의 운명을 상기시킨다. 1773년 리히텐베르크Lichtenberg는 모래시계가 우리 모두 한 줌의 먼지로 될 운명을 상기시킨다고 표현했고 1665년 아르칸젤로 마리아 라디Arcangelo Maria Radi는 물시계에서 흘러내리는 물방울을 흘러가는 시간의 눈물이라고 노래했다. 같은 표현을 쓴 에른스트 윙거는 이런 이유로 모래시계보다는 기계식 시계를 선호했다. 기계식 시계는 끝없이 순환하면서 삶의 유한성을 잊게 해주기 때문이다. 그가 1954년에 쓴 《모래시계의 책》Das Sanduhrbuch은 모래시계에 대한 그의 철학이 오롯이 담긴 작품이다. 1870년 괴테는 샤를로테 폰슈타인Charlotte von Stein에게 쓴 편지에서 양손에 모래시계를 들고 서 있는 에로스를 원망하는 내용을 적었다. 한 손에 들고 있는 모래시계의 한 시간은 너무나 천천히 흐른다. 연인이 부재하는 시간이기 때문이다. 하지만 다른 한 손의 시계는 너무나 빨리 흐르는데 그것은 두 사람이 같이 있을 때다. 그래서 모래시계는 '시간 측정기'라고도 불렸다.

종과 시간

○ 해시계나 물시계의 시각적인 시간 측정의 결과는 대부분 청각적 도구를 통해 표현되었다. 처음에는 트럼펫 소리[4]나 휘파람 소리로 전달되었지만 기독교 시대에는 종을 쳐서 울리거나 이후에는 끈을 당겨 종소리를 울리기도 했다. 종Glocke은 켈트어 '클록'cloc에서 유래했다. 아일랜드의 선교사들이 수갑(이런 단어를 쓴 저를 용서하소서!)과 함께 앵글로 색슨족과 프랑크족에 이 단어를 전파했으며 이는 베네딕트회 선교사 보니파티우스Bonifatius의 글에 중기 라틴어인 '콜로쿰'cloccum이라는 단어로 등장한다. 800년 무렵 파리 필사본도 이 단어가 켈트어에서 유래했다는 것을 확인시켜준다.[5]

소리를 내는 도구로써 종은 오래되었으며 전 세계에 널리 퍼져 있다. 불경한 목적이건 성스러운 목적이건 가리지 않고 사용되었으며 그 재료도 매우 다양하다. 독일 아폴다에 있는 종 박물관의 수집품을 보면 감탄을 금하지 못할 것이다. 그리스 단어인 '코돈'Kōdōn은 꽹쇠나 징에 가까운 모양이었다. 이는 투키디데스의 시대에는 전쟁 시 야간정찰을 할 때 시간을 알리는 수단으로 사용되었다. 라틴어로는 '캄파나'Campana라고 불렸는데 이는 당시 매우 가치가 높았던 캄파니아 광석이 포함되었다는 의미다.[6] 로마 제국 시대에 더운 목욕물이 나오는 '광산 온천'이라는 표현이 등장하는데 같은 표현이 마르티아누스의 저작에도 등장한다. 종 혹은 종소리를 의미하는 '틴틴나불룸'tintinnabulum이란 의성어가 있다. 그리스의 코돈이나 켈트어인 클록, 러시아의 콜로콜루kolokolu 그리고 산스크리트어의 킨키니카kinkinika도 역시 의성어다.

기독교 예배에서 종을 사용한 것을 우리는 5세기 라틴 교회의 전통에서 확인할 수 있다. 투르의 그레고리오Gregorius Turonensis는 《프랑크족의 역사》

Fränkischen Geschichte에서 클레르몽페랑의 주교였던 시도니우스 아폴리나리스가 480년, 임종하는 날에도 이른 미사를 알리는 신호에 깨어났다고 기록했다. 수도승 베다는 《교회사》에서 700년 무렵 영국의 수도원에서 울리는 종소리에 대해 언급했다. 로마에서는 교황 사비니아노Sabinian가 이미 606년 이전에 종을 울리는 시간에 대한 규율을 정해두었다. 샤를마뉴 대제는 이를 모방하여 프랑크 왕국에 이러한 관습을 정착시켰다. 예수가 돌아가시고 애도의 주일 동안 종소리가 울리지 않자 사람들은 이를 의아하게 여겼다고 나오는데 보통 관습적으로 종소리가 침묵을 깨면 사람들이 기도하는 시간이었기 때문이다.

테오도리쿠스 대왕이 세운 라베나의 교회에 종이 설치된 이후로 라틴 교회의 건축에는 종이 빠지지 않게 되었다. 교회의 탑은 기독교 도시의 상징이었는데 이슬람 도시의 미레나트도 마찬가지로 여기서 수피 스승이 다섯 번의 기도를 위해 사람들을 불렀다. 비잔티움의 첨탑은 그렇게 오래되지 않았다. 이들은 바벨탑을 세워서 하느님의 분노를 일으키는 것을 두려워한 것일까? 이들은 첨탑의 종소리 대신에 두드려 소리를 내는 세만트론semantron을 시간을 알리는 기구로 사용했다. 팔라디우스도 5세기 초에 수도원 생활에 대해서 쓴 《라우수스의 역사》Historia Lausiaca에서 이를 증언하고 있다. 종의 예는 오늘날에 이르기까지 수없이 많다. 유스티니아누스 시대로부터 내려오는 파로스의 장엄한 대성당, 파나기아 헤카톤필리아니 앞 오래된 올리브 나무에는 소리가 널리 울려 퍼지는 거대한 철제 종이 매달려 있었으며 주로 기도 시간에 종을 쳐서 소리를 냈다.

비잔티움에 첨탑이 생긴 것은 1204년 프랑크족의 정복 이후이며 종도 그리 일반적이지 않았다. 하지만 러시아에는 노브고로드에 11세기부터, 키예프에 12세기부터 종이 있었다는 기록이 남아 있다. 1735년 모스크바의 크레믈린 궁전에서 만든 200톤이 넘는 차르 종Tsar Bell은 한 번도 울리지 못했다. 종이 완성되기도 전에 화재가 나서 종을 들어 올리는 골조 기둥에 불에 붙었고 그것이 거푸집에 들어 있던 달구어진 종에 떨어지는 바람에 소방수들이 불을 끄기 위해 물을 쏘자 종의 귀퉁이가 크게 떨어져나간 것이다. 종은 거푸집에 계속 머물러 있었다. '역사상 가장 위대한 도둑'이었던 나폴레옹은 1812년 이 종을 가져가려 했으나 운반하는 것이 너무 어려워 포기했다. 1836년부터 이 종은 받침대 위에 올려 보관하고 있는데 아마도 세상에서 가장 큰 종일 것이다. 천 개도 넘는 다른 시계들이 그 소리를 모방했는데, 가장 아름다운 시계 소리는 아마도 '빅벤'Big ben이란 애칭으로 불리는 런던 국회의사당의 시계탑에 있는 웨스트민스터 차임벨일 것이다. 1858년에 완성된 이 시계탑의 종은 오랫동안 손으로 작동되었으며 '자율적 시간기록자'로 인정받았다. 이 종은 6시면 울렸다.

종은 우리가 사는 도시 혹은 마을의 기록과 이름 그리고 소리를 담고 있다. 제2차 세계대전 후에 린트하이머Lindheimer의 종소리는 a, c, d음에 맞추어 조율되었으며 기도와 노동, 축제의 시간뿐 아니라 세속적이고 신성한 모든 세상사를 알려주는 역할을 했다. 전 세계적으로 유명한 실러의 〈종의 노래〉Lied von der Glocke는 1797년으로 거슬러 올라가는데 종소리가 우리네 삶에 얼마나 밀접하게 관련되어 있는가 혹은 있었는가를 잘 보여주고 있다. 종소리는 아직도 들려온다. 연방 법원은 1983년에 '예식용 종소리는 불합리한 소음공해'가 아니라 '사회적으로 적절한 소리'라고 판단했다. 하지만 불면증에 시달리는 사람들이 증가함에 따라, 1992년 4월 30일 베를린 시민들의 항의에 의해 연방법원은 시계탑의 종소리를 60데시벨 이하로 제한하도록 판결했다.[7] 화재를 알리는 종소리에 이어 울려 퍼진 사이렌 소리는 우리 세대들에게는 제2차 세계대전의 폭격이라는 공포스러운 기억을 상기시킨다.

10세기 이후 종은 음악적인 기능으로 사용되었다. 종의 크기에 따라 소리를 조절했다. 가장 오래된 글로켄슈필Glockenspiel(일정 정각 타종 시에 시계에서 인형들이 움직이는 시계—옮긴이)은 망치로 두드리는 방식이었다. 13세기의 시계탑에는 주로 글로켄슈필이 설치되었는데 네덜란드에서 처음 설치된 이런 방식의 시계탑은 빠르게 가깝고 먼 곳까지 전파되었다. 궁전의 시계탑부터 포츠담의 가리슨 교회에 이르기까지, 1945년 4월 14일 영국 공군기가 도시를 파괴하기까지 시계탑에서 '차가운 무덤에 닿을 때까지 언제나 신앙과 정직함을 지키고 하느님의 길에서 한 치도 벗어나지 말라'는 멜로디가 울려 퍼졌다.

음악 속의 시간

○ 시계탑에 설치된 편종carillon은 시간을 알리기 위한 음악적 도구였다. 여기서 중요한 것은 음악이 시간을 알려주는 즐거움을 위해 사용되었다는 것이다. 고급 건축은 공간을 정교하게 배치하는 예술이며 음악은 시간을 정교하게 만드는 예술로서 탁월한 예술의 형태이다. 순수한 음악은 모든 것에서 자유로우며 자신과 다른 것을 보여주는 것이 아니라 단지 스스로를 드러낼 뿐이다. 우리가 보고 만지는 많은 것들은 생물학적으로 설명할 수 있다. 하지만 음악적 쾌락은 확실하게 전달하기 어려우며 음악예술은 '가장 지적인 형태'의 예술로 우리의 삶의 질에 직접적인 영향을 미친다. 이것이 플라톤의 《국가》에서 장황하게 토론된 음악이론의 내용이다.

음악은 시간 단위로 쪼개어진다. 박자와 리듬이 모여 악장이 만들어지며 그것으로 춤곡이 될지 혹은 행진곡이 될지 결정된다. 음악의 속도도 라르고largo에서 그라베grave, 안단테andante에서 알레그로allegro 그리고 비바체vivace와 프레스토presto에서 포르티시모 비바치시모fortissimo vivacissimo와 격렬한 피날레finale Furioso까지 다양하다. 음악과 그다지 가까운 거리는 아니었던 것 같은 빌헬름 부슈의 의견에 따르면 그렇다는 것이다. 최근에는 악기음 속도도 거의 재봉틀의 속도가 떠오를 만큼이나 빨라졌다. 그 결과로 개별적인 소리들이 소리의 반죽 속에 정신없이 뒤섞여버렸다.

악보에 적힌 음의 속도는 점점 빨라지거나accelerando 점점 느려지다가ritardando 중단된다fermata. 1816년에는 메트로놈이 발명되었는데 이는 설정된 속도에 따라 박자를 나타내주는 기구다. 베토벤은 메트로놈이 지시하는 대로 피아노 소나타의 템포가 너무 빠르게 연주되지 않도록 작곡한 최초의 작곡가였다. 하지만 이 곡은 불평의 대상이 되었다.

아우구스티누스는 《고백록》에서 시간을 한 음절밖에 들을 수 없는 노래에 비교했는데 과거에 부른 노래는 점점 커져만 가고 미래에 부를 노래는 우리의 악보 속에서 점점 줄어만 간다고 했다. 성경 속에서 직선적인 시간의 개념을 신봉하게 된 사람이라 할지라도 그 믿음과는 대조되는 스토아학파와 키케로의 저작 등을 통해 원형적 시간의 이미지인 공간의 균형을 떠올리지 않을 수 없다. 괴테는 신이 영원히 울려 퍼지는 "인간들의 찬송가"를 즐겨 듣는다고 그의 저서에 썼다. 그 소리는 "독창일 수도 있고 합창일 수도 있으며 어떤 경우엔 푸가일 수도 또 어떤 경우엔 장엄한 노래일 수도 있다." 이런 점에서 괴테도 과학의 역사에 주목하고 있다고 볼 수 있다. "수많은 사람들의 목소리가 서서히 등장하는 위대한 푸가"라는 구절을 보라.

기계식 시계와 물레방아

○ 종소리로 시간을 전달하는 방식은 시계의 전제조건이기도 했다. 시간을 알려주는 시계의 기능이 결정적으로 발전한 시기는 13세기였다. 그 또한 수도원이 발전을 주도했다. 전통적으로 기계식 시계를 발명한 사람의 이름은 전설 속에 묻혀 있다.[8] 자료에 따르면 발명된 그 시계를 '호롤로지움'이라고 불렀는데 이것이 해시계를 의미하는지 아니면 물시계 혹은 모래시계 아니면 바퀴로 작동되는 시계를 의미하는지는 불분명하다. 바퀴 시계는 특별한 종류의 시계였다. 비트루비우스는 바퀴 시계를 '기계machina를 움직이는 부품으로 만들어진, 작동하기 쉽게 만드는 장치'라고 정의했다. 그리스어로 '기계'mechane는 '인공적이고 보조적인 역할을 하는 장치'라는 의미다. 하지만 시계는 능동적으로 일을 하는 것이 아니라 그저 작동될 뿐이고 이것이 시계침을 통해 보이는 것이며 시계장치는 뒤에 숨어 있다. 나뉘고 보이는 시간은 시계에 의해 생산되는 것이 아니고 시계 내부에서 외부로 표출되는 것이 아니며 단지 시계 톱니바퀴의 신비로운 작동과 연결되어 있을 뿐이다.

비트루비우스의 기계식 시계는 나무로 만든 것이었다. 고대에서부터 중세까지 수도원에서 물시계처럼 사용하던 물레방아 기술을 이용해 만든 시계 역시 마찬가지였다.[9] 물레방아의 나무로 된 기어가 회전속도와 방향을 조절했다. 이 기계식 시계판은 쇠로 되어 있었으며 도르래에 매달려 있는 무거운 도구를 근육의 힘으로 당겨서 중력의 원리로 움직이게 했는데 물레바퀴가 흐르는 물의 중력을 이용하여 움직이는 것과 같았다. 물시계와 모래시계도 역시 중력을 이용했다. 시계의 움직임은 1300년 무렵부터 일반적으로 '바그'Waag라고 알려진 계량기에 의해 대칭적으로 조절되었는데 이는 시계의 속도를 그 무게로 빠르게 하거나 늦추는 역할을 하는 시계추의 이전 형태로 볼 수 있다.

시계판에서 시계침이 돌아가면서 시간을 알렸는데 해시계의 그노몬의 그림자가 시계 방향으로 돌아가면서 시간을 가리키는 것과 같았다. 시계판을 바닥에 놓고 12시가 북쪽으로 향하게 하고 긴 시곗바늘을 해시계의 그노몬처럼 놓고 그 움직임을 관찰해보면 둘 사이의 관계가 명확하게 보일 것이다.

시계판의 맨 꼭대기에 놓이는 시간은 12시다. 시곗바늘은 태양이 정점에 이르는 정오가 되면 가장 높은 곳에 닿게 될 것이다. 만약 기계식 시계가 남반구에서 발명되었더라면 시곗바늘은 시계 반대 방향으로 돌아갔을 것이다. 하지만 시계 반대 방향으로 돌아가는 시계도 피렌체 대성당 문 위쪽 벽면 내부에 걸려 있다. 이 기계식 시계는 더 이상 열두 개로 나뉜 낮 시간을 가리키지 않고 다만 하루에 두 번 12시를 가리킬 뿐이다(시계가 작동하지 않는다는 의미—옮긴이).

시간은 라틴식 숫자로 표시했으나 중세 말기부터는 인도에서 발명되어 스페인을 거쳐 유럽으로 들어온 아라비아 숫자로 표현했다. '숫자'Ziffer라는 단어는 원래 '0'이라는 의미를 가진 아랍어 '텅 빈'leer에서 왔다. 시계침이 없고 숫자판도 없지만 뒤에 무게를 아래로 끌어 내리는 추진체에 시간을 표시한 일종의 기계식 시계는 일본에서 발견되었다고 전해진다. 물레방아에서 기계식 시계로 발전된 시계는 계산기를 거쳐서 수동 디지털 컴퓨터와 자동기계로의 발전을 거치면서 계속 이어져왔다. 중앙 라틴어인 '콤푸투스'computus는 라틴어로 '계산하다'computare라는 어원에서 출발했으며 이는 달력을 가리킨다.[10]

매시간마다 타종으로 시간을 알리는 시계에 대한 언급이 13세기 영국 기록에 남아 있고, 14세기 초에 북이탈리아에도 있었다고 전해진다. 단테는 《신곡》에서 시계탑에 대해 노래한다. 천국의 열 번째 칸토Canto에서 그는 팅

팅 소리를 내며 아침에 그를 깨우는 시계orologio에 대해 얘기했다. 스물네 번째 칸토에서 베아트리체의 영혼은 시계의 기어처럼 춤을 춘다는 표현이 등장하며 서른세 번째 칸토의 마지막에는 사랑은 마치 우주 시계가 한몸으로 순환하는 것처럼 "해와 별을 움직이게 한다."라는 구절이 등장한다.

14세기에는 분을 나누는 기능을 가진 두 번째 시곗바늘이 등장하는데 한 시간을 60분으로 나누었다. 시간은 확인하기가 쉬우므로 시침은 작게 만들고 알아보기 어렵지만 정확성이 필요한 분침은 크게 만들어서 확인하기 쉽도록 했다. 시간 단위 사이의 간격을 작은 바늘은 한 시간으로, 큰 바늘은 5분으로 정했는데 이것이 시간을 나누는 일반적인 규범이 되었다.

동시에 고대 후기와 이슬람 문화권에서 만들어진 것과 같은, 기술적으로 놀라움을 안겨다주는 기계식 시계들이 만들어졌다. 1352년 스트라스부르 대성당에 걸린 괴물 같은 천문학적 시계가 대표적인 예인데 이 시계는 1574년 개조되었고 1842년에 최종적으로 지금과 같은 모습으로 자리 잡았다. 이 시계는 누구도 원하지 않고 누구도 제대로 사용할 수 없는 수백 가지의 정보들을 보여준다. 이는 단순한 구경거리에 지나지 않지만 교회는 이 시계를 통해 멋지게 돌아가고 있는 우주를 보여줌으로써 사람들이 하느님의 은총을 찬양하고 기도하기를 바랐다. 파리의 노트르담 성당에 카를 5세는 국가가 잘 운영되고 있다는 상징으로 세 개의 거대한 기계식 시계를 부착했다. 국왕은 시간을 구속력을 가진 개념으로 설명했다.

1336년 이후 처음으로 밀라노에 괘종시계가 설치된 이후로 독일의 도시나 시장 부근에는 공공장소 여기저기에 괘종시계가 생겼다. 성경에 나온 시간에 관련된 기록 등을 통해 사람들은 낮과 밤 동안의 기도 시간을 알 수 있었다. 부족한 정보는 상상력으로 채울 수 있었다. 가령 이브가 여섯 번째 시간에 아담을 속이고 난 후에 아담은 아홉 번째 시간에 천국으로부터 추방되었다는 기록이 나온다.[11] 늙은 야경꾼의 노래는 성경에 나오는 시간을 상기시킨다. "들어라 사람들이여, 이제 시계가 10시를 쳤도다! 하느님이 내리신 십계명에 따라 하느님께 복종하라!" 11시에는 신앙을 지킨 제자가 등장하고 12시에는 시간의 마지막 단계가 등장하며 1시에는 오로지 하느님이 등장하며 2시에는 삶의 두 가지 방식에 대한 결정을 내려야 하고 3시에는 삼위일체가 등장한다. 그리고 이윽고 "네 번째 땅은 경작이 가능한 땅이니, 인간이여! 그대의 심장은 어디에 있는가?"

소리로 정하는 노동 시간

○ 시계는 일상뿐 아니라 정신적인 세계도 지배한다. 시간에 대한 지나친 규제는 고대의 현상이었다. 각종 상업 활동에서 타종 시계는 노동 시간을 알렸다. 벨기에의 대규모 방직 산업체에서 시작된 이 같은 타종 방식은 대장간이나 포목상, 푸줏간이나 빵집 등으로 전파되었고 이는 상품 판매 시간을 조절하는 기능을 했다. 종소리에 따라 맥주나 와인을 판매하는 시간, 음악과 춤을 즐길 수 있는 시간이 제한되었다. 저녁의 화재 종소리는 화재를 진화하는 데 필수적이었다. 또한 종소리는 밤에 도시의 성문이 닫히는 시간을 알려주었으며 학교나 도서관의 개폐 시간, 아침 기상 시간과 거리 청소를 시작하는 시간 그리고 의원회의 회의 시간을 알리는 기능도 했다. 사람들은 각종 종소리의 의미를 익혀야 했다. 도시에서는 이렇듯 끊임없이 종소리가 울릴 수밖에 없었다. 이러한 종소리가 너무 친숙했던지 셰익스피어는 고대 로마의 왕실에서 카이사르의 살인자가 타종 소리의 횟수를 듣고 살인을 한다는 시대를 혼동한 묘사를 하기도 했다. 카시우스가 브루투스에

게 이렇게 말한 것이다. "제3시의 종이 울렸습니다." 또한 실러가 《피콜로미니》Piccolomini에 쓴 "접대는 항상 시간에 맞추어 이루어집니다."라는 문장도 어쩌면 시대를 혼동한 표현일 것이다.

하루 일과

○ 시계로 하루의 일정을 계획하는 것이 모두 똑같지는 않았다. 지역에 따라 하루의 시간은 각각 다른 방식으로 헤아려졌다. 어떤 곳은 자정부터 '전체' 24시간을 모두 시계에 넣었다(피렌체 대성당에 1443년에 설치된 시계가 그런 예에 속한다. 부록 그림 12 참조). 하지만 대부분의 경우 라인란트Rhineland의 시계를 기점으로 하여 12시를 두 번으로 나눈 '절반'의 방식을 사용했으며 이는 오늘날까지 이어지고 있다. 이 방식이 시각적으로 시계판을 읽기에도 쉬울 뿐 아니라 종소리로 시간을 구별하기에도 24시간 시계보다는 더욱 용이하다. 이탈리아에서 하루가 시작되는 시간은 부분적으로는 정오였으며 부분적으로는 일몰 무렵이었다. 보헤미아 지역의 경우 일출 시간이 하루가 시작되는 시점이었다. 남부 독일 도시에는 '커다란 시계'가 걸려 있었다. 여기서는 낮과 밤을 따로 계산했는데 여름의 경우 낮은 16시간이었고 밤은 8시간이었으며 겨울에는 그 반대로 계산했다. 봄과 가을에는 낮과 밤이 나란히 12시간씩으로 나누었다. 이렇게 서로 다른 시간 계산법은 각기 다른 지방을 여행하는 사업가나 상인들에게 불편을 끼쳤다. 그래서 이를 위해 시간 비교 도표를 휴대하기도 했다. 1568년에 만들어진 이 같은 슬라이드 형식의 시간 도표는 뮌헨의 바이에른 국립박물관에 전시되어 있다.[12]

시간의 속도와 균일성이 중요한 우편

○ 지역을 망라하는 시간의 균일성은 소식을 가능한 한 빨리 전달하는 게 목적이었던 우편 체계에서 매우 중요한 문제였다.[13] 헤로도토스는 수사에서 사르디스까지 111개의 역참을 파발마로 오간 페르시아 제국의 우편 속도를 찬양했고 크세노폰도 역시 《키루스의 교육》에서 이를 언급했다. 로마 제국에서 만든 공공우편 제도는 비잔티움에서는 발전하지 못했는데 투른과 탁시스Thurn und Taxis 공작 가문이 16세기에 합스부르크의 거대 도시였던 비엔나와 브뤼셀 사이에 정기적인 우편 배달 서비스를 실행했다. 이전에는 사절을 직접 오가게 하는 방법뿐이었다.[14]

초기 수도원에서도 우편수단이 도착하고 출발한 시간을 시간별로 기록해서 남겼는데, 튜턴 기사단의 편지에 대한 기록도 마찬가지였다.[15] 아우크스부르크의 무역 중개인들이 전 세계의 사건들, 전쟁이나 조약, 재앙이나 기후, 궁정 소식이나 유명인의 소식 등을 정기적으로 민간 우편부들을 통해 전달했던 〈푸거 차이퉁겐〉Fugger zeitungen도 유명한 우편물이었다. 우편마차가 도착하고 출발하는 것을 알리는 건 시계가 아니라 마부가 부는 나팔이었다. 물론 그 소리가 바흐의 〈사랑하는 형과의 작별에 부치는 카프리치오〉에 나오는 '마부의 아리아'Postiglione처럼 항상 아름답기만 한 것은 아니었을 것이다. 나팔 소리는 우체부의 상징으로 남았다. 나팔을 불지 못하는 이조차 그것이 상징하는 의미는 알고 있었다.

시간의 정확성이 중요한 항해

○ 정확한 시계를 필요로 하는 것은 기독교인 선원들이었다. 배 위에서의 작업은 모래시계를 보며 시간을 조절했지만 항해와 어업 장소 그리고 망망대해에서 거리를 측정하는 데는 도움이 되지 않았다. 대서양을 건널 때 해안과의 거리는 출항한 후 시간이 얼마나 지났는가를 측정함으로써 알 수 있었다. 서쪽으로 가면 갈수록 해가 뜨는 시간이 늦어졌다. 선장은 대서양을 건너며 두 개의 시계가 필요했는데 하나는 고향의 항구에서 사용하던 시계이고 다른 하나는 매일 배 위에서 태양의 높이를 통해 정오 시간을 측정하는 시계였다. 태양이 하루에 지구를 한 바퀴씩 돌기 때문에 360도를 24시간으로 나누면 한 시간에 15도씩 각도가 이동한다는 결론이 나온다. 거리 사이의 경도는 서쪽으로 향하는 위도에 따라 결정되었다. 이는 계절에 따라 달라지는 정오의 태양의 높이, 밤하늘의 북극성 높이에 따라 결정되었다(부록 그림 11 참조).

대영제국의 기독교 선원들에게는 런던 맞은편 템스강의 남쪽 하구에 있는 그리니치가 모항이었다. 그리하여 1675년에 그곳 지역 관측소를 0도 자오선이 설정되는 곳으로 삼았다. 자부심이 강한 프랑스인들은 지구본을 파리를 중심으로 배치하기를 원했지만 그리니치에서 경도가 시작되는 영국식 도표를 필요로 했기 때문에 어쩔 수 없었던 것이다. 1884년에 워싱턴 DC 회의에서 그리니치의 경도를 원점으로 삼아서 표준시간대를 설정하기로 협의했다. 이에 따라 영국의 반대편에 있는 피지섬이 시간적 대척점이 되었다.

1492년 콜럼버스가 항해한 배처럼 배가 정확하게 서쪽으로 이동할 때 구면삼각법과 관련된 수학적 문제가 발생했다. 배의 전복을 피하고 수평을 유지하기 위한 기술적 장치가 필요했다. 두 개의 축 사이의 나침반 역할을 하면서 수평을 유지하는 데 시계가 필요했던 것이다. 그 좋은 예로 1831~1836년에 다윈으로 인해 유명해진 왕립 해군 군함 비글호에서 사용된 항해용 놋쇠 정밀시계 22개 중 하나가 현재 대영박물관에 전시되어 있다.[16] 1761년에 존 해리슨이 만든 항해용 정밀시계에는 이미 온도와 습도 같은 다양한 정보가 담겨 있었다.[17] 항해술의 발달을 위해 1714년 무렵에는 런던과 마드리드뿐 아니라 네덜란드 의회도 높은 비용을 지불할 것을 약속했다.

'해가 지지 않는 제국' 신성 로마의 황제 카를 5세는 동시대에 만들어진 시계의 매력에 푹 빠졌는데, 1557년에 퇴임하고 1558년에 사망할 때까지 스페인 서쪽의 수도원인 성 예로니모 데 유스테의 빌라에서 60여 명의 수행원들과 수많은 천문학 서적들 그리고 나폴레옹의 병사들이 약탈한 시계 수집품 등에 둘러싸여 살았다.[18] 왕궁의 시계공은 크레모나 출신의 조반니 투리아노Giovanni Turriano였다. 카를 5세는 정치와는 다르게 시계와 관련된 일이라면 무엇이든지 제대로 하려고 애를 썼다.

시간 측정기구의 발전과 전파

○ 16세기는 시간 측정기구의 발전과 전파에 있어서 획기적인 전환기였다. 여기서 독일의 시계 발명가인 페터 헨라인Peter Henlein을 언급하지 않을 수 없다. 그는 1479년 뉘른베르크 칼장수의 아들로 태어난 것으로 알려져 있다. 시계공은 금속공예와 제철공예, 주물공예와 열쇠공예 그리고 이후의 금공예의 한 부분에서 갈라져 나온 직업군이었다. 뉘른베르크는 시계

산업의 중심지였던 아우크스부르크에 인접한 도시로 초기의 시계공 길드가 형성된 런던과 파리 그리고 제네바와도 그리 멀지 않았다. 1535년에 헨라인은 뉘른베르크의 시청 시계를 만들었다. 시청의 괘종과 건축 양식은 부르주아 계급이 교회 시계와 교회 종을 책임지는 성직자 계급과 마찬가지로 정치 문화적으로 의식적인 역할을 하기 시작했다는 것을 증명했다.

그보다 더 의미심장한 새로운 기술적 흐름이 나타나기도 했다. 15세기부터는 우리가 시계를 생각할 때면 언제나 떠오르는 태엽이 중력 낙하 방식을 대체하여 사용되기 시작한 것이다. 나선형 모양의 시계태엽은 페터 헨라인에 의해 뛰어난 발전을 거듭한 결과, 개인의 주문이나 시장 판매를 위해 대량 생산되기에 이르렀다. 시계태엽이 시계에 사용되면서 회중시계도 안경이나 다른 인공 부속품과 마찬가지로 신체의 한 부분이 되기에 이르렀다. 헨라인과 동시대인이었던 인본주의자이자 당시 뉘른베르크 라틴어 학교의 교장이었던 요한 코클레우스는 1512년에 쓴 《게르만 소묘》Brevis Germaniae Descriptio에서 헨라인을 한번 태엽을 감으면 40시간이나 지속되는 책상용 시계와 회중시계를 만드는 장인으로 칭송했다. 그가 만든 시계는 드럼이나 캔 형태였는데 이는 1550년부터 대중들의 인기를 끌기 시작한 뚜껑 달린 '뉘른베르크 얼음통'의 효시이기도 했다. 뉘른베르크 의회에서는 헨라인이 만든 시계를 도시를 방문한 유명 인사들에게 선물로 주었다. 다양한 디자인의 이 시계들은 신분의 상징이 되었다. 다만 가장 큰 문제는 시계가 일정한 대칭적 움직임이 가능하도록 조절하는 것이었다. 주기적으로 오가는 시계추를 처음 개발한 것은 갈릴레오 갈릴레이다. 하지만 시계추는 그의 사후에 사용되었는데 1658년에 그것을 처음으로 사용한 이는 네덜란드의 크리스티안 하위헌스Christiaan Huygens였다.

육지에서 일상적으로 사용한 시계지만 그 정밀성이 열 배로 발전된 것은 항해술에 사용된 시계를 통해서였다. 17세기에 이르러서 시계기술의 발전을 위해 런던과 파리 등지에서 과학 전문 기관들이 생겨나기 시작했고 여기서 전문적인 논문이나 강연, 학문적 서신들이 활발하게 교환되었다.

시계 제조술의 황금기

○ 16세기에서 19세기까지는 시간 측정에 관한 과학과 시계 제조술이 황금기를 맞이했던 시대였다. 시계방과 소비자들이 점점 늘어났고 시계 제조술은 점점 정교해지고 화려해졌다. 아우크스부르크에서 시계는 선주문을 받아서 만들거나 박람회 등을 위해 제조했는데 게오르크 롤Georg Roll같이 유명한 장인은 부농들을 위한 시계를 공급하기도 했다.[19] 1981년에 클라우스 모리스Klaus Maurice가 뮌헨의 바이에른 국립박물관에 전시한 것과 같은 시계나[20] 2002년 풀다의 파자네리Fasanerie와 아돌프제크Adolphseck의 궁전에 전시된 것과 같은 시계는 놀라움 그 자체다.[21] 이들은 예술의 역사에서 비교할 대상이 없을 정도다. 시계 의뢰인들은 더 이상 수도사나 원로 의원들이 아니라 르네상스나 바로크 시대의 왕자들이었다. 예술작품을 위한 보석과 여러 신기한 물건에 시계를 사용하면서 이들은 좋은 시계를 얻기 위해 서로 경쟁했다. 식탁이나 옷장, 무기나 여러 다른 종류의 제품에도 미적 디자인을 추구하는 경향이 심화되었다. 부와 권력을 증명하고자 하는 욕구, 훌륭한 시계를 통해 자신을 과시하고자 하는 욕구는 천문학과 신비로운 점성학에 대한 관심이 높아지면서 덩달아 커졌다.

하이델베르크 라이네 근교의 오타인리히 같은 팔라틴 백작(황제 아래 있으나 자신의 통치령 안에서 권력을 행사하는 백작—옮긴이)이나 헤센-카셀의 빌헬름 6세 같은 영주, 혹은 브라운슈바이크의 아우구스트 백작 그리고 비엔나의 리히텐슈타인 왕자였던 카를 1세, 고등교육을 받은 것으로 유명한 프라하의 황제 루돌프 2세 등의 주문으로 명품 시계들이 만들어졌다. 이 시기에 대부분의 수작들이 탄생했다. 이를 위해 수공예와 과학 그리고 예술적 기교가 총동원되었다. 이 작품들 중 최고급 시계들은 다양하게 시간을 알려주는 기능을 했는데 어떤 경우에는 15분마다 시간을 알리기도 하고 또 어떤 경우에는 단지 시계탑에 걸린 채로 무수한 보조적 장치로 시간의 흐름을 알려주는 역할을 하기도 했다. 여기에는 천궁도를 포함하여 달의 주기를 알려주는 시계, 천공의 움직임을 보여주는 혼천의나 천문관측기, 아로마 향을 풍기는 음악상자에서 기계식 미니 극장, 어떤 경우에는 해시계나 별로 가득 찬 밤하늘을 관찰할 수 있는 사분의四分儀 별자리 관측기구도 있었다. 서 있는 시계나 벽시계, 목에 거는 시계나 야간 발광 시계, 선박용 시계나 자동차용 시계 등은 시간을 보여주기 위한 목적보다는 시계 자체를 뽐내기 위한 목적이 더 큰 것처럼 보였다. 시계의 정밀성은 루비를 베어링 보석으로 사용하기 시작한 1701년 이래로 크게 향상되었다. 1749년에 클로드 시메옹Claude-Simēon이 파리의 왕에게 선물한 추 모양의 천구Pendule à sphère는 우주를 보여주는 견본으로 만들었다. 이 황금색으로 빛나는 도금 천구에는 60초 이내에 일어날 수 있는 온갖 천체의 가능성과 함께 1만 년까지의 미래를 보여주는 달력까지 포함되어 있다.[22]

장인의 예술혼이 담긴 시계

○ 간혹 이같이 경이로운 공예품들은 예술과 과학의 경지뿐만 아니

라 당대의 시대정신도 드러낸다. 장인의 경지에 오른 기술과 디자인의 아름다움 그리고 그것을 소유한 이의 부유함이 온갖 종류의 장식을 통해 드러났다(부록 그림 14 참조). 1585년에 아우크스부르크의 한스 슐로트하임Hans Schlottheim이라는 시계공은 돛대 꼭대기까지의 길이가 1미터에 달하는 도금된 멋진 범선 모형을 만들었다. 돛이 세 개 달린 이 범선 모형을 가지고 유럽인들은 일곱 개의 바다를 항해하거나 해양 전투에 활용하기도 했다. 후갑판에 위치한 두 개의 머리를 가진 독수리 아래쪽에 부착된 시계는 태엽으로 작동되었는데 이는 선박 모서리에 그려진 성경 속 장면이나 멋진 풍경과 마찬가지로 그저 장식품에 지나지 않았다. 또한 이 배는 오르간 음악을 흉내내는 음악상자와 발사음을 내 연기를 내뿜는 총을 열한 개 갖추고 있었는데, 보이지 않는 바퀴로 불가사의하게 움직이기까지 했다. 돛대에 달린 바구니 안으로 선원들이 들어가 15분마다 음악 소리로 시간을 알렸는데 이 음악 축제에 열 개의 트럼펫과 드럼 소리가 가세했다. 후갑판에는 합스부르크 왕관을 쓰고 예복을 입은 로마 신성제국의 황제인 루돌프 2세가 왕좌에 앉아 있었는데 일곱 명의 신하가 빙빙 돌아가는 무대 위에서 왕의 주위를 맴돌았다. 강력한 황제의 권력을 상징하기 위해 만들어진 이 시계는 대영박물관으로 옮겨졌고 이후 바다를 정복하는 영국 해군의 자존심을 상징했다.[23]

세분화되는 시간의 단위들

○ 스위스의 요스트 뷔르기Jost Bürgi는 위대한 시계 장인 가운데 하나다. 그는 궁정 예식에 쓰이는 시계를 여러 궁정에 만들어 바쳤고 이를 통해 탁월한 기술적, 수학적 성취를 이루기도 했다. 그가 만든 최고의 작품

은 현재 비엔나 예술역사박물관에 전시되어 있는 산악수정시계Bergkristalluhr다. 1586년에 그는 헤센-카셀의 영주였던 빌헬름 6세를 위해 최초로 분침이 있는 시계를 만든다. 분침은 60분으로 나뉜 시계판 위로 움직였다. 이로써 프톨레마이오스까지 거슬러 올라가는 60분식 계산법이 구현되었다.[24] 또한 첫 번째 작은 부분pars minuta prima(분)과 두 번째 작은 부분pars minuta secunda(초)과 같은, 라틴식으로 시간의 부분을 표현하는 단어들이 다시 쓰이기 시작했다. 15세기 말에 이미 독일어 텍스트에는 '분'Minute이라는 단어가 등장했고[25] '초'Sekunde라는 단어는 17세기에 등장했다.[26] 초를 보다 정밀하게 나누는 것에는 테르츠Terz와 쿠아르트Quart가 있는데 쿠비체크Kubitschek는 하루의 길이를 재기 위해 사용되기도 했다. 초 또한 60개로 구성되었다. 더 나아가 과학계에서는 십진법에 따라 밀리세컨드(1000분의 1초)나 마이크로세컨드(100만 분의 1초)로 초 단위를 세분화했다. 1956년부터는 초 단위가 날을 대신하여 시간의 기본적인 측정 단위로 자리 잡았고 1967년부터는 다시 원자초가 시간의 기본 단위가 되었다. 기차역에서 사용하는 시계나 체스 게임에서 사용하는 시계를 비롯하여 일상생활에서는 일반적인 초 단위의 시간으로도 충분하다. 하지만 경주 스포츠를 위해서는 더 상세한 시계가 필요하다. 100미터 달리기 경주나 활강 스키 혹은 봅슬레이 같은 경기에는 100분의 1초 단위의 시계를 사용한다.

시계가 바꾼 시대의 원칙

○ 시계가 발전하고 증가함에 따라 사회적 삶도 모든 영역에서 시계와 더불어 조절되었다. 정신적, 사회적 삶의 영역에서 귀족들조차 시계 소

리에 맞추어 살아야 했다. 가장 엄격하게 통제를 받았던 이들은 16세기에서 18세기 사이의 완벽주의 시대에 살아야 했던 왕자들이었다. 1754년의 독일 궁정법에 따르면 모든 '주요한 임무' 중에서도 '시간 엄수와 질서'가 가장 중요한 원칙으로 꼽혔다. 이는 지배계급과 이들을 위해 복무하는 하인들에게 매우 중요한 원칙으로 식사 시간과 와인 창고 개방 시간, 말과 개에게 먹이 주는 시간 등이 매우 엄격하게 설정되었다. 정해진 시간에 대문과 문을 열고 닫았으며 시종과 궁정시인 들도 정해진 시간에 기상해야 했고 왕자들은 정해진 시간에 기도하거나 레슨을 받았으며 이는 승마나 펜싱 혹은 댄스 수업에도 마찬가지로 적용되었다.[27]

외교에서의 시계의 역할

○ 새로운 시계기술을 받아들인 것은 비단 유럽에만 국한되지 않았다. 최고의 시계기술로 만든 작품은 전 세계에서 각광을 받았으며 이는 동양에도 마찬가지였다. 터키 전쟁의 휴전을 위해 기독교 세력 특히 비엔나의 세력들은 오스만 터키 정부에 휴전비를 지불했다. 합스부르크 왕가의 페르디난드 왕이 술탄에게 바친 휴전비는 1547년 기준으로 3만 두카트ducat(과거 유럽 국가들에서 사용된 금화—옮긴이)였고 에우겐 공이 승리한 후 1699년의 카를르비츠 조약을 맺고 나서야 종식되었다. 이 같은 '터키 숭배'에서 시계는 중요한 역할을 했다. 이 같은 경이로운 시계공예술은 초기 중세에는 로마 남부에서 북부로 전파되었고 중세의 절정기에는 아라비아 동쪽에서 북쪽으로 전파되었으나 근대 초기에는 이러한 전래 방향이 역전되었다. 1548년에 이미 술탄을 위한 선물로 시계 네 개와 한 명의 시계공을 바쳤다

는 이야기가 언급되었다. 그 후로 특히 아우크스부르크에서 만들어진 시계는 대부분 선물과 함께 시계공이 동반했다. 술탄과 그의 장군들은 매우 구체적으로 자신들이 원하는 것을 주문했는데 때론 이들이 뜻하는 바를 아우크스부르크의 사람들이 이해하지 못하는 경우도 있었다.[28] 터키에서는 시계 산업이 발달하지 않았으므로 이들은 외국의 시계공을 들여와야 했다. 루소는 자신의 아버지가 터키의 궁정 시계공으로 일하기 위해 제네바에서 콘스탄티노플로 이주했다고 밝히기도 했다.

하지만 중국으로 건너간 시계는 같은 선물이라도 그 성격이 달랐다. 여기서 시계는 예수회가 '과학을 통한 신앙의 전파' 수단으로 사용한 품목이었다.[29] 중국인들의 전통적인 외국인 혐오증에 대한 타개책으로 이들은 과학기술 지식을 소개했는데 특히 중국에 알려지지 않았던 바퀴 달린 시계는 중국인들에게 깊은 인상을 주었다. 중국인들이 그때까지 사용한 시계는 제례의식에 사용하던 물시계와 불시계뿐이었다. 천천히 불타는 도화선이 일정한 간격에 따라서 갈라지는데 그 끝에는 커다란 종이 달려 있었다. 특히 마테오 리치와 니콜라 트리고가 바친 시계는 베이징의 황제를 감동시키는데 성공했다. 독일과 이탈리아 왕자들이 바친 시계 중에는 시간을 알리는 종이 울릴 때마다 입을 커다랗게 벌리고 날개를 펄럭이면서 눈알을 굴리는 용 모양의 시계도 있었다. 선교하기에 편리하게 사용된 시계는 십자가 모양으로 된 시계나 성모 마리아, 아기 예수, 젊은 요한이 새겨져 있거나 예수 탄생 장면이 묘사된 것이 대부분이었다.

예수회의 시계를 통한 정확한 측정술은 중국의 천문학에 비해 우월한 수준이었으며 이는 1610년의 일식에 대한 예측이나 중국 달력의 수정을 통해 증명된 바 있다. 이처럼 과학기술은 기독교를 증명하는 데 도움을 주었지만 선교 활동에는 여전히 한계가 있었다. 나중에 루이 14세와 영국의 조지 3세가 각각 중국에 별자리 투영기를 보냈고 이는 유럽식 시계를 재창조하는 밑거름이 되었다. 외교 선물로서의 시계는 선물을 하사하는 측의 기술적 우월성을 증명하는 수단이었다.

시계로 보는 세상

○ 근대 초기 이후 시계가 어디서나 볼 수 있는 도구가 된 것은, 시계가 우주와 그 안의 유기물 그리고 국가의 내적 이미지로 사용되었다는 것을 의미한다.[30] 시계의 톱니바퀴와 여러 다른 부품들이 각자의 특정한 기능을 충족시켜 시계라는 전체가 움직이듯이, 이를 통해 복잡한 구조물 속에서의 조화로운 상호작용을 상상할 수 있었던 것이다. 파리의 노트르담 사원의 참사위원이자 신학자였던 니콜 오렘Nicole Oresme은 1377년 시계의 작동원리를 우주의 작동원리에 비교하며 신을 시계공이라고 칭했다. 이는 1453년 니콜라우스 쿠자누스Nikolaus Cusanus도 마찬가지였다. 이는 단지 루크레티우스나 루카누스의 작품 속에 반영된 기계적 세계만은 아니었다. 1611년에 캄파넬라는 세상을 창조자의 손 안에 든 시계로 보았다. 시계 속의 시간이 자동적으로 흐른다고 하는 명백한 결론은 캄파넬라에 의해 거부되었는데 그는 시계를 자동성의 산물이 아니라 인간의 발명품으로 보았으며 인간의 독창성을 반박하기보다는 증명하려고 했다. 1605년에 요하네스 케플러Johannes Kepler는 시계로 별자리 예측이 가능하다는 사실을 두고 시계를 신에 비교했다. 하늘의 기계장치는 신성한 동물이 아니라 시계였던 것이다. 라이프니츠는 '시계공 하느님'이라는 개념을 사유해냈으며 크리스티안 볼프Christian Wolff는 1731년 《우주론》Cosmologia generalis에서 "이 세상은 거의 자동 시

계처럼 돌아간다."며 시계의 메타포를 거듭 사용했다. 라 메트리La Mettrie는 1748년에 인간을 신진대사에 의해 작동되는 시계와 같은 기계로 보았다.

시계 움직임의 정확성과 완벽성은 이상적인 정치 시스템의 이론적 모델로서 칭송되기도 했다.[31] 1642년에 토머스 홉스Thomas Hobbes는 그의 저서 《시민에 대하여》De cive에서 왕정체제에서 시민이 권리와 의무를 다하는 것을 시계의 톱니바퀴가 잘 맞물려 돌아가는 것에 비유했다. 국가에 대한 홉스의 기계적 접근 방식은 리바이어던Leviathan이건 유기체건 서로 모순되지 않았다. 그에 따르면 유기체조차 태엽과 바퀴에 의해 '시계처럼 움직이는' 자동 기계와 다르지 않았다. 프리드리히 대왕조차 완벽한 법이란 공동체의 이익을 위해 시계와 같은 기능으로 움직이는 것이라고 말했다.

괴테는 1778년 5월 17일 샤를로테 폰슈타인에게 쓴 편지에서 프로이센은 마치 그가 베를린에서 본 1,000개의 핀이 각기 다른 음정을 만들어내는 음악상자와 같으며 그것은 프리드리히 황제에 의해 조종된다고 표현했다. 실러도 1785년에 노래했다. "즐거움이 영원한 자연 속에서 강렬한 봄을 불러오고/즐거움, 즐거움은 위대한 우주의 시계 톱니바퀴를 돌리는구나." 《라우라 환상곡》Phantasie an Laura의 〈자연의 움직임〉에서 실러는 영원히 '봄을 움직이는' 또 다른 하나의 동력으로 '사랑'을 꼽는다. 이와는 확연히 다르게 헤르더는 문화를 필요의 산물이라고 보았다. "시계 바퀴를 움직이게 하는 것은 시계의 중력이다."[32]

시계를 긍정적인 은유의 대상으로 본 이들과 함께 부정적인 대상으로 본 이들도 적지 않았다. 시계란 영혼 없는 죽은 자와 같다는 비판에서부터 국가에 대한 비유로 시민을 기계적이고 기능적인 구조 속의 하나의 톱니바퀴로 전락시키는 예로 시계를 들기도 했다. 이처럼 시계는 여러 가지로 다양하게 사용되었다. 실러도 시계판 속에 엔진을 감춘 채 작동되는 '인공적이고 빛을 두려워하는 시계와 같은' 현대 국가의 운영 방식에 대해 여러 번 비판했다. 이와 비슷하게 헤르더나 피히테 그리고 횔덜린도 절대왕정에 대한 자신들의 관점을 피력했다. 또한 마르크스와 엥겔스, 사르트르도 자본주의를 비판하며 시계를 차용했고 오르테가 이 가세트는 관료주의를, 야스퍼스는 공산주의를 비판하기 위해 시계의 예를 빌렸다.[33] 에른스트 윙거는 분개하며 말했다. "세상은 시계로 가득 차 있고 이제 시계 자체가 되어가고 있다."

역사에서의 낮 시간

○ 시계를 은유의 대상으로 삼는 것은 비단 세상과 유지 관리 체계 혹은 국가만이 아니다. 시간에 대한 다양한 비유적 표현도 역시 존재한다. 가령 '12시 5분 전이야!'라는 표현은 때가 무르익었다는 의미다. 누군가를 위해 '종을 울리면' 그 사람은 죽을 것이다. 1940년에 쓴 헤밍웨이의 소설에서 종소리는 죽음의 신호였다. 막스 피콜로미니(실러의 희곡 《발렌슈타인》의 등장인물—옮긴이)가 이미 알고 있던 것처럼 운이 좋은 이에게는 결코 종이 울리지 않는다.

시간의 단위가 작아도 그 의미는 결코 작지 않다. 이는 인생의 은유에도 적용될 수 있다. 하루 중의 시간이나 한 주의 요일, 계절이나 시대가 전체적으로 역사를 구분하는 단위가 된다.[34] 오리게네스는 《마태오 복음서》에 대한 논평에서 세계의 역사를 네 부분으로 나누었다. 세상의 세 번째 시간에는 노아가 등장하고 여섯 번째 시간에는 아브라함이 등장하며 아홉 번째는 모세가, 마지막 열한 번째는 예수가 등장한다고 했다. 시계를 언어의 은유로서 차용한 것은 헤르더였다. 그는 '모든 국가와 아마 모든 인간사'의 순환을 시계판의 모든 숫자를 따라 돌아가는 시곗바늘에 비유했다. 쇼펜하우어는 신문을 '역사의 두 번째 시곗바늘'이라고 표현했다. 부르크하르트는 문화의 지위를 '시간을 말해주는 시계'와 같다고 보았다. 비스마르크는 '시계를 앞으로 돌림으로써 시간의 흐름을 앞당길 수 있다는 믿음'에서 벗어나야 한다고 우리에게 경고한다. 비스마르크에 의하면 모든 세기에서 발생한 전쟁은 '정상적인 시계로서' 시간을 바로잡는 역할을 한다. 성공적인 정치학이란 필요한 요건에 맞추어 조건을 수정하는 것이라고 한다. 하지만 정치에서의 필요조건을 알아차리기는 시계의 바늘을 맞추는 것보다 훨씬 어려운 일이다.

하루의 시간 혹은 매 시간에 특별한 의미를 부여하는 것은 역사 속에서도 볼 수 있다. 성경에서는 아침과 저녁의 비유가 자주 등장하는데 이는 이후의 문학작품에서도 마찬가지다. 아침은 페트라르카의 문화적 관점에서 볼 때 1310년 단테가 헨리 7세가 이탈리아를 방문한 것을 축하하며 '새로운 날'이 도래했다고 한 이래로[35] '어두운 시대'와 대비되는 새로운 시대의 상징이라고 할 수 있었다. 루터는 여기에 종교적인 모티프를 덧붙였으며 이는 칼뱅과 멜란히톤Philipp Melanchton, 후텐Ulrich von Hutten도 마찬가지였다. 역사의 새로운 아침은 '기상!'이라고 외치는 알람 소리와 함께 힘차게 열렸다. 새로운 시간, 즉 '근대'Neuzeit는 가장 즐겨 사용되던 종교적이며 정치적인 수사였으며 마르크스는 자신이 위대한 프롤레타리아 혁명의 하루 전날에 있다고 생각했다. 그렇다면 그다음은 캄캄한 밤이 아닌가? 니체도 차라투스트라를 통해 외친다. "지금은 위대한 정오다!" 이는 또한 '깊은 자정'이기도 하다. 에른스트 윙거에게는 '역사의 한밤중'은 1958년 무렵이었다. 그는 "어둠 속에서 기대를 품다."라고 썼다. 그 이상은 무엇일까? 역설은 언어를 다시 살아나게 한다.[36]

회중시계, 손목시계 그리고 정밀시계

○ 독일의 시계기술의 발전은 기계의 원형이나 선두주자였던 제분기의 자리를 대신했다. 그러다가 19세기에 영국의 증기 엔진이 산업발전의 선두 자리를 다시 차지하게 되었다. 동시에 시간 측정 기구의 관심사도 이동했다. 기술적으로나 미학적으로나 과거를 주름잡았던 화려하고 장엄한 바로크 스타일의 시계들은 이제 낡은 유행이 되었다. 중산층들은 더 이상 귀족적 신분의 상징과도 같았던 요스트 뷔르기 스타일의 시계를 선호하지 않았고 이제는 작은 크기의 시계를 더 찾게 되었다. 황금으로 된 회중시계가 주인의 신분을 대신 자랑스럽게 드러내었다. 버튼을 눌러서 스프링으로 된 회중시계의 뚜껑을 여는 것은 작은 의식과도 같았다. 뚜껑에는 주인의 이니셜을 새겼다. 또 인본주의적 교육의 흔적들을 지우기라도 하듯 로마식 숫자인 IV 대신 IIII라는 형식의 숫자를 새겼는데 이는 1477년에 제작된 알피르스바흐Alpirsbach의 해시계에서도 이미 볼 수 있었다. 황금 시곗줄은 손에 들린 시계 속 보석과 조화를 이루도록 디자인했다. 표범의 발톱이 달린 펜던트는 식민지의 유산으로 볼 수 있었다.

회중시계 사용에서는 영국이 한발 앞섰다. 조너선 스위프트의 소설에서 소인국의 난쟁이들에게 포로로 잡힌 레뮤얼 걸리버는 소인국 황제가 그의 주머니를 뒤지라는 명령을 내리자 그 안에서 회중시계가 나왔다. "그 안에는 은줄에 매달린 이상한 물건이 나왔는데 거기에는 특이한 글자가 새겨져 있었다. 그것은 마치 물레방아 같은 소리를 냈다." 소인들은 그 물체가 미지의 괴물일지 아니면 신일지 몹시 궁금해했는데 포로가 그것 없이는 아무것도 할 수 없다고 하자 결국 신이라는 결론을 내렸다. 회중시계의 자부심은 1830년 카를 뢰베Carl Löwe로 하여금 이에 대한 음악을 만들도록 했다. 요한 가브리엘 자이들Johann Gabriel Seidl의 시를 따서 그가 만든 발라드에는 "어디에 가든 나는 시계를 몸에 지닌다네."라는 구절이 나오는데 이를 통해 시간을 적절하게 사용하도록 도와주고 삶의 끝을 환기시키는 충실한 동무인 시계를 칭송하고 있다.

20세기에는 또다시 유행이 바뀌었다. 회중시계를 대신하여 손목시계가 왕좌에 올랐다. 여는 데 시간이 걸리는 회중시계와는 달리 손목에 찬 시계는 손목만 움직이면 언제든지 시간을 확인할 수 있다. 이 새로운 시계는 우리의 존재를 승격시켜주는 역할을 해주었지만 과거에는 회중시계가 상류 사회의 고리로서 작용했다면 오늘날에는 우리를 사회의 관계망에 속박시킨다.

전시하고자 하는 욕구는 그에 따른 기능을 갖추도록 만들었다. 시계 가게의 진열창을 들여다보면 그 안에 얼마나 다양하고 수많은 시계가 있는지 알 수 있다. 여러 시계 회사들이 선두를 지키기 위해 경쟁하는데 그중에서도 시계 산업이 가장 번성한 나라는 대부분의 가공 금을 시계 부품으로 사용하는 스위스다. 2002년 한 해만 해도 시계를 만드는 데 13톤의 금이 사용되었다. 시계 브랜드에 대한 집착증이 널리 퍼지고 있다. 초등학교 학생이나 유치원 아이들조차 귀여운 디자인의 시계에 애착을 보인다. 젊은이들은 화려한 색깔의 시계를 선호하고 평범한 월급쟁이들도 '개인적으로 선호하는' 브랜드를 찾으며 높은 사회적 지위를 갖춘, 럭셔리 자동차를 모는 이들은 제네바에서 만든 롤렉스나 노모스 혹은 파텍 필립 시계를 차고 다닌다. 2014년 3월 뮌헨의 페루 사거리 부커러 매장에는 유로로 그 액수가 다섯 자릿수가 넘는 시계들이 즐비하고 그중 다이아몬드가 박힌 시계는 21만 5,000유로의 가격표를 달고 행인들이 볼 수 있도록 진열창에 전시되어 있었다. 글라슈테Glashütte사에서 만든 그랜드 컴플리케이션 시계인 아돌프 랑게 운트 죄네Adolph Lange und Söhne는 거의 200만 유로에 달했고 휘블로Hublot가 만든 빅뱅은 싱가포르에서 500만 달러에 판매된다고 홍보되었다.

정확도도 실용성도 아름다움도 아닌 전시욕이 가격을 상승시키는 것이다. 이 모든 시계의 용도라고 해봐야 거의 똑같기 때문이다. 시계는 모두 똑같은 시간을 보여준다. 1928년 이후부터 전화에서 들려오는 시간 조정 기능을 통해 똑같은 시각을 설정할 수 있게 되었고 1970년 이후로는 채널 DCF의 시간 전송을 통해 시간을 확인할 수 있게 되었다. 지난 2세기 동안 시계기술은 이전에는 결코 불가능했던 완벽함과 정밀성을 획득할 수 있었다. 바로크 시대의 시계와 비교해보면 미적인 측면은 기능적 측면에 비해 뒤로 물러났다고 볼 수 있다. 모든 장치를 막론하고 이제 미학적 요소보다 더 중요한 것은 그것의 효율성이다. 1800년 이전의 화려한 무기나 근사한 탈것들, 그림 같은 의상들과 이후의 그것들을 비교해보라. 시계장치들은 점점 현실적이고 다루기 쉬운 방식으로 바뀌었으며 더 광범위하게 사용되고 더 정확한 장치로 발전되었다. 1930년에는 전기로 작동되고 조절되는 수정시계Quarzuhr가 발명되었는데 시계 안에는 기어나 태엽이 없고 빛의 진동에 의해 몇 시인지를 볼 수 있었다. 1976년에는 과학적 목적으로 고압 장치인 정확한 세슘 시계가 발명되었다. 브라운슈바이크 물리기술 연방위원회가 개발한 시계 샘플에 의하면, 300만 년이 흘러야 1초 정도의 오차가 발생할 것으로 예상된다. 두고 봐야 할 일이다.

시곗바늘이나 시계판 대신에 네 개의 숫자와 하나의 점으로 표시되는, 오늘날의 유행을 주도하는 디지털시계는 시계를 보는 사람들이 어느 정도의 연산을 하도록 만든다. 가령 자신이 타야 하는 기차의 출발 시간에서 현재 시간을 뺄셈해야만 몇 분의 시간이 남았는지를 알 수 있다. 하지만 아날로그식 시계에서는 시계판에 놓여 있는 시곗바늘을 흘깃 보기만 해도 얼마나 시간이 지나고 얼마나 남았는지를 알 수 있기 때문에 디지털시계에서 요구되는 연산 작업을 하지 않아도 된다. 시계판 위에 그려진 시간의 눈금은 우리에겐 너무나 익숙해서 역 앞에 세워진 시계판에 숫자가 적혀 있지 않아도 눈금만 보고도 시간을 알 수 있다. 어떤 패션 시계는 숫자도 눈금도 없지만 그저 시곗바늘이 향하는 각도를 보고 우리는 시간을 알 수 있다.

카를 발렌틴Karl Valentin의 시계에는 시곗바늘조차 달려 있지 않았다. 물론 그 시계가 아무런 가치가 없다는 것은 카를 자신도 알고 있었지만 시계 없이는 살 수 없는 것 아닌가! 물론 시계가 움직이는 것을 볼 수는 없었지만 그나마 시계가 제대로 작동은 하고 있다는 사실에 그는 위안을 받았다. 게다가 그 시계는 아름다운 회중시계이기도 했다. 시곗줄에 개를 매달고 다닐 수는 없지 않은가! 개를 끌고 다닌다면 그건 시곗줄이 아니라 개줄이 될 것이고 게다가 개는 주머니 안에 넣을 수도 없다. 무엇보다도 카를은 시청 바로 옆에 살았기 때문에 아침마나 시청 앞에 걸린 시계를 보면 하루의 시간을 문제없이 확인할 수 있었다.

혁명적인 십진법적 시간

○ 초기 고대 시대부터 변함없는 것은 12시간 개념이었다. 이 시간 계산법은 1793년에 프랑스 혁명 후에 통일한 십진법 시간법에 의해 폐기되었는데 십진법 달력에서는 하루를 10시간으로 나누고 한 시간을 100분 그리고 1분을 100초로 나누었다(부록 그림 15 참조). 새로운 한 시간은 과거의 한 시간보다 2.4배가 길었다. 과거의 시계와 현재의 시계문자판을 모두 갖춘 십진법 시계도 있었지만 순수하게 십진법으로 된 시계문자판도 등장했다. 튈르리 궁전에 있는 시계나 국민공회 강당에 설치된 시계들이 십진법 시계였

다. 새롭게 설정된 시간을 일상에 적용하는 것은 곧 오류투성이로 밝혀졌고 실행 불가능한 경우가 속출했다. 결국 1795년 4월 7일, 프랑스공화국의 열여덟 번째 제7월Germinal에 십진법 달력이 폐기되고 종전의 달력이 복원되었다. 굳이 나폴레옹이 1805년에 혁명력의 폐기를 선언할 필요도 없었다.

기차 시간과 표준시간대

○ 표준시간을 바탕으로 하루에 12시간을 기준으로 한 시계가 도입됨으로써 시대적 혁신이 도래했다. 이는 제네바에서 1780년에 불안하게 작동되는 해시계를 표준시계로 교체하면서 시작되었다. 곧 1792년 런던과 베를린에 1810년 그리고 파리에 1816년에도 표준시계가 도입되었다. 하지만 19세기 말까지도 각 도시의 시간은 서로 달랐다. 가령 쾨니히스베르크와 아헨에 각각 걸린 시계는 서로 다른 시간을 가리키고 있었다. 그도 그럴 것이 양 도시 간의 자정이나 정오 시점이 거의 한 시간이나 차이가 났기 때문이다. 역마차로 장거리 운송이 이루어지는 한 이러한 시간 차이로 인한 불이익은 그다지 크지 않았다. 다만 사람들이나 물품 그리고 전달 메시지의 왕래나 교통이 증가하고 번성하기 시작한 19세기부터는 라틴 알파벳과 아라비아 숫자를 기본으로 한 시계나 달력, 연례 보고서를 유럽식으로 표준화해야 할 필요성이 커졌다. 이러한 시대적 상황을 괴테가 1829년에 쓴 《빌헬름 마이스터의 수업 시대》(특히 3장)에서 잘 볼 수 있다. 그는 어디에서나 볼 수 있고 밤낮으로 15분마다 울리는 시계에 대해 언급하면서 국가가 설립한 매우 기발한 '전보'Telegraphen라는 매우 '기발한 장치'로 시간이 통제되고 있다고 얘기했다.

사실 그때만 해도 아직 초창기에 불과했다. 19세기의 통일되지 않은 시간이나 시계에 대한 이야기를 빌헬름 부슈는 1876년에 《신년의 카르멘》이라는 작품에서 묘사했다. 스트라스부르의 피에펜브린크에 모인 파티의 참석자들은 신년의 아름다운 순간을 알리는 데 어떤 시계가 좋을지에 대해 서로 열띤 토론을 하고 있었다. 대부분은 자신의 회중시계를 꺼내어 자신의 시간이 더 확실하다고 자랑하고 있었다. 약사 미케펫은 금으로 만든 자신의 시계가 누구의 것보다 정확하다고 주장했다. 하지만 얼마전 이 시계는 마지막 기차를 놓치지 않았던가! 그러고 나서 뮌스터 시계탑의 괘종이 울리기 시작했고 우리는 처음으로 건배를 외쳤다. 그러고는 각자의 시계가 알리는 시간에 맞추어 신년 건배사를 외치는 소리가 연이어 들려오기 시작했다.

이러한 복잡함을 없애기 위해서는 합법적인 표준시간이 필요했는데 특히 기차라는 운송 수단이 등장하면서 이는 더욱 절실해졌다. 기차 시간표는 통일된 시간을 요구했다. 그러나 어떤 시간을 사용해야 할 것인가? 북독일에서는 베를린 시간이 사용되고 있었고 바이에른에는 뮌헨의 시간이 사용되고 있었으며 뷔르템베르크에서는 슈투트가르트의 시간이, 루트비히스하펜에서는 팔츠의 시간이, 카를스루에에서는 바덴의 시간이 사용되었고, 헤센에서는 프랑크푸르트의 시간이 유효했다. 기차 승객들은 각 지역의 '경계선'을 넘을 때마다 새롭게 시계를 맞추어야 했다. 이는 1년에 평균적으로 일곱 번은 기차를 이용하는 수많은 독일인들에게 불편을 초래했다. 콘스탄츠 호수 지역을 지나는 기차는 각 5개의 다른 시간 체계를 가지고 운영되었다. 이는 통합되어야 마땅했다. 당연한 일이지만 이 작업을 처음 시작한 것은 영국이었다. 처음 기차 시간과 관련해서 근사치를 마련한 것은 1840년 영국서부철도회사였으며 1855년에는 대부분의 영국 철도 회사가 1848년에 정립된 런던 표준시London Time를 도입했고 이는 1880년에 대영제국에서 법제화되었다.

프로이센 철도 시간표에서는 베를린 지역 시간이 사용되었다. 초기에 시간은 막대형 송신탑으로 시각적으로 전시되었다.[37] 호메로스에 의해 처음 언급된 베를린 지역 시간은[38] 이후 BC 459년에 아이스킬로스의《오레스테이아》Oresteia에서 재언급되었는데 이 비극 속에서 정찰병은 미케네의 탑 위에 솟아오른 봉화를 보고 트로이의 몰락을 알아차리게 되었다. 이는 사실 시대를 혼동한 표현이긴 하다(당시엔 봉화가 없었다.—옮긴이). 하지만 그 뒤로 한니발은 스페인에서 횃불 신호 전달을 위하여 탑을 세웠고 폴리비우스는 이후에 기술을 더욱 발전시켰다. BC 390년경에 전쟁 작가였던 베제티우스Vegetius도 봉화기술에 대해 언급했다. 이에 영감을 받아서 1792년 전직 신부였던 클로드 샤프가 새로운 통신 시스템을 발명했으며 1832년에 카를 피스토르Carl Pistor가 이를 베를린 통신국에 설치했다. 프로이센의 코블렌츠라는 지역에 사는 남작에게 소식을 전송하기 위해서였다. 도로텐 거리에 있는 옛 관측소에서부터 시작하여 62개의 전송탑이 건설되었고 이를 연결했다. 날씨가 좋을 때는 라인까지 신호가 도착하는 데 8분이 걸렸다. 사흘에 한 번씩 전신을 통해 각 지역의 시간을 통합했다. 1852년에 이 같은 광학 전신optischen Telegraphen을 대신하여 전자기적 모스 통신이 도입되었다. 동시에 프로이센 철도국의 문제도 곧바로 해결되었다.

프로이센 정부보다 더 큰 문제는 동부와 서부의 확장으로 인한 미국의 시간 설정이었다. 1873년에만 해도 미국에는 71개의 서로 다른 철도 시간이 존재했다. 이러한 문제는 1883년에 도입된 표준시간대로 인해서 해결되었는데 지역마다 약 한 시간당 15도의 경도 차이를 보였다. 앞서 언급했듯 1884년 27개국의 대표가 워싱턴에 모였는데 캐나다 대표인 샌포드 플레밍의 제안으로 지구상 달라지는 경도에 따라 세계를 24개 시차 구역으로 나누어 하나로 통합된 표준시간대를 세우는 것에 합의했다.

물론 이것은 처음에는 하나의 제안에 불과했고 많은 국가들이 주저했다. 하지만 미국과 영국, 스웨덴과 덴마크 그리고 스위스가 표준시간대를 채택하자 베를린에도 논쟁의 불꽃이 튀었다. 반대하는 쪽 대변인은 자유보수당의 카를 프라이헤르 폰 스튬할베르크Karl Freiherr von Stumm-Halberg였는데 그는 잘란트 지역의 철강 갑부였다. 그와 반대편에서 표준시를 찬성한 쪽은 헬무트 폰 몰트케Helmuth von Moltke 장군이었는데 그는 1891년 3월 16일에 독일 의회에서 그 유명한 철도에 관한 연설을 했다.[39] 백전노장이었던 그는 군사들을 동원할 때 도로로 수송할 경우 어쩔 수 없이 이동이 지연될 수밖에 없다는 점을 지적했다. 그는 1866년에 오스트리아 군대에 맞선 쾨니히그레츠 전투에서 승리했는데 그것은 철도로 정시에 군대에 도착했기 때문에 가능한 일이었다고 역설했다. 이 같은 논리는 그의 주장에 힘을 실어주었다. 한발 더 나아가 그는 카이사르도 갈리아에서 군대를 빨리 이동시킬 수 있었기 때문에 승리할 수 있었다고 주장했다. 폴리비우스가 쓰고 몽테스키외가 확인한 것처럼 전쟁에서 시간은 매우 결정적인 요인이 될 수 있다.[40]

몰트케는 스타르가르트와 괴를리츠를 통과하며 중앙 독일과 굼비넨 그리고 아헨의 절반을 잇는 열다섯 번째 자오선에 맞춘 표준시를 제안했다. 이에 따르면 독일의 동서 극단에 놓인 도시의 시간 차이는 30분에 지나지 않을 것이며 이는 이후 중앙유럽표준시CET, Central European Time(협정 세계시보다 한 시간 빠른 시간대—옮긴이)의 기준이 될 수 있었다. 이로써 많은 천문학자들이 여전히 옹호하고 있지만 불필요해진 지역 시간을 철폐할 수 있는 계기가 될 수 있었다. 태양력 시계에서 비롯되는 온 표준시의 다양한 차이에 대해서 몰트케는 이미 직장에서나 학교에서 분 단위의 시간 엄수 방식이 널리 시작되었다는 것을 지적했다. 이제 의회에서조차 스튬Stumm 대학에서 사용하는 학문적 시간을 존중하고 있지 않은가? 몰트케는 자신의 주장이 국제적인 논의의 시점이 되기를 희망했다. 그것이 의회에서 몰트케가 한 마지막 연설이었다.

중앙 유럽의 시간

○ 1890년과 1892년에 비엔나와 베를린의 철도청은 열다섯 번째 자오선에 기준을 준 '중앙유럽철도 표준시'를 사용할 것을 합의했고 곧 영국도 이에 따랐다. 몰트케의 제안에 따라 황제는 1893년에 그리니치에서 경도로 15도 차이가 나는 태양력 시계를 베를린 표준시가 아닌 독일의 합법적 표준시로 선포하고 이를 연방의회와 독일제국법에 명시했다. 그때부터 중앙유럽 표준시를 사용하게 되었다. 현재 열다섯 번째 자오선은 더 이상 중앙이 아니라 독일의 동쪽 끝을 가리킨다. 이 자오선에의 서쪽에 있는 모든 장소, 즉 현실적으로 독일 연방에 속한 거의 모든 곳에서 유럽표준시는 태양의 정점시보다 30분이 빨랐다. 대륙의 서유럽도 중앙유럽표준시를 받아들임에 따라서 브르타뉴 지방은 그 차이가 배에 이르렀다. 런던이 중앙유럽표준시를 채택하고 있는 산티아고 데 콤포스텔라보다 동쪽에 위치하고 있음에도 불구하고 영국은 서부유럽표준시를 사용했다. 현실적인 이유로 표준시가 국경에 따라 여러 번 바뀌기도 했다. 표준시의 경계가 정확하게 자오선을 따르는 곳을 이제 없다고 볼 수는 없다. 알제리와 리비아는 중앙유럽표준시를 따르지 않지만 콩고와 앙고라는 또다시 중앙유럽표준시를 따른다.

군사적 사건도 시간의 설정에 영향을 미쳤다. 제2차 세계대전 중에 전 독일 점령 지역에는 중앙유럽표준시가 적용되었는데 1945년 독일 점령군이 승리하고 있던 때에는 프랑스와 베네룩스도 이를 적용시키기 시작했고 1946년에는 스페인도 역시 중앙유럽표준시를 받아들였다. 1945년에 붉은 군대가 모스크바표준시를 베를린에 들여왔다고 빅토어 클렘퍼러Victor Klemperer가 1945년 6월 17일 기록했다. 브레멘은 여전히 중앙유럽표준시를 사용했지만 드레스덴은 서머타임을 적용하기 시작했다. 중앙유럽표준시의 확대와 마찬가지로 서머타임의 도입 역시 전쟁의 산물이었다. 제1차 세계대전 동안 독일에서는 가정용 연료를 위해 혹은 증기기관차나 전기모터 혹은 도시 조명을 작동시키기 위한 석탄이 귀했다. 따라서 낮 시간을 좀 더 경제적으로 활용하기 위해서 독일 상원에서는 1916년 4월 6일에 4월 30일 23시를 5월 1일이 시작되는 자정 시간으로 바꾸도록 독일제국법 규정을 바꾸었다. 이 규정에 따르면 9월 30일은 자정이 지난 지 한 시간 뒤에 다음 날이 되도록 조정되었다. 이로 인해 수천 톤의 석탄이 절약되었다. 1919년에 에너지 절약을 위해 낮 시간을 조정한 방식이 폐기되었지만 1940년에 히틀러가 다시 이를 채택했다.[41] 1949년에 서머타임은 중단되었다가 1980년에 다시 도입되었다. 영국의 경우 1925년부터 서머타임이 도입되었다. 에너지를 절감하기 위해 공장이나 학교의 개폐시간을 조정하는 것이 중앙통제식으로 시간을 바꾸는 것보다는 훨씬 더 어렵다고 판단했기 때문일 것이다. 2001년부터 EU 전체에 서머타임이 시행되었다.

철도 시간표 덕분에 우리는 하루를 24시간으로 계산하는 방식을 갖게 되었다. 기차 시간표에 적합한 시간 계산 방식이었기 때문이다. 영국 식민지에서도 이와 같은 방식을 채택했고 곧이어 이탈리아도 1893년에 같은 방식을 도입했으며 프랑스는 1912년 그리고 독일과 오스트리아, 스위스는 1914년에 이를 받아들였다. 제1차 세계대전 이후 24시간제가 보편적으로 사용되었다. 그때부터 라디오를 통해서 표준시간이 전국적으로 전파되었다. 독일의 경우, 시간을 제공하는 기관은 브라운슈바이크에 있는 연방물리기술연구소였고 시간에 대한 신호와 표준주파수를 전송하는 곳은 프랑크푸르트 근교의 마인플링겐에 위치해 있었다. 중앙유럽표준시는 독일에서 1978년에 법으로 정착되었고[42] 2008년에 이 법령은 '시간의 측정과 결정을 위한 단위법'으로 바뀌었다. 독일에서 시간과 달력에 대한 정보를 결정하고 제공하는 곳은 연방정부다.[43]

예술에서의 낮 시간

○ 우리 문화에서 시간은 단지 일상적인 주제일 뿐 아니라 시적인 주제이기도 했다. 하루의 시간을 노래하는 시와 가곡들은 무수히 많다. 음유시인이 노래한 아침에는 애수가 깃들어 있을 때도 있다. 12세기의 궁정 음유시인의 어조를 흉내 내어 린츠의 디트마르 폰 아이스트는 '보리수나무 위의 작은 새'들이 지저귀는 아침이면 사랑하는 사람과 헤어져야 함을 탄식했다. 볼프람 폰 에셴바흐나 오스발트 폰 볼켄슈타인은 한낮에 대한 노래를 만들기도 했다. 한편 고국의 재건을 강조하는 아침 노래들은 일어나서 활동을 시작할 것을 종용했다. "일어나라, 일어나, 독일 땅이여, 그대는 이미 충분히 잠을 잤도다!" 이는 루터의 친구인 요한 발터가 1561년에 쓴 시이다. 또한 한스 작스가 "일어나라, 날이 밝아오고 있으니, 일어나서 파랑새의 노래를, 멋진 나이팅게일의 노래를 들어보라!"라고 시에서 노래한 것은 마르틴 루터의 메시지를 전하기 위해서였다. 하지만 리하르트 바그너는 〈뉘른베르크의 명가수〉에서 루터와 관련된 구절을 누락시켰는데 이는 그의 후원자가 가톨릭이었기 때문이다.

여기서 종달새가 아니라 나이팅게일이 아침을 알린다는 표현은 조류학적 역설이다. 종교 음악가 필리프 니콜라이도 기독교적 메시지를 담은 "깨어 있으라, 그 음성이 우리를 부른다."와 같은 찬송가 가사를 쓰기도 했다. 작가 빌헬름 하우프Wilhelm Hauff는 1824년에 해방 전쟁에 대해 "새벽이여, 나의 젊은 주검 위를 비쳐다오!"라고 썼으며 1822년 작 《어느 무위도식자의 삶에서》Aus dem Leben eines Taugenichts에서 아이헨도르프 남작은 다음과 같이 노래한다.

아침이여, 나의 즐거움이여!
조용한 시간 동안
저 멀리 보이는 높은 산을 오르나니
독일이여! 가슴 뿌듯하도다!

다른 시간대에 비해 정오는 빈약한 대접을 받았다. 19세기 테오도어 슈토름Theodor Storm은 《멀리 떨어진》Abseits이란 책에서 다음과 같이 표현한다. "멀리 떨어진 마을의 시계는 정오를 알리는 종이 울려도 거의 소리가 울려 퍼지지 않았다." 하지만 저녁에 대한 표현은 풍부하다. 저녁은 잃어버린 시간과 되찾은 시간이 오가는 시간이다. 안드레아스 그리피우스Andreas Gryphius는 1650년에 이렇게 썼다. "낮은 빠르게 지나갔다./밤이 깃발을 흔들어내며/별을 끌고 나온다./피곤한 한 무리의 사람들이/일을 놓고 들판을 떠난다./짐승과 새들로 가득 찼던 곳은/이제 적막만이 흐른다./시간이 얼마나 흘렀을까." 1778년에 마티아스 클라우디우스Matthias Claudius도 썼다. "달이 떴다." 세상은 너무나 고요하고 친숙하며 달콤하다. 1800년에 노발리스Novalis가 《밤의 찬가》Hymnen an die Nacht를 쓴 이후로 1845년 아네테 폰 드로스테휠스호프Annette von Droste-Hülshoff도 길고 긴 밤을 뜬눈으로 새운 심정을 시로 표현한다. 이윽고 아침이 되어 동쪽에서 태양이 떠오르고 낫질하는 소리, 어린 매가 울부짖는 소리 그리고 먼 숲에서 사냥하는 소리를 듣는다. 《천일야화》는 밤에 대한 이야기가 아니라 밤에 들려준 이야기다.

노르웨이 작곡가 에드바르 그리그의 〈페르귄트 모음곡〉의 〈아침의 기분〉은 아침에 관한 음악이다. 눈을 감고 음악을 들으면 해가 떠오르는 것을 상상할 수 있다. 마티네Matinee(연극·영화 등의 주간 공연—옮긴이)는 상당히, 그리고 야상곡Nocturn은 매우 음악적이다. 아침의 풍경을 그린 화가로 클로드 로랭Claude Lorrain을 언급하지 않을 수 없다. 1666년에 그린 그의 그림은 대낮부터 저녁 그리고 밤으로 이어지는 하루의 흐름을 표현하고 있다. 그의 그림은 마지막 작품을 제외하고는 모두 현재 에르미타주 미술관에 있다. 폐허는 무상함과 동시에 영원성을 드러내는 풍경이다. 1738년 윌리엄 호가스William Hogarth는 신랄한 비판의식을 담아서 아침과 정오, 저녁과 밤을 포함한 런던의 일상을 그려내었다. 리히텐베르크는 그의 그림에 대해 1794년 기발한 비평을 쓰기도 했다. 1821년에서 1831년까지 카스파르 다비트 프리드리히Caspar David Friedrich가 그린 낮 그림을 보면 평화로움을 느낄 수 있다(부록 그림 16, 17 참조).

시간이 우리를 통제한다

○ 시계에 따라 사는 삶에 점차 익숙해졌다. 18세기 이후로 발명된 가장 완벽한 제품이라 할 수 있는 시계는 한가하게 작동되는 것과는 대조적으로, 다른 제품들을 생산하기 위한 전제 조건이 되어갔다. 각각의 기능

을 가진 시계태엽은 노동 사회에서 분할을 조직하는 조절 장치가 되었다. 시간을 엄수하고 시간에 대한 신뢰를 구축하는 것은 노동 환경에서 경제와 번영을 위해 시간을 강도 높게 사용하는 것과 병행되었다. 농부나 예술가, 학자 들은 시계에 의존하지 않아도 되었다. 하지만 임금을 받는 고용자들, 특히 대기업의 노동자들은 시간표에 맞추어 조종되었다. 영국의 철강 산업을 비롯한 산업화가 시작되면서 이윤과 생산량을 극대화시키기 위해 노동자들의 노동 시간을 최대한 확대하려는 움직임이 자유경쟁 자본주의 사회에 몰아쳤다. 20세기 초에 와서야 지나치게 많은 하루의 노동량과 주당 혹은 연간 노동시간을 감소시키려는 노력이 정착되었고 1902년 이후로는 '오버타임'Uberstunden이란 표현도 생겨났다.

시간이란 자원을 강도 높고 길게 사용하는 것은 산업 사회 문명화의 원천이기도 했다. 하지만 이로 인하여 현대 시민들은 끊임없는 압박 속에 살아야 했다. 사람들은 점점 더 시간과 날짜라는 그물 속에 얽힌 채 살아가야만 한다. 방 안의 커다란 괘종시계처럼 시계는 어디서나 볼 수 있는 것이 되었고 어린 양들이 숨는 장소로 이용되기도 했다(〈늑대와 일곱 마리 아기 염소〉라는 그림형제의 동화를 보라). 벽시계와 테이블 시계, 차량 속의 시계를 비롯하여 지하철, 열차 어디에서도 시계를 볼 수 있다. 출근 시간을 확인하는 시계, 알람시계와 주차권 판매기는 하루의 일과를 통제한다. 노동과 중간 휴식 시간, 운동 시간 등은 '분' 단위로 계산되어 일과에 기록된다. 너무 많거나 적게 사용되어서는 안 될 시간의 문제는 모든 종류의 법규에 있어서 중요한 내용이며 서로 다른 이익단체 간의 치열한 공방의 대상이기도 하다. 선택적 근로시간제와 코어 타임은 특권층을 위한 것이다. 시계는 근무 시간과 상담 시간, 개방 시간, 기계 작동 시간 그리고 여행 시간, 출발과 도착 시간을 지배한다. 학교 수업 시간이나 운전 교습을 받는 시간, 피아노 교습 시간 등은 당사자들의 편의를 위해 45분으로 감소되었다. 여기서 시계는 우리가 시간을 잘게 나누기 위한 도구이다.

위대한 인본주의자이자 자연주의자였던 스칼리제르는 독일의 발명 중 세 가지를 칭송했다. 하나는 화기火器의 개발, 다른 하나는 인쇄술의 개발, 마지막은 시계제조술이었다.[44] 하지만 마지막 발명품을 정말로 진보의 산물이라고 볼 수 있을까? 우리는 끊임없이 시계를 쳐다볼 수밖에 없다. 에른스트 윙거는 이를 거부했다. 해시계는 우리의 경험을 자연의 흐름 속에 반영하여 표현한 것이고 모래시계와 물시계가 흐르는 시간을 증명하며 우리의 삶에서 한정된 시간을 상기시키는 역할을 한다면 영원히 돌아가는 시곗바늘은 끊임없이 지속되는 시간의 느낌을 우리에게 안겨다주며 '영원한 움직임'Perpetuum mobile을 상기시킨다. 하지만 이는 속임수일 뿐이다. 트리말키오가 한탄한 것처럼 흐르는 시간, 잃어버린 시간이 시계문자판에는 보이지 않기 때문이다.

그렇지만 시계조차 나이가 든다. 시계조차 '종이 울릴' 때가 있고 나름의 역사가 있다. 다른 모든 제품과 마찬가지로 이들도 세월에 따라 낡고 너덜너덜해진다. 모든 시계는 당대의 예술 수준을 드러내주며 기술 수준이 어디에 있는지도 말해준다. 또한 세월이 지남에 따라 한물간 유행이 된다. 디자인을 보면 그 시대의 취향을 알 수 있으며 이를 통해 예술사 전문가들은 시계의 종류를 구별하고 얼마나 오래된 것인지를 확인할 수 있다. 이는 모래시계와 같은 다른 종류의 시계에게도 마찬가지로 작용된다. 게다가 모래시계의 경우 마찰을 통해 모래알은 작아지고 흘러내리는 구멍은 커지게 됨으로써 모래가 점점 더 빨리 흘러내린다. 시간이 가면 갈수록 빠르게 흐른다는 것은 아직 노년에 이르지 않은 사람조차 다 알고 있다. 그러므로 여기 나는 한 가지 제안을 하려 한다.

할아버지의 시계를 수리하시라.
다른 모든 시계처럼 그저 시간을 보여줄 뿐 아니라
나이 들어가는 것도 보여줄 테니.

가차 없는 시간의 흐름을 거역할 수 있는 것은 정말 어디에도 없는 것일까? 많은 기술혁신을 통해 인류는 그러한 비전을 실현시키려 해왔다. 호메로스의 서사시에는 시아버지인 라에르테스의 수의를 짜는 페넬로페가 등장한다. 그녀는 수의를 다 짜면 구혼자들 중에서 한 명을 선택하겠다고 약속한다. 하지만 시간을 벌기 위해 그녀는 밤이 되면 이미 짜놓은 수의를 다시 풀어버린다. 《오디세이》 2장에서 볼 수 있듯, 이런 식으로 시간을 되돌릴 수 있었다. 시간은 매일 새롭게 다시 시작된다. '높은 아치형 천장을 가진 좁은 고딕식 방'에서 우리는 다시 '시간의 베틀'을 만나는 것이다.

시간의 압력을 조절하는 기술적인 도구가 있는데 괴테는 이것을 1805년 8월에 헬름슈타트의 대학 학장이었던 고트프리트 바이라이스의 사무실에서 보았다. 바이라이스의 캐비닛 속 '일곱 개의 신기한 물건' 가운데는 괴테가 '햄스터 둥지'라고 부른 물건도 있었는데 이것은 주인이 명령하면 멈추었다가 다시 명령에 의해 움직이는 '말 잘 듣는 시계'였다.[45] 바이라이스는 이 시계를 다른 사람들에게 보여주는 것을 망설였다. 왜냐하면 과거에 그 시계를 본 한 장교가 카지노에 가서 사람들에게 그 시계 이야기를 했는데 모두들 그를 거짓말쟁이로 몰아세웠고, 그 결과 화가 난 그가 결투를 신청했는데 결국 목숨을 잃고 말았기 때문이다. 박애주의자였던 그는 더 이상 방문자들이 그 귀한 물건으로 인해 위험한 상황에 처하기를 원하지 않았다.

팔름슈트룀Palmströms의 친구인 폰 코르프von Korf는 괴테가 일기 형식으로 잡지에 기고한 글에서 이 사건에 대한 이야기를 읽었다. 그러고는 노벨상을 받을 만한 발명품을 개발했다.

코르프는 시계를 발명했는데
그 시계는 두 쌍의 시곗바늘이 움직이면서
앞으로 가는 것뿐 아니라
뒤로도 움직였다네.

시계가 2시를 가리킬 때 동시에 10시를 가리켰지.
시계가 3시를 가리킬 때는 동시에 9시를 가리켰다네.
흐르는 시간에 겁먹지 않으려면
그저 흘깃 보기만 해도 되었지.

코르펜이 만든 시계는 야누스와도 같아서
시간이 흐르면서도 정지되어 있었으니까.
시간이 스스로를 떠받드는 것
시계는 그 목적으로 설계되었지.

주와 요일

낮에는 노동, 저녁에는 친구들! 바빠지는 일주일, 흥겨운 축제!
_괴테

일상에서의 주

○ 1941년 이래로 주週는 전 세계에 보편적인 시간 단위가 되었다. 일상에서 주 단위의 시간이 주는 편리함은 분명하다. 주는 수많은 숫자가 적힌 달보다는 훨씬 관리하기 쉽다. 우리는 '다음 주 일요일'이나 '지난 수요일'이라는 표현을 자주 쓰는데 그 달의 날짜를 알고 싶으면 달력을 보거나 계산을 해야 하는 반면, 요일은 머릿속에서 쉽게 떠오르기 때문이다. 우리는 일상을 달이나 연도가 가진 한계를 뛰어넘어 요일의 리듬에 따라 계획할 수 있다.

독일 사람들은 주 단위를 '시간 창문'Zeitfenster이라 부르며 1년의 일정을 나누고 약속을 정하기도 한다. 각종 학교를 비롯하여 도시 산업 문화에서는 어떤 일을 하는 과정에서 보통 주 단위로 일을 구분한다. 노동 주간이 있는가 하면 휴일 주간이 있다. 일요일의 떠들썩한 연회에서 몸을 회복하기 위해 종종 월요일을 '쉬는 날'blau로 지정하기도 한다. 박물관은 월요일에 휴관하는데 이는 관광객에게는 화가 나는 일이다. 1957년에 지로 계좌가 운영되기 전에는 주급을 매주 금요일에 현금으로 지급했다. 동독에서는 금요일에 현금으로 월급을 지급하는 방식이 1980년대까지 지속되었다고 한다.

'주말'이라는 단어는 영어로 'weekend'인데 여기에 일요일은 포함되지 않는다. 영국에서는 일요일이 한 주의 시작이기 때문이다. '주말'이라는 단어는 20세기에 번성하기 시작했다. 1930년대 유명한 유행가에 "주말과 태양 그리고 그대와 단둘이 숲속에서……"라는 구절이 등장한다. 신혼여행이 끝난 다음에는 '아기 침대'Wochenbett(독일어로 '주말침대'라는 뜻—옮긴이)가 필요하게 된다. 주간 신문이나 TV 속의 주간 뉴스는 한 주의 소식을 새롭게 전해준다. 축제의 주간은 극장과 음악으로 우리를 즐겁게 한다. 매년 베를린에서 열리는 녹색 주간Grüne Woche은 우리 몸의 건강에 도움이 되며 부활전의 성주간Karwoche은 정신 건강에 도움을 준다.

전화번호부에서 찾은 요일

○ 우리 삶에 주가 얼마나 밀접하게 연관되는지는 요일을 성姓으로 삼은 사람들을 살펴보면 알 수 있다. 독일의 성에는 온갖 요일이 다 사용된다. 재미 삼아 2014년 독일의 전화번호부를 조사해봤더니 월요일Montag이라는 성을 가진 사람이 1,320명이었고 화요일Dienstag은 11명이었으며 수요일Mittwoch은 66명, 목요일Donnerstag은 106명, 금요일Freitag은 6,421명, 토요일Samstag은 161명 그리고 토요일의 다른 이름인 조나밴트Sonnabend는 368명, 마지막으로 일요일Sonntag은 4,700명이었다. 자신의 성과 이름이 어떻게 유래되었는지를 아는 사람은 거의 없다. 반면 로빈슨 크루소의 하인인 프라이데이라는 이름의 유래는 아주 분명하다.

주의 여러 어원

○ 주週가 인간의 문화사에 등장한 것은 《창세기》에 나올 만큼은 아니라도 아주 오래된 것만은 분명하다. 고대 근동의 유대교-기독교 문화 혹은 그리스-로마 그리고 게르만 문화에도 그 흔적이 분명하다. 특히 게르만족들에게는 '주'Woche라는 용어의 어원학적 기원도 있다. 이 단어는 '변화'Wechsel의 의미와 연관되는데, 여기서 변화는 한 달 주기로 절반의 시기에는 달이 차올랐다가 다음 절반은 기우는 현상을 가리키는 것으로 볼 수 있다. 약 14일이 걸리는 이 주기를 가리켜 영어에는 '2주간'fortnight이란 단어가 있다. 숫자를 헤아리는 단위로 밤을 사용한 것으로 보아 게르만어의 영향이 분명하게 느껴진다. 한 달을 단위로 여러 가지 요일을 배치한 것에 대해서는 여러 가지 현실적인 설명이 가능하다.

로맨스어(라틴어가 분화하여 이루어진 언어의 총칭—옮긴이)로 주라는 단어는 라틴어 '셉티마나'septimana에서 파생되었다. 이 단어는 테오도시우스 2세가 제정하여 콘스탄티노플에 425년 2월 1일에 공표한 일요일법에 처음 등장한다.[1] 그전에 그리스어에서는 숫자 7이 담긴 단위로 명사 '헤브도마스'hebdomas가 사용되었는데, 이미 아리스토텔레스의 《동물론》Historia animalium에도 같은 단어가 등장한다. 아리스토텔레스는 이를 7일이라는 기간을 의미하는 단어로 사용했다. 이것은 자연을 관찰하는 시간의 단위로 사용되었는데 한 달을 구분하는 단위는 아니었다. 신약에서 유대인은 일주일을 '사바톤'sabbaton(안식일)이라고 불렀는데(1코린 16:2) 안식일의 제7일이나 복수형으로 '타 사바타'ta sabbata라고도 불렀다(사도 20:7).

마법의 숫자 7

○ 한 주를 왜 7일로 정했는가, 하는 질문에 대해서는 '일곱 번씩 일흔 번'(마태 18:21 참조—옮긴이)에서 비롯된 것이라는 견해도 있다. 하지만 가장 설득력 있는 주장은 달의 순환 주기가 28일이라는 것에서 비롯되었다는 것이다. 28은 완전수로 1에서 7까지의 총합이기도 하다. 한 달의 순환을 반으로 나누게 되면 크게 네 기간으로 나눌 수 있게 된다. 즉, 그믐에서 상현달로, 상현달에서 보름달까지, 반대로 하현달로 기울어서 다시 그믐달로 돌아가는 때까지 네 번 나눌 수 있다. 이 간격을 계산해보면 7일이자 한 주다. 겔리우스는 BC 160년경 현재는 남아 있지 않은 바로의 책 《주 혹은 여러 그림》Hebdomades vel de imaginibus의 내용을 인용한 바 있다. 열두 번째의 헤브도마데Hebdomade(숫자 7), 즉 84세의 나이로 사망한 대학자는 7이라는 숫자의 위대한 힘에 대해 칭송했다는 것이다. 또 그는 일곱 권의 책을 70번 썼다고 주장한다. 바로는 숫자 7을 유기체와 무기체를 통틀어 이 세상 모든 곳에서 찾아냈다. 또한 달의 순환기를 넷으로 나누면 7일이 된다는 사실도 알아냈다. 7이라는 숫자는 3이나 10, 12나 40과 같은 숫자처럼 성경에서도 자주 등장하는데 이는 단순한 시간의 단위만을 의미하지는 않았다. 그리스인들에게 7은 아테나 여신을 상징하는 신성한 숫자였다.[2] 또한 7을 사랑하는 사람은 '필헤브도모스'philhebdomos라고 불렀다는 것을 필로 메카니쿠스Philo Mechanicus나 이암블리코스의 저작을 통해 알 수 있다. 로마의 전차 경주가 처음엔 일곱 바퀴를 도는 것으로 정해졌다가 이후에 열두 바퀴를 도는 것이나 서커스 단체가 네 개로 나뉜 것도 시간과 관련된 것이었다.

밤하늘에서 7이라는 숫자는 일곱 마리의 '황소' 별자리로 인해 신성화되었고 큰곰자리가 있는 북두칠성 그리고 비록 현미경으로는 아홉 개이고 육안으로는 여섯 개밖에 보이지 않지만 일곱 명의 자매라고 불리는 플레이아데스 성운도 역시 7이라는 숫자로 상징되었다. 하지만 특이하게도 오리온자리의 주요 칠성은 그다지 언급되지 않았다. 알렉산드리아의 필론Philon은 '우주 창조에 관한' 자신의 책에서 성경의 구절을 언급하며 우주의 질서에서 7이라는 특별한 숫자가 가진 복잡한 의미와 아름다움 그리고 유서 깊은 의미와 위상에 대해 열정적으로 토로했다. 그는 7이라는 숫자가 가진 수학적, 기하학적 특징을 자세히 설명하면서 그것이 유형, 무형의 존재의 원칙이 된다고 주장했다. 피타고라스와 솔론, 히포크라테스를 언급하며 그는 음악의 한 옥타브 안에 있는 일곱 개의 음과 리라의 일곱 개의 현에 대해 설명했다. 더 나아가 그리스 알파벳 일곱 개의 모음과 일곱 개의 교양과목에 대한 언급도 빠지지 않았다. 인간의 삶도 크게 보면 7단계로 나뉘며 조산아라도 7개월째 태어난 아이는 살 가능성이 있으며, 인간의 머리에는 일곱 개의 필수적인 요소가 있는데 두 개의 눈과 두 개의 귀, 두 개의 콧구멍과 하나의 입이 그것이라고 했다. 또한 이중에서도 입은 순간을 상징하는 음식이 들어가는 입구이자 영원을 상징하는 말이 나오는 출구이기도 하다. 플라톤의 《티마이오스》에서 입은 필요한 것을 취하고 유용한 말을 하는 곳이며, 필론의 저서에서는 창조와 파괴라는 두 가지의 삶의 측면을 상징하는 것이다. 그 외에도 7인의 현자와 세상의 7대 불가사의, 테바이를 공격한 7인 장수와 호메로스의 일곱 곳의 출생 장소 등도 7이라는 숫자를 중심으로 한 것들이다. 이에 어울릴 만한 것으로는 무엇이 있을까? 나라면 일곱 마리의 작은 염소나 G7 국가 등을 떠올리겠다.

일주일의 원형은 어디에서 왔을까

○ 일주일이 7일이라는 원형은 이집트의 카시우스 디오에게서 찾을 수 있다. 그는 행성과 관련된 주의 개념이 로마에 유입되는 유대인이 늘어남에 따라 전파된다는 것을 알고 있었다. '이집트 땅을 탈출'(출애굽)하는 성경 속의 이야기는 고대 그리스 시대부터 그리스에 잘 알려져 있었다. 이들은 유대인들이 골칫덩어리라서 이집트에서 쫓겨난 것으로 믿었다. 이는 BC 300년경에 아브데라의 헤카테우스Hecateus Abderitas가 디오도로스Diodorus의 기록을 따라 쓴 것이다.

행성을 기준으로 한 일주일이라는 개념이 이집트에서 유래되었다는 디오도로스의 추정은 역사적 근거가 없지만 그 원형이 동양에 있다는 것은 어떤 면에서는 사실이다. 유대인들이 바빌로니아의 문화와 가장 가까운 접촉을 한 것은 BC 587년에서 BC 539년까지의 대탈출기였다. 당시 디아스포라로서 유대인들은 자신들의 전통을 엄격하게 준수하긴 했으나 동시에 많은 고대 동양적 관습을 받아들였는데 수메르인들의 홍수에 대한 길가메시 서사시나 바벨탑 이야기의 원형인 마르두크Marduk의 대신전 지구라트Ziggurat도 바빌로니아의 문화에 속했다. 또한 '천국'에 대한 개념이나 조로아스터교의 종말론적 교리 등도 유대교에 영향을 미쳤다고 볼 수 있다. 1902년에 프리드리히 델리치Friedrich Delitzsch가 바벨탑과 성경에 대한 강연을 하면서 내세운 '범바빌론주의'Panbabylonism 이론, 즉 구약성경은 바빌로니아 문화의 청사진을 보여주는 것으로 유대인들의 안식일 문화는 아시리아 문화의 샤파투shapattu에서 유래했다는 것임을 잘 알 수 있다. 샤파투는 음력 달의 중간에 있는 '화해의 날'을 의미한다. 이후에 7일째의 안식일은 사비아트는 달의 중간에 있는 보름에 맞이했다. 따라서 고대 동양에서도 7일을 기준으로 한 주간이 있었다는 기록이 있으며 제7일째는 안식일과 같이 특정한 의미를 지닌 날이 되었다.

7일이라는 기간에 대한 기록은 길가메시 서사시나 BC 2100년에 고대 수메르의 도시 라가시를 다스린 구데아Gudea에 대한 서사시에도 등장한다.[3] 바빌로니아 문헌에 보다 자주 등장하는 것은 5일을 하나로 묶은 하무쉬투hamushtu이다. 이는 5일마다 낫과 콩팥, 왕관 모양으로 달라지는 달의 모양에 따른 것이었다.[4] 이는 10년의 절반이라는 개념에서도 사용되었으며 30일을 열흘씩 나누는 데도 사용되었다. 이러한 5일 개념은 이집트 왕국에서도 또한 프랑스 혁명기의 달력에서도 나타난다.

천지창조의 일주일

○ 구약《창세기》에 등장하는 천지창조의 일주일에 대한 이야기는 BC 470년경의《제사장의 예법》Priesterschrift에도 등장한다.[5] 알려지지 않은 이 책의 저자는 바빌론 유수시기까지 살지는 못했지만 바빌로니아 문화의 영향을 받아서 일주일이라는 개념을 만들어냈다. 바빌로니아의 창세기라고 할 수 있는《분다히신》Bundahishn에서 아후라 마즈다는 이 세상을 6단계에 걸쳐 창조했다. 첫 번째는 하늘을, 두 번째는 물을, 세 번째는 땅을, 네 번째는 행성과 다섯 번째는 동물을, 여섯 번째는 인간을 창조한 것이다. 이는 성경의 순서와 비슷하다. 성경에서 첫날인 일요일에는 빛과 어둠이 창조되었고, 둘째 날인 월요일에는 하늘이, 셋째 날인 화요일에는 땅과 나무가, 수요일에는 태양과 달 그리고 별들이, 목요일에는 동물이 창조되었고, 여섯 번째 날인 금요일에는 사람이 창조되었다. 그리고 마지막 일곱째 날, 즉 히브

리어로 세바sheba에 해당하는 날인 제7일인 사바스Sabbath는 하느님이 휴식을 취하는 날이었다. 안식일 전날prosabbaton을 '준비일'paraskeuē이라고 불렀는데(마르 15:42), 현대 그리스어에서는 금요일을 '파라스케비'paraskevi라고 부르고 루터는 이날을 '축제 준비일'이라고 불렀다. 성경에서는 그 외의 요일에 대한 기록이 없는데 아마 요일의 개념이 존재하지 않았기 때문일 것이다. 즉 다른 요일들은 중요하지 않았던 것이다.

안식일

○ 세상을 창조하는 일에 대하여 필론은 안식일을 세상의 출생일이자 도시나 나라가 아닌 모든 인류를 위한 축복의 날이라고 불렀다. 일을 모두 완벽하게 마친 뒤 하느님은 일곱 번째 날에 '축복과 은총'을 내렸다(창세 2:3). 노아와 족장의 시대에는 아직 안식일 축제에 대한 이야기는 등장하기 않았다. 이집트를 떠난 이스라엘 백성들은 시나이산에서 하느님과 대화를 나눈 모세가 받았다는 십계명 중 세 번째 계명을 듣게 된다. "안식일을 기억하여 거룩하게 지켜라. 엿새 동안 일하면서 네 할 일을 다 하여라. 엿새 동안 힘써 네 모든 생업에 종사하고 그러나 이렛날은 주 너의 하느님을 위한 안식일이다. 그날 너와 너의 아들과 딸, 너의 남종과 여종 그리고 너의 집짐승과 네 동네에 사는 이방인은 어떤 일도 해서는 안 된다."(탈출 20장) 하느님이 일을 마친 후 휴식을 즐기듯이 우리도 '잔치를 즐기고', '원기를 회복'해야 한다. 이런 의미에서 필론은 민법에 대한 저작에서 안식일의 의미를 해석하는데, 이는 모세의 율법을 인본주의와 '내재된 인간의 친절함'에 대한 표현이라고 보는 스토아적 해석에 바탕을 둔 것이다. 안식일에는 영혼의 순화를 위

하여 철학책을 읽거나 휴식을 취하며 노동을 위해 에너지를 비축한다.

필론은 안식일이 유대인이 노동을 싫어했다는 것을 증명해준다고 하는 당시 널리 퍼진 편견을 옹호했다. 하지만 세네카는 아우구스티누스를 인용하여 이와 같은 견해를 비난했으며 타키투스도 저서 《역사》에서 유대인은 7일째 되는 날과 7년째 되는 해에 여유otium와 게으름inertia을 누린다고 했다. 이와 비슷하게 그와 동시대의 시인이었던 유베날리스Juvenalis도 비슷한 관점을 표현했는데 이후 루틸리우스 나마티나누스Rutilius Namatianus도 마찬가지 이야기를 했다. 이들에 의하면 '부를 숭배하는 집단'에서는 게으름이 발 디딜 데가 없다는 것은 너무나 자명하다.

활기차고 축제 같던 안식일의 성격은 이후 여러 금기로 인해 점점 금욕적인 성격을 갖게 되는데 여기에는 불을 피우거나 나무를 할 경우 사형에 처한다는 엄벌도 포함이 되어 있다(탈출 35:2). 죄인은 돌로 쳐서 죽음을 당하는 벌을 받았다(민수 15:35). 이집트를 탈출한 이후 《느헤미야기》(13:15)에서 볼 수 있듯이 안식일은 엄격하게 실시되었다. 시간이 갈수록 금지되는 것들이 늘어갔고 자기부정을 많이 하면 할수록 더 독실한 신앙을 증명하는 것으로 여겨졌다. 마카베오 전쟁(유대인과 로마 제국과의 전쟁—옮긴이) 때에 율법을 중요시하는 이들은 안식일에 적과 싸우기보다는 자신의 아내와 자녀들과 함께 살해당하는 쪽을 선택했다. 하지만 이와는 반대로 유대인의 지도자였던 마타티아스는 안식일이라 할지라도 죽음의 위협에 처할 때는 자신을 방어해야 한다고 설교했다. 그럼에도 불구하고 유대인들이 안식일에 휴식을 취한다는 사실은 적에게 더할 나위 없는 기회를 제공했는데 가령 마카베오 전쟁에서 패배한 안티오쿠스 4세의 장군이었던 니카노르가 이들을 침략하고 BC 63년에 폼페이우스 장군이 예루살렘을 점령하는 데 큰 도움이 되었다고 카시우스 디오는 기록했다.

당시에는 지상에서 희생이나 금식, 금기나 고행 혹은 금욕주의를 실천하고 자신의 존재를 부정함으로써 천국의 은총을 받을 수 있다는 믿음이 광범위하게 퍼져 있었다. 이승에서의 자신의 삶을 위험에 밀어 넣고 희생할 준비가 된 사람은 사후의 삶에서 그에 대한 보상을 기대할 수 있다. 예수는 안식일의 금기를 지나치게 강조하는 태도를 반대했지만 이후의 독실한 기독교인들은 전례 없는 금욕주의적 성취를 거두었다고 할 수 있다(마르 2:27). 철창에 스스로를 가두는 수도승이나 기둥 위에서 살아간 고행자들도 그들 중 하나다.[6]

초기 기독교에는 예루살렘의 교회나 나사렛의 이단 그리고 다른 유대 기독교에서 볼 수 있듯이 안식일에 대한 십계명이 등장한다. 하지만 사도 바오로는 이단에게 선교하는 과정에서 새로운 개종자들에게 유대 율법을 요구하지 않았다. 그에게 신앙에서 중요한 것은 율법 숭배나 청결에 대한 집착이 아니라 독실함이었다. "순수한 이에게는 모든 것이 순수하지만 불결하고 믿음이 없는 자에게는 그 어떤 것도 순수하지 않다." 이는 티투스에게 보낸 서한의 내용이다. 덧붙여서 말하자면 7일째의 안식 외에도 유대 경전에는 7년째에 안식년이 오며 7년이 일곱 번 지나면 희년禧年을 맞이하게 된다. 각각의 시기는 구별되었다.

주의 개념이 없던 그리스

○ 유대의 주간과 같은 시간 단위는 초기 그리스 시대와 고전 시대에는 없었다. 호메로스의 서사시에는 여러 날짜들의 모듬이 등장하고 그중에는 간혹 《창세기》의 주간을 연상시키는 구조의 7일이라는 기간이 등장한

다. 《오디세이》에는 다음과 같은 문장이 두 번 등장한다. "6일째에 우리는 떠났고 7일째에 우리는 도착했다."(10장, 15장) 또 "6일째에 우리는 저녁을 배부르게 먹었고 7일째에는 여행을 계속했다."(12장, 14장) 《국가》를 보면 플라톤조차 7일이라는 기간을 알고 있었다. 한 달에서 7일째는 아폴론을 위한 신성한 날이었으나 휴일은 아니었다.

로마 시장의 주

○ 로마인들에게는 그리스인들만큼이나 한 주에 7일이라는 개념이 낯설었다. 이들은 '눈디누스'nundinus라는, 8일을 한 주로 하는 달력이 있었지만 이는 달의 한도가 아니라 한 해의 한도 내에서 계산되어서 한 해의 첫 주가 시작되기 전 이전 해의 12월 마지막 주 3일은 항상 비게 되었다. 이러한 계산법은 황제 세르비우스 툴리우스Servius Tullius에게서 시작되었는데 눈디눔nundinum은 8일간의 간격을 의미했다. 이 단어는 8일 동안 계속되는 눈디날이 지나고 9일째에 도시농부가 시장을 열어 3일 동안 계속되는 눈디나이nundinae 장에서 유래되었다. 유대교의 7일이라는 주간에 종교적 의미가 있었다면, 로마의 8일이라는 주간에는 경제적 의미가 있었던 것이다. 장날의 의미뿐 아니라 개별적으로 8일째의 날은 특별한 활동을 의미하는 날이기도 했다. 바로가 전한 바에 따르면, 이날 남자아이들은 학교를 쉬고 성인 남자들은 면도를 했다. 세네카는 또 이날 사람들이 목욕을 한다고 했고, 대 플리니우스는 손발톱을 자르는 날이라고 했다. 손톱을 자르는 것은 경건한 의식으로 사람들은 침묵 속에서 집게손가락부터 손톱을 잘랐다.

달력을 보면 장날이 있었다는 것을 확실히 알 수 있다. 로마 제국의 초기부터 일정을 기록한 달력인 행사력을 보면 돌에 새겨서 배포했다. 조각난 채 전해지는 40여 개의 행사력 중에서 마페이아나의 연력판Tabula anni civilis Maffeiana이 가장 완전한 형태로 남아 있는데 돌판에는 12개월을 의미하는 기둥이 새겨져 있다. 파스Fas는 신법이었으며 이와 대조적으로 이우스ius는 인정법이었다.[7] 파스는 '말하다'라는 의미의 '파리'fari에서 유래했는데 '인 판스'In fans란 아직 말을 할 수 없는 아이를 의미했다. 파스는 대법관, 즉 판사의 판결문과 연관되어 있기도 했다.[8] '디에스 파스티'dies fasti는 달력에 F라는 알파벳과 함께 표시되어 있었는데 이는 재판일이라는 의미였다. 이 모든 목록을 파스티, 즉 '행사력'이라고 불렀다. '파스티'라는 단어는 '오비드의 파스티'Fasti Ovid와 같이 축제일을 표시하는 달력이기도 했다. 또 연간 공식 행사의 목록인 '파스티 콘술라레스'Fasti consulares도 있고 승리의 목록인 '파스티 트리움팔레스'Fasti triumphales도 있었다.

달력 속 날짜와 나란히 A에서부터 H까지 알파벳이 연속적으로 표시되어 있었다. 이것은 아홉 번째 날부터 다시 반복되는 방식이어서 8일씩 같은 알파벳이 놓이게 되었다(부록 그림 18 참조). 각 지역의 장날nundinae은 지역에 따라서 눈디나이 알파벳으로 표시되었다. BC 79년에 무너진 폼페이의 폐허 유적지로부터 상인이 벽에다 표시해놓은 장날의 기록이 발견되었다. 그때 이미 눈디나이 알파벳 대신에 행성 이름을 딴 요일로 기록한 장날 달력tabula nundinalis이 그릇 종류를 팔던 상인 조시모스의 집에서 발견되었다. 이 달력에는 언제 어디에 도자기를 가져갈 것인지 기록되어 있었다. 이에 따르면 토요일에는 폼페이 장이 열리고 일요일에는 누케리아, 월요일에는 아텔라, 화요일에는 놀라, 수요일에는 쿠마에, 목요일에는 푸테올리 그리고 금요일에는 로마에 장이 열렸다.[9] 이것을 통해 상인과 고객들이 언제 어느 장에 가야 할지를 알 수 있었다.

경제적 이익과 시민의 의무 사이의 갈등을 피하기 위해 로마는 공회가 없는 날을 장날로 지정했다.[10] 이를 위해 194일의 축제일dies comitiales을 지정하고 C라는 이니셜로 달력에 축제일을 표시했다. 모든 로마 시민이 도시에 사는 것은 아니었으므로 공회의 마지막 일자도 표시해두었다. 공회가 선포되고 실행되는 날을 포함하여 모두 8일씩 세 번의 마감일이 선포되었다.[11] 그것을 '트리눔 눈디눔'trinum nundinum이라고 불렀다. 장날을 가리키는 눈디나이 주와는 달리 정치적 공표일은 어떤 달의 특정한 날짜에 국한되지는 않았다.

이러한 규칙은 아주 오래된 것으로 보인다. 하지만 규칙에 대해 알 수 있는 것은 오로지 규칙이 위반되었을 때뿐이다. 긴급한 결정을 내려야 할 때는 결정 시한을 법적으로 단축시키는 것이 가능했지만 종교적 법적으로 먼저 고려 대상이 되었다. 집정관이 자신의 임기를 마치지 못하고 사망하거나 보결집정관consul suffectus에게 자리를 몰려주고 물러날 때 이 보결 기간은 따로 이름을 붙이고 기간을 헤아렸다.[12] 이 기간은 우리가 생각하는 달력 속의 주간이 아니라 정해지지 않고 유동하는 시간이었다. 법적으로 로마의 요일은 각각의 특징을 가지고 있는 것으로 '포괄적으로' 규정되었다. 각각의 날은 약자로 표현되었다. F와 C라는 알파벳 이외에도 약자로 쓰이는 알파벳이 여러 개 있었다. N은 상업과 재판이 열리지 않은 56일간의 휴정일dies nefasti을 가리켰으며 NP는 53일간의 국가 공휴일Nefaste feriae publicae을 의미했다. ENEndoter cisus은 8일 반 동안의 재판일을 의미하며 QRCFquando rex comitiavit fas는 3일 반 동안의 축제일을 의미했다.[13] 또한 월별 세 개의 마감일을 일컫는 약자도 있었으며 45개의 국경일 그리고 다양한 경기와 기념일을 가리키는 약자도 있었다. 로마의 법령은 이처럼 시간을 포함하여 모든 것을 관장하는 역할을 했다.

그리스 문화에서의 행성의 날

○ 주중의 요일은 행성을 따서 지어졌다. 행성이라는 단어가 처음 등장하는 것은 크세노폰Xenophon의 《소크라테스 회상》이었다. 행성은 떠도는 별들이라는 의미였으며 라틴어로는 '에로네스'errones라고 불렸다. 크세노폰은 소크라테스가 평소에 밤과 달 그리고 한 해의 시간을 구별하기 위해서 행성들과 천문학을 공부해야 한다고 강조했다고 전한다. 하지만 현실적으로 사고하지 않고 그저 공상에 빠질 경우에는 곁길로 새기 쉽다고도 말했다고 한다. 시간에 대한 생각을 지나치게 하면 시간을 잃어버리게 된다는 것이다. 신성한 세계의 질서를 지나치게 캐묻는 것은 적절치 못하다. 크세노폰이 소크라테스의 생각을 그대로 전한 것이건, 아니면 소크라테스의 입을 빌려 전하는 자신의 생각이건 우리가 소크라테스에 대해 알 수 있는 것은 플라톤의 《티마이오스》에 나오는 내용만큼이나 그 내용이 빈약하다.

소크라테스는, 크세노폰의 글에 의하면, 후대의 바로처럼 태양과 달을 행성에 포함시키지는 않았다. 그가 행성이라고 얘기한 것은 토성과 목성, 화성과 금성 그리고 수성이었다. 플라톤의 《티마이오스》 이래로 숫자 5는 종종 언급되었다. 게다가 태양과 달을 포함한 7이라는 숫자는 알렉산드리아인들의 기록에 자주 발견된다.[14] 플라비우스 요세푸스는 유대전쟁에 관련된 저작에서 일곱 가지로 갈라진 촛대인 메노아Menorah를 일곱 번째 행성에 포함시켰다. 떠도는 행성을 한 주의 요일로 연결시킨 것은 리두스가 달에 대한 저서에서 밝힌 바와 같이 고대 후기에서 차라투스트라의 영향을 받았기 때문으로 알려지고 있는데([그림 12] 참조) 이 같은 영향은 바빌로니아와 이집트를 통해 전파되었다. 《분다히신》에 따르면 일곱 개의 행성은 고정된 별들의 장군과 맞서 싸우는 천국의 군 지도자들이었다. 하지만 행성의 이름을 딴

[그림 12] 일요일의 행성인 태양과 그와 관련된 여러 활동. 1490년의 하우스북, 볼페그 성.

요일은 고대 동양의 유산이 아니라 그리스의 천문학 특히 알렉산드리아의 프톨레마이오스 왕조 때의 천문학에서 유래한 것으로 보인다.

천체 시간의 관장자

○ 모든 시간과 날짜 그리고 달에는 각각의 시간을 관장하는 신Chronokrator이 있으며 이 신이 모든 인간의 출생 시간과 운명을 결정한다. 바빌로니아의 문화에 근거한 이러한 믿음은, 헤로도토스에 의하면 이집트에도 존재했고 그곳에서 그리스로 전파되었다. 모든 요일이 신성한 의미를 가지고 있다는 관념은 초기 로마 제국 시대에는 그노시스 신앙의 한 부분이었으며 각각의 날을 아브라삭스Abraxas 신의 '한 부분'이라고 받아들였다. 또한 아브라삭스의 모든 문자의 숫자 값을 더하면 365가 된다. 그노시스파 교부였던 바실리데스Basilides에 의하면 아브라삭스는 수탉 머리를 한 시간의 신으로 행성의 힘을 결합시킨다.[15]

신이 시간과 연관되어 있을 뿐 아니라 별들과도 관련이 있다는 점에서 점성술에서 천문학으로의 도약이 이루어졌다고도 볼 수 있을 것이다. 스토아학파의 창시자인 제논도 이미 별에게는 신성한 힘vis divina이 있으며 그것은 달과 해, 계절도 마찬가지라고 단언한 바 있다. 이는 신의 본성에 대한 키케로의 주장에서도 논증된 바 있다. 타키투스 같은 이는 《역사》에서 별이 인간의 삶을 지배한다고 보았다. 이들은 시간과 날을 관장하는 신이었다.

폼페이에서 출토된 그리스 시대의 유적에는 요일의 신이 기록되어 있다.[16] 사투르누스(토요일), 솔(일요일), 루나(월요일), 마르스(화요일), 메르쿠리우스(수요일), 주피터(목요일), 비너스(금요일). 이들은 그림으로도 표현되어 있다.

미트라교의 유적인 부다페스트의 청동판을 보면 황소를 죽이는 신의 모습 아래에 각 요일의 수호신과 각자의 상징이 등장한다. 주피터에 의해 거세된 사투르누스는 낫을 들고 있으며, 솔은 마부의 채찍을 들고 있고, 루나는 밤을 밝혀줄 횃불과 초승달 모양의 뿔을 들고 있으며, 마르스는 투구와 방패 그리고 창을 들고 있으며 주피터는 낙뢰를, 비너스는 자신의 아름다움을 비추는 거울을 들고 있다.[17]

요일의 이름과 행성의 관계

○ 어떻게 해서 행성 신들이 요일의 이름으로 자리 잡게 되었는지는[18] 플루타르코스의 《도덕론》에서도 여러 가지로 토론되었지만 정확한 답을 찾을 수 없었다. 이전의 천문학이나 종교나 신화, 어디에서도 달력과 관련된 행성의 배치가 등장하지 않기 때문이다. 카시우스 디오는 이에 대해 두 가지 보충 설명을 했다. 하나는 행성의 자연적 배열에 관한 것으로 토성이 지구에서 가장 멀리 떨어져 있고 궤도 주기와 함께 순환 기간이 가장 길다. 그다음은 목성, 화성, 태양, 금성, 수성, 달의 순서로 이어진다(카시우스 디오의 주장은 과학적 사실과 다르다.—옮긴이). 태양과 달과 이 다섯 개 행성의 신은 7일 밤낮을 24시간 동안 돌아가면서 지배하며 순환한다. 첫 시간을 관장하는 신이 동시에 하루 전체를 지배하므로 토요일dies Saturni 후에는 일요일dies Solis이 온다. 이 같은 시스템에서는 시간의 큐레이터를 기준으로 세 번째 뒤 순서인 신이 하루의 마지막 부분인 스물두 번째 시간에 지배권을 넘겨받는데, 가령 토성신이 지배하는 토요일에서 태양신이 지배하는 일요일로 넘어가는 방식이다. 한 주의 마지막dies Veneris(금요일)에 금성(비너스)은 첫 시간과

요일의 시간과 신

	토요일	일요일	월요일	화요일
첫 번째 시간	**토성**	태양	달	화성
두 번째 시간	목성	금성	**토성**	태양
세 번째 시간	화성	수성	목성	금성
네 번째 시간	태양	달	화성	수성
다섯 번째 시간	금성	**토성**	태양	⋮
여섯 번째 시간	수성	목성	금성	이하 반복
일곱 번째 시간	달	화성	수성	
여덟 번째 시간	**토성**	태양	달	
아홉 번째 시간	목성	금성	**토성**	
열 번째 시간	화성	수성	목성	
열한 번째 시간	태양	달	화성	
열두 번째 시간	금성	**토성**	태양	
열세 번째 시간	수성	목성	금성	
열네 번째 시간	달	화성	수성	
열다섯 번째 시간	**토성**	태양	달	
열여섯 번째 시간	목성	금성	**토성**	
열일곱 번째 시간	화성	수성	목성	
열여덟 번째 시간	태양	달	화성	
열아홉 번째 시간	금성	**토성**	태양	
스무 번째 시간	수성	목성	금성	
스물한 번째 시간	달	화성	수성	
스물두 번째 시간	**토성**	태양	달	
스물세 번째 시간	목성	금성	토성	
스물네 번째 시간	화성	수성	목성	

스물두 번째 시간을 지배하고 스물세 번째 시간부터는 수성(메르쿠리우스)이 지배한다. 그다음에 오는 달(루나)이 지배하는 스물네 번째 시간은 그다음 날의 첫 번째 시간이기도 한데 이는 다시 토성(사투르누스)이 지배하는 토요

일로 이어지면서 한 주가 다시 시작되었다. 이와 같이 행성의 순서가 요일의 순서에 반영되었다.

음악이론으로 본 행성의 체계

○ 디오스는 두 번째로 음악이론을 통해서 행성의 체계를 설명한다. 고대 음악에서 중세 옥타브 구조를 낳은 4도 음계의 조화harmonia dia tessarōn를 근거로 든다. 포괄적인 계산법에 따르면 태양신은 토성 다음 네 번째인 신이고, 달의 신은 태양 다음으로 네 번째의 신이라는 것이다. 이 같은 네 박자 방식을 따라 행성의 순서가 우주의 질서와 통합되었는데 이암블리코스에 이어 피타고라스도 궤도를 도는 행성의 조화가 이를 기반해서 이루어지는 것으로 보았다. 토요일dies Saturni은 유대의 안식일과 같았다. 언제부터인지는 정확하게 알 수 없지만 행성에 따른 요일이 유대식 주간과 결합된 것을 보여준다. 유대식 주간이 언제부터 시작되었는지는 역시 고대의 미스터리로 남아 있다. 어쩌면 BC 444년 에즈라와 느헤미아에 의한 유대인의 바빌론 유수 이후로 재조직된 유대인의 삶의 한 부분이 아닐까 한다. 만약 그렇다면 주라는 개념이 생겨난 것은 2015년 기준으로 2458년이나 되었다고 할 수 있다.

로마의 한 주

○ 로마의 눈디누스식 주는 너무 복잡했다. 지나치게 많은 규칙으로

단순화가 필요했고 로마에서처럼 일주일이 7일이라는 방식이 수용되었다. 이는 BC 1세기 후반 시작된 방식으로 보인다. 아우구스투스 때의 서정시인 티불루스Albius Tibullus가 쓴 문서를 통해 이를 알 수 있다. 자신의 후견인이었던 마르쿠스 발레리우스 메살라 코르비누스에 바치는 애가Elegie에서, 그는 토요일을 성스러운 날로 삼아 그날은 여행을 취소했다고 기록했다. 그는 또한 사투르누스를 행복과 평화가 온누리에 가득한 황금기의 왕이라 칭송했다. 하지만 주피터의 치하에서는 살인과 학살이 판을 치게 된다. 사투르누스의 날saturni은 토요일saturday이고 그것은 유대인의 안식일과 같다. 황제도 이날에 대해 한 번 언급한 적이 있는데 자신의 양자들 중 티베리우스에게 다음과 같은 말을 했다고 한다. "오늘 나처럼 엄격하게 안식일에 금식을 지키는 유대인은 없을 것이다." 유대인의 금식에 대한, 수에토니우스Suetonius의 글에 나오는 이 같은 주장에 대해 여러 학자들이 부정했으나 이후 페트로니우스와 순교자 유스티누스는 옹호했다. 티베리우스가 BC 6년에서 AD 2년까지 로데스에서 살 때, 그는 항상 디오게네스에게서 안식일에 대한 강의를 들었다고 수에토니우스가 기록을 남겼다. 오비디우스는 로마인들과 유대인들의 주간 체계를 사용했고[19] 아우구스티누스도 세네카의 소실된 글을 인용하여 다음과 같이 불평했다. "그 사악한 민족의 풍습을 그대로 따르는 통에 안식일의 휴식 때문에 우리는 7분의 1의 시간을 잃어버렸다. 피정복자들이 정복자들에게 자신들의 법률을 전해준 것이다."

자부심 넘치던 플라비우스 요세푸스는 반유대주의자인 아피온Apion에 대항하여 그리스건 이교도 나라건 이 세상에 안식일 휴식을 취하지 않는 곳이 없다고 반박했다. 3세기 초에 카시우스 디오는 행성을 기준으로 한 주간의 개념은 널리 퍼진 지 얼마 되지 않았지만 이미 모든 사람이 그것을 사용하고 있다는 것을 발견했다. 하지만 238년 켄소리누스의 책에는 그 사실이 언급되지 않았다. 고대 후기에 요일의 개념은 인도로 전파되었으며[20] 마니교도들이 다시 이를 중국에 전파했다.[21]

여러 날 가운데 길일과 흉일이 있다는 오래된 믿음은 요일의 개념에도 적용되었다. 헤시오도스는 아우소니우스의 저작을 인용하여 신체의 부분을 청결하게 하는 데 특별히 기억해야 할 사항이 있음을 길게 나열했다. 가령 수성의 날인 수요일에는 손발톱을 잘라야 한다. 바오로는 갈라티아 사람들에게 쓴 편지에서 이러한 미신을 비판했다. 이들은 날과 달 그리고 해를 주의 깊게 보고 중요한 날을 선택했는데 전체적으로 '적합한 때'를 고르는 데 신경을 많이 썼다.

일주일의 기원을 밝혀줄 고고학적 증거

○ 태양과 달, 다섯 행성의 신은 고고학적인 관점에서 이해할 수 있다. 트라야누스는 자신이 소유한 온천의 분수 일곱 개에 이들의 이름을 붙여주었다.[22] 그중에서도 팔라틴 언덕의 남동쪽 어귀에 셉티미우스 세베루스가 BC 203년에 세운 클라우디아 수도교에서 물을 공급받는 분수는 매우 장엄했다. 《로마 황제 열전》De vita Caesarum에서는 이를 '셉티조니움'Septizonium이라고 불렀고 아미아누스Ammianus는 이를 '셉티조디움'Septizodium이라고 불렀다. 당연히 황제들은 이것에 자신의 이름을 붙이고 싶었을 것이다.

16세기 말에 교황 식스토 5세Sixtus는 산타마리아마조레 대성당을 건설하는 데 필요한 돌을 충당하기 위해 님파에움Nymphaeum 분수를 부쉈다. 이렇게 하여 분수의 전면이 한동안 재건축되지 못한 상태로 남아 있었다. 없어진 자리에는 일곱 신과 일곱 개의 모자이크 그리고 일곱 개의 괴물 석상이 있었을 것으로 추정된다. 1923년 테오도르 돔바르트Theodor Dombart는 이것을 수동식으로 요일을 입력하는 달력처럼 각 주의 요일을 건물에 새겨놓은 '요일 달력'이라고 해석했다.[23] 아마 분수에서 물이 뿜어져 나오는 것을 요일에 따라 조절했다면 더 우아해 보였을 것이다. 그 전해였던 202년에 셉티미우스 세베루스는 하드리아누스의 판테온을 재건했다. 하지만 천공형 돔과 일곱 개의 벽감이 설치된 이 '가장 신성한' 건물(중앙 벽감은 태양신의 화신인 황제를 위한 자리로 남겨졌다.)조차 천문대를 연상시킨다.

일주일을 7일로 한 관습이 널리 퍼졌다는 것을 증명해주는 것은 갈리아에서 발견된 주피터 신전의 원주와 같은, 50년에서 250년 사이에 세워진 석조 유적들이다. 가령 독일 부츠바흐에 있는 원주의 중간 베이스에는 요일의 순서에 따라 일곱 행성신이 새겨져 있다. 또 다른 증거는 어린이의 무덤에 새겨진 글귀와 리옹에서 발견된 흥미로운 비문이다. 최고 부대의 베테랑이자 상인이었던 사람에 대한 비문이었는데, 그의 생애의 중요한 많은 일들은 대부분 화성의 날dies Martis에 일어났다. 화요일에 태어난 그는 화요일에 군대 신체검사를 받았고 화요일에 군대에서 소집 해제되었으며 역시 화요일에 죽음을 맞이했다. 비문에는 정확하게 그가 몇 년 몇 개월 그리고 며칠을 살았는지 적혀 있다. 그가 산 요일의 개수 외에도 몇 달을 살았는지조차 정확하게 계산되었다. 숫자에 대한 페티시즘은 항상 있어왔다. 역사가로서 비문에 적인 연도를 발견하는 일이 매우 희귀하다는 것은 애석한 일이다. 중요한 것은 이들이 사망일을 기록할 때 주로 날짜만 기록했다는 것이다. 내가 여기서 말하는 것은 로마 제국 초기의 비문이다. 주피터의 신격화는 목요일dies Iovis에 대한 은밀한 숭배로 나타났다.

필로칼루스의 점성학적 달력

○ 354년에 만들어진 필로칼루스Filocalus의 달력에서는 캘리그래피로 적힌 요일을 볼 수 있다. 켄소리누스의 기록 말고는 이것이 고대에 관한 가장 완벽한 자료임과 동시에, 특히 로마의 시간 체계에 대한 훌륭한 자료다.[24] 또한 이는 도시 로마인들이 시간을 어떻게 사용했는지를 보여주는 컬렉션이라 볼 수 있다. 이 책의 원본은 없지만 전해 내려오는 서체는 푸리우스 디오니시우스 필로칼루스Furius Dionysius Filocalus가 쓴 것으로, 아마도 저자의 후원자였을 발렌티누스라는 부유한 기독교인에게 새해 선물로 바쳤을 것이라 한다. 현재 우리에게 전해 내려오는 것은 16세기 초 빈에서 만들어진 카롤링거 왕조 시대 달력의 거의 완벽한 필사본이다. 여기에는 이후에 첨부된 내용도 포함되어 있다. 즉, 행성 주간 표시와는 별도로 황제의 생일 날짜나 월간 금식일, 집정관의 목록이나 기독교인을 위한 중요한 날짜 등도 그림과 함께 나열되어 있다.

요일이 새겨진 부분 위에는 일일 집계표가 새겨져 있고 아치 아래에 새겨진 일곱 신 옆에는 하루의 밤과 낮을 관장하는 신이 표시되어 있다.[25]

이는 삽화 역사상 가장 오래된, 완벽한 첫 페이지의 삽화라 볼 수 있다([그림 13] 참조). 각 그림 아래에는 천문학적 약호가 쓰여 있다. 여기에서 기독교적 영향은 발견할 수 없는데 일요일은 휴일이 아니며 한 주는 토요일에 시작된다. 또한 토요일, 즉 사투르누스의 날은 불확실하고 부지런한 사투르누스의 특징이 지배하는 날이다. 따라서 토요일에 태어난 사람은 위험한 삶을 살게 될 가능성이 많으며 병에 걸리면 위험하다. 이날 도망치는 이는 잡히지 않고 도둑질하면 들키지 않는다. 그에 비해 마르스의 날(화요일)은 전쟁과 같은 일을 벌이기에 좋다. 수요일은 경영자나 배우 혹은 사업 경영주에

[그림 13] 낮과 밤을 관장하는 시간의 신이 적힌 354년의 필로칼루스 달력, 바티칸, 로마.

게 좋은 날이다. 이날 태어난 아이는 활기차고 그날 탈출한 자는 잡히고 도둑질도 쉽게 들키게 된다. 달의 날(월요일)은 땅을 갈고 씨를 뿌리고 우물을 파거나 수로를 만들기에 적당한 날이다. 이날에 태어난 아이는 활기차며 도둑은 잡히고 만다. 태양의 날(일요일)은 육로나 바다로 여행을 떠나기 좋은 날이다. 이날 태어난 아이는 활기차며 도둑은 잡히고 만다. 주피터의 날(목요일)은 무엇인가를 신청하거나 권력자에게 보고를 하거나 대화를 나누기에 적합하다. 이날 태어난 아이는 활기차며 탈출하는 이는 곧 잡힐 것이다. 도둑도 역시 곧 들킬 것이다. 비너스의 날은 약혼하기 좋은 날이며 아이들을 학교에 보내기 좋은 날이다. 이날 새로 태어난 아이는 활기차며 아픈 사람은 곧 회복되며 도둑질은 들키게 될 것이다.

필로칼루스 달력의 이 같은 천문학적인 세부사항을 통해 우리는 후대 로마 사회의 일상적인 걱정과 염려를 들여다볼 수 있다. 이들은 우호적인 날짜를 선택하고자 애썼으며 계획을 세우고 미래를 내다보며 앞으로 무슨 일이 있을지 알고 싶어 했다. 모든 사회 계층이 이 달력 속에 다 나타난다. 자본가도 있고 정의로운 행정가를 필요로 하는 지주도 있으며 능력 있는 대리인을 필요로 하는 상인과 확실한 위임자를 필요로 하는 사업가도 등장한다. 먼 곳에 있는 사업체와 거래하는 상인은 언제 어떻게 여행을 시작하는 것이 좋을지 알고 싶어 한다. 노동자는 자신의 고용인, 대단한 주인에게 탄원서를 제출할 날이 언제면 좋을지, 인터뷰할 때 어떤 날이 좋을지를 고심한다. 농부는 언제 들판에 거름을 뿌릴지 또 언제 지하수나 빗물을 끌어들이는 것이 좋을지 알고 싶어 한다. 관리인은 사업주가 만족할 만한 총액을 언제 제출해야 할지 고심한다. 지원병이나 징집병은 징병기에 언제 군대에 가는 것이 좋을지를 알고 싶어 한다. 약혼을 앞두고 있다면 길일을 선택하고 싶어 하는 것은 당연하다. 그것은 아이들이 학교를 시작하는 날도 마찬가지다. 이처럼 점성술사들은 아무런 도덕적 거리낌 없이 노예나 세금 납부자들이 도망침으로써 자신들의 의무를 성공적으로 회피할 수 있는 시기를 일러주었다. 이와 같은 '영내 이주'는 고대 후기의 골칫거리이기도 했다. 질병에 대해 걱정하는 것은 인간의 자연스러운 본성이다. 신생아가 위험에 처할지 알고 싶어 하는 것은 신생아 사망률이 높던 시대에 당연한 관심거리였다. 이 모든 것을 요일 계획표에서 알 수 있었다.

필로칼루스 달력은[26] 밤낮의 모든 시간과 한 주의 요일 특징을 알파벳으로 표현했는데 가령 B는 '좋다'bonus는 의미이며 C는 '잘 모름'communis 그리고 N은 '해로움'noxius을 의미했다. 나쁜 날에도 좋은 날이 있고 좋은 날에도 나쁜 날이 있으므로 달력은 항상 옳을 수밖에 없었다. 헤시오도스 이래로 특정한 날에 특징을 부여하는 것은 일반적인 미신이기도 했다. 사실 운이 나쁜 날에는 서두르지 않고 생각을 차분하게 하고 운이 좋은 날에는 용기를 내면 해결의 실마리를 찾기가 더욱 쉬울 수 있다. 황제 디오클레타니우스는 294년에 '망할' 점성술을 금지시켰다. 하지만 황제의 법은 302년에 연금술을 금지시킨 법과 마찬가지로 아무런 효력이 없었다.[27]

이슬람의 주기 체계

○ 아랍인들은 유대인에게서 이미 이슬람 시대 이전에 주 단위의 시간 계산법을 받아들였다. 이들은 금요일을 여섯 번째 날로 정했는데 그날은 장날이었을 가능성도 높다. 하지만 모하메드는 코란에 금요일은 인간을 창조한 알라의 날이니 그날은 일절 상업을 금하고 기도로 하루를 보내야 한다고 명했다. 모하메드는 '만남의 날'에 대해 이야기했는데 그 당시의 사람들은 그날이 분명 금요일이라는 것을 알았을 것이다. 무슬림들에게 그때부터 금요일은 한 주의 시작이 되었다. 안식일은 그다음 날이다. 주중의 요일은 이날 이후부터 시작된다. 다마스쿠스의 우주지학자인 알카즈위니는 요일을 개별적으로 분류했다. 예언자가 말하길, 가장 최고의 날은 금요일이다. 알라신이 아담을 창조한 날도 금요일이고 아담이 천국에서 쫓겨난 날도 금요일

이며 세상의 심판일도 금요일이다. 유대인은 세상이 창조된 날을 토요일로 알고 있으며 기독교인은 일요일을 창조일로 알고 있는데 이는 잘못된 것이다. 예언자는 월요일이 자신이 태어나고 세상을 떠난 날이기 때문에 금식을 했고 월요일에 계시를 받고 메카로 떠났다. 화요일에 카인은 아벨을 죽였고 수요일에는 불운한 예언자인 요나가 태어났다. 목요일과 관련해서는 다른 날과 마찬가지로 반드시 하지 말아야 할 행동이 한 가지 있는데, 채혈이었다.[28] 이 같은 의학적 미신은 기독교인들에게도 널리 퍼져 있던 인식이었다. 알카즈위니는 또한 각 행성이 가진 고유한 색깔도 알려준다.[29] 금요일의 금성은 푸른색이고 다음 날인 토성은 검은색이며 태양은 노란색, 화성은 붉은색이며 수성은 알록달록하고 목성은 녹색이다.

아랍의 천문학은 행성이 지구에 미친 영향에 대해 세심하게 살폈다. 이란 북서부 가즈나 왕조의 마흐무드 통치기 중세 이슬람의 위대한 학자였던 알비루니Al-Biruni는 행성이 기후에 미치는 영향, 특히 행복과 불행에 미치는 영향에 대해 기록한 바 있다. 토성과 화성은 불길하지만 목성과 금성은 길하고 달과 수성은 어떨 때는 길하고 또 어떨 때는 불길하다. 하지만 태양에 대해서는 언급되지 않았다.[30]

기독교의 전통과 마찬가지로 이슬람 문학이나 일주일의 주기 체계도 전 세계의 역사 속으로 전파되었다. 알카즈위니는 일곱 번의 1,000년이 가진 고유의 계획에 대해 설명한다. 각 1,000년의 초기마다 신은 인간들에게 예언자를 보낸다. 처음은 아담이며 두 번째는 노아, 세 번째는 아브라함이고 네 번째는 모세, 다섯 번째는 솔로몬이며 여섯 번째는 예수이고 마지막 일곱 번째는 예언자들의 봉인인 무하마드라는 것이다. 이 일곱 번의 1,000년 다음에는 7일간의 영원한 주간이 다가온다. 《시편》 90장의 내용이 떠오르는 지점이다. 알카즈위니는 마지막 1,000년 이후로 100년이라는 시간이 흘렀다고 이야기했다. 새로운 세기마다 인류를 올바르게 인도해줄 칼리프가 나타난다. 우리는 이를 통해 십진법이 시간의 개념을 지배하고 있음을 알 수 있다.

알카즈위니는 특정한 시간이 흐르고 나서 이상한 사건이 거듭 일어나는 현상을 500년이라는 세월이 네 번에 걸쳐 순환되는 치데르Chider 전설이라고 설명한다. 치데르는 이슬람 신화 속에 등장하는 '녹색 존재'로서 귀신이며 성인이자 예언자이기도 하며 도움이 필요할 때 나타나는 구세주이자 악마이다. 지벤슐래퍼Siebenschläfer(기독교 박해를 피하여 200년간 동굴에서 잔 일곱 명의 성자들—옮긴이)에 대한 대한 해석자조차 이 존재를 언급한 적이 있다. 그는 또한 페르시아 왕조의 카이 코바드Kai Kobad의 고관이자 엘리야의 또 다른 자아, 성 게오르크Georg의 화신으로 여겨진다.[31]

알카즈위니의 글에서 치데르는 무상함의 상징이다. 그는 언제 세워졌는지 아무도 모르는 도시를 방문한다. 500년 후 그가 다시 그곳을 갔을 때는 사막만이 남아 있었고 그곳에서 약초를 따던 한 사내는 "여긴 항상 이런 곳이었소."라고 말한다. 다시 500년이 더 지나 그곳에 갔을 때 이미 사막은 사라지고 호수가 되어 있었다. 호수에서 물고기를 잡던 어부는 언제부터 호수가 그곳에 있었는지 알지 못했다. 또다시 500년이 지나니 호수는 마르고 그곳은 다시 풀로 무성해졌으며 500년이 더 지나자 처음 보았을 때보다 더 화려한 도시가 세워졌으며 사람들은 그 도시가 처음부터 존재했다고 굳게 믿고 있었다.[32] 동양학자이자 시인이었던 프리드리히 뤼케르트Friedrich Rückert는 이 주제를 간결한 발라드 시로 표현했다. '그리고 또다시 500년이 지나 나는 같은 길로 돌아왔다.' 뤼케르트의 시는 새로운 순환 속으로 들어가며 끝난다.

일주일이라는 시간의 프레임은 페르시아의 니자미가 1197년에 쓴 매혹적인 서술적 형식의 시 〈일곱 명의 지혜로운 공주 이야기〉에도 등장한다. 여기에는 이 세상 일곱 지역의 일곱 공주가 등장하는데 이들은 일곱 행성과 그것을 창조한 신의 의지에 따라 야생 당나귀라고 불리는 사산 왕조의 바흐람Bahram 왕의 배우자가 되어야 했다. 일곱 공주들은 각자의 성에 살면서 왕이 찾아오면 이야기를 들려주곤 했다. 왕은 토요일에 토성의 검은 돔으로 된 성에 사는 인도 공주를 방문하는 것으로 일주일을 시작했다. 그다음 일요일은 태양의 황금색 돔으로 된 성에 사는 그리스 공주의 차례였고, 월요일은 녹색 달의 돔으로 된 성에 사는 무어인 공주가, 화요일은 붉은 화성을 상징하는 돔으로 된 성에 사는 러시아의 공주가 투란도트의 이야기를 해주었고, 수요일은 수성을 상징하는 터키색의 돔으로 된 성에 사는 호라산Khorasan의 공주 차례였으며, 목요일은 목성을 상징하는 백단향 색의 돔으로 된 성에 사는 중국 공주가 그리고 금요일에는 금성의 하얀색 돔으로 된 성에 사는 페르시아 공주가 왕에게 이야기를 들려주었다.[33] 니자미는 그리스·로마 시대의 행성 주간이라는 우주적 프레임을 가지고 여러 가지 형태의 사랑을 묘사했다. 행성의 색깔은 대부분 알카즈위니가 묘사한 것과 일치했으며 단지 일부만 전통적인 색깔에서 차용했다. 토성은 검은색, 달은 녹색, 화성은 붉은색, 금성은 흰색이라는 것은 이미 고대부터의 통념이었다. 니자미를 알지 못했겠지만 마르게리트 드나바르Marguerite de Navarre는 1549년 7일간의 사랑 이야기인 《7일 이야기》Heptameron를 펴냈다. 일본은 1873년 메이지 유신 시기에 율리우스력을 도입하면서 일주일을 한 주로 하는 시간 개념도 같이 도입했다. '태양의 날'인 첫날은 아마테라스 여신에게 바치는 날로, 휴일로 선포되었다.

하느님의 날과 일요일

○ 기독교인들은 유대교라는 자신들의 근원으로 인해 7일간의 한 주라는 개념에 이미 친숙했다. 마르코에 의하면 예수도 '한 주의 첫날'인 일요일에 부활했기 때문이다. 바오로의 시대에도 기독교인들은 '하느님의 날'에 빵을 나누기 위해 모여서(사도 20:7) 헌금을 걷었다(1코린 16:2). 일요일에 일을 금지하는 관습은 바오로의 시대에는 없었으며(로마 14:5) 모든 기독교인은 각자 휴일을 결정했다. 이때만 하더라도 금식이나 휴일에 관한 특정한 규칙이 없었다(콜로 2:16). 오리겐Origen은 켈수스Celsus에 대해 반박한 저서에서 기독교인들에게는 모든 날이 하느님의 날이나 다름없다고 밝혔다. 팔레스타인의 사마리아 지방 나블루스 출신의 순교자 유스티누스는 '일요일' 대신 하느님의 날hē tou hēliou hēmera이라는 표현을 사용했으며 일요일이 신성한 이유는 그날 하느님이 어둠을 빛으로 바꾸었으며 원재료로부터 세상을 창조했기 때문이라고 주장했다. 일요일에 대한 이 같은 비유는 예수를 빛으로 보는 상징주의와 맞물리는 것이다. 예언자 말라키는 구세주를 '정의의 태양'이라고 선포했으며(말라 3:20) 《요한 복음서》에서 예수는 자신을 '하루의 빛'이라고 칭한다(3:19, 8:12). 이러한 표현은 이교도들에게 잘못 해석되기도 했다. 테르툴리아누스는 《호교론》Apologeticum에서 기독교인들을 페르시아인들처럼 태양 숭배자로 보는 것은 잘못되었다고 말한 바 있다.

태양신은 콘스탄티누스 황제가 312년에 기독교로 개종하기 전에 숭배하던 신이었다. 그가 321년에 만든 일요일법은 광범위하게 전파되었다. 이 법은 두 가지 형태로 전파되었다. 하나는 3월 3일에 공표된 로마의 법이고 다른 하나는 7월 3일 사르디니아의 칼리아리에 공표된 법이었다.[34] 당시 황제는 다뉴브강 근처 시르뭄에 머무르고 있었는데 강 건너편에서는 사르마트족이 위협하고 있는 상황이었다. 황제는 '자비로운 일요일'에는 재판정의 문을 닫을 것과 그 외 다른 어떤 일도 행하지 말 것을 공표했다. 하지만 가장 엄격한 서약vota인 노예를 해방시키는 일과 기후에 따라서 농사짓는 일은 허용되었다. 오늘날 크로아티아 지역에 속하는 판노니아에서 발견된 명문銘文은 이를 잘 보여준다. 이 명문에는 1년 내내 일요일에도 물 파이프를 수리하고 주말 장이 서도록 허용한 황제 콘스탄티누스를 칭송하고 있다. 테오도시우스 법전의 여러 법을 통해 우리는 제국의 사무관들이 일요일에도 일했음을 알 수 있다. 하지만 이러한 직업은 일요일에 일하는 것이 금지된 직종이었던 수작업에 속하지 않았다.

일요일을 휴일로 삼으라는 명령은 후대의 황제들에게서도 되풀이되었고 538년에 오를레앙에서 열린 종교 회의와 589년의 니케아 공의회를 통해 더욱 엄격해졌다.[35] 여러 번 규율이 느슨해지기는 했으나 기본적으로 이는 기독교 세계에서 강한 효력을 발휘했다.

기독교의 요일

○ 하지만 콘스탄티누스의 일요일 법령은 새로운 신앙과는 크게 관계가 없었다. 비록 콘스탄티누스의 법정 주교였던 에우세비오스가 자신이 쓴 황제의 전기에서 일요일은 부활한 자와 하느님을 위한 날이며 성경에 따라 한 주의 첫날이라고 밝히긴 했으나 그래도 '태양의 날'die Solis이라는 이름은 공평하게 사용했다. 또한 기독교적인 증거는 찾을 수 없지만 아우소니우스도 그가 쓴 달력 시에서 일요일에 찬가를 바쳤다. 콘스탄티누스 이전의 행성 주는 사투르누스의 날, 토요일부터 시작되었지만 당시 유대 기독교적 계

산법이 널리 전파되어 있었다. 이 같은 방식은 지금도 영국과 북미에서 사용되고 있다. 독일연방에서는 1976년에, 동독에서는 1969년에 월요일을 주의 첫날이며 일을 시작하는 날로 공표했다. 이는 발트족과 슬라브족의 오랜 관습이기도 했다.[36] 1978년에 UN에서 적합한 결정을 발표했는데 한 주의 중간을 수요일에서 목요일로 옮긴 것이다. 하지만 토요일을 휴일로 정하자 수요일Mittwoch(한 주의 중간이라는 의미—옮긴이)과 주말Wochenende이라는 단어가 원래의 의미를 되찾게 되었다.

일요일의 휴식은 독실한 신자였던 테오도시우스에 의해서 386년에 종교적 법령으로 의무화되었는데 그는 태양의 날을 과거 선조들이 부른 것처럼 '하느님의 날'dies dominicus이라고 부르게 했다. 황제가 지정한 이날은 사도 요한이 말한 하느님의 날kyriakē Hēmera을 연상시킨다. 392년에 황제는 과거에 일요일에 열리곤 했던 전차 경주를 금지하고 '가톨릭 종교의 경외할 만한 신비'에 대해 이야기를 나누는 시간을 갖기로 했다. 하지만 황제의 생일이 '하느님의 날'과 맞물리게 되면서 전차 경주와 서커스 대회가 열리게 되었다.[37] 신학적으로 봤을 때 하느님의 날의 신성함은 천국에서 그리스도가 452년에 강림한다는 일요일 서한을 통해 보다 공고해졌다.[38] 서한은 많은 내용을 담은 한 장의 편지였고 그 주제는 일요일의 안식이었다. 이 텍스트는 동양의 여섯 가지 언어로 배포되었다.

로마의 영역에 속한 나라들에서는 테오도시우스를 따라 태양의 날을 하느님의 날로 교체했다. 일요일은 이탈리아에서 도메니카domenica, 스페인은 도밍고domingo, 프랑스에서는 디망시dimanche로 칭해졌다. 또 정교회에서는 키리아케 헤메라kyriake Hemera라고 했다. 평일은 이제 축일feriae과는 다른 의미로 '페리아'feria라는 라틴 이름으로 불렸고 행성을 따른 이름이 이교도적이라 해서 세비야의 이시도르는 색깔별로 요일을 구분하는 이교도적 방식을 대신하여 숫자로 요일을 구별했는데 각각 디에스 도미니쿠스dies dominicus, 페리아 세쿤다feria secunda, 페리아 테르티아feria tertia, 쿠아르타quarta, 퀸타quinta, 섹스타sexta, 사바툼sabbatum이라고 불렸다. 마지막 요일은 원래 이름을 지킬 수 있었다. 비록 자신은 마음속 깊이 그것을 혐오했지만 이시도르는 습관적으로 이교도적인 이름으로 요일을 칭하는 기독교인들을 위로하면서 BC 300년의 그리스 철학자였던 에우헤메로스Euhemeros를 인용하여[39] 고대의 신들은 원래 당대의 영웅으로서 이후 신으로 승격되었다가 다시 행성으로, 최종적으로 요일의 이름이 되었다고 전했다.

부활 주간과 대림절

○ 콘스탄티누스 시대 이후에는 교회력의 시대가 열렸다. 여기서 일요일은 부활절의 주기 안에서 정식 이름을 갖게 된다. 부활절 70일 전 혹은 10주 전의 일요일은 칠순절Septuagesima이라고 불렸다. 부활절 60일 전의 일요일은 육순절Sexagesima로 불렸다. 그다음 일요일은 교회의 성직자들이 입장할 때 회중들이 부르는 교회 성가인 입당송의 초기 구절을 딴 이름으로 불렸다. 재의 수요일 전에 오는 일요일, 즉 부활절 50일 전의 일요일은 과거에는 오순절Quinquagesima이라고 칭했으나 오늘날에는 라틴 성서인 불가타 성경에 따라 '나의 단단한 반석이 돼라'라는 입당송의 첫 구절을 따 '에스토미히'Estomihi라고 한다(시편 71:3). 사순절의 첫 번째 일요일이자 부활절 6주 이전의 일요일은 "그가 나를 부르면 나 그에게 대답하고"라는 첫 구절(시편 91:15)에서 딴 '인보카비트'Invocavit라고 불렸고 부활절의 5주 전 일요일은 "기억하소서, 주님, 당신의 긍휼함과 인자함을"이라는 첫 구절에서 딴

'레미니스케레'Reminiscere, 4주 전 일요일은 "내 눈은 언제나 주님을 향해 있네."(시편 25:15)에서 딴 '오쿨리'Oculi, 3주 전 일요일은 "예루살렘과 함께 기뻐하라."(이사 66:10)에서 딴 '라에타레'Laetare로, 2주 전 일요일은 '저를 심판하소서.' 그리하여 '정의를 실현하소서!'(시편 43:1)에서 딴 '유디카'Judica라고 불렸다. 부활 전 바로 직전의 일요일은 예수가 예루살렘으로 입성하는 날로 종려주일이라 했다(요한 12:13).

이 같은 방식은 부활절 이후에도 계속되는데 부활절 후 첫 번째 일요일은 '갓 태어난 아기가 어미의 젖을 찾듯, 하느님의 소식을 기원하도다'라는 구절에서 딴 '콰시모도 제니티'Quasimodogeniti라 불렸다. 그다음 일요일은 하느님의 '자비'를 의미하는 '미제리콜디아스 도미니'Misericordias domini라고 불렸으며 그다음은 '환호하라!'는 의미의 '유빌라테'Jubilate, 다음은 '노래하라'라는 '칸타테'Cantate, '기도하라'라는 의미의 '로게이트'Rogate, '들어라'라는 의미의 '엑사우디'Exaudi 그리고 성령강림절Pentecost로 이어졌다. 부활절과 성령강림절 사이의 50일을 카시아누스는 사순절 바로 직전의 일요일Quinquagesima이라고 칭한다. 성령강림절 다음의 일요일은 '삼위일체 대축일'dies Trinitatis이라고 부른다. 이런 식으로 계속 이어지는데 성령강림절 다음부터 스무 번째의 일요일까지를 1839년에 아네테 폰 드로스테휠스호프는 〈영혼의 한 해〉Das geistliche Jahr라는 시에서 노래했다.

부활절 전의 평일에도 특별한 이름을 부여했다. 가령 장미의 월요일이나 사육제, 재의 수요일 그리고 종려주일 이후에는 성 목요일과 성 금요일 같은 식이었다. 장미의 월요일은 '광란의' 월요일이었으며 사육제는 '파싱'Fasching으로도 불리는데 부활절 금식 기간 이전의 축제로 1091년의 베네벤토 주교회의에서 인보카비트 이전의 수요일로 늦춰졌다. 재의 수요일은 사순 제1주일 전 수요일에 참회하는 기독교인의 이마에 십자가 모양의 재를 그리는 데서 유래했다. 성 목요일의 어원은 분명하지 않다. 독일어 성 금요일Karfreitag 은 슬픔을 뜻하는 고대 독일어 '카라'kara에서 유래했다.

카이사르의 태양력 속에 부활절이 일요일과 보름에 오는 것으로 정해진 것을 보면 여기에도 유동적인 태음력의 요소가 있었다는 것을 알 수 있다. 고대 이집트뿐 아니라 그리스인과 마야인의 달력, 오늘날의 유대인과 이슬람 달력, 중국의 달력에까지 세속적인 계산법과 종교적인 계산법이 나란히 공존하고 있다는 것을 알 수 있다. 부활절의 날짜는 부활절 이전의 사순절과 예수승천일, 부활절 이후의 성령강림절과 성체축일까지 포함하여 전체 부활절 기간을 이끌어가는 막강한 역할을 했다. 또한 주 단위의 리듬이 전체 교회력을 이끌어갔는데 기독교에서는 대림절 첫 일요일부터 첫 주가 시작되는데 이는 크리스마스 4주 전 일요일이기도 하다. 하느님의 재림을 맞이하기 위한 정신적 준비 기간이라고 볼 수 있는 대림절은 원래 스페인에서 유래했는데 524년에 서고트족 영토 레리다의 시노드에 처음 언급되었다. 오늘날 스페인에서 보통 사용하는 대림절 달력에는 주로 3인의 동방박사가 베들레헴으로 매일 한 걸음씩 나아가는 모습이 그려져 있다. 이를 보면 시간이 공간적으로 표현된 것을 알 수 있다. '대림'adventus은 원래 고대 동전이나 비문에서 확인할 수 있는 것처럼 그리스 로마의 황제나 왕이 축제의 의식에 화려하게 등장하는 모습을 가리키는 것인데[40] 기독교에서는 예수가 예수살렘으로 입성하는 것을 축하하기 위한 용어다.

창세 주간과 종말

○ 유대교와 기독교의 전통에서 주간은 비유적인 의미를 지니고 있었

다. 해석을 보면 성경의 모든 부분은 역사적인 사건을 은유적으로 표현하고 있으며 이를 통해 더욱 깊은 의미를 내포하고 있다는 것을 알 수 있다. 그러므로 《창세기》에 나오는 창조의 한 주는 인간의 역사를 표상하는 것으로 이해할 수 있을 것이다. 《히브리서》 4장에 의하면 《창세기》의 안식일figura은 인류 역사의 마지막 날에 하느님이 백성들에게 약속하신 안식일typos과 유사하다. 이 세상의 끝은 마지막 주와 마지막 날 그리고 첫 번째 《요한서》에서 밝힌 대로 '마지막 시간'이다. 《히브리서》에 의하면 당시에는 안식일 전의 시간은 요일로 세분화하지 않았다고 한다. 하지만 130년 전후에 쓰인 《바나바 서신》Barnabrief에는 요일이 세분된 것이 나온다. 이에 따르면 하느님이 모든 것을 6천 년 이내에 완성하실 것이며 '하느님의 이전에는 천 년이 하루와 같았다'고 한다. 마지막 심판일이 다가오면 태양과 달 그리고 별들이 모습을 바꾸고 하느님은 7일째에 휴식을 취할 것이다. 율리우스 아프리카누스가 240년경에 만든 연대기에 따르면 그리스도의 탄생은 아담이 태어난 후인 BC 5500년에 이루어졌으며 이로써 환생의 기반이 만들어졌다고 주장했다. 또한 마지막 심판일은 AD 500년에 도래할 것이라 예언했다.

역사상 기독교 철학에 천지창조 주간만큼 강한 영향을 미친 다른 모델은 없다. 대부분의 교회 성직자들은 이를 활용했다. 초기 기독교 시기 신학자이자 저술가인 락탄티우스는 6일간의 창조를 인류의 6천 년 역사와 비교했다. 하느님이 인간의 육체를 6일째에 창조한 것과 마찬가지로 그리스도는 여섯 번째 천 년에 영적인 인간을 창조했다. 마지막 날에 그분이 돌아와 일곱 번째 '위대한 날'에 평화로운 천년 왕국을 만들 것이라고 《요한묵시록》 20장 2절에 나와 있다. 그런 다음 악마와 지옥의 군단들과 마지막 일전을 치르게 될 것이다. 우주적 전쟁의 시간이라고 할 수 있는 '분노의 날'(6:17)이 영원히 평화로운 천국을 열어줄 것이다.

아우구스티누스는 한동안 이 같은 가르침에 경외심을 표시했으나 얼마 지나지 않아 엄격한 천년설에 대한 가르침을 몇 세대를 이어온 철학적 사색을 통해 수정했다. 그에 따르면 현재는 창조의 6일째이며 서력기원의 때이기도 하다. 그 끝에는 마지막 심판일이 있다. 또한 마지막 심판일에는 세상의 안식일인 영원한 휴식이 있다. 그것이 언제 시작될지는 계산할 수 없으며 종종 잘못 해석되기도 한다. 천년 왕국 사이의 왕국들은 배제되었고 '천년 왕국설'은 싸워서 물리쳐야 할 대상이 되었다. 아우구스티누스의 마지막 주에 대한 개념은 중세의 시간학에 여러 번 등장하는데 스페인의 이시도르나 영국의 베다, 프랑스의 성 빅토르 그리고 쾰른의 〈아노의 노래〉Annolied, 바이에른의 오토 폰 프라이징의 저서를 통해 이를 확인할 수 있다.[41] 어떤 이는 창세가 BC 5198년에 이루어졌으며 이 때문에 세상의 종말까지는 아직 시간이 남아 있다고 하는 히에로니무스Hieronymus의 시간 계산법을 따르기도 했다. 이 같은 논리는 아이케 폰 레프고Eike Von Repgow가 쓴 1225년 저서 《작센법전》Sachsenspiegel 제3장에서도 사용되었다. 여기서 첫 번째 천년은 아담과 함께 시작되고 두 번째는 노아, 세 번째는 아브라함, 네 번째는 모세, 다섯 번째는 다윗으로 시작하며 여섯 번째는 '하느님의 탄생'이 이루어졌으며 일곱 번째는 당대의 천 년으로 AD 1000년에 시작되었다. 이 같은 계산법에 의하면 세상의 종말은 2000년이 되는 것이다. 이는 루터가 1541년에 쓴 《세계 연도의 계산》Supputatio annorum mundi에 나오는 내용과도 같다.[42] 그는 6일 동안의 창세 기간에 따른 6천 년의 역사를 세 부분으로 나누었는데 각각의 부분은 2천 년에 해당하는 '이틀'씩으로 구성되어 있다. 첫 부분은 모세의 시대이며 두 번째 시대는 그리스도의 시대 그리고 세 번째는 그리스도 후대가 된다.

게르만족의 주

○ 게르만족의 주 개념 속에 행성 이름을 딴 주의 개념이 자리를 차지하는 것은 놀라운 현상이다. 주일에 대한 증거를 담은 기록을 고대 게르만족 이전의 문헌에서는 찾을 수 없긴 하다. 그렇지만 행성 이름을 딴 요일이 이교도적이라는 특성을 감안하면, 이 같은 개념을 받아들인 것은 게르만족이 기독교화되기 이전으로 볼 수 있다. 아마도 3세기 후반이나 4세기 정도가 아니었을까 한다. 라인하르트 지역에는 요일의 신을 새긴 목성신 기둥이 발견되기도 했다. 하지만 로마 신과 게르만 신의 가치가 같다고 어떻게 판단하겠는가? 타키투스가 《게르마니아》Germania에서 밝힌 것처럼 로마인들은 게르만의 신을 라틴 이름으로 부르기도 했다. 로마인들은 사실 모든 외국의 신에게 이런 식의 로마식 해석을 덧붙였다. 하지만 게르만 신과 행성과는 아무런 상관이 없다는 사실은 그대로 받아들였다.

게르만인들이 로마인들의 시간 문화를 받아들인 결과는 영속적이었다. 태양의 날dies Solis은 일요일Sonnentag, 달의 날dies Lunae은 월요일Mondtag이 되었다. 화성과 관련해서 우리는 세 가지 요일을 찾을 수 있었다. 일단 티르Tyr의 날이라는 의미의 디엔스탁Dienstag이 되었다. 또 티우Tiu의 날이 고대 고지高地 게르만어 티우스닥Tiusdag이 되었으며 영어로는 'Tuesday'가 되었는데 스위스 독일어 치우Ziu에 어원을 둔 취식티Zyschti도 이런 변형의 한 형태다(티르와 티우는 북유럽·영국 신화 속 천상의 신—옮긴이). 그리고 마지막으로 바이에른 언어 'Er-'에서 출발한 에리탁Eritag도 화요일이라는 의미로 사용되었는데 이는 마스Mars와 동격인 그리스 신 아레스Ares가 바이에른 지역으로 유입된 결과로 보인다. 수성의 날dies Mercuri은 고대 노르딕어로 보탄Wotan 혹은 오딘Odin의 날이기도 했는데 앵글로 색슨족은 이를 포데네스닥Vodenes-dag이라고 불렀다. 영어로는 보탄의 날이라는 의미에서 'Wednesday'라고 했는데 보탄은 파울루스Paulus Diaconus가 편찬한 《랑고바르드사》Historia Langobardorum를 통해 메르쿠리우스Mercurius와 같은 신이라는 것이 확인되었다. 이러한 사실은 샤를마뉴 대제의 궁정으로 우리를 이끌기도 한다. 앵글로 색슨족이 450년경에 북게르만에서 덴마크를 거쳐 영국으로 이주했을 때 이들은 게르만족의 요일 이름과 함께 이전에 수요일로 쓰이던 'Wodenstag'이라는 요일 이름도 같이 가지고 갔다. 장크트갈렌 수도원의 말더듬이 노트커Notker dem Stammler가 900년에 쓴 작품에 나오는[43] 고대 고지 게르만어인 미타베차mittawecha는 이교도 신에 대한 기독교의 우월성을 자랑하는 표현이 아니라 단순히 다음 일요일까지의 중간 요일media hebdomas을 의미했다. 이는 발트해와 슬라브 지역의 수요일Mittwoch을 뜻하는 단어에서도 드러난다.[44]

천둥 번개를 휘두르는 유피테르Jupiter의 날dies Jovis은 게르만족의 천둥신이었던 도나르Donar의 날Donnerstag이며 앵글로 색슨족은 토르Thor의 날Thursday이라고 불렀다. 프레이야Freyja 여신의 날인 금요일Freitag은 로마의 비너스로 그 기원이 거슬러 올라가며 그리스의 아프로디테와 바빌로니아의 여신 이슈타르Ishtar와 같다. 이야말로 문화 전파의 일반적인 예가 아니겠는가? 사투르누스 신의 경우에는 다른 이름이 없다. 따라서 영국에서 'Saturday'로, 유럽 대륙에서는 일반적으로 사바툼sabbatum이라고 했다. 9세기부터 프랑스에서는 사므디samedi, 독일에서는 삼스탁Samstag으로 쓰이게 되었다. 또한 조나벤트sonnabend는 토요일의 동의어로 사용되지만 토요일 전체를 말하는 게 아니라 토요일 저녁, 일요일 이브라는 뜻이었다. 노르딕 언어도 토요일만 제외하고 다른 요일의 이름을 그대로 차용했는데 토요일은 잿물의 날 혹은 목욕의 날Laugen-oder Badetag이라고 불렸다.

게르만족의 주간 시장

○ 게르만족이 로마식 주의 관습을 받아들인 것은 분명히 필요에 의해서였을 것이다. 라인 지역 근방의 '대 게르마니아'Germania Magna라는 순수한 농경부족 지역에서는 사실 요일 이름 따위는 전혀 필요 없었다. 아마도 게르만족의 언어가 라틴어에 가까웠기 때문에 게르만족들이 로마 제국에서 비롯된 로마식 요일 이름을 차용하게 되었을 것이다. 폼페이의 장날 달력 역할을 했던 요일의 개념은 아마도 주변의 게르만 농부나 상인 들이 라인란트 지역의 로마 제국 도시들에 물자를 제공하는 데 도움이 되었을 것이다. 고대 고지 게르만어였던 '시장'Markt이란 단어도 이미 라틴어 메르카투스mercatus에서 차용한 것은 우연이 아니다. 카이사르는 로마의 상인들이 라인강 하류 지역의 게르만족인 우비족들과 활발하게 교역했다고 기록했다. 로마인들은 게르만 지역에서 나는 식품뿐 아니라 말과 가죽, 나무와 고리버들, 섬유 원자재와 귀한 보석이었던 호박을 매우 좋아했다. 장날의 횟수를 기억하고 조절하기 위해서 게르만 상인들은 아마도 목록을 만들었을 것이다. 월요일에는 본에 장이 서고, 화요일에는 크산텐, 수요일에는 레마겐에 장이 서며, 목요일에는 노이스, 금요일에는 도이츠, 토요일에는 쾰른에서 장이 섰는데 쾰른의 농신제는 어느 곳보다 화려했다. 이곳은 사람들이 꼭 가고 싶어 하는 장소이기도 했다. 요일의 이름을 서로 주고받는 이런 공간이야말로 일생일대의 장소가 아니겠는가!

중세의 시장

○ 중세와 근대 초기에 시장은 도시에 일상품을 제공하는 공간이었다. 주요 도시에서 한 달에 서너 번씩 열리는 주말 장에서는 각종 식재료뿐 아니라 옷감이나 그릇, 연장과 가축이 거래되었다. 상인들끼리 불화를 일으키는 것을 피하려면 장날을 매우 세심하게 결정하고 조절해야 했다. 이러한 장터에 대한 권리는 왕이나 왕자가 하사했다. 가끔씩 1600년 반프리트의 베라 지구에서처럼 도시의 공회당에 장이 서는 날을 표시한 깃발이나 플래카드가 걸리기도 했다. 장이 선 기간 동안에 시장 십자가Marktkreuzes를 세워두는 것은 평화롭게 거래가 이루어질 수 있도록 하려는 것이었다. 이것을 통해 판매 시간과 지불 시간, 상인들이 도착하고 떠나는 시간 등을 알 수 있었다. 또한 1년에 한 번씩 열리는 시장의 날짜도 지역마다 엇갈리게 잡아서 공급자들이 여러 도시로 옮겨 다닐 수 있게 했다. 라인강 하류 지역에서는 쾰른과 위트레흐트 사이에 10여 개의 연례 축제가 이어졌는데 보통 이 축제들은 교회 축제와 연계되어서 영혼과 몸, 순례자와 소비자를 동시에 만족시키고자 했다. 이처럼 대형으로 열리는 '축제'Messe라는 단어에는 종교적이면서도 경제적인 이중적 기능이 담겨 있다.

일주일을 바꾸려던 역사적 시도들

○ 주의 개념은 시간이 갈수록 널리 퍼졌는데 그 과정에서 요일의 이름은 종종 지역의 언어로 변용되기도 했다. 가령 중국의 요일은 숫자대로 성기일星期一에서 시작해서 마지막 일요일은 천국의 날星期天로 끝이 나고 일

본의 경우는 요일에 보다 시적인 의미를 더하여 달의 날(월요일), 불의 날(화요일), 물의 날(수요일), 나무의 날(목요일), 황금의 날(금요일), 흙의 날(토요일), 태양의 날(일요일)로 불렀다.

주 단위의 시간표가 가진 분명한 현실적 이점에도 불구하고 프랑스 혁명과 러시아 혁명 때 이 같은 체계는 잠시 폐지되었다. 처음 이것이 폐지된 것은 1793년 11월 24일 프랑스 혁명력의 도입으로 인해서였다. 이미 1792년에 연도를 헤아리는 방식에 변화가 생겼는데 국민공회에서는 뒤이어 새로운 달과 요일의 이름을 공표했다. 추분인 9월 22일부터 일주일을 7일이 아니라 열흘로 하여 한 달을 3주로 하는 방식으로 개편되었다. 1요일Primidi, 2요일Duodi, 3요일Tridi, 4요일Quartidi, 5요일Quintidi, 6요일Sextidi, 7요일Septidi, 8요일Octidi, 9요일Nonidi, 10요일Decadi이 된 것이다. 10요일은 휴일로 지정되었다. 요일을 숫자로 지정하는 것 이외에 농업이나 가축 혹은 곡물의 이름을 딴 시적인 이름을 붙이기도 했다. 시인이었던 파브르 데글랑틴Fabre d'Eglantine은 요일을 통해 자신의 상상력을 마음껏 발현했는데 태양력에서 9월 17일부터 21일까지 달에 들어가지 않는 기념일을 보충일Sansculottides이라고 이름 짓고 각각의 날을 선행절Fête de la Vertu, 재능절Fête du Génie, 노동절Fête du Travail, 의견절Fête de l'Opinion 그리고 보상절Fête des Récompenses이라고 불렀다. 4년마다 한 번씩 돌아오는 프랑시아드Franciade는 혁명의 날Fête de la Révolution이라 부르기도 하는 휴일이었다. 나폴레옹이 1806년 1월 1일에 혁명력을 폐지해 10년간 사용되었던 혁명력은 사라졌지만 1871년 4월의 파리 코뮌과 5월의 프랑스 4차 혁명 때 잠시 복원되기도 했다.

일주일 달력을 교체하려던 소비에트의 시도 역시 실패했다. 이는 생산 공정, 특히 기계식 공장에서의 공정이 방해받지 않고 지속되도록 하려는 시도였다. 스탈린은 1929년에 프랑스 혁명력에 따라 1년을 12개월로, 1개월을

30일로 나누고 한 달을 5일 단위의 주가 여섯 개가 되도록 나누었다. 요일의 이름은 그대로였지만 토요일과 일요일은 사라졌다. 회사마다 5분의 1의 노동자들이 매일 돌아가며 휴일을 갖도록 했는데 자본주의 체제보다 노동시간은 짧아졌지만 공통의 휴일이 없어진 관계로 집단적인 예배나 가족 야유회 등이 불가능해졌다. 이러한 체계는 일요일 없이 한 주에 하루의 휴일을 포함한 6일의 방식으로 바뀌었다. 하지만 이 새로운 체계는 광범위하게 사용되지 못했다. 시골에서는 여전히 전통적인 방식으로 일요일 시장이 열리곤 했다. 1941년에 전쟁이 발발하면서 7일을 일주일로 하는 달력이 다시 복원되었다.[45]

주를 계산하는 방법에 대하여

○ 요일을 기준으로 시간을 계산하는 방식에 익숙해지다 보니 주 단위를 숫자로 매기는 데 어려움이 따랐다. 가령 새해 첫날이 금요일일 경우 이것은 새해의 첫째 주인가 아니면 지난해 마지막 주에 속하는 것인가? 사업의 영역에서는 달력의 주를 일관되게 계산하기 위한 통합적 방식이 필요했다. 독일의 경우 1996년 5월 1일에서야 DIN 표준국제인증이 마련되었는데 그전에는 한 해의 첫 주 시작을 월요일로 삼았던 것과는 달리 새로운 표준에 따르면 적어도 4일이 지나야만 그해의 첫 주로 인정할 수 있다. 그러므로 2015년의 경우와 같이 새해가 이르면 목요일에 와야 그 주를 한 해의 제1주로 삼을 수가 있는 것이다. 보통 우리는 달과 날, 주는 잘 알고 있지만 한 해의 몇 번째 주인지는 잘 모른다. 그 정도로 세분화해서 계산하지는 않기 때문이다.

제6장

고대의 달력, 한 달과 한 해

그분께서 시간을 정하도록 달을 만드시고 제가 질 곳을 아는 해를 만드셨네.
_《시편》 104장

달의 어원

○ 시時와 주週는 인간이 만든 것이며 문화에 따라 서로 다를 수 있다. 하지만 날日과 해年는 자연현상에 기반을 둔 것으로 태양이 가는 경로를 통해 파악할 수 있다. 한 달의 흐름은 하늘에 뜬 달의 위치를 통해 알 수 있다. 중고대 고지 게르만어에서 '마노스'Manoth는 시간적 의미의 달Monat과 하늘에 뜬 달Mond을 모두 의미한다. 시적으로도 하늘의 달은 한 달을 가리키기도 했다. 실러의 《도적 떼》Räubern 4장에서 늙은 무어인은 불평한다. "보름이 세 번이나 지났는데 난 아직도 이 컴컴한 지하 납골당에서 뒹굴고 있어야 하다니!" 행복한 달Wonnemond, 쉬고 있는 달Brachmond, 건초 달Heumond은 각각 5월과 6월, 7월을 가리켰다.

'태양'Sonne이라는 단어는 라틴어 솔Sol과 그리스어 헬리오스Helios와 관련되어 있는데 인도유럽어의 원래 의미는 잘 알려져 있지 않다. 하지만 '달'Mond이라는 단어의 유래는 설명이 가능하다. 인도유럽어에서 달의 어원은 'me'이고 라틴어로는 '측정하다'metiri라는 뜻인데 달이 시간을 '가늠하게 하는 역할'을 하기 때문이다. 그리스어와 라틴어로 달을 가리키는 말 셀레네

selene와 루나luna는 '빛나는 별'을 의미했다. 한 달은 그리스어로 멘men, 라틴어로는 멘시스mensis라고 불렀다. 시간을 가늠한다는 것도 사고 행위를 수반하므로 '생각하다'라는 뜻의 멘스mens는 같은 의미의 그리스어 므네메mnēmē, 독일어 의미하다meinen와 야단치다mahnen 그리고 사람Mensch과 연관되어 있다. 인간은 동물과는 달리 가늠하고 계산하는 존재이기 때문이다. 그러므로 우리는 사람처럼 태어나고 자라서 완전해졌다가 다시 기울었다가 죽음을 맞이하는 달을 상대적인 존재로서 바라보게 된다. 월경을 맞이하는 여성도 달과 마찬가지로 신비로운 존재다.

달과 태양의 궤도 주기

○ 태양과 달은 서로 호환될 수 없는 방식으로 달력을 지배한다. 왜냐하면 지구를 중심으로 달의 궤도 주기와 지구가 태양을 도는 궤도 주기의 숫자 사이에는 분명한 관련이 없기 때문이다. 어떤 경우에도 달력이 필요로 하는 것처럼 태양년과 태음년이 일치하는 완벽한 날은 없다고 할 수 있다. 이 둘의 정확한 관계를 파악할 수 있게 된 것은 고대 천문학자들 덕분이다. 이를 파악하는 데는 시, 분, 초의 사용을 비롯한 하루의 길이를 구분하는 단위가 필요했다. 지구에서 보름달부터 다음 달 보름달까지 혹은 음력 초하루에서 다음 음력 초하루까지 관찰할 수 있는 기간은 29일 12시간 44분 2.9초다. 하지점과 동지점 혹은 춘분과 추분을 지나면서 태양이 하늘을 이동하는 주기는 정확하게 365일 5시간 48분 46초다. 고대 천문학자들은 이것을 날을 나누어 계산했고 페리클레스Pericles 시대에 메톤은 1년의 길이를 365와 19분의 5일로 계산했는데 이는 365와 4분의 1일보다 정확한 계산이

었다.[1]

달의 주기가 한 해에 거의 열두 번 돌아오므로 1년을 12개월로 나눌 수 있었다. 한 달을 29일에서 30일로 바꾸면서 음력의 한 해는 354.3672일이 되었다. 이에 비해 태양력의 한 해는 더 길었고 그러다 보니 음력이 양력에 비해 해마다 10일이나 11일 뒤처지는 현상이 일어났다. 순수한 음력의 경우 일수가 양력에 비해 해마다 뒤처져 33년 후에는 363일이 모자라게 되면서 태양력과 날짜가 거의 일치하게 된다.

달을 통한 시간의 측정

○ 이집트인들이 나일강의 홍수를 통해 시간을 헤아린 것처럼 메소포타미아와 레반테 지역에 살던 고대 셈족은 달을 통해서 시간을 파악했다. 유대의 성경에서 달은 가장 중요한 시간의 지표이며 한 달은 신월新月의 시기와 함께 시작했다. 바빌론 유수 전에는 모든 신월은 축제 혹은 휴일로 지정되었다. 또한 보름도 휴일이었다. 한 해의 시작은 보통 태양의 흐름을 따라 춘분에 이루어졌다. 함무라비 시대의 바빌로니아나 고대 이스라엘 풍습에서 볼 수 있는 것처럼 태양력의 특수한 단점을 보완하기 위해 2년이나 3년마다 윤달이 삽입되었다. 유수기 동안 유대인들은 바빌로니아인들에게서 영향을 받아 달의 이름을 도입했고 한 해의 시작을 춘분점으로 삼았다. 윤날은 직접 눈으로 확인했는데 이후에는 산헤드린Sanhedrin(고대 이스라엘의 의회 겸 법원—옮긴이)이 결정한 것으로 보이며 바빌로니아에서는 계산을 통해 산출되었다. 첫 달인 니산Nisan은 유월절 축제가 있는 달이었다. 359년에 이르러서야 족장인 힐렐 2세 하나시Hillel II Hanassi가 태음력과 태양력을 비슷하게 임

시변통으로 만들어 사용했으며 이로써 유대인의 한 해는 353일부터 385일까지 길이가 다른 여섯 종류로 나뉘었다. 새로운 유대 달력은 그레고리안 달력과 더불어 지금까지도 이스라엘에서 사용하고 있다.

기독교 세계에서는 율리우스 태양력이 보편화되었고 유대인들은 자신들만의 음력과 양력이 결합된 달력을 사용했지만 모하메드는 순수한 음력만을 사용했다. 메카는 원래 후발Hubal 신의 신성한 달의 궁전이었다.[2] 이슬람 이전의 아랍인들은 마지막과 첫 번째 달 사이에 30일 주기의 윤달을 끼워 넣는 음력을 사용했다. 이 윤달이 새해의 첫 달로 여겨지면서 '모하람'Moharram(이슬람력에서 첫 번째 달의 이름이자 이슬람교에서 매년 정월에 행하는 신년 축제—옮긴이)은 두 번째 위치로 밀려났다. 모하메드는 이를 비판했다. 코란의 아홉 번째 장에서 모하메드는 첫 번째 달을 두 번째 위치로 격하시키는 것을 금지했다. 모하람은 네 개의 신성한 달 가운데 하나로 신의 평화가 강림하는 기간이라 여겨졌다. 알라의 의지에 따라 예언자는 모든 해가 같은 길이를 유지해야 한다는 논리를 바탕으로 어떤 종류의 윤달에도 반대했다. 이 때문에 라마단은 해가 갈수록 조금씩 뒤로 밀려서 어느 때는 겨울에 또 어느 때는 여름에 오기도 한다. 라마단 기간에는 일출에서 일몰 사이 먹고 마시고 흡연하는 게 금지되어 독실한 무슬림조차 힘들어하는데 그 시기가 겨울이라면 더더욱 골치 아프다. 1965년 내가 다마스쿠스를 방문했을 때 해가 뜨기 두 시간 전인 오전 2시 45분에 온 거리에 아침 식사를 알리는 시끄러운 소리가 울려 퍼졌다. 일출이 되자 대포 소리가 온 세상을 흔들었으며 일몰이 되어 두 번째 대포 소리가 울리자 모두들 식탁으로 달려갔다. 호텔에서는 낮 동안에는 커튼이 반쯤 쳐진 어두컴컴한 레스토랑에서 외국인들에게 식사를 제공했고 한 미국인은 대낮에 담배를 입에 물었다가 도로 집어넣어야 했다.

오늘날 이슬람 문화권에서는 숭배적인 음력 외에도 서구의 달력도 사용하고 있지만 사실 원칙적으로 볼 때 그것이 전혀 새로운 것은 아니다. 이 유럽의 동쪽에는 예로부터 많은 민족들이 어울려 살았기 때문이다. 중세 초기부터 아랍어와 페르시아어, 콥트어와 간혹 '로마력', 종종 '시리아력'이라고도 불리는 율리우스력과 나란히 기둥에 책력과 천문력이 적혀 있었다. 또한 그곳에는 천문학자를 위한 천문학적 데이터도 기록되어 있었다.[3]

시간을 측정하는 단위로서의 숫자

○ 초기 바빌로니아 시기부터 태양력에 있던 12개월은 숫자 12라는 숫자가 손가락 수에 기반을 둔 10이라는 숫자와 맞먹는 지위를 가지고 있었음을 잘 보여준다. 10은 2, 5로밖에 나눌 수 없지만 12는 2, 3, 4, 6이라는 숫자로 각각 나눌 수 있다. 12에서 파생된 가장 가까운 개념으로 하루에 12시간이라는 단위가 있으며 그다음에는 60진법을 바탕으로 한 60분과 60초, 360도라는 원의 각도를 들 수 있다. 기하학의 영역에서 원은 여섯 개의 반지름으로 이루어져 있으며 각 60도씩 마치 똑같이 자른 케이크처럼 여섯 개의 동등한 조각으로 나눌 수 있다. 이오니아와 헬라스Hellas에서 개최되는 경기에 참가하는 팀은 열두 개 팀이었다. 헤라클레스는 열두 개의 과제를 수행해야 했으며 전차를 모는 이들은 히포드롬Hippodrom 원형 경기장을 열두 바퀴씩 한 번 혹은 여러 번을 돌아야 했다. 로마에는 12표법이 있었는데 바로도《라틴어》 5장에서 다음과 같은 말을 남겼다. "고대에서 많은 것들은 12라는 숫자로 측정되었다." 고대 이스라엘에는 열두 개의 부족이 있었으며 예수에게는 열두 제자가 있었고 12군단의 천사가 있었으며《요한

묵시록》에 따르면 구원받은 사람의 숫자는 12,000명의 12배라고 했다.

고대 이전의 시대도 열두 개로 나누며 영국에는 아직도 무게와 길이 등을 측정할 때 12진법을 사용한다. 유럽연합 깃발의 열두 개의 별은 '모든' 회원국을 상징하는데 만약 13개국이라 할지라도 굳이 열세 개의 별을 그려 넣지는 않을 것이다. 13은 불길한 숫자로 여겨지기 때문이다. 호텔이나 병원에서는 12A를 사용한다. 미국 자동차 경주에서는 시작 번호로 13을 사용하지 않는다. 네덜란드의 항공기 좌석이나 독일의 여객선 좌석은 13을 건너뛴다. 독일 철도의 도시전철에는 13호 기차가 없다. 다른 기차보다 자주 탈선할 것이라고 생각하는 것일까? 비슷한 미신을 로마의 비문에서도 발견할 수 있는데 황제의 재위 연도에서 9년을 누락시켰다. 9라는 숫자는 그리스 문자의 대문자 세타Θ로 표시했는데 이는 '죽음'을 의미하는 타나토스thanatos와 같은 약자를 사용했기 때문이다.[4] 이것을 보면 소문자 세타θ가 삭제를 의미하는 표시로 사용된 이유를 알 수 있다.

달력에서의 위치가 어떻든 '달'이라는 용어는 시간을 측정하는 의미로 등장했다. 480년 헤로도토스가 '한 페르시아인이 헬레스폰트Hellespont에 한 달 머물렀다가 세 달 후에 아티카Attica에 나타났다'는 서술을 했을 때 이는 구체적인 달을 의미하는 것이 아닌 일정한 기간을 의미하는 것이다. 테미스토클레스Themistocles 5세는 크세르크세스가 각각 30일로 이루어진 7개월 동안 아시아에 없었다고 추정했다.

흘러가는 시간으로서의 달이라는 개념은 복수형을 기저에 깔고 있다. 아리스토텔레스와 테오프라스토스Theophrastus의 저작에 나오는 디메노스dimenos는 '두 달' 혹은 '두 달 된'이라는 뜻을 가지고 있다. 이와 유사하게 라틴어 비메스트리스bimestris 혹은 비멘스트리스bimenstris는 '비스'bis와 '멘시스'mensis의 합성어로 '두 달간'이라는 의미인데 기간뿐 아니라 반복의 뜻까지 포함한다. 이것과 비슷하게 트리메스트리스trimestris는 '세 달간'이라는 의미이며 세메스트리스semestris는 '6개월', '반년' 또는 간혹 아미아누스의 저작에서는 반달 만에 찾아오는 보름을 의미하기도 한다. '학문하는 기간'을 의미하는 용어로 19세기부터는 '학기'Semester라는 표현도 사용되었다. 이 6개월간의 학기는 달력에 고정되어 있는 시간은 아니다.

이집트와 페르시아의 태양력

○ 고대 이집트 달력은 BC 3000년 시작 무렵에 이미 태양의 움직임을 자연스럽게 관찰한 결과 기존의 태음력을 수정하여 만들었다. 이는 이집트인들이 농사를 짓는 데 필요한 경작이나 관개 그리고 세금 징수 같은 사항과 연관된 것이었다. 각각 30일씩 1년에 열두 달로 나누었는데 플루타르코스의 《도덕론》에 따르면 남은 5일간을 에파고메넨Epagomenen이라고 부르고 신의 생일로 삼았다. 첫날은 우주의 신인 오시리스, 두 번째 날은 호루스(아폴론)의 생일이며 불길한 세 번째 날은 티폰Typhon의 날 그리고 네 번째는 이시스, 다섯 번째는 니케라고도 알려진 네프티스(아프로디테)의 날이었다. 각 달은 세 번의 열흘로 이루어졌고 1년은 세 번 나뉘었는데 이는 태양이 한 바퀴 도는 데 필요한 자연 주기로 계산되었다. 켄소리누스는 시리우스(라틴어: sirius, 이집트어: Sothis) 별이 동쪽 하늘에 떠오르는 첫 번째 토트Thot의 날을 새해 첫날로 삼았다고 전한다. 이때는 나일강이 범람하는 하지 무렵이었다. 4년마다 시리우스 별은 하루씩 일찍 뜨기 때문에 이집트의 새해는 태양년에 비해 4년에 하루씩 차이가 나므로 (소티스 주기에 따라) 1461년이 지나야 태양력과 새해 첫날이 일치하게 된다.[5] 소티스는 가장 빛나는 존재로

서 그리스어로는 세이리오스Seirios(빛나는)라고 부른다. 헤시오도스의 시대에 이미 소티스는 위대한 사냥꾼인 오리온과 관련된 것으로 나오며 《일리아스》 22장에는 오리온의 '개'가 등장하기도 한다. 그리스어로 키온Kyon이라 부르는 큰개자리에 시리우스가 나타나는 날은 여름의 찌는 무더위가 시작되는 날이기도 하다. 이집트에서 시리우스는 소티스 여신과 연관되며 이후에는 이시스 여신과 관련된다.

반복되는 윤날의 문제는 BC 238년에 와서 프톨레마이오스 3세의 '카노푸스 칙령'을 통해서야 해결된다.[6] 당시 그리스의 알렉산드리아는 서구 세계의 과학 중심 도시였다. 황제는 한 해를 365일로 하며 4년마다 한 번씩 윤날을 추가하겠다는 칙령을 내렸다. 이는 황제 신의 영광을 찬미하기 위한 결정이었다. 그럼에도 불구하고 마케도니아의 음력과 여러 다른 문화에서 숭배되던 달력도 혼용되었다.

고대 페르시아에서는 새해 첫날이 특정한 날에 고정된 태양력을 사용했다. 《분데헤쉬》 25장에는 다음과 같은 기록이 있다. "달의 순환에 의존하여 한 해를 계산하며 여름과 겨울이 섞인다. 12개월로 이루어진 한 해는 춘분에서 시작된다. 한 해는 365일과 6시간으로 이루어진다. 봄과 한 해가 시작되는 시점에서 12개월은 각 3개월씩 네 개로 나뉜다." 페르시아의 달력은 현실에서는 그리 신뢰할 만하지 않았다. 다리우스가 BC 512년에 스키타이인들을 공격하기 위해 보스포루스 해협을 건널 때, 그는 다리 앞에서 그리스 군사들에게 자신이 며칠 후에 돌아올 테니 같이 집으로 돌아가자며 기다릴 것을 명령했다. 그는 원정을 가면서 허리띠를 들고 갔는데 미리 매듭을 묶어놓고 매일 저녁에 풀게 함으로써 건너편의 정찰병이 며칠이나 더 기다려야 할지 계산할 수 있도록 했다.

그리스의 달력

○ 그리스의 달력은 부활절 달걀만큼이나 그 종류가 다양했다. 켄소리누스는 다음과 같이 기록한 바 있다. 여러 가지 시민력anni civiles은 자연력annus natu-ralis과 다른 만큼이나 서로 차이가 많았다. 새해의 시작에 대한 관점도 너무나 다양하여 혼란스러웠다. 델로스Delos에서는 새해가 동지에 시작하고 아카이아 지방에서는 플레이아데스 성단이 떠오르는 날을 새해로 삼았으며 아테네와 아이톨리아Aetolia 지방에서는 하지에 시작되었다. 그리스 달력의 수는 아마 세 자릿수 이상이었을 것이며 그중 자세하게 알려진 달력만 해도 77개가 넘는다.[7] 키클라데스 제도에는 구속력을 가진 달력이 전혀 없었다고 전해진다. 누구든 원하는 날을 골라 그 달의 첫날이라고 불렀다.[8]

달을 가리키는 이름은 당시 약 400여 개에 달했다. 호메로스는 자연의 흐름을 고려해 날짜를 정했다. 그는 BC 500년경에 속하는 트로이 시대의 달의 이름을 사용할 때 이런 방식을 선택해 시대착오적인 오류를 저지르지 않을 수 있었다. 헤시오도스도 통상적으로 사용한 것으로 보아 호메로스도 달의 이름을 잘 알고 있을 것이라고 생각된다. 비록 보이오티아에서 저술 활동을 하긴 했으나 헤시오도스는 이오니아 달력에서 그 이름을 따 겨울 기간을 '레나이온'Lenaion이라 불렀다. 이는 어쩌면 소아시아의 키메 지역 출신인 그의 아버지가 사용한 것일 수도 있다. 아테네의 달 이름은 알기 쉽게 그 달에 열리는 신의 축제의 이름을 따서 지었다. 올림피아 경기는 한여름에 시작되어 보름 전에 끝이 났다. 또한 경기 일자가 정해지면 전 세계로 올림피아의 날짜를 알리려 전령을 보냈다.

솔론의 달력 개혁

○ 열두 개의 달의 순환 주기와 태양력 사이에 나는 차이는, 비단 그리스 달력만의 문제는 아니었다. 처음에 이 둘은 불규칙적인 방식으로 균형을 이루었다. 솔론Solon은 BC 593년에 민주주의 역사에 대한 기본적인 법적 토대를 만드는 과정에서 이를 다루었다. 플루타르코스는 달의 변화에 따른 이름을 붙이고 한 달 안의 각 날짜를 번호로 매겼다. 이는 신월noumenia에서 다음 신월까지 달이 나타나고 차고 기우는 과정을 각 10일씩 3단계로 나누는, 광범위하게 전파되었던 그리스인들의 시간 개념에서 파생된 것이었다.[9] 날짜는 각 10일의 기간 안에서 처음부터 헤아리는 방식으로 진행되었는데 가령 23일을 '20일에서 사흘 지난 날'과 같은 방식으로 표현했다. 솔론은 달력 개혁을 통해 달이 기우는 시기일 경우에는 마지막 날을 기준으로 날짜를 계산하는 방식을 택했는데, 예를 들어 그 달의 23일째 되는 날은 '30일triakas에서 8일 전'이라고 부르는 식이었다. 이같이 숫자를 거꾸로 세는 방식은 로마인들에게서 다시 볼 수 있었다.

클레이스테네스

○ 달의 경계를 넘어서 해를 분류하는 방식이 도입된 것은 BC 507년에 클레이스테네스Kleisthenes에 의한 개혁을 통해서였다.[10] 독재정치를 끝내고 민주주의를 부활시키려는 시도로 그는 아테네인들을 열 개의 무리로 나누었다. 각각의 무리에서는 해마다 50명의 남자가 선택되어 500여 명으로 이루어진 공회를 구성했다. 즉, 각 50명으로 된 열 개의 집단으로 구성된 공회

가 만들어진 것이다. 각 단체는 1년에 한 번씩 35일 혹은 36일씩 공회를 주도했는데 이를 '프리타니'prytany라고 불렀다. 프리타니는 그 시기를 이끌던 무리의 이름을 붙이도록 했고 순서는 제비뽑기로 정했다. 주도적인 역할을 하는 무리는 에클레시아Ekklesia라고 하는, 9일에 한 번씩 열리는 회합을 준비했는데 한 프리타니 기간 동안 에클레시아는 약 네 번이 돌아온다. 아테네의 정치적인 일정은 순수한 종교적인 목적을 기반으로 한 축제일이나 유대인의 예배 달력과 상관있는 월력이 아닌 프리타니의 순서에 따라 짜였다. 시민들은 자신들이 몇 번째의 프리타니에 참여하고 있는지 잘 알고 있어야 했다. 여섯 번째 프리타니에서 도편추방(고대 아테네 민주정에서 참주가 될 위험이 있는 인물의 이름을 도자기 조각에 적는 방법의 투표로 국외로 10년간 추방하는 제도—옮긴이)을 할 것인지 결의해, 여덟 번째 프리타니에서 실행에 옮겼다.[11] 어떤 사안에 대한 결의는 월별로 계획되어 나무판자에 적혀서 아테네와 아티카 인근 지역에 공표되었다. 항상 적시에 지역으로 전령을 파견할 수 있는 것은 아니었기 때문에 일은 복잡해질 때가 많았다! 돌에 새겨진 공회 결의안 속에는 기존의 프리타니가 얼마나 능력이 있는가도 포함되어 있었다. 하지만 그 돌을 새긴 시기를 표기할 필요가 없었는데 각 달마다 바뀌는 프리타니의 구체적인 목록을 보존하지 않았기 때문이다. 프리타니와 일반적인 달이 병행하는 방식은 BC 306년이 되어서야 바뀌었다. 왜냐하면 프리타니에 참여하는 무리의 수가 늘어 1년의 개월 수와 맞먹었기 때문이다.

메톤

○ 불규칙적으로 윤날이나 윤달을 끼워 넣어 달력을 조정하는 것에서

크게 발전된 형태로 볼 수 있는 것이 아테네의 관습 중 하나였던 오크타에테리스Oktaëteris이다. 이에 따르면 8년의 태양년 동안은 12개월을 사용하고 거기서 발생할 수 있는 모자란 날을 채우기 위해 3년 동안은 13개월을 사용한다.[12] 이 같은 체계는 페리클레스의 시대에 메톤에 의해 더욱 발전했다.[13] 그는 8년의 태양력보다는 19년의 태양력에 음력과 양력의 주기가 거의 일치한다는 사실을 발견하고 12년(평년) 동안은 12개월력을 사용하고 나머지 7년(윤년) 동안은 13개월력을 사용하도록 했다. 이 주기의 시작점을 메톤은 BC 432년 6월 27일인 하지hēliotropion로 삼았다. 이 같은 계산법은 현대과학을 통해서도 놀랍도록 정확하다는 것이 판명되었다. 메톤의 235달 주기는 6,940일과 같으며 19년의 태양력은 6,939일이고 14.5시간이 된다. 19년 후에는 보름도 매번 똑같은 날에 오게 된다. 메톤이 달력에서 지운 보에드로미온Boedromion(9~10월에 해당하는 달—옮긴이)의 둘째 날에 대해서도 후대 아테네인들은 신기하게도 잘 적응했다. 그날은 포세이돈이 아테나와 싸운 날로서 아테네인들이 기념일로 삼았다.[14] 이 장면을 BC 438년에 피디아스Phidias는 파르테논의 서쪽 박공 부분에 묘사해두었다.

메톤이 자신의 계산을 석판에 새겨 공표했지만 사람들은 메톤의 계산보다 정확성이 떨어지는 오크타에테리스를 더 편하게 사용했다고 키케로는 BC 46년에 아티쿠스Atticus에게 쓴 편지에 기록했다. 하지만 아우구스투스 황제 치하의 디오도로스는 대부분의 그리스 도시들이 메톤 주기를 사용해서 시간을 조절했다고 기록했다. 그가 발견한 주기는 한 발짝 앞선 방식이었으나 모든 진보는 그것을 붙잡는 습관과 싸워야 했다. 습관은 단순히 관성이 아니라 우리의 삶에 특정한 규칙성과 안정감, 효율성을 가져다준다. 예전과 똑같은 일을 할 때는 오래 생각할 필요가 없으며 다른 일을 하느라 시간을 낭비할 일도 없다. 이는 심리적인 문제인 것이다.

메톤의 주기를 사용하고 나서 오늘날까지 부활절은 봄 계절의 보름을 기준으로 그에 따른 일요일을 선택하게 된다. 2015년의 부활절을 결정하려면 1996년의 봄에 처음 맞이하는 보름날이 언제인지를 확인하면 되고, 그날이 1996년 4월 4일이라면 19년 후인 2015년도 그날을 기준일로 삼으면 된다. 즉, 2015년 4월 4일이 토요일이기 때문에 부활절은 4월 5일이 된다.

로마의 달력

○ 거의 백 년 동안에 걸쳐 전 세계로 퍼져나간 로마의 달력은 로마의 건국자이며 초대 왕이었던 로물루스Romulus의 승계자인 전설적인 고대의 왕인 누마Numa에 그 빚을 지고 있다.[15] 고대 로마 시대의 달력은 귀족 대신관이라고 할 수 있는 성직자들이 관리했다. 이들은 대중의 공적 생활을 좌지우지했다. 귀족과 평민으로 나뉜 당시 교단에서 평민 성직자들의 상승에 맞서서 귀족 계급 출신의 대신관들은 달력으로 자신들의 통제권을 강화할 필요를 느꼈다. 해결책은 이후에 맹인이 된 귀족 출신이면서 대신관이기도 했던 아피우스 클라우디우스Appius Claudius(맹인Caecus이라고 불리기도 했다.)에게서 나왔다. 그가 노예의 아들이었던 그나이우스 플라비우스Gnaeus Flavius를 시켜서 포룸 로마눔의 백색 판에 달력을 새기도록 했다고 리비우스는 기록했다. 이에 감동한 시민들은 그를 BC 304년에 최초의 호민관이자 원로, 조영관으로 추앙했다.[16] 로마 최초의 기록된 달력은 결국 계급투쟁의 산물이었던 것이다. 로마의 두 번째 벽 달력도 평민 출신이었던 집정관 마르쿠스 풀비우스 노빌리오르Marcus Fulvius Nobilior가 만들었다.

당시 이탈리아에는 여러 가지 달력 체계가 동시에 존재했다. 남부 이탈리아의 해안 도시에 살던 그리스인이나 투스카니 지역의 에트루리아인, 포 계곡 지역의 켈트족을 비롯한 다양한 로마인은 각각 고유한 자신들만의 달력을 가지고 있었다. 켄소리누스는 페렌티노인이나 라비니에르, 알바니아인의 달력에 대해 기록했으며, 바로도 이탈리아 달력의 '문화적 유산'을 수집했다.[17] 달의 주기는 모든 문화에서 시간의 흐름을 나타내는 지표이긴 했으나 달의 이름과 윤달 혹은 윤날의 체계는 다양했다. 지역의 다양한 달력들이 로마의 달력으로 대체된 것은 BC 82년 술라족이 콜리나 문에서 벌어진 삼니움족과의 싸움에서 승리한 것과 카이사르가 BC 45~49년 사이에 포 계곡에서 켈트족을 귀화시킨 것을 계기로 이탈리아 전역을 로마가 통일한 결과다. 이탈리아의 여러 언어들이 라틴어로 통합되면서 이들의 달력도 로마 달력으로 바뀌었다. 특히 선거나 징병제도를 효율적으로 운용하기 위해서는 공통의 시간 체계가 필요했는데 카이사르의 달력 개혁에 이르는 길은 오래 걸리긴 했으나 꼭 필요한 것이었다. 태음년과 태양년의 차이가 계속해서 일치하지 않아 매년 끝 무렵에 불규칙적으로 윤달을 끼워 넣어야 했기 때문이다.[18]

공화정의 달력

○ 로마의 달 이름은 수많은 시간 동안 여러 다른 원칙을 통해서 형성되어온 것이다. 현재 명사형으로 쓰이는 것과는 다르게 로마 시대의 달은 '달'Monat을 동반하는 형용사 형태였는데 가령 마르스의 달Martius mensis이나 아프로디테의 달Aprilis mensis과 같은 형식이었다. 또한 3월 1일과 같은 날짜를 가리킬 때도 칼렌데 마르티에Kalendae Martiae라는 형식을 취했는데 3월

Martiae은 보통 한 해의 첫 번째 달이었다. 로물루스는 BC 750년경에 3월을 지금의 자리에 넣었으며[19] 자신의 아버지인 전쟁의 신 마르스의 이름을 3월의 이름으로 삼았다고 한다. 봄과 함께 전쟁의 계절이 시작되기 때문이다. 플루타르코스와 켄소리누스의 기록을 보면, 아프릴리스Aprilis는 로마의 창시자인 아이네이아스Aeneas의 어머니인 비너스에 해당되는 그리스의 아프로디테인데 봄과 관련하여 상당히 열린 달이기도 하다. 플루타르코스의《도덕론》에 의하면 로마인들은 5월에는 결혼을 하지 않았는데 4월이 비너스의 달이고 6월이 유노Juno의 달이며 두 여신 모두 결혼을 상징하는 달이기 때문이었다. 오비디우스의《행사력》은 5월과 6월에 대해 독특한 해석을 남기고 있다. 5월은 아마 늙은maiores 달이고 6월은 젊은iuniores 달이라는 의미가 아닐까 하는 것이다. 아무튼 그 외에도 저자는 5월을 성장의 신인 마이아Maia와 조브의 아내인 유노 여신과도 관련시키고 있다. 이 두 여신은 모두 이 기간 동안 특별히 숭배되는 여신이다. 켄소리누스에게 많은 영향을 준 바로는 각 달의 이름은 로마 이전 시대에 지어진 것으로 라틴어 어원을 가지고 있다고 주장했다. 그의 말이 아마도 맞을 것이다.

처음 네 달에 이름을 지어주고 나서 로마인들의 상상력은 소진된 것으로 보인다. 로마인들이 다섯 번째 아들부터는 서수식으로 퀸투스Quintus(오남), 섹스투스Sextus(육남), 셉티무스Septimus(칠남), 옥타비우스Octavius(팔남), 노니우스Nonius(구남), 데시무스Decimus(십남)와 같이 지루하게 지은 것처럼, 달도 번호를 매겨서 7월Quintilis, 8월Sextilis, 9월September, 10월October, 11월November 그리고 12월December이라고 불렀다. 로마의 태음력에 따르면 열 번째 달이 원래 마지막 달이었다. 달의 어원은 원래 하늘에 떠 있는 달의 순환을 의미했다. 한 해의 시작은 보통 춘분 무렵인 음력 초하루날이었다. 10개월이 304일 후에 끝나므로 다음 음력 3월 1일까지는 61일이라는 간격이 발생했다. 아마도 이들은 죽은 겨울의 시간을 굳이 계산할 필요를 못 느꼈기 때문일 것이다. 그러다가 누마 황제가 BC 717년에 빈 시간 속에 1월과 2월을 끼워 넣었다고 전해진다. 그래도 음력 년의 354일과 양력 년의 365일 사이에는 11일이라는 차이가 발생했다. 이러한 간격을 없애고 태양력과 태음력이 결합된 달력을 만들기 위해서 누마는 2년마다 한 해의 마지막terminus인 2월 23일에 열리는 테르미날리아 축제 이후에 22일이라는 윤날을 끼워 넣었다. 이는 카이사르의 개혁 직전에 만들어진 '파스티 마이오레스 안티아테스'Fasti maiores Antiates라는 달력을 통해서도 잘 볼 수 있다(부록 그림 18 참조). 이 달력은 남로마의 안티움에 있는 벽에 새겨져 있던 검은색과 붉은색으로 칠해진 2.5미터의 너비의 차트로 현재는 마시모Massimo궁의 박물관에 전시되어 있다.[20] 이 달력에는 윤달인 인테르칼라리스Interkalaris를 위한 열세 번째 기둥도 새겨져 있다.

누마는 아홉 달을 만든 다음에는 숫자에 따라 달의 이름을 붙이는 것을 멈추고 태양의 순환을 관장하는 야누스 신의 이름을 따서 다음 달을 야누아리우스 멘시스Ianuarius mensis라 지었다. 그다음 달은 정화의식을 뜻하는 페브룸februum을 따서 페브루아리우스 멘시스Februarius mensis라고 지었는데 이는 테르미날리아 축제가 끝나면 정화와 속죄의 의식을 거행했기 때문이다. 이들은 지난해의 실수를 다음 해까지 끌고 가서 신의 분노를 사는 것을 두려워했다. 아우구스티누스는 한 해가 교차되는 달을 연옥purgatorium이라 불렀다. 페브루아리우스가 열febris과 상관이 있을 수는 있지만 아직 증명된 바는 없다. 열은 '불타는'glühen이라는 의미의 페르베오ferveo에서 유래된 것이다.

달력에 들어간 숫자의 유래

○ 9월September(원래는 7이라는 숫자를 가리킴—옮긴이)부터 12월Dezember(원래는 10이라는 숫자를 가리킴—옮긴이)까지 숫자가 들어간 달과 실제로 현재의 달이 달력 속에서 차지하는 순서의 불일치는, 예전에 이들 달이 다른 형태로 쓰였다는 것을 짐작하게 한다. 아우구스투스의 치하에서 갈리아 지방의 한 교활한 징세관은 이를 이용하여 농민들에게 12월이 열 번째 달이라는 이유로 두 달의 세금을 더 바치도록 했다. 로마 전역에서는 이미 BC 153년부터 바뀐 달력을 사용하고 있었기 때문에 이 같은 징세관의 부정을 판결하기 위한 재판이 BC 15년에 열렸다.[21] 리비우스가 쓴 마흔일곱 번째 책에는 집정관이 집무를 시작하는 날이 예전과 같이 3월 15일이 아니라 1월 1일로 바뀌었다고 기록되어 있다. 고대 후기에 가서는 예전의 관습을 아는 사람은 이미 남아 있지 않았다. 마크로비우스는 600년 전인 누마 황제의 시대에 이미 1월Januar이 첫 달로 바뀐 것이라 믿었다.

리비우스에 의하면 달력이 지금과 같이 된 것은 스페인의 전쟁 때문이었다. 누만티아Numantia라는 산악 도시에서 켈트이베리아인들은 로마군에 대항하여 일어나 이들을 무찔렀다.[22] 당시 로마 집정관은 최고 명령권을 가지고 있었으므로 전쟁이 시작되는 시점에 그곳에 가 있어야 했다. 하지만 공식적인 여행 일정으로는 오스티아에서 카르타고까지 제시간에 가는 것은 불가능했다. 따라서 이들이 도착한 것은 이미 전쟁이 끝나고 난 후였다. 집정관이 공식적으로 한 해의 이름을 부여하는 권한을 가진 관계로 업무 개시일이 곧 한 해의 시작이 되었고 열 번째 달이었던 디셈버는 열두 번째 달이 되었다. 로마의 축제 달력에서 첫 번째 달인 1월은 가장 축제가 많이 열리는 때이기도 했다. 기본적으로 BC 154년경에 이루어진 집정관의 결정이

18세기에 와서 보편적으로 받아들여졌다.

달을 나누는 세 가지 구조

○ 현실적인 이유에서 달을 보다 자세하게 나누는 것이 필요했다. 로마에서는 달을 칼렌다이Kalendae, 노나이Nonae 이두스Idus로 나누었다. 이를 우리는 비석에 새겨진 달력Die fasti을 통해 확인할 수 있다. 여기에 보면 한 달에 대한 여러 가지 정보를 확인할 수 있다. 우선 달을 나누는 세 가지 구조 혹은 기한 이외에도 각 날짜의 법적 기능과 축제일 그리고 장날을 표시하는 알파벳이 적혀 있었다. 대大 카토Marcus Poricius Cato에 의하면 '축제의 날'dies festi이나 휴일, 공휴일이 날짜를 가리키는 기한 혹은 기준이 되었다. 이런 날에는 윤리 규제 법령에 따라 특별한 음식을[23] 먹는 것이 허용되었고 집 안에서는 부엌 오븐이나 스토브에 화환을 걸어놓고 집안의 정령인 라렌Laren에게 예배를 드리는 의식이 거행되었다고 카토는 말한다. 칼렌다이, 노나이, 이두스는 복수형이지만 그럼에도 불구하고 단 하루를 가리키는 날로도 사용되었다. 로마 고대사 연구가들은 일반적으로 기한을 의미하는 날짜가 생긴 것은 에트루리아인들로 거슬러가며 이들이 그리스인 이전에는 로마인에게는 스승 같은 존재였다고 말한다.

한 달의 첫날은 '칼렌다이'라고 불렀다.[24] 비문에 새겨진 'K'라는 글자는 칼렌다이의 오래된 단어 첫 글자였으며 책에서는 보통 글자 'C'로 표시했다. 어원인 칼라레calare는 '불러내다'라는 의미로 그리스어 카파kappa에서 변용된 것이며 영어 '부르다'to call와 관련된 것이라고 마크로비우스는 증언하고 있다. 하급 대신관은 신월 다음에 오는 아침 빛nova luna을 보고 렉스 사크로룸Rex Sacrorum(특별 제사 담당 사제)에게 이를 보고해야 했다. 렉스 사크로룸이라는 고귀한 칭호는 이 직위가 고대 공화정 이전의 유래에 바탕을 두고 있다는 것을 보여준다. 아테네의 아르콘 바실레우스archon Basileus라는 칭호에서도 확인할 수 있듯, 로마에서는 이러한 칭호가 왕정이 폐지된 후에도 계속 사용되었는데 이는 왕의 예배 의무를 충족시키기 위한 것이었다. 칼렌다이에 유노와 야누스에 대한 신성한 희생제가 끝난 다음에 제사장은 주피터의 신전에 있는 특정한 장소에서 노나이까지 며칠이 남았는지를 사람들 앞에서 '공표'했다.[25] 달력의 일정을 지키는 것은 사제들뿐만 아니라 다른 라틴 지역 사람들의 의무이기도 했는데 이곳에서는 매달 첫날에 여신 칼렌다리스 유노Juno Kalendaris를 숭배하는 의식이 거행되었다고 마크로비우스가 기록했다.

달력은 주로 종교와 관련이 되었지만 경제와도 약간의 상관이 있었다. 부채장부calendarium(칼렌다리움)는 원래 채무자의 빚을 기록하는 장부였는데 보통 한 달의 첫날에 이자를 지불해야 했기 때문이다. 60년경 세네카와 600년경 세비야의 이시도르의 기록을 보면 이를 잘 알 수 있다. 이시도르는 칼렌다리움을 '달마다 기록하는 장부'라고 불렀다. 디아리움diarium은 매일을 기록하는 장부이고 아날레스annales는 1년에 한 번씩 기록하는 장부이다.

독일어에서의 '달력'Kalender도 루터의 저작 속에 장부, 즉 죄를 기록한 장부라는 의미로 여러 번 등장한다. 어떤 일을 미루기 위해 사용하는 라틴어 표현인 '절대 오지 않을 날'ad kalendas Graecas은 아우구스투스의 연설로 그 유래가 거슬러 올라간다고 수에토니우스는 기록했다. '칼렌다이 야누아리에'kalendae Ianuariae 즉 새해 초는 국가의 가장 큰 축제가 열리는 시기였다.

또 다른 달의 기준일인 노나이는 그다음에 오는 이두스를 염두에 둔 달로 (이두스의) 9일 전이라는 의미였다.[26] 긴 달인 3월과 5월, 7월에 노나이는

7일째 되는 날에 오며 그렇지 않은 달은 보통 5일에 오게 되었다. 노나이 날에는 사람들이 그달의 공동체 잔치를 벌였으며, 황제인 세르비우스 툴리우스의 추모 제사를 지냈다고 마크로비우스는 바로의 저서를 통해 증언했다. 노나이에는 신에 대한 제사는 없었다.

이두스는 보통 보름 다음 날에 왔다. 이두스는 한 달의 절반을 의미했다. 이후에 이두스는 3, 5, 7월에는 15일에 나머지 달에는 13일에 놓였다. 브루투스의 동전에 새겨지기도 한 단어인 이두스의 어원은 아직 해석이 불가능하다. 바로는 이것이 에트루리안 언어라고 주장했다. 이두스는 주피터를 숭배하는 휴일이었으며 그날은 주피터의 신전에서 흰색 양을 제물로 삼은 희생제가 열렸다고 오비디우스는 《행사력》에 기록했다.[27] 그날은 각종 경기와 전차 경주, 검투사의 전투가 벌어졌다. 칼렌다이와 이두스의 날에 원로들은 회의를 했다. 연대기에서 BC 44년 3월의 이두스는 특히 유명한 날인데 이날은 그해의 원로회가 개최된 날이자 카이사르가 브루투스와 그의 동조자들에게 23번이나 칼에 찔려 살해당한 날이기도 하다. 이는 시간 단위로 자세하게 묘사된 몇 없는 고대의 사건이기도 했다. 이는 수에토니우스Suetonius의 전기나 플루타르코스의 책에도 등장하는 내용이다. 오비디우스는 《행사력》 3장에서 14연으로 된 시로 이 사건을 묘사했다. 살인의 결과 내전이 벌어졌으며 결국 카이사르의 양자였던 아우구스투스가 BC 31년에 악티움 해전에서 승리한 이후로 자신만의 왕국을 이룩하고 로마 제국의 지배를 통한 평화를 정착시켰다. 카이사르의 죽음은 1599년에 셰익스피어의 희곡으로 드라마화되었다. '3월의 이데스Ides(이두스의 영어식 표현—옮긴이)를 조심하시오!'라고 예언자가 말하자, 카이사르는 3월의 이데스는 이미 와 있다고 대답한다. 그러자 예언자는 응수한다. 하지만 아직 떠난 건 아니지요! 또한 1948년에 미국의 극작가였던 손턴 와일더Thornton Wilder가 쓴 《3월의 이데스》The Ides of March에는 그 당시 사람들과 사건을 비롯한 풍경이 잘 그려져 있다.

달의 첫날인 칼렌다이와 4분의 1이 지난 후의 노나이 그리고 절반이 지난 후의 이두스와는 별도로, 원래 한 달의 4분의 3의 시점에는 또 다른 기준일인 투빌루스트리움Tubilustrium이 있었다. 달이 기울어갈 때, 특히 어두워지면 이를 기념하기 위해 튜바를 불었다고 타키투스는《연대기》에 기록했으며 풍자 시인 주베날도 증언했다.

날짜를 헤아리는 기준점

○ 로마 달력의 달 기준일은 날짜를 헤아리기 위한 기준점이었다. 상당히 복잡한 체계였는데 날짜를 헤아리기 위해 기준점에서 며칠 전으로 거슬러 올라가는 계산 방식을 취했다. 가령 2월 23일은 '3월의 칼렌다이에서 7일 전'septimo ante Kalendas Martias 같은 식으로 표현되었다. 여기서 기준일은 3월 1일인데, 23일에서 7일 후가 된다. 여기서 파생된 것으로 기준일 전날은 프리디에pridie(전날), 기준일 다음 날은 포스트리디에postridie(다음 날)라고 불렀다.

이같이 날짜를 헤아리는 고대의 방식이 후대에도 사용되었다는 것은 사실 놀라운 일이다. 789년에 만들어진 로르슈Lorsch의 '개혁 달력'을 아르노 보르스트가 재현했는데 이 같은 로르슈식 달력이 중세 후기까지 성행했으며 1582년의 그레고리 13세 때까지 유지되었다고 한다(부록 그림 29 참조). 물론 그 당시에는 현재 우리가 익숙하게 생각하는 훨씬 단순하고 명료한 숫자식 달력이 그리스인들을 중심으로 널리 퍼져 있었다. 또한 로마 시대에도 카시우스 디오와 같은 그리스 작가들은 BC 31년의 악티움 전투가 '9월 2일'에 일어났다고 기록했으며 포룸 로마눔에 있는 포카스Phocas 기둥에 새겨진 문장을 보면 '8월 1일'die prima mensis Augusti이라는 날짜와 함께 해당 년도도 언급되어 있는데 오늘날의 계산으로는 602년이다.

법정 요일의 특징

○ 로마의 달력은 기준일의 마지막 날이나 장날을 제외하고는 달마다 기록이 되었으며 알파벳으로 특정일의 성격을 표시했다.[28] 'F'는 '신성한 권리'라는 의미의 '파스'fas를 가리켰다. 파스로 표시된 날에는 일을 하고 소송을 진행하는 것이 허용되었다. 'N'은 '디에스 네파스투스'dies nefastus, 그러니까 '휴일'의 약자로 이날에는 필수적인 일만 할 수 있었다. 물론 이와 같은 전제는 광의적 해석이 가능했고 대 카토처럼 무자비하게 노예들을 다루며 채찍질했던 이들은 이날을 고대 로마의 미덕을 새롭게 구축하는 데 사용하기도 했다.[29] 'C'는 '디에스 코미티알리스'dies comitialis, 즉 시민들의 공회가 열리는 날이었다. 어떤 날에는 특정한 의무가 전제되기도 했다. 가령 거리의 쓰레기를 청소한 후에야 파스가 효력을 가질 수 있었다. 'NP'는 기실 'NEP'인데 공식적 휴일feriae publicae, 즉 일을 하지 않는 날nepas이었다.

키케로에 따르면 당시 휴일은 시민뿐 아니라 노예에게도 해당되었다. 공식적으로 일을 하지 않고 신에게 제사를 지내는 날은 이두스가 12일, 칼렌다이는 6일, 노나이는 4일이었으며 추가로 45일의 축제일과 휴일이 있었다.[30] 1년 중 휴일이 모두 67일로 오늘날과 거의 비슷했다. 제국의 시기에는 지배자들을 칭송하기 위한 특별한 휴일이 제정되었다. 이로 인해 달력 속

일반 축제일은 계속 줄어들 수밖에 없었다.

불길한 날

○ 이 세상 모든 사람과 마찬가지로 로마 사람들도 불길한 날을 정해놓고 피했다. 헤시오도스가 언급한 것처럼 이는 시골 사람들에게 보내는 일종의 경고이기도 했다. 하지만 로마에서 이들 불길한 날은 공식적인 특징을 가지고 있었는데 이들은 사악한 날dies vitiosi 혹은 종교적인 날dies religiosi로 선포했고 불길함을 가져다주는 날로 받아들였다. 이날에는 신성한 의식이 금지되었다. 또한 신전에 제물을 바치거나 공회가 열리는 것도 금지되었으며 마가 낄 수 있다고 보았기 때문에 결혼식을 하거나 항해, 전쟁 따위를 시작하는 것도 모두 금지했다. 그런 점에서 기준일이 끝나는 날짜부터 다음 달 첫날까지는 죽음의 날dies ater, 즉 시민들의 기준에서 보면 '검은 날'로 간주되었다. 또한 축제 달력의 특정일은 금기일로 지정했는데 2월 13일부터 21일까지는 부모의 날dies parentales로 죽은 영혼을 정화시키는 기간이었고[31] 저승으로부터의 망령을 마주치지 않기 위해 무덤에 선물을 갖다 바치기도 했다.[32] 이는 죽은 자에 대한 숭배 문화의 주된 모티프이기도 하다. 5월의 '진혼일'Lemuria도 죽은 자를 달래기 위한 날이다. 황제인 아우구스투스나 발렌티니아누스조차 불길한 날에는 특별히 조심했다.[33]

윤달이나 좋지 않은 일이 일어났던 날은 불길한 날로 받아들여졌다. 가령 크레메라바흐에서 베지족에 패한 BC 479년 2월 13일이나 켈트족에게 알리아강에서 패배한 BC 387년 7월 18일, 칸나에에서 한니발 장군에게 패배한 BC 216년 8월 2일, 누만티아에서 켈트이베리아족에게 패배한 BC 153년

8월 23일, 아라우시오에서 킴브리족에게 패배한 BC 105년 10월 6일 등은 모두 이에 속한다. 또한 '바루스의 재앙'clades Variana이라고 불리는 9년에 벌어진 토이토부르크 숲 전투일도 애도일로 지정되었다고 수에토니우스와 카시우스 디오는 전한다. 하지만 《에르슈와 미신 추앙자》Ersch und Gruber라는 책에 등장하는 9월 9일이라는 불길한 날은 18세기 작가들의 추정에 불과하다. 카이사르가 사망한 날과 장소에서는 해마다 기념제를 거행했다. 3월의 이두스에 폼페이의 참사회의장에서는 절대로 원로회를 열지 않았다고 수에토니우스는 기록했다. 교회 성직자들은 모든 종류의 로마 미신과 싸우기로 유명했다. 하지만 폴리비우스는 미신을 공동체를 만들어내는 동력으로 보았다. 공동의 믿음Glaube이 서로를 결속시킨다면 이는 공통의 미신Aberglaube에도 역시 적용될 수 있는 것이다.

한 해의 날을 완벽히 맞추기 위한 여정

○ 제국시대에서 고대 후기로 이어지는 로마의 문명 발전사는 시간을 확인하는 도구의 발전을 통해 잘 드러난다. 이는 로마 집정관의 목록을 작성하여 배분하거나 시계를 배분하는 데 있어서, 또 완벽한 달력을 만들기 위해서도 매우 필요한 부분이었다. 완벽한 달력을 만드는 것은 오랜 시간이 걸리고 어려운 과제였다. 늘 그래 왔듯이 가장 중요한 것은 태양년에서 달과 1년의 날짜를 조화시키는 문제였다. BC 450년의 로마 시대에도 이는 중대한 문제였다. 이를 확인할 수 있는 것은 역시 마크로비우스의 기록을 통해서인데 공회의원들은 거의 절망적으로 보이는 방법을 시도했다고 한다. 즉, 국민투표를 통해 각각 2년은 355일로, 1년은 377일로, 나머지 한 해는

378일로 이루어진 4년 주기력을 만든 것이다. 그러나 이 달력으로 적어도 4년마다 자연의 조화를 꾀하려던 희망은 실패하고 말았다. 네 해의 날짜를 합한 평균일이 366.25일이었기 때문에 날짜 수를 줄여야만 했다.[34]

BC 191년에 집정관 아킬리우스 글라브리오Acilius Glabrio는 사제들이 임의로 윤날을 정하게끔 허락했다.[35] 사실 사제들은 종교적 법칙과 규정 안에 서이긴 했지만 나름대로 달력을 조절할 수 있는 권위를 가지고 있었다. 이들이 이러한 일에 적합했던 것은 정부 관료들이 매년 바뀌는 것에 비해서 직위를 오래 지켰기 때문이다. 하지만 불행히도 이들은 자신에게 맡겨진 임무를 오용했는데 켄소리누스가 기록하고 마크로비우스가 확인해준 것처럼 사제들은 임의로 한 해의 기간을 연장하여 판사의 직무 기간을 연장하거나 농부의 세금액을 증가시키곤 했다.

하지만 한 해를 연장하는 것보다 줄이는 일이 더 많았던 것으로 보이는데, 대신관들이 무지 혹은 미신으로 인해 윤날을 누락시키거나 채권자들이 이자를 더 빨리 거둘 수 있게 하기 위해 일부러 날짜를 당기기도 했다.[36] BC 46년 키케로는 카이사르 치하의 세 번째 집정관의 재임기간에 시민년burgerliche이 자연년에 비해 90일이나 빨리 온다고 탄식했다. 이 때문에 제때에 볼 수 있었던 별이 떠오르지도 않을 뿐 아니라 감사절 축제messium feriae나 포도 수확제vindemiae 같은 축제가 시민력에 따라 지나치게 일찍 열리기도 했다.[37]

카이사르의 달력

○ 이미 BC 50년에 호민관이었던 쿠리오Curio는 한 달을 추가할 것

을 제안했으나 받아들여지지 않았다고 카시우스 디오는 기록했다. 이를 기회로 카이사르는 이 문제를 스스로 해결하기로 했다.[38] 폰티푸스 막시무스 Pontifex Maximus(고대 로마의 수석 사제를 일컫는 명칭. 4세기 중반까지 로마 황제의 공식 칭호였다가 후에 교황의 별칭이 됨.—옮긴이)이자 BC 63년부터 10년 동안 로마 제국을 다스린 집정관이었으므로 달력에 대한 결정권도 카이사르에게 있었다. 그리하여 그는 자신의 비서관이었던 마르쿠스 플라비우스Marcus Flavius에게 다음 해인 BC 45년에 추가할 수 있도록 그해에 누락된 날짜를 기록하게 했는데 그 결과 달력에 355일 대신 445일이 포함되는 일도 있었다. 마크로비우스는 카이사르가 달력을 수정하는 작업을 멈추지 않았기 때문에 그해를 가장 혼란스러웠던 한 해annus confusionis ultimus라고 불렀다. 그는 이 작업에 매우 진지하게 임했다.

카이사르가 그리스 천문학자 소시게네스Sosigenes를 언제 어디서 어떻게 알게 되었는지는 분명하지 않다. 아마 알렉산드리아였을 것이라고 카시우스 디오는 추측했다. 카이사르는 BC 48년에서 47년 사이의 겨울을 아름답고 젊은 클레오파트라 여왕에 빠져서 보낸 것만은 아니었다. 그는 위대한 국가 수장에다 군대 지휘관, 바람둥이였을 뿐 아니라 작가이기도 했고 언어나 천문학에도 관심이 많았다. 늦어도 420년경에 마크로비우스는 카이사르가 행성이 뜨고 지는 것에 대해 쓴 기록의 존재를 알게 되었고 리두스도 530년경에 이에 대해 인용한 바 있다. 어쩌면 클레오파트라가 카이사르와 소시게네스의 만남을 주선했는지도 모른다. 박물관을 갖춘 당시의 알렉산드리아는 세계 과학의 중심지이기도 했다. 당시 이집트인들은 이미 오래전부터 태양력과 동시에 태양이 천공의 같은 지점으로 돌아오는 시간이 365.25일이라는 사실을 알고 있었으며 이는 페리클레스와 메톤에 의해 확인되었다. 카이사르는 철학자와 수학자 들에게서 자문을 받았으며 특히 천문학에 대한 세 권의 뛰어난 책을 저술한 소시게네스에게서 많은 자문을 받았다고 대 플리니우스가 76년에 증언했다. 카이사르는 이를 받아들여서 태음력과 태양력이 섞여 있던 달력을 순수한 태양력으로 교체했다. 이로써 한 달의 첫 번째와 신월이 더 이상 일치하지 않게 되었다.

태양력을 채우기 위해 이전의 열두 달 달력은 10일을 더 연장해야 했다. 카이사르는 이 10일을 오늘날 사용하는 것처럼 각 달에 골고루 나뉘도록 했다. 즉, 태양력의 총 날짜를 12로 나누는 것이다. 그렇게 해서 7개월은 30일, 5개월은 31일이 되도록 했다. 12천궁도에 태양이 머무는 기간을 따라서 각 달의 날짜를 정하는 방식은 실현되지 않았는데 물병자리에 태양이 머무는 날은 29일임에 비해 쌍둥이자리는 거의 32일이었기 때문이다.[39] 그리하여 결국 전통적인 방법으로 달의 길이를 결정했다. 2월은 가장 짧은 달이 되었는데 이미 그 전달에 필요한 날짜를 다 채웠기 때문에 남은 날짜로만 구성했다. 마크로비우스는 카이사르가 '지하의 신들에 대한 제의를 줄이려는 생각이 없었기 때문에' 2월을 이 같은 상태로 남겨두었다고 해석했다. 카이사르는 연말의 축제였던 테르미날리아의 시점을 바꾸지 않으려고[40] 1월 1일을 새해의 첫날로 삼는 동시에 한 해의 마지막을 2월 23일에 축하하는 어처구니없는 선택을 했다. 게다가 12월의 마지막에 추가로 농신제Saturnalia가 열렸다. 키케로가 아티쿠스에게 쓴 것처럼 카이사르가 로마시민들에게 새로운 달력을 선포한 것은 BC 59년 민회의 의사록을 공개하는 신문 격인 악타디우르나Acta Diurna를 통해서였다.

새로운 달력은 카이사르가 네 번째 통치권을 발휘했던 BC 45년 1월 1일부터 효력을 발휘했다.[41] 카이사르는 전통적인 한 해의 시작이 유지되도록 했다. 하지만 이는 태양력에는 없는 전통이므로, 시민년과 자연년이 일치하도록 카이사르가 왜 동지나 춘분인 3월 1일을 한 해의 시작으로 삼지 않았을까 하는 의문이 생길 수 있다. 또한 12천궁도의 각 하우스와 신월이 거의 일치하게 만드는 일도 가능했을 것이다. 카이사르가 어째서 이러한 실수를 내버려두었는지는 확실하지 않다. 어쩌면 그저 과거의 시스템에서 변화를 최소화하려는 의도였을 수도 있다. 따라서 90일에서 92일 간격으로 다음 달 8일 전에는 4년 전의 날짜와 일치하는 시점이 발생한다.

아우구스투스 시대의 달력

○ 카이사르의 달력 개혁은 로마 전통에 따르면 여섯 번째 개혁이자 마지막 개혁이다. 하지만 모든 사람이 그에 동의하는 것은 아니다. 키케로는 독재자 카이사르가 백성들에게 명령을 내리는 것만으로는 성이 차지 않아 별들에게도 명령을 시작했다며 비꼬았다고 플루타르코스는 전한다. 하지만 명문이나 문헌에서 확인할 수 있듯이 아우구스투스 시대의 달력을 보면 시간에 대한 인식이 달라졌음을 알 수 있다.[42] 가령 기존 달력에 새로운 행사일이 추가된 것을 팔레스트리나(옛 프라이네스테)에서 발견된 12제곱미터 대리석 벽으로 된 달력을 통해서 알 수 있다. 이 벽은 아우구스투스 황제의 개인 교사이기도 했던, 해방된 노예 출신의 학자 베리우스 플라쿠스Verrius Flaccus에 의해 건립된 것으로 알려져 있다.[43] 이 달력에서 각 달은 열列의 형태로 나란히 배치되어 있는데 전통적 축제나 종교적 행사가 있는 특정한 날에 대한 사항이 언급되어 있었다. 프라이네스테의 달력에 적힌 집정관들의 연례행사도 달력의 주석이 가지는 연대기적 기능을 보여준다. 물론 오비디우스의 《행사력》은 그보다 훨씬 자세하게 행사와 축제에 대한 정보를 전해준다. 그는 애가조의 시를 통해 1월부터 6월까지(나머지는 찾을 수 없다) 주된

예식과 의식, 황제의 축제일과 천궁도에 따른 행사 그리고 각종 신화와 유래를 짚어가며 신전에서 행해지는 제사를 묘사했다. 170년에 쓰인 중세의 문헌에서도 이 학문적인 시에 대한 언급이 나와 있는 것으로 보아 기독교 시대에도 관심이 식지 않았음을 알 수 있다.

율리우스력은 대체로 서서히 받아들여졌다. 로마에서는 빠르게 율리우스력이 정착됐는데 이는 대규모 유대인 공동체조차도 마찬가지였다. 묘지의 비문이 히브리어가 아닌 그리스어나 라틴어로 쓰인 것처럼 날짜도 율리우스력의 일정을 따랐다. 물론 이는 지역마다 달랐다. 그리스의 어떤 도시는 수세기 동안 고대의 달력을 따르는 관습을 지켰다.[44] 또한 새해의 시작도 달력마다 달랐다. BC 9년에 아우구스투스가 평화의 제단을 건립하고 팍스 아우구스타pax augusta를 공표했을 때 총독이었던 파울루스 파비우스 막시무스는 연례 평의회에서 아시아 지역의 위정자로서 아우구스투스의 생일을 한 해의 시작으로 삼을 것을 명령했다.[45] 이는 보통 마케도니아의 달력에 맞춘 전통적인 한 해의 시작과 거리가 먼 9월 23일이었다.[46] 프리에네 지역 유적에 새겨진 비문에 따르면 아우구스투스는 신이며 '이 세상이 멸망하기 전 세상을 구원할 구세주'이다.[47]

동시에 전권 집정관은 다른 지방 관료들에게도 율리우스력을 따르라고 설득했다. 도시에서 열리는 재판에 다녀오기 위해 왕복 여행 날짜를 잡으려면 서로의 달력이 일치해야만 했기 때문이다. 이탈리아의 몇몇 도시들은 아우구스투스 황제가 그 도시를 방문한 날을 새해의 첫날로 삼고 항상 축제일로 기념했다. 율리우스력이 서로 다른 새해의 출발점과 관련이 있다는 것은 켄소리누스도 증언했다. 대부분은 춘분을 새해의 처음으로 받아들였지만 추분을 시작점으로 삼기도 하고 플레이아데스 성운이 뜨거나 지는 시점 혹은 시리우스 성이 뜨는 시점을 새해의 출발점으로 삼는 곳도 있었다. 1월

1일이 보편적으로 새해의 첫날로 받아들여지는 데는 이후에도 1,500년의 시간이 더 흘러야 했다.

윤날

○ 카이사르가 만든 태양력은, 시민년과 자연년을 서로 일치시키려면 4년마다 단 하루만 추가하면 된다는 이점이 있었다. 그 이전의 기나긴 여러 윤날과 임의적인 윤날의 추가 형식은 이로 인해 사라지게 되었고 한 해가 보다 분명하게 규정될 수 있었다. 태양년이 365일보다는 약 6시간 더 길기 때문에 4년이 흐르면 통째로 '하루'라는 잉여일이 발생했다. 그래서 이를 끼워 넣어야 했다. 우리 입장에서는 남는 하루를 2월 29일 대신에 12월 32일로 만드는 것이 낫지 않을까 싶지만 카이사르는 켈트족의 전통에 따라 2월을 선택했다. 하지만 한 달에 28일이라는 날짜를 그대로 보존하기 위해 2월 24일을 이틀간 사용하도록 했다. 로마의 국세 조사에 의하면 그날은 3월 1일의 6일 전이었으며, 따라서 이것은 '두 개의 6일'bissextum이라고 불렸다. 법관들은 이 '두 개의 6일'을 매우 진지하게 받아들여서 그 기간에 출생한 자는 첫날에 태어났는지 둘째 날에 태어났는지 굳이 구별할 필요가 없다고 판결했다는 울피아누스Ulpianus의 기록이 《로마법대전》Corpus Iuris Civilis 4장에 나와 있다.

로마인들을 비롯하여 많은 사람들에게 윤날은 불길한 날이었다.[48] 요비아누스 황제가 사망하고 나서 364년 2월 23일에 발렌티아누스Valentinianus가 황제로 즉위했지만 그는 다음 날인 '두 개의 6일'에 즉시 직무를 시작하기를 거부했다. 물론 그 사이에 누구도 황제의 자리를 침탈하지 않도록 모든 관료에게 통행금지령을 내리긴 했지만 발렌티아누스는 이후 3일 밤을 불안에 떨며 보내야 했다. 아미아누스가 추측한 대로 황제 자신이 미신에 사로잡혀 있었는지는 분명하지 않다. 하지만 불길한 날짜에 직무를 시작하는 것이 황제의 앞날에 누가 될 가능성도 배제할 수 없었을 것이다. 물론 다른 사람의 미신을 그대로 받아들일 만큼 스스로 미신에 사로잡히지는 말아야 할 것이다. 성 아우구스티누스와 같은 기독교인은 로마인들이 모든 윤년을 불길하게 여겨 포도 농사를 짓지 않았다는 기록을 남겨 모든 종류의 미신을 비웃었다. 하지만 메르제부르크의 티에마르Thietmar 주교와 같은 이는 AD 1000년에도 여전히 과거와 같은 미신에 사로잡혀 있었다.

카이사르는 윤달에 대한 권한을 다시 폰티피칼Pontifikal의 사제들에게 넘겼다. 하지만 이들은 계산을 잘못하여 4년마다 윤날을 삽입하는 대신 3년만에 윤날을 넣었다. 따라서 BC 12년부터 폰티펙스 막시무스였던 아우구스투스는 다시 달력을 수정해서 BC 5년과 1년뿐 아니라 BC 4년에도 3일의 윤날을 넣지 않도록 했다. 그리고 그는 이 새로운 칙령이 '영원한 주목'을 받을 수 있도록 청동판에 새기게 했다고 마크로비우스가 전한다.

자신의 이름을 달력에 넣고자 한 황제들

○ 로마의 영원한 영광을 비는 마음은 로마식 이름을 영구적으로 제도화시키려는 시도에서 확인할 수 있다. 가령 연례 축제나 달의 이름과 같은 시간의 표식에 로마식 이름을 붙이는 식이었다. 특히 달의 이름을 붙이는 일은 거의 저항 없이 진행되었다. 폼페이 전투에서의 승리 이후로 카이사르는 어떤 로마인도 경험하지 못한 칭송을 한몸에 받았다. 이 같은 현상은 그

가 죽기 직전인 BC 44년[49] 원로회에서 7월Quintilis을 카이사르의 생일이 7월 13일이라는 이유로 퀸틸리스 인 율리우스Quintilis in Iulius로 새롭게 명명한 데서 잘 드러난다.[50] 카이사르의 충실한 동료였던 마르쿠스 안토니우스는 이 같은 안건을 원로회에서 통과시켰다.

BC 27년 초에 아우구스투스 황제는 8월Sextilis에 자신의 이름을 하사받아 비슷한 명예를 얻었다. 원로회가 이처럼 아우구스티누스의 이름을 달 이름에 붙이기로 한 것은 이집트를 8월 1일에 정복하고 내전을 종식시킨 것을 칭송하기 위함이었다. 호민관 섹스투스 파쿠비우스Sextus Pacuvius가 국민투표를 발의했고 원로회 결정으로 법으로 제정되었다.[51] 물론 새로운 법이 온 누리에 적용되지는 않고 있었다는 사실은 여전히 8월을 이전처럼 섹스틸리스Sextilis로 표기하고 있는, BC 19년에 새겨진 스페인 유적의 비문에서 확인할 수 있다. 이같이 영웅의 명예를 드높이기 위한 방식은 아테네인들에게서 차용한 전통으로 BC 307년에 아테네인들은 자신들을 해방시킨 데메트리오스Demetrius의 이름을 따서 초여름을 '무니키온 인 드미트리온'Munichion in Demetrion이라고 새로 이름 지어 불렀다. 하지만 이 새로운 이름은 그리 오래 가지 못했다.

후대의 황제들이 시도한 개명도 마찬가지다. 명예에 중독된 네로는 4월을 '네로네우스 멘시스'Neroneus mensis로 개명하려 했지만 그전에 몰락하는 바람에 성공하지 못했다. 도미티아누스는 9월을 자신의 별칭인 '게르마니쿠스'Germanicus로, 10월을 '도미티아누스'Domitianus로 개명했지만 이 같은 변화는 96년 그가 암살될 때까지만 지속되었다. 마크로바우스의 기록에 따르면 결국 황제는 본인이 개명한 새로운 달의 이름이 명문에서 지워지는 기록말살형damnatio memoriae을 사후에 받았다. 이러한 기록말살형을 피한 군주도 있었다. 카시우스 디오에 의하면 마르쿠스 아우렐리우스의 골치 아픈 아들이었던 코모두스Commodus는 열두 달 모두를 자신과 관련된 이름으로 고쳐 불렀다고 한다. 달의 명칭은 각각 아마조니우스Amazonius, 인빅투스Invictus, 펠릭스Felix, 피우스Pius, 루시우스Lucius, 아엘리우스Aelius, 아우렐리우스Aurelius, 코모두스Commodus, 아우구스투스Augustus, 헤르쿨레우스Herculeus, 로마누스Romanus, 엑스수페라토리우스Exsuperatorius였다. 그도 역시 192년에 칼을 맞고 쓰러졌다. 하지만 그 정도는 카이사르 암살 때의 광기에 비하면 가벼운 장난에 지나지 않았다. 마지막으로 개명을 시도한 이는 타키투스 황제였는데 그는 276년에 9월을 자신의 이름으로 통째로 바꾸고자 시도했다고 한다.[52] 황제의 이름을 따서 달의 이름을 고친 경우 가운데 예외적으로 시민이 지어준 것도 있다. 그리스를 사랑한 하드리아누스 황제는 아테네에 많은 것을 베풀었다고 한다. 이를 감사하게 여긴 아테네 시민들은 '포세이데온'Poseideon이라 불리던 달의 명칭을 '하드리아니온'Hadrianion으로 개명했다.[53]

예술로 형상화된 달의 의미

○ 열두 달이라는 연속적인 숫자는 종종 예술의 주제로 활용된다.[54] 연도나 낮과 밤과 같이 달도 의인화되었다. 문학적으로 달을 인격화시킨 이는 논노스Nonnos다. 또 고고학적으로는 튀니지의 티스드루스Thysdrus에서 발굴된 바닥 모자이크처럼 1년 열두 달의 순환을 표현한 유적이나 벽에 그린 프레스코화로 표현된 포르티쿠스 행사력Fasti porticus, 5장에서 언급한 354년의 필로칼루스Filocalus 달력의 그림 등을 들 수 있겠다. 달력 왼쪽에는 각 달을 비유적인 형상으로 나타낸 그림이, 오른쪽에는 각 달에 해당되는 휴일에

대한 묘사가 되어 있었다.[55] 이 달력 속의 각 달에 관한 묘사는 그림의 역사에서 가장 오래된 전면적인 일러스트레이션에 속한다. 각 달은 이행시 혹은 사행시로 표현되었다.

1월은 많은 사람을 제물로 바쳐 기독교인들에게 미움을 받은 토가투스Togatus로 의인화되었다. 이행시에서는 새해 첫날 풍경을 묘사하고 있다. 2월은 거위와 수생 동물을 거느린 여성으로 표현했다. 이러한 형상이 정화의식을 의미한다는 것을 시가 넌지시 말해주고 있다. 3월은 아마 로물루스인 듯한 양치기와 염소 떼, 제비 떼로 형상화했다. 이 모든 것이 시를 통해 묘사되기도 했다. 4월은 캐스터네츠를 들고 숭배하는 신상 앞에 서 있는 무용수로 표현했는데, 시에서는 비너스를 위한 의식에 대해 노래하고 있지만 모신母神인 키벨레Cybele와의 관계는 여전히 논쟁적이다.[56] 6보격의 시를 통해 묘사된 5월은 장미 바구니를 들고 머리칼을 휘날리며 서 있는 젊은이로 표현된다. 이를 보면 로잘리아Rosalia 축제와의 연관성은 분명해 보인다. 6월은 해시계 앞에 선 벌거벗은 젊은이로 나타나는데 이를 통해 태양의 신 포이보스Phoebus가 하지로 서서히 변해가는 모습을 시로 보여주고 있다. 백합과 사과 그리고 낫은 이 계절의 상징이기도 하다. 7월도 역시 벌거벗은 남자로 형상화되는데 그가 들고 있는 동전으로 가득 찬 자루는 아마도 루디 아폴리나레스ludi Apollinares 경기의 승자에게 주는 상금으로 짐작된다. 7월에 바치는 시에는 카이사르를 칭송하여 7월을 개명한 데 대한 내용이 포함되어 있다. 이와 비슷하게 8월Sextilis에 대한 이행시에도 유래에 대한 내용이 언급되어 있다. 8월은 더운 여름의 달답게 벌거벗은 남자로 표현되어 있다. 커다란 유리잔으로 음료를 마시고 있는 그의 옆에는 공작 깃털로 된 부채가 그려져 있다. 9월은 옷을 거의 걸치지 않은 남자의 모습이며 그는 장난감 격인 도마뱀의 다리를 묶은 줄을 잡고 있다고 시에 설명하고 있다. 옆의 무화과와 포도는 9월이 과일이 무르익는 계절임을 보여준다. 10월 그림에조차 옷이라고는 어깨 위에 걸친 천이 거의 전부다. 그림 속 남자는 토끼를 사냥해두었고 새를 잡기 위해 석회칠을 한 나뭇가지 묶음을 준비해두었다. 11월은 사행시에도 나타나 있듯이 '멤피스의 여신'인 이시스를 숭배하는 사제로 표현했다. 11월 초에 열렸던 이시스의 축제인 힐라리아Hilaria는 4세기에 매우 유명했다. 횃불을 들고 서 있는 12월의 상징 인물은 주사위 게임을 하고 있는데 당시 농신제에서는 노예조차 주인과 주사위 게임을 했다고 한다. 연극용 가면은 그 모양만으로도 할 말을 다 한다. 필로칼루스 달력은 각 달이 나타내는 자연의 형상과는 별도로, 달력이 얼마나 전통적인 축제와 큰 관련이 있었는지를 잘 보여주고 있다. 물론 달력은 원래부터 기독교인들을 위한 것이었지만 이 달력의 원본에는 기독교인을 위한 한 해의 행사나 축제가 모두 빠져 있다. 뿐만 아니라 후기 고대에 만들어진 각 달의 형상화 달력은 중세까지도 그 존재의 위상을 떨쳤다(부록 그림 8 참조).

천궁도

○ 1년 열두 달을 그림으로 표현하는 방식은 12천궁도를 동물 상징으로 표현하는 것을 허용하기에 이르렀다.[57] 초기 바빌로니아 시대부터 사람들은 고정된 행성의 모습을 그림으로 표현하고 거기에 이름을 부여했는데 그리스인들도 이미 《일리아스》에서 이에 대해 언급하고 있다. 호메로스는 플레이아데스와 히아데스Hyades 성단을 '오리온의 위대한 힘'이라 칭했으며, 절대로 오케아노스Okeanos 아래로 빠지지 않고 항상 수평선 위에 떠 있다 하여 북두칠성을 '하늘 차'라고 부르기도 했다. 또한 오리온자리와 북두칠

성은 《욥기》에도 등장한다. 그리스 시대 이후로 사람들이 한 해 동안 태양이 지나가는 하늘을 열두 구역으로 나누고 그것을 12하우스(12궁)라고 불렀다. 그리고 이들 별자리들은 배치나 행렬의 모양에 따라 이름이 붙여졌다. 4세기경의 암펠리우스Ampelius는 그리스 신화와 별자리를 독창적으로 결합시켰다. 아몬Ammon 신은 양으로, 제우스와 에우로페Europe는 황소로, 헤라클레스와 테세우스 혹은 카비리Cabiri 신은 쌍둥이자리로 삼은 것이다. 별자리에 관한 내용은 서구뿐 아니라 《분데헤쉬》 등 동양의 문헌에서도 발견된다. 별자리는 춘분점에서 시작되어 동시에 계절을 구분하는 역할을 했다. 페르시아의 달력에서는 별자리 하우스와 각 달이 일치하는 반면에 율리우스력은 3주가 어긋났다. 전통적인 별자리는 다음과 같다.

전통적인 별자리

봄 별자리	양자리	3월 21일부터	♈
	황소자리	4월 21일부터	♉
	쌍둥이자리	5월 21일부터	♊
여름 별자리	게자리	6월 22일부터	♋
	사자자리	7월 23일부터	♌
	처녀자리	8월 24일부터	♍
가을 별자리	천칭자리	9월 21일부터	♎
	전갈자리	10월 24일부터	♏
	사수자리	11월 23일부터	♐
겨울 별자리	염소자리	12월 22일부터	♑
	물병자리	1월 21일부터	♒
	물고기자리	2월 20일부터	♓

고대부터 춘분은 황도 12궁의 물병자리에서 물고기자리로 점차 자리를 옮겼다. 이 때문에 황도를 바탕으로 운수를 점치던 점성술에도 변화가 생겼다. 출생 시 별자리와 특정한 일을 착수하는 시점의 별자리가 인간의 운명에 영향을 미친다는 고대의 믿음에 대해 바오로는《갈라티아서》에서 반박했지만 그 믿음이 기독교 시대에 완전히 뿌리 뽑힌 것은 아니었다. 르네상스 시대에 아랍 문화의 영향을 통해 별자리에 대한 믿음은 다시 부활하게 되었다. 1610년에 점성술을 '천문학의 어리석은 딸'이라고 묘사한 케플러는 1608년에 자신의 고용주였던 발렌슈타인Wallenstein의 요청에 따라 그의 별자리 점괘를 뽑아주었고 괴테도 1789년 12월 8일에 자신은 그 부분을 미신으로 생각하고 싶지 않다고 실러에게 말한 바 있다. 그는 자서전의 첫 부분을 자신의 출생 순간의 자세한 별자리 배열에 대한 설명을 하는 데 할애하기도 했다. 그것이 농담인지 진지한 숙고인지는 모르겠지만 선택의 문제는 아닌 듯하다.

달에 대한 시

○ 키케로의 아우였던 퀸투스 키케로Quintus Cicero는 자신의 시에서 한 해를 나누는 황도 12궁에 대해 노래했다. 그리고 이를 아우소니우스가 언급했다. 어스름한 빛을 가르고 '물고기자리'가 봄의 숨결을 깨우면 '물병자리'가 하늘마차를 만들어 밤낮을 같은 속도로 질주한다. '물병자리'는 꽃의 전령인 '황소자리'에 추월당하고 '쌍둥이자리'가 건조한 여름을 열어젖힌다. 영리한 '게자리'는 기나긴 낮 시간을 약속하고 야생의 '사자자리'는 모두를 게으르게 만드는 열기 속에서 드러눕는다. 그다음에는 '처녀자리'가 풍요의

뿔을 흔들며 나타나 따뜻한 공기를 뿌리고 다음에는 '천칭자리'가 나타나 가을의 문을 열고 밤과 낮 동안 별자리를 골고루 뿌린다. '전갈자리'의 불꽃은 나뭇잎을 마르게 하고 '사수자리'는 이 지상을 차가운 서리로 물들인다. 또한 얼어붙은 겨울의 숨결은 '염소자리'가 내뿜는 입김인데 그다음에는 하늘의 구름에 이슬을 뿌리는 '물병자리'가 따라온다.

이미 날日과 주週에 대한 노래를 만들었던 아우소니우스는 더 큰 시간의 단위인 달에 대한 이행시도 만들었다. 격조에 맞는 구절로 된 이행시였다. 1월은 두 얼굴의 야누스Janus bifron의 이름을 따서 지었으며 한 해를 여는 달이다. 2월은 지하 세계의 신인 누마Numa에게 봉헌된 달이었다. 그전에는 마르스가 한 해의 첫 달을 의미했다. 로마인들의 아버지, 더 정확하게는 로물루스의 아버지로서 그는 집정관이 일을 시작하도록 하는 역할을 했다. 4월은 아우소니우스에 따르면 마르스의 연인이자 아이네이스의 어머니인 비너스, '아프로디테'에게서 유래된 달이다. 5월은 마이아Maia 여신 혹은 나이 많은 이들maior aetas을 상징한다. 6월은 주노 혹은 청춘이란 뜻의 '유벤타'Juventa에서 비롯되었다고 한다. 카이사르는 한여름이었던 퀸틸리스Quintilis를 자신의 이름을 따서 7월로 만들었다. 아우구스투스는 족보학을 참고하여 열두 달의 이름을 지었다. 9월은 포모나Pomona 여신이 와인을 만들기 시작하는 가을에 오는 계절이고 10월은 씨를 뿌리는 달이다. 까다로운 11월은 별들이 바닷속으로 빠지는 계절이며 12월은 즐거운 축제의 달이며 곧 새해가 시작될 시간이다. 그 즐거운 축제란 크리스마스가 아닌 농신제다. 아우소니우스가 남긴 달력에 관한 시구에는 역시 기독교적 언급은 눈에 띄지 않는다. 그의 시에는 달의 길이와 네 개의 연중 시점을 비롯하여 황도 12궁과 각 계절 그리고 올림피아 경기의 다섯 가지 경기가 주된 테마로 등장한다. 또한 한 달 안에 있는 세 가지 기준일에 대한 시가 두 개 포함되어 있다.

게르만과 켈트족의 달력

○ 초기 게르만인과 켈트족의 달력에 대해서는 알려진 바가 별로 없다. 타키투스는 게르만인들은 특정한 날에 메르쿠리우스Merkur를 위해 인간 희생제를 치렀으며 이때 셈논족이 정해진 시간에 신성한 숲으로 모여들었다고 전한다. 희생제의 시간은 춘분과 추분 그리고 달의 주기를 통해 정해졌다.

켈트족에 대한 기록은 이보다는 좀 더 고무적이다. 카이사르는 켈트족이 1년 중 특정한 시점에 카르누테스족과 함께 오를레앙이라고 추측되는 특정한 곳에서 회합을 가지는데 여기서 한 해의 시작일을 정하고 각 달과 기준일도 결정한다고 기록했다.

아마 이는 해와 달의 주기에 따라 결정되었을 것이다. 대 플리니우스는 한 해와 달의 시작은 신월 후 6일째 되는 날sexta luna로 정했으며 30년 후에 새로운 시대Saeculum가 돌아온다고 덧붙였다.

율리우스력은 한 번에 모든 곳에 도입된 것이 아니었다. 로마의 각 지역마다 나름의 독립성이 이미 정착되어 있었기 때문이다. 이는 고대 후기까지 기독교에 맞서 고유의 언어와 종교를 보존했던 켈트족의 영역인 갈리아 지역에서 잘 볼 수 있다. 1897년에 리옹과 제네바의 중간에 있는 콜로니 지역에서는 149개의 청동 조각이 발견되었는데([그림 14] 참조) 이것은 200년경에 만들어진 갈리아 로마 달력이었다.[58] 여기에선 한 해가 열두 개의 달로 나뉘어 있으며 7개월은 30일, 5개월은 29일로 나뉘었다(부록 그림 20 참조). 그 결과 태양년의 30개월마다 윤달이 생기게 되었다. 이 달은 반으로 쪼개져서 둘로 나뉘었다. 이 달의 이름은 켈트어 어원을 가지고 있는데 현재까지도 해석이 불가능하다. 또한 이 달력에는 마르스의 상이 그려져 있어 고유한 신화 숭배의 특징이 드러난다. 이는 로마 이전 시대의 유산으로 그에 대

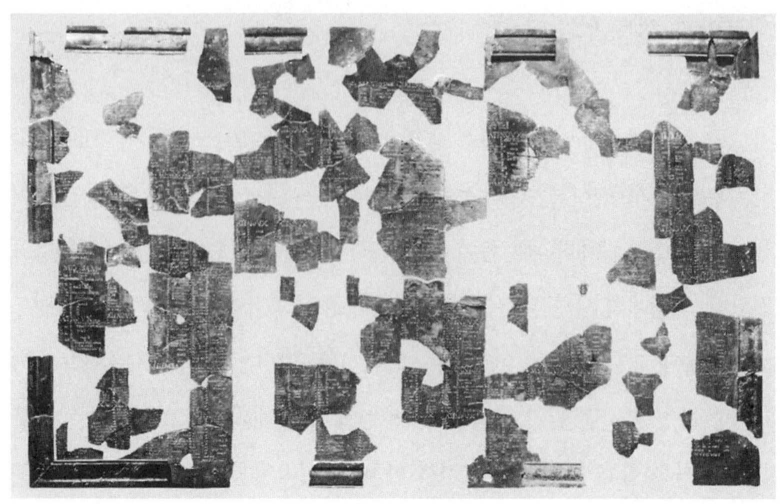

[그림 14] 일부 손실된 채 발견된 켈트족 달력, 리옹.

한 정보가 거의 알려져 있지 않다. 중세의 아일랜드 기독교인들은 한 해를 사계절에 따라 나누었다. 한 해는 율리우스력에 따르면 겨울인 11월 1일 저녁의 사메인Samain 축제와 함께 시작되었고 여름은 5월 1일에 열리는 벨테인Beltaine 축제와 함께 시작되었다. 봄의 시작은 2월 1일의 축제를 통해 환영받았고 가을은 8월 1일에 시작되었다. 2월 1일에는 수호성자인 비르기트Birgit를 맞이하는 축제가 열렸고 11월 1일은 모든 성자의 날이었다. '모든 성자의 밤'All Hallow's Even이라는 어원으로부터 할로윈이라는 날이 탄생했다. 이 축제는 아일랜드에서 미국으로 건너갔다가 다시 유럽에 상륙했다. 하지만 켈트 문화에 심취한 이들이 주장하는 것처럼 할로윈의 풍습이 그 당시의 켈트 문화와 관련된 것이라는 증거는 없다.

마야와 중국 달력

○ 켈트 언어에는 십진법과 더불어 이십진법도 사용되었는데 이는 손가락과 발가락을 모두 더한 숫자다. 따라서 새로운 켈트어에서는 20은 피시fiche, 40은 다 피시da fiche, 60은 트리 피시tri fiche라고 불렸다. 이 시스템은 중세 초기의 마야 문명에서도 이미 사용되었는데 우리는 화상석Reliefsteinen이나 문헌을 통해 그 사실을 확인할 수 있다. 마야인들은 두 개의 달력을 동시에 사용했다. 시민력은 각 20일씩 18개월이 있었고 5일을 더해서 총 365일로 이루어졌다. 하지만 제례용 달력은 인간의 평균 임신 기간을 따라 260일밖에 되지 않았다. 즉, 20일씩 13개월로 나뉘었다. 이 달력은 팥을 이용한 신탁으로 길일과 액일을 정하고 희생제의 날짜를 정했다. 1200년경에 발견된 드레스덴에 있는 마야 시대 달력의 필사본을 보면 일식과 달의 주기, 기후 예보 등의 기록이 남아 있다(부록 그림 21 참조).[59] 신년이 되거나 짝수 해가 되면 이를 기념하는 축제가 열렸다. 20년마다 돌기둥으로 된 달력이 세워졌는데 처음 돌기둥이 세워진 때는 BC 320년이고 마지막 돌기둥은 889년에 세워졌다. 시민년으로는 52년, 제례년으로는 73년이 지나 두 달력이 일치되는 18,980일이 되면 이를 기념하여 성대한 축제가 열렸다.

다른 어떤 초기 민족보다 마야인들은 돌판에 상형문자로 한 해와 특정한 날의 사건들을 기록으로 남기는 것을 좋아했다. 통치자가 바뀐 사건이나 이들의 출생일과 사망일, 전쟁과 건축물의 건설 등은 좋은 소재가 되었다. 마야인들의 시간에 대한 체계를 아즈텍인들이 물려받았다는 사실은 1497년 멕시코에 세워진 돌판 달력에서 드러난다. 1544년에 프란시스코 데 몬테호Francisco de Montejo는 유카탄 지역을 정복했는데 그때부터 마야인들의 땅에서는 기독교 달력이 사용되었다.

중국에서는 BC 104년부터 태음태양력을 사용했다. 한 해의 시작은 동지가 지난 후 두 번째 신월이었다. 이날은 현재까지도 중국인에게는 아주 대중적인 축제로 남아 있다. 중국인 수백만 명이 이날을 맞아 가족을 방문한다. 전통적으로 중국의 달은 여섯 종류의 야생동물과 여섯 종류의 가축으로 상징된다. 양과 원숭이, 닭과 개, 돼지와 쥐, 소와 호랑이, 토끼와 용, 뱀과 말이 돌아가면서 한 달씩 주재한다.

제7장

기독교 달력

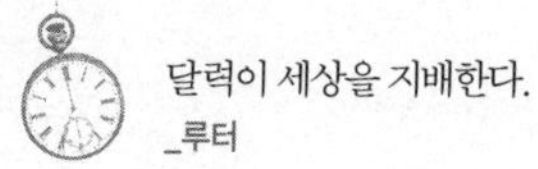
달력이 세상을 지배한다.
_루터

공통 달력의 필요성

○ 로마 제국의 세력이 확장되면서 정치적으로는 통합되었지만 각 민족의 문화나 종교적 다양성은 그대로 보존되었다. 이후 기독교가 전파되며 로마 제국을 종교적으로 통합시켰고 그 영향력이 제국 바깥까지 미쳤으나 역으로 정치적으로는 와해되는 현상이 일어났다. 부작용도 발생했다. 교회의 공식 언어였던 그리스어와 라틴어가 많은 지역적 언어를 대체했고 종교 축제와 각 지역의 달력 시스템 사이에 충돌이 종종 발생했다. 콜리니 지방의 켈트 달력은 비기독교 제국하에서는 가능했지만 기독교인들과 교황의 지배하에서는 존속이 불가능했다. 모든 곳에서 같은 형식으로 동시에 예배드리는 것은 기독교의 근본적인 요소가 되었다. 가령 부활절의 날짜를 언제로 정할 것인가 하는 문제로 이들은 끊임없이 토론해야 했다. 부활절과 성령강림절, 크리스마스 등 종교 행사는 공통된 달력을 필요로 했다. 따라서 시간이 지나면서 국제적으로 공통적인 시간을 확보하는 게 기독교 선교의 핵심적인 요소로 자리 잡았고 동시에 이는 선교의 강력한 무기가 되었다. 로마 시대에 이미 사제들이 책임을 맡았던 달력은 이제 교회의 것이 되었다.

필로칼루스 달력

○ 기독교는 고대의 종교다. 따라서 콘스탄티누스 치하와 그 이후로 시간에 관해서 로마의 전통이 지속되었다는 것은 놀라운 일이 아니다. 로마의 영향은 354년에 만들어진 필로칼루스 달력에 뚜렷이 남아 있다. 부활절에 대한 날짜 계산, 순교자들과 교황 사망일의 기록, 아담 이래 생긴 도시와 세상의 연대기 등 종교적 정통성을 담은 달력의 편집본이 이후 411년까지 만들어졌다.[1] 고대 후기로 내려올수록 이 같은 목록이 강화되었고 온갖 종류의 목록이 포함되었다. 또한 어떤 목록이건 범주화되고 구별되었다. 특이한 소음이나 맛있는 잉어의 목록까지 포함시킬 정도였다.[2]

폴레미우스 실비우스의 달력

○ 필로칼루스의 달력보다 1세기가량 늦게 나온 달력은 폴레미우스 실비우스Polemius Silvius가 448년 혹은 449년에 만들었다는 라테르쿨루스laterculus(타일 모양 혹은 작은 벽돌로 된 판—옮긴이) 달력이다. 12세기에 만들어진 이것의 필사본은 현재까지도 보존되어 있다. 원래 모젤강 유역에 살던 니콜라우스 쿠자누스의 소유였는데 이제는 브뤼셀에 보존되어 있다. 폴레미우스 실비우스는 발렌티아누스 3세 치하에 갈리아 지방의 법관이었다가 이후에는 아마도 아를 지방에서 사제로 복무한 것으로 알려져 있다. 그가 만든 달력은 뒤바뀐 시대가 요구하는 요소들을 포함해서 디자인되었다. 또한 '덜 교육받은 계층'을 고려하여 황도 12궁이나 길일과 액일의 구분과 같은 이해할 수 없는 자세한 내용들은 누락되었다. 한 달은 여전히 칼렌다이와

노나이, 이두스로 나뉘었으며 만세력萬歲曆의 경우 로마의 장날과 함께 요일도 누락되었다. 또한 유대족과 이집트인, 아테네인과 그리스인에게 이들이 사는 곳과 상관없이 똑같은 로마식 달의 개념에 바탕을 둔 달력이 주어졌다.[3]

또한 비기독교적인 요소가 분명한 것들은 거의 모두 배제되었다. 대신 기독교적 요소가 추가되었다. 예수의 생일은 12월 25일인 '동지'에 포함되었고 '춘분' 무렵인 3월 25일에는 수난절과 3월 27일에는 부활절이, 그 외에도 여러 성자들을 위한 기념일이 달력에 추가되었다. 또한 원로회의 모임 일자와 카이사르 이후 황제의 생일과 역사적인 사건, 주요 경기 일자와 춘하추동점 그리고 마치 연중 반복되는 현상이기라도 한 것처럼 기후에 대한 사항이 언급되어 있다. 이러한 요소는 헤시오도스 달력과 마야력, 오늘날의 백년달력에도 스며 있다.

폴레미우스 실비우스는 각 달 사이에 추가적인 요소를 넣음으로써 (부분적으로는 잃어버렸지만) 달력을 더 풍요롭게 만들었다. 여기에는 황제와 '독재자'의 목록, 각 지역과 동물들에 대한 정보, 부활절 날짜에 대한 계산과 로마의 지형학, 시의 내용에 대한 열거, 1,200년 로마 역사에 대한 간략한 개요와 더불어 동물의 울음소리와 무게 측정 방식, 철학 유파에 대한 정보까지 포함되었다. 독자들은 이를 통해 당대의 초보적인 상식을 얻을 수 있었다.[4]

마크로비우스와 베다

○ 필로칼루스 달력과 폴레미우스 실비우스와 마찬가지로 콘스탄티누스 황제 이후의 저작들에는 기독교 이전 시대의 달력에 대한 기록이 많다. 여러 번 언급한 역사가 마크로비우스가 쓴 《농신제》에는 시간학을 비롯하

여 여러 가지 고대의 전통적 주제에 대해 농신제 축제 동안 원로원의 의원들이 나눈 대화가 포함되어 있다. 여기서 눈에 띄는 부분은 기독교적인 요소가 부재한다는 점이다. 이는 636년까지 서고트족의 대주교였던 세비야의 이시도르가 쓴 《시간에 대하여》에서도 비슷하게 발견되는 부분이다. 그의 저서인 《어원사전》Etymologiae과 《기원》Origines, 《사물의 본성에 관해서》De rerum natura에서도 비슷한 점을 발견할 수 있다.

마크로비우스와 이시도르가 고대 문헌을 편집하여 과거의 지식을 전승한 것처럼 베다도 마크로비우스와 이시도르의 내용을 차용하여 자신의 학문을 발전시켰다.

잉글랜드 북부의 뉴캐슬 근처의 재로 수도원에서 학식 높은 수도승으로 살았던 베다는 725년에 앞으로 다가올 해의 요일을 보여줄 목적으로 부활절 날짜를 결정하는 데 중요한 역할을 하는 《시간 이론에 대하여》De temporum ratione라는 책을 썼다. 그에 덧붙여 베다는 대 플리니우스의 《박물지》를 자신의 지식을 확장시키기보다는 전시하려는 목적으로 사용하기도 했다. 베다의 저서는 중세에 두루 읽혔으며 많은 사랑을 받았다. 샤를마뉴 대제의 궁정에서 베다는 가장 권위 있는 교회 사제로 추앙받았다.

샤를마뉴 대제의 달력 개혁

○ 카이사르와 아우구스투스, 콘스탄티누스 이후로 로마 제국을 부흥시킨 샤를마뉴 대제는 달력을 더욱 발전시키고자 했다. 샤를마뉴 대제의 전기를 쓴 아인하르트Einhard에 의하면, 그는 자유학문artes liberales에 많은 관심을 보였으며 대부분의 시간을 천문학을 연구하는 데 보냈다고 한다. 그는

시간을 측정하고 별의 순환을 공부하는 일에 몰두했다. 789년 무렵 샤를마뉴 대제는 아헨의 궁정에서 가장 중요한 학자였던 앨퀸Alcuin에게 시간에 관한 글을 저술할 것을 요구했다. 그가 쓴 글 중 유일하게 남아 있는 헌정 시를 통해서 우리가 알 수 있는 것은, 앨퀸의 시는 예전 텍스트, 특히 베다의 저술 내용을 편집해서 전달한 것일 뿐이라는 사실이다. 샤를마뉴가 '시간'이라는 주제에 대해 보인 관심은 799년에 그가 앨퀸에게 한 질문을 통해서도 잘 알 수 있는데 당시 그는 영원aeternum, 영원성sempiternum, 영속perpetuum, 영원불멸immortale, 중간기saeculum, 시기aevum, 시간tempus의 정확한 의미를 물었다고 한다. 그 의미를 밝히면서 앨퀸은 성경을 인용했다.[5] 789년의 로슈 수도원의 달력에 대한 이야기를 하면서 아르노 보르스트는 1998년에 샤를마뉴 대제가 달력 개혁을 한 증거를 찾았다고 밝혔다. 보르스트는 이후 필사본을 통해 샤를마뉴 대제가 시행한 달력 개혁의 증거를 발견했다.[6] 여기에는 천문학적 자료와 함께 전설적인 성서적 사건과 액일에 대한 이야기가 포함되어 있다. 하지만 중요 뼈대는 로마의 달력과 거의 변함없이 비슷했고 새로운 시간 계산도 없었다. 달력년을 태양년과 일치시키려는 무리한 시도도 없었다. 이 같은 개혁에는 그에 필요한 지식뿐 아니라 이를 실행할 만한 강한 권력도 충분하지 않았다.

라틴어로 되어 있던 달의 이름을 독일어로 바꾸고자 한 샤를마뉴 대제의 시도는 그 후자에 해당된다고 아인하르트는 기록했다. 1월은 빈타르마노트Wintarmanoth(겨울의 달), 2월은 호르눙Hornung(뿔의 달), 3월은 렌트친마노트Lentzinmanoth(사순절 달), 4월은 오스타르마노트Ostarmanoth(부활절 달), 5월은 빈네마노트Winnemanoth(초원의 달), 6월은 브라흐마노트Brachmanoth(여름 경작지, 겨울 경작지, 휴경지로 나뉜 경작지를 쟁기질하는 달), 7월은 헤우비마노트Heuwimanoth(건초 말리는 달), 8월은 아란마노트Aranmanoth(곡식 수확의 달), 9월은 비투마노트Witumanoth 혹은 빈투마노트Wintumanoth(바람의 달), 10월은 빈데미아Vindemia(포도주를 담그는 달), 11월은 헤르비스트마노트Herbistmanoth(가을의 달), 12월은 하일라그마노트Heilagmanoth(크리스마스가 있는 성스러운 달)라고 불렀다. 비슷한 의도로 샤를마뉴 대제는 열두 개의 바람의 방향에 각각 독일어로 된 단어를 부여했으며 모국어인 프랑스어 문법에 대한 글을 쓰기도 했다. 또한 오래된 독일 영웅가를 수집하여 후대에 전하게 했다. 하지만 독실한 기독교인이었던 그의 아들 경건왕 루이는 그런 것에 그다지 관심이 없어 업적이 이어지지 않았다. 이후 1954년에 프리드리히 폰 데어라이엔Friedrich von der Leyen이 이를 재구성하고자 시도했다.

샤를마뉴가 지은 독일식 달의 이름은 그다지 널리 퍼지지 못했으며 라틴어 이름이 여전히 지배적이었다. 하지만 바로크 시대의 시인이었던 프리드리히 폰 로가우Friedrich von Logau의 열두 달처럼 혼합된 형식도 존재했다. 예너Jänner, 호르눙Hornung, 메르츠März, 아프릴April, 마이Mai, 브라흐모나트Brachmonat, 허우모나트Heumonat, 아우구스트모나트Augstmonat, 헤르비스트모나트Herbstmonat, 바인모나트Weinmonat, 빈터모나트Wintermonat, 크리스트모나트Christmonat. 근래에는 이와 비슷한 민족주의 버전도 대두되었는데 로마 가톨릭 전통에 대항하여 순수한 게르만족 어원에 집착하는 이들은 샤를마뉴식의 개념을 받아들여서 자신들만의 방식으로 달의 이름을 게르만식으로 다시 지었다. 1930년대의 학생달력Jahresweisern과 해외독일인협회는 1월을 하르퉁Hartung(정월), 2월을 호르눙Hornung(사슴이 뿔을 떨어뜨리는 시기)이라 불렀다. 또한 3월은 렌츠몬트Lenzmond(사순절 달) 혹은 렌칭Lenzing, 4월은 오스테르몬트Ostermond(부활절 달), 5월은 본네몬트Wonnemond(환희의 달) 혹은 마이Mai라 불렀다. 6월은 브라헤트Brachet(쟁기질 달), 7월은 헤우에르트Heuert(건초 말리는 달), 8월은 에른팅Ernting(수확의 달), 9월은 샤이딩Scheiding(결별의 달), 10월은 길바르트Gilbhart(와인의 달), 11월은 네벨룽Nebelung(안개의 달), 12월은 동지 축제의 이름을 따서 율몬트Julmond 혹은 크리스마스와 연관된 크리스트몬트Christmond라고 불렀다. 하지만 히틀러의 청년 달력은 이 같은 게르만식 이름을 따르지 않고 라틴식 달 이름을 그대로 사용했다. 히틀러의 생일인 4월 20일과 9월 9일(뮌헨 폭동이 일어난 날—옮긴이)을 축제로 삼기 위해서는 라틴어 달력이 더 편리했기 때문일 것이다.

완벽한 달력을 위한 세 번의 시도

○ 최종 해결책이라고 하는 것은 나치의 제3제국의 슬로건에나 존재하거나 우리 삶의 마지막에서 찾을 수 있을 뿐, 자연에서는 찾을 수 없다. 자연 속 시간은 지속되기 때문이다. 따라서 똑같은 주기로 윤날이 발생되는 시스템이란 절대 있을 수 없다. 콘스탄티누스의 달력은 태양년에 비교해서 1년에 전체 12분이 더 있으므로 128년 후에는 하루가 남는다. 그러면 부활절을 정하는 기준이 되는 춘분은 더 이상 맞지 않게 되는 것이다. 이 부분을 1267년에 옥스퍼드의 로저 베이컨Roger Bacon이 교황 클레멘스 4세에게 보내는 편지에서 언급하면서 비판했는데 뒤를 이어 박식가이자 파리 대학의 총장이었던 페트루스 알리아쿠스Petrus Alliacus도 이러한 체계를 비판함으로써 콜럼버스와 루터에게 지대한 영향을 끼쳤다. 하지만 프랑스의 교황 클레멘스 4세 치하에서 달력을 개혁하려던 첫 번째 시도는 1344년 흑사병이 아비뇽을 휩쓸고 가는 바람에 무산되었다. 두 번째로는 로마의 시스티나 성당을 건설한 교황 식스투스 4세에 의해 시도되었는데 법왕청의 천문학자 레기오몬타누스Regiomontanus가 1476년에 느닷없는 죽음을 맞이하면서 이

시도는 실패로 돌아갔다. 세 번째 시도도 1514년에 열린 다섯 번째 라테란 공회의에서 레오 10세가 달력 개혁을 시작하면서 무산되었다. 당시 시간의 개념에서 결점이 무엇인지는 이미 알려져 있었다. 루터는 1538년 8월에 부활절 날짜를 수정하기 위해서는 달력이 태양의 경로와 일치하도록 수정할 필요가 있다고 역설했다. "율리우스 카이사르 시대로부터 1,500년이 지난 지금, 10일이 늦어지고 있습니다."[7] 하지만 오류를 간파하는 것과 그것을 수정하는 일은 별개의 문제였다.

그레고리오 13세의 달력 개혁

○ 비록 단시간에 즉시 이루어진 것은 아니지만 교황 그레고리오 13세의 달력 개혁은 나름 성공적이었다. 오랫동안 시간은 유대인이나 그리스인, 로마인, 기독교인 할 것 없이 대부분 사제의 영역에 속했다. 신을 위한 축제를 계승하는 일에 달력이 중요한 역할을 했기 때문이다. 그리고 기독교 시대에서 부활절의 날짜를 정하는 것은 매우 중요한 문제였다. 콘스탄티누스는 325년에 부활절을 춘분일인 3월 21일로 정해두었지만 (1,200년 후에는) 점점 뒤로 밀려서 3월 11일이 되었다. 개혁의 초안은 페루자의 의사이자 천문학자이며 철학자였던 알로이시우스 릴리우스Aloysius Lilius였다. 지금은 사라지고 없지만 1575년에 그는 달력 개혁에 관한 제안서를 써서 교황의 의사였던 자신의 동생 편에 교황의 학자들에게 전달했다. 릴리우스는 19년마다 1월 1일의 월령月齡이 발생하는 메톤의 순환계산법을 참고할 것을 권유했다. 하지만 릴리우스는 1576년에 자신의 제안이 성공을 거두는 것을 보지 못하고 사망했다. 달력위원회는 그의 제안을 받아들였다. 위원회는 스페

인의 페드로 차콘Pedro Chacon과 이탈리아의 이그나티우스 단티Ignatio Danti, 밤베르크의 수학자인 크리스토퍼 클라비우스Christoph Clavius 등이 주도했다. 이들은 알바니 구릉의 프라스카티에 있는 빌라 몬드라고네의 '스위스 홀'에 모였다. 이 빌라는 교황의 상징이었던 용의 이름이 들어간 곳으로서 교황이 스위스의 대주교였던 마르쿠스 지티쿠스Marcus Sitticus에게서 받은 것이었다. 클라비우스는 릴리우스가 쓴 글을 편집하여 인쇄한 다음 1577년에 유럽 전역의 법원과 대학에 보내 자문을 구했다. 드디어 1582년에 새로운 합의가 이루어졌고 교황은 위원회에서 새롭게 마련한 시간의 규정을 담은 '교서'를 발표했다.[8]

교황 그레고리오 13세는 1563년의 트리엔트 공의회에서 그에게 부여한 '심각한 주제'를 해결해야 할 자신의 임무를 언급한 바 있다. 여러 임무 중에서도 가장 중요한 문제는 3월 21일 후의 보름달 이후에 찾아오는 첫 번째 일요일을 부활절로 결정하는 부분이었다. 이전의 달력을 되짚어본 교황은 누적된 오차를 해결하기 위해 열흘을 삭제하라 명령한다. 중요한 교회의 축제에 방해가 되지 않으려다 보니 삭제할 열흘은 10월 5일부터 14일까지로 결정되었다. 10월 4일 목요일은 10월 15일 금요일로 곧바로 이어졌고 요일의 공백 대신 날짜의 공백이 발생했다. 그러다 보니 터키군을 상대로 한 1571년의 레판토 해전에서 승리한 것을 기념하여 비오 5세가 지정한 10월 7일의 승리의 성모 축일이 빠지게 되었고 10월 12일의 순교자 기념일도 부분적으로 연기되었다.

달력위원회는 최종적으로 한 해의 길이를 365일 5시간 16초로 정했다. 이를 위해 위원회는 1272년에 카스티야의 알폰소 10세의 명을 받아서 랍비 이삭 아벤 사이드Isaac Aben Said가 제작한 행성도인 알폰소 표를 만들어 사용했다. 이는 아라비아 천문학자들의 작업을 바탕으로 만들어진 것이었다.

이를 기반으로 4년마다 윤년이 돌아오는 것으로 정했다. 1700년과 1800년, 1900년은 평년으로 하고 2000년과 2400년은 윤년으로 하며 2800년은 평년으로 하는 대신 2900년은 윤년으로 한다. 다가오는 윤년에 대해서는 아직 확실히 동의되지 않은 부분이 많다. 자연 시간과 달력 사이의 틈은 점점 줄어들고 윤날 사이의 간격은 점점 길어지고 있지만 학자들이 난제를 해결하기에는 시간이 좀 더 걸릴 것이다. 이 난제는 로마에서 해결되어야 할 것이며, 만약 해결한다면 로마는 영원의 도시가 될 수 있을 것이다. 괴테는 윤날에 대한 풍자시를 '수수께끼'라는 제목에 담아 썼다.

모두 똑같이 생긴
수많은 형제들의 형제이며
위대한 아버지의 왕국에서
수많은 연결고리 중 꼭 필요한 연결고리
하지만 우리는 그를 잘 볼 수 없다네.
마치 중간에 투입된 아이처럼
사람들은 자기들이 할 수 없는 일에만
그를 필요로 한다네.

교황은 루돌프 황제와 왕자들에게 달력 개혁을 시행하도록 종용했으나 새로운 달력과 그와 관련된 《로마순교록》Martyrologium을 출판하는 그럴싸한 일은 그 자신이 손수 맡았다. 그가 만든 달력의 최종적인 형태는 '교황의 책무 기간이 10년이 되는 1581년 3월의 이두스 6일 전(2월 24일) 투스쿨룸'에서 완성되었다. 프라스카티 대신에 투스쿨룸이라는 장소를 특별히 언급한 것은 교황 첼레스티노 3세에 의해 헨리 6세가 왕위에 오른 지 이틀 후인

1191년 4월 17일 대 카토와 키케로의 도시로 유명했던 투스쿨룸이 완전히 파괴되어 로마인들과[9] 생존자들은 '벌목 도시'였던 프라스카티로 이주해야 했기 때문이다.

교황이 만든 달력은 개혁 이후로는 2월 13일을 새롭게 부활시켰다. 하지만 원래의 2월 24일, 즉 3월의 칼렌다이의 6일 전날이 윤년에서 '악마의' 두 개의 6일과 일치하는 로마의 테르미날리아 축제의 하루 뒷날이라는 것은 아이러니한 우연이라고 볼 수 있다. 하지만 1581년 피렌체에서는 성수태고지(마리아에게 예수 잉태를 알린 것—옮긴이)일에 따라 3월 25일을 한 해의 시작으로 삼았는데 율리우스력에 따르면 그날은 1582년에 속했다. 그다음 해는 1월 1일부터 시작되었다. 카이사르 치하인 45년의 혼란스러운 한 해annus confusionis(율리우스력을 공포한 해를 의미한다.—옮긴이)와는 달리 바티칸은 새롭게 개혁된 해annus correctionis를 기념하는 동전을 발간했다. 앞부분에는 가장 위대한 그레고리오 13세 수석 대사제라는 활자와 함께 교황의 상반신을 새겼는데 이는 한때 주피터에게 헌정했던 '가장 위대한 신'deus optimus maximus이라는 찬사를 상기시킨다. 동전의 뒷면에는 봄날에 뛰어노는 양과 함께 제 꼬리를 먹는 용의 형상drakon uroboros 그리고 유명한 복원 연도ANNO RESTITUTO MDLXXXII(1582년을 의미한다.—옮긴이)라는 글귀가 새겨져 있다.

그레고리력의 전파

○ 이 개혁은 달력의 역사에서 엄청난 진전을 의미했다. 예전에는 128년마다 하루의 윤날이 발생했지만 그레고리력은 4,700년마다 겨우 하루의 오차가 발생한다. 이러한 장점에도 불구하고 그레고리력이 전파되는 데는 수

세기가 걸렸다. 또한 달력을 전파하는 과정에서 폭력적인 충돌도 종종 발생했다. 새로운 달력이 가톨릭 국가에 전파되는 것은 매우 빨랐지만 다른 나라들에는 그렇지 않았다. 그레고리오 13세는 청교도들이 지배하는 국가와 대학에서의 달력 개혁 계획을 포기했다. 청교도였던 케플러는 "교황의 뜻에 맞추어 사느니 태양에 등을 지고 살겠다."고 했다. 마침내 교황 그레고리우스 13세는 1572년 8월 23일과 24일 위그노(청교도)의 학살이 발생한 성 바르톨로메오 축일을 기념하며 〈하느님께 성가를〉Te Deum이라는 축가를 부르게 했다. 아무튼 개혁된 달력이 뿌리를 내리기까지는 상당한 시간이 걸렸다. 청교도 국가였던 프로이센 공국의 경우 1612년에 그레고리력을 받아들였다. 1648년의 베스트팔렌 조약은 날짜가 두 가지로 명시되었는데 하나는 7월 27일이고 또 하나는 8월 6일이었다. 그러다가 1700년에 와서야 독일 전역과 덴마크에서는 2월 18일 이후에 3월 1일이 온다는 개혁안이 레겐스부르크의 의회에서 결정되었다. 또 1700년에는 기념 메달도 주조되었는데 여기에는 황도 12궁과 태양이 새겨져 있고 두 개의 달력 날짜와 함께 베르길리우스의 네 번째 〈전원시〉를 변형한 내용이 나온다. "많은 수의 시간이 새롭게 태어났다."magnus ab integro saeclorum nascitur ordo라는 구절은 "정의로운 숫자의 질서가 태어났다."iustus ab integro numerorum nascitur ordo로 바뀌었다. 이로써 독일어권 국가에서 처음으로 통일된 달력이 보급되었다.

스위스에서, 더 정확하게는 제네바에서는 명사들이 해산물 연회를 여는 것으로 이날을 축하했다. 이는 뉘른베르크와 작센 지역에서 주조된 기념 동전에서도 볼 수 있다. 이후 개혁된 달력을 쓰는 지역이 점점 늘어나게 되었고 바젤란트는 1844년 마지막으로 이 흐름에 합류했다. 영국은 1752년에 그레고리력을 받아들였고 스웨덴은 1753년, 일본은 1873년, 중국은 1912년에 각각 그레고리력을 도입했다. 하지만 그리스 정교회가 지배하는 국가에서는 그레고리력을 받아들이는 데 강한 저항을 보였다. 불가리아에서는 1916년, 루마니아는 1917년에 그레고리력을 적용했고 러시아에서는 1918년 레닌의 주도하에 그레고리력이 도입되었다. 게르기오스 2세George II가 지배했던 그리스의 경우 1923년에야 새로운 달력이 사용되었다. 하지만 정통 기독교 교회는 여전히 율리우스력에 따라 부활절을 맞이했는데 그사이 그레고리력과는 13일이나 오차가 발생했다. 터키는 '터키인들의 아버지' 케말 파샤Kemal Pasha가 통치하는 동안 1927년에 새로운 달력을 받아들였다. 나아가 그는 1935년에 금요일 대신 일요일을 휴일로 삼았으며 이를 '장날'bazar과 같은 개념인 'pazar'라고 칭했다. 동시에 케말 파샤는 24시간제를 도입했다. 1938년 11월 10일 이스탄불의 돌마바흐체 궁전에서 오전 9시가 지난 지 얼마 되지 않아 그가 숨을 거두자, 모든 시계가 동시에 '저절로' 멈췄다고 한다.

해외에 그레고리력이 전파된 것은 제국주의의 힘이 컸다. 하지만 많은 나라들이 독립 이후에도 유럽식 시간 개념을 그대로 유지했다. 인도에 있던 30여 개의 달력과 20여 개의 연력은 1949년 영국이 물러나면서 함께 사라졌다.[10] 이슬람 국가들이나 이스라엘, 중국과 일본을 비롯한 여러 나라의 종교적 우화나 민속담에서는 여전히 전통적인 달력이 등장한다. 하지만 과거에는 민족적인 상징이었던 달력이 현재에 와서는 중립적인 의미를 가진 전 세계적 문명의 도구가 되었다는 사실을 비기독교 국가들은 잘 이해하고 있다.

한 해가 시작되는 날은 언제였을까

○ 오늘날 세계의 많은 나라에서 사용되는 신년인 1월 1일은 BC 154년

의 원로회 칙령에 바탕을 둔 것이지만 중세 이래로 여러 가지 형태로 수정되고 중단되기도 했다. 고대 로마인들은 한 해를 갈리아의 캄푸스 마르티우스 지역 마르히펠트 평원에서 군대의 행진과 함께 시작했는데 이 관습은 8세기 프랑스 롬바르드족의 메로빙거 왕조에까지 전승되었으며 베네벤토인들은 12세기, 러시아와 베네치아 공화국은 13세기까지 이 같은 방식으로 새해를 맞이했다. 1월과 2월은 이전 해로 간주되었다. 영국은 4월 1일에 한 해의 시작을 맞이했다. 러시아와 시리아의 기독교인들이 따랐던 비잔틴식 해는 9월 1일에 시작되며 네스토리우스Nestorians파는 10월 1일에 새해를 맞이했다. 에티오피아인들은 하일레 셀라시에Haile Selassie의 통치기까지 한 해의 시작을 9월 11일에 맞이했다.

종종 기독교의 기념일이 한 해의 시작이 되는 경우가 있었다. 물론 지역마다 그날은 달랐다. 중세 후기 라인강 근교의 카체넬른보겐Katzenelnbogen 백작령에는 네 가지의 다른 새해 계산 방식이 나란히 존재했다. 세 가지 날짜는 대주교의 관할구에 따른 것이었다. 마인츠의 경우 새해가 크리스마스에 시작되었다. 이 같은 스타일은 카롤링거 왕조 때부터 내려오던 방식으로 801년에 아인하르트가 만든 공식 연감에 샤를마뉴 대제의 즉위식이 포함된 연유를 여기서 찾을 수 있다. 쾰른에서는 한 해가 부활절과 함께 시작되었는데 11세기 이후로는 프랑스와 네덜란드, 스위스에도 이 같은 관습이 전파되었다. 이러한 새해 계산 방식으로 인해 한 해의 길이가 균일하지 않은 결과가 발생했다. 트리어 지역에서는 성수태고지일인 3월 25일에 새해가 시작되었는데 이는 크리스마스 아홉 달 전인 춘분이었다. 또 동시에 예수가 십자가에 못 박힌 날이자 부활절이기도 했다. 어떤 곳에서는 하느님의 창세를 기념하는 날이기도 했다.

1월 1일을 새해 첫날로 하는 방식은 오랫동안 기독교의 근엄함과는 상관

없는 것이어서 결국 567년 투르의 종교회의에서 거부당했다.[11] 하지만 이 같은 분위기는 1300년경 《루카 복음서》 2장 21절에 나오는, 태어난 지 8일째 되는 예수의 할례와 작명이 1월 1일에 이루어졌다는 주장이 대두되면서 변화를 겪게 된다. '할례와 관련된 새해 계산 방식'은 이전에는 거의 문헌에 나오지 않을 뿐 아니라 중세 후기에나 그 중요성이 대두된 것이다. 이를 선구적으로 실행한 도시는 자유시였던 프랑크푸르트였다. 1564년 샤를 9세는 이 방식을 프랑스에 도입했지만 그다지 대단한 성공을 거두지 못했고 비엔나의 수상도 나중에 크리스마스를 새해의 시작일로 바꾸었다. 1691년 교황 인노첸시오 12세는 1691년 1월 1일을 공문서용 인장印章을 사용하는 새해 첫날로 공표했다. 1908년 이래로 이 인장은 민회에서 사용되었다. 러시아에서는 표트르 대제의 명령에 따라 천지창조로부터의 추정일인 7208년 9월 1일 대신에 1700년 1월 1일이라는 새로운 달력을 사용했다. 영국에서 전 국무장관이었던 체스터필드 경은 새로운 새해를 1753년부터 적용하기 위해 2년 동안 지속적으로 여론을 조성했고 그 후 다른 유럽의 여러 나라도 영국의 방식을 따르게 되었다. 그때부터 근대의 달력 개혁 과정에서 1월 1일이 새해라는 데는 더 이상 이견이 없게 되었다.

새해를 축하하는 로마식 관습은 사제들에게서 그다지 환영을 받지 못했다. 692년 콘스탄티노폴리스 황궁의 원형 홀 트룰로실에서 소집한 기독교 공의회에서는 새해 첫날 연회를 개최하는 것이 금지되었다. 그럼에도 불구하고 이 관습은 지속되었고 선물을 주고받는 풍습은 1400년 무렵부터는 크리스마스로 옮겨갔다. 러시아에서는 아직도 새해에 선물을 주고받는다. 16세기부터는 크리스마스 선물을 동전으로 주고받는 풍습도 생겨났는데 베네치아에서는 야생오리를 뜻하는 유켈리uccelli라는 단어에서 비롯된 오셀레oselle 동전으로 선물을 대신하기도 했다. 새해의 복을 빌어주는 행운의 상징이었던 요아킴스탈Joachimstal의 은화는 원래 아기 예수가 새겨져 있었으나 이후에는 종교적 행운의 징표로 대체되었다. '새해 복 많이 받으세요!'라고 서로에게 덕담을 하는 풍습은 고대 로마 시대로 거슬러 올라간다. 이 같은 덕담은 생일 축하 덕담과 마찬가지로 모든 이와 나누는 인사였다. 새해에 축포를 터뜨리는 풍습은 고대에 시끄러운 소리를 내서 악귀를 쫓아내던 신앙에서 유래된 것이다.

인쇄술과 달력의 진화

○ 중세 말엽 중앙 유럽에서의 시간 개념은 아우구스투스 시대처럼 점점 강화되고 분명해졌다. 이는 시계의 보급이 확대되고 달력의 사용이 증가하면서 드러났다. 시간이 좀 더 작은 단위로 인식되면서 관리하기가 점점 더 쉬워졌다. '분리해서 지배하라!'Divide et impera라는 명제는 시간 관리에도 적용할 수 있다.

달력은 인쇄술에도 영향을 미쳤다. 달력은 가장 오래된 대량 종이 인쇄물이다. 구텐베르크의 휴대용 인쇄기가 발명되기 전에도 나무판에 달력을 새겨서 인쇄하기도 했는데 가령 요한 쉰델Johann Schindel이 1439년에 만든 슈바비슈 그뮌트 궁전의 달력이나 뉘른베르크의 레기오몬타누스나 아우크스부르크와 스트라스부르, 울름과 에르푸르트의 출판업자들이 만든 것 같은 휴대용 인쇄기들이 연이어 등장했다. 이 달력들은 요일이 없는 만세력이었다. 1513년에는 완벽하게 한 해를 정리한 달력이 뉘른베르크의 프리드리히 페이푸스Friedrich Peypus에 의해 인쇄되었다. 1678년까지 43종의 달력이 등장했다.[12] 1550년 이후로는 대부분의 달력에서 한 달 안의 날짜를 숫자로 표기했고 로마식 날짜는 거의 사용하지 않게 되었다.

성인들의 날

○ 이 모든 달력에서는 각 달과 날의 표기 외에도 여러 부차적인 정보가 포함되었는데 특히 종교축제와 축일, 생일로 잘못 표기된 순교자의 사망일 등이 달력에 포함되었다. 성탄절nativitas은 거의 달력에 나타나지 않았다. 성자들에 대한 신앙은 로마의 후견인-수혜자 문화에서 비롯된 것이다. 수혜자가 법정에서 후견인의 도움을 기대하듯이 신자들은 하느님의 은총을 입은 성자들의 개입을 기대한 것이다. 황제에게 어떤 청이건 하려는 자는 법원의 관료로부터 탁신을 받아야 했다. 구원에 필요한 이 같은 중재적 요소는 고대의 종교에서는 찾을 수 없다.

순교에 관련된 활자화된 기록은 심문 기록까지 포함해서 이미 2세기부터 시작되었다. 순교자에 대한 추도문이나 기록은 순교 기념일에 낭독되었고 초기부터 달력에 포함되었다. 가장 오래된 순교자의 기록인 로마의 순교자 23인 기념일은 354년의 필로칼루스 달력에서도 찾을 수 있으며[13] 5세기부터는 《예로니모 순교록》Martyrologium Hieronymianum이나 베다의 114일 성자 기록,[14] 동방교회의 메놀로기온Menologion, 혹은 성인전Synaxarien 등으로 지속적으로 확대되었다. 855년에 비엔나의 아도Ado 주교가 만든 달력에는 '빈 날'이 단 하루도 없다.[15] 로마 가톨릭 교회의 각종 카탈로그는 달력을 기준으로 만들어졌으며 1643년부터 벨기에의 볼랑디스트Bollandists에 의해 67권의 《성인전집》Acta Sanctorum이 발간되었다. 그리스 정교회도 자체의 성인력을 가지고 있었는데 여기에는 콘스탄티누스 1세를 기념하는 5월 21일도 포함되어 있다. 성인의 수는 종종 한 해의 날짜 수를 능가하기도 했으므로 특정 날짜에 여러 성인의 날이 겹치기도 했다.

반대로 민중들에게 널리 알려진 성인은 여러 기념일을 지니고 있었다. 마리아의 경우 기념일이 20여 개나 되었다. 431년, 마리아가 이승을 하직했다는 전설적 장소인 에페수스의 공의회에서는 마리아를 '성모'로 숭배하자는 합의가 이루어졌고 성모숭배가 공식화되었다. 수태일과 출생일, 교회에 현신한 날짜와 약혼일, 수태고지일, 산통일과 성모 칠락 축일, 승천일 등이 기념일에 포함되었다. 이러한 성축일들은 그 기원을 7세기부터 찾을 수 있다. 1950년 교황 비오 12세는 교좌선언ex cathedra을 통해 성모가 승천했다는 교리를 내세웠고 그 날짜를 8월 15일로 삼았다.

성경의 메시지에 감화되어 선교에 나서라는 '신앙은 신앙을 퍼뜨리는 것이다!'라는 기치에 어울리게, 기독교 시대의 달력은 필연적으로 종교적 회고록으로 채워졌다. 순교자와 여러 성인들의 날 이외에도 구원의 역사에 어울리는 수많은 중요한 행사들이 있었다.[16] 그 예로 1월 25일은 바오로의 다마스쿠스 회심일回心日이며 2월 13일은 지옥의 창조일, 2월 15일은 예수가 사탄의 유혹을 받은 날, 2월 18일은 인류의 타락일, 3월 18일은 창세일이자 가브리엘이 대천사가 된 날이고 3월 19일은 성모와 요셉의 결혼기념일이자 요셉의 사망일, 3월 25일은 예수수태일이자 예수가 십자가형에 처해진 날, 4월 4일은 홍수 시작일, 4월 30일은 유다의 자살일 등이었다. 하지만 기독교 성인력이 세계 어디서나 똑같지는 않았고 지역에 따라 다양한 형태로 나뉘었다. 1670년에 출간된 뉘른베르크의 그리멜스하우젠Hans Jakob Christoffel von Grimmelshausen의 《만세력》Ewigwährende Calender은 성서에 관한 정보뿐 아니라 역사와 난해한 요리법이나 이후에 그림형제 동화에 다시 등장하는 〈곰 가죽을 입은 사나이〉Ersten Bärenhäuter 같은 짧은 이야기까지 포함하고 있다. 달력은 라틴식 숫자와 아라비아식 숫자를 동시에 사용하고 있다.[17] 축제력은 변화의 가능성이 많으므로 수정본은 필수였다. 따라서 1969년에 교황 바오로 6세는 성 바바라와 성 크리스토퍼, 성 니콜라스의 기념일을 중단시켰지만 이들의 인기는 사라질 줄 몰랐다.

달력에 성인의 날을 표시하기 전부터 학교에서는 성자들에 대한 교육을 위해 연상기억법을 가르쳤다. 13세기부터 새해의 시작 무렵에 할례와 야누아리우스Januarius의 야누스가 결합된 치시오야누스Cisiojanus(성인과 그들의 축일을 외우기 쉽게 하기 위해 사용되었다는, 음절로 표시된 달력—옮긴이)가 배포되었다. 이는 열두 개의 6보격 시로 이루어진 달력으로서 중요한 성인들의 이름을 새긴 365일 단위의 달력이다. 치시오야누스는 여러 지역에 분포되었는데[18] 이는 현실적으로 특정한 시간을 표시하는 것이 얼마나 힘든 일이었는지를 잘 보여준다.

달력에 성인의 날을 정해서 표기하는 방식이 인기를 끌면서 새로 태어난 아이에게 성인의 이름을 붙여주는 방식이 널리 퍼지게 되었다. 따라서 1483년 성 마르티노Martinus의 축일(11월 11일) 전날에 태어난 루터의 이름은 마르틴이었다. 1843년 슈타이어마르크의 가난한 농부의 아들로 태어난 시인 페터 로제거Petter Rosegger는 생일 다음 날의 베드로 축일(8월 1일)의 이름을 따서 페트리 케텐파이어Petri Kettenfeier라는 세례명을 받았다고 전해진다. 오늘날에는 성인의 이름을 딴 이름이 그다지 인기 있지 않다. 과거의 이러한 풍습은 대체로 종교적 제의에 힘입은 바가 크다. 11월 11일의 성 마르티노 축일에 아이들을 앞세운 등불 행렬은 '누구도 자신의 재능을 숨기지 말아야 한다'는 《마르코 복음서》의 구절에서 유래된 것이다. 또한 마르틴의 거위는 성 마르티노가 투르의 주교로 임명되는 것을 피하기 위해 거위 우리로 숨었다는 일화를 떠올리게 한다. 잘 알려진 또 다른 성자의 축일로는 6월 24일

세례 요한의 생일로 까치밥나무가 성숙하고 성 요한의 불꽃이 타오르는 날이기도 했다. 또한《사도행전》15장의 예루살렘 사도회의를 기념하는 6월 29일의 성 베드로와 성 바오로의 날도 있으며 용을 죽인 대천사인 미카엘 대천사의 날인 9월 29일도 있었다. 11월 22일인 성녀 체칠리아Cecilia의 날은 음악의 날이기도 했다. 또 성 바바라의 날인 12월 4일에 자른 벚나무는 크리스마스에 꽃 피는 것으로 알려졌다. 성 니콜라우스 축일(12월 6일)은 전통적으로 성대한 축제의 날이기도 했는데 미국에서는 산타클로스가 크리스마스의 대부이다. 연말에 찾아오는 새해는 교황에 의한 콘스탄티누스의 전설적 세례일을 떠올리게 하는데 세례 선물로 황제는 교황에게 서로마 제국을 지배하도록 했다.[19] 이 사건은 역사상 가장 성공적인 사기극이기도 했다.

금식일 풍습

○ 성인들에 대한 기념일과 함께 금식일을 정하고 금식하는 풍습은 오래된 기독교의 전통이기도 했다. 음식뿐 아니라 여러 요소에 대한 금욕적 측면은 거의 모든 종교에서 공통적으로 볼 수 있는 현상이다. 신자들은 금욕적인 포기를 통해서 동물적인 본능을 넘어서는 의지력을 증명하고 십계명에 신성하게 복종하는 모습을 보여주었다. 금식은 종종 종교적인 축제와 관련되었다. 유대인들에게 있어서 금식은 누더기 옷과 재를 바르고 고행하는 일의 일부이며[20] 속죄일의 관습이기도 하다.

예수는 바리새파의 금식에 반대했으나(마태 6:16) 금식은 여전히 기독교인들에게 공통된 관습이었다. 2세기 초 사도들의 가르침인《디다케》Didache는 예수의 십자가형을 기려서 금요일을 금식일로 삼았으며 수요일을 유다가 배신한 날로 삼아 이후에 기념일로 끼워 넣었다. 금식일 전에는 위선자들인 유대인과 월요일, 목요일을 조심하라는 경고가 주어졌다. 금식일은 한때 아타나시우스(4세기에 활동했던 알렉산드리아의 총대주교—옮긴이)에 따라 부활절 40일 전부터 시작되었으며 1년 사계절 각 사흘씩 금식 및 기도하는 사계대재일四季大齋日 전에도 탄원과 참회의 시간이 요구되었다. 1966년부터 가톨릭의 금욕법이 시행되었다. 기본적으로 금욕은 하면 할수록 커다란 미덕이 되며 힘들수록 그 미덕은 더 커진다고 본다.

성경 구절이 담긴 달력

○ 청교도들에게 성인의 날이나 금식일은 별다른 종교적 의미가 없었다. 모라비안 형제단Moravian Brethren은 매일의 헌신을 일상적으로 실천하기 위해 친첸도르프Nikolaus Ludwig von Zinzendorf의 '슬로건'이 새겨진 달력을 해마다 인쇄하여 배포했다. 내가 가지고 있는 1935년에 인쇄된 달력에는 매일 성경에서 인용한 두 구절의 글귀가 적혀 있는데 하나는 구약, 다른 하나는 신약에서 발췌한 것이다. 교회에서는 일요일은 그리스도의 날, 월요일은 선교의 날, 화요일은 가족과 학교의 날로 정했고, 수요일은 친구와 친척을 위한 날, 목요일은 고향의 날, 금요일은 모라비안 교회를 위한 날, 토요일은 감사의 날로 삼았다. 친첸도르프가 1728년 5월 3일에 처음 제시한 군대식 '슬로건'은 다음 날을 위한 격언이었다. 1731년부터 이러한 슬로건을 담은 달력이 해마다 인쇄되었으며 50여 개국에 번역되었다. 친첸도르프의 달력을 즐겨 읽은 유명한 독자 중 한 사람은 두른에서 유배 생활을 하고 있던 황제 빌헬름 2세였는데 그는 달력 옆에 그만의 작은 주석을 적어놓기도 했

다. 2015년에는 이 달력의 285번째 판이 발간되었다. 차라리 성경책을 읽는 것이 더 낫지 않을까 싶긴 하지만 잘게 부순 음식이 소화시키기도 쉬운 법이다.

길일과 액일을 미리 알려주는 달력

○ 달력의 각 날짜들은 신앙과 구원에 관한 것뿐 아니라 세속적 성공과 미신을 좇는 면도 있었다. 15세기의 아라비아 마법 주문책이 큰 인기를 끌었던 것은 단지 시간술chronomancy에 관한 것뿐 아니라 별자리에 따른 길일과 액일을 미리 얘기해주었기 때문이다. 별들은 거짓말을 하지 않는다! 이미 이집트인과 바빌로니아인들은 요일의 특징을 세부적으로 구별해놓고 있었다. 헤시오도스는 그에 관한 목록을 만들었고 헤라클레이토스는 이를 비판했지만 그리 성공하지는 못했다. 비잔틴 제국의 리두스가 540년에 쓴 《흉조에 대해》De ostentis에는 하루하루에 깃든 천계의 의미가 적혀 있다. 대중적인 천문학은 하루하루의 고유한 특성을 보여주는 데 필요한 자료를 제공했으며 달의 주기도 이에 포함되었다. 15세기에서 18세기까지는 마법사라는 소문이 돌았던 알베르투스 마그누스Albertus Magnus가 만들었다고 하는 비슷한 달력 혹은 고대 바빌로니아와 그리스의 지혜를 받아들인 달력이 성행했다고 한다.[21]

교회의 권력자들은 달력에서 이 같은 오해의 요소를 없애려고 노력했지만 달력을 구성하는 것은 성서적 사건만은 아니었다. 가령 벌목 노동자들은 성 세바스티아노가 나무화살에 맞아 숨진 날(1월 20일)이나 솔로몬을 위한 사원을 만드는 날(10월 7일) 그리고 노아가 방주를 만들기 위해 나무를 자른 날(10월 31일)에는 숲에서 일하지 말 것을 권유 받았다. 17세기의 달력에는 결혼하기 좋은 날과 채혈하기에 적합한 날, 보물을 발굴하기에 좋은 날까지 언급되어 있었다.[22] 이 같은 달력은 연례 축제력으로 인쇄되어 주로 행상인들이 판매했으며, 특히 시골에서 무척 인기가 많았다.

액일을 피하는 풍습

○ 액일에 대한 묘사도 자세하게 나와 있는데 모두 합치면 거의 42일 정도였다. 가령 4월의 첫 번째 월요일은 카인이 자신의 동생 아벨을 살해한 날이기 때문에 액일로 간주되었다. 8월의 첫째 월요일은 소돔과 고모라가 멸망한 날로 역시 액일이었다. 또한 11월의 첫 번째 월요일은 유다의 생일이라 역시 액일이었다. 특정한 사건이 있은 후의 월요일은 보통 흉조가 깃든 날로 인식되었다. 또 가장 불길한 날은 4월 1일과 8월 1일, 12월 21일인데 이날은 루시퍼가 천국에서 쫓겨난 날이기도 하다. 3월 25일은 요셉이 이집트에 팔려간 날이며 4월 30일은 유다의 어머니가 유다를 수태한 날이다. 12월 28일은 베들레헴의 죄 없는 사람들이 학살당한 날인데 어느 해에 그날이 수요일이나 금요일일 경우 그해의 같은 요일은 사람들로부터 외면당했다. 선원들도 역시 '13일의 금요일'을 두려워했다.

남독일 지방에서는 32일의 무위일Schwendtage(아무것도 시작하면 안 되는 날—옮긴이)을 지키는 풍습이 있었는데 특히 의학 분야에서 이는 큰 역할을 했다. 약을 복용하기 시작하거나 의학적 치료를 시작하는 데 있어서 이날은 액일로 간주되었다. 중세에서 널리 퍼졌던 '위험한 날'kritischen Tage이라는 개념은 마르쿠스 아우렐리우스의 주치의였던 고대의 유명한 의사 갈레노스가 한 달에 4일의 액일에 대해 경고하는 것에서부터 유래했다. 과거의 숫자 점술학에 대한 정보를 담은 인쇄 매체들은 이 같은 개념이 전파되는 데 커다란 역할을 했다. 우리는 구텐베르크가 지식을 확장시킨 사실에 대해서는 자랑스러워해야겠지만 사람들의 미신이나 어리석음도 역시 전파시켰다는 사실을 잊지 말아야 할 것이다.

가짜 바오로Pseudo-Paul나 일부 교회 신부들이 이 같은 풍습을 미신이라고 치부하긴 했지만 이러한 풍습이 중세 혹은 근대에까지 전파되어 있었다는 증거도 있다.[23] 황제 헨리 4세는 화요일을 싫어했다고 알려져 있으며 히틀러는 금요일을 투쟁일로 삼았다고 한다. 나폴레옹과 비스마르크,[24] 로널드 레이건은 계획을 짤 때 특정 요일에 따른 선택을 했다고 알려졌다. 일본 학자들은 일본에는 여전히 오늘날까지도 그런 풍습이 이어지고 있다고 전한다.

백년달력

○ 성인의 이름과 축일뿐 아니라 달력은 근대 초기부터는 일종의 '현실적인 달력'의 역할을 해왔다. 특히 요일에 대한 정보나 일기예보 등이 인기를 끌었으며 대중들의 호응을 받았다. 449년에 만든 폴레미우스 실비우스의 달력에도 마치 실제로 일어나기라도 하는 양 각 요일마다 바람이나 폭풍우, 추위와 더위, 안개와 우박 등의 일기를 예보한 정보가 덧붙어 있었다. 켄소리누스도 12년을 기점으로 같은 기후 주기가 반복된다는 칼데아 이론을 언급하기도 했다. 이 같은 추정이 1701년에 만들어져 1800년까지 사용된 백년달력의 배경이 되었다. 이것은 사제 마우리티우스 크나우어가 만든 달력의 요약본으로, 수년 동안 수집한 기상학적 정보와 천문학적 정보를 점

성학적으로 해석하고 농부들의 기후에 대한 정보와 혼합하여 만든 것이다. 크나우어가 말한 기후의 7년 주기설은 이후 100년 주기설로 확대되어 사용되었다. 100년이라는 마법의 숫자는 이러한 예측을 거짓말이라고 할 수 있는 주장을 덮을 수 있는 충분한 기간을 제공해주었다. 1779년, 당시 프러시아 제국의 달력을 독점적으로 관리하던 베를린 과학 아카데미는 프리드리히 대제의 명령을 받고 기후 예보를 달력에서 누락시켰다. 그러자 달력의 판매가 극적으로 감소하여 일기예보가 다시 달력에 포함되기에 이르렀다.[25] 백년달력은 늘 새로움을 자랑하는 베스트셀러였다. 이 달력은 현재까지도 시중에 나온다. 현재 이 달력은 '세상은 속기를 원한다'Mundus vult decipi라는 이름으로 판매되고 있다.

예측일의 위력

○ 기후를 미리 예측하고자 하는 바람은 농업 부분에서 특히 중요한 사항이었으며 이는 예측일에 대한 믿음으로 이어졌다. 근대 초기부터 이 같은 날은 여러 달력에 '농부들이 사용하는 날'로 기록되었다. 이는 특정한 날의 기후를 통해 미래의 몇 주 혹은 몇 달의 날씨를 예측할 수 있다는 개념에 바탕을 두고 있다.[26] 이에 따라 크리스마스에서 예수공헌대축일Epiphany에 이르는 12일 동안 다음 12개월의 날씨가 어떨지 예측할 수 있었다. 1월의 첫 번째 12일도 이 같은 일기예보적 기능을 담당했다. 사순절 기간 동안 네 번의 금요일은 사계절과 같은 의미를 지녔다. 수십 개의 성인의 날은 미래의 기후를 예측하는 데 도움이 되는 날이기도 했다. 물론 6월 27일의 그라운드호그 데이(다람쥐과 동물 마멋으로 겨울이 얼마나 남아 있는가를 점치는 날

—옮긴이)에서 점치는 '일반적인 기후 상황'을 기반으로 예측해보자면 5월 13일을 전후로 해서 종종 '얼음 성인의 날'에 걸맞은 꽃샘추위가 닥치는 경우도 있었지만 그 이상의 기상예보는 달력에 대한 미신만 강화시킬 뿐이었다. 이러한 미신에 대해 1610년에 케플러는 자신의 책 《제삼자의 개입》Tertius interveniens을 통해 비판을 가했다.

이와 매우 비슷한 달력을 마르코 폴로는 중국에서 발견했다. 그는 기독교인과 무슬림, 한족을 망라한 5,000명의 정부 소속 점성술사들이 모여 매년 별자리를 보고 기후를 비롯해 일어날 수 있는 온갖 평지풍파를 점쳤는데 이 같은 예언은 '이 모든 일은 하늘이 정반대의 결정을 내리지 않아야만 일어난다'라는 영리한 문구와 함께 주어졌다고 한다. 이 같은 예언이 담긴 달력은 목판 인쇄를 통해 판매되었다. 어떤 계획이든 실행하고자 하는 사람은 이 달력을 따랐다. 이 같은 형태의 연감은 페르시아에도 존재했다. 중국의 달력은 정부의 고유 권한이었으며 1328년 한 해에만 해도 다양한 가격의 달력이 300만 부 이상 인쇄되었다고 한다. 길일과 액일을 정하고 조절함으로써 정부는 백성들을 좌지우지할 수 있었다. 정부의 연감을 손에 넣는 왕자가 따라서 황제로 인정받을 수 있었다. 따라서 달력은 정치적 권력의 도구였다. 인도에서는 브라만 계급만이 각 날의 특징을 결정할 수 있었다.[27]

연감의 등장

○ 잘 정비된 달력이라는 뜻의 연감Almanach이란 단어는 새해 선물이라는 뜻의 아라비아어인 '알마나흐'al-manah에서 스페인으로 들어와 변형되었지만 원래는 중세 라틴 시대 이전 그리스어 '알메니키아코이'almenichiakoi에

Musenalmanach

für

das Jahr 1770.

Göttingen

bey Johann Christian Dieterich.

[그림 15] 1765년 파리의 문예연감을 모델로 한 보이에와 고타의 괴팅겐 문예연감.

서 유래했다. 이는 이집트의 기독교인들을 위해 에우세비우스Eusebius가 쓴 《복음의 준비》Praeparatio evangelica라는 책을 보면 잘 알 수 있다.

13세기부터 유럽에서는 행성 궤도를 보여주는 석판 형식의 연감이 나타났다. 1458년부터는 새해 선물로 이 같은 석판 달력을 주고받기도 했다. 벽걸이용 달력에는 변화된 여러 가지 정보가 추가되었는데 그 가운데는 건강에 관한 조언부터 기후에 대한 규칙, 천문학적 정보와 점성학적 정보가 포함되어 있었다. 15세기에는 달력을 장식하는 풍습이 유행하기도 했다. 1483년의 슈페이어 지역에서 유명했던 하우스부흐의 화가가 만든 그림 달력이 그 한 예이다. 1491년 이후부터 비엔나에서도 해마다 연감이 출판되었는데 1554년부터는 튀빙겐에서도 연감이 출판되었다. 17세기에 와서는 달력이 가진 본래 기능보다 달력과 관련된 부차적인 요소들이 부각되었다. 1679년의 파리 연감은 우편 시간과 궁정 축제, 시장과 일반 축제일 등을 같이 기록했다. 18세기 중엽부터는 문예연감Musenalmanach이 나타났는데([그림 15] 참조) 특히 1796년부터 1801년까지 나온 실러의 《연간시집》은 달력이 아닌 문집 형태였다. 인셀의 출판사에서 나온 아름다운 디자인의 이 연감은 달력이 아니라 새로운 출판물을 발췌한 내용을 담고 있었다. 또 1637년 페르디난드 2세 치하의 비엔나에서 처음으로 등장한 왕실과 귀족 인명록은 시간을 알려주는 기능은 없었지만 1763년부터는 '고타연감'Gothaische Genealogische Hofkalender, 줄여서 '고타'라고 불리며 해마다 발행되었고 1942년 빌헬름 2세가 사망할 때까지 출간되었다. 이는 해마다 갱신되는 공적, 사적 인명록이었다.

달력 이야기

○ 비텐베르크의 신학자이자 루터의 친구였던 파울 에버Paul Eber는 1550년에 거의 500페이지에 달하는 《칼렌다리움 히스토리쿰》Calendarium historicum을 발간했다. 그 책은 오비디우스의 《행사력》을 본보기로 한 책이었다. 몇 해에 걸쳐 에버는 매일 중요한 인물들의 생일이나 운명적 사건 혹은 축하일, 별과 해가 지고 뜨는 현상, 동시대의 사건 등에 대해 기록했다. 1582년에 이 책은 근대화된 내용으로 독일에서 새롭게 출판되었다.[28] 이를 계기로 달이나 날짜와는 별로 상관없는 달력 문학이 피어나게 되었다. 이 장르의 최고봉은 요한 페터 헤벨Johann Peter Hebel이었다.

그는 《선거용 지방 달력》Kurfürstlich Badischen Landkalender을 작성하는 데 많은 역할을 했으며 1808년부터는 《해의 새로운 달력》Neuen Kalender auf das Jahr이란 달력을 슈투트가르트의 코타 서점에서 발간했다. 그리고 이를 바탕으로 1811년에 그는 《라인 지방 가정의 벗, 이야기 보물상자》Schatzkästlein des rheinischen Hausfreundes라는 책을 펴냈다. 여기에는 〈이상한 산보〉와 운동 부족으로 병을 앓던 환자가 치료된 이야기 등이 담겨 있다. 널리 전파된 민속 달력의 전통에 따라 베르톨트 브레히트도 1955년에 《달력이야기》를 출간했는데 이는 단지 사람들에게 즐거움을 주려는 목적만이 아닌 도덕적 교훈도 담고 있었으며 역시 시간에 관련된 정보는 담고 있지 않았다. 달력은 이처럼 사람들에게 오락거리를 제공할 뿐 아니라 실질적이고 이론적인 영역을 넘나들며 역사와 문학, 종교와 의학, 정치, 교육과 경제학을 망라하는 온갖 종류의 관심사를 담아내는 수단이었다. 이는 출판업자뿐 아니라 독자들에게도 이익을 가져다주었다.

1555년 외르크 비크람Jörg Wickram이 출간한 《손수레 책자》Rollwagenbüchlein에는 〈부르크하임의 시계장수〉라는 이야기가 있는데 여기에는 로렌 출신의 '달력을 읽을 줄 모르는 무식한 사제'의 빗자루 달력이 등장한다. 일요일이 정확하게 언제인지를 기억하지 못한 사제는 월요일부터 빗자루를 매일 하나씩 만들기로 한다. 빗자루 여섯 개를 세고 나서 그는 교회의 종을 울리라고 명령한다. 한 농부가 사제를 놀려주기 위해 빗자루를 숨겼지만 종은 정확한 요일에 울렸다. 그러자 주교가 메츠의 판사로 임명된 정확한 날짜에 대한 토론이 벌어졌고 결국 모든 일이 순조롭게 해결되어 모두 술집에 모여 즐겁게 술잔을 부딪친다.

달에 관한 시

○ 보통 달력의 이야기에는 내용을 풍성하게 만드는 시간에 관련된 내용이 별로 없는 반면에 각 달에 관한 시는 예외에 속한다. 시간에 관해서 각 달이 내포한 이야기는 매우 흥미롭다. 이는 프리드리히 폰 로가우의 이행연구시에도 잘 나타나있으며 괴테가 쓴 3월과 4월, 5월과 6월로 이어지는 봄의 시에도 잘 나타나 있다. 또한 1952년과 1953년에 《스위스 일루스트리르텐 차이퉁》Schweizer Illustrierten Zeitung에 기고했으며 1955년에 단행본으로 출간된 에리히 케스트너의 멋진 시 13편에도 잘 나타나 있다. 다음은 행복한 달에 대한 두 연의 시구이다.

축제의 옷을 입고 홍청망청 노래하며
야윈 손에 꽃으로 장식한 홀笏을 들고
모차르트의 달, 5월은 온누리를 여행하며
마차에서 손을 흔드네.

마차는 맥박이 뛰는 초원을 지나고
우리는 모자를 들어 경배하네, 마차는 지나가네.
시간은 라일락의 물결 속으로 잦아들고
오! 1년 내내 5월만 있다면 얼마나 좋을까!

달에 관한 그림

○ 달력은 언제나 상상력을 고양시키는 면을 가지고 있다. 이 점은 시인들뿐 아니라 화가들도 마찬가지였다. 고대 후기에 각 계절은 여성의 모습으로 표현되었다. 기독교가 지배한 중세에는 달력과 기도서에 각 달의 이미지가 함께 표현되었는데(부록 그림 4 참조) 처음에는 간단한 상징으로 표현되다가 갈수록 자세한 자연이나 외부의 풍경이 묘사되었다. 가장 유명한 예가 1416년에 베리 공작을 위해 폴과 장, 랭부르Herman Limburg 형제가 그린 《베리 공의 지극히 호화로운 시도서》이다(부록 그림 22 참조). 현재 이 책은 샹티에 있다. 그전에 형제는 역시 베리 공작을 위한 첫 번째 시도서 《숭고한 시간》Belles Heures이라는 책에 그림을 그렸다. 1954년에 록펠러 주니어는 이 책을 사서 뉴욕의 클로이스터 박물관에 기증했다. 각 달마다 그에 어울리는 글 위에 정교한 그림을 그려 넣었고 아래쪽에는 별자리 그림이 그려져 있다.

그림은 1월부터 시작한다. 젊은이와 늙은이 두 사람이 야누스처럼 등을 맞대고 앉아 새해 축하주를 마시고 있다. 2월은 모자와 스카프를 두른 사람이 난로 앞에 앉아 불을 쬐고 있다. 3월엔 아직 황량한 포도밭을 일구는 두 농부가 묘사되어 있다. 4월의 봄은 잘 차려입은 젊은이가 손에 녹색의 나뭇가지를 들고 있는 것으로 구현되었다. 5월의 그림은 백마를 타고 매 사냥에 나선 남자를 보여준다. 6월은 건초 수확을 하는 달로 밀짚모자를 쓴 농부가 낫으로 건초를 베고 있다. 7월에는 얇은 옷을 입은 남자들이 곡초를 잘라 다발로 만들고 있다. 8월은 도리깨질을 하는 달이다. 9월에는 반쯤 벌거벗은 소년이 포도주를 만드는 통에 포도를 집어넣고 있다. '포도즙을 짜는'keltern이라는 단어는 원래 '발로 밟기'라는 뜻의 라틴어 'calcare'에서 온 것이다. 10월은 나의 어린 시절에도 본 것처럼 농부가 들판에서 씨를 뿌리는 일이 시작되는 달이고, 11월은 떡갈나무 숲에서 돼지를 풀어놓고 살찌우는 계절이다. 12월에는 돼지를 잡기 위해 시골 사람들이 도끼를 휘두르고 있다. 《숭고한 시간》에 등장한 시간의 상징적 형상은 《베리 공의 지극히 호화로운 시도서》에서 표현의 극치를 이루고 있다. 이탈리아 페라라의 스키파노이아 궁에 있는 보르소 데스테Borso d'Este 공작의 생애를 묘사한 프레스코화 역시 각 달의 형상을 보여준다. 프란체스코 델 코사Francesco del Cossa의 1484년 그림은 고대의 점성학적 상징과 관련한 알레고리를 보여주는데 그 의미를 미술사가 아비 바르부르크Aby Warburg의 해설을 통해 이해할 수 있다. 여기엔 기독교적 의미는 존재하지 않는다. 로마의 신들이 승리한 것이다.[29]

16세기부터 시각예술에서 세속적 모티프가 급격하게 증가하면서 달력의 그림에서 종교적인 색채가 사라지고 대신 풍경화적 요소가 많이 등장했다. 1820년에 괴테는 《예술과 고대》Über Kunst and Altertum와 사후에 발견된 저서들을 통해 플랑드르 화가이자 대부분의 화가 인생을 로마에서 보냈던 폴 브릴의, 한 쌍씩으로 이루어진 열두 달 그림에 대한 평을 남겼다. 그는 '뛰어난 재능'을 가지고 태어난 브릴이라는 화가는 한 해를 '완벽한 그림'으로 표현할 수 있었다고 썼다. 괴테는 아마 판화를 통해 브릴의 그림을 접하지 않았을까 싶다.

혁명력

○ 달력과 달은 시인과 화가뿐 아니라 정치 개혁을 꿈꾸던 정치가들이 즐겨 다루던 소재이기도 했다. 이는 프랑스에서도 마찬가지였다. 계몽주의적 관점에서 볼 때는 그전까지 달력이 전파되고 보급된 것만으로는 충분하

지 않았다. 공화국을 새로운 시간으로 선포하고 난 후에 개혁 세력들은 기독교적 전통이 완전히 말살된 새로운 혁명적 미학을 담은 달력과 시대를 창조하고 싶어 했다. 1793년 10월 6일 국민공회는 시간에 대한 광범위한 개혁을 단행했다. 시계의 시스템을 바꾸는 것뿐 아니라 연도를 계산하는 방식과 구조를 완전히 개혁하고 달의 이름까지 바꾸는 조치를 취한 것이다. 질베르 롬은 달 이름을 혁명력에 맞게 개명했는데 각각 재생의 달Régénération, 결합의 달Réunion, 주드폼 달Jeu de Paume, 바스티유 달Bastille, 인민의 달Peuple, 산의 달Montagne, 공화국의 달République, 통일의 달Unité, 박애의 달Fraternité, 자유의 달Liberté, 평등의 달Egalité, 정의의 달Justice로 명명한 그의 제안은 최종적으로 거부당했다.

그 대신 파리 코뮌의 사무총장이자 시인이었던 파브르 데글랑틴Fabre d' Églantine이 제안한 명명이 수용되었다. 이에 따라 각 30일로 이루어진 12개월 후에 5일로 이루어진 축제 주간이 덧붙었고 윤년에는 축제 주간이 5일 대신 6일이 되었다. 당시 달력을 만든 이는 이집트 고대 왕국에서도 비슷한 구분이 존재했다는 사실을 깨닫지 못했을 것이다. 혁명력의 한 해는 9월 22일인 춘분에 포도의 달Vendemiaire로 시작하고 그다음 달은 10월 22일부터 겨울 달인 안개의 달Brumaire이 시작되는데 역사적으로 이는 1799년 11월 9일에 일어났던 나폴레옹의 브뤼메르 18일의 쿠데타와 연관된다. 마르크스는 1851년 12월부터 1852년 연초 사이에 나폴레옹 3세의 쿠데타에 대한 〈루이 보나파르트의 브뤼메르 18일〉이라는 소논문을 집필했고 뉴욕에서 발행했다. 11월 21일에는 얼어붙은 동짓달Frimaire, 서리달이 시작되었고, 12월 21일부터는 눈의 달Nivôse이 시작되었으며, 1월 20일엔 비의 달Pluviôse, 2월 19일부터는 바람의 달Ventôse 그리고 3월 21일부터는 에밀 졸라의 사회비판 소설 제목인 발아의 달 제르미날Germinal이 시작되었다. 4월

20일부터는 꽃피는 플로레알Floréal이, 5월 20일부터는 푸르른 초원의 달Prairial이 시작되었다. 또 6월 19일부터는 건초 수확의 달Messidor이, 7월 19일부터는 로베스피에르의 테르미도르 9일, 즉 7월 27일자의 몰락으로 유명해진 더운 달 테르미도르Thermidor가 시작되었으며 8월 18일부터는 과일이 영그는 달Fructidor이 시작되었다.[30]

1792년 9월 2일부터 6일 사이에 당통Danton과 파브르 데글랑틴이 천 명이 넘는 반혁명 분자를 처형한 9월의 학살과 더불어 전통적으로 사용되던 달 이름은 작별을 고했는데 이 두 사람도 결국은 1794년 4월 5일에 기요틴으로 처형되었다. 프랑스 혁명기에 등장한 새로운 달력은 나폴레옹이 유럽을 정복하는 데 방해가 되었고 결국 1806년 1월 1일에 사라졌다. 시간을 지배하는 것은 결국 정치였던 것이다.

오귀스트 콩트와 여러 개혁가들

○ 1849년, 실증주의자인 오귀스트 콩트Auguste Comte는 단순한 디자인으로 표현한 달력을 선보였다. 이 달력의 저자는 학자이자 클로드 생시몽Claude Saint-Simon 백작의 비서였으며 '사회학'sosiologie이라는 용어를 창시하기도 했다. 그는 측정과 계산을 중시하는 '실증주의' 과학에 기반을 둔, 3단계에 걸친 진보라는 합리적 개념을 선보였다. 콩트의 달력은 각 28일로 이루어진 13개월과 한 해의 마지막에 오는 위령일Jour blanc로 이루어졌다. 각 달은 월요일에 시작하여 일요일에 마감되는데 이로써 각 주가 정렬될 수 있었다. 윤날은 유명한 여성에게 헌정되었다. 콩트는 열세 개의 달에 유명한 위인의 이름을 붙였다. 그들은 모세와 호메로스, 아리스토텔레스와 아르키메

데스, 카이사르와 파울루스, 샤를마뉴와 단테, 구텐베르크와 셰익스피어, 프리드리히 대제, 생명의 단위를 활기론vis vitalis으로 설명했던 생물학자이자 의사였던 비샤Bichat까지 이르렀다. 가톨릭의 성인의 날 대신에 콩트는 자신이 중요하게 생각하는 역사적 위인의 날을 지정했고 혁명년도인 1789년을 실증주의 시대가 열린 해로 삼았다. 이 실증주의 달력은 현재 파리의 뤼마니테 사원에 보존되어 있다.

실증주의 달력이 비록 실패하기는 했으나 후기 개혁가들은 이에 굴하지 않았다. 그레고리력의 결함이 너무나 분명했던 탓이다. 각 달의 요일이나 날짜가 매번 바뀌고 달의 길이가 다르며 휴일도 계속 바뀌고 2월 말에 오는 윤날도 바뀐다는 게 특히 많은 비판을 받았다. 이 달력은 단지 역사를 안정시키기 위한 도구에 불과했던 것일까? 1923년에 런던의 국제고정력협회International Fixed Calendar League는 콩트의 달력을 받아들이기로 하지만 초반의 성공 이후 1931년에 이 달력을 포기했다. 1930년에는 세계달력협회에서 전 세계적 달력 계획을 세우고 선전했지만 역시 1955년에는 이 계획마저 포기했다. 전통이 너무 강했던 탓이었다. 하지만 1930년에 뉴욕에서 창립된 '달력 개혁 저널'Journal of Calendar Reform은 매년 새로운 제안을 통해 달력을 발전시키고자 했다.

굳이 기존 달력을 개혁한다면 매년 월요일에 새해가 시작되도록 하고 7일을 일주일로 해서 한 해에 52주가 오도록 한 다음, 전체 364일에서 하루만 추가하면 되는 것이다. 이 같은 두 번째 일요일을 천왕성이나 명왕성의 이름을 딴 요일로 명명하는 것도 괜찮을 것이다. 또한 1년을 4분기로 나누어 1분기에 두 달은 30일로, 한 달은 31일로 나누는 방식도 가능한데, 이때 91일을 4번 곱하면 1년이 되고 모자라는 하루는 그해의 마지막에 덧붙이면 된다. 누군가 부활절과 성령강림절을 고정된 날짜에 정해두고 동지로 새해의 시작 시점을 옮긴다면 완벽한 달력이 될 것이다. 하지만 그러려면 유네스코를 비롯하여 바티칸과 카이로의 알아즈하르Al-Azhar 대학, 달라이 라마와 수백 개의 정부에서 먼저 승인을 받아야 한다. 너무 골치 아픈 일이 아닌가! 그러니 차라리 세계가 하나의 국가로 통일될 때까지 기다리는 것이 나을 것이다.

드루이드 달력

○ 기독교 전통을 벗어나 켈트족의 나무 숭배 혹은 드루이드Druid 달력이 새로 부상하기도 했다. 여기에는 오래된 켈트 문화의 요소가 포함되어 있는데 가령 중세 초기부터 나무를 본떠 지은 오검Ogham 문자가 달력에 쓰인 것도 그 방증이다. 하지만 드루이드 달력은 정통성이 있는 켈트족 콜리니 달력과는 달리 영국적 이도교주의에서 파생된 밀교적 환상에 가까웠는데 로버트 그레이브스Robert Graves는 1948년 《하얀 여신》White Goddess이란 에세이를 통해 이 컬트 문화를 소개했다. 독일의 게르만 문화 숭배적 민족주의 흐름과 유사하게 영국에는 19세기 말부터 신이교도적 켈트 문화 르네상스가 유행했는데 이는 '드루이드 교단'으로부터 지원을 받는 켈트 문화 부흥의 움직임이기도 했다. 1908년부터 윈스턴 처칠 경도 이 교단에 속했다.

달력 신비주의

○ 이 밀교적 달력 신비주의는 근대에서도 지속되었다. 기독교적인 교

리를 바탕으로 중세의 성당을 '시간의 방'으로 해석하는 학자들도 있었다. 한 독일 학자는 1972년에 시에나 성당에서 노아의 방주와 솔로몬의 제단, 예루살렘의 성녀들을 발견했다.[31] 이 같은 알레고리는 지롤라모 사보나롤라Girolamo Savonarola의 강연을 떠올리게 한다. 아헨 대성당을 달력과 관련하여 해석한 것도 무척 흥미롭다. 대성당의 비율이나 규모 등이 모두 시간의 계산법과 관련 있다는 해석이 그것이다. 우연의 일치일 수가 없는 것이다! 1981년에 아헨의 한 사진사도 태양이 성당 안의 빛에 미치는 영향을 언급하면서 그것과 달력의 연관성을 주목했다. 그는 그레고리력에 따른 연중 네 시점을 발견했고 성당의 구조가 스톤헨지나 기자의 대피라미드, 엑스테른슈타인과 여러 다른 컬트적 구조물에서 볼 수 있는 태양 숭배 의식[32]과 잠재적으로 관련이 있다고 보았다. 이 같은 우주적 구조는 프리드리히 2세가 아풀리아에 세운 카스텔 델 몬테Castel del Monte에서도 발견된다.

근대의 신비주의적 달력에서는 고고학적 대상을 선호했다. 그런 의미에서 거석 유물은 이들의 기호에 잘 맞는 대상이라 볼 수 있었다. 또한 바이에른 지역의 고제크와 마이스테른탈에서 볼 수 있는 원형 유적이나 헤센 지역의 글라우베르크에서 볼 수 있는 켈트 시대의 말뚝 등이 상상 속 달력과 천문대를 재구성하는 중요한 재료로 활용되었다. 페르세폴리스의 궁정이나 크노소스Cnossos의 미로를 천문학적으로 해석하는 경향도 있다. 달력과 관련된 것으로 추정되는 물건 중에는 1835년 쉬퍼슈타트에서 발견된 청동기의 금관과 1999년에 할레에서 발견된 네브라Nebra와 하늘 원반 그리고 1908년에 헤라클리온에서 발견된, BC 1600년으로 시대를 거슬러 올라가는 불가사의한 파이스토스 원반Diskus von Phaistos 등을 들 수 있다. 물론 근대에 와서 위조되었을 가능성도 무시할 수는 없다.

달력이 전 세계를 지배한다

○ 1538년 8월에 루터가 '달력이 전 세계를 지배한다'고 한 말은 선견지명으로 가득 찬 명언이다.[33] 오늘날 달력은 빵이나 꿀, 미네랄워터 같은 생필품뿐만 아니라 시장과 지급일, 등록과 마감일, 계약과 유효 기간 혹은 복역 기간, 직무수행 기간, 세금납기일 등 모든 영역을 망라해서 지배한다. 이 모든 것을 노르베르트 엘리아스Norbert Elias는 1984년이라는 불길한 한 해를 이야기하면서 '사회적 시간'이란 개념으로 정리한다. 개인과 분리될 수 없는 물체가 되어 달력은 손목시계 속으로 통합되었고 컴퓨터 스크린이나 디지털 기기 속으로 스며들었다. 전자식 달력도 점점 일상적으로 우리 삶에 파고들었는데 이처럼 시계는 현재가 미래를 지배하도록 만든다. 사회적 조건인 동시에 개인이 만들어낸 이 시간의 그물을 벗어나기란 너무나 어렵다.

대부분의 달력은 여전히 종이 형태다. 그 수는 점점 늘어나고 있으며 시장에서 달력의 형태는 점점 화려해지고 있다. 19세기 이후 달력은 많은 상품과 프로그램 혹은 정당의 선전 도구로 활용되었다. 주머니용 달력이나 책상용 달력, 벽걸이용 달력 등 그 형태가 다양하며 가격도 매우 다르다. 또한 의사나 법관, 기술 경제 분야나 예술 분야에 종사하는 다양한 직업군에 특정한 정보를 제공하기 위한 현실적이고 전문적인 달력도 많이 출시된다. 미학적인 완성도가 높은 달력은 눈을 즐겁게 한다. 2014년 10월에 열렸던 프랑크푸르트 국제 도서전에서 그 단면을 볼 수 있었다. 온갖 종류의 취향에 어울리는 달력들이 자태를 과시한다. 꽃과 나무, 다리와 산, 성과 멋진 배, 빠른 차와 현대화된 비행기, 오래된 철로에 관한 달력 등이 모두 나와 있었다. 여성이나 아이들, 애견가나 애묘가, 말이나 새를 애호하는 이들, 구름과 폭포를 사랑하는 사람들의 취향에 맞는 달력도 있다. 또한 유명 축구 선수를 비롯한 운동선수들의 모습을 담은 달력도 빠질 수 없다. 여러 장르의 미술사를 담은 다채로운 달력부터 지구상의 온갖 풍경을 담은 달력까지, 이 모든 달력을 감상한 후 한 장씩 달마다 뜯어내야 하는 것은 아쉬운 일이 아닐 수 없다. 어떤 이들은 제약회사 테믈러가 자사의 제품을 홍보하기 위해 출간한, 근육이 넘치는 남성과 거의 벌거벗은 여성으로 가득 찬 외설스러운 사진 달력을 보며 즐거워할 것이고, 또 어떤 이들은 괴테의 글귀가 담긴 달력을 보며 즐거워할 것이다. 무엇이든 좋을 대로 선택하시라!

제8장

사계절

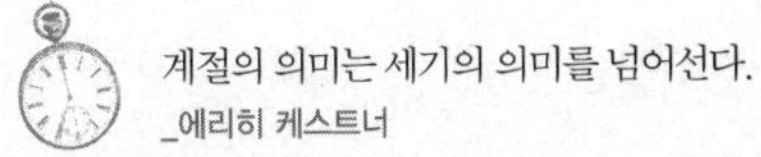

네 개의 분기점

○ 자연은 우주의 순환을 통해 우리에게 시간을 보여준다. 포세이도니오스Poseidonios가 일찍이 간파했듯 지구의 자전은 낮과 밤을 만들어낸다. 또한 태양 주위를 공전해 한 해를 만들어내며 지구 주위를 돌아가는 태양의 경로는 달의 흐름과 조류를 만들어낸다.[1] 한 해 동안 움직이는 태양으로 여러 계절이 생겨난다. 이 움직임은 적도에서는 거의 볼 수 없지만 온대 지역에서는 위치가 변화되는 것을 분명하게 볼 수 있으며, 특히 북극권에서 가장 확실하게 나타난다. 한 해 동안 지평선을 통해서 태양과 달이 어떻게 움직이는지 관찰하다 보면 사계절의 변화를 알 수 있다.

하지에는 태양이 북동쪽에 떠서 북서쪽으로 진다. 이에 따라 낮은 가장 길고 밤은 가장 짧은 날이 된다. 동지에는 남동쪽에서 해가 떠서 남서쪽으로 해가 진다. 이로 인해 낮은 가장 짧고 밤은 가장 긴 날이 된다. 이로써 우리는 지평선에 네 개의 지점을 그릴 수 있는데 두 개는 동쪽에, 두 개는 서쪽에 놓인다. 관찰자의 시점에 따라 이들은 위도에 따른 각자의 각도를 형성한다. 관찰자가 이 지점을 네 개의 막대기나 돌로 놓고 본다면 이 지점들이 한 해의 달력에서 차지하는 중심 분점이 됨을 알 수 있으리라. 다시 말해 중심의 분점에서 태양이 뜨고 지면서 각각 동쪽과 서쪽에 추가로 두 개의 분점을 제공한다. 이를 볼 때 바이에른 지역의 퀸친운테르베르크나 작센 안할트의 고제크 지역 유적, 잉글랜드 남부의 스톤헨지 같은 석기 시대 유물들은 시간을 파악하기 위한 일종의 '천문대' 역할을 하지 않았나 해석해볼 수 있다. 하지만 빈약한 고고학적 정보를 가지고 지나치게 의미를 부여하는 것은 현대의 달력 신비주의와 연결될 수 있다는 사실을 염두에 두어야 한다.

계절과 기후

○ 계절은 하늘과 땅에서 일어나는 사건이며 기후와 밀접하게 연관되어 있다. 독일어로 '기후'Wetter라는 단어의 어원은 폭풍우가 몰아치다가 나중에는 고요해지는 변화를 가리키는 '불다'wehen와 '바람'Wind에 있다. 기후 변화는 시간 속에서 매우 뚜렷하게 드러나는 현상이다. 그런 관계로 '기후'를 뜻하는 라틴어 'tempestas' 역시 시간tempus에서 유래된 것이다. 이탈리아어와 스페인어로 'tempo'는 기후와 시간을 동시에 의미하는데, 이는 프랑스어 'le temps'에서도 마찬가지다. 헝가리인들도 'ido'라는 단어를 기후와 시간을 동시에 의미하는 단어로 사용한다. 우리는 생물 계절학을 탐구하는 과정에서 식물들의 변화를 통해 계절을 깨닫게 되며 철새의 이동 같은 동물들의 행동을 통해서도 이를 알 수 있다. '제비 한 마리가 왔다고 여름이 오는 것은 아니다'라는 속담이 있다. 그러나 앞날을 예측하게 하는 존재이기는 하다. 꾀꼬리는 성령강림절 무렵에 볼 수 있는 새인데 그즈음에 뻐꾸기의

울음소리도 들을 수 있다. 황새와 찌르레기가 모여들면 곧 여름이 끝난다는 신호이다. "야생 청둥오리가 밤새 울부짖으며 북쪽을 향해 날아간다."라는 구절은 발터 플렉스Walter Flex가 1916년 봄에 페르둔에서 쓴 구절이다. 가을에는 또 이렇게 썼다. "이들은 바다를 건너 남쪽으로 향한다. 우리는 어떻게 된 것일까?"

계절은 농업을 지배해왔다. 영어 'season'은 프랑스어 'saison'에서 온 것이다. 후기 라틴어로는 'satio', 즉 씨를 뿌리고 나무를 심는 계절을 의미한다. 이는 계절의 여왕 봄이다. '한 해 중 가장 최고의 계절은 봄인데 온갖 새들이 지저귀는 계절이기 때문이다'라고 루터는 말했다.

자신의 정원에서 계절을 경험하고 싶은 사람이라면 꽃 달력을 만들어서 계획하고 실천에 옮길 것이다. 봄에는 팬지나 수선화를 심고 여름에는 모란과 작약을 심으며 그 후에는 다년생 식물인 과꽃이나 접시꽃 등을 심어 감사절의 제단을 장식한다. 게오르크 뷔히너Georg Buchner는 1836년에 풍자 희극 《레온체와 레나》Leonce und Lena를 쓰면서 꽃을 계절을 알려주는 전령으로 묘사했다. "우리는 시계를 모조리 부숴버리고 달력을 몽땅 금지시켜야 한다. 그러고 나서 꽃이 피고 열매가 열리는 것을 관찰하여 꽃시계를 통해 시간을 계산해야 한다."

이집트 나일강의 시간

○ 이집트의 파라오 시대 때부터 농사 기간을 통해 계절의 연속적인 흐름을 파악해왔다. 나일강 유역에서는 한 해를 네 달씩 묶어서 구분했다.[2] 켄소리누스에 따르면 잘 알려지지 않은 아이손Ison이라는 파라오가 한 해를

4개월씩 셋으로 구분했다고 한다. 플루타르코스도 이 사실을 증언했다. 한 해는 홍수와 성장 그리고 수확의 시간으로 구분했다. 홍수는 이집트어로 '소티스'Sothis라고 불리는 시리우스 별이 일찍 떠오르는 때부터 시작되는데 이를 새해의 기점으로 삼았다. 이는 켄소리누스의 시간 계산으로는 하지에 해당한다. 별이 떠오르는 시간은 매일 4분씩 빨라지기 때문에 각 별의 떠오르는 시간을 통해 한 해의 어디쯤에 와 있는지 알 수 있었다.

이스라엘의 여름과 겨울

○ 대부분의 경우 초기 온대 지역의 민족들은 한 해를 여름과 겨울 두 가지로 나누었고, 이는 이스라엘 민족도 마찬가지였다. 《창세기》 8장 22절에서 하느님은 노아에게 이렇게 말한다. "땅이 있는 한 씨뿌리기와 거두기, 추위와 더위, 여름과 겨울, 낮과 밤이 그치지 않으리라." 또한 《시편》에서는 다윗 왕이 하느님에게 '여름과 겨울을 하느님께서 지으시니'라고 한다. 이처럼 1년을 두 계절로 구분한 것은 《이사야서》와 《즈카르야서》에도 나타난다.

《이사야서》에서 여름은 열기가 지배하는 계절이라고 묘사된다. 건조하고 비가 내리지 않는 시간이다.[3] 겨울에는 눈이 내리며[4] 왕은 루터의 말대로 겨울 궁전의 화로 앞에서 시간을 보낸다.[5] 하지만 난로로 보온하는 방식은 고대에는 알려지지 않았다.

《마태오 복음서》 같은 신약에서는 겨울이 여행하기에 어려운 계절이라고 여러 번 언급되었다. 바오로는 겨울을 코린토에서 나기를 원했지만 결국 니코폴리스에서 보내야 했다. 겨울에 항해하는 것은 폭풍우 때문에 위험하기 때문이었다. 《사도행전》 27장에서 바오로는 가을 사순제 후에 크레테에서 배가 출발하여 계속 항해하는 것이 위험하다고 말렸지만 설득에 실패했고 결국 그가 탄 배는 침몰했다. 《티모테오 후서》에 바오로는 겨울이 들이닥치면 배가 항구에 묶이게 되니 그전에 에페수스에서 출발하여 로마로 오라고 당부했다.

계절에 따른 농사에 대한 자료는 아주 풍부하다. 파종과 탈곡 시기도 종종 언급된다.[6] 여름은 옥수수를 수확하는 책이라고 역사서나[7] 《이사야서》(16:9), 《예레미야기》(8:20) 등에 나와 있으며 솔로몬의 격언에도 역시 같은 구절이 등장한다. 포도주를 만드는 시기도 여러 번 언급되었지만[8] 그것을 가을이라고 구체적으로 표현하지는 않았다. 가을은 봄과 마찬가지로 당시에는 부재했다. 계절의 이름은 등장하지는 않았지만 봄을 묘사한 구절은 있었다. 솔로몬은 겨울이 지나고 꽃이 피고 비둘기가 활개 치며 무화과가 익어가는 시기를 찬미했다. 이를 《아가》Canticum Canticorum라고 부르는데 매우 에로틱한 정서를 담은 전형적인 사랑시라고 할 수 있다. BC 3세기에 이 글은 우연히 성서 속으로 흘러 들어가 야훼가 자신의 신부인 이스라엘 백성들에게 사랑을 바치는 비유적인 노래로 해석되었다. 루터가 차용한 히브리어 기록에서 봄에 대한 내용은 '포도나무를 가지치기하는 계절'이라는 언급밖에 없다.

게제르Gezer의 농부 달력에는 계절에 따른 농사일이 잘 묘사되어 있다. 1908년 예루살렘과 야파Jaffa 사이의 언덕을 발굴하는 과정에서 매컬리스터R. A. S. Macalister는 솔로몬 왕조 시기인 BC 10세기경의 유물로 추정되는 고대 히브리어로 쓰인 손바닥 크기만 한 석회암판을 발견했다. 석판에는 각 달마다 해야 할 일이 기록돼 있었다. 두 달의 수확기와 두 달의 겨울 파종기를 비롯해 아마를 베어 말리는 달과 보리를 수확하는 달, 여러 과일을 수확하는 달과 포도나무에 가지치기를 하는 달, 여름 과일을 따는 달 등이 각각 두 달씩 묶여 분류되어 있는 이 달력은 현재 이스탄불 고고학박물관에 보관 중이다.

성경에 언급된 여름

○ 《마태오 복음서》 24장 32절에서 보듯, 예수는 봄 대신 한여름에 대해 언급한 바 있다. 물론 달력을 보고 알아차린 것이 아니라 가지가 부드러워지고 잎이 무성해지는 무화과나무를 보고 계절의 변화를 알아차린 것이다. 이는 이 세상의 종말이 가까워졌다는 것을 상징하는 은유로 사용되기도 한다. 이러한 비유법은 농업과 관련된 구절에서 자주 나타난다. 예수는 '사람의 아들'을 훌륭한 씨앗을 뿌리는 농부에 비유했다. 《마태오 복음서》 13장에는 다음과 같이 적혀 있다. "밭은 세상이다. 그리고 좋은 씨는 하늘 나라의 자녀들이고 가라지들은 악한 자의 자녀들이며."(마태 13:38) 악마는 잡초의 씨앗을 뿌린다. "수확 때는 세상의 종말이며 일꾼들은 천사들이다."(마태 13:39) 밭에서 잡초들을 뽑아 불태우듯이 사악한 자들은 불타는 지옥으로 떨어질 것이다. "그러면 그들은 거기에서 울며 이를 갈 것이다."(마태 13:42) 하지만 "의인들은 아버지의 나라에서 해처럼 빛날 것이다."(마태 13:43)

그리스의 시간

○ 아티카에서 기원전 700년경에 쓰인 데메테르 여신에게 바친 가짜 호메로스의 시에서는 세 계절이 등장한다. 여기에 이름이 나와 있는 것은 오직 봄밖에 없다. 테오폼포스Theopompus에 의하면, 세 계절과 각 계절을 주관하는 신을 섬기는 곳은 '서쪽 사람들'뿐이다. 플루타르코스의 《도덕론》에서는 겨울은 크로노스, 여름은 아프로디테, 봄은 페르세포네가 관장하는 것으로 기록되어 있다. 리두스는 《데 멘시부스》에서 앞의 세 가지 계절만 언급했을 뿐인데, 가을은 여름의 한 부분으로 여긴 것 같다. 하지만 보이오티아의 헤시오도스는 농업달력에서 사계절을 언급한다. 봄ear, 열기와 관련 있는 뜨거운 여름theros, 가을merōporon, 비가 잦은 겨울cheimōn이다. 헤시오도스가 어떻게 별의 위치를 보고 정확하게 계절과 절기를 알아맞혔는지는 자세히 나와 있지 않다. 아무튼 그리스인들에게도 봄은 첫 번째 계절이었다. 젊은이를 '도시의 봄'으로 비유한 표현도 있지 않은가.[9] 'ear'라는 단어는 《일리아스》에 이미 등장하는데 인도유럽어로 라틴어 ver(봄)과 독일어 Jahr(해)와 관련이 있다.

《일리아스》에는 여름과 겨울도 포함되어 있는데 가을opōra은 '이후'opse라는 단어와 관련된 듯하다. 계절은 가을과 프티노포론phthinopōron 혹은 메토포론metopōron 사이에 겨울이 되기 전 곡물을 파종하는 시기sporētos와 나무를 심는 시기phytalia라는, 늦가을과 같은 의미의 계절이 새롭게 추가되면서 사계절에서 그 종류가 보다 다양해졌다. 그런데 필요에 따라서 사계절 대신 오직 여름과 겨울 두 계절만 등장하는 경우도 종종 있었다. 오디세우스는 알키노스의 정원에서 '겨울과 봄을 통틀어' 1년 내내 익는 과일을 보았다고 증언하고 있다. 또한 여름 달과 겨울 달, 여름 학기와 겨울 학기 등으로 1년을 이분하는 방식도 우리는 익숙하다. 1년을 사분하는 방식은 자연의 흐름에 따라 순서대로 구분하는 방식이다.

페르세포네의 두 계절

○ 두 계절의 신비한 변화에 대한 신화적 설명은 BC 7세기경 《호메로스 찬가》 가운데 〈데메테르 찬가〉에 나와 있다. 데메테르는 제우스의 누나이며 라틴 이름은 케레스Ceres다. 그녀는 주로 식물을 관장하는 신으로 특히 고대의 주식이었던 곡물을 재배하는 신이었다. 데메테르는 제우스와의 사이에 딸 페르세포네를 낳지만 플루토라고도 알려진 하계의 신 하데스에게 납치된다. 하데스는 페르세포네가 들판에서 꽃을 꺾고 있을 때 납치하여 지하 세계에 있는 자신의 왕국으로 데리고 간다. 깊은 슬픔에 빠진 데메테르는 딸을 찾아 헤매느라 식물들을 가꾸는 데 소홀했고 이로 인해 공물이 줄어들 것을 두려워한 신들이 모여 해결책을 모색한다. 결국 제우스는 페르세포네가 지상으로 돌아갈 수 있도록 하데스를 설득한다. 하지만 하데스는 자신의 아내를 지하 세계에 묶어두기 위해 석류씨를 먹게 한다. 결국 제우스는 하데스와 데메테르 사이의 분쟁을 해결하기 위해 타협점을 제시한다. 3분의 1에 해당하는 '하찮은' 기간은 하데스와 보내고 곡물이 성장하기 시작하는 초여름부터 3분의 2에 해당하는 기간은 데메테르와 함께 지상에서 보내도록 한 것이다. 또한 《호메로스 찬가》에서는 엘레우시스의 신화를 설명하면서 데메테르가 봄이면 온 세상이 다시 녹색으로 덮어 죽은 아이의 부활을 약속한 이야기도 전한다. 소아시아의 플루타르코스도 역시 《도덕론》에서 계절에 관련된 신화를 기록하고 있다. 프리기아 사람들은 신

은 겨울에 동면에 들기 때문에 그를 깨우려면 신나는 찬송을 해야 한다고 믿었다. 파플라고니아 지방 사람들은 신은 겨울의 언 물 속에 꽁꽁 묶여 있다가 봄이 되면 다시 풀려난다고 믿었다.

헤시오도스의 농업달력

○ 그리스에서의 계절 변화를 묘사한 이는 농부인 동시에 시인이었던 헤시오도스였다. 그는 BC 700년경 호메로스보다 조금 늦게 태어난 동시대인으로 보이오티아의 아스크라에 살았다. 루키아노스 등 후대의 기록자들이 〈노동과 나날〉Erga kai hēmerai이라고 이름 붙인 6보격 서사시를 비롯한 여러 글에는 시간과 관련된 구절이 많이 등장한다. 신화적이고 도덕적인 내용의 묘사가 지나가면 한 해의 흐름을 묘사하는 두 단락이 등장한다.

첫 번째 단락에는 경작을 위한 농업달력Bauernkalender에 항해하기 적당한 시기를 부록으로 첨가했다. 봄에 플레이아데스 성단이 이른 아침에 떠오르는 것을 묘사하며 시작된 문단은 '한 해가 다 끝나갈 무렵'인 가을에 성단이 서쪽으로 지는 것으로 마무리된다.

시간을 알려주는 또 다른 별자리로는 오리온과 시리우스, 아크투루스Arcturus를 들 수 있으며, 히아데스 성단 주변에 있는 비와 관련된 황소자리도 마찬가지다. 헤시오도스는 여름의 찌는 더위와 가을의 폭풍우, 겨울의 눈과 서리 그리고 봄철의 비에 대해 언급했다. 핀다로스가 쓴 이야기를 인용하며 그는 바람의 신 보레아스Boreas는 북풍을 몰고 오며 제피로스Zephyros는 부드러운 서풍을 몰고 온다고 했다. 조류도 시간을 나타내는 역할을 하기도 한다. 두루미의 이동과 뻐꾸기 울음소리, 제비는 봄을 나타낸다.

또한 엉겅퀴꽃이 피고 매미 소리가 울리면 여름이 성큼 다가오는 것이다.

이와 같이 저자는 자연의 흐름을 표시하는 현상들 사이사이에 들판에서 이루어지는 경작 활동을 묘사했다. 밀밭을 갈고 씨를 뿌리고 수확하는 일, 포도나무 가지를 자르고 포도주를 만들며 장작을 패는 일들을 묘사했다. 또한 연장을 관리하는 법도 적혀 있다. 텍스트의 묘사 방식은 대체로 혼잡스럽지만 기본 개념은 분명하다. 또한 헤시오도스는 기후가 거친 계절이 아닌 온화한 계절에 항해할 것을 권유하고 있다. 여기서 시간을 나타내는 여러 현상들은 태양년을 바탕으로 하고 있는데 하지나 동지를 비롯하여 각 계절의 자연현상의 특징을 통해 인지할 수 있다.

그는 태음력에 맞추어 항해나 농사를 계획하는 일은 적절하지 않다고 판단했다. 윤날을 통해서 태양력에 계속 맞추어야만 하는 데다 계절의 흐름과도 일치하지 않기 때문이었다. 따라서 헤시오도스에게 태음력은 순전히 숭배적 기능만 하는 달력에 지나지 않았다. 이는 십분각을 바탕으로 삼아 묘사한 두 번째 단락에서 잘 드러난다. 시인은 이 단락에서 온갖 세상사에 관련된 길일과 액일은 제우스에 의해 결정되며 이에 따라 어떤 날에 무엇을 하고 무엇을 하지 말 건지 알 수 있다고 묘사했다. 헤시오도스의 시대에도 이미 13일은 불길한 날로 받아들여졌다. 헤라클레이토스는 이처럼 각 날에 특징을 부여하는 방식을 비판했지만 그럼에도 불구하고 유대인을 비롯한 많은 이들이 이런 방식을 따랐다. BC 200년경 알렉산드리아에서 쓰인 《집회서》Ecclesiasticus에는 야훼가 어떤 날은 축복을 내리고 어떤 날은 저주를 내렸다는 내용이 나온다. 또한 로마인들과 마야인들도 액일을 회피했으며 이는 일본에서도 매우 널리 퍼진 믿음이었다. 이러한 믿음은 점성술사를 통해 점점 강고해졌고 현재에도 여전히 많은 추종자를 거느리고 있다. 이 같은 미신은 규칙적인 자연현상을 바탕으로 한 자연과학과 여기서 비롯된 불확실한 추정에 그 근거를 두고 있다. 하지만 이런 믿음이 점점 무비판적으로 수용되고 고정되면서 냉정한 관찰의 영역을 벗어나 사람들을 잘못된 방향으로 꾀는 결과를 낳게 된다.

전쟁과 계절

○ 한 해의 시간을 파악하는 것은 농업과 항해뿐 아니라 전쟁을 계획할 때도 매우 중요했다. 아테네에서 일상적으로 쓰였던 태음력은 항상 일치하지 않았다. 따라서 헤로도토스는 전쟁 사건을 기술할 때 시민력을 사용하지 않았고 특정 달을 기술하지도 않았으며 '세 달 후' 같은 식으로 묘사해 단지 달을 시간의 단위로만 사용했다. 전쟁과 관련해서 그는 계절을 사용하여 시기를 표현했다. 투키디데스도 이러한 시스템을 이용했다. 그는 펠로폰네소스 전쟁사를 기술하면서 국가 달력이 아니라 태양력에 따라 6개월씩 전쟁을 하는 여름과 퇴각하는 겨울로 전쟁 시기를 구분했다. 어떤 경우에는 계절의 시작과 끝을 언급함으로써 시기를 명확하게 밝히기도 했다. 그러므로 여기서 여름은 봄과 가을을 포함하기도 한다. 또한 그는 항해를 목적으로 하여 여름과 겨울을 구분했는데, 이에 따르면 여름은 8개월, 폭풍우가 치는 겨울은 4개월로 나뉜다. 이에 덧붙여 투키디데스는 농업에 관한 정보도 언급했는데 '곡식이 영그는 여름' 혹은 '곡식이 영글기 전의 봄'이라는 표현이 등장한다.

천문력

○ 태음력에는 계절이 고정된 형식으로 언급되지 않으며 대체로 태양력과 공조되는 경향이 크다. 이것이 그리스어로 '그 옆에 부착되는 것'이라는 의미의 파라페그마Parapegma라고 불리는 천문력이 공존하게 된 배경이다. 1903년에 발견된 밀레투스Miletus의 달력을 통해 그 원리를 파악할 수 있다.[10] 이 달력은 숭배적 기능을 가진 태음력과 계절에 따른 농업달력 그리고 공화정의 달력과 각각 일치하는 면이 있었다. 이 달력은 체계적으로 세 개의 행렬로 구성되었다. 첫 번째 열은 태양과 행성 달력에 따른 날을 열거하는데 이들은 황도 12궁으로 구분되어 있다. 이는 메톤의 432년 하지를 기점으로 시작된다. 두 번째 열은 그리스어로 에피세메이아episēmeia라고 불리는데 고정된 별자리에 대한 정보와 계절에 따른 바람과 기후조건 등 부차적인 정보를 담고 있다. 이는 농업과 항해를 위해 중요한 정보였다. 세 번째로 나란히 배열되어 있는 열에는 각 날짜와 함께 구멍이 나 있다. 여기에 일상적인 정보가 담긴 청동 핀을 각 날짜에 넣어두었는데 밀레투스의 달력은 아테나의 태음력을 기반으로 하고 있지만 해마다 태양력에 맞추어 매일의 정보를 조절해주었다. 이 같은 천문력은 태음력에 속한 날짜가 태양력에서는 어디에 속해 있는지를 알 수 있게 하고 이에 따른 천문 현상을 예측할 수 있게 하는 역할을 했다. 파라페그마는 또한 종이의 형태를 가진 둥근 연력으로도 등장했다.[11] 하지만 카이사르의 달력 개혁 이후에 이 같은 형태의 달력은 불필요해졌다.

계절의 어원들

○ 로마인은 이스라엘인과 마찬가지로 원래 춘분점과 추분점, 주야평분시equinox를 기점으로 한여름과 겨울, 이 두 계절tempora만 알고 있었다고 이시도르는 전한다. 이처럼 계절을 둘로 나누는 것은 220년 무렵의 울피아누스의 기록에 등장하며 6세기의 유스티니아누스 법전에도 여전히 나타난다. 고전적으로는 사계절quattuor tempora이 있다. 봄ver은 그리스어 'wēar'와 관련돼 있으며 이는 독일의 해Jahr나 새벽을 가리키는 오로라aurora와도 관련이 있는 것으로 보인다. 봄ver이라는 인도유럽어의 뿌리는 '빛나다'라는 의미다. 여름Aestas은 열기를 의미하는데 그 어원은 '불타다'aestuo이다. 방랑시인 아르키포에타는 이렇게 노래했다. "처절하게 불타오르는 마음속 분노여!"Aestuans intrinsecus ira vehementi 한편 에트루리아인의 언어 형식으로서 아우툼누스autumnus, 즉 가을의 의미는 분명하지 않다. 겨울인 히엠스Hiems 역시 인도유럽어를 기원으로 삼고 있다. 이 단어는 그리스어로 겨울을 가리키는 케이몬cheimon과 눈을 가리키는 키온chiōn과 연관되어 있으며 산스크리트어로는 눈의 산을 가리키는 히말라야Himalaya다.

플리니우스의 농업달력

○ 곡물과 가축을 기르는 데 계절의 중요성은 라틴어로 된 헤시오도스의 글에서도 잘 드러나 있다. 이에 관해 대 플리니우스가 무궁무진한 자연사적 자료를 전해주는 책 《박물지》는 지금까지 내려오는 지식의 보고 중 가장 훌륭하다. 그의 업적은 농업달력이라는 용어로 요약할 수 있다. 씨를 뿌

리고 곡식을 심으며 거름을 뿌리며 풀을 자르고 다양한 곡물을 수확하고 포도가지를 자르며 나무를 자르고 가축과 수확물을 돌보며 다음 해를 위해 연장을 정비하는 활동 등 계절에 따른 각종 경작 활동이 이에 포함된다. 이 모든 활동은 자연의 상황과 관련 있다. 이는 기후 조건이나 야생 동식물의 현상, 식물의 성장에 따라 이루어졌다. 시간을 알려주는 자연현상 중 하나로 철새 이동을 들 수 있는데 제비가 날아드는 것, 비둘기가 우는 현상, 뻐꾸기의 울음소리를 비롯하여 곤충의 등장 시간도 시간을 알려주는 역할을 했다. 가령 나비가 처음으로 보이는 시기나 반딧불이가 비상하는 시기, 벌이 몰려다니는 시기 등도 마찬가지다.

봄을 이끄는 것은 여러 식물들이다. 대 플리니우스는 겨울이 언제 끝나는지 알려주는 뽕나무가 나무 중 가장 지혜롭다며 칭송했다. 뽕나무의 순이 솟아오르면 더 이상 서리가 내리지 않는다. 또한 잎의 색깔이 변하는 것을 계절의 신호로 보기도 했다. 바로는《농업론》에서 올리브와 다른 두 종류의 나뭇잎이 뒤집어지면 여름이 끝나는 거라고 사람들이 얘기한다고 전했다. 대 플리니우스도 이를 기정사실화했으며 계절이 바뀐 것을 보여주는 세 종류가 아닌 다섯 종류의 나무를 언급하고 다른 문헌에도 이를 반복적으로 얘기했다. 겔리우스의 책에는 하지뿐 아니라 동지도 이런 방식으로 알 수 있다고 나와 있다. 그는 자신이 직접 그러한 현상을 여러 차례 목격했다고도 기록했다. 진정 많은 것의 목격자라고 할 수 있겠다. 자신이 본 것을 기록하는 게 그의 저서의 특징이 아니겠는가. 이와 유사한 것으로는 또다시 철새들이 다시 남쪽으로 날아가는 시기에 대한 플리니우스의 글을 들 수 있는데 보통 겨울 전이나 겨울이 시작된 후에 그 시기가 찾아온다고 기록되어 있다. 그리스어로는 이를 '겨울 전'procheimasis, '겨울 후'epicheimasis라 표현했다. 400년을 전후로 한 고대 후기에 팔라디우스는 연대기적으로 작성된 농업달력에 대해 기록했는데 이는 계절에 따른 순서가 아니라 달의 순서로 정리되어 있다.

하늘의 움직임도 시기를 가늠하는 잣대가 되었다. 하늘에 고정된 별들은 보다 정확한 정보를 전달하는 매개체였다. 특정한 별이 뜨고 지는 것과 이들의 배열 방식이 일종의 파라페그마(천문력)로서 율리우스력을 대체하는 역할을 했다. 율리우스력은 온 세상에 존재하는 것이 아니었지만 밤하늘은 오지에서도 볼 수 있었기 때문이다. 베르길리우스는 자신의 농업에 관한 시에서 별이 뜨고 지는 시기를 자세하게 묘사했으며 대 플리니우스도 자연이 얼마나 자비롭게 우리 인간에게 시간의 지표를 제공해주는지에 대해 농부들에게 설교했다.

바빌로니아인과 그리스인이 길일과 액일을 구분했듯이 로마인도 각 날을 구별했다. 특정한 종류의 행동은 달이 기울거나 차오를 때 해야 한다거나 초승달이나 보름달이 뜨는 날에 특정한 활동을 해야 한다는 믿음이 널리 전파되어 있었다. 대 카토는 숲에서 이루어지는 갖가지 종류의 활동에 따라 특정일을 구별했다.[12] 바로의 《농업론》에 따르면 양털을 자르거나 머리카락을 자르는 것은 달이 차오르는 시기에는 피해야 한다.[13] 티베리우스 황제조차 대머리가 되지 않기 위해 그의 충고를 따랐다고 한다. 플리니우스는 바람의 방향에 따른 규칙을 매우 심오하게 설명하기도 했다. 하지만 그중에서도 단기적인 기상예보를 위해 하늘의 별을 관찰하는 일을 매우 중요하게 여겼다. 겨울을 알리는 기상의 징후가 나타나면 의류업자들이 가격을 올리는 것 또한 경험에서 비롯된 매우 믿을 만한 현상 중 하나였다.

기상예보를 위해 자연현상을 관찰하는 일은 고대에서는 무척 흔한 일이었다.[14] 메톤에서 아리스토텔레스, 케플러에 이르기까지 수많은 이들이 별과 달의 주기, 태양의 위치, 무지개나 폭풍우, 지진을 포함하는 온갖 천문학적 현상에 대해 기상학적으로 해석함으로써 미래를 읽을 수 있다고 믿었고 이 같은 내용을 출판하여 시장에 전파했다. 미래를 알고자 하는 사람들의 욕망은 어느 시대에나 사람들의 마음을 가리고 지갑을 열게 하기 때문이다.

로마 제국 초기부터 돌에 새겨진 농업달력이 등장했다.[15] 이 같은 '농부의 연감'은 땅을 갈고 가축을 기르고 수공예 활동을 포함하여 지역의 축제까지 여러 가지 농사일과 관련된 정보를 각 달에 맞춰 제공했다. 물론 이러한 달력은 농부들이 아니라 점잖은 지주들이나 노예 대리인을 위한 것이었다. 산타마리아마조레 성당 아래에서 발견된 유적이나 벽에 그린 프레스코화로 표현된 포르트티쿠스 행사력을 보면 달력 속에 순수하게 미학적인 동기도 포함되어 있음을 알 수 있다. 이는 한 해의 '포괄적인 농사 행위를 표현'하는 역할을 했다.[16] 로마의 상류층은 도시에서 농촌 스타일을 즐겼으며 이는 도시 사람들이 목가적인 삶에 품는 환상이기도 했다.

추수감사제

○ 농업달력은 농업과 관련된 축제를 결정하는 역할을 했다. 유대인들은 고대부터 역사적인 기억을 달력 속에 기록해서 전승해왔지만 로마인과 그리스인의 달력은 보다 다채로운 내용을 다루었다. 곡식과 포도의 수확을 기념하는 축제의 즐거움은 《일리아스》 18장에 잘 표현돼 있다. 떡갈나무 아래에서 음악과 춤, 맛있는 음식과 술이 넘쳤다고 한다. 여기서는 희생제에 대한 언급은 보이지 않는다. 하지만 로마의 와인 축제에서 희생제는 중심 위치를 차지하는데 베르길리우스는 이것이 그리스 시대부터 유래한 것이라 보고 있다. 수확철이 끝난 후 대체로 10월 11일 이후에 포도주 축제인 바쿠

스 신을 위한 '빈데미아'vindemia가 지역마다 열리는데 라틴어인 '빈데미아'는 와인을 가리키는 '비눔'vinum과 '획득하다'라는 뜻의 '데메레'demere에서 비롯되었다. 제국시대의 기록을 보면 이 축제는 모든 계층을 위한 것이었다. 타키투스는 38년, 섹스광이었던 메살리나Messalina가 남편 클라디우스 황제가 오스티아에 가고 없는 동안 그녀의 애인을 비롯하여 여러 노예들과 궁전에서 벌인 디오니소스적 난교에 대해 《연대기》에서 묘사하기도 했다. 또 젊은 마르쿠스 아우렐리우스는 144년 로마에 있는 스승 프론토에게 보내는 일상을 담은 편지에서 로리움에 있는 자신의 영지에서 벌어진 추수절 행사에 대해 언급했다. 황태자로서 그는 오전에는 동료들과 양아버지인 황제 안토니우스 피우스Antoninus Pius와 함께 요들송을 부르며 포도를 땄고 오후에는 목욕을 마친 후 포도즙 짜는 통을 옆에 두고 농부들과 농담과 익살을 즐기며 식사했다.[17]

신성한 봄

○ 로마 공화정 시대의 특별한 이탈리아 풍습으로는 '신성한 봄'ver sacrum이라는 뜻의 '봄의 희생제'를 들 수 있다. 리비우스는 BC 217년에 로마군이 트라시메노스 호수에서 한니발의 군대에 패배한 후 이를 종교적 실패로 받아들이고 주피터에게 속죄의 표시로 '베르 사크룸' 의식을 바치기 시작했다고 기록했다. 이는 다음 해 초기에 태어난 아이들을 공물로 바치던 풍습에서 비롯된 것으로 이후에는 아이들이 성년이 되는 21세에 로마로부터 추방하는 관습으로 완화되었다. 또한 인간 희생제를 대신하여 3월과 4월에 태어나는 돼지와 양, 염소와 소를 제물로 썼다. 스트라본은 몇몇 이탈리

아의 부족민들은 자신들이 '베르 사크룸'으로 인해 이주해야 했던 조상들의 자손이라고 믿고 있다고 증언했다. 비엔나의 개혁적 예술가 그룹이었던 제체시온Sezession은 자발적으로 전통에서 벗어나기로 결의했다. 이들은《베르 사크룸》이라는 잡지도 만들었는데 '오스트리아 예술연맹'의 산실이 되었다. 1898년 1월의 잡지 표지에는 화분에 심은 나무의 뿌리가 인공화분을 부수고 뻗어나가서 자연의 흙 속으로 돌아가고자 하는 이미지가 실려 있다. 이는 아르누보의 상징이기도 하다. 봄과 젊음은 희망의 상징인 것이다.

계절의 경계일

○ 라틴 작가들 사이에서 계절의 경계가 되는 날짜나 계절의 기간은 서로 차이가 있다. 대 플리니우스는 바로의 이론을 기반으로 하여 봄의 시작을 2월 8일로 삼고, 여름의 시작은 플레이아데스 성단이 아침에 떠오르는 5월 9일로 했으며, 가을은 8월 12일 그리고 역시 플레이아데스 성단이 아침에 지는 11월 11일을 겨울의 기점으로 삼았다. 사계절의 분점은 계절의 시작이 아니라 중간 부분에 위치했다. 춘분은 3월 25일이었고, 추분은 9월 25일, 하지는 7월 24일, 동지는 한겨울인 12월 25일이었다. 대 플리니우스에 따르면 계절이 발생하는 원인은 고유한 힘을 가지고 있는 별들 때문이다. 가령 시리우스는 태양에게 열기를 더해주어 태양이 신성한 숭배를 받도록 하는 역할을 한다.

대 플리니우스가 정한 계절의 시간적 경계를 거의 바꾸지 않은 채 베다는 계절 연보를 만들었는데[18] 이시도르는 자신의 책《사물의 본성에 관하여》에서 계절의 경계를 다르게 설정했다. 그에 따르면 봄은 2월 22일 테르미날리아 축제가 끝나고 시작되는데 봄의 기간은 91일이다. 여름은 5월 24일에 시작되며 역시 91일 동안 지속된다. 가을은 8월 23일에 시작되어 93일 동안 지속되고, 겨울은 11월 24일에 시작되어 90일 동안 이어지는데 이 모든 날짜를 합하면 365일이 된다. 그가 설정한 연초의 날짜는 고대적 전통을 따른 것으로 보인다.

아우소니우스는 계절을 각기 3개월씩 나누었다. 3~5월은 봄이며 6~8월은 여름이고, 9~11월은 가을에 속하며 겨울은 12월과 1, 2월이 되었다. 의학서를 쓴 저자들은 각 계절의 길이를 불균등하게 정하기도 했다. 이들은 여름과 겨울은 각 4개월씩 길게 설정하고 봄과 가을은 각각 2개월씩 짧게 설정했는데 각각 춘분과 추분을 계절의 기점으로 삼았다. 연중 분점과 지점至點을 새해의 시작점으로 삼은 근대적 구분 방식은 449년에 폴레미우스 실비우스로부터 시작되었다.[19] 이는 고대 천문학에 바탕을 둔 것이었다. 고대 천문학에서는 계절을 황도에 따라 정했다. 춘분의 물병자리에서 첫 번째 계절이 시작되는데 이후 하지부터는 세 가지의 여름 별자리가 따라오며 세 가지 가을 별자리는 9월 24일부터 시작되며 겨울 별자리는 크리스마스를 전후로 하여 염소자리에서부터 시작된다.

계절의 상징들

○ 대부분의 고대 시간 개념과 마찬가지로 계절 또한 육신의 형태로 표현되었다. 수많은 문학작품이나 예술작품을 통해 우리는 처녀의 모습으로 인격화된 계절의 여신 호라이를 볼 수 있다. 그중에서도 2세기 말에 필로스트라투스는 계절의 여신을 그린 그림들을 묘사한 바 있다. 오비디우스는

《변신이야기》에서 계절을 태양신이 사는 궁전에서 모든 다른 시간의 개념과 함께 등장하는 화환을 두른 젊은이로 묘사했다. 청춘인 봄은 꽃으로 된 왕관을 쓰고 있고 여름은 벌거벗은 채 이삭으로 된 왕관을 쓰고 나타난다. 가을은 포도즙을 뒤집어썼으며 겨울은 회색빛에 서리가 낀 모습이다.

로마의 시각예술가들은 계절을 벌거벗은 소년의 모습으로 구현했다. 특히 로마 예술에서는 날개 달린 큐피드나 에로스의 모습이 인기를 끌었다. 베를린의 화폐박물관에 놓인 코모두스 황제 때의 세스테르티우스(고대 로마의 화폐 단위—옮긴이)를 보면 네 소년이 즐거운 한때를 보내고 있다.[20] 봄은 꽃으로 된 화환을 쓰고 있으며 여름은 낫, 가을은 와인 잔을 들고 있다. 겨울은 어깨에 사냥한 토끼가 걸려 있는 지팡이를 메고 후드가 달린 외투를 뒤집어쓰고 있다. 또한 계절은 행운을 상징하는 의미에서 의인화된 모습으로 4세기까지는 무덤의 비석이나 석관에도 새겨졌다. 주로 벽화나 모자이크 바닥재에 형상화되기도 했다(부록 그림 19 참조). 동물의 형상으로 표현될 때 봄은 아기 염소로, 여름은 공작이나 사자로, 가을은 양이나 표범으로 그려지며 겨울은 멧돼지의 모습으로 형상화되었다.[21] 바람과 여러 요소들도 계절에 같이 표현되었다. 봄은 남쪽과 공기를 상징하며 여름은 동쪽과 불, 가을은 북쪽과 흙이라는 요소를, 겨울은 서쪽과 물을 상징했다.[22]

석관에 새겨져 계절을 나타내는 고대 후기의 날개 달린 에로테스erotes는 포스트 고전예술 시대의 천사들의 지위 격하에 어느 정도 책임이 있다고 할 수 있다. 하느님의 사신이었던 천사는 이를 통해 푸토(발가벗은 어린아이 상—옮긴이)가 되었다. 푸토는 르네상스와 바로크 시대에 티치아노와 무리요B. E. Murillo, 루벤스 같은 화가들을 통해 '가장 많이 소비되었다.'[23] 뮌헨의 알테 피나코테크Alte Pinakothek에 전시된 1618년에 그려진 그림은 그 증거라고 할 수 있다. 열한 명의 귀여운 벌거숭이 푸토들이 열두 번째의 푸토와 예수, 성모 주위를 날아다니고 있는 그림이다. 얀 브뤼헐Jan Brueghel은 그 주위에 알록달록한 색의 화환을 그려 넣었다. 꽃은 따뜻한 세 계절에 걸쳐 피어 있으며 당연히 겨울에는 보이지 않는다.

전차 경주의 계절

○ 로마의 키르쿠스Circus(고대 로마에서 전차 경주를 위해 만들어진 경기장—옮긴이)에서도 계절이 새롭게 주목 받았다. 이는 로마 시대의 전차 경주를 새롭게 해석한 필로스트라투스의 동시대인이자 교회의 사제이기도 했던 테르툴리아누스에게 빚진 바가 크다. 그가 쓴 《구경거리에 관하여》De spectaculis에서 테르툴리아누스는 로마 제국 내내 가장 인기 많은 오락거리였던 키르쿠스 경주를 단지 기독교 미학적 관점에서뿐 아니라 이교도적 요소에 반대하는 의미에서 혹평했다. 그는 키르쿠스를 이교 숭배의 장소로 보고 전차가 회전하며 달리는 것을 예식의 의미로 보았다. 전차 경주에는 보통 네 대의 전차가 참여했는데 이는 마부의 복장 색깔이나 이교도의 옷 색깔로 구별할 수 있었다. 처음에는 겨울을 나타내는 흰색의 마차와 여름을 나타내는 붉은색의 마차밖에 없었다. 하지만 쾌락과 미신이 점점 로마 제국을 지배하면서 봄을 의미하는 녹색과 가을을 의미하는 푸른색의 마차가 추가되었다. 현재 마시모알레테르메 궁에 전시된 모자이크에는[24] 여러 색으로 치장한 네 명의 마부를 볼 수 있다. 테르툴리아누스는 이들을 각각의 신과 결부시키며 이교도들의 대중적인 오락 취미를 지탄했지만 당시에는 그리 성공적이지 못했다. 전차 경주가 1년과 상관이 있다는 것은 핀다로스의 시대에 이미 경주가 12바퀴를 도는 것으로 정해졌다는 사실에서도 잘 볼 수 있다. 고

대 후기에도 로마의 키르쿠스 막시무스에서 벌어지는 전차 경기는 보통 12바퀴나 24바퀴 혹은 48바퀴로 정해졌다.

종교적 의식도 자연의 과정에 따라 진행되었고 신비한 은유 방식을 통해 지속성을 확보했다. 이 같은 고대적 개념이 후기 로마 사회의 모습과 어울리지 않는다고 생각한다면 문명의 시대와 계몽의 시대를 혼동하고 있기 때문이다. 《라틴 문집》Anthologia Latina에 적혀 있는 작자 미상의 시를 통해 우리는 전차 경주가 가진 상징을 확인할 수 있다. 키르쿠스는 천공의 이미지에 맞추어 제작되었다. 열두 번을 도는 경주 방식은 12개월과 일치했고 일곱 번을 도는 것은 행성 궤도를 의미했으며 말의 색깔은 계절을 의미했다. 4두 2륜 전차는 비가Biga라는 태양 마차를 상징했으며 말은 쌍둥이 신 디오스쿠리Dioscuri에게 바쳐진 것으로 '우리의 경기는 예배와도 같다.' 510년에 기독교 학자였던 카시오도루스는 《잡문집》에서 테오도리쿠스 대왕을 대신하여 키르쿠스에서 각각 7번, 24번을 돌게 되어 있는 전차 경기는 행성을 상징하는 요일과 각 요일의 시간 길이를 가리킨다고 했다. 키르쿠스 경기장에서 색깔이 계절을 상징할 뿐 아니라 한 해의 흐름을 통합적으로 이해하는데 경기가 얼마나 중요한 역할을 하는지 알 수 있다.

사계절의 기질

○ 교회의 신부들은 여러 의미에서 이교도적 고대 전통 세계와 중세의 기독교 세상을 잇는 가교 역할을 했다. 한편으로 기독교인들은 고대 전통을 거부하면서도 참고의 대상으로 삼았으며 다른 한편으로는 전통을 계승하면서도 재해석했다. 이시도르는 《사물의 본성에 관하여》에서 계절에 관한 이

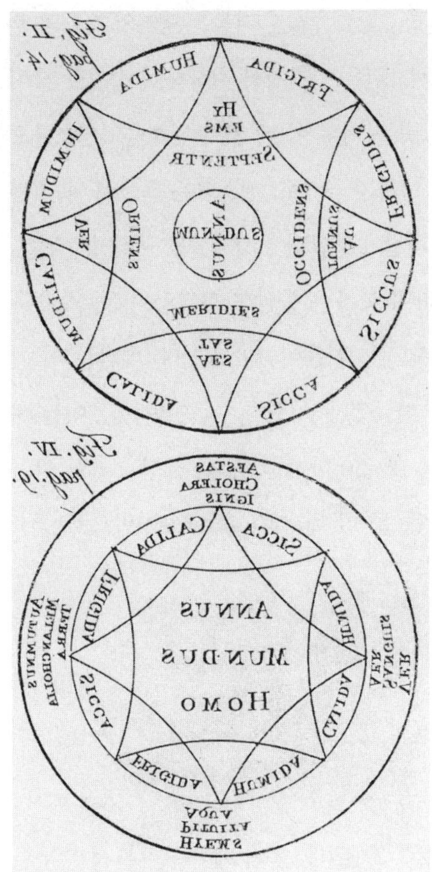

[그림 16] 《사물의 본성에 관하여》에 수록된 계절의 상징, 1803년.

야기를 할 때 이러한 양면성을 모두 드러냈다. 그는 계절의 실질적인 특징을 통해서 시간의 본질을 설명하고 '시간'tempus에서 '기질'temperamentum, '알맞은 혼합'Sol temperat orbem이라는 단어를 이끌어냈다. 베다도 《시간 이론에 대하여》에서 같은 의견이었다. 또 태양은 지구에 '온도'를 제공해준다. 이시도르는 체액병리학을 통해 고대의 사체액설Saftelehre을 주창했다. 그는 봄을 습기와 열기의 혼합으로 보았으며humor et ignis, 여름은 열기와 건조함ignis et siccitas, 가을은 건조함과 냉기의 혼합siccitas et frigor, 겨울은 냉기와 습기의 혼합frigor et humor으로 보았다. 따라서 1년은 습기에서 시작하여 습기로 끝이 나는 것이다([그림 16] 참조). 이시도르는 이후 이 네 가지 특성을 4원소론으로 보다 발전시켰다. 열기는 불로, 냉기는 공기로, 건조함은 흙으로, 습기는 물로 변형되었다. 이 같은 네 가지 기질이 혼합되어 사계절을 구성하게 된다. 봄은 공기와 낙천적 기운과 일치하며 여름은 불과 다혈질의 기운, 가을은 흙과 감상적인 기운, 겨울은 물과 냉정한 기운이 지배적이다. 베다는 이 기질에 덧붙여 4단계 인생의 시기를 언급했다. 어린이는 봄이며 젊은이는 여름, 장년은 가을이며 노년은 겨울로 본 것이다. 해Annus와 세상mundus, 사람homo은 모두 우주의 조화에 바탕을 둔 이 네 가지 요소를 기반으로 삼고 있다.

종교로 해석된 계절

○ 종교적으로 계절은 두 가지로 해석된다. 봄의 깨어나는 본성은 부활을 상기시킨다. 원래 소아시아에서는 봄에 아티스Attis 신을 숭배하는 축제가 열렸고 서쪽에는 아도니스 축제가 이른 봄에 열렸는데 이후 부활절에 예수의 부활을 축하하는 날로 대체되었다. 이처럼 부활절도 계절적인 의미로 해석할 수 있는데 이는 괴테의 《파우스트》에도 드러난다. 가을은 《예레미아서》 51장 33절에서 종말의 날과 관련해 언급되기도 한다. 예수는 마지막 심판일을 수확기와 비교했는데 탈곡하는 과정에서 쭉정이는 밀알과 분리되고 밀짚은 불태워진다. 또한 《마태오 복음서》에서 추수기의 과실은 하느님 왕국의 상징으로 언급되기도 했다. 야고보는 농부에게 수확의 기쁨을 가져

다 주는 가을비만큼이나 하느님이 세상에 귀환하실 것을 확신했다. 《요한묵시록》 14장에 따르면 최후의 심판을 위한 '지상에서의 수확기가 무르익었다.' 어떤 일을 할 때가 '무르익었다'는 표현을 우리는 지금도 종종 사용한다.

후기 고대에서는 구원의 역사를 사계절을 통하여 구현하려는 움직임이 활발했는데 이는 네 개의 분점과 지점에 대한 신학적 해석을 통해서도 알 수 있다.[25] 겨울 동지였던 12월 25일은 예수의 생일이 되었고 춘분이었던 3월 25일은 대천사 가브리엘의 방문을 통한 성모수태일이자 예수가 죽음을 맞이한 날이자 부활한 날이기도 하며 이 세상이 창조된 날이기도 하다. 하지인 6월 24일은 세례자 요한의 생일이며 추분인 9월 24일은 세례 요한이 수태된 날이다. 따라서 태양의 경로가 기독교적 구원론에 보편적인 형식을 제공한 것이다.

계절의 은유는 교부문학에도 그대로 살아 있었다. 12세기에 프랑스 신학자 알랭 드 릴Alain de Lille은 구원의 전체 역사를 계절에 따라 나누었다. 겨울은 '모세의 법 이전' 시기이며 봄은 '모세의 법 치하', 여름은 '환생 이후'이고 가을은 '세상의 심판일 이후'로 받아들여졌다. 자연은 신앙의 스승으로 받아들여졌다. 자연의 시간은 구원의 시간을 상징한다.

구원의 역사에서 자연이 차지하는 중요성에 대해서는 신학자였던 이시도르도 《사물의 본성에 관하여》에서 간파하고 있었다. 겨울은 폭풍의 여신들tempestates의 계절로 온갖 세상의 풍파turbines saeculi와 혼란을 상징했다. 봄은 성령과 평화가 새롭게 강림하는 달tranquillitas ecclesiae이며 여름은 이전 봄에 존재하던 진정한 신앙이 말라붙어 믿음 가진 자들이 박해받는 때이다. 가을은 신학적으로 불분명한 계절이다.

봄의 어원

○ 더 이상 고대처럼 봄을 한 해의 시작이라고 여기지는 않지만 아직도 우리는 봄을 계절의 시작이라고 여긴다. '봄, 여름, 가을, 겨울'의 순서는 현재에도 여전하다. 그러다 보니 〈천국과 땅의 하느님〉Gott des Himmels und der Erden이나 〈눈부신 잘레강가에서〉An der Saale hellem Strande 같은 노래에도 이런 순서가 등장한다. 봄이 가진 선구자적 의미는 이미 그 단어에서도 드러난다. 봄은 한 해의 초기Fruhjahr이며 새벽 혹은 젊음을 나타내는 계절이다. 봄이라는 단어의 어원이 상대적으로 오래되지 않았다는 것은 15세기의 문헌 속에 등장하는 봄이라는 단어를 우리가 쉽게 유추할 수 있다는 사실에서도 알 수 있다. 하지만 그것이 루터의 성경 구절에서 기원한 것이라는 관점은 오해다. 이삭의 양 떼들을 나누면서 야곱은 교묘한 책략을 써서 자신은 일찍 태어난 튼튼한 새끼 양을 갖고 외삼촌인 라반에게는 늦게 태어난 약한 새끼 양이 돌아가게 했다(창세 30장). 이 새끼 양들은 '나중에 태어난 것들'Spatlinge이었고 야곱이 차지한 것은 '일찍 태어난 것들'Fruhlinge이었다. 독일어로 '일찍 태어난 것들'은 멧돼지 새끼나 희생제를 위한 제물로 바치기 위해 사용되는, 특정한 동물 또는 곡식을 의미한다. 포스가 편역한 《오디세이》 9장을 보면 오디세우스 일행이 폴리페모스의 동굴에서 '새끼 양과 새끼 염소 들'을 발견하는데 이들은 '일찍 태어난 것들'과 '나중에 태어난 것들'로 분리된 우리에 갇혀 있다. 루터에 의해 사용된 '봄'Lenz이란 단어는 고대 고지 독일어인데 '긴 날'lengizin Manoth이란 표현 속의 '점점 길어지는'이란 뜻을 가진 단어다. 한 해 속 계절로서의 봄의 의미는 실러의 〈라우라의 우울〉Melancholie an Laura이란 시 속에서 "떠다니는 행성"과 "그 궤도 안에서 수천만의 봄이 벌써 지나갔다네."라는 구절을 통해 드러난다. 연중 계절tempora anni 중 봄이 한 해의 시작이라는 독특한 위치를 가지고 있다는 것은 후기 라틴어인 '첫 번째'primum tempus에서 비롯된 프랑스어 '봄'printemps 속에 잘 나타나 있다. 봄을 '씨 뿌리는 시간'으로 여기던 것에서 '씨 뿌리다'라는 뜻의 라틴어 '세로'sero '세비'sevi '사툼'satum이 계절Satio, Saison이 되었고 영어로는 '시즌'season이 되었다.

여름, 가을, 겨울의 어원 변화

○ 고대 고지 독일어에도 존재하던 '여름'이란 단어는 라틴어 '세미'semi, 즉 절반이라는 단어와 관련되어 있다. 여기서 절반은 '반년'이라는 뜻이다. 유대인과 로마인이 그랬듯이 여기서도 1년은 여름과 겨울이라는 주된 계절 두 개로 나뉘었던 것이다. 늙은 힐데브란트Hildebrand(고대 게르만족의 전설 속 인물—옮긴이)는 자신의 아들 하두브란트Hadubrand에게 '60번의 여름과 겨울 동안 나는 이 나라를 떠나 살았다'sumaro enti wintro라고 말한다. 겨울은 '하얀 계절'이다. 이미 가을에 접어들었음에도 불구하고 인디언 서머(가을인데도 며칠 동안 여름의 기후가 유지되는 시기—옮긴이)가 나타난다. 이는 정상적인 계절의 기후를 위반하는 '특이한 기후 현상'이기도 하다. 또한 5월 중순 철 늦은 서리가 내리는 '얼음 성자'Eisheiligen, 6월의 '양 감기'Schafskalte, 9월 말의 따스한 날씨 등에도 해당되는 현상이다. 뒤늦은 여름은 계절을 의미하기도 하지만 나이 든 여성도 말년에 사랑의 봄꽃을 피워낼 수 있다는 의미를 동시에 전하고 있다. 스위스에는 이를 가리키는 '과부의 여름'Witwensommerli이라는 표현도 있다. 이 시기에 사방에 나타나는 거미줄을 전승문학에서는 속박을 의미하는 실로 받아들이는데 성모승천일을 맞이하여 그 실이 성모

의 옷자락에서 끊겨나간다.

가을은 수확의 시기다. '따다'라는 의미의 라틴어 '카르포'carpo와 과일이란 뜻의 그리스어 '카르포스'karpos를 어원으로 삼고 있다. 타키투스는《게르마니아》Germania에서 게르만인들은 겨울hiems과 봄, 여름ver et aestas의 개념을 잘 알고 실제로 활용하고 있지만 가을autumnus은 그 이름도 수확물도 알지 못한다고 썼다. 그렇지만 가을이 그저 고지 독일어에만 있던 단어는 아닐 것이다. 타키투스가 가을의 수확물이라고 한 것은 아마도 북쪽에서 그가 그리워한 남쪽의 과일이었을 것이다. 고대 고지 독일어인 'herbist'가 추상적인 계절을 의미하는 것인지 아니면 영어인 'harvest'처럼 수확을 의미하는 것인지는 아무도 확실하게 알지 못한다. 아무튼 가을은 사계절 중에서도 가장 약한 위치를 차지했다. 고대 기록들에서도 가을은 후대에만 드물게 등장할 뿐이다.

이름에 쓰인 계절

○ 가을이 인기 없는 계절이라는 것은 게르만인의 성姓에 등장하는 빈도수에도 반영되어 있다. 요일과 마찬가지로 독일에는 계절을 성으로 삼은 이들이 많았다. 전화부를 보면 '가을'Herbst이라는 성은 6,000번밖에 등장하지 않는다. '봄'을 뜻하는 'Fruhling' 330번, 같은 뜻의 'Lenz'는 11,000번이나 등장한다. 이는 로렌츠의 약칭인 메르츠Merz나 마르츠Marz, 3월에서 비롯된 마르틴Martin, 마이Mai, 5월에서 비롯된 마이어Maier는 제외한 결과임에도 그렇다. 여름Sommer은 15,000번, 겨울Winter은 17,000번 등장한다. 물론 계절의 인기를 직접적으로 반영한 것이라고는 볼 수 없겠지만 말이다.

계절을 그린 그림들

○ 예술에서 계절은 르네상스와 개혁과 함께 다시 등장했다. 이 시기부터는 그림에서도 지배적이었던 종교적 색채가 점점 옅어졌다. 세속적인 주제가 다시 등장했고 자연과 인간의 삶이 중요한 소재가 되었다. 그중에서도 바사노Francesco Bassano가 그린 계절의 순환에 대한 그림을 주목해볼 만하다. 봄이 그려진 풍경 속에는 아담과 이브가 그려져 있다. 여름에는 양털을 깎고 곡식을 거두는 풍경이 보이고 멀리 아브라함이 이삭을 희생시키려 하는 모습이 그려져 있다. 전형적인 가을의 풍경은 포도주 만들기와 씨를 뿌리는 모습인데 왼쪽 상단에는 모세가 돌판을 받아 드는 장면이 그려져 있다. 겨울은 화가 테니르스Teniers의 판화 작업인 〈테아트룸 픽토리움〉Theatrum Pictorium을 보면 장작을 패고 난롯불을 피우는 모습으로 묘사되어 있다. 이것을 보면 종교적인 요소는 어디에도 보이지 않는데 크리스마스는 어디에 있는 걸까? 이상한 일이지만 이 시대 겨울에는 숱하게 등장하던 예수의 생일 장면이 거의 등장하지 않는다. 《루카 복음서》 2장에는 예수의 생일에 추운 날씨와 눈에 대한 언급이 분명하게 언급되어 있지 않지만 콘스탄티누스 시대 이후로는 예수가 겨울에 태어났다는 믿음이 정착되었다. 시대가 흐르면서 화가들이 묘사하던 고대의 풍경은 현대 의복과 건물, 풍경으로 바뀌었다. 그렇다면 겨울 묘사도 마찬가지 아닐까?

겨울은 빈의 루돌프 2세의 궁정화가였던 주세페 아르침볼도Giuseppe Arcimboldo가 1563년에 그린 매우 인상적인 그림 속에 잘 표현되어 있다. 오늘날 이 그림은 미술사박물관에 소장되어 있다(부록 그림 24 참조). 이 그림에서 계절은 각 시기에 맞는 곡물들로 장식된 괴기한 머리 모양으로 표현된다. 자연주의적 겨울의 이미지는 네덜란드 화가인 피터르 브뤼헐Pieter Bruegel의

눈 속의 사냥꾼이나 얼음판에서 스케이트를 타는 사람 등 대중에게 사랑을 받았던 주제들을 표현한 그림에서 잘 볼 수 있다. 하지만 위의 그림들은 카를 레싱Carl Friedrich Lessing이 그린 〈눈 속의 수도원 뜰〉(1828년)과 같은 낭만주의적 시대의 그림들에서 풍기는 감상적 정서가 결여되어 있다. 카스파르 다비트 프리드리히가 그린, 〈침엽수림에 내린 초겨울의 눈〉(1812년), 〈눈 덮인 공동묘지〉(1827년), 〈엘데나의 폐허가 된 교회와 늙은 수도승〉(1808년) 그리고 〈눈 속의 떡갈나무〉(1829년) 등을 보라. 프리드리히는 이미 1803년에 세피아 물감으로 사계절을 그렸는데 그중 세 점이 현재 베를린의 박물관에 소장되어 있다. 이 그림 속에서 계절은 하루의 시간과 삶의 단계로 연결되어 있다.

봄에 관한 그림에서는 1487년 산드로 보티첼리가 오비디우스의 《행사력》을 참고로 하여 은유적으로 표현한 그림들을 이야기하지 않을 수 없다(부록 그림 23 참조). 또한 널찍한 숲에서 한가하게 뛰어노는 아이들을 그린 게오르크 발트뮐러Georg Waldmüller도 빼놓을 수 없다. 니콜라 랑크레Nicolas Lancret가 그린 〈봄〉과 〈여름〉은 상트페테르부르크의 예카테리나 2세의 소장품이었다. 여름은 꽃의 계절로 클림트의 〈꽃이 있는 농장 정원〉(1906년)과 반 고흐의 '해바라기 연작'(1888년) 속에는 해바라기 꽃이 가득하다. 한스 토마Hans Thoma의 〈여름〉(1872년) 등에는 더운 여름의 이미지가 잘 표현되어 있다.

가을은 과일 정물화로 표현된 경우가 많은데 특히 17세기 바로크풍의 다채로운 그림에서 많이 접할 수 있다. 필리프 하케르트Philipp Hackert는 푸사로 호수에 있는 나폴리의 여왕의 여름 별장에서 사계절 연작 중 하나인 〈가을: 포도 수확 및 소렌토와 만과 섬들의 조망〉(1784년)을 그렸다. 가을의 추수 작업은 장 프랑수아 밀레와 프리츠 폰 우데의 주된 테마였다. 또한 캐나

다와 러시아의 자연주의 화가들은 울긋불긋한 가을의 숲을 그림 소재로 삼았다.

사계절과 하루 가운데 네 번의 시간 순환은 1880년 발렌틴 루스Valentin Ruths가 함부르크 미술박물관의 계단 옆 벽에 그린 그림에 잘 나타나 있다. 아름답기로 유명한 보르프스베데의 사계절의 풍경은 사진가들이 이어받아 카메라 속에 담겼다. 한때 웅대했던 바이에른의 폰도르페르에 있는 너도밤나무의 풍경을 '사계절의 나무'로 보여준 2006년의 미니어처 사진도 그 좋은 예이다.

계절을 노래한 시

○ 거듭 반복되는 연속적인 시간에 대해 많은 시인들이 시를 썼다. 아침과 정오, 저녁, 밤의 시간들과 바뀌는 달에 대해 시를 쓴 것처럼 계절에 대한 시도 많이 썼다. 고대부터 시에서 가장 많이 다룬 계절은 봄이다. 핀다로스는 여러 번 꽃피는 봄에 대한 시를 썼고 테오그니스Theognis는 새롭게 눈뜨는 사랑에 대한 시를 썼다. 봄철 축제에서 소년들은 델피 신전이나 메가라 신전에서 아폴로에게 기쁨의 찬가를 바쳤다. 루크레티우스는 꽃과 사랑을 부활시키는 봄을 찬양했고 카툴루스Catullus도 이에 합류했다. 봄노래로 유명한 것은 포겔바이데의 시와 중세 시가집 《카르미나 부라나》를 들 수 있다. 바로크 스타일로 봄, 여름, 가을, 겨울을 노래하는 이 책은 독실한 명상의 의미와 자연의 생기를 전해준다.

1796년에 괴테는 실러의 《연간시집》Musenalmanach을 위해 99개의 이행시를 썼는데 이를 연장하여 1814년에 '사계'라는 제목으로 《새로운 글쓰기》

Neuen Schriften에 발표했다. 그중 18개의 이행시가 봄의 여인들에게 헌사되었는데 괴테의 여인 중 한 명이었던 크리스티아네Christiane를 위해서는 19개의 여름 이행시를 썼다. 또한 가을을 위해서는 가장 많은 46개의 이행시를 썼다. 나뭇가지에 주렁주렁 익어가는 과일은 시인의 지혜를 상징하는데 그중 유명한 마흔다섯 번째 이행시는 다음과 같다. "항상 완벽함을 추구하나 자기 자신만 완벽해지지 않고 다른 모든 이를 위해 스스로를 내어놓는구나!" 겨울을 위한 16개의 이행시는 스케이트를 타는 괴테를 떠올리게 한다. 장담하건대 이것이야말로 가장 우아하고 다재다능한 겨울 스포츠가 아니겠는가! 아무것도 없는 얼음의 표면은 다양한 삶의 다양성을 상징하며 넘어지거나 깨질 수 있는 위험을 품고 있다. 마지막 세 개의 이행시는 해빙과 봄이 오는 시간을 묘사하고 있다. 안겔루스 질레지우스의 《방랑하는 천사》 4장에 나타난 자연이 기지개 켜는 풍경은 영감에 가득 찬 우주론을 담고 있다.

봄이면 세상은 다시금 새롭게 깨어난다네.
그러니 세상이 봄에 만들어졌다는 것은 맞는 말이지.

그리하여 뫼리케는 "봄은 다시금 푸른 리본을 대기 속에 흩날리는구나." 라고 썼고 울란트Johann Ludwig Uhland는 "부드러운 미풍이 깨어났도다."라고 덧붙였다. 여름에는 향기로운 히아신스가 슈토름Storm(독일 작가 테오도어 슈토름. 여기서는 폭풍우Storm와 이중적 의미로 사용됨.—옮긴이)을 불러온다. "너무나 고요하도다." 난쟁이 농부가 벌에게 윙크하는 시간이다. 추수기는 헤벨Hebbel이 잘 묘사하고 있다. "지금까지 한 번도 겪어보지 못한 가을의 시간", 그 속에는 흐뭇함이 가득 담겨 있다. 하지만 릴케의 시에는 반대로 우울함의 정서가 깃들어 있다. "지금 집이 없는 사람은 결코 집을 지을 수 없을 것입니다.” 한극점 너머에 하염없이 서 있는 영혼에 대해 니체는 노래했다. “이제 그대는 창백하게 선 채로 저주받은 겨울 나그네가 되었네/더 추운 하늘을 찾아가는 연기처럼.” 또한 오트프리트 프로이슬러Otfried Preußler가 1971년에 쓴 매혹적인 이야기 《크라바트》와 악마의 물레방아 이야기를 보면 계절과 인간의 활동이 너무나 잘 어우러져 있음을 알 수 있다.

계절에 관한 은유

○ 시계와 하루의 시간이 그런 것처럼 계절도 우리 삶의 단계에 대한 풍요로운 영감을 주었다. 호메로스는 《일리아스》 6장에서 한 세대가 오고 가는 것을 봄에 싹이 터서 가을에 잎이 지는 것에 비유했다. 호라티우스는 《시학》에서 변화하는 계절을 통해 언어도 변화하는 것을 깨달았고 오비디우스는 《피타고라스의 가르침》에서 계절을 통해 인생의 단계를 파악했으며 세네카는 물질의 변화를 읽어냈다. 호라티우스는 BC 13년 봄의 아우구스투스 황제가 동쪽에서 귀환한 것에 대해 정치적인 특징을 부여했다.

1941년, 요한 하위징아는 적어도 중세의 슈타우퍼Staufer 왕조까지는 문화적 여름에 속한다고 말했다. 그다음에는 ‘중세의 가을’이 따라오기 때문이다. 그렇다면 겨울은 어디인가? 16세기의 철학자들은 ‘질풍노도’Sturm und Drang(18세기 후반 독일에서 일어난 문학운동—옮긴이)파의 작가들이나 계몽주의 작가들과 마찬가지로 봄에 대해 자주 이야기했다. 낭만주의 시인인 횔덜린이 칭송한 〈제국민의 봄〉Völkerfrühling은 곧 유명해졌다. 하인리히 하이네Heinrich Heine는 봄의 그림 속에 딱정벌레를 추가했다.

오스발트 슈펭글러Oswald Spengler는 1922년에 문명의 모델을 다음 4단계로 나누었다. 봄(직관적으로 눈뜨는 영혼), 여름(성숙되는 의식과 시민 운동), 가을(대도시적 지성, 창의성의 정점), 겨울(대도시적 문명, 복잡한 삶의 문제들). 자연은 역사를 증명한다. 서구의 전후 정치도 '프라하의 봄'과 같이 계절의 이미지를 차용했는데 봄 이후로 여름은 오지 않았다. '아랍의 봄'에는 여전히 폭풍우가 몰아치고 있다. 동구권의 상대적으로 자유로운 분위기를 우리는 해빙기라고 부르지만 사실은 간빙기에 가깝다고 볼 수 있다. 사실 지질학적으로도 우리는 간빙기에 살고 있는 관계로 여름 기후는 점점 더워지고 있다.

계절에 관한 음악

○ 계절은 자연과 예술, 과학 그리고 아름다운 편지 속에만 아니라 음악에도 깃들어 있다. 봄에 대한 시편을 멜로디로 만들어 수많은 악보가 창조되었는데 《카르미나 부라나》에 등장하는 봄의 구절("오, 아름다운 봄이여! 오랫동안 갈망하던 사랑스러운 봄이 기쁨을 가져다주는구나!")을 예로 들 수 있다. 또 여름의 노래(〈여름이 다가왔도다〉)와 가을의 노래(〈숲은 이미 울긋불긋 물들었네〉), 겨울의 노래(〈겨울은 고난에 찬 남자라네〉)도 빼놓을 수 없다. 이 노래들은 대체로 장조로 구성되어 있는데 특이하게도 노르딕 지방의 봄 노래인 〈이제 태양빛이 너무도 밝게, 너무도 밝게 비치는구나〉는 우울한 정서의 단조로 구성되어 있다.

1725년 비발디가 작곡한 〈사계〉는 가사가 없는 곡이다. 리토르넬로 형식의 이 곡은 솔로 바이올린과 현악기, 통주 저음이 바스락거리는 잎새들, 쏟아지는 비와 울부짖는 폭풍우 그리고 천둥을 동반한 폭우 등 온갖 자연 현상을 음악으로 표현해준다. 봄은 높게 지저귀는 새소리로 시작되는데 활기

찬 알레그로로 표현된다. 여름은 폭풍우가 몰아치기 전의 비둘기와 뻐꾸기, 되새의 소리로 표현된다. 가을은 소박한 감사의 계절이다. 서로 건배를 하며 4분의 3박자로 사냥을 향해 떠나는 긴박한 장면을 묘사한다. 단조로 표현된 겨울은 이가 덜덜 떨릴 만큼 추운 계절이다. 하지만 타일을 이어붙인 스토브가 있는 집 안은 따스하며 곧 얼음 위에서 스케이트를 타다 보면 한 해가 끝날 것이다.

비발디의 〈사계〉가 인기 많은 음악이었다면 하이든의 〈사계〉는 유럽 예술 음악의 최고봉으로 일컬어진다. 1793년에 하이든은 런던에 두 번째로 방문했는데 거기서 열렬히 환영 받았다. 옥스퍼드 대학교는 하이든에게 음악 박사 학위를 수여했다. 하이든은 그곳에서 열두 개의 런던 심포니 음악을 작곡하고 헨델의 성가곡을 배웠으며 그에 영감을 받아서 〈천지창조〉와 〈사계〉를 작곡했다. 〈사계〉는 제임스 톰슨James Thomson이 쓴 교훈시에서 가사를 따왔다. 이 곡은 하이든의 마지막 주요 작품으로 과거 비엔나 근교였다가 현재는 비엔나에 속하는, 굼펜도르프 마리아힐퍼에 위치한 하이든의 정원 헛간에서 작곡되었다. 1801년 초연의 장면은 음악의 역사에서 위대한 한 순간으로 남아 있다.

제9장

고대의 시대와 연대

시간은 변하고 우리도 그와 더불어 변화한다.
_로타르 1세

시대의 기원

○ 시계는 시간을 헤아리고 하루를 나누며 달력은 주와 달을 포함하고 시대나 연대기는 여러 해를 기록한다. 아이들은 자신의 나이를 궁금해하지만 노인들은 자신의 나이를 잊고 싶어 한다. 그러나 인간은 경계가 필요하기 때문에 해를 헤아린다. 농부는 가축의 나이를 알고 싶어 하고 정원사는 식물의 나이를, 고고학자는 골동품의 연대를 궁금해한다. 시간과 관련하여 새롭거나 낡은 무엇이 우리 앞에 나타날 때마다 우리는 연도를 기준으로 시간을 측정한다.

이때 계산의 기준이 되는 것은 기준 연도다. 출생 연도나 어떤 것의 생산 연도 혹은 그에 관한 조건이 대상을 가늠하는 기준이 된다. 개별적인 한 해가 보편성을 가지기 위해서는 일반적으로 받아들일 수 있는 시대적 상황에서 그해를 계산하는 방식도 보편적이어야만 한다. 계절의 순환에 대한 지식이야 불가피하게 요구되는 부분이지만 이러한 방식의 계산은 생존을 위해 필요한 것은 아니다. 인간이 사회에서 공존하기 위해서는 한 해와 하루를 나누고 헤아리는 공통의 방식이 필요하다. 따라서 한 해에 대한 계산은 고도로 발달된 문명을 드러내는 것이며, 문화 공동체의 집단적 기억의 산물이 되기도 한다. 인류 역사 속에서 이는 다양한 방식으로 변모되어왔다. 다만 근대 이후로는 유럽식 달력과 시간이 일반적인 방식으로 받아들여졌고 기원후 연도를 계산하는 방식도 보편성을 가지게 되었다.

시대의 어원

○ 특정한 연도를 표현하는 방식으로 우리는 '시대'라는 말을 쓴다.[1] 그런데 '아우구스투스 시대'나 '십자군 원정의 시기'라는 표현을 쓸 때 각 시대와 시기의 의미는 분명히 구분하기 어렵다. 하지만 알렉산드로스 시대나 기독교 시대와 같이 그 시대를 구체적으로 헤아릴 수 있다면 시대의 구분은 더 정확할 수 있다. '시대'aera라는 단어는 라틴어인 놋쇠aes 혹은 청동aeris에서 온 것으로, 좁은 의미에서 청동 동전을 의미했다. 로마의 세금은 청동으로 만든 동전인 세스테르티우스의 단위로 계산했다. 이시도르는 《마르코 복음서》 2장의 예수 탄생 일화에 나오는 퀴리니우스Quirinius의 세금 계산법을 언급하면서 해를 가리키는 의미에서 'aera'라는 단어를 사용했다. 중성의 복수형인 'aerae'는 이후에 여성 단수형인 'aer'로 바뀌었고 이후에는 '한 해의 경제적 내역'이란 의미로 사용되었다.

상대적이고 절대적인 연대학

○ "시대에 대한 맥락 없이 역사를 이해한다고 생각하는 이는 안내인

없이 미로 속을 헤매는 나그네와도 같다." 1566년 보댕Jean Bodin은 위와 같이 과거의 역사기록학을 비판했다. 시대를 통한 이론doctrina temporum은 없어서는 안 될 아리아드네의 실과도 같다. 실제로 고대와 중세의 자료들이 말할 수 없이 혼돈된 상태로 엉켜 있다. 스칼리제르Joseph Justus Scaliger는 1606년 《시대의 보고》Thesaurus temporum에서 시간을 비교하고 계산하여 121개의 시대를 추정해냈다. 그 자체의 고유한 특징을 가지고 창조되고 활용된 다양한 소통의 공간이 그만큼 많다는 것이다. 동시다발적 사건이나 지배자가 던지는 수많은 메시지와 시간의 간격 사이에 존재하는 사건과 현상을 이해하고 분류하여 고정된 시간 순서로 배열하는 것은 연구자에게 매우 힘든 임무다. 처음에는 상대적 연대기밖에 만들어지지 않았다. 부유하는 시간 속에서 이루어지는 통치자들의 일련의 행위들은 우리들과는 관련 없이 존재하는 것들이었다. 이러한 거리를 규정하고 분명한 시간의 순서대로 사건들을 배열하는 것이야말로 절대적인 연대기의 목적이며 일반적인 시간학의 기본이다. 예수의 출생을 연도를 계산하는 중심점으로 놓기까지는 기나긴 세월이 필요했다.

이집트 왕의 목록

○ 고대 동양에서는 고정된 형식으로 시간을 계산하는 방법이 결여되어 있었다. 그럼에도 불구하고 오래된 과거를 회상할 필요성과 미래에 메시지를 남기고자 하는 욕구는 사그라들지 않았다. 왕조의 통치자와 왕조에 대한 목록이 생겨나면서 각 연도의 정보가 기록되었고 이는 상대적으로 연대기의 기능을 수행했다. 이들은 시간 간격을 두고 발생한 사건들을 기록했지

[그림 17] 왕의 연대기가 새겨진 팔레르모 석, 이집트.

만 미래의 독자들을 위한 고정된 시점은 없었다.

가장 오래된 것은 이집트 왕의 목록이다. 1860년 무렵, 한 이탈리아 여행자가 상형문자가 새겨진 검은 섬록암 판을 발견했고 이 돌판은 1877년 팔레르모의 고고학 박물관에 소장되었다([그림 17] 참조). 이 팔레르모 석은 일곱 조각으로 나뉜 멤피스의 왕의 연대기 중 가장 큰 돌조각에 속했다.[2] 여기에는 이집트 왕조 이전의 파라오들부터 시작하여 제1왕조의 첫 번째 파라오와 BC 2300년경 제5왕조기 파라오의 정보까지 담겨 있다. 통치 기간은 원래는 2년에 한 번씩이었지만 이후 과세를 위해 1년에 한 번씩 이루어지던 가축 수 통계조사를 통해 밝혀졌다. 그 외에도 중요한 예배나 궁정 의식, 군대 의식뿐만 아니라 나일강의 침수 수위 등도 기록되었다.

팔레르모 석에서 얻을 수 있는 정보는 후대 여러 왕조의 연대기와 토리노의 파피루스로 보완되었다. 이 파피루스는 1820년 룩소르에서 발견되어 1824년 심하게 구겨진 상태로 토리노의 이집트 박물관에 전달되었다. 잘게 찢긴 이 문서를 작센 출신의 한 고고학자가 이어 붙였는데 결국 파라오에 대한 지금껏 가장 완벽한 연대기라는 것이 증명되었다. 이 문서는 상형문자로 쓰였으며 BC 1250년의 람세스 2세까지의 행적이 기록되어 있다. 이 문서의 처음은 신들의 왕이라고 할 수 있는 프타Ptah에 대한 것으로 멤피스에 있었던 프타의 신전은 '후트 카 프타'Hut-ka-Ptah, 즉 프타의 집, 그리스식으로 아이깁토스Aigyptos라고 불렸다. 여기에는 통치 기간이 정리되어 있어서 상대적인 연대기를 구축하는 것이 가능했다. 또한 크레타 지역으로 유입된 이집트의 문화를 통해 미노스와 미케네 문화의 연대를 추정해볼 수도 있다.

바빌로니아 연대기

○ 초기 메소포타미아 문명의 고고학적 전통도 비슷한 방식으로 표현되었다. 셈족의 아카드 왕조(BC 2350~2150) 이후에 나타나는 특징이라면, 통치 기간에 발생한 기억할 만한 사건을 따서 왕조의 이름을 정하는 관습이 있었다는 점이다. 그런 중대한 사건이 없는 경우에는 '이러저러한 일이 일어난 다음 해'와 같은 식으로 특정 시점을 묘사했다. 이 같은 방식은 이후 카시트Kassite 왕조부터 왕의 통치 시점을 기록하는 것으로 바뀌었다. 시조명eponym 기록 방식은 아시리아 제국이 왕실 비문을 기록할 때 사용한 독특한

연대 기술 방식인데 왕의 이름과 그해 주요 사건을 기록하고 있다. BC 10세기부터 7세기까지의 왕실에 대한 기록이 설형문자로 돌판에 적혀 있다. 1932년에 코르사바드에서 발견된 아시리아 왕의 연대기는 BC 1430년경의 유목 말기에서 시작해 살마네세르Salmanassar 5세까지 내려온다. 1760년에 편집된 수메르의 왕조 실록은 '홍수' 이후에 '하늘에서 내려온' 천인이 왕조를 세우는 데부터 그 기록이 시작된다. 천인이 나라를 다스리기 이전의 시간은 10만 년 전으로 기록되어 있다.[3]

베로수스와 마네토의 기록

○ 헬레니즘 시기부터 고대 그리스의 연대기가 출발했다. 설형문자를 알고 있었던 바빌로니아의 사제였던 베로수스Berossus는 안티오쿠스 1세를 위해 BC 2300년경부터 시작된 통치의 역사를 기록했다.[4] 헬리오폴리스의 대사제였던 마네토Manetho는 프톨레마이오스 1세 때 활약한 역사가로 이집트 이전의 역사를 상형문자로 기록했다.[5] 그는 신과 악마, 영웅과 귀신, 파라오에 대한 역사를 정확한 연대와 날짜와 함께 묘사하고 있는데 이 초기 역사 속에 등장하는 이들은 성경 속 므두셀라와 그의 친족들처럼 모두 장수했다. 교회의 신부들은 마네토의 기록을 성경의 증거로 보았다. 마네토는 정확한 연대를 기록하지는 않았지만 왕조와 왕, 그들의 통치 기간을 각각 상세하게 기록해두었다. 연속적인 시대를 기록했다는 점에서 베로수스의 기록과 마찬가지로 신뢰할 수 있다. 역사 속 사건은 어떤 왕의 치하에서 무슨 일이 있었는지 구체적으로 표현되었다. 하지만 특정한 왕이 언제 통치했는지 알기 위해서는 그가 기록한 과거의 통치자들과 비교 분석해야 한다.

따라서 베로수스나 마네토의 기록은 완전한 연대기가 아니며 기본적으로는 학술적인 역량이 낮다고 볼 수 있다. 실질적인 내용보다는 텍스트가 가진 스타일과 특징이 더 중요한 것이다. 여기서 독자들의 가독 능력이 요구된다.

성경 계보학

○ 이집트인과 바빌로니아인과 마찬가지로 유대인도 일관된 연대기가 결여되어 있다. 성경은 이 세상의 처음부터 이 세상의 종말까지를 범위로 하고 있는 역사적 기록이지만 기록된 사건들은 구체적인 연대순으로 정리된 것이 아니다. 물론, 통치자들의 혈통이나 가계가 연속적으로 길게 묘사되어 있고 이를 통해 대략적인 연대를 추정해볼 수는 있다. 하지만 이것이 비역사적인 구조를 가졌다는 것은, 《마태오 복음서》 1장 1절에는 예수의 아버지인 요셉의 계보를 아브라함 기준으로 기록한 반면 《루카 복음서》 3장 23절에는 아담을 기준으로 삼은 것만 보아도 알 수 있다.

구약에서의 시간의 지표

○ 특정한 사건의 기간이나 상황이 묘사되어 있는 경우도 여러 번 등장한다. 40년 동안 이스라엘의 자손들은 시나이 사막을 헤매고 다녔는데[6] 마지막 해에 아론이 죽었다.[7] 40이란 숫자는 짝수로, 성경에서는 그 의미가 고대 동양에서 쓰인 것과 같은 상징성을 가진다. 예루살렘의 신전을 짓기까지 수년이 걸렸는데 솔로몬의 재위 4년에 시작되어 11년째 재위 기간에 완

성되었다.[8] 바빌론 유수 동안 에제키엘은 예루살렘의 멸망에 대해 유수기의 5년째와 12년째, 14년째 그리고 25년째에 예언했다.[9] 이집트에서 탈출한 지 480년째에 신전을 짓기 시작했다거나 에제키엘이 요시야 왕이 법을 '발견'한 후 30년째 되던 해를 내다보았다고 쓰인 표현은 그가 이미 어느 정도 시대라는 개념에 접근했다는 것을 보여준다.[10] 하지만 이 같은 표현은 더 이상 발전되지 않고 고립된 형태로 머물렀다. 《여호수아기》 4장 9절에 요르단 강의 기념석이 '오늘날까지 서 있는' 사건이나 10장 13절에 태양이 중천에 떠서 멈춘 '이 같은 날'은 전무후무했다는 구절이 나오지만[11] 독자로서는 그 때가 과연 언제인지 궁금할 따름이다. 하지만 성경의 저자도 그날이 언제인지 말해주지 못했다.

기쁨의 해

○ 예배적 의미에서 안식년이나 희년禧年이 요구되었다. 모세는 시나이 산에서 이스라엘 백성들이 단지 7일째뿐 아니라 7년째 되는 해를 안식년으로 맞이해야 한다는 하느님의 명을 들었다고 전해진다.[12] 그해에는 씨를 뿌리고 추수를 하거나 포도원에서 일을 하지 말아야 한다. 하느님은 6년째 되는 해에는 보통보다 세 배 많은 수확을 약속함으로써[13] 7년째 되는 해에는 땅에서 저절로 나는 것만으로도 백성과 가축이 연명할 수 있도록 했다.[14] 그 해에는 히브리의 노예들도 대가 없이 해방시키고[15] 같은 하느님을 믿는 신자들이라면 빚도 탕감할 것을 명했다.[16] 안식년을 헤아리는 것은 가나안의 정복과 함께 시작되었는데 아마 BC 1200년대쯤일 것으로 추정된다. 하지만 그에 대한 문서는 BC 500년 무렵의 유수 전 제사장 문서가 가장 오래된 것

이다.[17] BC 2세기 이후부터는 안식년에 대한 확실한 기록이 없다. 요세푸스의 《유대고대사》 12장에는 BC 164년에 안티오쿠스 4세가 예루살렘을 정복했을 때 자발적 휴경을 실시했다고 기록되어 있다.

안식일과 안식년 다음에 세 번째로 희년(기쁨의 해), 즉 대안식년이 있었다. 7일을 일곱 번 곱한 다음 날인 50일째를 오순절로 삼은 것처럼 7년에 7년을 곱하여 그다음 해인 50년째를 희년으로 삼았다. 이 해에도 경작 활동은 중지되었고 모든 재산상의 거래도 예전으로 복구되었다.[18] 이처럼 경작 활동을 중지하도록 한 것은 그 의도는 훌륭했지만 현실성은 떨어졌다. 실제로 뿔피리를 불어서 희년을 선포한 경우는 없었기 때문이다. 일상생활에서 사람들은 외래 지배자의 통치 기간을 따라 연대를 가늠했다. 예를 들어 키로스 Cyrus(성경에 나오는 이름은 '고레스'—옮긴이) 황제 즉위 1년에 하느님은 페르시아 왕에게 예루살렘의 신전을 재건할 것을 명령했다.[19] 다리우스 황제 즉위 후 4년째에 하느님의 말씀이 《즈카르야서》에 기록되었다. 《루카 복음서》 3장에는 티베리우스 황제 즉위 후 15년째에 세례자 요한이 설교를 시작했다고 쓰여 있다.

연대기의 표현 방식

○ 통치 기간에 따른 연대의 표현은 바빌로니아와 이집트뿐 아니라 위에 언급한 키로스 황제 즉위 첫해의 명령을 기록한 《에즈라기》 6장에서 볼 수 있는 것처럼 페르시아의 아케메네스 제국 시대에도 존재했다. 당시 왕이 내린 명령은 예루살렘의 신전을 새로 건설하라는 것이었다. 이 같은 연대 셈법은 그리스의 도시나 소아시아 지역의 비문 등을 통해 확인할 수 있

Bronzemünze des Pilatus

[그림 18] 공물이 실린 배와 이삭 묶음이 새겨진 유대의 폰티우스 필라투스의 동전, 30년.

으며[20] BC 360년경의 카리아Caria 지역의 밀라사Mylasa 비문에서도 볼 수 있다.[21] 이 같은 관습은 알렉산드로스 대왕 시대에도 존재했으며 프톨레마이오스나 알렉산드로스 대왕의 후계자 시대에도 계승되었다. 페르가몬 같은 자존심이 강했던 도시는 왕조의 집권 연도에 따라 연대를 기록하기도 했다. 왕에 충성을 맹세한 도시는 일종의 자치권을 인정받기도 했다.

지역 시장에서는 티베리우스와 그의 모친인 리비아의 이름이 새겨진 특정한 동전이 거래되었는데 동전에는 16부터 18까지의 숫자가 새겨져 있다. 이는 황제의 재위 기간을 의미하며 각각 AD 30년, 31년, 32년을 가리킨다. 이 동전들은 총독 폰티우스 필라투스의 지휘하에 주조된 것이다([그림 18] 참조).[22]

로마 시대, 동방의 많은 도시들도 고대 후기까지는 집정관이 아니라 황제의 재위 기간을 기준으로 날짜를 헤아렸다. 특정 황제의 재위 기간이 끝나고 나서 이전 황제들의 재위 기간을 알고자 한다면 황제들의 연대기를 확인해야만 했다. 그런 점에서 이 시기에는 진정한 연대기가 없었다고 볼 수 있다. 그럼에도 불구하고 유스티니아누스 황제 이후부터는 재위 기간을 연대의 기준으로 삼는 방식이 다시 보편화되었다.

그리스의 영향을 받아서 북인도의 아쇼카도 칙령 속에 자신의 재위 기간을 넣어 날짜를 기록했다. 이후 일련의 외부 왕조들은 모두 단명했다. 헬레니즘 시대 이전의 인도에서는 연대학의 개념이 없었으며 후대에 시간을 알릴 수 있는 유적이 전혀 없었다.[23] 고도 문명에서 연대를 표기하는 것은 매우 중요한 요소였다.

헤로도토스의 내부 연대학

○ 지속적인 연대기는 상대적으로 늦게 시작되었는데 역사적으로 그 정확한 시기는 알려져 있지 않다. 그리스와 로마인에게 헤로도토스는 역사의 아버지로 받들어진다. 키케로는 《법률론》De legibus에서 그를 '역사의 아버지'라고 불렀다. 헤로도토스의 기록은 주로 이전에 발발한 페르시아 전쟁에 대한 것이었다. 하지만 훨씬 이전의 과거의 역사에 대해서도 이야기했다. 그리스인은 절반은 신비롭고 절반은 사실에 근거한 풍요로운 역사적 전통을 가지고 있었는데 이 같은 역사는 연대기적 정보 없이 전승되었다. 하지만 몇몇 왕자들은 헤라클레스나 제우스의 시대에까지 거슬러 올라가 자신들의 계보를 수립하기도 했다. 이후에 기독교 사제들이 성경을 기반으로 삼아 유추한 것과 마찬가지로 세대를 헤아려서 시대를 추정한 방식이 보편적으로 활용되었다. 헤로도토스는 한번은 100년 안에 3세대가 계승된다고 계산했는데 그 외에도 한 세대를 33년과 3분의 1 혹은 40년으로 계산하기도 했다. 이 계산법에 따라 그는 디오니소스 이후로 그의 시대까지 1,600년

이 지났다고 보았고 헤라클레스 이후로는 900년이 지났으며 트로이 전쟁은 800년 이전에 발생했다고 추정했다. 수많은 비일관성에도 불구하고[24] 헤로도토스의 연대기는 비교적 정확했다. 호메로스와 헤시오도스를 자신보다 최대 400년 이전에 살았던 인물이라고 추정한 것을 보면 그는 거의 과장하지 않았다. 그렇지만 헤로도토스 자신이 정확하게 언제 살았고 언제 글을 썼는지는 드러나지 않는다.

책의 중간 부분에야 등장하는 페르시아 전쟁 이전의 시기에 대한 기술에서, 헤로도토스는 동양의 자료를 통해 BC 717년부터 이어지는 리디아Lyder와 메데르Meder, 페르시아와 이집트 왕들의 재위 연도를 밝힌다. 재위 연도는 없지만 그는 스파르타와 마케도니아, 키레네의 왕조에 대해서도 기록했다. BC 499년에 일어난 이오니아의 반란부터는 사건들이 이전보다 더 짧은 시간 간격으로 기술되었으며 그 내용도 보다 상세하게 기술되었다. 이를 통해 그는 상당히 정확한 연대기를 제공해주었다.

불행히도 현재 절대적인 연대기를 제공할 수 있는 단 하나의 고정된 시점이 있다면 그것은 BC 480년에 크세르크세스가 아테네를 침공했을 때 아테네의 아르콘Archon(고대 그리스의 특정한 고위 공직을 지칭하는 용도로 사용되며, 이 경우 집정관이라 번역하기도 하지만 고대 로마의 관직으로서의 집정관Consul과는 구분해야 한다. 여기서는 아르콘이라고 그대로 명명한다.—옮긴이)이 칼리아데스Calliades라는 사람이었다는 언급뿐이다. 이때가 크세르크세스가 즉위한 지 5년째라는 것을 감안하여 거꾸로 추적해가면 1956년에 슈트라스부르거가 보여준 것처럼 다른 왕들의 연대기도 도출해낼 수 있다. 하지만 기독교 시대 이전에 연대기를 구성하려는 노력을 기울인 다른 고대 학자가 있는지는 그도 밝혀내지 못했다. 그러려면 칼리아데스 이후의 아테네를 지배했던 아르콘의 명단을 담은 완벽한 자료가 있어야 할 것이다. 이 같은 명단이 담긴 그리스의 문헌이 어디에 있단 말인가? 헤로도토스가 칼리아데스라는 이름을 지목한 것은 아테네를 방어할 책임을 맡은 아르콘을 언급하는 과정에서 발생한 결과일 뿐, 그 사건이 얼마나 오래전에 일어났는지 독자들에게 알려주기 위한 목적이 아니었다. 연대기가 없이 그것은 현실적으로 불가능하다. 역사적 사건의 중요성은 연대가 아니라 그 내용에 있었기 때문이다.

연대를 기록하려는 노력

○ 그리스에서 데우칼리온 설화(노아의 방주와 유사한 대홍수 설화—옮긴이)부터 BC 400년까지의 전체 역사를 연대기적으로 기록하려는 첫 시도는 헤로도토스, 투키디데스와 동시대를 살았던 역사가인 레스보스의 헬라니코스에 의해 이루어졌다.[25] 그는 성경과 마찬가지로 신화적 시간을 세대별로 구분했다. 제우스 신의 시대로까지 거슬러 올라가는 트로이 왕의 계보가 여기서 중추적 역할을 했다. 비록 신화 속의 시대는 상당 부분 헬라니코스가 스스로 만들어낸 것이지만 역사처럼 보이는 것도 사실이고 트로이의 몰락 이후 어둠의 시대를 상당 부분 이어주는 역할도 하고 있다.

역사적으로 헬라니코스가 등장한 것은 세대별로 연대를 매기던 방식에서 정치나 종교적으로 높은 직위에 있는 사람들의 이름과 관직 기간 등을 명시한 시조명의 방식으로 전환되던 시기였다. 아티카의 역사를 기록한 저서 《아티스》에서 그는 케크롭스 1세부터 시작하여 아테네의 모든 왕의 이름과 재위 기간, 아르콘의 이름과 관직, 통치 기간 등을 기록했다. 그리고 이들에 따라서 BC 682년 이후 국법의 연대를 정리했다. 물론 초기의 역사는 항상 그렇듯이 매우 불투명하다.[26] 아르콘을 통해 연대를 매기는 방식은 당시 전혀 대중적이지 않았다. 아테네의 무덤 한 곳에서만 이런 방식이 발견되었을 뿐이다.[27] 하지만 에피쿠로스는 편지의 날짜를 아르콘의 재임기를 기준으로 삼아 적은 것으로 추정되며 아리스토텔레스 또한 헬라니코스의 영향일 수도 있지만 솔론의 개혁적 법률에서 멀어진 군주 페이시스트라토스의 폭정과 그로 인한 아테네의 변화된 법 체계에 대해 이야기하면서 아르콘을 기준으로 날짜를 적었다. 헤로도토스는 페이시스트라토스 시대를 '그 시대'라고 암시적으로 표현했다.

헬라니코스는 아테네의 아르콘뿐 아니라 아르고의 헤라 신전의 여사제의 재임 기간을 연대를 기록하는 기준으로 삼기도 했다. 2세기 그리스의 여행자이자 지리학자인 파우사니아스는 하이시아이의 전투 연대를 기록하면서 페이시스트라토스의 아르콘의 재임 기간을 기준으로 삼았는데 구체적으로 그 시기는 아테네의 27회 올림픽 경기 우승자인 에우리보토스Eurybotos가 아르콘으로 임명된 지 4년째였다. 하지만 시조명식의 연대 기술 방식이 가진 기본적인 문제는 군주의 재위 연도와 마찬가지로 현재와의 거리가 명시되지 않는다는 점이었다. 플라톤은 소피스트 히피아스Hippias에 반론을 제기하는 과정에서 소크라테스를 언급하면서 아르콘의 명단은 정보가 부족할 뿐 아니라 외우기가 몹시 힘들다고 불평했다. 하지만 아르콘의 연대와 같은 지속적인 기록이 없었다면 독자들은 시간의 위치에 대한 어떠한 정보도 얻기 힘들었을 것이다.

투키디데스의 여름과 겨울

○ 하지만 헬라니코스의 방식을 사용한 투키디데스조차 이 같은 문제

를 해결하지 못했다. 그는 동시대인으로서 《펠로폰네소스 전쟁사》를 썼고 당시 굳이 시간을 표시할 필요를 느끼지 않았을 것이다. 하지만 후대의 독자들은 이 전쟁이 언제 일어났는지는 알 수가 없다. 그럼에도 불구하고 이 역사 기록은 '영원히' 남아 있다. 전쟁 기간에 대해 그는 신탁을 내리듯이 세 번에 걸쳐 9년씩 전쟁이 이어졌다고 언급했다. 초기에 그는 지배자 세 명의 이름을 거론하는데 한 사람은 아르고의 헤라 신전 여사제이고, 나머지는 스파르타의 에포로스Ephorus(5인 정치위원회—옮긴이)와 아테네의 아르콘이었다. 투키디데스는 이후에 바로 이와 같은 연대 기록 방식을 비판했다. 고관대작의 명단을 얻기가 힘든 것 때문이 아니라 이 방식이 정확하지 않고 계절도 언급하지 않는다는 이유였다. 그는 전쟁의 시기를 몇 번의 여름과 겨울을 보냈는지를 기준으로 계산했다. 《일리아스》 혹은 《오디세이》로 돌아가는 이전의 역사에서 트로이 전쟁은 10년 동안 지속된 것으로 묘사되는데, 그 후 60년이 지나서 보이오티아인들이 추방되고 80년 후에는 도리아인들이 펠로폰네소스를 정복했다. 하지만 마라톤의 전투가 벌어진 지 10년 후에 페르시아인들이 돌아왔다는 소식과 마찬가지로 이러한 내용도 현실성이 없는 것이었다. 시칠리아의 초기 역사에 대해 투키디데스는 도시가 건립되는 데는 상당한 기간이 소요되었다고 언급했지만 정확하게 얼마나 걸렸는지는 밝히지 않았다. 그는 "이 전쟁이 끝나기" 수년 전이라는 표현을 세 번이나 사용했으나 그것이 니키아스 평화협정이 이루어진 BC 421년인지 BC 402년의 아테네의 항복 때인지 정확하게 밝히지 않았다. 물론 후대의 독자들도 이를 알 수 없다. 그는 올림픽의 내용에 대해 두 번 언급한 적이 있는데 숫자는 언급되지 않았다. 대신 투키디데스는 사람들이 기억하는 판크라티온(레슬링과 복싱을 합친 형태의 격투기—옮긴이)의 승리자를 언급했을 뿐, 명단에 나와 있는 경주 승리자는 언급하지 않았다.

올림픽 기준의 연도 계산법

○ 그리스 시대에는 오랫동안 시간 개념에 대한 골격이 없었다. 소피스트 히피아스는 BC 400년 무렵에 처음으로 숫자로 된 연도 계산 방식을 제시했다. 참고할 만한 것으로는 헬레니즘 문화 이전 시대의 두 가지 제도로, 하나는 아르콘의 명단과 함께하는 델피 신전의 신탁이고 다른 하나는 올림피아에서 4년마다 제우스를 기려 열렸던 경기였다. 히피아스는 후자를 선택했다. 플루타르코스는 황제 누마가 열여섯 번째 올림피아의 세 번째 해에 왕위에 올랐다고 기록했는데 즉위 연도를 올림피아 경기가 끝난 후로 기록한 히피아스에 대해서는 근거가 그 빈약하다며 비난했다. 하지만 그 비난은 근거가 없을 가능성이 높다. 히피아스가 직접 올림피아 경기에 참가하여 정보를 얻었다는 기록이 뒷받침되고 있기 때문이다.[28]

올림피아 경기를 기준으로 한 연도는 시칠리아의 역사를 기록한 티마이오스에 의해 사용되었다. 아우구스티누스 치하에서 아피아노스나 디오도로스가 연도를 기록한 것과 같은 방식을 사용하기도 했던 폴리비우스가 증언하는 것처럼 스파르타의 에포로스나 왕, 아테네의 아르콘들과 아르고스의 헤라 신전의 여사제들의 기록과도 일치한다. 경기장의 192미터 경주에서 승리한 자는 그 이름이 모두 기록된다. 에라토스테네스가 언급한 바에 따르면 그 기록은 BC 776년에 시작되었다. 이와 같이 처음 시작된 올림피아 경기의 기록을 통해 신화의 시대에서 역사의 시대로 전환되었다고 바로는 유추한다.[29] 역사는 기록을 찾을 수 있어야만 하는 것이다. 펠롭스Pelops가 후원하고 헤라클레스가 새롭게 개최했다는 올림피아 경기는 4년마다 열렸는데 포괄적인 계산법을 통해서 '5년마다 열리는 경기'라고 불렀다. 올림피아 경기가 마지막으로 기록된 것은 385년인데 이후 독실한 기독교 신자였던 테오도시우스 황제가 올림피아 경기를 폐지시켰다. 그의 손자인 같은 이름의 황제도 역시 올림피아 경기를 기준으로 연도를 헤아리는 방식을 이교도적 방식이라며 금지시켰다.[30]

대중적으로 봤을 때 올림피아 경기를 기준으로 한 연도 계산법이나 아르콘을 기준으로 한 계산법, 둘 다 그다지 인기가 없었다. 비문이나 동전, 계약서나 법문 어디에도 이 같은 연도가 등장하지 않았다. 이러한 계산법은 파우사니아스나 378년까지의 역사를 기록한 히에로니무스의 연대기 혹은 히다티우스가 468년까지 지속적으로 기록한 것처럼 단지 역사가들의 저술을 돕기 위한 방식이었다.[31] 그렇다면 저자가 기록한 올림피아 경기가 몇 년도에 열린 것인지를 우리가 어떻게 알겠는가? 올림피아 경기 이외에도 연대기적 골격을 제공하는 여러 개의 경기가 있었는데 이들은 그다지 중요하게 여기지 않았다.[32]

에라토스테네스와 시간학

○ 알렉산드리아에서 대부분의 공직 시간을 보냈던 키레네의 에라토스테네스는 올림피아 경기를 일관성 있는 시간의 기준으로 사용했다. 그가 남긴 가장 유명한 업적은 지구의 둘레를 측정한 것이다.[33]

아테나이오스는 에라토스테네스가 고대 올림픽 우승자에 대한 책을 썼다는 것을 증언했다. 또한 에라토스테네스는 트로이의 몰락 이후로 고정된 시간 간격을 두고 연속적으로 연도를 측정해서 기록하기도 했다. 알렉산드로스 대제의 사망 연도인 BC 326년에서 960년 전인 BC 1286년을 그는 트로이 정복의 해로 삼았다. 이는 알렉산드리아의 클레멘스Clemens의 책 《잡기》Stomateis에서도 확인할 수 있다.

기원 개념의 등장

○ 고대에서 특히 성공적이었던 기원은 소위 '알렉산드로스 기원'으로, 이 시대는 셀레우코스 제국까지 거슬러 올라간다. 기원의 출발점은 BC 312년 가을 율리우스력으로 10월 1일인데 알렉산드로스 대왕의 유복자였던 알렉산드로스 4세가 카산드로스에게 살해되고 셀레우코스가 바빌로니아를 정복하기 위해 가자 지역을 손에 넣는 승리를 거둔 해이기도 했다. 안티오쿠스 1세는 셀레우코스 1세의 아들이자 공동 통치자 및 승계자로 재위 연도를 자신의 집권기부터가 아닌 아버지의 집권기부터 헤아렸으며 진정한 의미에서 기원紀元, Ara의 개념을 창조했다. 이는 역사상 최초로 개별적으로 연도를 계산한 경우다. 하지만 이것이 전파된 것은 약 BC 200년경인 안티오쿠스 3세 때인데 안티오쿠스 왕조 이후에도 기산 연도 방식(특정 연도를 원년으로 삼아 계산을 시작하는 방식—옮긴이)은 살아남았다. BC 97년 로마에 이 같은 기원이 등장한 이후로[34] 《마카베오기》나 플라비우스, 요세푸스의 《유대고대사》에서 볼 수 있는 것처럼 기원의 개념은 유대인들의 삶 속에 영구적으로 파고들었다. 451년의 칼케돈 공의회의 기록이나 510년경의 에데사의 고행자 여호수아에 대한 기록에서처럼 제국 통치하의 여러 동방 도시에 대한 기록에서도 기원 개념을 발견할 수 있다. 중세의 아랍인들도 헤지라Hegira를 기원으로 삼기 시작했으며 중앙아시아의 네스토리우스파 사람들이나 시리아의 기독교인들도 20세기까지 자신들의 기원 방식으로 연도를 헤아렸다.

이후 기원 개념은 그리 널리 전파되지 못했는데 276년의 마니Mani(페르시아의 예언자이자 마니교의 창시자—옮긴이)의 승천을 기원으로 삼은 달력이나 BC 248년의 아르사크 왕조의 지배 연도를 기원으로 삼은 달력, 226년의 사산 왕조의 기년을 연도의 출발점으로 삼은 달력 등은 모두 널리 전파되지 못했다. 인도의 파시교도(인도에 거주하는 조로아스터교도—옮긴이)는 마지막 사산 왕조 시대인 632년을 기점으로 연도를 헤아리다가 다시 '알렉산드로스 기원'을 사용했지만 이후 알렉산드로스가 《아베스타》(조로아스터교의 주 경전)를 태웠다 하여 대신에 '조로아스터 기원'이라고 칭해졌다.[35]

기원 창조를 향한 전쟁

○ 셀레우코스 기원을 제외하고도 그리스 시대의 동북 아프리카 지역에도 많은 지역적 기원이 존재했으나 오랫동안 사용되지는 않았다. 대부분의 지역이 로마의 지배 영역 안에 포함되었고 지역적 기원은 간혹 '해방 기원'이라 불리기도 했는데, 이는 로마로부터의 해방을 의미했다. 그리스의 기원은 로마가 마케도니아 지역을 정복한 BC 148년과 아카이아 합병이 이루어진 BC 146년이다.

소아시아 지역의 달력을 보면 그 영역이 매우 협소하다는 것을 알 수 있다. 소아시아의 여러 도시들은 각각 서로 다른 연도 계산법을 사용하기도 했다. 수천 개의 동전과 비문에 분명한 기원의 언급 없이 연도가 새겨졌다. 폰투스의 미트리다테스 6세가 BC 88년에 아시아를 로마로부터 해방시키고 새로운 시대를 여는 의미에서 '에페수스의 저녁'을 선포하면서 페르가몬에서 만든 동전에 '기원 1년'이라는 숫자를 새겼다. 그가 지배한 기간은 4년을 넘지 못했는데 술라의 레기온에 패배하면서 '페르가몬 기원'과 함께 자신의 지위까지도 내놓아야 했다. BC 85년에서 84년 사이에는 카리아를 비롯해 소아시아 지역의 여러 도시에서 술라의 통치를 기원으로 삼았다.[36] 어떤 지역은 7세기까지 이를 기원으로 삼은 달력을 사용했다.[37] 스페인이 어째서 BC 38년을 기년으로 삼았는지는 알려지지 않고 있다. 하지만 16세기 초까지 스페인은 이 기년을 바탕으로 한 연도 방식을 사용했다.

BC 64년에 동쪽의 폼페이가 재조직되면서 새로운 기원이 열렸는데 BC 48년 카이사르가 파르살루스에서 폼페이를 정복하고 로마의 동쪽 도시에 거주하면서 이 기원은 다시 부활했다. 또한 이를 기점으로 대부분 단명하긴 했지만 다양한 기원이 등장했다. 이중 옥타비아누스가 안토니우스와 클레오파트라를 해상에서 무찌른 후의 고전적인 '승리의 기원'은 중대한 의미를 지닌다. 이 해를 기원으로 삼은 지역은 지중해 연안의 동쪽 대부분 지역이었는데 6세기까지 그 풍습이 계승되었다.[38] 소아시아 북부 지역의 파플라고니아의 기원은 마지막 왕인 데이오타루스 필라델푸스의 사망 이후 임시로 세워진 BC 5세기의 행정 조직 통치년에서부터 시작된다. 아우구스투스 황제에 충성을 서약한 지역이 커다랗게 새겨진 비문에는 황제가 열두 번째로 임명한 집정관의 재임 3년이라는 연도가 명시되어 있는데 이 기원은 3세기 후반까지 사용되었다는 기록이 있다.[39] 모리타니아의 향토 기원은 칼리굴라에 의해 마지막 왕이 처형된 40년에 시작되었으며 508년까지도 이 기원이 사용되었다. 보스트라 주변의 아랍 지역들은 트로이가 처음으로 총독을 보낸 106년을 기원으로 삼았다.

이집트에서도 여러 가지 기원이 있었다. 그전까지 임페라토르 카이사르 디비 필리우스Imperator Caesar Divi Filius로 알려져 있던 아우구스투스 황제가 BC 30년 8월 1일에 알렉산드리아를 정복하자 이집트는 이날을 기원으로 삼았다. 이는 고고학적 유적의 연도에 대한 핵심적인 근거를 제공한다. BC 13~12년에 제국의 총독이었던 루브리우스 바르바루스Rubrius Barbarus는 건축가 폰티우스에게 알렉산드리아 항구의 카이사르 제단 옆에 오벨리스크 두 개를 세울 것을 명한다.[40] 이후에 이 오벨리스크는 클레오파트라의 바늘이라고 불리었다. 오벨리스크 중 하나는 1878년에 런던으로 운반되었고 다른 하나는 1880년에 뉴욕으로 갔다. 오벨리스크를 세워두었던 네 개의 동판 중 하나에서 라틴어와 그리스어로 비문이 적힌 것을 발견했는데 바르바루스와 폰티우스가 카이사르 즉위 18년에 오벨리스크를 세웠다고 적혀 있었다. 아우구스투스 황제(아우구스투스는 카이사르의 양자로 입양된 후 율리우스 카이사르 옥타비아누스라는 이름을 썼다.—옮긴이) 즉위 후 18년이란 BC 30년 이후를 말하며 포괄적으로 봐서 BC 13년에서 12년경을 가리킨다. 14년에 티베리우스 황제가 즉위한 후 로마 황제의 기원 연도는 새롭게 재구성되었다. 하지만 지방에서는 이에 따른 연도를 사용하지 않았다. 이 같은 기원이 새겨진 비문은 2세기까지도 볼 수 있다.

로마에 의한 해방 후가 아니라 로마로부터 해방된 후에, 길게 지속되진 않았지만 다양한 기원이 생겨났다. 60년 네로에 대항하여 예루살렘의 유대인들이 반란에 성공한 다음, 이들은 은화에 '제1년'이라고 새기고 그해를 기원으로 삼았다. 하지만 70년에 티투스가 도시를 점령한 뒤 이러한 관습은 사라졌다. 133년의 바르 코코바 반란(로마 제국에 대항한 유대인의 저항운동 중의 하나로 제2차 유대·로마 전쟁으로 불리기도 한다.—옮긴이) 이후에도 두 번째로 기원을 만들려는 시도가 있었지만 역시 이전과 마찬가지로 오래 지속되지 못했다.

연대학의 동시적 활용

○ 그리스인과 마찬가지로 로마인도 다양한 형태의 연대학을 만들고 다양한 목적에서 이를 연속적 혹은 동시적으로 활용했다. 두 개 이상의 연대 방식이 나란히 사용되고 전환되기도 했다. 238년에 켄소리누스가 연도를 제시하기 위해 사용한 카드에는 하나의 완벽한 보편성을 가진 연대표가 없는 관계로 여러 개의 연도 체계가 나란히 적혀 있다. 맨 위에는 피우스Pius와 폰티안Pontian이라는 집정관의 이름이 적혀 있으며, 그다음에는 첫 번째 올림피아 경기(BC 776) 후 1014년째, 로마 건국(BC 753) 후 991년째라는 글귀가 적혀 있다. 카이사르의 달력 개혁(BC 45) 후 283년째 해라는 내용과 옥타비아누스라고 알려졌던 임페라토르 카이사르 디비 필리우스가 아우구스투스 황제의 칭호를 받은 지(BC 27) 265번째 해라는 내용이 나온다. 켄소리누스는 아우구스투스가 알렉산드리아를 정복한 해(BC 30)에 대한 정보를 제공하기도 하고 알렉산드로스 대왕의 사망 연도(BC 323)를 기원으로 한 연도도 적었다. 또한 프톨레마이오스가 사용했던 바빌로니아의 왕인 나본나자로Nabonnazaro의 검은 달력Finsterniskatalog(일식과 월식에 대한 달력—옮긴이)도 있다. 켄소리누스는 각 달력의 새해가 시작되는 시점에 대해서도 기록했다.

못으로 만든 달력

○ 로마인들이 연도 계산을 한 실질적인 증거는 BC 5세기나 6세기까지 거슬러 올라간다. 이들은 못을 박는 낡은 방식, 클라부스 아날리스clavus annalis를 사용해서 연도를 헤아렸다. 이 관습은 다른 많은 숭배 관습과 마찬가지로 에트루리아인의 관습에 근거를 둔 것이었다. 리비우스는 오늘날 오르비에토에 있는 운명의 신전에 이처럼 연도를 나타내는 못이 박힌 걸 본 적 있다는 기록을 남겼다. 4세기 말엽에 페루자에서 만든 에트루리아 시대의 청동거울에는 멧돼지 사냥에서 죽음을 당한 멜레아그로스의 모습과 함께 그 옆에는 날개가 달린 여신 아트르파가 벽에 못을 박고 있는 모습이 새겨져 있다. 아트르파는 불가피한 사건을 만들어내는 그리스의 운명의 여신 아트로포스Atropos와 동격이다.

못을 박는 형식은 상징적이면서도 신화적인 중요성이 있다. 이것은 재앙을 피하는 효과를 가져오기도 한다. BC 363년에 로마에 전염병이 돌고 티베르강이 홍수로 범람했을 때, 나이 든 이들은 전염병을 한때 '박힌 못'이라고 불렀다는 사실을 기억했다. 원로원은 이 임무를 위해 백성을 대표할 지도자를 임명했는데, 리비우스가 말한 바에 따르면 주피터 신전의 미네르바 신상 바로 오른쪽 벽면에 새겨진 고대어 법전에는 9월 13일 이데Ide에 최고 법무관이 제일 높은 직책을 가진 관료로서 못 박는 일을 해야 한다고 적혀 있었다. 미네르바는 숫자를 발명한 여신이며 기록이 드물었던 고대에 못은 연도를 환기시켜주는 역할을 했다. 즉, 연도에 따라 그에 해당하는 못을 박았다. 해마다 못을 박는 일은 처음에는 사악한 기운으로부터 사람들을 보호하려는 목적에서 이루어졌다. 이 법에 따라 마르쿠스 호라티우스Marcus Horatius는 BC 509년 왕의 제명이 이루어진 다음 해에 집정관으로 선출되었고 주피터 신전에 봉헌을 했다고 리비우스는 전한다. 그런 다음 한동안 못을 박지 않는 휴지기가 있었는데, 이후에 이 문제의 중요성이 커지자 대법관을 대신하여 이를 책임질 독재관(왕정 폐지 후의 로마에서 비상시에 임명되는 임시 독재 집정관—옮긴이)를 임명해야 했다. 하지만 BC 363년 이전에 해마다 못을 박던 관습이 한동안 중지됨으로 인해 이 같은 형식의 연대표도 유명무실하게 되었다. BC 331년과 263년에 못 박는 일이 다시 반복되었는데 이는 전염병을 예방하려는 목적에서 행해졌다.[41]

집정관의 행사력

○ 로마 왕조와 제국시대를 통틀어서 공식적으로 연도를 정하는 방식은 공화정의 가장 큰 책임자였던 두 명의 최고 집정관의 이름을 따서 한 해의 이름을 정하는 것이었다.[42] 리비우스는 비록 자신의 저서 《로마사》Ab urbe condita에서는 로마의 건국 연도로부터 해를 헤아렸지만 대체로 집정관의 임기 연도를 기원으로 삼았다. 관료의 이름을 따서 연도를 헤아리는 것은 아시리아나 그리스의 도시에는 이미 흔한 일이었다. 로마가 이들의 영향을 받은 것은 사실이지만 두 명의 집정관 이름을 따서 한 해를 명명하는 방식은 로마만의 고유한 풍습이었다. 아우구스티누스 황제 치하에서 리비우스의 문헌 편집 활동이 이루어지고 난 후, BC 510년에 정절의 여인 루크레티아가 자결하고 나서 황제 섹스투스 타르퀴니우스가 폐위되자 BC 509년에 두 명의 집정관이 새로운 로마의 지도자로 임명되었는데 연장자 브루투스와 타르퀴니우스 콜라티누스가 그들이었다.

이로써 로마는 왕조에서 자연스럽게 공화정으로 전환되었다. 이는 아테네 식 중앙권력의 점진적 교체보다는 현대적 혁명의 개념에 바탕을 둔 해방의 염원을 품은 정치적 변화에 더 가깝다고 할 수 있겠다. 고대 로마의 최고 관료는 '앞서가는 자'라는 의미의 프라이토르praetor(법무관)였다. 프라이토르의 부상과 더불어 미네르바 신전의 바깥 벽면에 적힌 오래된 법전에서 볼 수 있는 것처럼 최고 권력자는 프라이토르 막시무스praetor maximus가 차지하게 되었다. 여전히 BC 450년의 12표법에서도 '공동체 지도자'는 리비우스가 말한 것처럼 집정관consul이 아니라 법무관이라고 불렸다.

집정관을 두 명 임명하는 로마의 전통은 이전 자료를 바탕으로 재구성했을 가능성이 크다. BC 387년 갈리아인들에게 로마가 정복당하고 방화로 인해 이전 기록이 사라져버렸기 때문이다. 인간이 자신의 시대보다 과거에 존재했던 이름들을 기록해놓는 것은 역사를 더 오래되고 위대하게 포장하고 싶은 일반적인 욕망으로 설명할 수 있다. 집정관 행사력Fasti Consulares을 주관하는 것은 보통 폰티펙스 막시우스, 즉 수석 대사제의 권한이었다. 수석 대사제의 자료실과 직무실은 포룸 로마눔 안에 있었는데 그곳을 레기아Regia라고 불렀다. 도무스 레기아domus regia, 고왕의 집이라는 이름은 누마 황제가 사제가 되기 위해 집을 떠난 데서 유래했다.[43]

제사장 연대기

○ 집정관의 명단이 적힌 목록에는 연중 행사일이 명시되어 있다. 이 집정관 행사력은 석고를 바른 판 위에 중요한 행사나 기념일 등을 적어두는 형태였다. BC 120년에 이 같은 관습이 폐지되었다. 80여 권의 책에서 '제사장 연대기'Annales (libri Maximi)라고 쓰인 기록이 BC 360년 무렵의 시대에 대한 역사적 기초 자료를 제공해준다. 키케로는 BC 56년에 자신의 친구인 아티쿠스에게 보내는 편지에서 집정관 행사력에 대해 언급했다. 이 고문서는 아마 파피루스에 적혀 있었을 가능성이 많다. 그럼으로써 우리는 수에토니우스가 증언한 것과 같은 나뭇잎으로 만들어진 서적의 예를 볼 수 있다. 현

실적인 목적으로 쓰인 집정관 명단이기 때문에 아마도 책의 형태로 만들어졌을 가능성이 크다. 네포스는 키케로가 집정관의 명단을 바탕으로 한 로마의 역사를 담은 아티쿠스의 자유 연표를 헌사했다고 언급한 적이 있다. 여러 번 등장하는 리브리 마기스트라툼libri magistratuum은 연표를 중심으로 한 관직자 명단이 있었다는 것을 증명해준다.[44] 집정관의 재임을 기준으로 한 연표는 공화정 이후에도 사용되었는데 황제의 칙령이 효력을 발휘하려면 연도와 날짜가 필요했기 때문이다. 날짜와 연도가 없이 법령이 전달되면 테오도시우스 법전의 경우처럼 이를 조작하는 경우도 생겼다.

카피톨리니 행사력

○ 가장 유명한 시조명 명단은 카피톨리니 행사력Fasti Capitolini이다.[45] 교황 바오로 3세가 즉위한 후 1546~1547년에 실시한 역사상 가장 포괄적이고 성공적인 발굴 작업에서 포룸을 조사하던 중 관직자의 명단이 적힌 커다란 대리석 돌판 조각을 발견했다. 이 돌판은 처음에는 티베르강 맞은편의 빌라 파르네시나로 옮겼다가 다른 조각들과 함께 수집되어 콘세르바토리 궁의 마당에 전시되었다. 그 뒤 미켈란젤로에 의해 살라 델라 루파에 전시되었는데 지금까지도 그 자리에서 볼 수 있다.

이 돌판은 레기아에서 나온 것이 아니라[46] 아우구스투스의 개선문에서 가져온 것인데[47] 1546년 이곳에서는 비문도 발견되었다. 이는 BC 29년 황제가 악티움 전투에서 승리한 것을 기념해 세운 것이다. 아우구스투스 황제는 포룸에 있는 다른 기념물과 마찬가지로 이 개선문도 로마의 승리라는 목적이 성취되었다는 것을 나타내고자 세웠다. 이 돌판에 적힌 명단에는 BC

12년까지에 이르는 로마 황제들의 명단뿐 아니라 집정관과 그들의 아버지와 조부의 이름을 비롯하여 다른 고위 관료들의 이름까지 망라했는데 이후 13년까지 그에 대한 보충 자료가 추가되었다.[48] 이 명단은 아마도 BC 387년의 갈리아 정복 이전이나 늦어도 BC 173년 이전 시대부터 거슬러 올라가 구성한 것으로 보인다.[49] 이렇게 구성된 명단은 고대 후기까지 정통성을 인정받았다. 마침내 전통이 만들어진 것이다.

공화정 초기에 로마의 고위 관료들은 주로 귀족 중에서 선출되었다. 하지만 BC 366년부터는 평민들도 귀족의 지위를 획득하여 관료에 선출될 수 있었다. 아우구스투스 황제 때부터 황제는 직접 집정관을 선출했다. 그 자신도 황제의 자리에 오른 첫해에는 직접 집정관으로서 복무했으나 이후에는 산발적으로 집정관 임무를 맡았다. 아우구스투스 이후의 집정관은 필로칼루스 달력과 히에로니무스의 연대기 이후의 각종 연보에 기록되었다.[50] 경기를 주관하는 집정관의 명예로운 의무는 상당한 금전적 지출을 필요로 했지만 동시에 높은 명예를 가져다주기도 했다. 집정관이 선출되지 않는 해에는 대행 집정관이나 전 해의 집정관이 그해의 이름하에 임명되었다. 하지만 537년에 유스티니아누스가 새롭게 연도를 재구성하는 개혁을 단행함으로써 그동안 연속적으로 이어져오던 집정관의 승계가 폐지되었다. 이처럼 연속적으로 내려오던 집정관의 전통이 마감된 해는 541년으로, 이 전통이 처음 도입된 지 1,050년 후였다. 마지막 집정관은 서부 로마의 원로관이었던 플라비우스 아니키우스 파우스투스 바실리우스 이우니오였다.[51] 그 후에 바실리 아노 프리모Basili anno primo, 세쿤도secundo 등과 같은 대행 집정관의 정보를 찾을 수 있는데 이같이 44년 동안 이어진 원로원들의 불확실한 집권은 새로운 시대를 불러오는 창시의 역할을 했다. 이후에도 황제가 혼자 집정관을 역임하는 시스템이 613년까지 지속되었다.

제국의 연도 호명 방식

○ 집정관의 이름을 따서 로마 공화정의 한 해 이름을 정하는 것 외에 제국의 연도를 정하는 다른 방식도 있었다. 이는 황제의 명단에 있는 민정 호민관tribunes plebis의 이름을 따서 해를 헤아리는 방식이었는데 지배자의 통치 연도를 헤아리는 동양의 관습을 따른 것이었다. 민정 호민관은 공화정의 유산이었다. 공화정에서 왕정으로 전환되면서 호민관의 권한은 의도적으로 축소되었다. 카이사르가 왕국을 개혁하려는 뜻을 접은 후 독재관으로서 로마를 다스렸다. 이 고대 로마의 관직은 필요 시에만 6개월의 관직을 수행하는 것으로 되어 있었다. 카이사르는 스스로 종신 독재관dictator perpetuus이 되었지만 그 후 바로 살해되었다. 그의 양자였던 아우구스투스는 공화정의 명예직이었던 프린켑스princeps civitatis(공화정 시대에 지도급 원로원 의원으로 인정받은 집정관 역임자이자 높은 위신과 덕망을 지닌 자—옮긴이)라는 칭호를 사용하며 그보다 상위 개념이었던 대행 집정관과 민정 호민관의 자리까지 차지했다. 이 관직은 해마다 선출되며 새롭게 그 연도가 헤아려졌다. 예를 들어 카피톨리노 언덕에 있는 셉티미우스 세베루스의 비문에는 '최고 호민관 11년'이라는 화려한 장식용 관직이 적혀 있다. 이는 '세베루스 황제의 통치 11년째인 AD 203년'이라는 의미다. 하지만 최고 호민관의 지위가 효력을 발휘하는 시점은 1월 1일이 아니라 12월 10일이었다는 사실을 기억해야 한다. 이날 정부의 직무식이 있은 후에 최고 호민관tribunicia potestate의 2년째 직무가 시작되었다. 이 같은 풍습은 기독교 황제 치하에서도 지켜졌고 콘스탄티누스 황제의 왕조 이후에도 유지되었다. 하지만 AD 379년 테오도시우스 황제 때 폐지되었다.

기원전과 로마 건국 원년

○ 로마가 건국된 후에야 진정한 기원ab urbe condita이 시작되었다고 할 수 있다. 키케로가 기록한 로마의 건국 연도에 대해서는 아직도 논란이 많고 여러 이견들이 있다.[52] 하지만 로마에서 가장 위대한 학자로 인정받았던 바로의 견해가 대체로 인정되었다. 바로에 따르면 플루타르코스가 쓴 로물루스의 전기와 켄소리누스의 시간에 관한 책에 로마의 건국 연도에 대한 정보가 나와 있다고 한다. BC 34년의 《로마 국민에 대하여》De gente populi Romani에서 바로가 이 주제를 다루고 있다. 전통적인 집정관 명단과 왕의 정부 명단을 통해 그는 여섯 번째 올림피아 경기가 열리고 3년째인 BC 753년을 로마 건국의 해로 지목했다. 로물루스와 레무스가 우물을 만들며 서로 싸우던 중 해가 캄캄해지는 현상이 일어났다고 엔니우스Ennius는 기록했다. 바로는 이것을 일식의 신호로 해석했지만 BC 753~754년 사이에는 일식이 일어나지 않았다는 것을 알고 칼데아 점성술을 알고 있던 타루티우스Tarutius에게 정확하게 계산해줄 것을 요청했다. 타루티우스는 BC 772년에 로마에서는 보이지 않았지만 이집트의 기록에서 한낮이 캄캄해졌다는 자료를 발견했음이 분명하다.[53] 그는 이 해를 로물루스의 생일로 삼고 그 후 18세가 되던 해에 로마를 건국했다고 보았다. 로물루스의 전기를 통해 점성학자들은 그가 수태된 시간과 출생한 시간, 로마의 건국 시간을 추정해냈다. 이들에 따르면, 그것은 5월의 칼렌다이 11일 전날, 즉 파릴리아Parilia 축제가 벌어지던 4월 21일의 두 번째와 세 번째 시간 사이이며 유럽중앙표준시CET로는 7시 30분경이었다.[54] 이에 따라 타루티우스는 《점성학에 대해》De Divinatione에서 도시의 운세를 점쳤다. 키케로는 이 같은 이야기를 플루타르코스 이야기와 마찬가지로 동화처럼 여겼지만 결국 이 이야기는 역사가

되었다. 로마의 건국 연대에 대해서는 폭넓은 합의가 이루어졌지만 그것이 기독교 이전 시대의 지속적인 기원으로 사용되지는 않았다. 이는 종종 개별적인 주요 사건들 사이의 시간적 기반으로 사용되었으며 주피터 신전의 봉헌이나 갈리아 침입과 같은 다른 고정된 사료들 사이의 시간적 간격을 확인하는 지표 역할을 했다. 키케로에 따르면 아티쿠스도 이 같은 방식으로 연도를 표기했고 키케로도 BC 44년 가을에, 선조가 로마 건국 이후 312년째와 415년째에 법무관으로 복무한 파에투스Paetus에게 보낸 편지에서 그 같은 방식으로 연도 표기를 했다. 이 같은 특정 시점을 기원으로 하는 방식은 247년에 필리푸스 아라부스가 로마의 천년기를 자축하는 근거로 사용했는데 이로 인해 그의 승계자였던 파카티아누스Pacatianus는 새로운 기원을 만들고자 필사적으로 시도하게 되었다. 그는 영원한 로마 천년의 첫 번째 해 romae aeternae anno millesimo et primo라는 문구를 새긴 동전을 만들었다.[55] 하지만 그는 그가 만든 기원의 두 번째 해에 살해되었다. 로마인들은 각 연도를 개별적으로 하나하나 계산하지는 않았다.

하지만 기독교의 역사 기록학을 보면 이와는 다르다는 것을 알 수 있다. 오로시우스Orosius는 도시를 기원으로 삼은 방식을 소개했다. 아우구스티누스의 제자였던 오로시우스가 417년에 쓴 《이교도 대항사》Historia adversum paganos는 아브라함 시대와 아시리아의 세미라미스 여왕의 남편인 니누스왕 시대 이후를 세계의 기원으로 삼았다. 니누스는 니네베에서 추대된 가장 오래된 왕으로 언급되었지만 세미라미스와 아브라함 못지않게 베일에 싸인 인물이다. '로마 건국ab urbe condita'이라는 자료를 지속적으로 기초로 삼았던 오라시우스는 로마 건국 이전의 시대로 거슬러 올라갔다. '위대한' 니누스 왕은 로마 건국 이전ante urbem conditam 1300년에 살았다고 묘사된다. 로마 건국 이전 810년에 '데우칼리온의 대홍수'가 일어났고 430년 전에는 헬레나가 납치되었으며 30년 전에는 아마존과의 전쟁이 시작되었다. 오로시우스의 이 같은 연도 계산법은 이후의 기원전BC 개념과 같은 것이었지만 이후에 그의 방식을 승계한 다른 기원법은 나오지 않았다. 오토 폰 프라이징은 1152년에 세계의 연도를 니누스 왕의 즉위와 로마 건국 원년AUC, ab urbe condita 그리고 강생降生, ab incarnatione domini 연도로부터 계산했다. 몸젠Theodor Mommsen같이 기독교를 싫어했던 역사가들은 기원전 연도 표기법보다는 로마 건국 원년AUC 표기법을 선호했다.

고대인들은 반역사적인가

○ 고대, 특히 그리스 시대부터 이어져온 연대의 병치와 혼란을 보면 당대의 연대기에 대한 담론이 수습 불가능한 상태였다는 인상을 준다. 오스발트 슈펭글러는 이 모든 그리스·로마 고대 문화를 '반역사적 정신'으로 규정하기도 했다. 그는 고대가 정적인 세계관의 시대이며 '일상적인 연도 계산법'을 통해 볼 수 있듯이 역사에 대한 개념이나 시간 감각을 유지하기 위해 필수적으로 갖춰야 할 역사관이나 문화에 대한 기억이 부재한다고 말했다. 그 예로 슈펭글러는 아마 BC 6세기에 만들어진 것으로 보이는 비문을 언급한다. 이 비문에는 펠로폰네소스에 있는 엘리스Elis와 헤라리아Heraia라는 두 도시 간의 전쟁 연합 협정에 대해 묘사되어 있는데 '올해부터 시작하여' 백 년 동안 그 협정이 유효하다고 기록되어 있다.[56] 얼마나 순진한 표현인가! 그 해가 언제인지는 명시되어 있지도 않다. 얼마 지나지 않아 사람들은 이 계약이 언제 만들어졌는지 의아해할 것이다. 이는 은항아리가 바다에 빠진 지점을 배 한편에 칼로 긁어 표시해놓은 세 명의 현자 이야기를 떠올리게 한다.

슈펭글러의 이론은 상당한 비판을 불러오기도 했다. 시간의 질서를 확립하기 위한 여러 가지 시도 중 성공한 예도 많지 않은가? 그렇기도 하고 반대이기도 하다. 기독교 기원만큼 대중적으로 성공을 거두고 널리 퍼진 연도 체계는 없었기 때문이다. 이 같은 단점은 아리스토텔레스가 기억에 대한 논문을 쓰면서 관찰한 내용과도 일치하는데, 그에 따르면 사람들은 언제 특정한 사건이 일어났는지 확실하게 말하지는 못하면서 기억만 한다는 것이다. 예를 들어 BC 8세기와 5세기 사이에 일어난, 스파르타와 메세니아의 전쟁에 대한 자세한 묘사를 들 수 있다. 메세니아의 영웅이었던 아리스토메네스는 당시에도 전설적인 인물이었다.[57] 그렇다면 호메로스는 트로이의 전쟁이 얼마나 오래전에 일어난 일인지 알고 있었을까? 헤로도토스는 전쟁이 '오래되었다 할지라도 내가 살고 있는 시대로부터 400년이 넘지 않았다'라고 단언했다. 그렇다면 후대의 사람들은 헤로도토스가 언제 살았는지 알고 있었을까?

많은 경우 우리는 진술이 동시적이라는 것을 확인할 수 있다. 헤로도토스는 테베의 삼각대 탁자가 만들어진 시기를 '오이디푸스 시대'로 보았다. 폴리비우스는 로마가 갈리아 지역을 정복한 해를 안탈키다스 화약이 맺어진 해로 보았다. 퀸틸리아누스는 소크라테스가 펠로폰네소스 전쟁이 일어났던 시기의 인물이라고 기록하고 있지만 그때가 언제인지는 알 길이 없다. '자연발생적 우화'에서 언급되는 동시적 사건도 비역사적이기는 마찬가지다.[58] 가령 살라미스에 거짓 정보가 전달된 시기(살라미스 해협에서 그리스 함대가 병력이 훨씬 우세한 페르시아 해군을 무찌른 전투를 의미한다.—옮긴이)는 시칠리아의 히메라에서 그리스 군이 카르타고 군에 대승을 거둔 시기와 일치한다는 기록이 이에 속한다. 헤로도토스와 아리스토텔레스는 존재하지도 않았던 서로 다른 달력이 일치한다고 전제했던 것 같다. 이 같은 시대착오적 관념은 그리 드물지 않았다. 헤로도토스는 헤라클레이데스의 귀환과 펠로포네시아인들을 맞바꾸는 계약에 대해 썼는데, 에우세비우스가 BC 1248년이라고 추정한 100년 유효기간의 이 계약은 사실 말이 되지 않는다. 당시에 유효한 연도 표기나 문자가 존재했다는 증거가 없기 때문이다. 베르길리우스는 《아이네이스》(아이네이스의 노래)에서 시칠리아의 영웅이 된 아이네이스가 아버지가 돌아가신 날에 희생제를 지냈다고 기록했다. 아이네이스는 베르길리우스의 시대와 마찬가지로 당시 달력을 지니고 있었음이 틀림없다. 하지만 여기서 시간의 간격에 대한 개념은 존재하지 않았다.

로마의 역사에도 비슷하게 모호한 부분이 등장한다. 집정관의 명단을 가진 이는 아티쿠스밖에 없었다고 한다. 키케로도 40년 전의 집정관에게서 팔레르네르의 와인을 선물로 받았을 당시 명단을 가지고 있었을지도 모른다.[59] 호라티우스는 《노래》에서 비블루스가 집정관이었던 해(BC 59년)에 케쿠비아산 포도주를 주문한다. '마시다'를 의미하는 비베레bibere라는 용어는 그 날로부터 얼마가 지났는지 추정하는 시간의 지표가 되기도 한다. 술라 집권 이후 BC 88년에 벌어진 내전 기간을 리비우스가 '우리의 시대'nostra aetas라고 부른 것은 적절할지 모르겠지만 대 플리니우스가 AD 77년에 BC 216년 일어난 한 사건을 묘사하면서 '우리의 시대'라고 부른 것은 괴이한 일이다. 타키투스는 같은 해인 77년 데모스테네스가 '우리의 해' 혹은 '우리의 달'에 해당하는 '300년 전에 살았다'라고 말해 이 분야에서 최고의 허풍을 보여줬다. 진정한 '늙은 연설가'는 우리 시대로부터 1,300년 전에 살았던 오디세우스와 네스토르다. 타키투스는 우주적인 시간 개념을 가지고 있었으므로 역사적 시간은 그에 비교해볼 때 하찮은 시간에 지나지 않았다.

역사가 연대기 없이 전승될 때 괴이한 시간의 비약이 발생한다. 필로스트라투스는 자신의 책 《소피스트들의 전기》Vitae Sophistarum에서 하드리아누스의 시대를 언급하면서 500년도 더 전인 BC 432년에 페리클레스가 항구를 봉쇄한 것 때문에 '마치 그사이 아무 일도 없었던 것처럼' 메가라인들이 아테네 사람들에게 분노하고 있다고 썼다. 410년 무렵에 키레네의 시네시우스가 자신의 대학 친구였던 올림피오스에게 자신의 동포들은 아직도 아가멤논이 나라를 다스리는 줄 알고 있으며 오디세우스가 폴리페모스를 결박한 것이 바로 몇 년 전인 줄 안다고 한 건 일종의 풍자였다. 하지만 그것이 특별한 예외에 속하는 것은 아니었다. 호메로스의 시대를 오래지 않은 과거 어디쯤으로 사람들은 생각했던 것이다.

위대한 역사가였던 프로코피우스의 《고트 전쟁》Bellum Gothicum조차 역사적 시점 감각이 부족했다. 546년 벨리사리우스 장군과 함께 로마를 방문했을 때 그는 로마인들이 보관해둔 '아이네이스의 배'를 보고 놀라움을 금치 못했다. 프로코피우스는 이에 대해 자세히 묘사하며 《아이네이스》 8장에서 배가 파괴되지 않을 것임을 맹세한 걸 상기하며 배의 보존 상태에 대해 감탄을 금치 못했다고 한다. 프로코피우스의 동시대인이었던 요르다네스Jordanes는 551년에 쓴 고트족의 역사서에서 262년에 게르만족이 트로이족을 침략한 일은 아가멤논과의 전쟁에서 회복된 지 얼마 되지도 않았던 트로이 백성들에게는 너무나 괴로운 일이었다고 저술했다.

그리스 역사가들이 놀라울 정도로 연대에 무지하고 무관심했던 것은 폴리비우스처럼 역사를 각각의 사건이 연쇄적으로 얽혀 있는 발전 과정으로 보지 않고 보편적인 인간 행동의 보고로 파악했기 때문이다. 투키디데스에 의하면 이는 지속적으로 사람들에게 교훈을 주기 위한 역사였다. 시간은 변화하지 않으며 미래는 과거와 같다는 순환적 역사관은 아리스토텔레스와 마르쿠스 아우렐리우스도 공유했다. 그는 일기에서도 장소만 언급했을 뿐 날짜는 쓰지 않았다. 솔로몬은 이미 《코헬렛》에서 "태양 아래 새로운 것은 아무것도 없다."라고 했다. 헤라클레이토스는 "세상은 끊임없이 변화한다."고 말한 바 있다. 이러한 변화는 발전을 포함하는 것이 아니었다. 따라서 역사는 내부적 연결고리가 없는 사건들의 집합일 뿐이었다. 플루타르코스는 그가 쓴 50명의 그리스와 로마 영웅들에 대한 전기에서 시간을 나타내는 어떤 지표도 사용하지 않았다. 독자들은 플루타르코스의 영웅에 대한 모든 것을 읽을 수 있지만 그들이 언제 살았는지는 모른다. 올림피아 경기를 이용한 계산법조차 연도를 계산하는 데 도움이 되지 않으니, 아무도 플루타르코스가 어느 해에 살았는지 말해주지 않았기 때문이다.

이슬람력의 원년

○ 1559년 필리프 멜란히톤의 고대에서부터 1922년 앙리 피렌Henri Pirenne의 모하메드에 대한 연구까지 살펴보면[60] 무슬림의 기원에 대한 내용을 찾을 수 있다. 압드 엘 말리크 이븐 히샴Abd el Malik Ibn Hisham이 쓴 현존하는 예언자에 대한 가장 오래된 전기에는 예언자가 메카에 갔을 때 사람들의 적대적인 반응을 접하고 야트리브로 갔는데 그때부터 이 아랍의 도시를 메디나Medina라고 불렀다는 내용이 나온다. 유대 신앙을 가지고 있었던 지역 아랍인들은 하느님의 사신을 갈구하던 참이어서 모하메드는 그의 말에 귀를 기울이는 사람들을 찾을 수 있었다. 헤지라(모하메드가 622년 메카에서 메디나로 이동한 것—옮긴이)를 기원으로 삼은 풍습은 모하메드의 죽음 이후에 생긴 것으로 보이는데 아마 두 번째 칼리프인 오마르가 회교 기원으로 삼지 않았을까 추정된다.

헤지라 기원에 대한 가장 오래된 증거는 이집트에서 발견된 그리스 아랍어로 쓰인 두 장으로 된 파피루스 문서인데 이는 비엔나의 라이너 대공의 수집품 중 하나로 이 기원의 22년은 643년과 같다. 또한 시리아에서 발견된 7세기 무렵의 동전도 있다. 헤지라 원년을 622년으로 삼은 것은 기독교와 이슬람교가 공통된 기념일을 사용함으로써 가능했다. 800년경의 샤를마뉴 대제와 하룬 알라시드의 계약과 1099년에 고트프루아 드 부용이 이끄는 십자군에 의한 예루살렘의 정복, 그리고 1229년 호엔슈타우펜 왕가의 프레드리히 2세와 아이유브 알카밀Ayyubid Al-Kamil 왕의 협상일은 모두 이슬람력으로 기록되었다. 이 같은 시점을 기준으로 이슬람의 태음력은 기독교 달력보다 그 주기가 짧다는 것을 감안해서 연도를 계산할 수 있었던 것이다.[61] 따라서 이슬람교도들은 기독교인들보다 나이를 더 빨리 먹게 된다.

제10장

기독교 기원

역사의 기준

○ 다른 모든 세계의 종교와 마찬가지로 기독교도 다양한 원천을 가지고 성장한 혼합주의적 종교다. 여기에는 고대 동양과 지중해의 종교, 유대교와 그리스, 로마 종교, 기독교 이전 시대의 다양한 지역 신앙 요소가 혼재되어 있다. 이는 기독교의 연도 계산 방식에도 반영되어 있다. 기독교식 달력에는 율리우스력과 로마식 달, 동방 유대교의 행성 이름을 딴 요일 등이 일반적으로 사용되었다. 어떤 지역에서는 과거의 기원紀元 방식이 오랫동안 사용되었는데 로마의 건국 기원 방식이나 알렉산드로스 대왕, 셀레우코스 기원을 비롯하여 여러 지배자의 통치 연도를 달력의 기준으로 삼은 방식 등이 그에 속한다. 기독교 시대 초기부터 기독교의 고유한 기원을 창조하려는 움직임이 있었다. 하지만 이에 필수적인 지식이나 힘이 부재했기 때문에 기원의 계산 방식은 오랫동안 다채로운 형태로 공존했다.

시간학 수립을 위한 노력

○ 처음 기독교인들이 시간학을 수립하려고 노력한 이유는 역사적 지식이나 통찰에서 비롯된 것은 아니다. 기독교가 새로운 종교를 창조했다는 비난으로부터 스스로를 방어하려는 목적에서였다. 오래된 시대는 존경받아야 마땅하고 합법적 권리와 믿음의 정당함을 증명하는 척도로 여겨졌다. 이미 그리스 시대 알렉산드리아 지방의 유대인들은 그리스어를 자신들의 언어로 삼고 로마의 법을 따르며 오래된 전통을 강조하고 모세를 문화적 스승으로 삼을 것을 사회적 규율로 삼았다. 이는 400년 무렵 작자 미상의 모세 율법과 로마법을 비교한 법전Collatio Mosaicarum et Romanarum legum까지 거슬러 올라간다. 제목이 말해주듯 이는 모세와 로마의 율법을 비교한 것이다.[1]

유대인들은 스스로를 고대의 부족으로 간주하고 노아의 자손들에서부터 바벨탑을 세운 백성들까지 모든 이들이 자신들에게서 파생되었다고 믿었다. 이 같은 전통이 신뢰를 얻기 위해서는 연도가 기록되어 있어야 했다. 이것이 유대 기독교 기원이 발생한 이유이며 세상의 나이를 성서에 나오는 세대 기록을 통해 결정하고 성서에 묘사된 중요한 역사적 사건을 거슬러 올라가 아담과 이브를 세상의 기원으로 삼으려 시도하는 이유라고 할 수 있다.

세상의 연도는 200년에 알렉산드리아의 클레멘스에 의해 계산되어 전승되었는데 그는 BC 150년경에 유대인 에우폴레모스Eupolemos가 쓴 잃어버린 기록을 인용해서 세상의 나이를 계산했다. 그 기록에 따르면 세상이 창조된 때로부터 데메트리오스 1세 소테르Demetrius I Soter(셀레우코스 제국의 지배자—옮긴이)의 재위 5년째까지를 총 5,149년으로 보았고 이집트의 대탈주로부터 당시까지의 시간을 총 2,580년으로 보았다. 다시 말해 에우폴레모스의 계산에 따르면 세상이 창조된 해는 BC 5307년이라고 볼 수 있다.

성경의 연대를 계산하다

○ 에우폴레모스와 마찬가지로 성경의 전통이 더 오래되었다는 것을 증명하기 위해 노력한 기독교 학자들이 있었다. 169년부터 로마의 주교였던 안티오크의 테오필루스Theophilus는 세상이 창조된 지 153,075년이 지났다고 하는 BC 250년경 이집트의 아폴로니우스의 이론이 환상에 지나지 않는다고 일갈하며, 전통적으로 성경에 등장하는 각 세대를 계산해 창세기부터 당시까지의 연도를 계산했다. 그의 결론은 창세 후 230년에 아담이 카인의 아버지가 되었고 다윗이 4436년에 사망했으며 4954년에 바빌론 유수가 종료되었으며 창세 후 5695년 6개월 15일 후에 마르쿠스 아우렐리우스가 사망했는데 서력기원으로는 180년 3월 17일이다. 그에 따르면 세상은 예수가 태어나기 전BC 5515년에 창조되었다. 하지만 테오필루스의 연대기에는 예수가 전혀 등장하지 않고 언급조차 하지 않는다. 그에게 삼위일체는 하느님과 하느님의 말씀 그리고 하느님의 지혜였다.

진화하는 연대기

○ 테오필루스가 계산한 세상의 나이가 곧바로 세상의 기원과 연결되는 것은 아니다. 문명의 역사를 돌아보면 어떤 깨달음이나 발명이 효력을 발휘하는 데는 종종 시간이 걸린다. 240년에 율리우스 아프리카누스Sextus Julius Africanus는 BC 5500년에서 AD 227년까지를 포괄하는 세계 연대기를 썼는데, 애석하게도 분실되었다.[2] 300년경 카이사레아의 에우세비우스가 이 책에 기반을 두고 쓴 《연대기》는 아르메니아어로 번역되었고 378년에

히에로니무스가 라틴어로 된 번역판을 냈다. 오늘날 이 책은 고대의 연대를 가늠하는 가장 중요한 책으로 여겨지고 있다. 에우세비우스는 창세 시기가 분명하지 않으므로 창세의 날을 시작 지점으로 삼지 않고 아브라함이 태어난 해인 BC 2016년부터 연대기를 시작한다. 그럼에도 불구하고 히에로니무스는 세상의 나이에 대한 자신의 관점을 피력한다.[3] 예수의 생일을 아브라함이 태어난 지 2,015년 후로 계산하면 BC 1년이 되는데, 대홍수의 시점에서 아브라함이 태어난 것 사이에는 942년이 있다고 보았으며 그때부터 창세기까지는 2,242년이라는 시간이 놓여 있다고 가정하면 세상의 기원은 BC 5198년이라는 계산이 나온다. 이 기원은 중세 내내 사용되었다.[4]

히에로니무스 연대기가 가진 장점은 여러 가지이지만 그중 하나는 여러 시간 계산법을 나란히 허용했다는 점이다. 가령 창세 후 1240년에서 아브라함의 생년 사이에 BC 776년에 시작된 올림피아 연도가 추가되는 식이었다. 마지막으로 언급된 해인 378년, 즉 발렌티니아누스 2세의 재위 15년째는 아브라함의 생년 이후 2395년으로 언급되었으므로 황제의 통치 기간도 역시 계산이 가능했고, 이로써 기독교 기원과 관련된 확실한 연대기적 구조가 형성되었다.

비잔틴 세계의 기원

○ 에우세비우스의 연대 계산법은 그리 넓게 사용되지 않았다. 이집트의 수도사인 파노도로스Panodoros는 세계 연대기를 창세기를 기반으로 만들었다. 그는 동로마 황제였던 아르카디우스 치하의 알렉산드리아에서 저술 활동을 했다. 우리는 그의 작업을 비잔틴의 연대기 학자인 고르기오스 신켈

로스Gorgios Synkellos를 통해 알 수 있다. 에우세비우스와 마찬가지로 파노도로스도 유대 기독교의 구원의 역사를 세속적 역사와 나란히 다루었고 세상의 시작을 BC 5493년 8월 29일로 삼았다. 그는 알렉산드리아의 세계 기원을 9월 1일로 삼았는데 이날은 콘스탄티노플의 새해 첫날이기도 했다. 그 외에 다른 연대기도 줄을 이었다. 457년 아키텐의 수학자 빅토리우스Victorius는 창세일을 BC 5201년 3월 25일로 보았다.[5] 새로운 계산법이 703년에 베다에 의해 만들어졌다. 당대의 위대한 학자이자 재로 수도원의 베네딕트파 사제였던 베다는 창세일을 BC 3952년 3월 18일로 삼았지만 이날을 기원으로 정하지는 않았다.

525년에 나타나 이후에 널리 전파된 비잔틴 기원은 BC 5509년 9월 1일을 세상의 출발점으로 삼았다.[6] 이후 7세기에 비잔틴 부활절 연대기는 '크로니콘 파스칼레'Chronicon Paschale라고 불렀는데 표트르 대제는 예수의 해Anni Domini 1700년 1월 1일을 기원으로 삼아 창세일을 3월 21일로 수정한 것 이외에는 폐지하기 전까지 널리 사용했다. 하지만 이 기원을 그리스는 투르크 지배 시대 후반까지 사용했고 세르비아와 루마니아는 그보다 더 오래 사용했다. 성경을 수단으로 삼아 세상의 나이를 정하려는 시도는 이후에도 지속되었다. 인본주의자였던 스칼리제르와 칼비시우스는 BC 3949년을, 케플러와 파타비우스는 BC 3983년을 세상이 시작된 해로 보았다. 연대기에 대한 이론은 점차 늘어 세 자릿수에 달했다. 그중 최근 이론은 성공회 주교였던 아일랜드인 제임스 어셔James Usher의 것이다. 그는 창세 시점을 BC 4004년 10월 23일 오전 9시로 정했다. 이 시점은 이후 물리학에서 벗어나 세상의 종말일을 찾는 데 몰두하던 아이작 뉴턴의 관점과도 일치한다.

세상의 기원을 찾으려는 시도는 인류의 역사에 성경에서 비롯된 견고한 골격을 입히고자 하는 욕구에서 출발한다. 세속적인 사건들은 그 주제뿐 아니라 연대기적인 의미에서도 처음부터 끝까지 구원의 역사로 기록되어야 한다고 본 것이다. 이렇게 함으로써 기독교의 메시지가 보편성을 획득할 수 있기 때문이다. 개별적으로 제시된 세계의 기원 연대가 신학자들의 이론과 일치하는 것이 현실적인 합리성보다는 더 중요한 문제였다. 그렇지 않았다면 끊임없이 새로운 기원을 밝히려는 시도를 하지 않고 처음의 기원 이론에 만족했을 것이다. 예수의 생일이 BC에서 AD로 넘어가는 시기라는 견해가 더 이상 확실하지 않게 되자 서력기원도 주춤해지게 되었다. 세상의 기원을 확립하기 위한 여러 가지 시도는 예언적, 우화적 모티프를 기반으로 이루어졌는데 이는 세상의 종말이나 심판의 주처럼 큰 인기를 얻었지만 동시에 다양하게 견해가 엇갈렸다.

스페인의 기원

○ 3세기 말부터 스페인은 고유한 기원을 갖게 되었는데 로마 건국 원년AUC 716년 1월 1일, 즉 BC 38년부터 시작되는 달력이었다. 아마도 그해를 예수가 태어난 해로 해석해서가 아닐까 한다. 이 같은 기원은 6세기부터 스페인에 일반적으로 통용되었고 아프리카의 반달족이나 남프랑스의 서고트족, 아랍이나 유대족들조차 이 기원력을 사용했다. 포르투갈의 경우 1422년까지 이 기원력을 사용했다.[7]

유대인의 세계 기원

○ 고대 유대인들은 일관되게 사용하는 기원을 가지고 있지 않았다.[8] 기원전 2세기부터 에우폴레모스가 계산한, 세상이 창조된 날짜를 사용하긴 했지만 해를 헤아리기 위한 자료로 사용하지는 않았다. 유대 성경에는 기원이 나와 있지 않았다. 단지 그리스 시대부터 마카베오 전쟁 때의 기록을 통해 볼 수 있듯이, 유대인들은 '그리스가 지배하던 시대'의 셀레우코스 왕조의 기원을 사용했다. 중세 때는 기원을 좀 덜 수치스러운 어감의 '계약의 시대'라고 불렀으며 이 기원은 11세기까지 사용했다. 그러다 9세기가 되어서 유대교의 고유한 세계 기원력을 사용했는데 이에 따르면 창세의 시점은 BC 3761년 10월 7일이다. 그리고 이러한 달력이 1500년까지 공통적으로 사용되었다. 이 기원은 랍비 힐렐 2세의 시대까지 거슬러간다는 말이 있으나 간헐적이지만 이미 2세기경부터 등장했다.[9] 이 창세기적 기원은 유대인의 숭배 달력으로 오늘날까지 살아남았다. 2015년을 유대 달력으로 계산하면 5775 세계년anno mundi이 된다.

황제의 기원

○ 6세기는 시간을 계산하는 데 매우 중요한 두 가지 개혁이 일어난 시기다. 하나는 황제 기원, 하나는 서력기원에 따른 연도의 계산이었다. 황제의 즉위 연도를 기원으로 삼는 방식은 이미 고대 동양, 특히 동로마 지역에서 보편적으로 사용되고 있었고 유스티니아누스 황제 때 다시 부활했다. 537년 황제는 집정관이 아니라 황제의 즉위년이 달력의 맨 처음에 오게 했다. 그

리고 집정관과 15년마다 재산의 재평가를 바탕으로 한 세금 징수의 해 등은 그다음에 오도록 했다. 이어서 달과 날짜를 기록했다. 또한 동로마에는 도시의 건국일을 기원으로 삼은 방식이 보편적으로 사용되었으므로 필요하다면 연도를 추가할 수 있었다.[10] 이후에는 황제들이 1월에 집정관으로 직무를 시작하는 첫해에만 축하연을 열었다. 북아프리카에서 집정관을 따라 연도를 정하는 방식은 이미 439년 10월 19일에 가이세리크가 카르타고 군을 정복하면서 폐기되었다. 고트족과 부르군트족이 집정관을 겸하는 황제를 자신들의 지배자라고 공식적으로 인정한 데 반해, 반달족의 후네리크 왕이나 프랑크족의 클로비스 왕은 로마 제국과는 상관없이 왕의 즉위년을 기원으로 삼아서 계산했다. 비잔틴 황제들의 재위년 다음에는 교황의 재위년도 계산되었고 나중에는 이들의 재위년에 이름을 붙이기도 했다.

부활절 논쟁

○ 시간의 역사에서 획기적인 업적은 서력기원이 보편화된 것이다.[11] 그 시발점은 부활절의 날짜에 대한 논쟁이었다. 크리스마스와는 달리 부활절과 강림절은 달력에 고정되어 있지 않고 요일과는 상관없이 봄의 첫 번째 보름날에 열리는 유월절을 기준으로 결정되었다. 유대인의 달력으로 이날은 니산Nisan(유대력의 7월이자 그레고리력의 3·4월—옮긴이)월의 14일이었다. 《요한 복음서》 19장 31절에 따르면 유월절은 안식일에 걸쳐졌는데 그 전날은 예수가 십자가형에 처해진 날이요, 그다음 날은 부활의 날, 즉 한 주의 첫 번째 날인 일요일이었다. 이로 인해 기독교인들은 부활절을 '니산 14일'quartodecimodie로 삼아야 할지, 아니면 그다음 일요일로 삼아야 할지 고민에 빠졌다. 2세기부

터 종교회의에서 기독교인들은 이에 대한 논쟁을 계속했다.[12] 로마와 알렉산드리아를 비롯한 서로마 지역은 강경하게 일요일을 부활절로 삼을 것을 주장했다. 반면에 소아시아의 기독교인들은 요일에 상관없이 니산 14일을 부활절로 삼았다.

325년에 열린 첫 번째 니케아 공회의에서 콘스탄티누스는 부활절을 봄의 첫 번째 보름이 지난 다음 일요일로 삼을 것을 결정했다. 그 주된 이유는 그들이 증오해 마지않는 유대인들의 유월절과 겹치는 것을 피하기 위해서였다고 '하느님이 사랑하시는' 황제의 말을 빌려서 에우세비우스는 《콘스탄티누스의 생애》De Vita Constantini에 기록했다. 기독교인이라 하더라도 유대인처럼 보름날을 부활절로 삼은 사람들은 '14일을 숭배하는 자'Quartodecimani로 불렸으며 이단으로 간주되었다. 모든 축제, 특히 종교적인 축제에서 올바른 시기를 선택하는 것은 매우 중요했다. 부활절처럼 여러 장소에서 동시에 기념하는 축제의 경우, 장소와 상관없이 같은 날짜에 기념하는 것이 무엇보다 중요했다. 이처럼 종교적 공동체의 유대감을 강화시키는 축제야말로 하느님을 기쁘게 할 수 있는 참된 축제라고 할 수 있었다.

첫 번째 니케아 공회의의 결정에도 문제는 해결되지 않았다. 330년의 안티오크 공의회와 342년의 세르디카 공의회, 필로칼로스 달력이 각각 이 문제를 가지고 씨름했다.[13] 여기서 중요한 것은 핵심적인 개념의 해석 방식이었다. 일단 세월이 지나면서 춘분일이 바뀌게 되었다. 카이사르 시대의 로마에서 전통적인 춘분은 3월 25일이었다. 하지만 4세기의 알렉산드리아 지방에서는 춘분이 3월 21일로 당겨졌다. 매년 예수공현절이 끝나고 나서 알렉산드리아의 성 아타나시오스는 부활절 날짜를 적은 편지를 보냈는데 그 날짜는 한 해의 첫날과 달의 흐름을 반영해서 결정했다. 그런데 신월 다음 보통 14일이나 15일 뒤에 볼 수 있는 보름달의 날짜에 대해 의견이 갈렸다.

이로 인해 갈등이 발생했다. 387년 테오도시우스 치하에서 부활절은 알렉산드리아에서는 정확하게 4월 15일에 기념했다. 하지만 로마에서는 전통적인 이유로 불가능했다. 로마의 건국 기념일인 4월 21일은 전차로 스물네 바퀴를 도는 경기가 축하 행사로 개최되는 등 주요한 축제가 열리는 날이라 사순절 이전의 금식일과 병행할 수 없었기 때문이다. 따라서 부활절을 4월 21일 전에 기념하기 위해 387년에는 특별히 3월 21일을 부활절로 삼게 되었다. 그러다 444년에야 로마는 이전의 건국 기념일을 포기하고 알렉산드리아에서 온 4월 23일을 부활절 날짜로 정한 편지를 받아들이기로 한다. 로마의 생일을 전차 경주 없이 보내게 된 것이다! 아키텐의 성 프로스페르는 자신의 연대기에 로마 건국일을 칭송하는 내용을 특별히 넣기도 했다.[14]

이 같은 딜레마를 해결하기 위해 457년에 아키텐의 수학자 빅토리우스는 부활절 주기를 만들어 로마에 적용시키기로 했다.[15] 이것을 만들기 위해서는 숫자로 된 기원이 필요했다. 집정관이나 황제의 즉위년을 기원으로 삼는 방식으로는 미래의 연도에 대한 정보를 제공할 수 없기 때문이었다. 따라서 빅토리우스는 이미 433년에 집정관의 연도에 더해 성 프로스페르가 만든 부활절 연도anni resurrectionis를 사용했는데 이것이 최초의 서력기원이라고 할 수 있다.[16] 그것은 집정관 푸피우스 게미누스Fufius Geminus와 루벨리우스 게미누스Rubellius Geminus가 로마를 지배하던 29년부터 시작되는데 테르툴리아누스에 따르면 이들의 재임 기간 중에 예수가 돌아가셨다. 빅토리우스의 부활절 주기는 559년까지 이어진다(부록 그림 13 참조).

빅토리우스는 서구의 전통을 알렉산드리아의 학술적 이론과 접목시키고자 했지만 이는 오류로 이어졌다. 이 때문에 교황 요한네스 1세는 디오니시우스 엑시구스Dionysius Exiguus에게 이 문제를 해결하라는 임무를 부여한다.[17] 스키타이 출신의 수도사 디오니시우스는 기독교적 겸손함의 의미에서 스스로를 '작은 이'라고 불렀고 테오도리쿠스 대왕이 지배하던 497년에 로마로 와서 사제와 교수로 540년까지 살았다. 그는 테오도리쿠스 왕의 장관이었던 카시오도루스의 친구이기도 했는데 카시오도루스는 그리스와 라틴어를 구사하고 지식이 해박한 디오니시우스를 매우 존경했다. 다양한 디오니시우스의 저작들 중에서도 이중 언어로 쓰인 공의회 신조와 교황 칙령은 교회법의 기초가 되었다. 디오니시우스는 525년에 알렉산드리아의 부활절 연표의 장점을 증명해 보였고 이로써 서로마 지역에도 이 연표가 점차적으로 널리 사용되었다.

주님의 해

○ 부활절 날짜를 결정하는 데 있어 디오니시우스는 키릴루스Kyrillus 대주교가 만든 알렉산드리아 부활절 연표에 거의 의존했다. 이는 아타나시우스Athanasius나 천문학자 테온Theon이 사용하고 있었으며 마지막 기독교 박해자였던 디오클레티아누스의 즉위 연대를 기원으로 하여 디오클레티아누스 기원이라고도 불리는 순교자 기원Aera Martyrum과 같이 사용되었다. 이 같은 기원은 이집트에서 아랍인들도 일반적으로 사용했으며 현재까지도 콥트인Copts(이집트의 기독교 신자—옮긴이)들이 사용하고 있다. 그런데 연표를 만드는 데에서 그 출발점을 긍정적이고 칭송할 만한 날로 삼는 것이 일반화되자 기독교인들이 디오클레티아누스의 집권 연도를 기원으로 삼는 것을 문제 삼기 시작했다. 디오니시우스는 이렇게 썼다. "사악한 박해자에 대한 기억을 연도 주기와 연결하기를 우리는 원하지 않는다." 좀 더 칭송할 만한 가치가 있는 사건을 기독교의 기원으로 삼아야 할 필요가 있었던 것이다.

312년에 콘스탄티누스가 밀비우스 다리에서 승리한 것이나 황제의 즉위년은 기독교의 기원이 될 수 없었지만 필리푸스 아라부스는 히에로니무스의 연대기에서 가르친 대로 최초의 기독교 황제로 간주되었다. 그보다 더 가까운 것은 마리아의 수태를 통한 하느님의 육화肉化, incarnation와 베들레헴에서의 예수의 탄생일 혹은 예수 수난일일 것이다. 후자는 종교적으로 더 큰 의미를 가지고 있긴 하지만[18] 탄생일을 기원으로 삼는 것은 예수의 생애가 전반적으로 시작된 기점이기 때문에 가능성이 더 컸다. 이때를 '주가 화신으로 나신 해'anno (ab incarnatione) Domini, '주가 탄생하신 해'anno a nati-vitate Domini 혹은 '영광의 해'anno salutis라고 불렀다.

예수의 탄생에 관하여

○ 기독교 공동체에서 연대학에 대한 관심은 서서히 발전되었다. 아주 오래된 서류나 바오로의 서신, 신약에 나오는 다른 사도 서간에서는 날짜를 기록하지 않았다. 고대 문헌이나 철학적 편지에서도 날짜는 언급하지 않았다.[19] 다만 예수의 사망 이후 50년 정도 지난 뒤에야 쓰인 복음서들에는 시간에 대한 정보가 담겨 있는데 그것들도 서로 모순되는 경우가 많다. 베다가 기록하고 전승한 그리스도 예수의 탄생 시기는 역사 연구가들이 볼 때는 실제보다 늦은 시기라는 평을 받고 있다. 예수의 탄생 몇 년 전 혹은 몇 년 후가 진짜 예수의 탄생 연도인지를 가리려는 점에서 사실 예수 탄생에 대한 논쟁은 논리적으로 터무니없다고 볼 수 있다. 그렇지만 강생 기원Inkarnationsära의 현실적인 가치와는 상관없이 역사적으로 볼 때 예수의 탄생 연도는 매우 중요하다고 볼 수 있다. 왜냐하면 예수 탄생의 기원이 고대의

시간 범위에 굳건하게 자리를 잡고 있으며 실제 서력기원의 가치와는 상관없이 그 기원으로서의 목적을 충족시키고 있기 때문이다.

복음서는 세 가지 단서를 제공하고 있다. 하나는《마태오 복음서》에 나오는 헤로데 왕 치하의 아기 예수 이야기와의 연결점이다. 헤로데 왕은 BC 4년에 사망했는데 아마 3월이었을 것이다. 이것이 예수 탄생에 대한 보편적인 초기 해석의 근거라고 볼 수 있다. 하지만 예수의 어린 시절에 대한 이야기가 전설적인 요소를 가지고 있다는 관점에서 바라본다면 이 같은 증거도 중요성을 잃게 된다. 유년 시절에 대한 신뢰할 만한 정보가 기록으로 남아 있는 고대의 인물은 대부분 고관대작인데 그마저 후대의 필요에 의해 미화작업이 더해졌다. 베들레헴의 영아 대학살은 헤라클레스나 모세를 비롯하여 키루스와 피루스 장군, 로마의 시조인 로물루스와 레무스, 수에토니우스의《황제열전》에 등장하는 아우구스투스 황제의 이야기처럼 '어린 영웅에 대한 위협'이라는 모티프와 연결되어 있다. 페르시아에서 온 동방박사와 별에 대한 이야기도 미트라교의 전설과 일치한다. 떠오르는 별은 투트모스 3세에서부터 마오쩌둥 신화에 이르기까지 지배자들의 상징이기도 했다. 구약성경에서 돈 때문에 이스라엘을 저주하려 했던 예언자 발라암의 이야기에서부터 떠오르는 별은 메시아와 관련되어 있다. 영아 살해와 관련해 헤로데를 비난하는 데는 마땅한 근거가 있다. 헤로데는 자신이 싫어하는 사람이면 부인이건 아들이건 가리지 않고 사형에 처한 것으로 유명하기 때문이다. 따라서 헤로데 왕은 연도에 관한 논쟁에서 제외되었다. 하지만 헤로데 왕이 죄 없는 이들의 죽음뿐 아니라 광기와 불가분하게 연결되어 있기 때문에 그것이 비역사적이라고 선언하는 것은 근거가 없다. 예수의 탄생이 헤로데 왕의 통치기에 이루어졌다는 것은 역사적인 사실로 보아야 할 것이다.

두 번째로 예수의 탄생일을 점칠 수 있는 기준은《루카 복음서》2장에 나오는 퀴리니우스의 세수 추계에 관련된 것이다. 고대의 비문과 플라비우스 요세푸스가 《유대고대사》 18장에 남긴 문헌을 보면 이를 알 수 있다. 요세푸스에 의하면 이때는 악티움 해전 이후 37년째 되던 해로 6, 7년 무렵이다. 《마르코 복음서》에 따르면 고대 유대 지방을 6세기에 로마 지역으로 편입하는 과정에서 로마 제국 전체가 아니라 유대 지역에만 세금을 추계했다고 한다. 이에 따르면 예수는 7년에 태어났을 수 있는데 세금 추계로 인해 예수의 부모가 베들레헴으로 어쩔 수 없이 이동했다는 것이다(국내 성경·성서에는 호적을 등록하러 이동했다고 나와 있다.—옮긴이). 하지만 내 생각에는 마리아와 요셉, 둘 다 세금 납부를 위해 베들레헴으로 이동할 이유는 없었다. 왜냐하면 이들은 나사렛의 헤로데 안티파스(헤로데 왕의 아들로 갈릴리를 지배함.—옮긴이)에게 세금을 납부할 의무가 있었으며 갈릴리는 작은 지방이 아니라 위성국이었기 때문이다. 《루카 복음서》에서 요셉이 베들레헴에서 세금 납부의 의무가 있었다고 한 것은 그가 베들레헴에서 1,000년 전에 태어났던 다윗의 자손이기 때문일 것으로 추정된다(1사무 17:12).

예언자 미카는 BC 700년경에 베들레헴으로부터 '이스라엘의 왕'인 구세주가 나타나서 적을 말살하고 그들의 도시를 쳐부수고 우상을 파괴하며 세상의 지배자가 될 것이라고 공언했다. 따라서 예수가 그 구세주라는 것을 증명하기 위해 《마르코 복음서》에서 예수가 베들레헴에서 태어난 것으로 만들었을 수도 있다. 요셉을 통해 예수와 다윗 왕을 혈통으로 연결하려는 시도는 《마르코 복음서》(3:23)와 《마태오 복음서》(1:1)에서 다르게 다뤄지고 있는데, 이는 허구에 가깝다. 가장 오래된 복음주의자라고 할 수 있는 마르코는 예수의 탄생 설화를 알지 못했다. 예수는 지속적으로 '나자레트'Nazareth, 즉 나사렛에서 온 사람으로 불리었으며 당연히 나사렛이 그의 출생지로 받아들여졌다. 《요한 복음서》(1:45)에는 필립보가 예수를 나사렛에서 온 사람이라고 언급하는데, 이는 예수를 구세주로 보는 견해와 상충하지 않는다.

325년 에우세비우스는 《교회사》에서 '그리스도의 귀환'을 두려워한 도미티아누스 황제와 그의 친척이 나눈 대화를 토대로 볼 때 베들레헴에 마리아가 세금을 내야 할 부동산이 있었다고 했다. 그러나 이를 증명할 만한 건 아직 아무것도 드러나지 않았으며 그저 가설에 지나지 않는다. 폰티우스 필라투스에 의해 예수가 사형을 받은 것이 역사적 사실로 증명된 것처럼 《마태오 복음서》는 아우구스투스와 퀴리니우스를 통해 헤로데 왕과 《마르코 복음서》를 언급함으로써 각자 자신들의 방식으로 예수의 탄생을 역사적으로 증명하고자 했다. 《마르코 복음서》 1장에서는 역사적 진실을 보고한다면서 가브리엘 대천사가 나타나게 한다.

그럼에도 불구하고 우리는 《마르코 복음서》를 통해 예수의 탄생에 대한 세 번째 근거를 얘기할 수 있다. 《마르코 복음서》 3장 1절에 의하면, 예수는 요한에 의해서 세례를 받았으며 많은 기적이 동반되었는데 그때는 '약 30세였던' 티베리우스 황제가 통치한 지 15년째였다고 한다. 비록 위에 적힌 연도가 선교적 목적에서 이루어진 애매한 숫자일 가능성도 배제할 수는 없지만 이 주장을 진지하게 받아들이는 사람도 상당히 있다. 아무튼 《마르코 복음서》는 교회 신부들이 예수의 생일을 아우구스투스 재위 43년째인 BC 1년으로 결정하도록 한 확실한 근거가 되었다. 1년의 차이가 있긴 하지만 그 정도는 문제될 것이 없었다. 티베리우스의 통치 첫해인 AD 15년부터 계산해보면 예수의 세례는 AD 29년이 되며 그의 탄생 연도는 BC 2년 혹은 BC 1년이 된다. 이를 통해서 우리는 전설에 얽매이지 않고 서력기원이 예수의 탄생 연도에 바탕을 두었다는 사실을 확실하게 받아들일 수 있게 된다.

에우세비우스의 기록

○ 에우세비우스도 그리스도의 육화를 세계 연대기에 기록했다. 그 또한 예수의 생년을 아우구스투스 재위 43년으로 보았다. BC 43년에 카이사르가 사망하고 나서 아우구스투스는 처음으로 집정관 지위에 올랐으며, 이것이 황제로서 통치의 시발점이 되었다. 에우세비우스가 구체적인 황제의 즉위 연도에 대한 정보를 더하면서 디오클레티아누스의 즉위 연도인 284년과의 거리를 계산할 수 있었으며 집정관의 행사력 자료를 통해 연도를 확인할 수 있었다.

황제들의 즉위년에 대한 이들의 연구는 이후 연대기에 반영되었는데, 가령 히에로니무스는 마지막으로 보고를 하면서 그해가 378년 발렌티아누스 황제의 열다섯 번째 재위년이며 로마 건국 후 1131년이라고 명시했다. 따라서 예수의 탄생 연도는 로마 건국 후 753년이며 754년째가 서력기원 1년째가 되는 해가 된다. 교황 보나파시오 2세 치하에서 디오니시우스는 285년부터 시작된 황제 재위 연도와 집정관 연도를 계속 계산해나갔다. 즉, 그 후로 246년이 지났으니 그가 살고 있던 시대는 531년이었고 이후 디오니시우스는 디오클레티아누스 즉위 247년 후를 532년이라고 명시했다.

기독교 기원의 도입

○ '예수의 해'Anno Domini라는 새로운 기원이 서서히 보편화되었다. 현실적으로 모든 달력과 연도 개혁안이 기존 관습을 누르고 보편화되기까지는 오랜 시간이 걸렸다. 심마쿠스Symmachus는 384년에 '오래된 습관에 대

한 사랑은 어마어마하다'라고 썼다. 아프리카에서는 557년이 채 되기 전 펠릭스 길리타누스Felix Gillitanus가 기독교 기원을 도입했는데[20] 이후 영국의 개혁 세력들로부터 어느 정도 인정을 받게 되었다. 베다는 초기에 자신이 쓴 세계 연대기에서 서력기원을 세계 기원과 함께 사용했는데 이후 731년에 쓴《영국의 기독교사》Historia ecclesiastica gentis Anglorum에서 서력기원을 언급했고 이는 영국뿐 아니라 전 유럽에 커다란 반향을 일으켰다. 그가 쓴 글 중 160개의 글이 아직까지도 존재한다.[21] 초기에 베다는 '주가 육화한 연도'anni incarnationis Domini에 덧붙여서 전통적인 건국 원년과 통치자의 즉위 원년을 기준으로 한 기원을 사용했다. 이후 600년 무렵 아우구스티누스의 선교 이후에는 건국 기원 방식은 사라졌다. 베다는 홀스타인으로부터 앵글로 색슨족이 도착한 시점을 영국의 기원으로 삼기도 했다. 또한 '그리스도 전'을 기원으로 삼은 일도 있었다. 당시 영국은 일곱 개의 앵글로 색슨 왕국으로 이루어져 있었으며 통치자의 즉위 연도를 각각 기원으로 삼았다. 전체 섬 중에서 기독교 지역은 단 하나밖에 없었으므로 이들은 공통된 기원을 필요로 했다. 그러다 816년 첼시의 종교회의에서 서력기원이 도입되었다. 이것이 추세로 자리를 잡으면서 다른 지역으로도 확대되었다. 베다가 인용한 교황의 편지에서는 비잔틴 제국 황제의 즉위 연도를 기원으로 삼았다.

서력기원의 전파

○ 서력기원은 앵글로 색슨 선교사들에 의해 대륙으로 전파되었다. 이런 방식으로 날짜가 기록된 것은 742년과 758년, 789년의 문서에서였다.[22] 샤를마뉴 황제조차 여전히 황제 즉위년을 기원으로 삼아 칙령 날짜를 기록

했는데 768년부터는 프랑크 왕, 774년부터는 프랑크와 롬바르드 왕의 즉위년을 기준으로 삼았고 801년부터는 신성로마제국의 황제Imperator Romanorum 즉위년을 기원으로 삼았다. 하지만 877년부터는 그의 손자와 이후 승계자들이 예수의 탄생 이후를 지속적인 기원으로 삼았다. 샤를마뉴 황제는 자신의 즉위식이 서력으로 몇 년도에 이루어졌는지 알지 못했을 것으로 추정된다. 그가 통치하던 시대의 학자이자 전기 작가였던 아인하르트는 샤를마뉴의 전기에서 황제의 생일이 4월 2일이라고 썼지만 그해가 언제인지는 밝히지 않았다. 다만 829년 황제가 사망한 지 14년이 지난 829년에 와서야 이 프랑크 왕국의 황제를 기원으로 한 달력이 완성되었다. 황제의 즉위식은 801년에 이루어진 것으로 보이는데, 당시 한 해의 시작은 크리스마스였다.

풀다Fulda와 마인츠Mainz, 로르슈Lorsch의 달력도 9세기부터는 모두 'AD'를 기원으로 삼았다. 교황청에서도 967년부터 이러한 전통을 따랐는데 아마도 오토 대제의 명령에 따른 게 아닐까 짐작된다. 일본은 현재까지도 일상적으로는 서력기원을 따르고 있지만 공식적으로 왕의 즉위 연도를 달력에 기입하고 있다.

연도의 지표

○ 12세기까지 달력의 연도는 오로지 라틴 숫자로만 기록했다. 19세기만 하더라도 유적지나 건물에는 장식체의 라틴 숫자를 사용했고 오늘날까지도 값비싼 시계나 교회 첨탑에는 라틴 숫자가 적혀 있다. 또한 바로크식 건물에 널리 사용되었던 연대 표시명chronogramm도 인기를 끌었다. 비문 가운데 대문자로 쓴 로마자를 숫자로 보아 합하면 연대가 표시되도록 한 방식

으로 베테라우 지역의 아른스부르크에 있는 시토 수도회의 바로크식 정문 앞에 새겨진 비문이 그 좋은 예다. '벌꿀처럼 달콤한 가르침을 주었던 박사님을 영원히 기리며'honorI perpetVo DoCtoris MeLLIfLVI라고 적힌 비문인데 이는 수도원의 건립자인 수도자 클레르보의 베르나르Bernhard von Clairvaux를 기리는 것이다. 대문자의 총합은 1763년이 된다.

게르만 땅에서 아라비아 숫자로 쓰인 가장 오래된 서력기원은 팔츠의 하르드트 언덕에 있는 림부르크 수도원의 기둥에 기록된 1153년이다. 1202년에 건립된 이제나흐탈 계곡에 있는 슐로스벡 성에서도 숫자들을 볼 수 있으며 북 두르크하임의 채석장인 브룬홀이스튤이나 크림힐덴스튤에서도 '1204년'이라는 숫자가 발견되었다. 로마의 산타 사비네에서 발견된 비석에도 '1238년'이라는 숫자가 적혀 있었다. 아라비아 숫자는 스페인에서 이탈리아로 건너왔는데 오토 3세의 임명을 받은 교황 실베스테르 2세에 의해 1000년 무렵에 수학 교재에 사용되었다.

기독교 이전과 이후의 구분

○ 기독교 이전 시대를 기록하기 위해서는 서력기원 전부터 거슬러 올라가서 계산했다. 이 같은 방식으로 개별적인 연도를 기록하는 것은 그 전에도 있었으나 지속적으로 사용된 것은 1474년 베르너 로레빙크Werner Rolevinck가 《세계사에 관한 책》Fasciculus temporum을 쓰면서부터이다. 그의 세계 역사 개요서는 16세기까지 널리 사용되었다. 이러한 연도 계산법은 페르시아의 예수회 수도사였던 디오니시우스 페타비우스Dionysius Petavius가 1627년 자신의 책 《시간의 교리에 대한 작업》Opus de doctrina temporum에서

도입했다. 프랑스의 가톨릭 신학자 보쉬에J. Bossuet는 1681년 그가 쓴 《세계사에 대한 강연》Discours sur l'histoire universelle에서 이 같은 방식을 사용했는데 이 책에서 제임스 어셔의 이론을 따라 세계의 기원을 BC 4004년으로 보고 로마 건국 기원과 BC 기원을 동시에 사용했다. 이러한 아라비아 숫자로 된 연도는 18세기에야 천천히 사용되었다. BC와 AD로 나뉜 이분화된 연도 세법은 미래와 과거를 넘나들 수 있다는 점에서 장점이 인정되었다.

서력기원엔 '0년'이 없다

○ 예수의 탄생 이전과 이후로 나뉜 이 야누스적 연도법에는 역설적인 측면이 있다. 서력기원이 제로로 시작되지 않고 예수의 탄생년이 두 개로 나뉜다는 것이다. 예수가 태어난 연도는 AD 1년으로 표시할 수 있지만 동시에 BC 1년이 되기도 한다. 즉, 수학적으로 볼 때 예수는 AD 1년 1월 1일 0시에 태어나야 하는데 이는 BC 1년 12월 31일 24시이기도 하다. AD 1년은 로마 건국 원년AUC 754년과 같은데 이는 AUC 753년이자 BC 1년 바로 뒤에 따라온 해였다. BC 1년의 6월 6일과 AD 1년의 6월 6일 사이에는 단 1년이란 시간 간격밖에 없었다. 따라서 아우구스투스의 통치기였던 BC 30년에서부터 AD 14년은 44년이 아니라 43년이라는 계산이 나온다. 천문학적으로 볼 때는 예수의 탄생 전후 해를 계산에 넣어야 하는데 1887년 오폴처Oppolzer 이후로[23] 서력기원 이전의 해가 1년 이후로 이동되었다. 즉, 역사적인 BC 1년은 천문학적으로 볼 때 0년이고 BC 2년이 –1년이 되어야 하는 것이다.

도시 기원에서 서력기원까지

○ AUC, 즉 로마 건국 원년이 현대의 기원으로 전환되는 과정에서 서력기원의 잃어버린 0년을 다시 기억해야 했다. 몸젠이 《로마사》를 저술할 때 사용하던 로마의 건국은 754를 뺀 BC 연도로 계산했다. 예를 들어 AUC 710년에 일어난 카이사르의 사망이라는 사건은 754를 빼면 BC 44년이 된다. 또한 AUC X년과 BC Y년을 합하면 754라는 숫자가 나왔는데, 로마의 건국일인 BC 753년 4월 21일 이후를 AUC 1년으로 보았기 때문이다. 로마 건국 원년도 역시 0년의 개념이 없었다. 로마 건국 이전의 시간은 계산에 들어가지 않았다. AUC를 AD로 전환할 때 AUC에서 753을 빼야 했다. 가령 AUC 762년에 있었던 토이토부르크 숲 전투 전에서 753을 빼면 AD 9년이라는 숫자가 나온다. 이때 잃어버린 0년을 계산에 넣지 않음으로 해서 전쟁 기념 연도는 항상 1년 빠르게 계산되는 것이다. 무솔리니는 1937년에 아우구스투스 황제의 2,000번째 생일을 축하했지만 사실은 1년 더 기다렸어야 했다. 하지만 로마인들은 오히려 어림수가 채워지기 1년 전부터 황제의 생일 기념행사를 열었다.

프랑스 혁명의 기원 시도

○ 기념행사 혹은 기념일은 특정한 관점이 포함된 날이며 시간에 대한 계산도 마찬가지로 단지 순수하기만 한 정보나 안내 도구가 아니라 항상 정치적 이데올로기적 목적에 사용된다. 많은 사람들이 잊고 살지만 이는 항상 의식할 수밖에 없게 되어 있다. 프랑스 혁명이 왕정과 귀족계급을 무너

뜨렸을 때 이들은 예수의 탄생일을 연도의 기원으로 삼은 전통적 계산 방식 역시 깨부수었다. 1789년 7월 14일 바스티유 감옥 습격 사건이 일어난 바로 다음 날부터 일간지 《모니퇴르》Moniteur에서는 그해를 소위 '자유의 원년'An I de la liberté으로 선언했다. 하지만 이 원년은 채 반년도 지속되지 못했는데, 1790년 1월 1일에 자유 2년이 시작되었기 때문이다. 그다음 기원은 튈르리 궁전의 함락이 이루어진 1792년 8월 10일에 시작되었는데 그해를 평등의 해 원년으로 선포했다. 이 달력은 1792년 9월 21일까지 사용되었다. 1793년 10월 6일부터 로베스피에르가 공표한 국민공회 법령에 따르면 세 번째로 혁명 기원Revolutionsära이 적용되었는데 이 기원에 따르면 프랑스 혁명 공화국은 1792년 9월 22일부터 소급적으로 시작되었다. 9월 22일은 추분이었으며 새해는 아침 9시 18분 30초에 시작되었다고 기록되어 있다. 1793년부터 1805년에 발행된 동전의 앞면에는 자유의 모자를 쓴 마리안Marianne이 새겨져 있으며 뒷면에는 오크 나무 화환이 둘러져 있고 안쪽에 1799/1800년을 나타내는 'l'an 8'(공화력 8년)이 새겨져 있었다.

1792년 전에는 전통적인 연도 방식이 사용되긴 했지만 더 이상 AD나 예수 탄생 연도를 기준으로 삼지 않고 실망스럽게도 중립적인 공통시대E.V, ère vulgaire를 사용했다. 프랑스의 공화력 기원은 나폴레옹의 유럽 원정 계획에 맞지 않았다. 따라서 그는 1805년 9월 9일에 정치적인 이유로 1806년 1월 1일부터는 전통적인 기원을 다시 사용할 것을 공표했다. 그 이전에는 나폴레옹의 통치구역뿐 아니라 라인동맹Rheinbund 지역 같은 곳에도 혁명력이 사용되었다.

파시즘의 기원 시도

○ 로베스피에르의 뒤를 이어서 무솔리니도 파시즘의 기원을 만들었는데 이것은 1922년 10월 28일의 악명 높은 '로마 진군'으로 시작되었다. 사흘 뒤에 무솔리니는 빅토르 에마뉴엘 3세로부터 국무총리로 임명되었다. 무솔리니의 로마 진군은 BC 88년 술라 대왕의 '로마 진군'뿐 아니라 312년 10월 28일 콘스탄티누스 황제가 자신의 매제인 막센투스에 맞서 이긴 유명한 밀비우스 다리 전투의 승리를 모방한 것이기도 하다. 수상 무솔리니 자신은 참여도 하지 않은 로마 진군의 날짜와 일화가 부풀리고 왜곡된 보도와 사진과 함께 선전 도구로 활용되었다. 이때부터 로마 시대에서 모티프를 딴 개혁적 파시부스의 해AFR, anni a fascibus renovatis가 열렸는데 라틴어 파스케스fasces는 로마공화국 법의 상징으로 집정관의 권위를 증명하는 권표를 의미한다. 이는 파시즘 시대에 다시 소환되었지만 괄호 안에는 아라비아 숫자로 쓰인 서력이 기록되었다. 1936년 바돌리오Badoglio가 아비시니아를 정복하자 무솔리니는 5월 9일 베네치아 궁전에서의 연설에서 로마 제국의 부활을 선포하고, 새롭게 개혁된 제국의 시대를 제2의 로마 시대로 명명한다.

나치의 연도 이식 시도

○ 로베스피에르와 무솔리니는 자신들의 시대 개혁을 성공시키려 했지만 그다지 운이 없었다. 이는 나치즘이 강제로 자행했던 반기독교적 연도 이식도 마찬가지였다. 이들은 자신들이 만든 나치 연도nolens volens를 억지로 밀어붙이면서 서력기원이나 로마 건국 원년을 없애려 했다. 이를 위해 이들

은 기원전이나 기원후라는 표기 방식 대신 'n. Zw.'(전환기 전)나 'v. Zw.'(전환기 후)와 같은 표기 방식을 사용했다. 하지만 이 같은 개혁을 집행하기에는 시간이나 힘이 부족했다. 이들이 역사적으로 불경하다고 판단한 서력기원은 실증주의적인 의미에서 무화과 나뭇잎으로 표현되었다. '전환기'라는 용어는 사실 구체적으로 무엇을 전환시켰는지에 대한 대답이 요구된다. 그에 대한 확실한 명분 없이는 의미가 없다.

엥겔스·마르크스의 연도 지표

○ 그리스도의 이름을 쓰지 않고 다른 방식으로 우아하게 표현한 방식을 프리드리히 엥겔스가 1881~1882년에 쓴 에세이 〈테우토니 2세의 역사에 대해〉에서 볼 수 있다. 여기서 엥겔스는 BC를 마이너스로 표현했다. 천문학자들도 같은 방식을 사용했지만 단지 한 해 차이가 났다. 또한 엥겔스는 1884년 《가족, 사유재산 및 국가의 기원》을 쓰면서 그리스도의 이름을 언급하는 대신 '우리가 현재 사용하는 기원 이전에'vor unserer Zeitrechnung라는 무신론적 표현을 사용했다.[24] 독일 민주공화당에서도 마르크스와 레닌의 정신을 계승하여 이 같은 형식을 사용했다. 또한 '우리의 기원'u. Z.과 '우리의 기원 이전'v. u. Z.이라고 약칭하기도 했다. 사람들은 이를 '우츠부츠Uzvuz 시간' 계산이라며 조롱했다. 시간학에서 기원을 정하는 것은 예수의 탄생과 같이 특정한 시점을 결정하는 의미가 있는데 독일어에서는 이를 표현하기 어려웠다. 그와는 다른 의미에서 '그리스도 이후'나 '그리스도 이후'로 나뉘는 시간의 지표는 부르주아적 자유주의자들에게는 금기시되는 것이기도 했다. 또한 청교도 신학자들은 '기원후'n. Chr. 라는 약칭 대신 반기독교적 형식

인 '전환기'd. z.라는 아리송한 약칭을 사용했다. 어떤 경우이건 그리스도라는 명칭을 쓰지 않는 것은 그 자체로 이데올로기적 의미를 내포하고 있었다.

미국의 공통시대

○ 자유와 평등주의를 위해 신앙을 포기하는 것을 중요한 가치로 여기는 이들은 '기원후'라는 연도법 대신 민주주의적이며 탈기독교적인 기원을 선택했는데 이 약칭은 특히 미국에서 많이 사용된다. 기독교 이후의 세계에서 서력기원을 대신하기 위해 널리 쓰이는 CE는 '기독교 기원'Christian Era이라고 읽을 수도 있지만 정치적인 이유로 '공통시대'Common Era라고 읽는 것이 보편적이다. 이처럼 '중립적인' 공식 속에 연도를 표기한 개별적인 이유를 드러내지 않기로 한 것이다. 요즘에는 크리스마스카드도 독실한 무슬림이나 정통 유대인들의 심기를 건드리지 않으려고 'Merry Christmas(메리 크리스마스)'라고 쓰지 않고 'Seasons Greetings(복 많이 받으세요)'라고 쓰기도 한다.

캄보디아와 북한의 연표

○ 연도 계산에 대한 임시적 마지막 개혁을 단행한 이는 극동의 사회주의 독재자였다. 캄보디아의 폴 포트는 크메르 루즈가 승리한 1975년을 원년으로 삼아 '0년'을 선포했다. 하지만 4년 후 이 연표는 종료되었다. 1994년 북한이 행한 달력 개혁은 현재까지도 지속되고 있다. 1912년 김일성의 출

생 연도를 새로운 시대의 출발점으로 삼은 것은 그의 아들이자 승계자이며 북한 주석이었던 김정일이었다. 그 배경이 김일성이 주창한 주체사상인데, 중국에 의존하지 않고 국제 사회주의와 별개로 독립적인 지도자의 영도력을 강조하며 정치적 경제, 군사적인 민족사회주의를 주장했다. 세상의 중심은 중국이 아니라 자신들의 나라, 북한이라 본 것이다. 연도를 결정하는 데 일반적으로 요구되는 핵심적인 부분은 정치적 이해관계라는 것을 다시 한 번 확인할 수 있는 대목이다.

서서히 고착되는 연도 기준일

○ 연도를 헤아리는 것은 달력의 연도를 통해 나이를 확인하고 나뉜 사건들을 병합하는 등의 절대적인 연대학뿐 아니라 선택된 시간부터 특정한 상황까지의 기원후 시간을 배열하고 정돈하는 상대적 연대기까지 포함한다. 중세의 법전에서 우리는 종종 '1년과 하루'annus et dies처럼 시간을 제한하는 형식을 접하는데 정확하게 어떤 기간을 의미하는지, 항상 같은 기간을 의미하는지 확인할 길이 없다. 하지만 근대인들은 그것이 의미하는 바를 알았음에 틀림없다. 18세기에 색슨족의 법적 시한이었던 '1년과 하루'라는 시한은 1750년 루도비치Ludovici의 《작센슈피겔》Sachsenspiegel 29조 번역에서 볼 수 있듯이 1년, 6주 그리고 3일로 정리된다. 이러한 시한은 계약이나 보증, 권리 등의 효력에 관한 것으로 일상적으로 사용되었다. 서비스나 의무 기한은 법에 따라 몇 년인지 구체적으로 결정되었다. 또한 민주주의 사회에서 모든 정치적 지위는 그 기한이 제한되었는데 고대의 경우는 1년이 기한이었고 현대에 와서는 보통 4~5년이라는 기한이 주어진다.

심판의 날

○ 공화정의 지도자와는 달리 황제와 왕, 종교 지도자는 원칙적으로 '하느님이 기뻐하시는 한' 일생 동안 그 위치를 누릴 수 있었다. 또한 군주는 부하의 재직 기한도 결정할 수 있었다. 교황 또한 이미 사망했거나 아직 죽지 않은 사람들이 연옥에서 보내는 시간을 줄일 수 있는 권한을 가지고 있었다. 그리스도의 고통과 성인들의 훌륭한 업적을 자양분으로 삼아 어마어마한 영광의 보물을 쌓아온 교회의 교황은 면죄부를 수여하고 죄인들이 연옥에서 보내야 할 고통의 시간을 개인의 힘으로 줄여줄 수 있었다. 그리하여 구원된 영혼은 마지막 심판을 기다리며 지옥의 언저리에서 기다려야 했다. 하지만 사람들은 다음과 같은 구절을 믿기도 했다.

> 금고 속에서 돈이 출렁거리는 순간
> 영혼은 하늘로 솟구친다.

첫 번째 성년聖年, Heiligen Jahr이었던 1300년 이후로 이 면죄부에 대한 희망 때문에 수천수만 명의 순례자들이 로마로 몰려들었다. 이미 14세기부터 종종 가짜로 조작된 면죄부를 사고파는 일이 횡행했다. 1517년에 루터는 면죄부를 사고파는 일에 저항하며 개혁을 일으켰다. 또한 면죄부는 성유품을 교환하여 얻을 수도 있었는데 성유품의 가치는 면죄의 햇수로 정할 수 있었다. 루터 시대에 현자 프리드리히Friedrich der Weise는 5,005개의 성유품을 소유하고 있었는데 계산에 의하면 1525년 그의 사망 이후 연옥 기간을 127,799년이나 단축해줄 수 있는 가치가 있었다. 물론 그러려면 마지막 심판일이 훨씬 늦춰져야만 했다.

제11장

축일과 축제 그리고 기념일

주중은 죽을 고생! 주말은 즐거운 축제!
앞으로는 이 말을 주문으로 삼으시라!
_괴테

지극히 보편적인 관습

○ 세상 모든 이에게 한 해의 특정한 날이나 인생의 특별한 사건을 기념하여 축하하는 것은 지극히 당연한 관습이다. 그날만큼은 일상적인 일은 묻어두고 사람들이 한데 모여 특정한 의식을 행하거나 특별한 선물을 주고받는다. 축제는 이렇듯 공동체의 결속을 다지고 신의 은총에 감사하게 한다.

이 같은 공동체의 축제일은 주로 한 해의 시작이나 지점Sonnenwenden 혹은 분점Nachtgleichen, 봄이 시작될 무렵이나 추수기에 열린다. 또한 역사적 사건을 기념하는 기념일도 연중 개최된다. 정기적인 기념일과 축제에 더하여 정권이 바뀌거나 전쟁에서의 승리, 가족끼리의 기념일 같은 불규칙적인 기념일도 있다. 기념하는 방법은 어디에나 똑같다. 상징적인 기념식과 예배 의식, 음악, 춤, 낭송이나 행렬 그리고 빠질 수 없는 음주의 시간이 바로 그것들이다.

가장 오래된 기록

○ 고대 동양에서부터 내려오는 가장 오래된 축제에 대한 소식은 진흙판 위에 새겨진 설형문자를 통해서 전해졌다. 그것은 BC 3000년에서 BC 2000년 사이에 바빌로니아의 도시를 관장하던 주신主神 마르두크를 기념하기 위한 새해 축제가 12일 동안 열렸다는 증거이기도 했다.[1] 사제들은 신에게 바치는 제사를 지낼 때 정화의식을 위해 '희생양'을 죽여서 제단에 바쳤다. 또한 왕은 백성들의 죄를 대속하여 고행하기도 했다. 창조의 서사시를 낭송하거나 수소 희생제를 치르는 일도 있었다. 그런 다음 종교 단체는 화려하게 치장한 채 도시를 벗어나 행진한 뒤 아름답게 장식된 새해맞이 공간에서 축제를 열었다. 그리고 바벨탑 위에서 신과 여신 사이의 신비한 결혼식을 거행하기도 했다.

'신의 날'은 메소포타미아 지방의 도시에서도 다른 이름으로 기념되었다. 신전을 세우고 기념하는 날이나 씨앗을 심고 사제와 농부 들이 풍요의식을 기원하는 제사를 지내는 날, 추수제, 건조한 여름철에 열리는 기우제 등이 있었다. 각각의 신들에게 바치는 고유한 축제가 있었는데 사제가 이 축제를 주관했다. 남메소포타미아의 도시 라가시를 다스린 지배자였던 구데아Gudea가 닝기르수Ningirsu 신에게 헌사하는 신전 앞에 놓였던 두 개의 진흙 기둥은 BC 2100년경, 왕의 꿈속에 신이 나타난 후 세워진 것이라 한다. 1,350줄로 쓰인 글에는[2] 건물의 역사와 함께 신전을 건립하는 것을 축하하는 잔치가 7일 동안 성대하게 열린 사실이 기록되어 있다. 축하연에서는 현악기로 성가를 연주하기도 했다.

히타이트의 새해 축제

○ 2세기 무렵 번성했던 히타이트 부족 축제의 문헌적 전통도 매우 풍요롭다.[3] 이들의 축제에서는 사제가 집전하는 정화의식과 불을 지켜보는 의식뿐 아니라 의식을 정확한 시간에 맞추어 행하는 것이 강조되었다. 축제의 이름은 대부분 계절과 농업에 관련되어 있었다. 어떤 축제는 귀족이나 왕이 소도시를 방문할 때 열리기도 하고 또 어떤 경우에는 보가즈쾨이에 있는 수도 카튜사에서 개최되었다. 걸어서 올라갈 수 있는 바위로 된 야즐르카야 유적은 풍우의 신이었던 테슈프를 위한 새해맞이 집이었다. 히타이트의 고대 문헌에는 풍우의 신을 위한 하늘과 땅이 만나는 장엄한 새해 축제에 대한 언급이 나오는데 여기서 새해는 축제를 열기 좋은 시기로 받아들여졌다.[4] 고대 동양의 새해 축제는 창조 의식을 반복적으로 거행했다.

페르시아의 특이한 축제

○ 고대 페르시아에서도 새해는 중요한 축제 행사였다. 고대 인도와 그리스, 후기 페르시아와 이슬람의 축제가 페르시아 축제의 원천이라는 것을 알 수 있다. 오늘날까지도 이란에서 나우루즈Nauruz는 유명한 축제다. 차라투스트라의 가르침에 따르면 아후라 마즈다와 아리만, 선악의 투쟁이 곧 세상의 역사다. 결국 선이 승리하고 두 세력 사이에서 평화 계약이 이루어지는데 이날이 바로 봄이 시작되는 때이자 새해가 시작되는 시기로 축하의식이 열리는 날이었다.[5] 《분데헤쉬》에 의하면 분점과 지점에도 중요 축제가 개최되었다.

빛의 신인 아후라 마즈다를 창조했다고 전해지는 미트라 신도 새해 축제에 등장하는 신이다. 스트라본은 페르시아어로 미트라카나Mithrakana라고도 불리는, 미트라키나Mithrakina 새해 축제에 대해 언급한 바 있는데 이 축제에 아르메니아의 태수太守인 사트라프satrap는 페르시아의 황제에게 2만 마리의 망아지를 공물로 보냈다고 한다. 페르세폴리스의 아파다나 궁터의 계단 오른쪽에 새겨진 부조에는 속국의 사절단들이 공물을 가져와서 바치는 장면이 새겨져 있다. 아테나이오스는 다른 축제와는 달리 미트라 축제에는 황제도 취하도록 마셨으며 '페르시아 춤'이라고 불리는 독무를 추었다고 전한다. 이 축제는 소아시아 지역에서도 거행되었다.[6]

페르시아에는 매우 특이한 축제도 있었다. 헤로도토스가 언급한, 제사장을 살해한 날을 기념하는 마고포니아magophonia라는 축제다. 캄비세스Cambyses가 죽고 나서 그의 형제인 스메르디스Smerdis 대신에 주술사 혹은 사제라 볼 수 있는 가우마타Gaumata가 자신이 스메르디스인 척하며 권력을 장악했다. 하지만 다리우스는 궁중암투를 통해 이 같은 사기 행각을 폭로하고 '가짜' 스메르디스를 살해한 후 자신이 왕족의 친척임을 내세우며 페르시아의 통치권을 장악했다. 다리우스는 베히스툰산의 거대한 바위 위에 자신이 어떻게 해서 권력을 쟁취했는지에 대한 비문을 남겼는데(헤로도토스는 이에 근거해서 저술했다) 여기에 그리스적 양념을 더하여 이야기를 좀 더 가상에 가깝게 부풀렸다. 다리우스는 캄비세스의 진짜 형제를 죽이고 나서 캄비세스와 그의 아버지인 시리우스가 자신의 가문인 아케메니드Achäemenids에 속하는 것처럼 혈통을 위조했다.[7]

다리우스의 추종자들은 이 작전의 동료이자 공범으로서 눈에 띄는 제사장들을 모조리 살해했으며 이것을 마고포니아, 즉 마구스들을 살해한 날로 명명하고 국경일로 삼았다. 이날 사제들은 감히 밖으로 나올 생각을 할 수 없었다. 이처럼 마고포니아는 매우 세속적인 특징을 가진 기념일이었다. 이는 대부분의 기념일이 종교적인 성격을 가지고 있던 고대의 경향으로 볼 때 상당히 특이한 경우였다. 그러므로 마고포니아가 실제로는 미트라키나처럼 신을 숭배하기 위한 축제지만 헤로도토스 같은 후대의 저자들이 잘못 재해석한 결과라는 관점도 상당히 설득력을 지닌다. 사실 헤로도토스가 잘못된 해석을 한 역사적 사실이 오직 한 가지만은 아닐 것이다.[8] 다리우스가 주술사들을 저주했다는 사실을 다른 문헌에서는 전혀 찾아볼 수가 없다. 오히려 주술사들은 고위 사제 계급으로 우대받았다.

축제에 대한 그리스의 철학

○ 세상 모든 것에 대한 사유를 시도했던 그리스인들은 축제에 대해서도 철학적 의미를 부여했다. 플라톤은 법에 대한 저서를 쓰며 모델로 삼았던 크레테라는 도시에 대해 다음과 같이 적었다. "신이 인류가 힘들게 일하는 것을 보고 불쌍히 여겨 잠시 쉬게 한 다음, 잔치를 열고 뮤즈와 리라를 켜는 아폴론 그리고 술을 즐기는 디오니소스를 잔치에 불러 즐기게 했다."

고대의 축제는 죽은 이들을 기념하는 연례행사의 역할도 했다. 해마다 도시의 통치자는 죽은 조상을 기리는 기념일을 기리기 위해 음악과 스포츠 경기, 경마 대회 등을 준비했다. 스트라본도 휴식을 위한 축제에는 그 정당성을 부여했다. 신을 기리기 위한 축제는 자연의 필요에 따라 사람들에게 휴식을 제공했다. 사람들은 착한 일을 할 때 신과 가장 가까워진다고 믿었다. 사람들이 행복하고 즐거워하며 축하하고 성찰하고 음악을 만들 때 신과 더

욱더 가까워질 수 있다. 데모크리토스는 다음과 같이 단순하게 표현했다. "축제가 없는 인생이란 쉼 없는 여행과도 같다." 그런 점에서 페리클레스는 자신이 쓴 노랫말에서 해마다 열리는 경마, 경주와 희생제를 시민들이 노동에서 벗어나 활력을 다시 찾을 수 있게 해주는 요소라며 아테네의 민주주의를 칭송했다.[9] 세네카는《마음의 평정에 관하여》에서 휴일을 노동의 스트레스를 완화시키고 활력을 주는 휴일의 도입이야말로 현명한 법관들의 처사라며 칭송했다.[10]

그리스에서 '축제'는 변화를 거듭했다. 축제를 일컫는 가장 보편적인 표현은 '헤로테'heortē로 이미《오디세이》에서도 신에게 바치는 축제라는 언급이 나온다. '타 히에라'ta hiera 혹은 '헤 히에라포이라'hē hieropoiia라는 단어에는 종교적 의미가 강조되었으며 희생제로서의 축제는 '헤 티시아'hē thysia라고 불렀고 축제 행렬은 '헤 폼페'he pompe로, 축제를 위해 모여드는 것을 '헤 파네기리스'hē panēgyris라고 불렀다. 이는 현대 그리스에서도 사용하는 표현이다. 가장 인기가 높았던 축제는 '호 아곤'ho agōn인데 원래는 단순히 '군집'을 의미했으나 이후에는 대부분 '경기'의 의미로 쓰였다. 많은 경우에는 축제의 이름이 특정한 의미를 담아 그대로 사용되었는데 올림피아, 마라토니아Marathonia, 이스트미아 제전ta Isthmia 등이 그에 속한다.

신의 가호 아래서

○ 고대에서 종교를 넘어서 시간을 알려주는 역할을 했던 것은 네 개의 대규모 범그리스 경기였다. 올림포스 신이었던 제우스를 기리는 올림픽 경기와 아폴론 피티오스(피톤을 쓰러뜨린 자—옮긴이)를 기리는 의미에서 델피

신전에서 열렸던 피티아 제전Pythischen Spiele, 포세이돈에게 바치는 이스미안Isthmian 경기와 제우스 네메이오스를 기려 열렸던 네메아Nemea 제전이 바로 그것이었다. 앞의 두 경기는 경기가 열린 해를 포함해서 5년째인 해에 열리는 경기로 4년마다 개최되었다. 켄소리누스는 올림픽 경기가 4년에 한 번씩 열리게 된 것은 윤년 때문이라고 설명했다. 하지만 1896년에 올림픽 경기가 재개최되었을 때 윤년이 개최년으로 선택되었고 이후로도 계속 그와 같은 방식이 유지되었다. 다른 대규모 경기들은 올림픽 사이에 개최되었다. 유명한 선수들은 여러 경기를 오가면서 상을 움켜쥐었다. 고대의 가장 유명한 운동선수였던 크로토나의 밀론Milon은 레슬링 선수였는데 4대 경기를 통해 30년 동안 31번의 승리를 거두었다. 또한 걷기와 음악 경연, 승마 경기도 올림픽 경기에 포함되었으며 그 외에도 상상할 수 있는 온갖 종목이 경기 종목에 포함되었다. 하지만 한 가지 문제가 있었으니, 경기 일자를 알려주는 공통된 그리스 달력이 없다는 점이었다.

이 경기들이 가진 종교적 스포츠적 의미 외에도 이들 경기를 통해 그리스인들은 '신의 가호'라는 기치하에 모두 모여 서로 소통하는 시간을 보낼 수 있었다. 또한 큰 시장도 열렸다.[11] 화가 아에티온Aetion 등은 자신의 작품을 경기 기간 동안 전시했고 엘리스의 히피아스 소피스트들은 자신의 사상을 설파하는 강연을 열었으며 천문학자 오이노피데스Oenopides는 차후 59년 동안의 별자리 움직임과 합체를 보여주는 청동판을 보여주었다.[12] 알렉산드로스 대왕은 324년에 페르세폴리스로 되돌아온 것을 축하하는 의미에서 올림피아 경기 개최를 선언했고 플라미니누스Flamininus는 그리스인의 자유를 축하하는 의미에서 BC 196년에 이스트미아 제전을 개최할 것을 선언했다. 이 경기들은 기독교를 국교화한 테오도시우스와 그의 아들의 시대인 400년 경 폐지되었다.

신을 기리는 아테네의 축제

○ 범그리스 지역의 4대 경기 외에도 모든 도시에는 각자의 신을 기리기 위한 축제가 열렸는데 이 축제들도 종종 경기 혹은 대회와 연관되어 진행되었다. 그리스 문화에는 기본적으로 경쟁이라는 요소가 강하게 스며 있다고 할 수 있다. 이는 온갖 영역에 해당되었다. 특히 우리에게 많이 알려진 것은 아테네의 축제다.[13] 그중에서도 가장 오래되고 큰 규모로 열린 축제는 도시의 수호신인 아테나 폴리아스Athena Polias를 기리기 위한 축제다. 이 축제는 올림픽이 열린 후 3년째 되던 해에 개최되었으며 7월 말에 시작되어 며칠 동안 지속되었다. 아티케력의 첫 번째 달인 헤카톰바이온Hekatombaion의 28일은 아테나 여신의 생일로 이날 여신에게 새 옷을 갈아입힌 다음, 아크로폴리스로 행진했는데 이 장면이 파르테논의 프리즈 부분에 묘사되어 있다. 행렬에는 여성과 외국인, 해방된 노예도 포함되어 있다. 문화사적 의미에서 가장 흥미로운 축제는 3~4월에 개최되었던 위대한 디오니소스 제전인 엘라페보리온Elaphebolion으로, 이때 위대한 희비극 작가들의 경연이 벌어지기도 했다. 이때 아이스킬로스와 소포클레스, 에우리피데스 같은 저자들의 작품은 무대에 오른 대부분이 시간의 한계를 뛰어넘어 인간사의 갈등을 이야기했다. 아리스토파네스가 쓴 포복절도하게 웃긴 코미디들은 디오니소스 대전과 가멜리온Gamelion, 1~2월에 열리는 레나이아Lenaia제에서 처음으로 공연되었다. 파이아넵시온Pyanepsion, 10~11월에 열리는 데메테르 여신제는 오직 여성을 위한 축제로 '여성을 혐오하는' 에우리피데스를 말로 공격하는 공연이 열리기도 했다.

스파르타의 축제

○ 스파르타에는 특별한 의미를 가진 축제가 세 가지 있었다. 아르테미스의 이름을 딴 아르테미시오스 달에 개최된 아르테미스 오르티아Artemis Orthia는 소년들을 채찍질하는 의식으로 악명이 높다. 후대에 청년들을 단련하기 위한 방편으로 합리화되었던 이 의식은 원래 여신의 제단에 바쳤던 인간 희생제의 대체 의식이었다. 이 채찍질 의식을 구경하기 위해 로마 시대에는 외국에서도 군중이 모여들었는데[14] 의식은 발굴 결과 극장과도 같은 제단에서 펼쳐진 것으로 확인되었다.

아폴론이 원반을 던져 살해한 아름다운 청년 히아신스를 기리기 위한 히아킨티아Hyakinthia 축제가 매년 7월에 열렸다. 그가 흘린 피에서 히아신스라는 꽃이 피어났다는 신화가 있다.[15] 아폴론은 태양의 신이며 원반은 태양판을 의미하는데 히아신스의 살해는 히아신스 숭배에서 아폴론 숭배로의 전이를 상징한다. BC 421년의 니키아스 평화조약에서 아테네인들은 히아킨티아 축제에 참석할 수 있고 스파르타인들은 디오니소스 제전에 참석할 수 있다는 협약이 이루어졌다.[16]

8~9월에 9일 동안 열린 카르네이언Karneien 축제는 도리안족을 라코니아Laconia로 이끌었던 아폴론 신을 기리기 위한 축제였다. 이 축제는 스파르타라는 전사들의 나라에서 핵심적인 축제였던 만큼 군사적인 특징이 많이 배어 있었다. 플루타르코스에 의하면 축제의 제창자인 리쿠르구스Lycurgus를 기리는 날을 해마다 기념했다.

그리스의 생일

○ 스파르타의 히아킨티아와 같이 다른 그리스 신의 축제도 신화적인 사건을 기념하는 축제를 열었는데 당시에는 역사적인 날로 간주되었다. 범아테네 문화권에서는 아테네의 여러 부족을 테세우스가 병합했다고 믿으며 이를 기념하여 여러 장소에 기념물을 세웠다. 그중 하나인 델피 신전의 피티아는 피톤이라는 용을 죽인 것을 기념하는 장소로 델로스 섬은 아르테미스와 아폴론이 태어난 섬으로 기념되었다. 이들이 기억하고 기념했던 것은 태어난 해가 아니라 생일과 탄생 장소였다.[17] 아르테미스는 타르겔리온Thargelion, 즉 5월의 6일, 아폴론은 7일에 태어난 것으로 믿었다. 또한 신들이 각 달을 주관하는 것으로 믿었다.[18] 네 번째 달은 아프로디테가, 포세이돈은 여덟 번째 달을, 아홉 번째 달은 디오니소스, 열두 번째 달은 데메테르가 주관했다.[19] 그리스의 왕 숭배 문화에 따라 매달 왕의 생일을 기념하는 축제가 열렸으며 플루타르코스는 《도덕론》에서 로마 시대 이집트에서는 전파된 문화에 따라 윤날에 신의 생일을 기념했다고 기록했다.

타르겔리온의 6일과 7일에는 소크라테스와 플라톤의 생일을 각각 기념했다고 플루타르코스는 《도덕론》에서 전했다. 이 같은 우연의 일치에 대해 디오게네스 라에르티오스도 증언했다. 플라톤이 생일에 사망했다는 것은 세네카가 만들어낸 우연의 신화일 뿐이며, 플루타르코스가 만든 역사적으로 유명한 사건과 위인들의 생일이 놀랍게 일치하는 목록도 역시 이에 속한다. 당시에는 보편적인 달력이 존재하지 않았다. 플라톤과 마찬가지로 다른 학파의 주창자들에 대한 기념일도 역시 면면히 이어졌다. BC 341년의 가멜리온 10일에 태어난 에피쿠로스는 자신의 생일을, 학술회의가 열리는 날로 삼을 것과 자신과 먼저 사망한 그의 제자였던 메트로도루스Metrodorus를 기념하여[20] 매달 20일에 학파 전원이 모임을 가질 것을 유언으로 남겼다.[21] 키케로는 《최고선악론》De Finibus 2장에서 이와 같은 경향을 비판했다. 이와 같이 성자의 생일을 기념하는 것은 올바른 일이 아니며 성자의 추종자들은 성자의 생일이 아니라 그가 깨달음을 얻은 날을 기념일로 삼아야 한다는 것이다. 키케로가 살던 때는 그러한 풍습이 과거의 일이 되었던 듯하다. 그럼에도 불구하고 제국 시대의 기록을 보면 철학자들의 생일을 기념하는 일이 지속되었다. 필로뎀의 시에 보면 에피쿠로스의 생일 축하연에 초대 받았다는 내용이 등장한다.[22]

고대의 생일 축하연에는 종교적 의미가 있었다. 특히 새로 태어난 아이들의 수호신이자 나쁜 다이몬daimon을 물리치는 생일의 신, 선한 다이몬에 대한 희생제를 예로 들 수 있다.[23] 로마인들에게 같은 의미를 지닌 신은 게니우스인데 빌헬름 부슈가 《독실한 헬레네》Die fromme Helene에서 이를 언급했다. 플라톤의 《변론》Apologie과 크세노폰의 《회상》Memorabilia 그리고 플루타르코스의 《도덕론》에서도 소크라테스의 다이몬이 언급되었다. 헤로도토스는 페르시아의 성대한 생일 축하연을 기록했는데 아마도 그리스에서는 생일 축하연이 페르시아에 비해 보다 검소하게 열렸기 때문일 것이다.

자신의 생일에 대해 가장 오래전에 언급한 이는 핀다로스다. 그날은 피티아의 첫날로 BC 518년일 것으로 추정된다. 그리스의 풍습에 따라 헤로데 안티파스는 생일잔치를 벌이며 자신의 생일을 축하했다. AD 30년에 열린 그의 생일 연회장에서 헤로데 안티파스의 수양딸인 살로메는 세례자 요한의 머리를 요구하며 춤을 추었다고 마르쿠스는 기록했다. 오늘날 우리는 '생일을 맞이한 아이'를 위해 생일잔치를 해주고 행운이 깃드는 한 해를 위해 새해 축하를 한다. 새로운 시작은 지금까지와는 다른 것들을 만들어내고 신의 힘을 빌릴 때 그 시작은 더욱 순조로워질 수 있다.

역사적 기념일들

○ 생일뿐 아니라 다른 일들에 대한 기념일도 다양했다. 네포스Nepos가 쓴 티멜레온 전기를 보면, 그는 자신의 생일에 카르타고와의 전쟁에서 대승한 후 이날을 기념일로 정해 시칠리아 전역에서 축하했다고 한다. 물론 이 역시 또 다른 우연의 우화일 수 있다. 역사적 사건을 기념하는 날은 BC 514년에 폭군을 살해한 하르모디오스Harmodios와 아리스토게이톤Aristogeiton의 영웅적 행위를 칭송하는 기념일을 들 수 있는데[24] 그날이 1년 중 어느 때인지는 기록되지 않았다.

자유를 위한 투쟁에서 승리한 후에는 널리 이를 축하하는 잔치가 열렸다.[25] BC 490년에 벌어진 마라톤 전투 전에 아테네인들은 페르시아 병사를 한 명씩 죽일 때마다 아르테미스에게 염소를 한 마리씩 바치겠다고 서약했다. 전사자의 수가 아테네의 염소 수를 능가하자 아테네인들은 대신 1년에 500마리의 염소를 바치겠다고 여신에게 맹세했다.[26] 이것이 전투에 승리한 다음 날, 즉 9월 28일인 보에드로미온Boëdromion(9~10월) 6일에 열리는 축하 기념일, 보에드로미아Boëdromia다.[27] 《도덕론》을 보면 이 축제는 플루타르코스 시대에도 여전히 열렸다. 아테네로 달려가 "우리가 승리했습니다!"라고 승전 소식을 알린 즉시 갑옷을 입은 채로 쓰러져 숨진 병사 테르시포스Thersippos의 이야기는 알렉산드로스 대왕 시대 헤라클리데스 폰티쿠스Heraclides Ponticus가 기록한 이야기를 플루타르코스가 《도덕론》에 받아 적은 데서 비롯된다. 1890년 마라톤에서 192명의 아테네인들의 무덤이 발견되자 이 이야기가 다시금 회자되었으며 미셸 브레알Michel Bréal이 피에르 드 쿠베르탱에게 보낸 편지에 따라 마라톤은 1896년부터 올림픽 경기 종목으로 지정되었다. 그 후로 마라톤 선수의 수는 도시마다 현저하게 증가했다.

마라톤 전투에 이어 BC 480년에 살라미스 해전의 승리를 기록했으며 BC 479년에는 플라타이이아에 전투를 기념하는 날을 행사력에 추가했다. 전자는 무니키온Munichion(4~5월) 16일에 기념했고 후자는 자유의 축제인 엘레우세리아eleutheria로 기념했는데 이날은 보에드로미아 사흘 전에 열렸고[28] 아테네의 경우 플라타이이아에[29] 기념일과 겹쳐졌다. 또한 낙소스Naxos, 레우크트라Leuctra, 만티네아Mantinea와 같이 그리스 내 전투의 승리를 기념하는 기념일도 이어졌다. 비오티아Viotia의 파우사니아스에 의하면 플라타이아에의 전투 기념일은 승리일로부터 600년이 지난 AD 170년까지도 지속되었다.

기념과 경기의 증가

○ 그리스 시대에는 기념일이 점점 증가했다. 오늘날까지도 왕가의 생일이 국경일로 남아 있는 경우가 더러 있지만 이 풍습은 페르시아의 아케메네스 제국까지 거슬러 올라간다. 헤로도토스는 크세르크세스가 즉위식을 기념일로 삼았다는 사실을 기록했고 플라톤은 크세르크세스의 승계자 즉위 기념일에 대해 기록했다. 이 같은 풍습은 디아도코이Diadochi 시대와 셀레우코스 왕조, 아탈로스 왕조, 프톨레미 왕조에도 이어졌다. 또한 통치권을 넘겨받은 날을 '왕관의 생일'이라 하여 기념하기도 했다. 로마인들은 이를 '자줏빛 생일'이라 불렀다.

지배자의 취향에 따라 도시의 색채도 달라졌다. 각 도시는 경주와 대회를 신설하는 데 열을 냈다. 공통의 신을 기념하는 축제에서 통치자를 기리는 경주가 추가되었다. 알렉산드리아Alexandria, 프톨레마이이아Ptolemaia, 셀레우케이아 아탈레이아Seleukeia Attaleia와 같이 이들의 이름을 딴 경기가 생겨난 것이다. 통치자들의 이름을 딴 축제들은 감사와 충성을 맹세하는 의미가 강했다. 이 축제는 보통 시민들이 아니라 전문적인 운동선수나 배우 들이 주도했다. 경기의 승리와 승리자를 기념하는 조형물이 세워지고 동전이 주조되었으며 이들은 명예와 함께 풍부한 후원을 얻을 수 있었다. 축제 비용이나 상금에 필요한 막대한 예산이 소요되었으며 금액을 언급한 자료도 있다. 화려한 축제의 모습은 군중을 매료시켰으며 축제 프로그램과 후원금 액수는 사람들에게 커다란 인상을 남겼다. 곧 올림피아 경기가 여러 장소에서 열리게 되었는데 그중에서도 시리아의 안티오케에서 열린 경기는 무척 훌륭했다. 페르가몬에서도 아테나 전역을 위한 축제가 열렸다.

여러 도시에서 디오니소스 축제가 열렸는데 그중에서도 알렉산드리아가 그리스 문화의 수도로서 지배적인 역할을 했다. 프톨레마이오스 2세가 개최한 BC 271~270년 겨울의 디오니소스 축제에는 가장 큰 규모의 축제 행렬이 등장했다.[30] 궁전의 마당에는 어마어마한 천막이 둘러쳐졌고 수백 명의 축제 손님과 주최자 들이 심포지엄을 위해 모여들었다. 천막은 금과 은으로, 천장은 자주색 천으로 장식되었으며 페르시아 카펫이 바닥에 깔렸다. 축제의 가장행렬에는 왕의 부모를 본떠 만든 인형이나 신의 형상이 등장했다. 특히 인도에서 귀환한 디오니소스와 그의 수행단, 시간의 개념과 관계된 온갖 종류의 의인화된 가장행렬, 이국적 동물과 배우, 악사와 무용수 그리고 주장하기로는 8만 명의 군대가 총출동했는데 이루 말할 수 없는 장관이었다.

라틴 축제

○ 그리스의 축제 문화가 극장의 발달을 불러일으켰고 올림픽 경기는 후대에 이어 번성했는데 축제라는 용어나 그 날짜는 로마 문화에 기원을 두고 있다. 라틴어 '축제'Fest에서 시작해보자. '페스투스 디에스'festus dies는 일을 쉬는 축제의 날festliche을 의미한다. 돌판으로 된 달력에는 디에스 네파스티dies nefasti도 따로 분류되어 있는데 '네파스'nefas는 사업을 한다는 의미다. '페스투스'festus라는 라틴어는 여러 유럽어에서 그 변화형을 볼 수 있는데 영어로는 '페스티벌'festival, 프랑스어로는 '페트'fete, 이탈리어로는 '페스타'festa라고 불린다. 중세 고지 독일어에는 13세기부터 '페스트'fest라는 단어가 쓰이기 시작했다. 언어학적, 의미론적인 관점에서 페스투스는 휴일이라는 의미의 '페리아이'feriae와 뿌리가 같은데 15세기부터는 독일어 '페리엔'Ferien으로도 건너왔다. 독일어로 축제를 뜻하는 '파이어'Feier는 이미 9세기부터 등장했다. 이 단어는 '파스투스'fastus와 마찬가지로 '성스러운 권리'라는 뜻을 가진 라틴어 '파스'fas와 '성역'이라는 의미의 '파눔'fanum을 어원으로 삼고 있다. 키케로의 《법률론》에 따르면 페리에와 페스타는 노예가 휴식을 취하는 날이다. 그리고 대 카토의 《농업론》에 따르면 이는 가축들에게도 적용되었다. 카토의 기록에서 공휴일에 수소는 땔감과 주식, 콩류, 밀가루를 운반하기 위해서만 일했다고 한다. 당나귀, 말, 노새는 가족이 모이는 축제일에는 일을 쉬고 휴식을 즐겼다고 한다.

축제를 뜻하는 '페스툼'festum은 주로 베스타 축제Festum Vestae나 무사귀환을 축하하는 축제Festum Fortunae Reducis와 같이 합성어에 사용되었다. 또한 '구경거리'라는 뜻의 '스펙타쿨라'spectacula와 축제의 후원금을 뜻하는 '무네라'munera 그리고 비록 오늘날의 경기나 경주의 의미와는 다르지만 각종 경기가 포함된 종교적 축제를 의미하는 '루디'ludi 등이 축제와 동의어로 사용되었다. 로마인들은 그리스 문화로부터 많은 것을 전수 받았지만 체육관 문화는 전수 받지 않았다. 이들은 스포츠에는 큰 관심이 없었다. 물론 호라티우스가 언급한 '루수스'lusus는 로마 시대의 산물이었다.[31]

공화정 시대에 국가적으로 시행되었던 휴정일은 개별적으로 날을 정했으며 제국 시대에는 달에 따라 정해졌다. 아우구스투스는 수확기와 포도주를 만드는 철에는 두 달 동안 원로회의 모임을 금지하는 칙령을 공표했다. 마르쿠스 아우렐리우스는 이 기간 동안에 농부를 로마로 차출하지 말 것을 명했다.[32] 테오도시우스는 389년에 뜨거운 여름 한 달과 가을의 수확기 한 주 동안 재판을 휴정할 것을 선포했다.[33] 또한 그는 새해 초와 로마 건국일(4월 21일), 콘스탄티노플의 수도 천도 기념일(5월 11일) 그리고 부활절의 2주 전과 2주 후, 매주 일요일, 현재 재위 중인 왕의 생일과 통치 시점을 기념일로 삼았다.[34] 서고트족이 편집하고 해석한 《테오도시우스 법전》Codex Theodosianus에는 기념일과 기념달, 크리스마스가 추가되어 있다.

국가 축제와 공휴일

○ 로마인들도 우리처럼 휴일을 개인적 휴일과 공휴일로 구분했다. 전자에는 각종 종교단체나 공동체, 가족 축제, 결혼식, 생일 축하연이 포함되었다. 그중에서도 달력에 정해져 있었던 기념일은 죽은 이들을 위한 기념일로 파렌탈리아Parentalia는 2월에, 레무리아Lemuria는 5월에 있었다. 독일의 '죽음의 일요일'Totensonntag이 죽은 조상을 기념하는 날이라면 로마의 조상 기념일은 희생제를 통해 여전히 위세를 떨치는 죽음의 신 마네스를 달래고

자 하는 목적이 컸다.

신과 황제에게 헌사하는 공휴일과 축제의 수는 점점 배가되었다. 아우구스투스 황제 치하에서는 45개였던 기념일이 마르쿠스 아우렐리우스 치하에는 135개, 콘스탄티누스 2세 치하에서는 177개로 증가했다. 오비디우스는 《행사력》에서 이 기념일들을 시적으로 묘사했다. 하지만 나머지 절반 분량은 기념일의 종류와 장소에 따라 크게 세 가지로 나누었다. 그 하나는 루디 키르켄세스ludi circenses로 키르쿠스 막시무스나 그리스의 히포드롬 같은 원형 경기장과 보아리움 포룸을 비롯한 포룸에서 벌어지던 전차 경주 축제다. 다음으로 콜로세움에서 치렀던 야수와 인간과의 경기인 루디 글라디아토리ludi gladiatorii, 즉 검투사 경기가 있다. 그리고 세 번째는 루디 스카에니시ludi scaenici라는 목조 무대에서 벌어지는 흥겨운 연극이었는데 그나이우스 폼페이우스 마그누스는 그리스식으로 된 극장을 짓고 그에 덧붙여 비너스 신전도 살짝 숨겨놓았다. 이는 검열관의 불평을 피하기 위한 조치였을 것이다.[35] 아테네와 마찬가지로 로마에서도 큰 축제에는 희생제와 행렬, 음식이 따랐다.

물론 여성들이 축제에 참여하는 것은 허용되었지만 그 외에도 여성들만을 위한 축제도 열렸다. 기혼 여성을 위한 마트로날리아Matronalia 축제나 비너스와 베스타를 위한 축제도 있었다. 그 이름을 입 밖으로 내는 것이 금지되어 있었던 보나 데아bona dea(순결과 풍요를 관장하는 고대 로마의 여신—옮긴이)를 위한 야간 축제가 벌어졌던 BC 62년 12월 초에 후기 공화정의 가장 유명한 스캔들이라고 할 만한 사건이 일어났다. 나중에 악명 높은 호민관이 된 클로디우스가 카이사르의 부인이었던 폼페이아Pompeia에게 다가가기 위해 여장을 하고 축제에 참여했던 것이다. 하지만 하녀에게 발각당하고 만 클로디우스는 그로 인해 곤욕을 치러야 했다. 이후 카이사르는 폼페이아와 이

혼했다.[36]

루디 푸블리키ludi publici, 즉 대중 축제를 조직하는 주체는 원래는 사제였다가 이후에는 판사, 특히 조영관aedile(고대 로마에서 공공건물·도로·시장 등을 관장하던 공무원—옮긴이)이 맡았다. 이들은 초기에는 국고에서 지원되던 축제를 재정적으로 책임지는 역할을 해야 했다. 그중에서도 가장 성공적인 사례는 카이사르였는데 그는 이미 잔뜩 빚을 지고 있는 상태에서도 집정관으로 대중의 환심을 사기 위해 조영관으로서 축제를 책임졌다. 그는 은 갑옷을 입은 320명의 병사를 축제 행진에 참석시켰는데 말로 형용할 수 없는 장관이었다고 한다. 아테네가 정치적인 의지를 귀를 통해 관철시켰다면 로마는 눈을 통해 관철시켰다고 할 수 있다. 행진에 나설 군사들을 훈련시키는 일은 캄푸스 마르티우스, 즉 군사 훈련장에서뿐만 아니라 전차 경기장인 키르쿠스에서도 이루어졌다. 세월이 지나면서 축제 행렬은 더욱 화려해졌고 기독교가 전환점을 마련할 때까지는 점점 종교적 성격이 옅어졌다.

군대를 위한 별도의 행사력도 있었다. 1931년 유프라테스강 유역의 두라에우로포스Dura Europos에서 지역 수비대의 기념일 목록이 적힌 파피루스 기록이 발견되었는데 이를 '페리알레 두라눔'Feriale Duranum이라고 부른다. 이는 알렉산드로스 세베루스Alexander Severus 시대의 것이다. 기록된 기념일은 왕가나 과거 황제의 생일뿐 아니라 군대에 복역해야 할 날짜, 로마 도시의 중요한 축제 등이었는데 동양의 숭배 의식을 기념하는 날은 없었다. 이 행사력은 로마 제국의 군대 전체에 모두 적용되었던 것으로 추정된다.[37]

기독교 시대 이전의 로마 시대에서 가장 화려하게 기념되었던 축제는 승전 기념 축제였다.[38] 가령 어떤 황제가 집정관이나 법무관, 독재관으로 5천여 명의 적을 죽인 전투에서 승리했다면 원로원에서는 황제의 군대가 주피터의 신전까지 승리의 행진을 하게끔 승인해주었다. 이 행진에는 전리품의 전시도 포함되었다. 황제 아우구스투스는 포룸 로마눔에 있는 명예의 개선문을 집정관 행사력Fasti Consulares과 승리의 행사력Fasti Triumphales으로 장식했는데 16세기에는 카피톨리노 역시 이것으로 장식되었다. 로마 건국 원년을 기준으로 날짜가 계산된 승리의 목록은 로마의 건국자인 로물루스가 승리한 BC 753년부터 시작되는데 사실 BC 173년 이전의 승리는 지어낸 것이라 할 수 있다.[39] 오래된 연도는 사람들을 현혹시킨다.

대규모 축제

○ 여러 날 동안 지속되었던 국가적 축제는 모두 여섯 개였는데 그중에서도 루디 로마니ludi Romani는 가장 중요한 축제였다. 이 축제는 로물루스가 사비네의 여인들을 강탈해온 후부터 이 승리를 기념하기 위해 처음 시작되었다는 설이 있다. 또한 최고 신인 주피터에 감사제를 지내는 축제가 9월 4일부터 19일까지 이어졌다. 카피톨리노의 삼신Capitoline Triad 신전을 세운 것을 기념하는 날이 9월 13일로 그 중간에 있었다. 재판 휴정일인 루디 로마니와 페리아이 라티나이Feriae Latinae 동안 키케로는 국가에 대한 철학적 대화를 나누거나 신의 본질에 대해 토론했다. 또한 거의 동급에 속하는 축제인 루디 플레베이ludi plebeii는 11월 4일에서 17일까지 이어졌으며 역시 주피터에게 봉헌된 축제였다. 루디 아폴리나레스ludi Apollinares는 한니발 전쟁을 기념하기 위한 축제로 7월 6일부터 13일까지 열렸다. 루디 케리알레스ludi Ceriales는 그보다 더 늦게 시작되었으며 풍작의 여신 케레스를 기리는 축제로 특히 평민들이 사랑했다. 이 축제는 4월 12일부터 19일까지 열린 것으로 달력에 기록되어 있다. BC 173년부터 시작된 플로랄리아Floralia는 봄을

축하하고 풍요를 비는 축제로 키르쿠스 막시무스의 꽃의 신전인 플로라Flora의 건립일인 4월 28일부터 5월 3일까지 이어졌다. 흥겨움이 가득했던 이 축제 행렬에서는 그리스의 매춘부였던 헤타에라들이 나신으로 등장했는데 기독교인이었던 락탄티우스는 이 모습에 충격을 받았다고 《제도집》에 기록했다. 루디 메갈렌세스ludi Megalenses 축제는 제2차 포에니 전쟁 때부터 시작되었다고 전해진다. BC 205년 로마인들은 소아시아의 페시누스에서 하늘로부터 떨어졌다는, 페르가몬의 대모신 키벨레 여신상을 로마로 모셔와 로마를 지키는 수호여신으로 삼았다. 키벨레 여신의 신전은 팔라틴에 세워졌는데 신전이 건립된 4월 10일부터 7일 동안 축제가 거행되었다.[40] 또한 키벨레 여신의 연인인 아티스Attis의 부활을 축하하는 흥겨운 축제인 힐라리아Hilaria는 3월 25일부터 시작되었는데 이는 봄을 알리는 축제였다고 필로칼루스는 기록했다.[41]

대규모 6대 축제 이외에 작은 축제도 여럿 있었다. 대부분은 하루에 끝나는 국가적 규모의 축제였으며 그중 4월 21일에 개최되는 파릴리아Parilia가 유명했다. 이 축제는 양치기 여신인 팔레스Pales를 위한 것이었는데 이날은 로마 건국일이기도 했다. 오비디우스는 《행사력》에서 이날 거행되는 의식을 묘사하고 로물루스가 도시를 건국한 이야기와 함께 팔라틴에서 죽음을 맞이한 레무스의 이야기도 함께 전했다. 하드리아누스 황제는 121년의 이날에 비너스를 위한 거대한 신전과 로마눔 포룸을 세웠다. 그 후로 이 축제 때에는 밤마다 플루트와 심벌즈, 드럼, 노랫소리가 끊이지 않았고[42] 낮 동안에는 필수적으로 전차 경주가 열렸다. 공화정 후기부터는 위에 언급된 축제들에서 집정관이나 황제의 승전을 기념하는 축제일도 빠지지 않았는데 그중에서도 술라와 아우구스투스 황제의 승리를 기념하는 축제가 유명했다.[43] 왕국에서 각 도시는 개별적으로 축제력을 만들 수 있었지만 통치자를 숭배하는 의미의 축제는 모두가 참여하도록 했다. 이 같은 내용은 아우구스투스 황제 때 발견된 쿠마에Cumae의 비문인 페리알레 쿠마눔Feriale Cumanum에서 잘 볼 수 있는데 여기에는 15개의 황제 기념일 목록이 적혀 있었다.[44]

한 해의 시작과 끝

○ 제국 전역에서 한 해가 시작되고 끝나는 시기에 축제가 열렸다. 고대 동양에서 이미 관습으로 내려오던 새해 축하 풍습이 로마에서는 그리스 시대와는 달리 훨씬 화려하게 거행되었다.[45] BC 153년부터는 이 풍습이 1월 1일의 집정관 시무식과 연결되었고 제국 시대에는 전환기의 의식rite de passage 혹은 전환기 축제로 받아들여졌다. 새로운 집정관이 카피톨리노에서 황제와 나라에 충성을 서약했다. 축제의 전날에는 모든 사람이 거리로 나와 먹고 마시며 즐겼다. 군사 행진이 있었고 궁정에서는 새해 문안인사를 받았으며 황제는 후원금을 나누어주거나 이후에는 세금 형태로 정착된 공물을 받아들였다.[46] 귀한 순간은 귀한 기회를 모두에게 제공했다. 사람들은 오늘날 우리가 하듯이 '새해 복 많이 받으세요!'를 외치며 점성술사와 마법사에게 새해의 행운을 찾을 방법을 물었다. 오비디우스는 자신의 저서 《행사력》에서 '모든 시작은 하나의 약속이다'라고 말했다. 원형 경기장에서 벌어지는 행렬에서 사람들은 동물 흉내를 내는 무언극을 벌이거나 교회 신부들의 데모 행렬에서 볼 수 있는 것처럼 신의 그림을 품에 안고 행진했다.[47]

고대 후기에 새해의 이교도적 요소는 사라졌지만 축제 행렬의 지위와 장엄함은 그대로 유지되었다. 유스티니아누스 황제는 105번째 로마법 대전

수정본에서 이를 명문화했다. 1월 1일에는 집정관의 취임식인 폼파pompa가 열렸다. 둘째 날에는 전차 경주가 이어졌고 셋째 날과 넷째 날에는 동물 사냥이 이어졌는데 이는 이후에 스페인에서 투우로 부활했다. 닷새째에는 포르나이pornai라고 불린 매춘부들이 극장에서 공연하는 시간이 있었다. 엿새째에는 다시 전차 경주가 열렸다. 384년에 심마쿠스는 《신조》relatio에서 선물을 나눠주던 이 축제의 풍습을 로마 왕정까지 거슬러 올라가서 추정한다. 이는 기독교 광신도들의 입장에서 이 축제가 자신들과는 상관없다는 것을 주장하려는 방어적 목적이 컸다. 이 축제에서는 사람들에게 동전과 꿀로 만든 케이크를 나누어주기도 했다. 원로원 의원들을 위한 크리스마스 선물로 준비되었던 집정관 밀랍판의 경우, 그 안에 새겨진 상아 조각은 콘스탄티누스 이전 시대에 가장 중요한 예술작품으로 꼽히기도 한다. 이 밀랍판은 양면으로 된 나무판의 안쪽에 밀랍을 칠해 글씨를 쓰도록 한 것인데 중세에는 책표지로도 사용되었다. 가치가 높은 필사본도 특별히 준비해서 선물로 증정하기도 했는데 354년에 만들어진 필로칼루스 달력이 그에 속한다. 또한 4세기에는 새해 선물로 원로원의 생활을 묘사한 가장자리에 홈이 파인 메달을 주조하여 배포하기도 했다.[48] 오늘날에도 수집가들은 현대 작가들의 새해 기념 메달이나 기념작품을 선호하고 있다.

알렉산드리아에서 로마 왕조는 예전 달력에 따라 새해를 기념했다. 367년부터 사이프러스의 주교였던 살라미스의 에피파니우스Epiphanius는 1월 5일과 6일로 정해진 이집트의 새해 저녁에는 코레Kore 신전에서 성 처녀를 기념하는 축제가 열렸다고 전한다. 수탉이 울 무렵에 "이 시간에 성 처녀가 아이온Aion을 낳으셨다!"는 외침이 세상에 울려 퍼졌다.[49] '아이온'에는 여러 가지 의미가 있었는데 여기서는 새해를 의미했다. 에피파니우스는 이것이 이교도들이 새해를 여는 자신들의 신인 아이온을 새로운 세상을 열어젖힌 장본인인 예수와 동일시하는 것이며 크리스마스를 인정한 것이라고 받아들였다. 새해 축제보다 적지 않은 규모로 기념된 날이 연말에 열리는 농신제였다. 농신제는 로마인들에게 가장 큰 씨앗을 뿌리는 날을 기념하는 축제이자 사투르누스 신(그리스의 크로노스 신)에게 바치는 축제였다. 사투르누스는 황금기의 신이었다. 포룸에 있는 사투르누스 신전의 지하는 로마의 보물창고이기도 했다.[50]

사투르날리아라고 불리었던 농신제는 일주일간 열린 축제로 12월 17일에 시작되었다. 마크로비우스의 해석에 의하면 축제에 등장하는 진흙 인형은 인간 희생제의 대체물과도 같았다. 축제 기간 동안 사람들은 마음껏 먹고 마시며 웃음이 끊이지 않았고 아이들은 학교를 쉬고 주인과 노예가 함께 어울려 주사위 놀이를 하는 등 온 세상이 골고루 즐거움을 누렸다. 축제의 주인이었던 사투르날리아 왕에게는 '카니발의 왕자'로서의 왕관이 주어졌다. 선물 교환식이 있었고 황제는 너그럽고 독창적인 군주의 모습을 군중에게 보여주었다. 수에토니우스는 농신제 축제 때 모습을 드러낸 아우구스투스 황제와 베스파시아누스 황제에 대한 이야기를 전했다. 이 축제는 주로 남자들이 참가하는 축제였으며 여자들은 3월 1일에 열리는 마트로날리아 축제를 이끌었다. 마르티아누스는 223년에 이에 관한 우스꽝스러운 풍자시를 쓰기도 했다.

4세기 후반부터는 심포시우스가 지은 3행 6보격의 수수께끼가 농신제에 참가한 사람들을 즐겁게 해주었다. 이를 락탄티우스가 받아 적어서 후대에 전했다. 가령 이런 식이다. "나는 문장을 먹는다. 하지만 그 의미를 나는 모른다. 책은 나의 집이지만 난 무식자이다. 나는 뮤즈들을 먹었지만 아무것도 얻지 못했다." 답은? "책벌레"다.

아테나이오스에 의하면 그리스와 바빌로니아 지역에서도 열렸다고 하는 농신제는 그 기원이 공화정 초기로 거슬러 올라간다. 이 축제는 로마 군대에서 인기가 많았으며 비잔틴 제국에서도 브루말리아Brumalia라는 이름으로 열렸다.[51] 농신제는 크리스마스나 콩 축제 혹은 카니발과 같은 여러 다른 풍습과도 관련되어 있다. 한 해를 마무리하는 의미로 동지이자 천하무적인 태양신Natalis Solis invicti의 생일인 12월 25일에 열렸는데 이것이 크리스마스의 기원이기도 하다.

로마의 생일과 기념일

○ 그리스인들과 마찬가지로 로마인들도 생일을 축하했다. 그리스 신인 다이몬은 로마 신인 게니우스와 같은 존재로서 새로 태어난 아이를 보호해주고[52] 죽을 때 작별 인사를 해주는 신이다.[53] 생일을 맞이한 사람은 해마다 와인과 향을 비롯한 선물을 받았으며 축하 인사가 넘치는 잔치가 열렸다. 143년에 기록된 오스티아의 비문에는 한 부유한 로마인이 매년 8월 24일마다 자신을 기려서 공동체의 기금으로 생일상을 차려줄 것을 동료들에게 요청하는 내용이 적혀 있었다.[54] 또 다른 비문에는 한 후원자가 자신이 죽은 후에 자신의 생일마다 소년들에게 견과류를 선물해주었다는 내용이 적혀 있었다.[55] 로마인들은 타인의 생일을 기리기도 했는데 호라티우스는 《세기의 찬가》Carmen Saeculare에서 후원자 마에케나스Maecenas의 생일을, 켄소리누스는 자신의 후원자였던 카에렐리우스Caerellius의 생일을 자신들만의 방법으로 축하해주었다. 후원자의 생일에 대한 이들의 소고는 내가 이 책을 쓰는 추동력이 되기도 했다. 로마 공화정의 기억을 잊지 않고 있던 사람들은 제국 시대가 되어서도 여전히 카이사르 시해자의 생일을 축하했다.[56] 또

한 호라티우스와[57] 베르길리우스,[58] 루카누스[59]의 생일도 기록되어 있다. 생일 때는 초를 켜는 것이 일반적이었는데 392년 테오도시우스는 이를 금지했다.[60] 423년과 435년 사이에 금지 조치가 다시 반복되었지만[61] 이후에는 해제되었다.

황제의 생일은 그리스 시대의 풍습에 따라 휴일로 선포되었다. 이미 언급된 프리에네의 비문 속에는 9월 13일의 아우구스투스의 생일을 지구의 행복과 평화가 시작된 날이라고 칭송했다. 원로원의 칙령에 따르면 제국의 모든 대도시마다 희생제가 열렸고 음식과 후원금이 넘쳤으며 경기가 개최되었다. 황제 숭배가 이루어지는 신전에서는 행사력을 통해 백성들에게 왕가의 즐거운 행사를 알렸다. 트라야누스에게 소 플리니우스가 보낸 축하 편지를 통해 우리는 원로원과 제국 군대가 황제를 전제군주로서 선포한 날을 '디에스 임페리'dies imperii 혹은 '나탈리스 푸르푸라에'natalis purpurae라고 명명하고 축하했다는 사실을 알 수 있다. 소아시아에서는 황제의 생일을 세상의 질서가 개편된 날로 축하했으며 이날을 기념하여 황제를 '세상의 재건자'restitutor orbis로 묘사하는 동전을 주조했다. 이러한 날을 기념하여 클라우디우스 시대 이래로 병사들을 위한 특별 보너스인 도나티움donativum이 지급되었으며 이후에는 경기도 열렸다.[62]

이러한 축제들의 목적이 제국의 황제들을 선전하기 위한 것이었음은 아우구스투스 황제를 위해 원로원이 결정한 30일의 기념일이나[63] 콘스탄티누스 황제의 왕가를 위해 71일간의 기념일을 지정한 필로칼루스 달력 등을 보면 분명히 알 수 있다. 공화정 때에는 BC 202년 자마에서 한니발을 무찌른 전투 기념일과 같이 공동의 적에 대한 기념일이 있었고 고대 후기에는 내전의 승리를 기념하는 날이 지정되었는데[64] 324년에 콘스탄티누스 황제가 리키니우스와 싸워 이긴 것을 기념하거나 388년에 테오도시우스 1세가 마그누스 맥시무스Magnus Maximus를 무찌른 승전일 등이 그에 속한다. 이 기념일들은 550년 무렵 프로코피우스의 시대에도 여전히 해마다 기념되었다. 경쟁 상대를 폭군으로 설정함으로써 적은 로마 공화정의 공적이 되었다. 타키투스는 원로원이 하찮은 날까지 황제의 기념일로 지정하는 바람에 다음 정부 때는 그날들을 다 지우고 새로 지정했다는 사실을 지적했다.[65] 어떤 경우에는 축제가 재해석을 통해 살아남기도 했는데 354년 10월 18일은 티베리우스 치하의 힘센 권력자였던 세야누스Sejanus를 처형한 날을 '해방자 주피터의 날'로 삼아 기념했다. 또한 과거의 불행한 날들을 상기시키는 검은 기념일도 달력에 표시했다.

시민이나 황제들이 자신의 생일을 축하하는 행사를 연 것처럼 신들을 위한 생일잔치도 열렸다. 테르툴리아누스나 락탄티우스와 같은 교부들은 이에 반대했다. 그리스인들에게는 알려지지 않은 풍습이었지만 종종 새로 신전을 새우거나 재건한 것을 기념하는 행사가 열리기도 했다. 신전의 봉헌식은 각 신에 대한 선물이자 봉헌 행사이기도 했다. 신전 건립일은 달력에 표시되었고 희생제와 함께 열렸는데 대중에게 매우 인기가 많았다. 기독교인들은 이 같은 풍습을 교회 봉헌식 축제라는 형식으로 이어받았는데 326년 11월 18일 콘스탄티누스 황제 치하에서 실베스테르 교황이 주관한 성 베드로 성당 봉헌식이 그 시작이었다. 리키니우스의 비문을 통해 알 수 있듯 이날은 과거에는 태양신을 위한 봉헌식 기념일이었다. 테오도시우스 황제는 모든 이교도 축제를 달력에서 지워버렸다. 395년 그가 사망한 뒤에도 이 같은 행위는 계속되었지만[66] 449년의 폴레미우스 실비우스 달력이 보여주는 것처럼 완전히 성공하지는 못했다.

십진법 체계의 등장

○ 로마인들이 시간과 관련해서 어느 정도 혁신을 이룩한 것이 있으니, 바로 달력에 십진법 체계를 도입한 것이다. 10단위로 수를 세는 것은 손가락 수를 바탕으로 한 것이니만큼 많은 문화권에서 공통적으로 볼 수 있다. 로마인들도 5년이나 10년 단위로 축제나 기념일을 맞이하기도 했다. 모든 문화에는 혁신을 이끄는 선구자가 있는데 BC 1250년경에 이미 람세스 2세는 아바리스에서 400번째 세트Seth 숭배의식 기념제를 열었다.[67] 하지만 로마에서는 이것이 전통으로 발전하지는 않았다. 다만 로마에서는 5년마다 이루어지던 인구조사와 함께 10년 단위의 행사가 중요한 역할을 맡았다. 원로원에서는 한니발과의 전쟁 때와 같은 비상시에 로마 제국이 10년 동안은 굳건한 상태로 유지될 수 있도록 신에게 맹세했고[68] 그것이 독재관 제도를 10년이라는 기한으로 유지시켰던 배경이다. 카이사르는 BC 46년에 10년 동안의 통치 기간을 보장받았다. 이후 아우구스투스가 BC 27년에 통치권을 넘겨받았다.[69] 그 뒤로 황제들의 즉위일은 경기, 선물 증정식 등과 함께 기념되었다.

따라서 후대 황제들은 오래 살아 있기만 하다면 5년과 10년, 20년, 30년 단위로 황제로 즉위한 날을 축하했다. 보통 즉위 기념행사는 10년이 채워지기 직전 해에 개최되었다. 콘스탄티누스는 자신의 10년 즉위 기념행사를 315년에 로마에서, 20년 즉위 기념행사를 325년 니코메디아와 326년 로마에서 개최했으며 335년 콘스탄티노플에서 30년 즉위 기념식을 열었다. 교회 사제였던 에우세비우스는 《콘스탄티누스 전기》Vita Constantini 3장에서 황제가 친히 주교들을 궁정에 있는 자신의 식탁으로 초대한 것을 언급하며 그 너그러움을 찬양했다. 황제는 도시에서 거두어들인 일종의 세금인 황금 왕관을 위한 동전을 통해서 축제 비용을 충당했다.[70] 동전에는 황제의 구원을 보증하는 문구를 새겼다. 콘스탄티누스 2세는 자신의 40년 즉위 기념식을 희망하는 문구를 새기기까지 했으나 그보다 8년 일찍 사망했다.[71]

그중 가장 중요한 기념일은 로마 건국 100주년 기념제였다. 카시우스 디오가 로마 건국 500년 만에 팔레르모를 정복했다고 할 때, 이는 집정관 즉위년을 기준으로 새롭게 계산한 것이다. 당시 BC 254년에는 로마가 건국되었으며 건국 원년이 있다는 것을 아는 사람이 아무도 없었기 때문이다. 아우구스투스 치하에서는 달랐다. BC 17년 6월 1월부터 3일까지 대단한 정성을 기울여 로마 건국 백년제를 열었는데 당시 기념제의 프로그램이 적힌 비문을 포함하여 상세한 기록이 남아 있다.[72] 호라티우스는 《세기의 찬가》를 통해서 태양신에게 로마보다 위대한 도시는 볼 수 없게 해달라는 소망을 전했다. 화려하게 종교 의식을 치름으로써 신을 통해서 도시의 미래를 보장받으려 한 것이다. 이 백년제를 연 시기는 절대 우연이라고 볼 수 없다. 바로 10년 전인 BC 27년 1월에 아우구스투스가 원로원에서 자신의 권력자로서의 지위를 확보하고 원수 정치를 확립한 것이다. 그는 이것을 '공화정의 복구'라고 불렀으며 과거 공화정의 전통 혹은 그렇다고 여겨지는 전통을 차용하여 새로운 행태의 정부를 수립했다. 백년제는 그중 하나에 속하는 것이었다. 몸젠조차 1891년에 '전설적으로 이어진 기념제'에 대해 언급한 바 있다.[73] 하지만 엄격한 의미에서 백년제는 공화정 때는 존재하지 않았으며[74] 아우구스투스가 제공한 정보는 날조된 것이었다.[75] 백년제는 전통적인 기념일이 아니라 바로 그 자신에 의해서 만들어진 것이었다. 과거나 지금이나 허구가 현실을 정당화시키기도 한다.

이후의 백년제는 관점에 따라 두 종류로 나뉜다. 황제 도미티아누스와 셉티미우스 세베루스는 아우구스투스의 기념 연도로부터 110년 이후에 백년제를 열었고 다른 황제들은 재설정된 로마 건국 원년으로부터 100년이 지난 후에 백년제를 개최했다. 클라우디우스는 47년에 건국 800년 기념제를 열었고 안토니누스 피우스는 147년에 900년 기념제를 열었다. 또한 필리푸스 아라부스는 전쟁으로 인해 248년에야 1,000년 기념제를 개최할 수 있었다.

건국 1,000주년(고대 이후의 용어)은 희생제와 극장 공연, 40대의 전차 경주로 이루어졌다. 우리는 트라스테베레에서 마르티누스 스메티우스Martinus Smetius가 보았다는 승리의 관을 쓴 경주자의 기록을 통해 이 사실을 알 수 있다. 스메티우스는 1545년에서 1551년 사이에 로마에서 작업했던 기록 판독자로서 그의 사후인 1588년에 복제된 비문이 책으로 출간되었다. 건국 기념일인 4월 21일부터 사흘 밤낮 열리는 다양한 축제 기간 동안 수천 명의 검투사들이 결투를 벌이는 등 '온갖 종류의 경기'가 열렸다.[76] 코끼리와 큰 사슴, 호랑이와 기린, 하이에나 등, 원형 경기장에서 검투사에게 죽음을 당한 동물의 수는 어마어마했다. 이들 이국적 동물 중 많은 동물이 새로운 시대를 알리는 기념주화에 새겨졌다.[77] 다른 축제들 중에서도 유난히 피비린내 나는 이 기념제에 대해 오로시우스Orosius를 비롯하여 여러 교회 사제들은 기독교인이었던 필리푸스 황제에게 그 책임을 돌렸다. 그는 주피터 신전에 바치던 희생제를 없애고 감사와 명예를 그리스도와 교회에 바쳤다.

기독교를 받아들인 황제들은 이후 로마 건국 1,100주년 행사를 금지했는데 원래 348년 콘스탄티누스 2세 시대에 열릴 차례였다. 아우렐리우스 빅토르Aurelius Victor는 360년에 이러한 현상을 몰락의 징조로 해석했다. 500년에 콘스탄티노플의 조시모스도 똑같이 탄식했다. 그는 셉티미우스 세베루스가 313년에 인구조사 이후에 축제의 경기를 다시 치렀다고 추정하고 시빌Sibyl 경서를 인용하여 "이런 (제식의) 법칙을 너희 지배가 미칠 이탈리아까지 준수하여라."라는 선전 문구를 제시했다. 어쩌면 이 문구는 아우구스투스가 백년제를 만들 때부터 위조되었는지도 모른다. 하지만 콘스탄티누스 황제 이후부터 로마 제국의 풍습에 등을 돌렸고 새롭게 축제가 부활하는 일은 일어나지 않았다. 이로써 왕국은 바이에른인들의 손에 떨어졌다. 하지만 역설적이게도 로마 제국의 황제였던 호엔슈타우펜 왕가의 프리드리히 2세가 공증인 발터 폰 오크라의 주선하에 자신의 아들 만프레트와 사보이의 베아트리체 공주 사이에 결혼 계약을 체결한 날이 바로 로마 제국의 2,000년째 생일을 맞이한 날이라는 사실은 누구도 몰랐다.

무솔리니는 엄청나게 공을 들여 아우구스투스의 2,000번째 생일을 축하했다. 그 축하 기간은 1937년 9월 23일부터 1938년 9월 23일까지 이르렀다. 이것은 당시 로마에서 개최된 〈아우구스투스 시대의 로마 정신〉Mostra Augustea della Romanità이라는 전시회에 잘 드러나 있었다. 이는 로마 제국의 대표적인 유물들과 함께 로마 도시의 모형을 전시한 행사였다. 하지만 2014년 8월 19일에 찾아온 아우구스투스의 2,000번째 기일은 평화의 제단Ara Pacis을 밝히는 것으로 상대적으로 조용하게 지나갔다. 사민당 소속의 로마 시장은 1937년의 '2,000년의 맹세'의 기억을 굳이 떠올리고자 하지 않았다. 고대를 받아들인다는 것은 동시에 받아들여진 고대를 그대로 받아들인다는 것을 의미한다.

문화사에서 가장 오래된 왕조라고 주장되는 것은 페르시아 제국의 시조인 키루스가 세운 아케메네스 왕조인데 레자 샤Schah Reza와 파라 디바 샤바누Farah Diba Schahbanu는 그들의 서른세 번째 기념일이었던 1972년 10월 12일에 페르시아 제국 창건 2,500주년 기념식을 거행했다. 페르세폴리스에서 열흘 동안 열린 이 기념식의 하이라이트는 고대 복장을 한 군대의 행진과 하일레 셀라시에 1세가 수십 명의 고관대작들과 500명의 귀빈과 함께 맞이했던 69미터 길이의 화려한 잔칫상이라고 할 수 있다. 하지만 BC 529년을 페르시아 왕조의 건국일로 삼은 것은 그리 현명치 않은 처사였다. 당시 페르시아의 창건자였던 키루스는 카자흐스탄의 마사게타에Massagetae 부족과의 원정 전쟁으로 인해 수렁에 빠져 있을 때였다. 헤로도토스는 이것을 왕에게 냉정한 판단이 결여된 결과라고 해석했다. 냉정한 판단이 결여된 것은 레자 샤도 마찬가지였다. 그의 왕국도 축제가 끝난 후 그다지 오래 살아남지 못했기 때문이다. 아야톨라Ayatollah(시아파 고위 성직자에게 수여하는 칭호—옮긴이)로서의 생명은 7년이 채 되지 않았다. 레자 샤는 망명길에 올랐고 그의 부인도 여생을 프랑스와 미국에서 보내야 했다. '세기의 축제'는 가장 오래된 정부의 형태라고 볼 수 있는 페르시아 제국의 치명적 피날레였던 것이다.

유대교의 축제

○ 기독교 축제에 앞서 유대교의 축제에 대해 알아보자. 로마와 유대 그리고 기독교의 전통은 유럽의 축제 문화를 지배했다. 유대교 축제는 원래 농업과 자연의 흐름과 관련된 것이었으나 이후에는 역사적으로 성서에 나오는 구원의 역사에 대한 기억으로 대체되었다. 즉, 역사적 사건 속에서 야훼의 백성을 지키는 손길에 대한 깨달음이 섞인 기념 축제가 등장하는 것이다. 따라서 축제력은 처음에는 자연에 기반을 두었으나 이후 역사적이고 종교적인 성격을 가진 기념일들이 서로 만나게 된다.

그리스, 로마, 기독교의 기념일이나 축제일과 마찬가지로 유대교 축제에도 등급이 있었다. 가장 정상에는 모든 백성이 '야훼 앞에 나타나야 하는' 축제가 있었고 희생제도 따랐다(탈출 34:23). 이후에는 대규모 순례 축제도 등장했다. 유월절은 히브리어로 '니산'이라 불리기도 한 첫 번째 달인 아비브Abib의 14일째, 즉 보름날에 열렸다. 이는 봄 축제이기도 했다. 필론은 《특수율법에 관하여》Über die Einzelgesetze라는 저서 2장에서 이것이 세계 창조를 환기시키기 위한 축제였다고 기록했다. 이날은 유목 시대를 상징하는 축제로 양 희생제를 치르고 효모를 넣지 않은 빵을 먹었다. 후기 성경의 전설에 따르면 이 희생제는 야훼가 파라오의 신성함을 꺾기 위해 이집트에 10대 재앙 중 하나인 장자가 죽는 재앙을 내린 것으로 거슬러 올라간다. 이를 방지하기 위해 이스라엘인들은 양을 죽여서 문틀에 피를 바른 다음 야훼가 보낸 사자가 지나가기만을 기다려야 했다. 이 축제는 21일 동안 계속되었다. 그리스 시대에는 침대에 누워서 유월제 식사를 하는 습관이 있었고《요한복음서》 13장 23절에도 그와 관련된 내용이 등장한다. 식사 시간에 '예수의 품에 기대어' 앉은 제자도 등장하는데 이를 바르트부르크 의 루터는 유럽의 화가들이 마지막 만찬이라는 테마에서 상당히 조심스럽게 표현한 것처럼 '앉아 있는 것'saß으로 바꾸었다. 이와 같이 누워서 식사하던 관습은 루터가 태어나기 오래전부터 과거 호메로스의 시대와 마찬가지로 다시 좌식 형태로 바뀌었다.

두 번째로 성대한 유대 축제는 성령강림절이었다. 유월제가 지난 뒤 7주 후에 열렸다. 그 때문에 '몇 주 후 축제'Wochenfest라고도 불렸다. 유월제 후 50일째의 이날을 그리스어로 성령강림절Pentēkostē이라고 한다. 이날은 낫으로 밀 수확을 하는 날이었다(신명 16:9). 역시 이날에도 처음 딴 과실을 바치는 제사가 열렸다. 이에 대한 역사적 기록은 십계명을 담은 '구약성경'이라는 이름의 시나이의 계약을 통해서 발견할 수 있다. 히브리어인 베리트berit에서 그리스어인 디아티케diathēkē, 즉 '유산'Vermächtnis이 파생되었고, 라틴어인 테스타멘툼testamentum에서 분트bund(서약)라는 단어가 파생되었는데 같은 의미로는 계약을 의미하는 '포에두스'foedus라는 표현도 있었다. 락탄티누스는 《제도집》 4장에서 '서약'Testament이라는 단어는 죽음을 통해 그 의미와 내용이 완성되는 것이며 그것은 인류를 위한 그리스도의 죽음이라고 증언했다.

세 번째 유대인의 주요 축제는 '야훼의 축제'라고도 불리는 초막절 혹은 추분 무렵인 일곱 번째 달에 7일 동안 열리는 추수제다(판관 9:27). 느슨하게 지은 초막은 시나이 사막에 살던 유대인 조상들의 삶을 기억하는 의미였다. 이곳에 언약궤言約櫃를 가져와 전시하고 순례자들이 사방에서 모여들어 여러 종류의 희생제를 치렀다. 이로써 다윗 왕조는 결국 모든 이스라엘의 적이 '해마다 우리의 왕 야훼를 숭배하러 몰려들어 초목제를 열 것'이라는, 예언서 《즈카르야서》 14장 16절의 말이 실현되리라는 희망하에 구세주와 관련된 종교적 의식을 치렀다. 필론은 축제의 희생제는 보편적으로는 전 인류를 위한 것이었지만 특히 유대인을 위한 행사였다고 강조했다. 사제들에게는 하나의 축제에 지나지 않았지만 유대인들에게는 온 세상 전부였던 것이다.

유대인과 이슬람인의 명절

○ 대탈주 이후의 유대인 축제는 역사적 사건을 기반으로 하고 있다. 각자 변장하고 축제를 즐기는 푸림Purim 축제는 아다르Adar 달의 14일과 15일에 열리는데 이는 BC 3세기 역사 소설에 등장하는 성경 속 인물 에스더를 기념하기 위한 날이기도 하다. 에스더는 BC 478년에 재위 7년째를 맞이한 페르시아 왕 크세르크세스의 총애를 받은 아름다운 왕비였다. 왕은 그가

총애하던 재상 하만에게 무릎을 꿇고 찬송하고 경배하도록 요구할 권리를 하사했고 하만은 이 권리를 에스더의 양부였던 모르드개에게 요구했지만 그는 그것을 거절했다. 하만은 이에 앙심을 품고 그를 비롯한 모든 유대인을 멸망시킬 계획을 세웠다. 크세르크세스도 이를 받아들여 아다르 13일을 대학살의 날로 결정했다. 하지만 에스더는 왕을 설득하여 하만이 모르드개를 죽이려고 준비했던 장대에 하만을 매달아 죽이게 하고 그날을 제국의 온 유대인들이 자신의 적들을 죽일 수 있는 날로 허용했다. 그리하여 유대인이 7만 5천여 명의 적을 목매달았다. 그리고 모르드개는 유대인들에게 이날을 기억하도록 명령을 내렸다. 마카베오족들도 이 축제를 즐긴 것으로 증명되었다. 408년 테오도시우스 2세는 유대인들이 푸림 축제에 우스꽝스러운 십자가 모양에 하만의 인형을 매달아 태우는 것을 금했다.[78] 이와 같은 관습은 1천 년 전 무렵 페르시아의 알비루니Al-Biruni에 의해서도 증언되었다. 그는 나무를 '십자가'라고 부르고 인형의 형상으로 된 이스라엘의 적들을 사람들이 불에 던졌다고 기록했다.[79]

유대인들이 거둔 역사적 승리는 키슬레프Kislew 달 25일인 12월 14일부터 일주일간 열리는 하누카Hanukkah 축제를 통해 기념했다. 이날은 제우스 신전에 신상을 세운 안티오쿠스 4세의 지휘관이었던 리시아스Lysias에 맞서 유다스 마카베우스Judas Maccabeus가 승리를 거둔 것을 기념하는 날로 찬송과 치터zither, 하프와 심벌즈 연주가 온 세상에 울려 퍼졌다. 유대 공동체에서는 이날을 해마다 기념하기로 했다. 요세푸스는 《유대고대사》에서 이날을 '빛의 축제'라고도 칭했다. 또한 유다스 마카베우스가 시리아의 장군 니카노르Nikanor를 BC 161년에 격퇴한 것을 기념하는 축제가 아다르의 13일에 열렸는데 예루살렘 신전이 파괴된 AD 70년까지 이 축제가 이어졌다. 대탈출 이후로는 대속죄일이 중요한 기념일로 떠올랐는데 이날은 고행과 단식, 기도가 이어졌다. 사제는 고대의 의식인 양 희생제를 지냈다(레위 16장). 신전이 파괴된 후 이 기념일은 '성스러운' 축제가 되었다. 대속죄일은 열 번째 치리Tschiri인 10월 6일이었는데 그 유래는 아직 알려지지 않았다.

이슬람교도 성경적 전통을 기반으로 하고 있다. 아랍인들은 스스로를 이스마엘의 자손이며 아랍어로는 이브라힘이라고도 불리는 아브라함의 자손이라 여기고 있는데(창세 1:16) 그는 우상숭배로부터 카바Kaaba를 해방시킨 인물이다. 이미 이슬람 시대 이전부터 터키에서는 쿠르반 바이람Kurban Bayram이라는 대축제가 성행했는데 이 축제에서는 하느님의 명령을 받들어 기꺼이 자신의 아들 이삭을 희생시키려 한 아브라함을 기념하기 위해 양을 죽여 희생제를 지냈다(창세 22장).

성령강림절, 부활절, 크리스마스

○ 기독교의 축제는 유대주의의 영향을 받아 발전했다. 예수는 안식년 규칙을 공격했고(마태 2:23) 바오로는 축제의 관습과 십계명은 아무런 상관이 없으며 미래에 마땅히 있어야 할 것의 '그림자'에 지나지 않는다고 선언했다. 그는 《콜로새서》(2:16~17)와 《갈라티아서》(4:10), 《로마서》(14:5)에서는 서로 보는 바가 다르다고 선언했다.

기독교의 3대 주요 축제는 성령강림절과 부활절, 크리스마스 순서로 온다. 이 세 가지 축제 모두 '예수 그리스도의 축제'라고 할 수 있는데 앞의 두 가지 축제는 유대인의 관습으로부터 온 것이며 마지막 하나는 로마 관습에서 유래한 것이다. 《사도행전》 2장에서 저자 루카가 설명한 것처럼 성령강림절은 예수의 생일로부터 50일 지난 뒤에 찾아오는 축제다. 예루살렘으로 순례를 온 수많은 유대인들이 신전 앞에 모였다. 이미 신앙심으로 가득 찬 갈릴리인들 사이에서 "불꽃 모양의 혀들이 나타나 갈라지면서 각 사람 위에 내려앉았다." 성령이 이들에게로 내려왔고 이들은 "표현의 능력을 주시는 대로 다른 언어들로" 가르침을 전하기 시작했다. 그때 성령강림절의 기적이 일어났다. 갈릴리 사람인 예수의 제자의 가르침을 순례 온 모든 사람이 자신들의 언어로 알아듣기 시작한 것이다. 이에 공포의 종말이 가까워오면 성령이 충만하여 모든 사람이 예언을 시작하리라는 요엘의 예언이 이루어졌다고 베드로가 선언했다. 그런 다음 베드로는 구원자 예수의 마지막 모습을 전하고 사람들에게 세례 받을 것을 요구했으며 이에 따라 3,000명의 유대인이 세례를 받았다고 한다(사도 2:41). 아마 이 세례식을 마치는 데는 시간이 상당히 걸렸을 것이다. 언어의 기적에 대한 가장 간단한 설명을 하자면 모인 사람들이나 베드로도 모두 같은 언어, 즉 그리스어 중에서도 공용어인 코이네 그리스어Koine(BC 5세기 후반부터 사용된 표준 그리스 말, 신약성경은 이 말로 기록되었다.—옮긴이)를 사용했으며 그 언어로 성서 이야기가 전승되었다는 것이다.

성령강림절은 교회의 생일날과도 같다. 테르툴리아누스의 저서 《세례》De baptismo에 의하면 이때가 부활절을 제외하고는 2세기부터 가장 중요한 세례 기간이었다고 한다. 그런데 성령강림절은 5세기까지는 예배에 있어서 그리 중요한 역할을 하지 않았던 것으로 보인다. 449년의 폴레미우스 실비우스의 달력에도 성령강림절이 등장하지 않았기 때문이다. 기독교 축제 문화가 전성기를 맞이한 것은 테오도시우스 황제 이후였다. 중세기에 성령강림절은 풍요로운 전통을 가진 여름 축제가 되었다. 여름의 가장 좋은 때에 마상 창시합이나 춤, 사격 축제가 열렸다. 몬머스의 제프리Geoffrey of Monmouth는 성령강림절의 화려한 축제 모습을 묘사하면서 고대 후기의 전설이었던 아서 왕이 이때 대관식을 같이 축하했다고 전했다. 당시 그의 말에 따르면 '영국이 명예와 행운 면에서 다른 모든 왕국을 능가했다.' 찬송가와 오르간 연주 소리가 울려 퍼졌고 여러 가지 경기가 개최되었다. '사랑스러운 축제, 성령강림절이 도래했도다.' 사자왕 노벨Nobel은 여러 가지 범죄를 저지른 라이네케Reineke라는 악당 여우를 심판하기 위해 재판을 열었다. 법학박사이기도 했던 괴테는 로마 제국의 법을 잘 알고 있었다. 프리드리히 1세 바르바로사Barbarossa는 1165년 성령강림절에 뷔르츠부르크의 왕자를 만났다. 1184년의 성령강림절에는 중세 독일에서 가장 화려한 축제가 열렸고 헤네가우의 기셀베르트 폰 몬스Giselbert von Mons는 마인츠의 성령강림절 풍경을 자세하게 묘사했다. 그날 황제의 장자에게 기사 작위를 서임하는 의식이 거행되었는데 유럽 전역에서 수만 명의 하객이 모여들었다. 축제의 절정은 라인 공원에서 열린 녹슨 무기로 치르는 토너먼트 검술 경기였다. 참석한 시인 중에는 하인리히 폰 펠데케Heinrich von Veldeke도 있었다. 그는 프리드리히 대왕을 기사들의 우상이라고 할 수 있는 아르투스와 카이사르, 알렉산드로스 대왕에 비교했다. 슈노르 폰 카롤스펠트Schnorr von Carolsfeld는 뮌헨의 저택 벽에 1836년에 열린 성령강림절 축제를 묘사한 그림을 그렸는데 이 그림은 로마 역사에 심취한 화가의 정서를 잘 반영한 것이다.[80] 또한 성령강림절 아침은 《니벨룽의 반지》에서 지그프리트가 크림힐트를 만난 보름스 궁전의 파티가 열린 때이기도 하다. 교회 축제에서 국가가 주도적인 역할을 하는 것은 이미 중세 시대에는 당연한 관습이었는데 이는 800년도의 샤를마뉴 대제 이전에 333년 고대 후기의 콘스탄티누스 대왕 때부터 시작된 것이었다.[81]

두 번째로 오래되었지만 성경적으로는 가장 중요한 기독교 축제인 부활절은 수난절과 십자가 형, 부활의 기억을 바탕으로 한 축제다. 특정한 날을 부활절로 정하기까지는 오랜 시간이 걸렸다. 마지막으로 청교도와 가톨릭

교도가 대립한 부분은 보름달 자정을 기준으로 전날과 다음 날 중에서 어떤 날을 부활절로 삼을 것인가 하는 것이었다. 이 문제는 프리드리히 대제의 요청에 따라 1775년 12월 13일 국회의사당 결정에 의해 가톨릭 세력의 손을 들어주는 것으로 마무리되었다.

부활절의 이름은 '파사'Passah라는 단어에서 파생되었는데 이는 이탈리아어로는 파스카Pasqua, 프랑스어로는 파크Pâques, 스페인어로는 파스쿠아스Pascuas라고 한다. 영어로는 이스터Easter라고 하고 독일어로는 오스테른Ostern이라고 하는데 고지 독일어로 '동쪽'Osten과 '오로라'와 관련 있으며 봄 축제를 의미하기도 한다. 베다는 《시간 이론에 대하여》에서 낚싯대의 여신인 에오스트레Eostre의 이름을 따서 4월을 에오스테르의 달Eostermonath로 불렀으며 그녀를 위해 즐거움의 축제paschale tempus가 열렸다고 전했다.[82] 야코프 그림Jakob Grimm은 이것을 게르만 여신인 오스타라Ostara의 증거라고 해석했지만 이에 대한 연구결과는 회의적이다.[83] 1553년부터 부활절 달걀을 칠하는 풍습이 입증되었으며 1682년부터는 부활절 토끼가 등장했다. 청교도 교회에서 가장 큰 축제이기도 한 성 금요일은 독일 가톨릭 교회에서는 1965년부터 축제로 받아들였다. 성 금요일을 휴일로 정한 것은 독일의 경우 1900년부터이며 영국과 네덜란드도 마찬가지였지만 오스트리아는 그렇지 않았다.

10세기부터 부활절 행사에는 연극도 등장했다. 부활절과 수난절의 연극은 중앙 유럽 전역에 보편적이었으며 여러 날에 걸쳐 수천 명 앞에서 연극이 공연되었다. 독일에서 가장 잘 알려진 것은 오버라머가우Oberammergau의 수난절 연극제로 10년에 한 번씩 공연을 하며 다음 번 공연은 2020년이다. 이는 전염병이 창궐하던 1633년 공동체의 맹세에서 기인한 것이었다. 1662년에 창작된 연극 대본이 전승되었고 배우는 평신도들이 맡았다. 페르디난트 그레고로비우스Ferdinand Gregorovius는 1865년의 수난절 연극을 보고 《작은 글》Kleinen Schriften에 매우 인상적으로 묘사했다. 1960년에 한때 히틀러가 좋아했다고 하는 반유대인 연극 구절은 삭제되었다.[84] 축제가 열리는 부활절 이전에는 재의 수요일 이후로 40일간의 단식일이 이어졌다.

가장 늦게 시작되었지만 오늘날 가장 인기 많은 종교 축제로 자리 잡은 것이 크리스마스다.[85] 크리스마스는 콘스탄티누스 시대부터 시작되었지만 354년의 필로칼루스의 달력에는 아직 등장하지 않았다. 그가 언급한 것은 단식의 달에 찾아오는, 무소불위의 태양신의 생일인 12월 25일이었다.[86] 이 날을 축하하기 위해 보통 때보다 훨씬 많은 전차 30대가 키르쿠스 막시무스를 일곱 번 도는 경기가 열렸다. 그날은 동지를 축하하는 날이기도 했다. 기독교로 개종하기 전 태양신 숭배자였던 콘스탄티누스 대제는 333년 12월 25일에 자신의 아들인 콘스탄스Constans를 부황제Caesar로 임명했다.[87] 이후 당시로부터 세 번째의 필로칼루스 달력에는 그리스도의 생일이 언급되었다. 로마 교회의 축제력에[88] '1월의 칼렌다이 8일 전 베들레헴 유데아에서 태어난 그리스도의 생일'VIII Kal. Jan. natus Christ in Betleem Judeae이라는 문구가 적혀 있었는데 이날은 12월 25일을 가리켰다. 또한 집정관 행사력에도 다음과 같은 문구가 추가되었다.[89] "AD 1년 집정관의 즉위식이 있기 전 8일 전의 보름." 아마 이 정보는 콘스탄티누스 2세 시대부터 시작된 것이라 추정된다. 한 아르메니아인이 남긴 기록을 보면 황제가 궁정에서 1월 6일의 공현대축일을 기념하지 않고 12월 25일에 기독교 축제를 연 것에 대해 비난하고 있다.

성서에는 예수의 생일에 대해 기록하지 않았다. 물론 아기 예수의 이야기와 마찬가지로 굳이 생일에 관심을 두었다면 지어내면 될 일이었을 것이다. 성서에는 전설의 파라오와 역사적 인물인 헤로데 안티파스를 제외하고는 그 누구의 생일도 등장하지 않는다(창세 40:20). 기독교인들은 오랫동안 생일을 게니우스와 연관 지어서 생각했으므로 생일을 축하하는 행사를 따로 하지 않았다. 반면에 진정한 생일이자 영원한 천국으로 들어가는 죽음의 날을 비석에 새겼다. 달력에 쓰인 '출생'natalis이라는 표현은 황제에게는 생일이었지만 사제들에게는 사망일에 해당했다. 이들의 사망을 기리기 위해 기념일이 지정되었다. 설교자 솔로몬도 이미 그러한 사실을 잘 알고 있었다. "죽음의 날이 태어난 날보다 더 낫다."

12월 25일의 예수 생일이나 1월 6일의 공현대축일 모두 이교도적 기원을 가지고 있었다. 고대 이집트 달력에 의하면 이날은 동지이자 새해의 시작을 알리는 날로 알렉산드리아에서는 키켈리아Kikellia 축제가 열렸다. 2세기의 영지주의자Gnostiker였던 바실리데스Basilides는 그리스도의 정신적 탄생(1월 6일을 의미함.—옮긴이) 전날을 세례식으로 기념했다. 예수의 공식 출현일인 1월 6일은 주현절主顯節, Epiphany, 또는 공현대축일이라는 이름으로 불리기도 했는데 (아르메니아를 제외하고는) 12월 25일도 동일한 이름으로 불렸다. 크리스마스가 정착되는 데는 수십 년이 걸렸다. 시발점은 로마였다. 암브로시우스의 《동정녀》De virginibus에 의하면 교황이었던 리베리우스가 크리스마스를 기념했다고 한다. 이어 400년 이전에 콘스탄티노플과 소아시아에서도 크리스마스가 시작되었고 북아프리카가 뒤를 이었다. 공현대축일도 새롭게 조명되었다. 이들은 1월 6일을 '세 명의 현자'가 도착한 날이자 예수가 세례를 받고 카나Kana에서 요셉과 마리아가 결혼한 날로 삼았다. 아우구스티누스도 12월 25일을 '진정한 태양'인 예수의 생일로 받아들였지만 부활절처럼 성스러운 날로 축하하지는 않았다. 테오도시우스가 389년에 만든 행사력에는 주님의 생일Natalis Domini이 등장하지 않지만 400년에는 전차 경기가 금지되었다. 438년까지도 12월 25일은 원로원의 회의일로 지정되어 있었다. 당시에 만들어진 테오도시우스 법전을 보면 이러한 의전 사항이 기록되어 있다. 크리스마스는 506년 서고트족 왕조에서 휴일로 지정되었고 비잔틴 왕조에서는 534년에 휴일로 지정되었다.

하지만 기독교 이전의 풍습이 크리스마스와 결합된 현상은 오래도록 지속되었다. 교황 레오 1세는 스물두 번째 설교에서 크리스마스 축제가 그리스도의 생일이 아닌 새롭게 떠오르는 태양을 축하하기 위해서라고 주장한 마니교도들에 대해 맹렬하게 비난했다. 42년에 성 보니파키우스는 교황 자카리아Zacharia에게 보낸 편지에서 프랑크족과 엘레마니Alemanni인, 바바리아인이 크리스마스에 난리법석 떠는 것을 금지한 조치를 무시하고 있다며 불평을 늘어놓는다. 교회가 항의했음에도 불구하고 동지 의식도 계속 거행되었고 비록 중세 때 시작되었지만 스웨덴의 겨울 축제인 율레Yule도 지속되었다.

《루카 복음서》 2장 8절에서는 예수가 밤에 탄생했다고 기록되어 있다. 기독교 역사에서 가장 중요한 구원자의 부활과 생일이라는 사건은 둘 다 어둠 속에서 이루어졌다. 고대 신비주의 의식도 밤에 거행되었다. '성스러운 밤'Weihnacht, '신성한 밤'geweihte Nacht이라는 표현이 제일 먼저 등장한 것은 1170년 무렵 미네젱거 스페르포겔Minnesanger Spervogel의 노래를 통해서였다. 크리스마스이브를 축하하는 것은 일몰을 하루를 시작하는 시점으로 받아들였던 게르만 전통에 기반한다. 크리스마스트리는 16세기에 알자스 지방을 중심으로 전파되었고 나무에 초를 켜는 것은 17세기부터 시작된 전통이었다. 19세기부터 크리스마스는 가장 큰 가족 축제로 자리 잡았다. 1773년에 프리드리히 대제는 크리스마스와 부활절, 성령강림절을 달력에서 지웠다. 재림절 일요일도 고대 후기부터는 6일에서 4일로 줄었다. 보통 새해에 선물을 주고받던 풍습은 1400년대에 와서 크리스마스로 이동되었다. 그 후에 크리스마스 선물이 매우 중요한 자리를 차지하게 되었다. 장난감 가게의 경우 크리스마스가 차지하는 비중은 연간 매출의 60퍼센트에 이르며 서점의 경우 40퍼센트에 이른다. 물론 크리스마스뿐 아니라 어머니의 날이나 밸런타인데이, 교회 봉헌식과 같은 다른 축제도 상업화되었다. 오늘날 크리스마스에는 전 세계 호텔마다 크리스마스트리가 세워지고 그 어느 때보다 산타클로스의 빨간 모자를 많이 볼 수 있다.

축제의 재발견

○ 로마 시대에 교회의 축제는 단순한 민속 축제가 아니라 교파적 성격이 강했으며 이러한 성격은 콘스탄티누스 시대를 지나서도 유지되었다. 기독교인이었던 아우소니우스조차 370년에 쓴 목가시 〈로마의 축제일〉De feriis Romanis에서 볼 수 있듯 기독교 축제에 대해서는 무시했다. 로마 시대의 일반적인 축제는 이교도적 전통을 가진 공휴일이었으며 기념일이나 축제는 네 가지 연중 분기점과 해가 바뀌는 시점에 주로 집중되었다. 니케아 신경의 확장과 함께 기독교는 테오도시우스 황제에 의해 380년 로마 제국의 국교로 받아들여졌고 기독교 축제도 국가 축제로 인정되었다.[90]

고대 축제 중 일부는 폐기되었고 일부는 기독교화되었다. 크리스마스는 그중 가장 널리 알려진 예라고 볼 수 있지만 그 밖에 다른 축제도 있었다. 또 예전의 이교도적 성지를 기독교의 성지로 '재발견'한다거나 기독교 이전 문화에서 숭배되던 나무에 성모 마리아의 그림을 걸어놓고 이교도적 풍습을 기독교적으로 해석하는 일이 빈번했다. 이전의 축제력도 이에 따라 새롭게 해석되고 새로운 날짜를 부여받기도 했다. 1499년 2월 3일부터 12일까지 열린 로마 사육제를 알렉산드로스 6세의 의식을 주관하던 사제인 요한 부카르두스John Burcardus가 잘 묘사했다. 이 축제의 큰 즐거움은 가면 축제와 유대인과 소년, 청년과 노인, 수소와 베르베르 종마, 당나귀와 물소가 한데 섞여서 달리는 경주였다. 이 축제를 1787~1788년에 지켜본 괴테는 다음과 같은 글을 남겼다. "그리스도의 출생은 농신제와 그것이 누리던 특권적 지위를 몇 주간 바꾸긴 했지만 아예 없애지는 못했다." 적어도 1년에 한 번 정도는 사람들도 세상이 뒤집히는 것 같은 광란의 축제를 즐길 권리가 있는 것이다. 로마 시대에도 "사람들을 때리거나 칼로 찌르는 것 말고는 거의 모든 행동이 허용되었다." 인간의 불타오르는 욕망은 기독교화되어서 재의 수요일부터 부활절에 이르는 40일간의 단식이 시작되기 전에 사육제가 열렸다. 특히 독일의 마인츠 같은 가톨릭 지역에서는 참회화요일Fastnacht이 여전히 가장 큰 축제에 속한다. '파스트나흐트'Fastnacht라는 단어가 '파스텐'fasten(단식)에서 유래한 것인지 아니면 '파스'Faß(술통)에서 유래한 것인지는 분명하지 않다. 여기서 파생된 단어가 뮌헨의 사육제 축제 '파싱'Fasching이다. 쾰른의 '카르네발'Karneval은 이탈리아어 '카르네'Carne(고기)와 '레바레'levare(없애다)가 결합된 것으로 '고기여, 안녕!'carne vale이란 뜻이다. 제바스티안 브란트Sebastian Brants가 1494년에 쓴 《바보들의 배》carrus navalis에서 카르네발이란 단어의 기원을 설명했다. 리오의 삼바와 베네치아의 카니발은 가장행렬이며 바젤의 고지 축제인 '파스넷'Fasnet은 음산한 가면 축제다. 러시아에서는 사순절 전에 마슬레니차Maslenitsa라는 축제를 즐기는데 이를 '버터 주일'로 부르기도 한다. 이 축제는 표트르 대제 시대 이후로 정치적 변혁의 물결을 타고 수많은 변화를 겪어야 했다.

기독교화가 이루어진 다음에도 과거의 축제는 그대로 유지되었다. 새해 축일Kalendae Ianuariae에서 예수 할례 축일이 비롯되었고 2월 15일 촛불을 들고 행진하던 로마 시대의 루페르칼리아Lupercalia에서 마리아 촛불제가 유래되었으며 2월 22일의 카리스티아Caristia는 에피스코팔 성당에 베드로의 의

자가 안치된 기념일이 되었다. 아티스Attis 여신을 기리던 3월 25일의 힐라리아 축제는 성수태고지와 십자가형 기념일이 되었다. 4월 25일에 열렸던 곡물의 신을 위한 로비갈리아Robigalia는 대기도 축제가 되었고 알렉산드리아에서 1월 6일에 치러졌던 아이온 축제는 공현대축일과 예수의 세례일이 되었다. 죽은 자를 위한 로마 축제였던 로살리아Rosalia는 도메니카 로사타domenica rosata로 불리는 이탈리아의 성령강림절이 되었고 슬라브 지역에서도 성령강림절로 자리 잡았다. 악티움 해전 승리의 날인 8월 1일은 성 베드로 속박일Petri Kettenfeier이 되었으며 하지는 세례자 요한의 생일이 되었는데 《루카 복음서》에 의하면 세례자 요한이 예수보다 나이가 6개월 많았기 때문이었다.[91] 교황 그레고리 1세는 601년에 광신적인 선교사들에게 백성들이 축제를 즐기는 기쁨을 빼앗지 말라고 명령했다.

오월제는 임시 변통책으로 기독교 축제로 탈바꿈했다. 발푸르기스의 밤Walpurgisnact 축제 전날에는 하르츠산맥의 가장 높은 봉우리인 브로켄에서 악마가 빗자루를 탄 마녀와 함께 세상을 지배한다. 그날에 예수의 제자인 유다스가 스스로 목을 매어 죽었다고 한다. 755년부터 프랑크족 왕은 마이펠트에서 열린 오월제에서 군대 사열의식을 거행했는데 그 이전의 메로빙거 왕조는 3월 1일 들판에서 이 의식을 거행했다. 이는 투르의 그레고리오의 기록에서도 볼 수 있다. 몬머스의 제프리가 쓴 책을 보면, 켄트 왕국의 헹기스트Hengist가 이미 5세기경에 5월 1일을 축일로 제정했다는 것을 알 수 있다. 또한 중세의 아일랜드인들은 5월 1일에 여름의 시작을 알리는 발티나 축제를 열었다.[92] 1200년 이후로는 민속 축제에 대한 기록도 전해진다. 보카치오는《단테전》Vita di Dante을 통해 1273년 5월 1일에 피렌체에서 열린 축제에 대해 언급했다. 1885년에 미국에서 5월 1일 하루 8시간의 노동 시간을 요구하는 노동자 집회가 열렸는데 1933년에 독일은 이날을 전국 노동자의 날이자 공휴일로 삼았다. 이날은 1945년 이후에도 동독과 서독 양국에 그대로 유지되었으나 서독은 이날을 '오월제'Maifeierta라고 부르고 동독에서는 '평화와 사회주의를 위한 국제 노동자의 투쟁을 위한 휴일'이라고 불렀다. 모스크바는 이날을 군사력을 마음껏 과시하는 날로 삼았다. 1955년 교황 비오 12세는 5월 1일을 '노동자 성 요셉 기념일'로 선포하고 휴일로 삼았다.

소규모 축일들

○ 소규모 교회 축제로는 성령강림절 열흘 전의 예수승천일Christi Himmelfahrt이 있다. 이는 4세기경부터 시작되었다. 예수 승천의 현대화된 공식은 '예수님이 승천하여 하느님의 옆자리에 앉았다'는 것이다. 이는 하느님과 예수가 같은 나이라는 《요한 복음서》 1장 1절의 서술을 무시한 것이다. 영국에서는 8세기부터 11월 1일에 '모든 성자의 날'을 기념하도록 했는데 그렇다고 개별적인 성인의 날이 이날로 대체된 것은 아니었다. 여기서 핼러윈이 생겨났다. 그 전날은 루터가 1517년에 로마 가톨릭 교회가 면죄부를 판매하는 것을 비판하는 내용의 95개조 반박문을 발표한 '개혁의 날'이다. 성령강림절 열흘 후에 가톨릭 교회는 성체 축일Corpus Christi 축제를 열었는데 이는 1264년 우르반 4세가 시작한 것으로 리에주의 성녀 율리아나Juliana의 환시를 계기로 시작되었다. 축제는 성변화聖變化, Transsubstantiation를 기념하고 성체식에서 예수의 현신 앞에 예배하기 위한 것이었다. 개혁 세력의 반대에도 불구하고 화려한 성체 축일 행렬이 이어졌다.

일반적으로는 각 지방 수호성인을 기념하는 축제가 열렸다. '축일의 장'Kirmes은 '교회봉헌식 모임'Kirchweihmesse을 줄인 말로 여기서부터 프랑크푸르트와 라이프치히의 큰 시장이 열리게 되었는데 이후 이 시장이 중세의 경제를 주도하게 되었다. 종교적 축제는 점점 더 세속화되었다. 즉 '성스러운 날'holy days에서 '휴일'holiday로 변모한 것이다. 1828년부터는 교회와 가톨릭 축제일에도 개혁의 바람이 불었다. 이는 전국의 교회 공동체뿐 아니라 1996년부터는 모든 교파를 망라하는 개혁안을 담고 있다. 가톨릭 축일은 1246년과 1247년의 법전을 개정한 1983년 《교회법대전》Corpus Iuris Canonici에 의해 결정되고 있다. 하지만 성인의 날은 각자 달력을 채우고 있다.

희년과 밀레니엄

○ 하나의 사건을 사람들에게 상기시키기 위해 '우수리 없는'runden 해에 열리는 축제를 우리는 '기념일'Jubilaum이라고 한다. 여기서 우수리 없는 해란 10년을 단위로 해서 0이 되는 수를 말한다. 시간과 관련된 십진법은 로마의 문화이지만 로마인들은 우수리 없는 해의 기념일을 '이우빌라움'iubilaeum이라고 부르지 않았다. 라틴어인 '이우빌라레'iubilare는 '행복한, 즐거운'이란 뜻으로 원래 시간과는 아무 상관이 없는 단어다. 이 단어가 시간적 의미를 가지게 된 것은 커다란 축제 때마다 사람들이 불던 '양의 뿔'을 히브리어 단어인 '요벨'jobel이라고 부르면서 시작되었다. 노예가 50년 만에 해방되는 희년에도 역시 요벨을 불며 축하했다. 히에로니무스는 이를 자신의 성경 번역본에서 '요벨룸'iobeleum 혹은 '이오벨레우스 아누스'iobeleus annus라고 칭했다(레위 25:10~12). 희년에 대한 개념은 클레르보의 베르나르가 이집트로부터 유대인이 풀려난 것을 기독교인이 죄악으로부터 구원받은 것으로 재해석하면서 중세 때 다시 채택되었다. 비슷하게 경축Iubilaeum이라

는 단어도 죄와 탐욕으로부터의 사면remissio을 의미했으며 처음에는 특정 한 기념일을 의미하지 않았다. 기념일이 된 것은 성자의 유물이 50년 후에Iubilaeum 새로운 교회로 옮기면서다. 이 행사는 1189년 밤베르크와 1220년 캔터베리에서 벌어졌고 이는 '기뻐해야 할' 일로 받아들여졌다.[93]

이러한 행사가 열릴 때마다 죄의 사면에 대한 약속이 맹목적으로 이루어졌는데 교황 보니페이스 8세는 1300년 2월 22일 소위 희년을 선포하고 성 베드로 성당과 성 바오로 성당을 방문하는 모든 이에게 모든 죄를 사해준다고 선언했다. 희년의 기준 시점은 이제 서력기원이 되었는데 유대교의 50년제Quinquagenarium와 같은 기독교인들의 백년제Centenarium는 로마의 세속 기념제Säkularfeiern zugrunde lagen에 바탕을 둔 것이었다. 100년에 한 번씩 일반적인 면죄 의식이 반복된다고 이들은 선언했다. 1500년에 부르카르두Burcardu가 이 사실을 확인했다. 또한 클레멘스 6세가 1450년에 희년의 주기를 50년으로 줄였고 그레고리 11세는 다시 33년으로 줄였으며 바오로 2세는 또다시 25년으로 줄였다고 기록했다. 교황이 베푸는 자비의 손길은 수많은 사람들이 몰려들면서 주최 측의 사업 이해와 맞물리게 되었다. 다른 순례 중심지들도 조작된 교황의 특권을 이용한 100년 단위의 면죄부를 발부했다.[94] 1600년 1월 1일에 《푸거 신문》은 통풍에 시달리던 클레멘스 8세가 새해 전날을 기념하여 성 베드로 성당의 성문을 여는 행사를 주최했다고 보도했는데 '스위스 경비원들이 모여든 사람들을 거세게 밀쳤다.'

희년이 과거 지향적인 관점에서 서력기원 후 100년이 각각 흘렀다는 점을 보여주었다면 1700년부터는 즐겁게 미래를 내다보는 세속적인 기념제로서 새로운 세기를 축하했는데, 문제는 백년제가 1년 일찍 열렸다는 데 있다. 1700년은 17세기의 마지막 해이지 18세기의 첫 번째 해가 아니었던 것이다. 우수리 없는 숫자에 대한 유혹이 컸던 탓에 이 같은 행태는 반복되었다. 1800년 1월 1일에 실러와 괴테는 새해 전야제를 같이 보내고 난 다음 날 '새롭게 쏟아져버린 세기'를 축하하는 편지를 주고받았다. 캐롤라인 헤르더Caroline Herder는 이에 비해 정확하게 1801년에 '새 세기가 시작되었다'고 선언했다. 3월에 그녀의 남편은 호라티우스의 《세기의 찬가》에 바탕을 둔 요한 이삭 게르닝Johann Isaak Gerning이 작곡한 〈백년제가〉secular song를 수정했다. 이 노래는 지난 18세기를 칭송하고 다가오는 19세기를 맞이하는 것이었다. 세기말fin de siècle을 보내면서 쌓인 피로감을 한꺼번에 몰아내고 1900년을 맞이하는 들뜬 기분을 축하하는 행사가 열렸다. 독일의 기념 메달에는 민법 제정을 통해 새로운 해가 떠오르는 것이 표상되어 있다. 그중에서도 난리법석의 정점을 맞이한 때는 2000년의 새해맞이였다. 독일의 서점에서는 새로운 밀레니엄과 관련된 주제로 237종의 서적이 진열되었고 500여 종의 동전이 주조되었으며 전 세계적으로 100여 종의 메달이 출시되었다. 열광적인 사람들은 세 번째 1,000년을 가장 먼저 맞이하는 환희를 즐기기 위해 날짜 변경선과 가까운 후지 섬으로 여행을 떠나기도 했다. 하지만 이날은 사실 두 번째 1,000년의 마지막 날이었다. 컴퓨터 프로그램이 완전히 다운될 것이라는 공포도 아무런 근거가 없는 것으로 밝혀졌다.

사실 새로운 1,000년의 도래라는 사건이 자연적이기보다 인위적이며 달력의 숫자가 바뀌는 것에 불과하다는 사실을 우리가 분명히 알고 있었다면 그것이 불러올 각종 가능성에 대한 공포와 기대도 크게 완화되었을 것이다. 2000년 1월 1일은 유대인의 달력으로는 5760년이며 이슬람 달력으로는 1420년이요, 콥트인들의 관점에서는 1716년 그리고 불교인들의 달력으로는 2544년이었다. 수많은 기원이 있듯이 1,000년을 맞이하는 방식도 매우 다양했다.

세속적 기념일

○ 백년제가 종교적 행사에서 세속적 행사로 그 성격이 바뀐 것은 1517년 10월 31일 종교개혁 기념일부터였다. 이날은 1617년과 1717년에도 기념되었으며 1817년에는 이전보다 훨씬 많은 사람들이 기념일에 참가했다. 당시 예나에서는 부르셴샤프트Burschenschaft가 바르트부르크의 축제에 참가했는데 이 축제는 10월 18일이라는 날짜로 인해 1813년 라이프치히의 전투를 상기시켰다. 독일의 열한 개 대학에서 모인 학생들은 검고 붉은 깃발 아래 모여 반동으로 낙인찍힌 메테르니히Metternich의 특수주의적 절대주의partikularen Absolutismus에 맞서 전 독일이 대항할 것을 결의했다. 메테르니히의 '선동가들에 대한 박해'조차 1832년 5월 27일에 열린 바이에른 헌법 기념일을 막지 못했으며 2만여 명의 군중은 붉은색과 검정색 황금 깃발 아래에 모여 팔츠의 케스텐 성 위에서 함바흐Hambach 축제에서의 요구를 되풀이했다. 군중들의 소요는 스포츠 축제와 노래 축제에서도 점점 활발해졌다. 전 세계 규모로 열린 독일어권의 가장 큰 백년제는 1928년 비엔나의 슈베르트 탄생 100주년 행사였다. 나치식 경례 구령이 울려 퍼지는 가운데 군중은 위대한 독일을 칭송했다. 이 모든 축제는 시민들의 참여로 시작되었는데 권력자들의 입장에서 보면 변화를 갈망하는 혁명적인 의지의 산물로 싫어할 만하다.

반대로 근대 시대의 대규모 휴정일과 공휴일도 전승되었다. 이들 공휴일이나 축제는 한 나라의 지배자가 다른 나라나 세력들에게 부와 힘을 과시하기 위한 것이 대부분이었다. 르네상스와 바로크 시대는 축제의 참가자와 독창성 면에서 화려함의 절정을 보여주었다. 이 행사들을 위해 만들어진 곡들은 당시의 공연을 넘어서 음악사의 절정이라고 할 만하다. 헨델의 왕궁

불꽃놀이 및 수상 음악이나 바흐의 결혼식과 생일을 위한 칸타타, 모차르트가 레오폴트 2세를 위해 작곡한 즉위식 음악과 프란츠 그라프 발제그슈트파흐Franz Graf Walsegg-Stuppach를 위해 쓴 진혼음악들을 생각해보라. 가장 화려한 것은 용맹왕 아우구스트 2세가 개최한 축제들이었다. 땅이나 말 위에서 벌이는 창 시범, 가장행렬과 퍼레이드, 무도회 등이 개최되었다. 또한 마르스와 케레스, 비너스와 디아나, 넵튠과 사투르누스 축제 등도 열렸으며 1730년 아우구스트 2세의 지휘하에 열린 군사 연습으로 2만여 명의 보병과 1만 명의 기병이 모의 전투를 시현했다. 또한 여덟 마리의 말이 이끄는 특별한 마차에 거대한 케이크를 싣고 행진하기도 했다. 축제에 필요한 경비는 호프유덴Hofjuden(궁정에서 높은 자리를 차지했던 유대인 재산가들을 가리키는 표현—옮긴이)에게서 충당했다.[95]

왕족들이 개최한 축제가 어떻게 시민의 축제로 변화되었는지는 1810년 10월 12일에 열렸던 바이에른의 왕 루드비히 1세와 작센의 공주 테레제의 결혼식을 보면 잘 알 수 있다. 당시 뮌헨의 테레지엔비제라는 공원에서 공원의 이름을 딴 경마 경기가 개최되었는데 이후 바이에른 왕국의 가장 큰 축제가 되었다. 오늘날 옥토버페스트Oktoberfest는 미국과 중국에서도 열리는 전 세계에서 가장 큰 축제로 자리 잡았고[96] 뻐꾸기시계, 크리스마스트리와 더불어 전 세계에서 히트를 기록한 독일의 대표적인 문화 수출품이 되었다.

기념일들의 각축

○ 근대의 개념인 공휴일은 프랑스 혁명 이후부터 존재했는데 로베스피에르가 1794년 프레리알(초원의 달) 20일, 즉 6월 8일을 '최고 존재의

축제일'로 선언함으로써 시작되었다. 1880년에는 바스티유 감옥을 습격한 1789년 7월 14일을 국경일로 정했다. 미국은 1776년 7월 4일을 독립선언을 한 기념일로 정했다. 11월 26일의 추수감사제는 1789년 조지 워싱턴이 도입한 날인데 1621년 메사추세츠에서 열렸던 순례자들을 위한 추수제에 기원을 두고 있다. 개혁의 시대에는 추수제가 9월 29일 미카엘 축일에 열렸다. 이 풍습이 1773년에 부지런한 프러시아 제국에 도입되었고 개혁 추수제 이후 첫 번째 일요일에 옥토버페스트가 열렸다가 현재는 대부분 10월의 첫 번째 일요일에 열린다. 이스라엘은 1948년 5월 15일의 국가 건립일을 매년 이야르Iyar 5일에 기념하는데 이는 병사의 날 하루 뒤이자 니산 27일인 홀로코스트 기념일 일주일 뒤에 온다. 이스라엘의 기념일은 그레고리력이 아니라 태음태양 숭배력lunisolare Kultkalender에 의해 정해지기 때문에 국경일은 해마다 4월 중순에서 5월 중순 사이에 열리게 된다.

독일의 경우, 19세기부터 공휴일을 쉬는 날로 정했던 관습은 시간에 따라 변화하게 되었다.[97] 오늘날 독일의 공휴일은 각 지역마다 다르다. 전국적으로 다 같이 쉬는 공휴일은 일요일을 제외하고는 새해와 성 금요일, 부활절 월요일, 승천일과 성령강림절 월요일, 크리스마스 그리고 독일연방공화국의 결정에 따른 10월 3일의 독일 통일의 날밖에 없다. 여기서도 공휴일은 정치적 상황에 따라 늘어나기도 하고 줄어들기도 했다. 사라진 축제는 1700년과 1871년을 기념하여 1월 18일에 열렸던 프러시아 왕가의 축제와 1813년 10월 18일의 라이프치히 전투를 기념하는 축제, 1870년 9월 2일에 프랑스와의 전투에서 승리한 것을 축하하는 세단의 날 축제 등이 있다. 또한 1816년 프리드리히 빌헬름 3세가 자유의 전쟁에서 전사한 넋들을 위로하기 위해 만든 망자의 날이 있는데 이날을 비오 9세는 그리스도 왕 대축일로 삼아서 정치색을 제거했으며 청교도 교회에서는 1945년에 이날을 영원의 일요일로 삼았다. 영원의 일요일 전주의 일요일에 1934년부터 기념되었던 영웅의 날Heldengedenktag은 1952년부터는 애도의 날Volkstrauertag이 되었다. 히틀러 정권하에서는 그의 생일인 4월 20일(1889년)과 1923년 11월 9일의 '용장기념관 행진의 날'도 기념일이 되었다. 독일 국방군Wehrmacht의 날은 여전히 독일 병영 내에서 기념되고 있고 오스트리아의 '우표의 날'은 아직도 수집가들의 사랑을 받고 있다.

시대의 '전환점'과 더불어 1990년부터는 독일민주주의공화국GDR(동독)에서 발행되던 사회주의 달력과 세계 달력, 기념 달력과 전투와 영광의 달력 등이 사라지게 되었다. 카를 리프크네히트Karl Liebknecht와 로자 룩셈부르크Rosa Luxemburg가 살해된 1919년 1월 15일 일요일부터 생겨난 사회주의 기념일은 1918년의 독일공산당KPD 건립을 축하하는 12월 30일의 두 개의 기념일을 비롯하여 1922년의 소비에트 연합USSR 건립일까지 모두 63일이 되었다. 이외에도 국가안전의 날(2월 8일), 민방위의 날(2월 15일), 전국 인민의 날(3월 1일), 자유 독일 청년의 날(3월 7일), 독일사회주의통일당 창건일(4월 21일), 히틀러의 파시즘에 대한 승리일(5월 8~9일), 위대한 애국전쟁의 시작일(6월 22일), 국민 경찰의 날(7월 1일), 동독 창건일(10월 7일), 10월혁명일(11월 7일), 국경 경비대의 날(12월 1일) 그리고 선구적 조직인 에른스트 텔만Ernst Thälmann의 날(12월 13일) 등이 있다.

시민의 행동강령을 유지하기 위해 기념일을 이용하는 것은 우리를 피곤하게 한다. 위와 같이 국가에서 정한 축하일에 대해 사람들은 점점 흥미를 잃었고 단지 휴일이 더 큰 의미를 지니게 되었다. 하지만 휴식 시간도 경제와 복지에 이익이 되는 방식으로 조절되는 것이 좋을 것이다. 본에서 1990년 10월 3일을 독일 통일의 날로 정하고 나서 6월 17일(1953년)에 생긴 같은 이름의 기념일은 독일 국민의 기념일로 강등되었다. 이날은 따라서 더 이상 공휴일이 아니게 되었고 기념식도 없어졌다. 10월 3일도 5월 23일(1949년)에 있는 헌법의 날처럼 존재감이 없긴 마찬가지였다. 1989년 11월 9일(베를린 장벽이 무너진 날—옮긴이)은 극적인 날이었다. 이같이 달력에 새겨진 기념일은 독일의 변화무쌍한 과거를 다른 어떤 것보다 잘 반영해준다. 1871년의 독일 국가의 날은 그럼에도 불구하고 유연성과 혁신성을 보여주었다. 독일의 역사는 새로운 시작을 위한 수많은 시도로 점철되어 있었다.

축제는 사람들을 모으는 힘을 가지고 있는데, 특히 가족에겐 매우 중요하다. 미국의 감리교 신자들은 1907년에 5월의 두 번째 월요일을 어머니의 날로 정했다. 처음에는 돌아가신 어머니를 기리는 날이었지만 나중에서 살아 있는 어머니를 포함하여 계모나 장모, 할머니, 곧 어머니가 될 여성까지 포함하는 날이 되었다. 독일에서는 1923년 '꽃집주인협회'에서 어머니의 날을 1년에 한 번씩 기념하기로 합의했다. 1939년에는 일시적으로 넷째 아이를 낳은 어머니에게 '어머니 십자가 메달을 수여하기로 결정했다.' 아버지의 날은 '신사의 날' 혹은 '남자의 날'로도 불렸는데 이날 예수승천일도 마차를 타고 시골로 나가는 행사를 통해 축하했다. 밸런타인데이나 우정의 날도 꽃집과 보석상 레스토랑 주인들을 더욱 부자로 만들어주었다. 게다가 유럽의 날, 어린이날, 식목일, 독서의 날(브라보!), 여성의 날, 세계 영양의 날, 세계 저축의 날, 세계 스승의 날, 세계 관광의 날, 물의 날 등 달력에서 자리를 얻기 위해 온갖 기념일들이 치열한 싸움을 벌이고 있다.

기념일 인플레이션

○ 달력의 기념일 중에서도 선두군은 단연 역사적 사건을 상기시키

는 날이다. 이를 보면 근대 역사가 상당히 태만하다는 가설이 사실이 아니라는 것을 알 수 있다. '진보적 문명의 자기 역사화'의 산물인 수많은 기념일들이 언론에 의해서 선전되고 기념되었다.[98] 점점 늘어난 기념일의 수는 이제 365개 이상이 되었다. 가령 2014년에 우리는 카미유 클로델과 리하르트 슈트라우스의 탄생 150주년을 맞이했으며 밀레 탄생 200년, 요한 샤도Johann Schadow 탄생 250주년, 레닌의 사후 90주기를 비롯하여 헤르만 뢴스Hermann Lons 100주 기, 마이어베어Meyerbeer 150주기, 윌리엄 호가스William Hogarth 250주기, 엘 그레코El Greco 400주기, 샤를마뉴 1,200주기 그리고 아우구스투스 황제 사후 2,000년의 기념일이 연달았다. 또한 베를린 장벽의 해체(25주년)와 제2차 세계대전 발발(75주년), 제1차 세계대전(100주년), 에펠탑의 건립(125주년), 뒤펠 전투(150주년), 비엔나 국회의 개원(200주년), 콘스탄스 공의회(600주년), 바이에른의 루트비히가 비텔스바흐 왕가가 왕으로 즉위한 해(700주년), 부빈 전투(800주년)와 같은 역사적 사건에 대한 기념일도 줄을 이었다.

어떤 사건을 기념하는 날이 생기면 우리의 기억 속에서 그 사건과의 간격이 짧게 느껴진다. 심리적으로 더 가까운 것 같은 마술적 효과가 생겨나는 것이다.[99] 사건 현장이 그 기억을 보다 선명하게 환기시키는 것처럼 달력에 새겨진 그날의 기념일도 그날이 돌아오는 듯한 느낌을 주는 것이다. 이 때문에 사건은 계속 복기되고 언론은 그것을 보도하는 것이다. 기념일이었으면 그만큼 성공할 수도 주목받지도 못했을 행사와 연설, 회의와 출판 등이 이어진다. 기념일을 놓치거나 엉뚱한 때 축하하게 되면 재앙이 된다. 십진법 단위로 찾아오는 기념일은 의식 속의 시간을 줄여주는 효과를 가져온다. 우수리가 없는 숫자(뒤에 0이 오는 수)의 효과는 반원형의 수(뒤에 5가 오는 수)와는 달리 1,000년 단위의 기념일에서 극대화되는데 가령 1,200년, 700년, 500년,

300년 순서대로 기념일의 중요성이 결정되었다. 기념일의 지위는 정치가들이 각 기념일에 투자하는 액수로 결정된다. 달력 속 기념일은 현재의 일뿐 아니라 미래의 계획과 과거가 현재에 반영되는 모습까지 같이 반영하기 때문이다. 축제가 늘고 많은 이들이 즐긴다는 것은 문화적 의식이 높아지고, 국가가 그만큼 더 부강해졌다는 신호이며 어느 정도는 환영할 만한 일이다. 그럼에도 크리스티안 모르겐슈테른Christian Morgenstern이 1919년에 쓴 풍자시 〈교수대의 노래〉Galgenliedern는 시사하는 바가 많다.

> 플래카드를 붙여서
> 오늘은 휴일이 아니라는 것을 그대에게 알리노니
> 이날은 그 많은 날 중에서도
> 축제 없는 날로 정해졌다네!

제12장

인생의 단계

시간은 흐르고 알아채지 못하는 사이에 우리는 나날이 늙어간다네.
_오비디우스

스핑크스의 수수께끼

○ 오이디푸스가 테베에 도착했을 때, 도시는 한 괴물이 점령하고 있었다. 스핑크스라고 불리는 괴물이 성문 위 바위에 앉아서 지나가는 모든 행인에게 수수께끼를 내고 있었다. 문제를 풀지 못하는 사람은 그 자리에서 잡아먹혔다. 오이디푸스는 다음과 같은 수수께끼를 내었다. '아침에는 발이 네 개이고 정오에는 두 개이며 저녁에는 세 개인 존재가 있다. 발이 많아질수록 움직임이 더 느려지는 이것은 무엇인가?' 오이디푸스는 대답을 알고 있었다. '삶의 단계를 지나는 인간'이라는 대답에 스핑크스는 바위에서 뛰어내려 죽고 말았다. 이로써 오이디푸스는 왕국과 테베의 여왕을 동시에 차지하게 되었다.[1] 인간은 자신의 주위를 둘러싼 자연의 변화를 통해서뿐만 아니라 세월이 지나면서 감퇴되는 자신의 육체적 힘을 통해서도 시간을 경험한다. 늙어서는 지팡이를 짚어야 하는 때가 오는 것이다. 오비디우스는 《행사력》 6장에서 이렇게 말했다. "나이는 조용히 기어 들어온다."

최고 나이와 평균 나이

○ 인간이 살 수 있는 최대한의 기간과 최장수 사례에 대한 초기 문헌에는 각종 환상적인 기록이 남아 있다. 《창세기》 5장 5절에 의하면, 인류의 시조인 아담은 930세에 죽었다. 므두셀라(구약성경에 나오는 최장수 인물—옮긴이)는 969년을 살았다고 전해진다. 《창세기》에서 하느님이 인간의 삶을 120년으로 제한한 것은 인간의 수가 늘어났기 때문이었다. 나이 든 사람들은 젊은이들에게 자리를 내주어야 했다. 요세푸스는 《유대고대사》에서 1,000년 동안 장수한 사람을 보았다는 그리스의 기록을 인용하면서 성경의 기록을 정당화시키고자 했다. 그런데 정말일까? 헤로도토스는 가데스Gades라고도 알려진 타르테소스Tartessos의 아르간토니오스Arganthonios 왕이 120년 동안 살았으며 80년 동안 나라를 다스렸다고 기록했는데, 대 플리니우스는 이에 대해 '거의' 확실하다는 냉소적 태도를 보였다. 그는 극단적으로 오래 살았다는 장수자의 명단을 가지고 있었지만 그것이 시간에 대한 무지에서 비롯된 것이라는 견해를 보였다. 그의 의견에 따르면 인간의 최고 수명은 남자의 경우 100세, 여자의 경우 115세였다. 그는 또한 장수한 사람의 이름을 거론했다. 헤로도토스는 솔론이 크로이소스에게 70년이란 세월은 26,250일(정확하게는 25,550일)이며, 이 세월 동안 불행을 겪지 않고 살기란 불가능하다고 말했다고 언급했다. 《시편》 90장에도 비슷한 표현이 등장한다. '우리의 삶은 70년에 지나지 않는다네, 길어봤자 80년이라오.' 삶이란 고난과 역경의 연속일 뿐인 것이다.

켄소리누스는 '최종 나이'가 81세라고 한 플라톤의 말을 인용했는데 이것은 아우구스티누스가 증언한 대로 플라톤이 마지막으로 도달한 나이이기도 했다. 또한 견유학자 디오게네스와 지리학자 에라토스테네스 그리고 플라톤파의 학자 제노크라테스Xenocrates도 81세에 생을 마쳤다. 웅변가인 이소크라테스는 《범 아테나주의》Panathenaikos를 94세 되던 해에 썼다고 한다. 키케로는 《노년에 관하여》에서 그의 스승이었던 소피스트 고르기아스Gorgias가 107세까지 독창성을 유지했다고 전했다. 키케로의 부인이었던 테렌티아Terentia는 103세까지 살았으며 클로디아 오필리Clodia Ofilii라는 여성은 열다섯 명의 자식을 낳았으며 115세까지 살았다고 플리니우스는 기록했다. 《그리스 사화집》을 보면 칼리크라테이아Kallikrateia라는 사람이 105세까지 장수하고 그가 남긴 29명의 자녀가 모두 생존한 것을 기념하는 잔치가 열렸다고 한다. 현재까지 가장 오래 산 여성은 프랑스 여성 잔 칼망Jeanne Calment인데, 1875년에 태어나 1997년에 사망할 때까지 122년을 살았다.

산업화 이전 시대에서의 평균 기대 수명에 대해서는 신뢰할 만한 자료가 없다. 로마 시대의 비석에 새겨진 나이는 정확한 계산을 위한 기초가 되기에는 부족하다. 아이나 노예의 경우, 죽자마자 서둘러 비석 없이 묻어버렸기 때문이다. 게다가 비문도 '그는 대략vixit plus minus 50년을 살았다'라는 식으로 적혀 있었다. 친척들도 죽은 사람의 나이를 모르는 경우가 많았다. 어쩌면 망자 자신도 몰랐을 것이다. 고대 후기의 경우 황제들의 나이조차 아무도 몰랐다. 콘스탄티누스의 출생연도는 270년에서 288년까지 여러 가지로 추정한다. 좀 더 가까운 시대에 대해서는 수명 관련 정보가 풍부하다. 독일의 경우 기대 수명은 19세기부터 정확하게 계산되었다. 1885년에는 34세에 지나지 않았지만 1915년에 이르러서는 49세가 되었다가 오늘날에는 남성은 77세 여성은 82세나 된다. 동시에 인구에서 노인들이 차지하는 비중은 점점 커져서 현재 은퇴한 인구가 성인의 3분의 1을 차지한다.

장수의 비결

○ 장수의 비결에 대해서는 오래전부터 설왕설래가 많았다. 히포크라테스는 BC 5세기에 환경에 대한 책을 쓰면서 기후가 사람의 정신과 육체에 미치는 영향에 대해 토론한 바 있다. 그는 차가운 폭풍에 노출되는 곳에서 사는 사람들이 보통 사람들보다 더 오래 산다는 결론을 내렸다. 고대 이집트의 지혜는 페트로시리스Petosiris라는 사제가 파라오인 네첩소Nechepso에게 보내는 편지 형식으로 된 천문학 문헌에 잘 나타나 있다. BC 2세기경에 쓰인 이 문헌은 대 플리니우스가 종종 사용했고 4세기까지 많은 작가들에게 인용되었다. 이 책에 의하면 인간의 운명과 삶은 출생 시 동쪽에 떠 있는 별에 의해서 결정된다. 이들의 관점에서는 합리적이었을지 모를 이 같은 생각에 대해 그리스 문화의 영향을 받은 유대인인 요세푸스는 《유대고대사》에서 비판했다. 보통 사람들보다 훨씬 장수했던 사제들의 수명은 이들이 신의 사랑을 받는 종교적인 삶을 누리면서 건강한 식습관을 가졌다는 데서 기인한 것으로 보인다. 사실 천문학과 지리학에 관련된 기존 지식을 확실히 연구하려면 적어도 600년은 살아야 할 것이다.

인생의 단계

○ 그리스인들은 삶의 단계를 서로 다르게 나누었다. 3단계 혹은 4단계, 6단계로 나누기도 하고 10년씩 7단계로 나누거나 7년씩 10단계로 나누기도 했다.[2] 스파르타인들은 스핑크스 신탁에서 볼 수 있는 것처럼 인생을 세 가지로 구분해 군사적인 삶의 방식에 대해 이야기하면서 플루타르코스

의 《도덕론》도 언급했다. 소년들은 말한다. "우리는 미래에는 더 강해질 겁니다." 반면 성년이 된 남자는 말한다. "우리는 강하다. 할 수 있으면 우리의 눈을 쳐다보라." 이는 자기만족에 찬 진술이다. 나이 든 남자는 말한다. "우린 한때 대단한 전사였지." 이들은 기억을 즐긴다. 아리스토텔레스는 자신의 저작 《수사학》에서 아테네인들의 삶의 단계를 나누면서 두 번째 단계를 절정akmé이라 부르고 그 속에서 중용을 찾을 것을 논했다. 젊은이들은 야망은 지나치지만 기억은 부족하며 늙은이들은 그 정반대다.

오비디우스와 디오게네스 라에르티오스와 마찬가지로 피타고라스도 인간의 삶을 20년씩 넷으로 나누었다. 어린 시절은 봄과 같으며 청춘기는 여름이요, 장년기는 수확기이며 노년은 겨울에 비유되었다. 크세노폰도 《심포지엄》에서 인생을 4단계로 나누고 각 단계마다 긍정적인 요소가 있다고 보았다. 유년 시절과 청춘기, 장년기와 노년기 모두 피타고라스가 언급한 사계절같이 각자의 아름다움이 있는 것이다. 그와 반대로 플라톤과 유사한 문체의 대화록인 《악시오쿠스》Axiochus에서는 인생의 단계를 여섯 개로 나누었는데 각기 부정적인 면을 묘사했다. 어린 시절에는 시끄럽게 울고 학교에 가서는 엄격한 선생님 앞에서 벌벌 떨며 고등교육을 받을 때에는 스승의 폭정에 시달리며 군대에서는 '상관'의 압박에 시달려야 한다. 또한 성년이 되어서는 온갖 걱정에 빠져 살며 늙어서는 존재 자체가 괴로움이고 죽음이 찾아오기 전에는 모든 종류의 육체적 괴로움에 시달려야 한다. 아주 늙은 노인은 아이처럼 누군가의 도움에 의존할 수밖에 없다. 여기서 우리는 그리스식 염세주의의 한 면모를 볼 수 있다.[3]

클라우디오스 프톨레마이오스는 행성에 기반을 두고 인생을 7단계로 나누었다. 각 삶의 단계는 그 길이가 다른데 첫 번째는 달과 함께 시작한다. 아기가 크면서 달처럼 변하는 것이다. 수성이 지배하는 어린이의 마음은 활발하고 민첩하다. 비너스는 젊은이 속의 성욕을 깨운다. 태양은 인간의 삶을 절정으로 끌고 가며 화성은 장년의 삶을 골칫거리와 슬픔으로 채운다. 목성은 초기의 노년기를 안정되게 하며 멀리 있는 토성은 인간의 육신을 쇠락하게 만든다.[4]

BC 600년경에 솔론은 7년씩 10단계로 인생을 구분했다. 초기의 7년 동안 소년은 유치가 빠지는 시기이며 뭐든지 서투르다. 14세가 되는 다음 7년 동안 청춘의 징후가 보인다. 21세에 이르는 3단계에서 소년은 튼튼해지며 수염이 자라난다. 28세가 되면 육체적으로 가장 강인한 시기에 다다른다. 35세까지 남자는 결혼을 해야 한다. 42세까지의 6단계에서 남자는 합리적인 인간이 되어야 한다. 이는 사람이 40세Schwabenalter가 되면 분별력이 생겨야 한다(한국의 불혹과 비슷한 의미—옮긴이)는 나이 개념을 떠올리게 한다. 7단계인 49세까지는 사람의 정신과 언어 능력이 절정에 달하며 이는 8단계인 56세까지 이어진다. 9단계인 63세에 이르면 인간은 여전히 뭔가를 성취할 수 있지만 그 힘은 감소한다. 그리고 10단계의 나이에 이르면, 죽음이 아무 때고 찾아올 수 있다. 삶의 단계를 표현하는 데는 여러 언어가 있는데 그리스에서는 삶의 단계 중 아이를 파이스pais 혹은 파이도스paidos로 부르고 청년 혹은 처녀를 코로스kouros 또는 코레korē라고 불렀다. 그리스 조각의 이상적 모습을 아네르aner, 안드로스andros로 구분했고 여성과 남성을 각각 기네gynē, 기나이코스gynaikos라고 불렀으며 연장자는 프레스비테스presbytēs 혹은 프레스비테로스presbyteros라고 불렀다. 나이 든 남자를 가리키는 게론geriōn 혹은 게론토스gerontos는 실제로는 '허약한'이란 뜻이며 그라우스graōs는 '늙은 여자'를 뜻했다.

인생의 각 단계는 그 본질에 따라 매우 다른 취급을 받았다. 청춘을 찬미하는 목소리는 수없이 많다. 이는 대부분 청춘의 시기를 흘려보낸 작가들에게서 볼 수 있다. 아리스토텔레스는 《수사학》에서 인생의 황금기를 30세에서 50세 사이로 보았다. 또한 인생의 절정을 의미하는 아크메akm 혹은 플로루이트floruit는 40세로 보았다. 향락주의자인 콜로폰의 밈네르무스Mimnermos는 늙은 나이를 저주했다. 빌헬름 부슈는 빌헬름 라베Wilhelm Raabe의 70번째 생일을 축하하는 시에서 그와 비슷한 내용을 썼다.

> 나에게 다가올 때는 기적처럼
> 아름답고 달콤했지만
> 이제 시간은 지나가고, 그대여!
> 지나간 그대의 등을 보고 있노라니
> 그 위의 혹이 눈에 뜨이누나!

액년 이론

○ 솔론의 7년 주기의 삶의 단계는 액년 이론에 바탕을 두고 있다. 겔리우스에 의하면, 이 같은 이론은 점성술사들에게서 발달되었다고 한다. 이들에 의하면 7세와 14세, 21세 등은 아누스 클리마크테리코스Annus Klimaktērikos, '중대한 해'로 삶에서 결정적인 역할을 한다. 일곱 번째 7년인 49세는 켄소리누스의 기록에 따르면 특히 위험한 해이며 이는 아홉 번째의 7년인 63세도 마찬가지다. 이때는 정신적으로 육체적으로 매우 중차대한 시기라고 볼 수 있다. 겔리우스는 BC 1년 9월 23일 아우구스투스가 63세를 지나 다음 해에 자신의 손자인 가이우스 카이사르에게 쓴 편지에 대해 전했다. 그는 매우 중대한 삶의 단계, 즉 클리마크테리코스에 아무 일도 일어나

지 않았다는 사실에 큰 안도감을 느꼈고 '이 단계에서 지복의 상태'를 좀 더 오래 누리기를 바란다고 썼다고 한다. 여기서 신기한 것은 아우구스투스가 결정적이라고 말한 해가 기원력의 전환점이 되는 예수의 출생 연도와 똑같다는 것이다. '아우구스투스의 전환기'가 바로 이 시점이었던 것이다![5]

겔리우스는 위에 언급한 문헌 때문에 49세 무렵 찾아오는, 소위 갱년기라는 의학적 상태에 관한 대부가 되었다. 이때부터 인간의 갱년기 증세가 시작되는데 보통 배가 나오고 머리가 빠지는 등의 신체적 증상을 대동한다. 장난이 아니다! 이 중년의 위기 시기에는 다시 청춘을 시작하고 싶다는 심리학적 갈망도 수반된다. 그 갈망이 제한적으로나마 성공을 거두는 경우도 있다.

수염과 머리 모양

○ 한 시대가 저물고 있다는 것을 보여주는 신호는 머리칼의 변화다. 머리나 수염이 희끗희끗해지는 것이다. 그런데 수염의 유무나 수염을 어떻게 기르는지는 그 시대의 유행과 상관이 있으며 시대의 징표이기도 하다. 그리스의 남자들은 오스티아의 테미스토클레스나 페리클레스를 통해 볼 수 있는 것처럼 대체로 수염을 길렀다. 하지만 아테나이오스가 크리시포스의 저작을 인용해 밝힌 것처럼 젊고 깨끗이 면도한 알렉산드로스 대왕을 따라 면도가 관습으로 자리 잡았다. 로마인들도 이를 따라 하기 시작했다. 바로가 《농업론》에서 기록한 대로라면 BC 300년 무렵에 그리스 식민지 시칠리아에서 로마로 이발사가 초청되었으며 BC 146년에 카르타고를 멸망시킨 그리스 문화 애호가였던 정치가 스키피오 아프리카누스는 전쟁이 끝난 후에

도 계속 면도를 하는 바람에 BC 142년에 그의 감찰관에게서 불평을 들어야 했다고 겔리우스는 전한다. 유행을 등지고 '여자같이' 수염 없는 스키피오의 용모는 많은 귀족과 평민들에게 하나의 본보기가 되었다.

수백 개의 초상화와 군주들을 새긴 동전에서 볼 수 있듯이 면도하는 관습은 그리스·로마 시대에 계속 유지가 되었다. 종종 수염을 기른 사람들이 보이기도 하는데 대체로 철학자들이었다. 수염을 기른 첫 번째 황제는 하드리아누스로서 자신이 옛 그리스의 친구라는 것을 공공연하게 보여주었다. 또한 젊은 황제 마르쿠스 아우렐리우스의 수염 기른 모습은 기념 주화를 통해서 잘 볼 수 있다. 주화에서 우리는 나이에 따른 용모의 변화도 확인할 수 있다. 3세기의 군인 출신 황제는 무성한 수염을 기른 모습이다. 콘스탄티누스 이래 서구의 기독교 황제들은 5세기 초반까지만 해도 면도한 모습이었다. 또한 철학적으로 반기독교 성향의 친그리스 황제는 361년의 클라우디우스 율리아누스와 같이 수염을 길렀다. 오늘날에도 라틴 문화의 영향을 받은 면도한 가톨릭 사제와 '하느님이 주신' 수염을 기르는 그리스 정교 사제 사이에는 차이가 존재한다. 아토스 지역의 경우, 머리를 자르는 것은 어떤 경우에건 비난받았다. 표트르 대제가 서구 세계의 자극을 받아 개혁을 단행했을 때 그는 귀족들의 수염을 직접 잘랐다. 19세기와 20세기 군주들의 수염은 매우 멋스러웠으며 사람들의 호감도가 반영되기도 했다. 머리 모양으로는 시대의 변천을 가늠할 수 있었다. 로마 제국의 경우 동전에 새겨지는 왕비의 머리 모양이 유행을 주도했다. 또한 머리 모양으로 고대 인물들의 시대를 헤아리기도 한다.[6] 머리를 땋는 풍습은 문화사에서 별도의 주제로 토론해야 할 부분이다.[7]

정치적 교육의 목적

○ 유년기에 관한 그리스의 문헌은 교육에 관한 것이 대부분이다. '아이'라는 뜻의 파이스Pais에서 파생된 파이데이아paideia는 '어린 시절'을 의미할 뿐 아니라 '교육, 배움, 문화' 등을 의미하며 인간과 동물 사이를 구분하는 징표로서 아리스토텔레스가 《정치학》에서 강조한 것처럼 자연 상태 그대로 살아가는 것이 아니라 교육을 통해 이성logos과 기풍ethos을 받아들이고 관습화시키는 것이 중요했다. 이는 플루타르코스가 《도덕론》에서 밝힌 어린이 교육에 관한 논문에서도 확인된다. 경솔함과 편리함을 추구하다 보면 재능을 썩히는 결과가 되는 것이다.

그리스인들은 교육의 목표가 나라나 도시마다 다를 수 있다는 것을 인정했다. 아이들이 정치적 이상에 따라 교육을 받아야만 정부의 형태가 지속될 수 있다고 주장한 아리스토텔레스의 《정치학》에도 그 생각은 잘 드러난다. 이는 특히 육체적 · 군사적 훈련의 비율에도 중요하게 적용되었는데 독일의 경우 19세기 이후로 이들 교육의 비율이 현저하게 변화되었다. 헤로도토스는 "페르시아의 소년들이 배워야 할 것이 세 가지 있으니 그것은 경마와 활쏘기 그리고 진실을 말하는 것"이라 썼다. 여기서 진실이란 '진실된' 종교와 '진정한' 왕을 알아보고 '거짓된' 왕과 싸우는 것이었다.

스파르타인이나 북유럽인과 마찬가지로 그리스인들도 교육에 있어서 군사적인 요소의 중요성을 인정했으며 아리스토텔레스도 그 필요성은 인정했다. 그는 군사 교육이 일방적으로 행해지는 것은 거부했다. 그렇지만 신생아를 건강하게 양육해야 하고 장애인들을 법으로 금지시켜야 한다고 주장하기도 했다. 건강한 아이들을 겨울 북풍 속에서 단련시켜야 한다고 플루타르코스도 《도덕론》에서 불평한 바 있다. 그리스와 로마의 부잣집에서 흔한 풍습대로 유모에게 젖을 물릴 것이 아니라 생모가 직접 자신의 젖으로 아이를 키워야 한다고 주장하기도 했다. 아리스토텔레스는 교육을 3단계로 나누었다. 첫 번째는 2세부터 7세까지 가정에서 하는 교육이고, 두 번째는 사춘기까지의 교육이며, 세 번째 단계는 성년이 되는 21세까지의 교육이다. 이때 소년들은 '소년들의 지도자'인 스승의 감시를 받아야 했다. 이들 스승은 보통 그리스어를 아는 노예로 학생들이 학교 가는 길에 각종 말썽을 부리지 않도록 막대기로 무장하고 있었다.[8] '가르침을 받는' 학생들에게 훈육은 매우 중요한 미덕이었다.

돈 혹은 정신

○ 교육의 목표는 정치 체계의 독립성이라는 논쟁적인 요소를 포함하고 있었다. BC 423년 아테네에서 아리스토파네스의 위대한 희곡인 〈구름〉이 무대에 올랐다. 농부였던 스트레프시아데스는 뭔가 쓸모 있는 것을 배워오라며 소크라테스에게 말 안 듣는 아들을 보냈다. 하지만 그 결과 옳고 그름을 분간하기는커녕 자신에게 유리한 것만을 좇아 아들은 아버지를 구타하기에 이른다. 아리스토텔레스는 《정치학》에서, 현실적인 유용성을 교육의 기본 목표로 삼는 데 반대하는 입장을 취했다. 이러한 태도를 그는 속물적이라고 혐오했으며, 정신적 문화와 과거에 '미덕'이라고 불리던 보다 높은 곳을 지향하는 태도를 강조했다. 그는 인간의 통합성과 능률성, 강인함을 중요하게 여겼으며 작문 실력 외에도 음악과 미술, 스포츠에 대한 재능을 높이 샀다.

이러한 구분은 제국 시대에도 반복되었는데 가령 루키아노스는 《꿈》

Somnium에서 기술Technē과 훈련paideia 가운데 자신의 삶의 목표를 선택해야 했다. 전자는 프락시텔레스Praxiteles를 가리키고 후자는 소크라테스를 가리키는데 그는 두뇌 활동이 육체 활동보다 더 고귀하다며 소크라테스를 선택했다. 빌헬름 폰 훔볼트는 정신 교육이야말로 인본주의적 교육의 목적이라고 말했다. 그는 단순한 이익, 즉 속물적인 이익에 맞서서 인본주의적 교육을 옹호했다.

젊음과 늙음

○ 젊은 그리스인들은 18세에 공적인 삶의 영역에 발을 들였다. 소년pais은 청년Ephebe이 되고 2년 동안의 군복무를 마쳐야 했다. 이는 아리스토텔레스가 쓴 아테네의 법률에 대한 기록에서 확인할 수 있다. 군대 소집이 되면 자유로운 아테네 시민 계급 출신의 청년들은 각자 검사를 받고 선서해야 했다. 그리스인은 로마인과는 달리 출생증명서가 없었기 때문에 주변인들이 지위나 나이를 증언해주어야만 했다. 이때 불확실한 정보를 제공하는 것은 범죄로 처벌되었다. 이는 외국에서 태어나거나 노예인 자 혹은 미성년자가 청년으로 행세하고 이후 시민 지위를 획득하는 것을 방지하기 위해서였다. 신생아는 신성한 맹세sacramentum라는 것을 하도록 했는데 이는 일종의 동맹의 맹세로[9] 이후에 각 지역 시민 명부에 올라 돌판에 이름이 새겨졌다. 각 연령대는 그 연령대에 속하는 영웅의 이름을 따서 거론되었으며 각기 42개의 연령대가 있었다. 42세 이후에는 새로운 연령대가 시작되었다. 60세가 되면 시민으로서의 의무에서 면제되며 군대의 의무는 50세에 끝났다. 스파르타의 경우 40세에 군대의 의무에서 면제되었다.

아테네의 청년은 감독과 지도를 받는 위치에 있었고 의무 면제를 즐길 수 있었다. 대부분은 단체로 살면서 숙식을 제공받았다. 이들은 짧고 검은 망토 같은 클라미스chlamys를 걸치고 챙이 넓은 페타소스petasos라는 모자를 썼다. 2년째에는 창과 방패를 받고 극장에서 전투 연습하는 모습을 공연했다. 행진이나 다른 축제의 행사에서도 이들은 항상 무리 지어 있었다. 그리고 항구나 국경 시골 등에서 보초 서는 일을 맡았다. 20세가 되면 의식을 치르고 완전한 성인이 되었다는 것을 선언했는데 그 말은 징병의 의무와 투표권이 주어지며 쓰레기를 치우는 일 같은 나랏일에 부역해야 할 임무가 주어진다는 것을 의미했다. 로마 시대에 군사 훈련은 그 중요성이 점점 줄어들었다. 플루타르코스의 《도덕론》에서 볼 수 있듯이 교육은 부유층의 자제에게 문학이나 지질학, 수사학이나 음악을 전수하는 것에 집중되었다.

존경받는 또래 집단에 속한다는 것은 젊은이에게나 노인에게나 중요한 문제였다. 스파르타에서는 게론테스Gerontes 위원회, 즉 게루시아Gerusia에 속하는 것이 이에 해당했고 로마에서는 원로회, 기독교 단체에서는 장로회에 속하는 것이 영예로운 일로 여겨졌다. 게루시아는 두 명의 왕과 스물여덟 명의 평생 원로 회원으로 꾸려졌는데 이들의 나이는 최소한 60세가 넘어야 했다. 게론테스는 스파르타 국가 의회에서 선출했으며 모든 정치적인 주제에 관해 논의했다. 스파르타에서는 나이를 먹을수록 더 좋은 대우를 받았는데 키케로가 《노년에 관하여》에서 쓴 것처럼 나이가 주는 풍요로운 삶의 경륜과 통찰력을 높이 평가한 것이다. 이는 호메로스의 소설에 나오는 슬기로운 노장군 네스토르에 대한 묘사에서도 잘 볼 수 있다. 호메로스는 《일리아스》에서 그를 '참신한 늙은이'Schadewaldt라는 뜻의 오모게론ōmogerōn이라고 불렀다.

하지만 아리스토텔레스는 《정치학》에서 나이가 들면 몸도 마음도 같이 늙는다고 말했다. 《수사학》에서는 늙은이들은 대체로 인색하고 심술궂으며 고집스럽고 괴팍하며 자기주장이 강하고 말이 많으며 의심도 많고 우유부단하며 짓궂기까지 하다고 언급했다. 당시 아리스토텔레스는 분명 젊은 나이였을 것이다.

젊음의 신

○ 젊음과 나이도 그리스에서는 의인화되었고 그에 맞는 특징을 부여받았다. 호메로스의 《오디세이》에도 젊음의 여신 헤베가 등장하는데 그녀는 올림푸스의 제우스와 헤라의 딸이다. 헤베는 헤라클라스가 천국에 입성한 후에 그의 아내가 되는데 가니메데와 함께 신들의 축제에서 영생의 넥타르와 암브로시아를 따라주었다는 이야기가 《일리아스》에 나온다. 델피 신전의 아폴론에게 바치는 호메로스 이후의 찬가에서 헤베는 카리테스와 호라이, 하르모니아와 아프로디테와 함께 올림푸스에서 원무를 추는 모습으로 등장한다. 여러 장소에 헤베의 신전이 생겨나며 그녀를 숭배했고 코린트의 필루스에 있는 신전은 피난민들의 안식처가 되어주기도 했다. 파우사니아스는 헤베 신전의 성수에 매달려 있는 노예들의 쇠고랑을 목격하기도 했다. 폴리클레이토스가 만든 헤베의 조각상은 없어졌지만 여신의 모습이 그려진 꽃병은 다수가 전해 내려오고 있다. 로마인들은 유벤타스를 숭배하며 그리스의 헤베의 모습을 본따서 BC 218년에 여신상을 만들었다고 리비우스가 기록했다. 로마의 소년들이 청년기에 도달하면 유벤타스 여신 앞에서 희생제를 지냈다고 아우구스티누스는 기록했다. 유벤타스 여신 기념일은 10월 18일이었다.

게라스는 나이를 의인화한 신 중 남성 신이며 훨씬 불친절하다. 헤시오도스가 《신들의 계보》에서 묘사한 바에 따르면, 게라스는 공포와 골칫거리, 질투와 죽음 비참함과 분노 그 외 여러 가지 질병을 모두 품은 밤의 상징이다. 필로스트라투스가 쓴 《아폴로니우스전》Apollonius-Vita에는 죽음을 숭배하는 가데스 신전이라는 곳이 언급되었다. 노년기의 엄청난 괴로움에 대해 에우리피데스는 희곡 《헤라클레스》Hercules에서 노래하고 있다. 게라스가 바다에 빠져 죽거나 공기 속으로 사라지게 하소서! 꽃병 속의 그림에는 헤라클레스가 몽둥이를 들고 게라스를 쫓아가는 모습이 그려져 있다. 헤라클레스는 게라스를 잡지는 못했지만 멀찍이 물러서게 하는 데는 성공한다.

성스러운 아이

○ 늙음이 아닌 젊음을 선호하는 인간의 태도는 아이를 신성시하고 숭배하는 문화에서 잘 드러난다. 아이는 신과도 같고 신은 아이와도 같다. 과자와 빵으로 만들어진 마녀의 집에서 그레텔이 마녀에게 한 대답을 기억하는가? "바람, 바람이에요. 천국의 아이지요!" 이 같은 개념은 그리스 문화에서 비롯되었으며 신은 영원불멸이긴 하지만 이들도 부모가 있고 아기로 태어난다는 생각을 바탕에 깔고 있다. 제우스의 출생지는 크레테 혹은 여러 장소로 알려져 있다. 주피터는 베디오비스Vediovis라는 이름으로 숭배의 대상이 되었다. 테베스 근처의 카베이리 신전에서는 엘루이시스와 올림피아의 신화를 바탕으로 하여 신을 갓 태어난 아이로 숭배하고 있다.[10] 그의 이름은 타부taboo였다. 1877년 에른스트 쿠르티우스Ernst Curtius는 고고학 발굴 작업을 통해 프락시텔레스의 헤르메스가 소년 디오니소스를 팔에 안고

있는 BC 330년 무렵의 유물을 세상에 선보였다. 파우사니아스도 이 조각상을 보았다고 증언했는데 그러다가 지진에 파묻히고 클라데오스강의 모래 속에 잠겨버린 바람에 콘스탄틴의 예술품 밀수꾼의 손아귀에서 벗어날 수 있었다. 가장 유명한 어린 신은 사포Sappho가 말한 대로 아프로디테의 '달콤쌉싸름한' 아들인 에로스이다. 에로스는 가끔은 손도끼나 채찍을 들고 있지만 대부분은 활과 화살을 지니고 있다. 그리스 문화에서 그는 하찮은 신이었지만 로마에서는 큐피드나 큐피드와 같이 다양한 모습으로 진화했다.[11] 아풀레이우스Apuleius는 《변신》Metamorphoses에서 에로스를 젊음의 신으로 묘사했는데 호기심 많은 프시케는 에로스와 불행한 사랑에 빠지고 만다. 이 사랑의 신은 종종 푸토로 형상화되기도 한다.

신성한 아이를 숭배하는 관습은 시간의 흐름이라는 출생의 개념과 결합되어 새로운 봄, 새로운 한 해, 새로운 시대의 도래를 축하하는 것을 의미하기도 했다. 이는 로마 시대에서 베르길리우스의 《제4전원시》Fourth Eclogue가 등장한 아우구스투스 시대로 이어졌다. 테오그니스Theognis의 작품에서 에로스는 봄꽃들을 가져다주는 신이며 제국 시대에는 새로운 성장을 축하하는 의미에서 아티스와 아도니스의 생일을 기념일로 삼았다. 우리 집 정원에 놓인 작은 요정 인형은 아도니스 로즈라는 봄꽃을 떠올리게 하는데 이 꽃들이 심긴 정원은 죽음 이후에 부활한 신비주의자들을 상징하기도 한다. 영지주의가 지배하던 알렉산드리아 지역의 달력에서 새해는 신의 아이의 생일로 시작되었다. 가장 사랑받는 '천국의 아이'는 물론 하느님의 아들인 예수일 것이다. 그는 '신성한 아기'sacro bambino로 경배의 대상이었으며 나무 인형으로 만들어져서 로마의 아라코엘리에 있는 산타마리아를 포함해 여러 지역에서 숭배되었고 기적을 일으키는 존재로 추앙받았다. 사회주의 체제 안에서조차 이 같은 풍습은 사라지지 않았고 크리스마스 아기 예수는 '협동 난쟁이'로 변모했으며 크리스마스 천사들은 '한 해의 끝을 알리는 날개 달린 인형'의 모습으로 바뀌었다.

로마인의 삶의 단계

○ 로마에서 나이의 단계는 그리스의 그것과 거의 비슷했다. 켄소리누스가 분류한 나이에 대한 글을 바로는 자신의 책에서 인용했다. 그는 인생을 15년이라는 동일한 시간 간격으로 4단계로 분류했으며 마지막 단계는 열어두었다. 15세가 되기 전까지는 소년puer의 단계에 머무르며, 이는 민속학적 어원으로 볼 때 '순수한'purus이라는 단어에서 파생된 것으로 미숙함을 의미하기도 한다. 아기 시절infancia에 대해서는 특별히 언급된 것이 없다. 아기들은 아직 말을 할 수 없기 때문이다. 30세까지는 청년adulescence 시기에 해당되는데 이는 '자라다'라는 의미의 알레스코alesco라는 단어에서 유래했다. 3단계는 45세까지 포함하며 이들을 젊은이라는 뜻의 유베니스iuvenis라고 칭했다. '돕다'라는 뜻의 유바레iuvare에서 유래된 단어로, 이 시기의 사람들이 전사로서 국가를 도와주기 때문이었다. 네 번째 단계는 60세까지로 연장자senior 혹은 장자로 불리었으며 다섯 번째는 세넥스senex, 즉 노인으로서 그 끝을 알 수 없다. 바로는 BC 27년에 89세의 나이로 사망했다. 그의 나이 구분은 남성 시민을 중심으로 한 것이었으며 여성의 삶의 단계는 숫자로 세분화되지 않았다. 이들은 소녀puella에서 처녀virgo로, 장년의 여성matrona에서 노인anus으로 불리었다.

호라티우스는 《시학》에서 인생을 4단계로 구분했다. 소년들은 동년배와 놀 때 기분이 쉽게 바뀐다. 감시에서 벗어난 젊은이들은 말과 개와 장난치며 즐거움을 찾고 쉽게 유혹에 빠진다. 가르침을 받거나 계획을 세우기 힘들며 자신이 사랑하던 것을 쉽게 떠나버린다. 장년이 되면 돈을 좇으며 익숙한 것을 추구하고 위험을 피하려 한다. 이제 힘든 일은 노인에게는 부담이 된다. 여전히 돈을 모으지만 쓰지는 못하고 결정하는 일도 힘들어한다. 또한 노인은 젊은이들을 못마땅해하고 흘러간 과거를 칭송한다. 세월은 많은 것을 주고 많은 것을 앗아간다. 그러니 모든 이는 자신의 나이에 맞게 행동해야 한다![12] 삶을 4단계로 나누는 것은 2세기의 플로루스Florus를 비롯하여 4세기 말의 아미아누스Ammianus에게서도 볼 수 있다. 락탄티우스는《제도집》에서 삶의 5단계를 언급했고 린디누스Lindinus는 인생을 10년씩 10단계로 나누었다.[13] 그러니 연령에 따른 인생 계획표를 만들기 위해 과거의 선례를 참고하려는 교육자들은 선택의 여지가 무궁무진하다고 할 수 있다.

셰익스피어와 쇼펜하우어

○ 잘 알려진 고대 삶의 단계는 근대 문학에도 반영되었다. 셰익스피어는 1600년에 쓴 자신의 희극《뜻대로 하세요》2장에서 인생을 연극에 비유했다. "이 세상은 모두 무대다." 그는 요일을 삶의 단계로 차용했으며 그것은 삶이라는 무대의 '연극'이 되었다. "인생은 7막과도 같다." 플라톤의 저술과 흡사하게 쓴《악시오쿠스》와 같이, 그 내용은 염세주의로 가득 차 있다. 첫 번째는 유모의 팔에 안겨 우는 아기요, 두 번째는 학교에서 고되게 공부하는 소년이며, 세 번째는 불행한 사랑에 빠진 젊은이요, 네 번째는 포문 앞에서 보초를 서는 군인이며, 다섯 번째는 배 나오고 수염을 기른 법관과 같이 속물이 된 장년이며, 여섯 번째는 우스꽝스러운 늙은이의 우울한

초상이며, 마지막 장인 일곱 번째는 기억도 이빨도 사람을 알아보는 눈빛도 없는 두 번째 어린 시절이 시작되는 것이다. 그러니 모든 연령대가 각기 불쾌한 역할을 맡을 수밖에 없다.

쇼펜하우어는 1851년 《삶의 지혜를 위한 잠언》Aphorismen zur Lebensweisheit의 말미에서 철학적인 염세관을 내보인다. "채워지지 못하는 기대와 통제할 수 없는 열정에 휩싸이게 되므로 젊음은 불행할 수밖에 없다. 또한 나이가 들면 삶의 무상함에 직면하고 행복이나 삶의 의미와 같은 모든 것도 솔로몬이 말한 대로 단지 허상에 불과하다는 것을 깨닫기 때문에 노년도 불행할 수밖에 없다." 행복에 대한 믿음은 그런 건 없다는 깨달음으로 이어진다.

인생의 단계에 따른 의무와 권리

○ 인생의 단계에 따른 의무와 권리 혹은 도덕적 행동 양식이 로마 시대에는 매우 엄격하게 규제되었다. 자유로운 시민으로 태어난 로마의 신생아는 부모의 지위에 따라 가죽이나 금으로 만들어 목에 두르는 '불라'bulla를 받았다. 이 관습은 고대 에트루리아의 것으로, 아이를 보호하기 위한 주술적 성격이 있었다. 지금까지 전해 내려오는 여러 불라들 중 머리칼을 넣은 캡슐형 불라도 있다.[14] 17세가 되는 남자아이는 견습 의식을 치러야 했는데 이때 불라를 가정의 수호신인 라레스Lares에 바치는 제의를 행했다. 소년은 아이의 옷을 벗고 성년의 상징인 토가로 갈아입은 다음 포룸으로 이동하여 카피톨리노에서 자신의 행정구역에 시민으로 등록했다. 동시에 그는 완전한 이름을 얻을 수 있었다. 완전한 성인으로서 전쟁에 나가고 결혼을 할 수 있으며 소년puer이 아닌 청년iuvenis이 되는 것이다. 희생제와 축제가 섞인 이

의식은 오비디우스의 《행사력》 3장에서 볼 수 있는 것처럼 대부분 바쿠스 축제라고도 알려진 리베르 파테르Liber Pater 축제 시기인 3월 17일에 열렸다. 또한 싸움터에 나가는 병력을 구성하는 유니오레스iuniores는 17세부터 46세까지이며 기본 병역 연령대 이상의 남성 시민인 세니오레스seniores는 46세부터 60세까지였다. 황제 치하의 전투병인 레지오나리에스Legionäries의 복무 기간은 20년이었으며 최정예 친위대Prätorianergarde의 경우 16년이었다. 세네카의 《인생의 짧음에 대하여》를 보면 징병의 의무는 50세에 끝나며 원로회의 의무는 60세부터 시작되었다.

로마 제국 시대에는 성년과 관련하여 여러 논의들이 있었다. 223년에는 성년을 25세로 결정하고 아테네와는 달리 논란이 있는 경우에는 성년을 출생증명서로 증명하도록 했다. 로마법 대전Codex Justinianus에는 자신의 이익을 위해 성년이 되었다고 거짓말하거나 부정하고 잘못된 생각에 빠져 자신을 성년이라고 속인 자, 개인적인 이익을 위해서나 불이익을 감수하고도 성인이면서도 미성년이라고 속인 자들에 관한 규정이 있다. 미성년은 법률적으로 제한적인 권리를 행사했지만 법률에 의해 어느 정도의 보호를 누릴 수 있었다. 성년이 된 사람은 세금을 내야만 했다. 이는 지역마다 달랐다. 디오클레아티누스는 25세 이하의 학생은 부친의 재산에 부담을 안겨줄 수 있으므로 납세의 의무에서 면제된다고 칙령을 통해 공표했다.[15]

로마 사회는 지위에 따른 계급 구분이 이루어졌다. BC 367년에 평민과 귀족이 평등하다고 공표되면서 개인 신분의 우열은 공무의 성격이나 공무 기간에 따라 정해졌다. 고대 후기의 황제 치하에서는 공무의 기간이 중요한 역할을 했다. 따라서 379년부터 황제에 즉위한 동로마의 테오도시우스 황제는 375년부터 서로마의 황제였던 어린 발렌티니아누스 2세보다 서열이 낮았다고 볼 수 있다.

로마의 청년 조직

○ 에페비아Ephebia와 비교할 수 있는 로마 제국의 교육 기관으로 콜레지아 유베눔collegia iuvenum이 있다. 청년 조직으로서 군사 예비 훈련을 비롯하여 로마 제국과 황제에 대한 충성을 배양하는 기관이었다. 아우구스투스는 견고한 청년 조직을 세웠는데 초기에는 승마기술이 뛰어난 순서대로 조직을 결성하여 축제 때에 '트로이 경기' 같은 승마 퍼레이드를 벌이는 데 활용됐다. 이 같은 청년 조직은 로마에서 스페인으로 그리고 소아시아 지역으로 확대되었다. 이들은 축제에서 무기 다루는 기술을 뽐내고 승마와 수영, 구기 종목을 비롯한 다양한 경기를 펼치며 제국에 충성하는 모습을 보였다. 초기에는 청년 조직에 상류 계층의 자제들만 포함되었지만 200년 무렵 셉티미우스 세베루스 황제 이후로는 모든 청년 조직이 축제에 참여했다. 이들 청년 조직은 민병대 역할을 할 뿐 아니라 장교 후보생들의 기반이 되었다. 국가 청년 조직으로 실질적인 군사 훈련의 기틀을 닦을 수 있었다. 청년 조직의 일인자는 황제 아우구스투스로부터 그에 맞는 칭호와 상을 받았다. 이 칭호는 4세기 후기까지 동전이나 비문에 등장한다.

나이와 관직

○ 공무직을 선출하는 방식은 공화정 때 생긴 나이 구분법에 의해 이루어졌다. 초기에는 이 방식도 유연하게 운용되었다. 가령 스키피오는 이미 BC 210년에 25세의 나이로 집정관이 되었고 BC 202년에 한니발을 무찔렀다. 리비우스에 의하면 BC 180년에 호민관 루키우스 빌리우스는 자신의 이

름을 딴 빌리우스 정무직 연령법을 만들었는데 100년 후에 술라는 코르넬리우스 법을 통해 쿠르수스 호노룸cursus honorum을 만들어서 공직자의 최소 연령을 정하고 공직에 승진하는 데는 최소 2년의 기간이 필요하다는 등의 세부규정을 세웠다. 17세에 시작하는 군복무가 끝나면 기술 관직에 지원하는 것이 가능했고 그다음에는 재정을 담당하는 재무관에 도전할 수 있었으며, 이후 각 2년마다 신전이나 시장, 경기를 담당하는 안찰관 혹은 지방 호민관으로 승진할 수 있었다. 40세가 되면 프라이토르, 즉 법무관이 될 수 있는 자격을 얻고 43세부터는 가장 중요한 관직인 집정관이 될 수 있었다. 키케로는 BC 63년에 집정관이 되기까지 최연소로 모든 관직에 올랐다. 법무관과 집정관은 군을 지배할 수 있는 권한을 가지고 있었다. 폼페이우스나 아우구스투스처럼 유명한 아버지를 둔 아들은 매우 어린 나이에도 예외적으로 관직에 들어설 수 있었다.

노년에 대한 고찰

○ 키케로는 죽기 1년 전인 BC 44년, 노년에 대한 글을 썼다. 막 시작된 노년의 여러 징후들에 대해 자신을 위로하고 사람들에게 노년에 관한 철학적 가르침을 전해주기 위해서였다. 키케로는 그리스의 본보기에 따라 84세에도 철학자로서의 본분을 잊지 않았던 전 세대 철학자 대 카토의 입을 빌려 자신의 생각을 전했다. 키케로의 사유는 노년에 대해 티토누스Tithonus를 인용했던 소요학파 케오스의 아리스톤Ariston의 웅변과는 그 의미가 다르다. 티토누스는 매우 잘생긴 청년으로 새벽의 여신인 에오스의 연인이었다. 에오스는 제우스에게 자신의 연인을 위해서 영원한 삶을 청했는데 영원한 젊

음을 청하는 것을 깜빡 잊어버렸다. 그리하여 티토누스는 늙고 나약해졌고 에오스는 더 이상 그와 잠자리를 하지는 않았지만 여전히 자신의 궁전에서 지내게 했다. 티토누스는 점점 허약해졌고 몸을 떨면서 결국 매미로 변해갔다.[16] 걸리버는 여행 중 스트룰드브룩스란 곳에서 영원한 노쇠함이란 형벌을 받은 티토누스 같은 사람들을 만나기도 했다.

키케로의 《노년의 대 카토》Cato maior de senectute는 이러한 역설을 바탕으로 한 작품이다. 젊을 때는 모두 나이 들고 싶어 하지만 나이가 들면 누구나 그것을 한탄한다. 이는 일반적으로 불쾌한 것을 참지 못하는 인간의 자연스러운 경향 탓이다. 하지만 키케로는 노년이야말로 자연의 선물이며 그것을 고맙게 받아들이라고 조언한다. 또한 노년이 가진 네 가지 단점에 대해서도 반박했다. 가령 노년이 되면 공적인 활동이 제한되고 육체적 힘이 감소한다는 주장에 대해, 그는 노년에 어울리는 능력에 집중하면 된다고 반박했다. 지도자의 역할이나 가르침과 조언을 제공하는 능력이 바로 그것이다. 국가를 망치는 것은 힘이 넘치는 청년들이지만 국가를 보전하는 것은 지혜로운 입법자인 노인들이라는 것이 숨은 의미일 듯하다. 노년의 기억력 감퇴는 그다지 중요한 문제가 아니다. 열정과 부지런함만 있다면 노년에도 얼마든지 정신력을 유지할 수 있다. 솔론도 매일 새로운 것을 배움으로써 나이가 들어간다고 썼다. 플라톤도 《향연》에서 다음과 같이 말했다. "눈의 총명함이 흐려질 때 정신은 완벽한 힘을 얻게 된다." 그러면서 그는 키케로를 인용하며 소크라테스처럼 자신이 아는 것을 젊은 세대에게 넘겨줌으로써 스스로 다시 젊음을 느낄 수 있다고 설파했다. 육체적 운동과 온건한 삶의 방식이 노화를 지연시킨다.

삶의 의욕과 사랑에 대한 열정이 감소한다는 세 번째 단점에 대해서도 키케로는 사람의 고통이라는 관점에서 대 카토의 입을 빌려 반박했다. 그는 플라톤의 《국가》를 인용하면서, 여전히 여인과 잠자리를 같이 할 수 있느냐는 상대의 질문에 들짐승처럼 자신을 지배하던 열정으로부터 벗어나게 되어서 홀가분하다고 답한 소포클레스의 말을 들려주었던 것이다. 이 일화는 쇼펜하우어에 이르기까지 많은 철학자들의 환영을 받았다. 바오로도 《코린토전서》 7장 9절에서 육체적 사랑은 괴로운 것이라고 정의했다. 대 카토는 나이가 들어서도 여전히 삶을 즐기면서 건강하게 사는 농부나 정원사 들을 자세하게 묘사하기도 했다. 여기에 덧붙이자면, 인간이 삶을 살아가면서 얻은 명성은 노년에 얻게 되는 왕관이다. 그는 죽음에 가까워진다는 네 번째 단점에 대해서도 말했다. "종말을 항상 염두에 두되 두려워하거나 슬퍼하지는 말아야 한다." 그는 후세들의 의식 속에서 삶은 지속된다고 믿었으며 이 때문이라도 명예로운 행위를 추구해야 한다고 설파했다.

노년의 끝과 죽음은 보통 삶의 달갑지 않은 부분으로 받아들여진다. 그렇다면 유한한 시간에 대해 불평하는 것이 당연한 것일까? 세네카는 이를 부정한다. 《인생의 짧음에 대하여》에서 그는 '불평하는 자는 삶을 너무 많이 낭비했기 때문에 시간이 얼마 남지 않은 것'이라고 했다. 시간은 그 무엇보다도 고귀하다. 괴테도 똑같은 말을 했다. 하지만 그는 세네카와는 다른 결론을 내렸다. 우리는 더 깊이 몰두하고 많은 일을 할수록 시간이 빨리 가는 것처럼 여기며 기다리거나 게으르게 흘려보내는 시간은 지루하고 느리게 느낀다는 괴테의 말을 위에서도 살펴보았다. 이런 의미에서 괴테는 다음과 같이 썼다.

> 내 삶을 짧게 만드는 것은 무엇인가?
>
> 　　활동.
>
> 내 삶을 참을 수 없이 늘어지게 만드는 것은?

게으름.

하지만 세네카는 여유로운 삶을 옹호하며 지나친 활동으로 스트레스받는 자신의 동료들을 비판했다. 철학자 세네카의 눈으로 본 시간만 낭비하는 의미 없는 활동은 다음과 같다. 쉴 새 없는 부와 명성에 대한 추구와 멋진 외모에 대한 환상, 모든 종류의 즐거움과 쾌락을 좇는 행위와 자질구레한 역사에 대한 천착! 지혜로운 이는 철학자들이 찾는 삶과 자연의 위대한 질문들을 이해하기 위해 노력한다. 이 같은 삶을 사는 이는 어느 때고 죽음을 바라볼 수 있다. 세네카는 기독교 이전의 고대 로마 문화 속에 존재했던 천국이나 축복받은 자의 섬 혹은 호메로스의 《오디세이》나 베르길리우스의 《아이네이스》에 등장하는 지하 세계와 같은 다른 영원한 세계의 개념은 전혀 믿지 않았다. 키케로는 《국가론》에서 죽은 스키피오를 은하수의 큰 별로 승격시켰다.

사후 세계에 대한 모종의 믿음이나 죽은 자의 영혼에 대한 숭배 혹은 죽은 자의 부활에 대한 믿음을 날카롭게 비판한 이는 루크레티우스와 대 플리니우스였다. 삶의 이전에 아무것도 없는 것과 마찬가지로 죽은 다음에는 어떤 감각도 남아 있지 않다. 사후 세계에 대한 믿음은 어리석을 뿐 아니라 매정하기 짝이 없는 관념이다. 불안한 삶 이후에 찾아오는 영원한 휴식이야말로 자연의 가장 아름다운 선물이기 때문이다.

나이에 대한 우화

○ 로마인들은 인생의 단계를 역사의 한 부분에도 적용시켰다. 인생

의 단계에 대한 알고리즘은 당시 그리스인들에게도 보편적으로 퍼져 있던 개인과 국가의 발전 단계를 동일시하는 관점에 기반을 둔 것이다. 플라톤에 의하면 한 이집트 사제는 솔론에게 그리스인들은 고대 전통이 결여되어 있으므로 여전히 아이에 지나지 않는다고 말했다고 한다. 반면에 아리스토텔레스도 이집트인들을 가장 나이 많은 민족이라고 불렀다. 그리고 그는 로마가 인생의 요람에서 노화의 단계에 와 있다고 정의 내렸다. 세네카가 로마를 인생 단계에 비교한 것은 락탄티우스의 《제도집》을 통해서 우리에게 전달되었다. 그는 로물루스 치하의 로마를 유년기라고 보았으며 이후의 왕들이 다스린 로마를 소년기로 정의했다. 그리고 공화정의 시작을 로마가 성숙해지는 시기라고 칭했으며 그다음을 완전한 성년이 된 시기로 보았다. 아우구스투스 황제부터 로마는 황제들의 힘에 의존하는 노년기, 즉 두 번째 유년기에 접어들게 되었다고 보았다.

이후의 시대에서 로마와 세상은 대체로 노년에 이르렀다는 느낌이 강하게 느껴지는데 이는 크게 세 가지 방식으로 해석될 수 있다. 그 하나는 (세네카와 락탄티우스가 인용한 대로) 임박한 세계의 종말 징후가 드러나는 시대, 또 하나는 재생 혹은 새로운 시작을 알리는 시점, 마지막으로는 키케로의 《연설가에 대하여》와 아미아누스 혹은 400년 무렵 여러 저자들의 저서에 언급된 고귀한 은둔에 해당되는, 하염없이 행복하게 물러서는 시대다.[17]

고대 후기의 교회 사제들은 인간 역사의 유한성이라는 개념을 공고히 하려는 의미에서 인생의 단계를 세속의 역사에 적용시켰다. "세상이 소멸하고 있다."라는 토포스topos(반복적으로 나타나는 고정형 문구 또는 표현—옮긴이)를 바로가 언급한 이래로 겔리우스도 그 말을 인용했고 이는 다가오는 종말의 개념을 보다 확실하게 뒷받침해주었다. 아우구스티누스는 인류의 역사를 인생에 비교하며 일주일과 같이 일곱 개의 구간으로 나누었다. 대홍수 시기까지는 유년기에 속하며 아브라함의 시대까지는 소년기, 다비드의 시대까지는 청년기요, 바빌론 유수까지는 성년기에 속하며 그리스도의 시대까지는 장년기이고 다가올 심판의 날까지는 노년기로 해석했다. 중세도 역시 이 같은 개념을 차용했다.

즐거운 청년기가 지나고 나서 시간도 스스로 나이가 들고 힘이 없어진다는 생각은 13세기 아라비아의 알카즈위니의 문헌[18]과 이븐 칼둔Ibn Khaldun의 《무카디마》Muqaddima에도 등장한다. 이들도 인간의 삶의 단계를 한 나라의 역사나 문화에도 적용시켜 비유했다. 이를테면 아랍인들이 유목 문화에서 도시 문화로 옮겨가는 과정을 인간의 단계에 비교했다. 인간이 40세까지는 줄곧 힘이 강해져서 한동안 힘의 정점에 머무르다가 하향 곡선을 그리며 약화되는 것처럼 정치나 문화 체계도 마찬가지다. 시간이 갈수록 인간의 재산이 축적된다는 것은 곧 삶이 퇴보된다는 것을 의미한다. 사치스러움은 타락의 징후로서 세상의 종말을 불러온다.

근대 역사에도 비슷한 관념이 존재했다. 1620년에 프랜시스 베이컨은 마지막으로 쓴 에세이에서 다음과 같은 생각을 피력했다. 국가의 청년기에는 무기고가 번성하고 중년에는 과학이 번성하며 이후에는 둘 다 번영을 누리다가 노후기가 되면 기술과 무역이 번성하게 된다. 베이컨은 마찬가지로 이것을 과학의 역사에도 적용할 수 있다고 주장했다. 처음에는 유년기가 오고 그다음은 10대가 찾아들며 이후에는 견고하고 잘 통제된 성년기가 오며 결국 건조하고 힘 빠진 노년기가 되는 것이다. 야코프 부르크하르트는 자신의 저서 《세계 역사의 관찰》Weltgeschichtlichen Betrachtungen에서 인생의 단계를 한 나라의 운명에 비교하여 여러 번 얘기한 바 있다. 그는 한 나라의 '출생의 울음'에서부터 '젊은 시절' 그리고 '삶의 단계'와 '죽음'까지 다루기도 했다. 헤겔은 이러한 비교 방식을 보다 체계화시켰는데, 그에 따르면 고대 동양은 인간 역사의 유년기에 해당되며 소년기는 초기 페르시아 문화에서 찾을 수 있고 그리스 문화는 청년기, 로마 문화는 성년기에 해당되며 기독교 게르만 문화는 '정신의 노년'에 속하는 것이었다. 오스발트 슈펭글러는 진보한 문명을 유기체의 기본적인 개념인 출생과 죽음, 젊음과 노년, 수명 같은 "일반적 생물학적 원형"으로 구분했다. 그에 따르면 현재의 유럽 문명은 '정신적 노망'에 걸린 상태라고 한다.

성경에서의 삶의 단계

○ 성경에서는 정확한 삶의 단계와 나이에 따른 구분이 구체적으로 등장하지 않는다. 아이들은 하느님이 주신 선물로 자주 등장하며 많을수록 환영받는다. "저에게 아이들을 내려주소서. 그렇지 않으면 저는 죽고 말 것입니다."라고 라헬은 자신의 남편인 야곱에게 말한다. 그녀는 남편을 자신의 종인 빌하에게 보내고 나서야 남편이 아니라 자신이 불임이었다는 사실을 깨닫게 된다. 하지만 결국 하느님은 라헬의 기도를 들어주었다(창세 30장). 솔로몬은 젊음은 즐거움을 누릴 시기이니 젊은이들은 생을 즐기고(코헬 11:9) 아내와 행복하게 살아야 한다(잠언 5:18). 성경에서도 그리스인들과 마찬가지로 나이의 이중성을 잘 이해했다. 한편으로는 지혜와 깨달음을 가져다주지만(욥기 12:12) 다른 한편으로는 여러 가지 고통을 가져다준다. 눈과 발이 약해지고 생식력과 정력이 쇠퇴하며 '나쁜' 날들이 다가온다(코헬 12:1).

이스라엘 부족은 유목민 시대에는 '연장자'들이 다스렸다고 루터 성경에 나온다. 불가타 성서에는 나이 든 연장자들에 대한 언급이 있는데 이는 70인역譯 성서에 나오는 장로회와 비교할 만한 연장자의 개념이다. '가장' 나이든 사람은 하나밖에 없기 때문에 오래된 역사학자인 솔로몬의 치하에서 '연장자들'은 법정 협의체를 구성했고(1열왕 12:6~8) 도시의 통치자 역할을 했다(1열왕 21:8~10). 예루살렘의 빌라도 시대에는 장로와 필경사 들, 수석 사제가 함께 도시를 다스렸다. 이들은 로마 시대에도 살인 사건을 제외한 판결에서 자치권을 가지고 있었다.

예수의 제자와 이스라엘의 장로들

○ 바오로가 《갈라티아서》(3:26)에 설명한 대로 유대인은 아브라함의 자손들이며 기독교인들은 '신앙을 통해' 하느님의 자녀가 된 이들이다. 자녀가 없었지만 아이들을 좋아했던 예수는 성미가 급한 제자들에게 이렇게 말했다. "어린이들을 그냥 놓아두어라. 나에게 오는 것을 막지 마라. 사실 하늘나라는 이 어린이들과 같은 사람들의 것이다."(마태 19:14) 당시는 세례를 받지 않고도 천국에 가는 것이 가능했다. '제자'Jünger라는 용어는 성서에서는 열두 제자를 주로 의미하지만 그리스어로는 단순히 학생이라는 뜻으로 마테타이mathetai와 같으며 라틴어로는 디스키풀리discipuli와 동의어이며, 프랑스와 영어인 제자disciples가 여기서 유래했다. 더 어리다는 뜻의 비교급 표현은 '융거'Junger라는 고지 독일어에서 예수의 제자를 가리키는 단어인 '융기로'jungiro로 이미 존재했다. 마이스터 에크하르트Meister Eckhart까지만 해도 제자를 '융거'Junger라고 표기했지만 이후 루터의 성서에 움라우트가 붙어서 '윙거'Jünger로 표기되었다. 예수의 제자들은 사실 예수보다 나이 많은 이들이 많았을 것이다. 물론 이들의 출생일이나 사망일 혹은 나이는 당시에 명시되지 않았다. 그리스도는 미래와 영원을 위해 사시는 분이니 굳이 무상한

세속적 날짜를 헤아릴 필요가 없었던 것일까?

유대인의 장로 문화의 관습은 기독교 공동체에서도 지속되었다. 안티오크와(사도 11:30) 에페수스, 예루살렘 등지의 기독교 공동체는 라틴어로는 세니오레스seniores 혹은 마이오레스 나투maiores natu라고도 칭했던 장로회에 의해서 주도되었다. 《요한묵시록》 4장 4절에 보면 하느님의 천국을 위한 위원회에 흰 가운을 입은 24명의 장로가 토가 차림의 로마 원로회 의원들처럼 앉아 있었다. 초기 교회의 장로들은 신자들의 머리 위에 손을 얹고 축복과 권한을 부여했다(1티모 4:14). 하지만 장로들은 아직 '신부'의 지위를 얻지 못했는데 다만 고지 게르만족 문화에서 신부는 장로로 불렸다.

세례, 견진성사 그리고 청년의 성인식

○ 세례와 나이는 서로 상관관계가 있었다. 초기 교회에서는 성인이 세례를 받는 것이 일반적이었으며 이는 예수가 요르단에서 세례 받은 것을 모델로 삼은 것이었다. 성령강림절에는 베드로의 설교를 듣고 3,000명의 유대인이 세례를 받았다고 전해진다. 세례식은 이미 그리스도에게 헌신하기로 한 맹세와 신앙을 받아들였다는 사실을 확인하는 상징적 의미가 강하다. 세례의 형식에서 신앙고백이 유래되었다. 이 같은 세례의 개념을 놓고 보자면 유아 세례라는 것은 있을 수 없으며 즉석 세례도 바오로가 리디아와 그녀의 집에 세례를 내려준 것과는 거리가 멀었다(사도 16:15). 《코린토 전서》 1장 16절에도 등장하지만 스테파누스와 그의 집에 세례를 내렸다고 할 때 '집'oikos은 루터가 번역한 대로 하인과 소작농을 비롯한 집안 사람들을 의미한다.

기원후 첫 200년 동안에는 세례를 받기 전 교리 수업이 있었는데 200년 무렵에 와서 세례를 받는 사람의 의식과는 별도로 성례 의식이 따르게 되었다. 그러다 보니 세례를 받지 않고 죽은 아이는 아무리 순수하다 할지라도 원죄에서 자유로울 수 없으므로 천국에 갈 수 없고 지옥의 변방limbo에 떨어질 수밖에 없다는 공포가 생겨났다. 림보는 지옥의 가장자리limbus에 있는 공간으로서 12세기 후반부터는 림보에 떨어지면 어떤 처벌을 받게 되는지에 대한 논의가 전개되었다.

성인 세례식이 보편화됨과 동시에 기독교 공동체에서는 유아 세례도 점점 대중성을 얻게 되었다. 하지만 유아 세례는 중세의 순결파 신자와 발도파 신자들Waldensern 그리고 근대의 재세례론자Wiedertäufern와 메노파 신자들Mennoniten, 침례교도Baptisten에 의해 거부되었다. 재세례론자들은 견진성사에서만은 유아 세례를 허용했다. 견진성사가 '성령이 깃든 세례'이기 때문에 기본적으로 세례를 받는 데에 나이나 성경적 지식은 상관없다고 여겼지만 12~14세까지의 연령대는 세례를 받을 때 견진성사의 의미에 대한 가르침을 받고 헌신 서약을 해야만 했다. 1540년 브란덴부르크에서 처음 선보인 견진성사는 필립 스페너Philipp Spener가 주창한 경건주의에 의해 보편화되었으며 주로 종려주일에 이루어졌다.

프랑스 혁명을 계기로 등장한 교회에 대한 비판은 19세기 부르주아 사회의 자유로운 사상적 분위기 속에서 반종교론이나 무신론, 자연 숭배 이론, 유신론 등으로 다면화되었다. 대중적인 크리스마스 축제나 의식들은 폐지되지는 않았지만 부분적으로는 세속적이고 또 부분적으로는 이교도적인 요소가 결합되어 재해석되고 재정비되었다. 이는 크리스마스뿐 아니라 부활절과 세례식 견진성사에도 마찬가지로 적용되었다. 그러다 1845년에 '종교로부터 자유로운' 청소년 헌신 예식Jugendweihe이 등장하는데 이는 자유로운 사상가와 일신론자, 공산주의자와 사회민주주의자 들이 모두 포함된 의식이었다. 이 예식은 1940년 국가사회주의의 '전환기'를 맞이하여 열네 번째 기념일을 맞이했다. 이는 1945년에 국가사회주의로부터 풀려나서 새롭게 조명되었다. 1950년에 독일사회주의통일당SED에 의해 금지되었던 청소년 헌신 예식은 1954년 동독 수상이었던 울브리히트Ulbricht에 의해 사회주의에 대한 맹세를 하는 의식으로 전환되었다. 당시 대학입학시험Abitur에 통과할 때 이 의식에 참여했는지의 여부는 매우 중요한 요소로 떠올랐다. 그러다 1990년이 되어서 이 의식은 정치적 색채를 벗고 청소년에서 청년으로 넘어가는 전환기를 기념하는, 선물이 넘치는 의식으로 새롭게 조명되었는데 그 과정에서 견진성사와 불가분의 관계에 놓이게 되었다.

젊음의 주인이 미래의 주인이다

○ 근대의 청년 조직은 그리스와 로마의 청년 조직인 에페비아나 콜레지아 유베늄을 상기시킨다. 이 같은 조직들은 원래 국가에 의해 만들어진 것이 아니라 국가와 사회를 변화시키기를 원하는 젊은이들에 의해 자발적으로 생겨났던 것이다. 이것은 1815년 통일 독일을 다시 작은 공국으로 나누는 것에 반발하면서 결성된 청년 조직인 부르셴샤프트Burschenschaft에서 시작되었다. 이는 이후 세계 대전 이전의 빌헤르미네 협회wilhelminische Gesellschaft에 반대하는 유겐트슈틸Jugendstil이라는 새로운 형식으로 반복되었다. 이 유겐트슈틸에서 '방황하는 새'라는 뜻의 반더포겔Wandervogel이 생겨났고 이후에 좌파와 우파로 각각 갈라지게 되었다.

1919년에 결성된 사회주의청년연맹Jungsozialisten은 1945년에는 사민당

내 유소JUSO라는 조직으로 거듭났다. 1933년에는 극우적 민족주의적 청년 조직인 히틀러 청소년단Hitlerjügend, HJ이 결성되었다. 이 조직은 1926년에 발두어 폰 시라흐Baldur von Schirach가 제국청년단장Reichsjugendführer으로서 활약하면서 시작되었다. 1939년부터 남자아이는 변성기가 시작되기 전 10세가 되면 독일소년단Deutschen Jungvolk에 의무적으로 가입해야 했고 소녀는 독일소녀동맹Bund Deutscher Mädel에 가입해야 했다.

히틀러 청소년단과 함께 1946년 자유독일청년단Freien Deutschen Jugend, FDJ이라는 공산청년 조직이 결성되었는데 어린이 단체인 소년개척단Junge Pioniere도 역시 결성되어 이념 교육과 예비군사 훈련 등을 받았다. 이들 단체의 최초 단장이었던 에리히 호네커Erich Honecker와 에곤 크렌츠Egon Krenz는 이후 동독 사회주의 통일당의 서기장이 되었다. 당에 속한 청년 조직은 기독민주당의 청년 유니온Junge Union, 1951년부터 활약해온 기독민주연합 청년조직Ring Christlich-Demokratischer Studenten, RCDS과 1982년부터 결성된 자유민주당FDP의 청년자유JuLis, Junge Liberale와 앞에 언급된 사민당의 유소 등이 있다. 독일사회주의자학생동맹은 기독민주연합청년조직과 마찬가지로 계급을 의식하여 학생과 비학생을 구분했다. 반면에 교회의 학생 조직은 계급 구분이 없었다.

청교도의 청년 조직인 기독교청년연맹Young Men's Christian Association, 즉 YMCA는 1855년경 벌써 전 세계에 지부를 둔 협회가 되었다. 반더포겔의 정신을 이어받아서 복음주의적 청년연맹Jungschar과 가톨릭의 게오르크 스카우트Georgspfadfinder가 결성되었다. 1849년에 쾰른에서 결성된 콜핑 협회Kolping Society는 가톨릭 장인연맹Katholischen Gesellenverein을 그 모태로 삼고 있는데 현재 국제적으로 알려진 사회단체가 되었다. 모든 주요 정당과 교회를 비롯한 여러 단체에서는 젊은 학생들을 장학금의 명목으로 유혹하는데 그 형태는 대부분 비영리 단체를 통해서다. 젊음을 소유한 이들이 미래도 소유하는 법이다.

1968년, 변화와 자유의 바람

○ 젊은 세대들의 일시적인 대중 집회가 이후에 거센 1968년 세대를 몰고 왔다. 부르셴샤프트나 다른 청년 조직과는 달리 68세대의 동력은 버클리와 파리 대학들의 소요를 비롯하여 바깥에서 시작되었다. 이들의 혁명적 동력이라는 것은 새로울 것도 없었다. 그 선두에 선 것은 자유 베를린 대학의 학생이었던 루디 두치케Rudi Dutschke가 이끌던 사회주의독일학생연맹SDS이었다. 처음에 이들은 미국이 베트남에서 일으킨 전쟁에 항의하는 시위에서 출발했지만 이후 1968년의 비상권한법에 반대하며 나치 청산을 이루지 못한 전통적인 권력과 '후기자본주의적 소비주의적 사회'에 저항하는 세력으로 자리 잡았다. 이들 세력이 본보기로 삼은 것은 마르크스와 마오쩌둥, 체 게바라였다. 대학은 한동안 혼란에 빠졌다. 이들의 슬로건은 '30세가 넘은 사람은 믿지 말라'였다. 학생들은 서로를 정중하게 부르던 이전의 관습에서 벗어나 편하게 부르기 시작했다. 예전에는 보통 상대를 '당신'Sie이라고 불렀다면 이제는 '너'Tu라고 부르기 시작한 것이다.

이들은 여러 영역에서 자유를 획득했는데 가령 성적 금기를 넘어서고 학생들과 대학의 목소리를 포함하여 개인의 의사를 자유롭게 표현할 수 있는 자유 등이 이에 속했다. 하지만 이후 학생운동의 좌파는 법과 규칙에 대항하는 적군파의 테러리즘에 경도되었고 이전까지는 겪어보지 못한 첨예한 세대 갈등이 증폭되었다. 68세대와 비교해볼 때 상대적으로 온순한 승계자들은 그래피티 예술가들이었다. 이 같은 유행도 역시 뉴욕을 비롯한 서구 세계에서 시작되었는데 1970년 이후로 낙서는 정치적 저항을 담은 메시지를 품게 되었다. 반면 아무리 멋지고 묘사가 예술적인 경지에 이르렀다 할지라도 그래피티는 범죄 행위이기 때문에 결국 익명으로 이루어지는 자기표현에 불과하다는 한계가 있다. 안타까운 일이다.

인간은 언제부터 법적으로 인간인가

○ 삶에서 나이와 관련된 법적 체계에 관해 질문을 던져보자. 언제부터 언제까지 인간을 인간으로 규정할 수 있을까? 출생과 죽음의 경계는 모두 결정적일 수 없다. 낙태에 관한 논쟁에서 볼 수 있듯이 태어나지 않은 태아조차 법률적 경계 안에 속해 있으며 시체도 단순한 사물이 아니라 특정한 법적 보호를 받는 대상이다. 우리는 합법적으로 성관계를 할 수 있는 나이(성년)가 되면 인간이 아니라 시민이 된다. 성년의 나이는 독일의 경우 지역마다 달랐는데 1875년에 와서야 독일 전역에서 21세까지를 성년으로 정하게 되었다. 하지만 왕가의 경우 가택권에 의해서 성년을 18세로 정하는 등 예외가 적용되었다. 당시 결혼 가능한 나이는 남자의 경우 20세, 여자의 경우는 16세였다. 징병도 20세부터 적용되었다. 이후 법적 책임과 의무, 직업 수행 능력, 범죄 처벌과 관직 등용을 위한 법적 한계를 정하기 위한 연령에 관한 규칙이 다양하게 생겨났다. 제국 시대의 독일에서 적극적 투표권은 25세, 수동적 투표권은 30세로 한정되었으며 의무 교육은 6세에서 14세까지로 정해졌다.

이 모든 연령 제한은 현재에 와서는 과거와는 다르게 설정되었다. 투표권과 성인의 지위를 얻는 나이는 1975년 이래로 18세로 정해졌으며 연방 수상의 나이는 40세가 최소 연령이다. 의무 교육 연령은 각 주마다 다르지만 보통 12세까지다. 노동 시간은 19세기 이후 현저하게 감소했다. 일을 시작하는 시간은 늦추어졌으며 마치는 시간은 짧아졌고 휴일이 늘어났다. 또한 일하는 기간에 비해 은퇴 기간도 더 많이 확보되었다. 기대 수명이 늘어나면서 사회의 '노년층'은 점점 더 큰 역할을 담당하게 되었다.[19] 은퇴한 사람들을 위한 레저 프로그램도 보다 조직적이 되었다. 하지만 아직 일을 하는 사람들도 이제는 충분한 휴일을 확보하다 보니 사람들은 노동 시간이 짧은 것보다는 임금을 더 많이 받는 일을 선호하게 되었다. 결국 돈은 시간보다 더 중요하게 된 것일까?

언제부터 인간을 인간으로 볼 수 있는지에 대한 질문은 매우 오래되었다. 늑대와 사람에 관한 그림 동화에서도 이 주제를 다루고 있다. 늑대 이제그림Isegrimm은 인간을 능가하는 자신의 힘을 자랑하고 싶어서 안달이 났다. 그래서 그는 라이네케라는 여우에게 사람을 다루는 자신의 능력을 보여주겠다고 약속했다. 둘은 숲에 숨어서 사람이 지나가기를 기다렸다. 그러자 한 소년이 학교에 가려고 숲을 지나갔다. 늑대는 소년에게 덤벼들려고 했지만 여우가 말한다. "그건 인간이 아니잖아. 단지 인간이 되려는 존재일 뿐이라고." 그다음에는 다리를 절며 한 부상병이 지나갔다. 늑대는 이번에도 그에게 덤벼들려고 했지만 여우가 말렸다. "이건 한때 인간이었지만 지금은 더 이상 아니야." 마지막으로는 사냥꾼이 왔다. "저건 인간이구나!" 늑대가 사냥꾼에게 달려들었다. 사냥꾼은 칼을 꺼내들었고 늑대 이제그림은 놀라서 줄행랑쳤다. 이제그림은 그제야 인간이 무엇인지 알게 되었다.

인생을 다룬 예술작품

○ 시간의 다른 모든 개념과 마찬가지로, 인생의 여러 단계도 미술의 중요한 주제였다. 고대 그리스에서 젊은 남자의 몸은 조각의 대상으로 가장 선호되었다. 대부분의 쿠로스kouros, 젊은 남성의 상은 옷 벗은 운동선수처럼 묘사되었다. 젊은 신도 비슷한 방식으로 묘사되었다. 한편 코레kore라는 젊은 여인의 상은 아크로폴리스 유적에서 볼 수 있듯 기다란 예복 차림이며 색채가 풍부하게 묘사되었다. 헬레니즘과 로마 문화의 예술에서는 아이들도 즐겨 다루었다.

고대의 신은 여러 삶의 단계에서 나타나는 모습으로 묘사되었는데 어떤 경우에는 헤르메스의 품에 안긴 올림피아의 디오니소스 상처럼 아이 모습을 하고 있다. 아폴론과 헤르메스, 아레스는 수염 없는 젊은 남자의 모습이며 제우스와 그의 동생인 포세이돈과 그의 아들 헤라클레스는 우아하고 멋진 수염을 기른 장년의 모습이다. 500년까지는 수염이 없거나 짧은 수염의 모습으로 등장했던 예수와 달리, 그의 아버지인 하느님은 긴 수염을 기른 모습으로 묘사되었다. 기독교의 미술은 성경에서 묘사된 삶의 단계나 성인의 삶을 주로 다루었다. 어떤 경우에는 고대의 관념을 새롭게 변용시켜서 묘사하기도 했다. 가령 아리스토텔레스의 나이에 따른 삶의 3단계는 세 명의 동방박사로 대변되었다. 카스파르Kaspar는 젊음을 상징하는 인물이고 멜키오르Melchior는 장년을, 발타자르Balthasar는 노년을 상징했다.

마리아는 피어나는 젊은 여인의 모습이며 요셉은 늙고 수염을 기른 노인으로 묘사되었다. 1455년의 뮌헨의 알테 피나코테크에 있는 로히어르 판 데르 베이던Rogier van der Weyden이 그린 〈삼왕의 제단〉Dreikonigsaltar이라는 그림에서 그것을 확인할 수 있다.

르네상스 미술에서 각 삶의 단계는 하우스부흐의 화가Hausbuchmeister가 그린 그림을 통해 잘 볼 수 있으며 루카스 크라나흐Lucas Cranach가 어울리지 않는 한 쌍의 남녀를 묘사한 풍자화에도 잘 드러난다. 그림 속에는 욕정에 가득 찬 늙은 남자가 돈을 밝히는 창부를 껴안고 있거나 잘생긴 청년이 돈 많은 노파와 어우러져 있다(부록 그림 27 참조). 크라나흐와 동시대 화가인 한스 발둥 그리엔Hans Baldung Grien은 상당히 호색적인 그림 〈여자의 일곱 단계 나이〉sieben Lebensalter des Weibes를 그렸는데 나이에 따른 모습의 변화를 잘 표현하고 있다. 니콜라스 비서의 동판화에서도 노화의 단계를 확인할 수 있다(부록 그림 25 참조). 또 뵈클린Böcklin은 〈인생은 꿈이다〉라는 작품을 통해 애수에 찬 삶에 대한 이미지를 드러냈다. 빌헬름 부슈도 〈이후〉를 통해 삶을 풍자적 이미지로 표현했다([그림 19] 참조).

> 그러므로 시간은 지금 어디에나 있고
> 처음에는 당신을 데리고 가지만 나중에는 당신이 그것을 데리고 가네.
> 그리고 언제 끝날지는 결코 알 수 없다네.

아르투르 피처Arthur Fitger는 1886년에 함부르크 미술관의 계단을 인생의 4단계란 테마를 이용해서 장식했다. 페르디난드 호들러Ferdinand Hodler는 1900년의 초기 상징주의를 담은 그림에서 여성의 삶의 단계를 표현했다. 역사를 통틀어 가장 훌륭한 화가로 인정받을 수 있는 사람은 바로 알렉산드로스 대왕의 전속화가였던 아펠레스Apelles다. 대 플리니우스가 증언하기도 했지만 그의 그림은 너무나 정밀해서 관상학자들이 그림 속 인물들의 나이뿐 아니라 앞으로 얼마나 더 살 수 있을지조차 점칠 수 있었다고 한다.

[그림 19] 빌헬름 부슈의 〈이후〉에 수록된 시간을 형상화한 삽화.

노화와 죽음

○ 노화와 죽음이라는 문제는 늘 인간의 상상력을 자극하는 요소였다. 종교나 철학, 점성학과 마법, 신화와 동화는 이러한 주제를 항상 다루어 왔다. 새의 신호를 통해 나이를 알 수 있을까? 하이스터바흐 수도원의 수사 케사리우스Caesarius는 뻐꾸기가 스물두 번 우는 것을 들은 한 수도사의 이야기를 전했다. 수도사는 뻐꾸기 울음소리를 듣고서는 이렇게 말했다고 한다. "나에겐 앞으로 스물두 해가 남아 있다는 뜻이니 스무 해는 즐겁게 살고 나머지 두 해는 참회하며 살아야겠군." 이는 결과적으로 어리석은 생각으로 밝혀졌다. 2년 후에 그 수도사는 악마의 부름을 받았기 때문이다. 이 이야기의 교훈이라면 하느님은 미신을 싫어하고 신앙심이 깊은 자에게 영원한 천국의 삶으로 보상하신다는 것이다.

영생은 죽음을 대신하는 것일 뿐만 아니라 죽은 후에 천국이나 지옥, 축복받은 자의 섬이나 지하 세계에서 살아가는 것 역시 의미한다. 해탈에 이를 때까지 다른 육신의 형태로 윤회를 거듭한다는 부처의 가르침, 마르쿠스 아우렐리우스가 말한 세계 영혼의 개념과도 일맥상통한다. 지상에서 불멸성을 좇는 건 실패할 수밖에 없다. 길가메시는 불로장생의 약초를 찾았지만 뱀에 도둑맞고 만다. 알렉산드로스 대왕은 북녘 어둠의 땅에서 영생불사의 샘물을 찾기 위해 노력했지만 결국 그것을 찾은 것은 대왕의 요리사였다. 요리사는 불멸의 샘물을 마셨고 영원한 젊음을 얻었지만 심판의 나팔 소리가 울리면 죽어야만 했다. 이 이야기는 그리스의 마법의 약초를 먹고 바다 괴물이 된 글라우코스에서 모티프를 따온 것인데 이 괴물은 자신이 영생하는 걸 끊임없이 불평했다.[20] 영생은 사악한 선물에 지나지 않을 수 있다. 티토누스의 이야기는 이를 보여준다. 마법사는 인간을 회춘시키는 방법을 알고 있지만 그 기술을 제대로 알고 있어야만 했다. 연금술사는 철학자의 돌을 신봉한 이들이었다. 아그리파 폰 네테스하임은 이들을 비웃었다. 메데아의 이야기에서 볼 수 있듯, 펠레우스의 딸들은 아버지를 주전자에 끓여서 젊음을 다시 찾아주려 했으나 성공하지 못했다. 성 베드로의 대장간 이야기는 그림동화에서 대장장이가 늙은 장모를 불 속에 집어넣지만 성공하지 못하는《불에 타서 젊어진 남자》Das jung geglühte Männlein에서 변주된 것이다.

하지만 한스 작스의《늙은 아주머니의 물레방아》Altweibermühle에는 백발 노파를 가루로 내어 우유에 끓이면 다시 젊은 처녀가 된다는 내용이 나온다. 아폴다Apolda라는 늙은 아주머니의 물레방아는 그 사람이 전생에 저질렀던 모든 어리석음이 다음 생에도 되풀이될 것이라는 내용에 서명을 하고서야 회춘이 가능하다. 그러다 보니 이 물레방아 사업은 결국 몰락할 수밖에 없었다. 하지만 젊음의 샘에는 그러한 조건이 따로 없었다. 1300년 무렵 볼프 디트리히의 서사시에 등장한 '그리스의 영웅'은 트로이의 영생의 샘물을 마시고 자신과 못생긴 '라우헤 엘제'rauhe Else를 회춘시켰을 뿐만 아니라 이후 지게미네Siegeminne를 위해서도 큰일을 해결해준다.[21]

중세 후기와 르네상스 시대에 젊음의 샘은 화가들의 중요한 모티프가 되었다. 1546년 베를린 미술갤러리에 있는 루카스 크라나흐의 그림에서 남자들은 자신들의 늙은 아내를 수레에 싣고 목욕탕으로 가는데 목욕을 마치고 나온 노파들은 젊고 예쁜 처녀로 변해 있다(부록 그림 26 참조). 그렇다면 어째서 남자들은 이런 식으로 회춘하지 않은 것일까. 그 질문에 대한 답을 우리는 라블레Rabelais에게서 얻을 수 있다. 그는 이색적인 기술을 소개했다. 그가 쓴 이야기 속의 주인공 팡타그뤼엘은 퀸테첸츠 여왕의 왕국에서 늙은 여자들은 녹아서 젊게 거듭나고 늙은 남자들은 '아직 녹은 적이 없는 젊은 여자와 자게 되면' 불사조처럼 거듭난다는 얘기를 듣는다. 탐욕스러운 파우스트의 회춘은 불도 물도 아닌 메피스토펠레스의 마법사의 부엌에서 이루어진다. 그는 늙은 학자였던 자신의 육신을 30년 젊어지게 하는 데 성공하고 아름다운 헬레나와 사랑도 나누게 된다.

인간이 나이 먹는 것은 어쩔 수 없는 일이다. 자연에 구속되어 있기 때문이다. 이는 동물의 나이와 관련된 우화에 잘 나타나 있다. 시리아의 초기 황제 시대에 살았으며 헬레니즘 문화에 경도되었던 작가인 바브리우스가 편찬한 그리스 우화집에 그와 관련된 이야기가 나온다. 한 남자가 말과 황소, 개가 쉴 수 있는 피난처를 제공했다. 그에게 보답하기 위해 동물들은 각각 자신들이 가진 것을 그 남자에게 일평생에 걸쳐 제공하기로 했다. 젊은 시절에는 말처럼 힘차고 튼튼하게 삶을 누린다. 장년이 되면 힘이 줄어들지만 황소같이 일하고, 늙은이가 되면 개처럼 낯선 사람이 등장할 때 심술궂게 짖어대고 자기에게 먹이를 주는 사람을 향해서는 꼬리를 흔들어댄다. 여기서 이야기하는 것은 주인의 삶이 아니라 일반적인 우리 인간의 삶이다.

그림형제의 동화《인간의 수명》Lebenszeit에는 바브리우스의 실수가 되풀이되지 않는다. 하느님이 만물을 창조하실 적에 모든 동물에게 수명을 정해주었고 공평하게 30년씩을 받았다. 하지만 당나귀는 30년은 너무 길다며 불평했고 하느님은 정해진 수명에서 18년을 덜어내주었다. 마찬가지로 개에게서는 12년을 덜어내었고 마지막으로 원숭이의 요청에 따라 10년의 수명을 덜어내주었다. 이제 인간의 차례가 되었다. 하지만 30년이 너무 짧다고 인간이 불평을 하자, 하느님은 30년에 당나귀처럼 일해야 하는 18년을 덤으로 얹었고, 이빨이 빠져 물지도 못하는 개와 같은 삶을 12년 더 주었다. 마지막으로 70세가 될 때까지의 10년은 원숭이의 삶을 부여했다. "그때가 되면 인간은 나약하고 어리석게 변하며 멍청한 짓을 하는 바람에 아이들의 조롱거리가 된다." 이렇게 해서 지금의 인간이 된 것이다.

야코프 그림은 1838년에 카셀의 츠베헨이라는 지역의 경작지에서 일하는 농부에게서 이 이야기를 처음 들었다. 하지만 시간이 흘러 프리드리히 대제의 날인 1860년 1월 26일에 '나이에 관하여'라는 주제로 베를린 아카데미의 청중 앞에서 강연한 75세 교수로서의 관점은 이 농부의 경험 및 관점과는 판이하게 다를 수밖에 없었다. 그림은 키케로의《노년의 대 카토》를 들어 이야기하면서, 괴테가 1813년에 늙음에 대한 불평을 주제로 쓴 시를 빌려와 반박했다.

나이란 점잖은 신사와 같은 것
매번 문을 두드리지만
아무도 들어오라고 얘기하지 않네.
그렇지만 언제까지 문 앞에 서 있을 수는 없는 법
그는 문을 열고 재빨리 들어오네.

그러면 사람들은 말하지, 참 버릇없는 작자로군!

그림은 노년에 따른 상실감을 산책의 즐거움으로 대신했는데 그 속에서 '일에 대한 능력이 완전히 사그라들지 않고 공부에 대한 열정이 아직도 샘솟는 것을' 느꼈다. 인간은 불행 속에서도 삶에 집착하는 필로초에philozōes의 존재다. 《이솝우화》를 보면 그것이 잘 드러나 있다. 한 늙은 남자가 나무를 하러 숲에 들어갔다. 나뭇짐이 많아지자 그는 짐을 내던지고 죽음을 소망했다. 죽음이 다가와서 남자에게 무엇을 원하는지 물어보자 그는 "저에게 다시 그 짐을 주세요."라고 대답했다. '삶을 마음껏 누리고 늙어서 죽은' 이는 아브라함밖에 없었다(창세 25:8).

제13장

시대와 시기

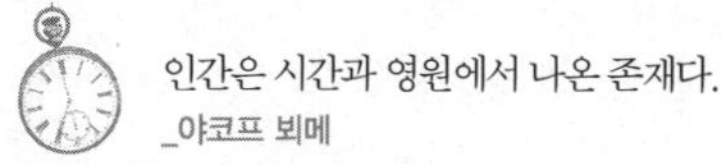

인간은 시간과 영원에서 나온 존재다.
_야코프 뵈메

천문학

○ 괴테는 자서전 《시와 진실》Dichtung und Wahrheit의 서문에서 자신의 생일인 1749년 8월 28일을 점성학적으로 분석했다. "나의 별자리는 매우 행복한 편이다. 태양은 처녀자리에 와 있었고 하루의 정점에 위치해 있었다. 수성의 위치도 그리 나쁘지 않았으며 토성과 화성은 무심하게 자리 잡고 있었다. 다만 당시 보름달이었던 달은 자신의 빛을 강력하게 내뿜어 출산을 방해했으므로 달의 시간이 지나기까지는 내가 태어날 수 없었다." 여기 언급된 '별자리'Konstellation라는 표현은 라틴어 '스텔라'stella(별)에서 비롯되었으며 행성 간의 관계를 일컫는 것이다. 점성학에 의하면 출생의 순간에 놓인 별자리는 신생아의 운명을 결정하는 게 아니라 단지 '하늘의 해석자'로서 운명을 보여주는 역할을 한다.[1] 그러므로 우리가 별자리를 참고하는 것은 결정의 순간에 다른 주요한 요인과 함께 비교 자료로써 사용하는 것일 뿐이다. 지상에서 일어나는 일의 흐름을 천문학적 시간의 기준으로 사용하는 경우도 무시할 수 없다. 가령 독일에서 일반적으로 사용하는 시기Periode라는 단어는 '순환'을 의미하는 그리스어인 페리호도스perihodos에서 유래한 것이며

특히 행성의 순환과 큰 관련이 있다. 플라톤은《법률》에서 이 단어를 현재 세계의 일정한 시기를 나타내는 의미로 사용했다. 아리스토텔레스는《정치학》에서 개별적으로 구성되는 시간의 흐름을 칭할 때 사용했지만 그리스인들 사이에서 역사적 시기의 의미로는 사용하지 않았다. 고대 후기의 철학자인 에우나피우스Eunapius는 이상한 우연 때문인지 몰라도 '위대한 시기' 이후에는 비슷한 징후가 되풀이된다고 기록했다. 그리스어 징후symptome는 '우연'을 의미하는 심핍토sympiptō에서 파생된 것으로 예상치 않았던 사건을 가리킨다.

그리스어에서 유래한 다른 단어로 '멈추다 혹은 정지하다'라는 의미의 에포코epochō에서 파생되어 '시대'를 의미하는 에포케epochē가 있다. 이는 길 위에 머무른다는 의미이자, 플루타르코스의《도덕론》에서 쓰인 것처럼 정체됨을 가리키며 가상의 별자리 위치를 계산하려는 목적으로 사용되었다. 프톨레마이오스의 책《알마게스트》Almagest에서 에포케는 하늘의 별자리가 변하기 시작하는 시기를 가리켰다. '시대적' 사건들은 연속적인 시간 속에서 일어나는 것으로, 18세부터는 전환기적 의미로 사용되는데 하나의 시점이 보편적으로 통용되는 '시간적 간격', 즉 '기간'으로 바뀌는 것을 의미한다. 시간을 가리키는 두 단어, 'Stunde'(1시간, 2시간의 의미—옮긴이)와 'hora'(보편적 시간의 의미—옮긴이)가 '자르다', '구획 짓다'라는 단어에서 출발했다는 사실을 우리는 이 책의 3장에서 이미 살펴본 바 있다.

'주기'zeigen라는 단어는 '보여주다'라는 의미인 파이노phainō에서 유래했는데 이는 시간과 관련된 천체의 요소를 가리키는 것으로 특히 달의 주기와 큰 연관성이 있다. 이후 역사의 한 주기를 가리키는 표현으로까지 확대되었다. 여기서 한 시점을 가리키는 단어인 '현상'Phänomen은 시간적 간격을 포함하는 단어로 바뀌었는데 반면 라틴어 모멘텀momentum, 즉 '순간'은 움직임을 뜻하는 모베레movere에서 유래한 것이다. 슈베르트가 1828년에 작곡한 〈악흥의 순간〉Moments Musicaux은 서정적이고 섬세한 그의 음악세계에 비해 지나치게 겸손한 제목이라고 할 수 있다.

혁명Revolutio도 비슷한 의미 변화를 겪었다. 라틴어 레볼베레revolvere는 책을 읽기 위해 볼루멘volumen이라는 두루마리 형태의 종이를 펼치거나 마는 것을 의미했는데, 이는 에볼베레evolvere와 동의어다. 마르티아누스 카펠라Martianus Capella의 책에서 레볼루티오revolutio는 별의 순환을 의미했지만 일반적으로 반복과 역전, 흐름을 의미하기도 했다. 코페르니쿠스가 행성의 궤도에 관한 책을 써서 《천구의 회전에 관하여》De Revolutionibus Orbium Coelestium라고 이름 붙였던 1543년에도 'revolutio'는 천문학적 의미가 강했다. 단지 1688년의 명예혁명 이후에 이 단어는 근대적 의미를 획득했고 프랑스 혁명 후에는 점점 그 의미가 고착되었다. 천문학에서 시간을 의미하는 단어로 여전히 사용되는 프랑스어인 '최고점'apogée은 역사적으로 '절정기'Höhepunkt를 의미하기도 한다. 이 단어는 지구가 행성과 가장 멀리 떨어지게 되는 순간을 가리키는 '아포가이오스'apogaios에서 유래한 것으로 이 순간이 지나면 행성과 지구는 다시 가까워진다.

결정적 순간

○ 그 의미가 퇴색되긴 했으나 여전히 천문학적 배경을 짐작할 수 있는 단어로는 슈테른스툰데Sternstunde가 있다. 이 독일어 단어에는 두 가지 의미가 있다. 하나는 '항성시'恒星時라는 의미고 다른 하나는 '결정적 순간'이라는 의미다. 여기서 염두에 두어야 할 점은 태양의 위치가 아닌 고정된 별

의 위치를 보고 지구의 자전 상태를 측정하는 24시 기준의 항성시가 아니라 '운명적인 시간'을 가리킨다는 것이다. 독일어 '슈테른스툰데'는 프랑스어 '재앙'désastre의 반의어다. 라틴어인 아스트룸astrum은 별에서 유래되었고 '운명적이지 않은 시간'이란 뜻도 있다. 이 표현은 실러의 희극 〈발렌슈타인〉Wallenstein과 괴테의 《파우스트》에 등장한다. 1927년 슈테판 츠바이크는 대표작 《운명의 별이 빛나는 순간》Sternstunden der Menschheit을 출간했는데 여기에도 이 단어가 쓰이며 2000년 《역사의 별이 빛나는 순간》Sternstunden der Geschichte이라는 책의 제목에도 다시 등장한다. 엔데가 1973년에 쓴 철학 소설 《모모》에 나오는 세쿤투스 미누티누스 호라Secundus Minutius Hora 박사는 소녀에게 이런 말을 한다. "가끔은 가장 멀리 있는 별에서까지 존재하는 모든 것이 각자의 고유한 방식으로 서로 협동하여 그 이전에도 이후에도 불가능했던 것들을 이루기도 한단다." 그것을 깨닫고 사용할 줄 아는 이는 '위대한 일'을 해낼 수 있다. 모모는 시간을 원했지만 교수가 말한 대로 시간을 가지려면 일단 시간을 읽을 줄 알아야 한다.

어떤 일에 성공하기 위해 우리는 더 이상 밤하늘을 읽으려 하지 않고 환한 대낮 아래에서 우리가 통제할 수 없는 세속적인 조건과 타협을 선택한다. 왜냐하면 《코헬렛》에 적힌 것처럼 "모든 일에는 때Ziet가 있기 때문이다." 태어나고 죽는 것, 나무를 심고 잡초를 뽑는 것, 치료를 하고 죽이는 것, 짓고 무너뜨리는 것, 웃고 우는 것, 춤추고 울부짖는 것, 말하고 침묵을 지키는 것, 사랑과 증오, 평화와 전쟁. 이 모든 것이 다 그러하다. 여기서 '때'는 끊임없이 변화하는 지속적 시간 속에서 특정한 상태를 제한시키는 역할을 한다.

시대정신

○ 우리가 지혜롭다면 매 순간 지나가는 시간의 상황들을 인지할 수 있다. '시대의 제약'zeitbedingt이라는 표현을 통해 우리는 시간이라는 프레임의 조건을 인식한다. '시류에 맞는'zeitgemäß이라는 표현을 통해 유행하는 스타일을 존중하며 '시대에 알맞은'zeitgerecht이란 표현으로 시대의 요구를 받아들인다. 이를 무시하고 걸맞지 않은 시간에 걸맞지 않은 행동을 하는 사람은 어리석거나 고집스럽거나 혹은 자기확신과 믿음에 가득 찬 사람이다. 한때 쇼펜하우어는 '시간에 복종하는 것'Zeitdienerei에 반대했는데 이 표현을 현대식으로 바꾸면 '정치적 올바름'에 해당한다. 바오로는 티모테오를 꾸짖으며 말했다. "알맞은 때에 설교하라. 그렇지 않으면 시기를 놓치게 된다." 루터는 그리스어 에우카이로스 아카이로스eukairos akairos가 바로 이러한 뜻이라고 설교했다. 바오로는 당대의 경향에 굴복하지 않은 것이다.

로마인들도 자신들의 시대에 맞는 스타일이나 취향 혹은 시대정신을 추구했다. 비티니아 출신의 소 플리니우스가 고발된 익명의 기독교인들을 처단해야 할지 묻자 트라야누스 황제가 한 대답은 유명하다. "그것은 나쁜 선례를 남길 뿐 아니라 '우리 시대'에 그다지 가치 없는 일이다." 박해자로서 이름을 남기는 일이기 때문이었다. '시대의 스타일'이란 의미에서 세쿨룸saeculum(시대)이라는 단어가 타키투스의 저서에 등장하는데 이는 게르만족에서 거의 볼 수 없는 간통 사건을 언급한 부분에 등장했다. "유혹하고 유혹당하는 일은 로마 사람들에게처럼 '요즘 행동양식'으로 불리지 않는다." 심마쿠스는 그림에 대해 '우리 시대의 가치에 맞는'이라는 표현을 사용함으로써 자신의 시대를 미학적 기준과 연결시켰다.

시대정신Zeitgeist은 근대 초기에 등장했으나 '게니우스 아에타티스'Genius

aetatis나 '게니우스 템포리스'Genius temporis 같은 표현도 여전히 함께 활용되었다. 파우스트는 '시대의 정신'과 '실천가의 정신'을 구별하는 것이 쉽지 않다며 파물루스Famulus에게 반박한다. 그럼에도 불구하고 1797년의 헤르더나 1800년의 횔덜린 이후로 이 단어는 한 시대를 지배하는 논쟁적 의미로 사용되기 시작했다. 17세기의 광기 어린 마녀 사냥이나 18세기의 합리주의에 대한 믿음 혹은 19세기를 지배한 진보에 대한 낙관주의 그리고 현대의 기술에 대한 열광을 이해하고 설명하려 할 때, 우리는 '시대정신'이라는 단어를 인용한다. 쇼펜하우어는《여록과 보유》Parerga und Paralipomena에서 모든 시대에서 시대정신이 구현되며 시대정신을 통해 각 시대의 특성이 부여된다고 보았다.

하지만 그의 시대에 대해 쇼펜하우어는 '특징 없는 시대'라는 특징을 부여했다. 우리가 과연 시대정신을 벗어날 수 있는가 하는 문제는, 탈출하고자 하는 욕구를 불러일으킨다. 하지만 시대정신은 감옥이 아니라 우리가 살아가는 시대의 구조일 뿐이다. 우리가 맞이하는 상황에 대해 굳이 참고 인내해야 한다는 의미가 아닌 것이다.

> 누구든 당대의 아이로 태어나지만
> 모든 사람은 조금씩 성장해갈 수 있다.

시간의 비평가

○ "오 세월이여! 오 풍속이여!" 키케로는 이처럼 탄식하며 당대의 부도덕함에 대해 카탈리누스에게 불평했다. 자신의 시대에 대해 불평한다는

것은 당대의 인물들에 대해 불평하는 것과 같다. 아미아누스 마르켈리누스는 탐욕의 시대temporum rabies, 불의의 시대temporum iniquitas, 구습의 시대temporis obstinatio, 변화의 시대permutatio temporum, 제멋대로인 시대arbitrium temporis, 쓰디쓴 시대amaritudo temporis 그리고 어둠의 시대caligo temporum를 불평했다.[2] 시대에 대한 불평은 1937년 브레히트가 후대에 남긴 당대에 대한 질문을 통해서도 드러난다.

> 너무나 많은 비행들에 대한 침묵을 포함하고 있기 때문에
> 나무들에 대해 이야기하는 것조차 거의 범죄나 다름없는
> 이 시대는 도대체 어떤 시대인가!

시대를 대신하여 우리는 진보(루소)나 문명(레오폴트 치글러), 문화(테오도어 레싱)나 과밀인구(오르테가 이 가세트), 기술(프리드리히 게오르크 윙거) 등과 같은 구체적인 요소들을 비판하는데, 이 모든 것은 단적으로 말해 시대와 관련된 상황이라고 말할 수 있다. 그리하여 살루스티우스Sallustius는 《유구르타 전쟁》Jugurthine war에서 자신의 동료들의 말을 이렇게 정정했다. "모든 이가 자신이 책임져야 할 잘못을 시대의 탓으로 돌리고 있다." 제우스도 호메로스의 서사시 《오디세이》에서 신을 원망하는 사람들에게 반박하는데 아우구스티누스는 《설교》에서 이를 간단하게 요약했다. "우리가 스스로 만들어낸 상황을 우리는 '시대'라고 부른다."

시대의 이름

○ 세월이 지나면서 특정한 기간에 이름을 붙이기 시작했다. 행성의 이름을 따서 요일에 붙이고 신성화된 황제나 신의 이름을 따서 달의 이름을 붙이고 관직이나 특정 사건과의 시간적 거리에 따라 해의 이름을 정하는 일이 보편화되었다. 계절의 이름은 자연 현상을 참고한 것이 많았다. 헤로도토스는 가장 오래된 문서가 라이우스와 오이디푸스의 시대에 만들어졌다고 추정했는데, 비록 실제로 문서가 만들어진 것은 BC 7세기 무렵이긴 하나 시간을 의인화해서 명명한 것은 고대의 시간학에 신비함을 더해준다. 키케로도 《국가론》에서 퀸투스 엔니우스Quintus Ennius의 말을 인용하며, 비록 사실은 아니지만 로물루스의 즉위 후 5년째에 일식이 일어났다고 기록했다. 수에토니우스에 따르면, 한 원로원의 회원이 아우구스투스의 생애를 기리는 뜻으로 '아우구스투스의 시대'saeculum Augustum라는 표현을 사용하자고 제안했다는데 그것이 오늘날의 사학자들이 즐겨 사용하는 표현이 될 줄은 당시에는 몰랐을 것이다. 시간과 공간의 제약을 통해서 왕가를 명명하기도 하는데 가령 로마 제국이나 황제 오토 1세 혹은 호엔슈타우펜 왕가와 같은 표현이 이에 해당된다. 하지만 '교황의 시대'와 같은 표현은 아무런 의미가 없을 것이다. 반면에 성인인 암브로시오와 아우구스티누스가 자신의 시대를 '그리스도의 시대'tempora christiana라고 선언하고 로마의 신들을 믿는 것은 더 이상 알맞지 않다고 규정하면서 등장한 '기독교 시대'와 같은 표현은 그 의미가 명백하다. 기술의 발달로 인해 석기 시대와 청동기 시대 혹은 철기 시대, 최근의 산업화 이전 시대나 산업화 시대, 핵 시대, 전자 시대 같은 용어들이 등장하게 되었다. 이런 맥락에서 금속 시대나 나무 시대는 별다른 의미가 없다. 또한 어떤 시점을 기준으로 이전을 나타내는 '오전'(정

오 이전Vormittag)이나 그 이후를 나타내는 '오후'(정오 이후Nachmittag)라는 표현도 있다. 어떤 시점을 기준으로 이름을 붙이는 날에는 '부활절'이나 '재림절' 등이 있다. 그 외에도 1949년 카를 야스퍼스Karl Jaspers처럼 한 세기를 가리켜 '축의 시대'Achsenzeit와 같은 이름을 붙인 이도 있으며, 1972년 라인하르트 코젤렉Reinhart Koselleck 같은 학자는 말안장의 시대Sattelzeit라는 표현을 사용하기도 했다. 또한 수백만 년 전의 시대를 가리키는 '선사 시대'나 '선캄브리아 시대'와 같은 표현도 있다.[3] 유행처럼 많은 이들에게 전파된 '전환기'Übergangszeit라는 용어에 대해 괴테는 전환기는 또 다른 전환기를 전제로 한다며 조롱했다. '전환기'라는 용어 자체가 한 시대를 하급 시대로 격하시키는 의미를 담고 있다는 것이다.

우리 인간이 각 시대에 특징과 낙인을 부여하는 방식은 시대가 가진 이중적인 의미를 통해 더욱 분명해진다. 고대 시대는 역사적 유물론적 관점으로 볼 때는 '노예 사회'이며 개혁의 시대는 '초기 부르주아 혁명의 시대' 혹은 '초기 자본주의' 시대다. '고딕 시대'는 '십자군의 시대'보다 더 근사하게 들린다. 18세기만 하더라도 각자의 관점에 따라 '활기찬 시대'galante Zeitalter라고 불리기도 하고 '가발의 시대'Zopfzeit 혹은 '절대주의 시대' 아니면 '바로크 시대'나 '계몽의 시대'로 불리기도 한다. 19세기 초를 '비더마이어Bidermeier 시대'라고 부를 때 우리는 부르주아적 편안함을 느끼며 '산업화 시대'라는 이름으로 부를 때는 무시무시하게 뿜어져 나오는 시커먼 연기를 연상하게 된다. '괴테의 시대'라는 표현은 전체적으로 클래식한 느낌을 주며 '낭만주의'와 같은 표현은 우리를 감상적인 느낌에 빠지게 한다. 1848년의 '3월혁명 이전기'Vormärz라는 용어는 바리케이드나 그 뒤편에 서 있는 교관과 민족주의자 들을 연상시킨다. 하지만 이 모든 용어는 한 시대를 표현한 것이다. 1926년에 휴고 발Hugo Ball이 창조한 '안락한 시대'Pluschzeitalter라는 표현이 크루프 대포를 개발한 빌헬름의 시대를 의미한다는 것을 누가 알겠는가?

각 이름은 그 이름을 만든 단체나 배경을 떠올리게 한다는 점에서 뚜렷한 색채를 가지고 있다. 그렇다면 우리는 지금 이 시대를 무엇으로 부를 것인가? 일단 다양한 관점을 보여주는 이름들을 떠올릴 수 있다. 후기 산업화 세계라는 표현과 후기 생물학 시대, 후기 제국주의시대의 유럽, 포스트모던 예술, 후기식민주의 지배, 후기 산업주의 생산, 후기 기독교적 경향, 후기 유토피아적 정치학, 후기 미디어적 현실 혹은 후기 역사 시대 등 다양한 이름들이 존재한다. 이처럼 '후기'post라는 접두어는 부정적인 어감을 포함한다. 이는 '신'neo이라는 접두어도 마찬가지인데, 신자유주의neoliberal나 신보수주의neokonservativ 혹은 신마르크스주의neomarxistisch와 같은 용어도 그러하다. 이 같은 용어들은 '더 이상 새로운 것이 아니므로' 동시대에 딱 맞는 표현이라고는 볼 수 없다.

세기의 거름망

○ 이름을 짓는 것 말고도 세기의 격자화Jahrhundertraster(특정한 시대에 맞는 한계를 설정함으로써 그 시대의 특징을 부여하기도 하는데 세기의 격자화가 그에 속한다.—옮긴이)같이 세기에 속한 사건들을 뭉뚱그려서 일정한 획일성을 부여하는 전략이라고 할 수 있다. 괴테의 〈방랑자의 밤노래〉Wandrers Sturmlied에 등장하는 '세기의 천재'라는 표현이 대표적이다. 처음에는 마그데부르크Magdeburg의 역사가들이 1553년에 교회사를 집필하면서 순서의 원칙에 의거하여 연속적으로 세기를 구성했다. 이 같은 방법은 방향성을 설정하는

데는 유리하지만 교회사라는 내용을 모두 똑같은 크기의 서랍에다 집어넣는 방식은 개별적인 세기가 갖는 특별함을 희석시키는 결과를 가져오기도 했다. 특히 이탈리어 노베첸토Novecento가 10세기, 트레첸토Trecento가 14세기, 오토첸토Ottocento가 19세기를 가리키는 용어로 사용되고 하나의 주제로 묶이는 것을 보면 더욱 그러하다. 괴테의 문학가로서의 삶은 세기라는 그물로 재단될 때 그 의미가 반감된다고 언어학자들은 말한다. 어떤 시대를 20년대나 30년대처럼 10년 단위로 재단하는 것도 역시 비슷한 반감을 불러오게 마련이다.

세기라는 유리잔의 눈금이 가진 효과를 이해하기 위해 기독교 기원이 그리스도 육화의 해annus incarnationis가 아니라 그리스도 수난의 해annus passionis에 시작되었다고 상정해보자. 수난의 해는 AD 29년 혹은 33년에 해당한다.[4] 그에 따라 모든 역사적 사건도 33년 정도 늦춰져야만 한다. 따라서 개혁은 15세기에, 괴테의 죽음과 나폴레옹의 최후는 18세기에 일어난 사건이 되고 제1차 세계대전은 19세기에 일어나며 우리는 여전히 20세기에 살고 있게 된다. 따라서 역사의 그림은 쇼펜하우어가 말한 대로 변형된 거울을 통한 세기의 그물에 걸리게 되는 것이다. 하지만 길드의 계산법에 따르면 19세기는 길게 잡아서 1789~1914년에 해당되며 20세기는 짧게 보아 1914~1990년에 해당된다.

전설과 동화 속 '옛날'

○ 고대와 근대 사이에서 오랜 기간을 받아들이는 형태는 시대마다 각기 달랐다. 이는 전설이나 동화 혹은 신화에서 잘 드러난다. 〈개구리 왕자〉

라는 동화는 다음과 같은 우울한 문장으로 시작된다. '옛날옛날 바라는 것이 여전히 모두 이루어지던 그때.' 사실 너무나 오래전이 아닌가! 게다가 '그때'는 이야기의 결말을 보면 알 수 있듯이 소원뿐 아니라 저주도 효력을 발하는 시절이기도 했다. 하느님이 베드로를 대동하고 지상에 내려와서 머무르시며 선한 자를 돕고 악한 자가 벌 받게 한 것도 아주 오래전 일이다. 이는 그림 동화 중 〈노름꾼 한스〉와 〈부자와 가난뱅이〉 그리고 대장장이와 그의 장모가 등장하는 〈불에 타서 젊어진 남자〉에 나오는 이야기이기도 하다. 오비디우스의 이야기에서 주피터와 메르쿠리우스 신이 두 늙은이인 필레몬Philemon과 바우키스Baucis를 방문하는 장면이 나온다. 《사도행전》 14장에는 바오로와 바나바가 이고니온Ikonion에 들어가서 전도하는 내용이 나오는데, 당시 그들은 이 두 성인이 그리스 신의 화신이라고 믿기도 했다. '모든 영혼에게 나름의 이유와 의미'가 있었고 대장장이의 망치와 목수의 대패, 방앗간의 바퀴가 나름의 기능을 했던 때는 아주 오래전이었다. '먼 옛날'에는 동물의 왕을 뽑기 위해 모든 동물이 모였을 때 새들조차 모두가 이해할 수 있는 자신들만의 언어를 가지고 있었다.

황금기

○ BC 7세기에 헤시오도스가 말한 '황금기'라는 전통 신화에도 동화적인 요소가 내포돼 있다. 그는 시대를 씨족 단위 다섯 개로 나누었다. 행복한 황금 부족기로 시작하여 은, 동, 영웅과 철 부족 시대로 나누었고 현재는 악이 지배하는 시대라고 보았다. 각 시대에 대한 구체적인 묘사는 단 한 번 등장하는데 그에 따르면 은 부족의 아이들은 어머니의 품속에서 100년을

머물렀다고 한다. 황금기라는 개념은 이후 큰 인기를 얻었다. 로마 제국의 선전 도구로도 사용되었는데 가령 아우구스투스를 찬양하기 위한 베르길리우스와 아이네이스의 양치기 시에도 등장한다. 코모두스 황제도 원로원의 칙령을 통해 자신의 통치기를 황금시대saeculum aureum라고 불렀다.[5] 황제 치하의 시대를 찬양하기 위한 목적으로 369년과 376년에 심마쿠스가, 425년의 테오도시우스 2세와 567년 코리푸스Corippus가 자신의 시대에 황금시대라는 표현을 사용했다.

변화의 우물, 도르래

○ 헤시오도스의 황금기는 플라톤의 저작에도 등장했다. 플라톤은 《정치가》에서 황금기를 세상의 원형으로 제시하며 우물의 도르래를 예로 들었다. 도르래를 어느 쪽으로 돌리느냐에 따라 세상의 방향이 바뀐다는 것이다. 특정한 기간 동안에는 하느님이 이 우주를 바른 방향으로 돌리는데 변화의 시기가 와서 도르래를 놓치게 되면 우물물을 길어 올리는 통이 다시 아래로 빠지듯이 세상은 저절로 뒷걸음질 친다. 그렇게 되면 우리는 황금기에서 벗어나 혼란과 무질서의 시대로 빠지게 되는 것이다. 그때 신이 다시 등장하여 방향타를 쥐고 방향을 제대로 조정함으로써 이 우주는 다시 질서를 되찾게 된다. 이 같은 이분법은 프리드만의 우주론을 예견한 것과 같지 않은가! 우주가 빅뱅에서 시작하여 최대한 확장되었다가 다시 끝까지 수축한다는 이론 말이다.[6]

제국들

○ 유대 기독교 전통문화에는 중요한 역할을 하는 네 왕국에 대한 설화가 등장한다. 《다니엘서》에서는 이들 왕국을 진흙 발을 가진 거인상(커다란 결함을 가진 구조라는 의미—옮긴이)으로 묘사한다. 네부카드네자르 왕이 꿈에서 본 거인에 대해 다니엘이라는 선지자가 나타나서 해몽해주었다. 금으로 된 머리는 네부카드네자르 왕이 지배할 바빌로니아 왕국을 의미하는 것이며 은으로 된 가슴팍은 그다음에 올 메데스 왕조를 상징하고 동으로 된 배는 그다음의 페르시아 왕조를, 철과 진흙으로 얼기설기 엮어놓은 거인의 발은 이후 이어지는 불안한 왕조의 시대를 상징하는 것이었다. 또한 다니엘은 거인상을 한순간에 산산이 부순 산 위의 거대한 돌이 구세주를 의미한다고 풀이했다. BC 164년에 안티오쿠스에 맞선 유대인들의 마카베오 전쟁 당시 구세주를 예견한 《다니엘서》는 한 가닥 희망을 주는 횃불과도 같았다.

교부들은 예수의 존재도 넌지시 암시되는 《마태오 복음서》 21장 44절에서의 이 네 제국에 관한 예언을 수용했다. 가령 오로시우스는 네 제국설을 추종하면서 약간의 수정을 가해서 메데스와 페르시아 왕조 다음에 오는 마지막 왕국이 로마 제국이라고 설명했다. 이로써 하느님이 세상에 귀환하기 전의 궁극적인 정치적 질서가 완성되었다.

역사의 3단계

○ 현대의 역사학에서 인류의 역사를 3단계로 나누는 일반화된 방식은 고대의 3시대 이론을 변형한 것이다. 마네토는 BC 3세기경에 이집트 역

사를 고대와 중세, 새로운 왕국으로 나누었는데 이는 오늘날에도 유용하게 사용되는 구분법이다.[7] 바로는 시대를 미지의 시대, 신화의 시대, 역사의 시대로 나누었다. 미지의 시대는 대홍수와 함께 끝이 나고 신화의 시대는 첫 번째 올림피아 경기가 열리는 해에 끝이 났으며 그 이후부터는 현재까지 역사의 시대가 이어지고 있다.[8] 역사를 고대와 중세 그리고 근대로 나누는 삼분법은 마르쿠스 아우렐리우스도 언급했지만 이에 대해 자세히 설명하지는 않았다. 이러한 구분법은 바오로의 《갈라티아서》와 아우구스티누스의 《설교》에서도 나타난다. 모세 이전의 시대는 율법 이전 시대ante legum, 모세 이후의 시대는 율법 시대sub lege 그리고 그리스도 이후로는 은혜 시대sub gratia라고 불렸다. 요아킴 폰 피오레도 시대를 구분했다. 그리스도 이전의 구약성경의 시대는 아버지의 시대이며 그리스도 이후 신약이 등장한 시기는 아들의 시대, 요아킴이 살았던 '영원한 복음'의 시대는 성령의 시대로 본 것이다. 보댕도 시대를 3단계로 구분했는데 세계를 6천 년의 역사로 보았을 때 처음 2천 년은 동방의 별의 시대였다면 두 번째 2천 년은 그리스와 로마 율법의 시대이며 세 번째 2천 년은 기독교의 시대이다. 1656년에 쓰인 〈실레지아의 천사〉Schlesische Engel라는 시는 요아킴을 떠오르게 한다.

> 아버지는 예전에 있었고 아들은 지금도 여전히 있으며
> 성령이 영광의 날에 올지니

고대·중세·근대를 구분하다

○ 현재의 일반적인 고대·중세·근대의 구분법은 고대에 열광하는 인

본주의자들이 중세라는 시대를 발명함으로써 시작되었다. 이들은 오래전의 시대를 환기시키고 르네상스를 통해 오늘과 내일의 문화 형태를 제시하고자 했다. 그리하여 슐만Schulman에 따르면, 크리스토프 켈라리우스Christoph Cellarius는 1685년에 고대와 중세, 자신의 시대를 새로운 시대로 규정하여 역사를 삼분화하는 원형을 마련했다. 고대는 보통 로마 제국의 해체와 함께 끝나며 근대는 콜럼버스와 루터에게서 시작되어 '우리 시대'까지 이어진다. 하지만 근대가 점점 길어지면서 이 시대는 새로운 시대, 더 새로운 시대, 최근의 시대로 세분화되었으며 1945년 이후로는 마치 특권을 부여하기라도 하듯이 현대라고 불리게 되었다. 이같이 삼분화된 시간은 역설적 동시성을 기반으로 하고 있는데 가령 지중해의 '고대 후기'와 나란히 문자 이전의 유럽의 '역사 초기' 시대가 존재했는가 하면 '근대'의 특징으로 '후기 문화'를 들기도 한다. 마르크스주의자들의 '후기 자본주의' 개념과 마찬가지로 이 또한 성급한 개념에 속한다.

근대라는 개념이 부끄러울 정도로 연장되다 보니 비상용으로 사용되기까지 했다. 슈펭글러는 '촌충같이 쉬지 않고 시대를 만들어내는 미래의 역사가'들을 비웃기도 했다. 끊임없이 늘어나는 기생충은 현대의 기업들이 주장하는 미래의 수명과도 같다. 이들은 기존에 세워놓은 새로운 시대에 대한 계획이 없을 경우, 정치적·기술적 요소를 고려하여 시간에 대한 공식을 세우고 시대를 선도한다.

1844년에 오귀스트 콩트가 내세운 3단계 법칙은 그 내용에 의해서 구분된다. 그는 1300년까지를 신학적 단계라고 보았고 두 번째는 형이상학적 단계, 세 번째는 프랑스 혁명을 통해 실증적 단계를 거쳐 진보한다고 보았다. 콩트의 진보에 대한 낙관주의는 1944년 카를 포퍼Karl Popper에 의해 계승되기도 했는데 그는 세계의 역사를 닫힌 사회와 열린 사회의 실험 단계, 열린 사회가 승리하는 단계로 삼분화했다. 1989년에 프랜시스 후쿠야마Francis Fukuyama는 또다시 열린 사회의 최종적인 승리를 선언했는데 이는 너무 이른 감이 있다. 아무튼 '최종적'endgültig이라는 단어는 역사학자들의 사전에서는 지워야 할 단어이다.

무엇이 지구의 역사를 결정하는가

○ 인간의 역사적 시대보다 더 오래된 것은 삼분화된 생물학적 시대다.[9] 계몽기에 성경적 가치관이 와해되고 창세기를 대신하여 역사적 관점이 들어서면서 지구의 역사는 돌 혹은 바위의 나이를 통해 처음으로 결정되었다. 이들은 바위를 고대 바다의 퇴적물로 보는 수성론자Neptunisten와 돌이 화산 폭발의 산물이라고 믿는 화성론자Plutonisten로 나뉜다. 바위나 돌의 유래뿐 아니라 이 두 학파는 돌의 발전 단계에서도 서로 다른 관점을 유지한다. 수성론자들은 지질이 천천히 형성되었다고 보는 반면에 화성론자들은 갑작스럽게 지질학적 전환이 이루어졌다고 믿는다. 지질학적 연대는 이미 추정이 가능하다. 하지만 연대를 결정하는 데에서 기본적인 문제는 역사에서와 마찬가지로 연속성과 즉흥성의 관계를 파악하는 일이다.

지구 역사에 대한 연대기는 인간 역사의 3단계에 따른 발전 단계를 기반으로 삼는다. 선사 시대는 생물의 첫 번째 흔적이 나타나기 시작한 40억 년 전의 선캄브리아기부터 약 25억 년 전에 진행된 고생대 등으로 이루어져 있는데 5억5천만 년 전부터 생겨난 조류algae나 투구게류는 아직까지 멸종되지 않은 대표적인 동물이며 5억 년 전 최초의 척추동물도 등장하기 시작했다. 중생대는 2억5천만 년 전 시작된 시대로 공룡과 최초의 포유동물이 출현한 시기이다. 중생대 3기에는 특히 플랑크톤의 퇴적물인 석유가 많이 형성되었다. 우리가 매년 사용하는 석유 양은 거의 600만 년 전에 형성된 양에 육박한다. 하지만 저장된 석유는 적어도 앞으로 30년 동안 쓸 수 있는 양이라고 한다.

6,500년 전에 빙하 시대와 함께 신생대가 시작되었고 300만 년 전에는 최초로 인간의 조상이 등장했다. 역사의 근대 시대와는 다르게 지질학의 근대 시대는 3단계와 4단계 그리고 다음 빙하기를 포함하여 5단계로 나뉨으로써 계속 유지되었다. 하지만 고트프리트 벤이 자신의 시 〈네 번째〉Quartar라는 시에서 마지막 구절 '모든 것의 종말'Fini du tout을 썼을 때는 이러한 사실을 잊은 듯하다.

주기와 리듬

○ 이제 같은 기간이 일정하게 반복되는 주기에 대해 이야기하면서 우선 4년이라는 기간의 리듬을 살펴보자. 그리스인들의 포괄적인 계산법에 따르면 이것은 펜테테리스Penteteris, 즉 5년 단위의 제례라고 불린다. 이는 다양하게 쓰인 표현으로 범아테네 행렬 행사와 프톨레마이아Ptolemaia, 알렉산드리아, 피티안(델피) 신전의 제례와 올림피아 경기를 위한 기간 모두 이렇게 불렀다. 올림피아 경기를 가리키는 올림피아스Olympias는 제우스 신을 기리기 위한 축제뿐 아니라 올림픽 사이의 시간을 의미하는 단위로도 사용되었다. 또한 4년이라는 기간은 여러 나라에서 의회의 입법 기간으로 활용되었다. 입법 기간은 비스마르크 정권 아래에서는 3년이었지만 윌리엄 2세 때에는 4년이었다가 바이마르 공화국에서는 오늘날과 같이 4년으로 정착되었

다. 1936년과 1940년의 독일 경제 4개년 계획은 둘 다 방위 산업체를 동원한 것이었다.

'12'라는 숫자

○ 5년마다 한 번씩 행해지던 로마의 루스트룸Lustrum은 종교적, 정치적, 연대기적 목적을 가진 행사였다. 켄소리누스는 고대 로마의 여섯 번째 왕이었던 세르비우스 툴리우스Servius Tullius가 5년마다 루스트라티오lustratio라고 불리는 정화의식을 치르게 했다고 기록했다. 리비우스에 의하면 로마시대에는 주기적으로 재산 조사와 더불어 인구 조사가 행해졌는데 이는 백성들 중 투표권이 있는 계급인 백인대 의회Comitia Centuriata에 필요한 조치를 위해서였다. 이 밖에 루스트룸에 다른 현실적인 목적은 없었다. 구소련에서는 1928년 이래로, 구동독에서는 1951년 이래로 5년 단위의 사회주의 계획 경제를 도입했지만 미리 설정된 목표에는 거의 도달하지 못했다.

12년 주기를 일컫는 도데카에테리스Dodecaëteris는 켄소리누스에 의해 언급되었다. 이는 12년마다 기후며 곡식, 질병의 주기가 반복된다고 믿었던 칼데아 점성술을 기반으로 한 바빌로니아 천문학에서 사용된 개념이기도 하다. 아우구스투스 시대 천문학을 다룬 파피루스 문헌을 보면 12년 주기는 황도 12궁과 연관되어 있는 것으로 보인다. 이로써 12라는 숫자로 이어진 세 개의 시간 단위를 발견할 수 있다. 두 개의 12라는 숫자로 이어진 하루와 열두 개의 달로 이루어진 한 해 그리고 12년 주기가 바로 그것이다.[10]

바빌로니아의 천문학은 아시아의 문화와 상당히 유사하다. 마르코 폴로는 타타르인들은 12지支에 따라 연도를 헤아린다고 기록했다. 첫 번째 해는 사자의 해이며 두 번째는 황소, 세 번째는 용의 해라는 식으로 이어진다. 출생연도를 물으면 이곳 사람들은 '사자의 해에 태어났다'는 식으로 대답했다고 한다. 12년이 지나면 다시 처음으로 돌아가게 된다. 실제로 몽골인들도 12년의 각 해마다 열두 동물의 이름을 돌아가면서 붙였는데 중국인들은 연도를 헤아리는 것뿐 아니라 달을 헤아리는 데도 12지법을 사용했다. 중국인들에게 2015년은 2월 19일이 새해의 첫날로 양의 해다. 따라서 열두 달에 각각 해당되는 12지법이 연도를 헤아리고 하루의 시간을 헤아리는 데도 같이 사용되었다는 것을 알 수 있다. 과거의 연도를 계산하는 데는 10간干과 60년(10간과 12지를 조합한 60갑자六十甲子를 의미함.—옮긴이)의 주기를 이용했는데, 이는 숫자의 형태가 아니라 원소(음양오행)나 색깔별로 구분되어 있다.[11] 고대의 에포님식 연도 계산법과 마찬가지로 각 연도를 음양오행으로 구분하는 중국식 연도 계산법으로는 어떤 사건의 연도를 추정하기가 쉽지 않다.

로마의 회계연도

○ 후기 고대에서 재산평가를 위한 회계연도는 15년마다 돌아왔다. 트라야누스 이래로 비정규적인 추가 회계조사를 위해 인딕티오indictio를 선포하기도 했다. 3세기에는 필요할 때마다 인딕티오가 공표되었는데 디오클레티아누스가 287년에 이를 체계화해서 5년 단위의 회계연도로 정착시켰다. 콘스탄티누스는 312년에 세 개의 5년 단위 자산평가 기간을 모두 합해서 15년 단위의 인딕티오를 공표했는데 초기에는 주로 재산에 대한 세금 징수 목적이 강했다. 이 같은 칙령은 이후에 순환 체계로 정착되었다. 인딕티

오는 이후 무덤의 비문에 집정관이나 황제의 재위 연도와 함께 나란히 기록되었다. 간혹 인딕티오의 연도가 독자적으로 등장하는 경우도 있었는데, 이 경우에는 현재 인딕티오 주기가 끝나기 전 몇 년에 해당하는지를 표기하는 방식이었다.[12]

'로마식 과세번호'는 이슬람화된 이집트에서도 9세기까지 볼 수 있었으며 중세 기독교 시대에도 남아 있었고 어떤 경우에는 신성로마 제국이 끝난 1806년까지도 사용되었는데 물론 이 시점에는 이미 '조세 부과'의 의미는 더 이상 남아 있지 않았다. 제국 시대와 로마 가톨릭, 비잔틴 정교회에서 인딕티오는 모두 가을에 시작되었으며 그 시작 지점은 각기 달랐다.

인딕티오는 올림픽과 달리 연속적으로 연도가 기록되지는 않았으며 순수하게 행정적인 목적으로 기록된 연도였다. 따라서 특정한 인딕티오의 연도를 알고자 하면 다른 연대 기록을 참고해야만 했다.[13] 수명이 짧았던 인딕티오식 연대 기록 방식은 정보 가치가 낮았으며 오직 당시의 연대 기록 방식에 대한 불신만 증폭시킬 뿐이다.

세대의 어원

○ 또 다른 장기간의 연대 기술 방식으로는 '세대'Generation라는 구분을 들 수 있다. 세대는 아주 오래된 것부터 근래에 이르기까지 다양하게 사용한다. 아시리아의 왕 샴시아다드 1세Shamshi-Adad I는 언젠가 두 사건 사이에 '일곱 세대'가 흘렀다는 표현을 사용했다.[14] 독일에서 세대라는 단어는 인본주의 시대Humanistenlatein 말엽인 16세기에 나타났는데 초기에는 라틴어 '가족'familia과 마찬가지로 가정 공동체의 의미를 가지고 있었다. 라틴어인

'게네라티오'generatio는 '게누스'genus(성性)와 마찬가지로 '창조하다'라는 의미의 '겐'gen에서 유래했다. '생산하다, 창조하다'라는 뜻을 가진 라틴어 '기그노'gigno, '게누이'genui와 '태어나다'라는 의미를 가진 '그나스코르'gnascor에서 유래한 것이기도 하다.

우리는 '세대'라는 단어에서 통시성을 가진 30년 단위의 증식 주기를 떠올리게 되는데 이는 부모 세대의 출생 시기에서 자식 세대의 출생기에 이르는 시간이기도 하다. 또 하나는 비슷한 경험을 공유한 어느 정도의 '동년배'를 가리키는 용어이기도 하다. 가령 1813년에서 1815년 사이의 해방전쟁 세대나 빌헬미네Wilhelmine에 대항하여 유겐트 양식을 창안하고 주도한 세대, 1914년 후 몇 년간 동안 지속되었던 '튤립 겨울'Steckrübenwinter(전후 먹을 것이 곤궁하여 튤립 뿌리를 캐서 연명해야 했던 비참한 시절—옮긴이)을 경험한 세계 대전 세대, 또한 가짜 커피와 인공 꿀, 학교 급식을 기억하는 세대와 혁명적 68세대 등 이름 붙일 수 있는 세대는 수없이 많다. 또한 비슷한 연배들이 만들어낸 단체는 세대 간의 갈등을 주도하는 역할을 하기도 한다. 또한 연금이란 계약 방식은 늙은 세대를 젊은 세대가 돌보는 방식으로 젊은 세대도 나중에 노후를 맞이할 때 똑같은 혜택을 누릴 수가 있다.

라틴어 '세대'generatio와 같은 어원을 가진 그리스어로는 '게네아'genea(세대)와 '게노스'genos(성性)가 있다. 하지만 배경을 통해서만 특정 게네아의 기간을 알 수 있다. 플루타르코스의 《도덕론》에 의하면 헤라클레이토스는 게네아를 30년으로 추정했으며 헤로도토스는 33년이라고 보았는데 33년을 세 번 반복하면 약 100년이 되기 때문이었다. 호메로스의 이야기 속에서 '게네아'는 나뭇잎이 살아 있는 따뜻한 계절을 의미한다(《일리아스》 6장). 나뭇잎보다 오래 살아남은 이는 늙은 무사 네스토르이며 그보다 더 오래 살아남은 것은 호전적인 부족들이고 그중 가장 오래 살아남은 부족은 트로이

전쟁에서 싸운 영웅들이었다. 이 모든 것을 '게네아'라고 불렀으며 이오니아 언어로는 '게네' geneē 라고 했다.

'천 년'이라는 단위

○ 천 년 단위를 맞이하는 데는 항상 특별한 흥분이 동반되었다. 이는 로마 건국 천 년 기념제를 통해서도 확인할 수 있다. '천'이라는 단어는 어원학적으로 볼 때 '백의 자릿수가 여러 개'의 의미가 강하며 오랜 시간을 가리키는 숫자이자 0이 세 자리로서 가장 많은 어림수에 속한다. 성경에서는 레베카의 자손이 수천만 명에 달한다고 계산했으며(창세 24:60) 살해당한 블레셋인(팔레스타인 사람들)의 숫자(1사무 18:7), 천사의 수(다니엘 7:10) 역시 수천 명으로 계산했다. 《시편》 90장 4절에 나오는 "정녕 천 년도 당신 눈에는 지나간 어제 같고 야경의 한때와도 같습니다."라는 구절은 《베드로 후서》에 이미 인용되었으며(3:8) 루터의 시대에 이르기까지 기독교인들이 역사의 시간을 파악하는 기준으로 작용했다. 또한 AD 1000년이라는 시점과 연관되었던 세상의 종말에 대한 공포는 시간 자체에 대한 공포라기보다는 심판의 날 이전과 이후에 벌어질 현상에 대한 두려움에 따른 것이었다.[15]

고대 페르시아의 우주학은 《분데헤쉬》에서 볼 수 있는 것처럼 천 년의 개념이 기본적으로 깔려 있다. 이에 따르면 세상의 시간은 1만2천 년으로 구성되어 있으며 이는 3천 년이 네 번 반복되는 시간이다. 아홉 번째 천년이 지나 마지막 3천 년까지는 다리우스와 알렉산드로스 대왕의 치하, 아랍인들의 지배에 이르기까지는 신비주의 시대가 이어졌다.

천년왕국

○ 천 년이라는 시간에 대한 개념에서는 페르시아의 영향력이 감지된다. 그리스어 '킬리오이'chilioi는 킬로미터kilometer나 킬로그램kilogram에서 볼 수 있는 것처럼 '천'이라는 숫자를 의미한다. 기독교의 전통에서는 반그리스도와 마지막 심판 전에 등장하는 '천년왕국'이 아주 중요한 의미를 가진다. 《요한묵시록》에는 《분데헤쉬》 31장의 내용처럼 마지막 전투와 최후의 심판 직전에 사탄이 밧줄에 묶이게 된다. 동시에 모든 이단자도 멸망하고 "피가 강물처럼 흘러내린다."[16] 그리스도는 '첫 번째 부활' 후에 성인들과 세상을 다스리는데, 이후 천년이 지나 '두 번째 부활'을 하고 그 후에는 평화의 왕국에 종말이 온다. 이는 폭풍전야와도 같은 평화다. 유스티누스나 이레나이우스Irenaeus와 테르툴리아누스와 같은 신학자들을 주축으로 한 이 대중적 믿음과 희망은 이후 오리게네스를 비롯한 교회 사제들의 논쟁을 통해 확인되었다. 하지만 이들의 천년왕 개념은 이후 타보르Tabor의 후스파Hussite나 모르몬교, 여호와의 증인과 같은 교파를 통해 맥이 계속 이어졌다. 세상의 종말에 대한 기대는 북미의 다양한 종교 활동이 지금처럼 활발한 한 계속될 전망이다.

요아킴은 세 가지 성령의 시대가 도래한다고 굳게 믿었는데 이는 종말론의 '천년왕국' 사상과 연결되는 것이었다. 이 같은 개념은 1945년 이후 나치 정권의 선전과 맞물리면서 다시 유행되었지만 히틀러 자신은 단지 하나의 추정일 뿐이며 운명에 대한 도전이라고 단정했다. 히틀러의 추종자들은 종종 이 용어를 사용했다. 즉, '왕국이 천년 동안 지속되도록 우리가 지키고 행동해야 한다'는 것이다. 국가사회주의자들은 이 개념을 공식적으로 '제3제국'이라고 이름 붙였다. 콜라 디 리엔지Cola di Rienzi나 클로드 생시몽, 모엘러

반 덴 브룩Moeller van den Bruck과 같은 이들은 유토피아적 의미에서 슈타우퍼Staufer와 비스마르크 제국 다음에는 제3의 제국이 등장할 것이라고 예견했다. 그리하여 슈펭글러는 다음과 같이 말했다. "제3제국이란 게르만적 개념이다." 1933년 이후 인기를 끌었던 용어는 1939년에 '위대한 독일 제국'이란 공식명칭으로 대체되었다.[17]

위대한 해와 천문학의 주기

○ 천년왕국을 넘어서 우주의 영역으로 들어가면 위대한 해, 즉 아누스 마그누스annus magnus라는 천문학적 주기와 마주치게 된다. 켄소리누스는 이를 두 가지 단위로 사용했다. 첫 번째로는 지구와 태양, 달을 비롯한 여러 행성들이 똑같은 자리에 놓이게 되는 주기를 의미하는 것이고, 두 번째는 모든 행성이 똑같은 별자리에 다시 놓이게 되는 시간을 의미한다.[18] 플라톤은 《티마이오스》Timaios에서 '완벽한 해'에 등장하는 '시간 속의 완벽한 숫자'에 대해 언급했다. 키케로는 타키투스의 《대화》를 인용하여 '위대하고 진실된 해'는 보통의 연도로는 12,954년에 해당된다고 했다. 거기서 타키투스는 시간의 간격을 계산하는 방법을 증명해 보였다. 요세푸스는 자신의 저작 《유대고대사》에서 위대한 시간의 주기가 600년이라고 했고, 마크로비우스는 《꿈》에서 1만5천 년이라고 보았다. 켄소리누스에 의하면 이 위대한 해의 주기는 2484년부터 360만 년 사이에 놓여 있다. 이 우주적인 시간을 아이온aiōn이라고 부른다.

위대한 해는 우주적 시간 순환 체계 속 하나의 주기라고 볼 수 있는데 헤라클레이토스와 같은 소크라테스파 학자나 마르쿠스 아우렐리우스와 같은 스토아학파의 철학자들은 이와 같은 관점을 견지했다. 그런데 '우주의 주기'에 시작이 없다면 그것을 헤아리는 것도 끝을 추정하는 것도 불가능하다. 초기나 후기를 구별하는 것은 직선적이고 선형적인 관점에서 가능한 일이며 여기서는 불가능한 것이다. 모든 주기는 첫 번째가 될 수 있으며 또 첫 번째라고 볼 수 없으므로 두 번째나 세 번째의 주기를 계산하는 것도 불가능한 일이다. 논리적으로 영원한 회귀론적 관점에서는 현재 우리가 처한 주기가 어디쯤인지를 판단할 수가 없다. 현재 세상의 주기가 언제 시작되었는가 하는 질문에, 키케로는 《스키피오의 꿈》Somnium Scipionis에 로물루스가 BC 708년 7월 7일의 일식에 즉위했다고 하니 이를 출발점으로 삼자고 《국가론》에 썼다. 마크로비우스는 이것이 독단적인 추정이라고 비판했다. 마닐리우스는 BC 97년에 '위대한 해로의 전환기'가 215년 전인 BC 312년에 시작되었다고 했는데[19] 이는 셀로우코스 시대를 가리킨다.

켄소리누스는 '아누스 막시무스'annus maximu의 겨울에는 폭우kataklysmos, 다시 말해 라틴어로 '딜루비움'diluvium이 쏟아지며 여름에는 세상이 불Ekpyrōsis로 뒤덮여 라틴어로 세계적인 화재mundi incendium가 일어날 것이라고 추정한 아리스토텔레스의 말을 인용한 바 있다. 그 전에도 이 같은 주기적 세계 멸망의 이야기가 나오는데 크세노파네스Xenophanes는 물을 통한 세상의 멸망을, 헤라클레이토스는 불을 통한 멸망eluviones exustionesque terrarum을 예견했으며[20] 키케로는 《국가론》에서 두 가지 요소를 모두 거론했다. 마닐리우스의 《포에타》Poeta에서 세상의 시간은 혼돈 속에서 생겨나서 혼돈 속에서 끝이 난다. 우주적 재앙이 일어난 후 영원한 새 세상이 창조되는 이야기는 안티오쿠스의 저작에서도 볼 수 있다. 스토아학파의 가르침에 따르면 소크라테스는 크산티페와 또다시 결혼할 것이며 아니토스와 멜레토스에게 또다시 고발당하게 될 것이다.[21] 아마 이 모든 일이 이미 과거에도 무수하게 일어났던 일일 것이다. 이와 같은 시간에 대한 순환적 사고는 고대 아메리카 원주민들의 시간 개념과도 유사하다. 마야인들도 자신들이 네 번째 세상의 주기를 살아가고 있다고 믿었다. 그 시작 시점을 이들은 BC 3114년 8월 11일로 삼았는데 이 시점이 현재와의 관계에서 닻과 같은 역할을 한다고 믿었다. 각 세상의 주기 사이에는 대홍수로 인한 재앙이 일어났다.[22]

시간 개념의 변화

○ 시간 개념은 시간에 기반한다. 시간의 주기에 붙여진 이름은 세월에 따라 그 의미가 변하게 되었는데 특히 한 시대를 가리키는 '세쿨룸'이란 단어가 그러하다. 처음에 세쿨룸은 씨앗을 뿌리는 주기를 가리켰지만 나중에는 '세대'를, 이후에는 생의 주기를 의미했고 그다음에는 세기를 가리키는 표현이 되었다가 마지막 심판까지 세상의 역사를 의미하게 되었다. 또한 중간에는 통치자의 지배 기간을 가리키는 의미로 사용되기도 했다.

세쿨룸은 '씨앗을 뿌리다'라는 의미의 '세레레'serere에서 유래한 것으로 씨앗을 뿌려서 수확을 하고 다음 씨앗을 뿌리는 주기, 즉 1년을 가리켰다. 25년에서 30년 사이의 기간을 가리키는 그리스어 게네아, 즉 세대와 세쿨룸을 동일시하는 것에 대해 켄소리누스는 비판했다. 그는 또한 인간의 최대 수명이라는 의미로 세쿨룸을 사용하는 것에 대해서도 회의적이었는데 그것은 그가 인용할 수 있는 자료에 많은 차이점이 있었기 때문이다. 따라서 켄소리누스는 에트루리아인들의 '세쿨라'saecula 개념을 받아들였다. 이는 각 도시의 창건 시점부터 헤아리는 기간을 의미했다. 도시의 창건 시점은 당시에 태어난 사람의 나이가 얼마인가를 헤아려서 추정했다. 각각의 새로운 시대는 신성한 상징을 내세웠다. 바로 이후로 처음 네 개의 시대는 각 100년으로 결정되었다고 켄소리누스가 기록했다. 여기서 우리는 세쿨룸이 매우 중요한 의미로 사용되었다는 증거를 발견할 수 있는데, 즉 '하나의 세기'를 가리키는 의미였던 것이다. 헤카톤타에테리스hekatontaetēris는 인간이 가장 오래 살 수 있는 기간이자 인간이 사후 지하 세계에서 받는 처벌의 기간을 가리키는 것으로 플라톤의《국가》에 한 번 등장한 적이 있으나 그리스의 시간 의식에서는 별다른 의미를 가지지 않았다. 한편 세기Jahrhundert라는 시간 단위는 그 기원이 로마에 있다.

바로 이후로는 시대의 주기가 고정되어 있다가 유연한 방향으로 전환되었는데 에트루리아인들의 세쿨라도 점점 길어졌기 때문이다. 이에 따르면 여덟 번째 세쿨라가 시작되었고 열 번째 세쿨라는 에트루리아 민족의 종말을 가져오는 것으로 예견되었다.[23] 카이사르의 죽음 이후 하루스펙스 불카티우스Haruspex Vulcatius는 혜성 속에서 아홉 번째에서 열 번째 세쿨룸으로 넘어가는 전환기의 신호를 감지했다.[24] 이미 BC 82년에 술라 황제가 내전을 시작하면서 에트루리아의 점성술사들은 새로운 시대의 재림을 예견했다. 새로운 시대는 모두 8개의 세쿨라로 이루어져 있는데 각각의 '위대한 시대'는 기적의 신호와 함께 시작된다.[25] 이때는 인간의 최대 수명도 110년으로 낮추어졌다. 마법의 숫자였던 110은 이후 100이라는 숫자로 다시 깎여서 세기의 개념이 되었다. 하지만 정확한 숫자는 아우구스투스의 시대에까지도 불분명했는데 리비우스에 의하면 BC 17년의 백년제가 100년 만에 열리는 제례라고 한 데 비해 호라티우스는 110년 만에 돌아오는 행사라고 했기 때문이다.[26]

새로운 질서의 탄생

○ 백년제와 더불어 아우구스투스 황제는 새로운 세기를 열었을 뿐 아니라 새로운 세상의 시대를 열었다.[27] 이 시기에 시간에 대한 개념과 사용은 엄청나게 심화되었다. 키케로의 친구 아티쿠스Atticus는 최초로 집정관의 즉위 시기 등을 에포님식으로 기록하여 책의 형태로 만들었고 아우구스투스는 포룸 로마눔의 비문에 이를 새겼다. 카이사르는 원정에 나설 때 휴대용 물시계를 가져갔고 아우구스투스는 캄푸스 마르티우스에 해시계Solarium Augusti를 세웠다. 카이사르와 아우구스투스는 달력을 개정하여 그림이나 조각과 함께 벽에 비문으로 새겨두었다. 개정된 아우구스투스 달력 속의 7월과 8월은 현재까지 그 이름 그대로 사용되고 있다.

아시아 지역에까지 세상의 구원자 아우구스투스를 찬양하는 신의 '찬송'이 울려 퍼졌고[28] 그가 태어남으로써 인류가 지복해지고 '새로운 시대'가 열리게 되었다. 그가 없었다면 이 세상은 '멸망하고' 말았을 것이다. 호라티우스와 프로페르티우스, 오비디우스, 특히 베르길리우스 같은 시인들은 새로운 시대의 개막을 칭송했다. 카이사르의 죽음을 나타내는 혜성과 아우구스투스의 인장 위에 스핑크스가 새겨진 동전도 주조되었다. 새로운 시대는 '만물에 대한 이해, 세상의 혁명, 우주적 영혼의 힘'을 구현했다.[29] 베르길리우스는 네 번째 목가시에서 중세가 '새롭게 해석되는 세상'을 향하고 있다고 쓰기도 했다. 시 속에서 시인은 '처녀의 귀환'과 성 소년의 탄생을 약속하기도 했다. 엄청나게 나이 든 세상이 다시 새롭게 태어나고 있다. 쿠마에 무녀는 '종말의 시대'가 도래할 것을 예언했다. 저 높은 천국으로부터 새로운 세대가 파견되었다. 토성이 지배하는 세상에서 이제 황금기가 다시 돌아왔다. 구세주가 등장한 이사야의 마지막 천국에서와 같이 사악한 뱀은 죽고 소가 사자를 두려워하는 일은 더 이상 없을 것이다. 아우구스투스도 그처럼 숭배를 받았다.

구세주의 가능성에 대해서 생각하기 어려운 BC 40년에 베르길리우스는 이 시를 썼는데 아마도 그가 의미한 구세주란 BC 31년에 절대적 권력을 획득한 황제 아우구스투스일 것이다.[30] 이 시는 시간을 소급함으로써 예언자적 아우라를 획득하게 되었다. 이는 사건들을 예언한 일화가 무수히 나오는 성경을 보아도 잘 알 수 있다. 그가 쓴 《아이네이스》에는 아우구스투스가 황금기를 열 것이라는 예언이 나와 있다. 후대 황제들은 이 주장을 평가절하하고 동전에 새겨진 '행복한 시대를 다시 되돌렸다' 같은 문장을 자신들의 치세를 위한 선전도구로 여겼다. 고대 후기에 권력을 찬탈한 카라우시우스 Carausius도 290년 런던에서 자신을 기념하는 메달에 I. N. P. C. D. A.라는 약자를 새겼는데 그것은 "새로운 세대가 저 높은 하늘로부터 내려왔다."iam nova progenies caelo demittitur alto라는 의미였다.[31] 그는, 이미 교육받은 브리타니아 사람들은 메달의 약자를 통해 위에 인용된 베르길리우스의 문장을 떠올릴 수 있을 것이라고 믿었을 것이다. 교회 사제였던 락탄티우스는 《기관》 Institutiones에서, 콘스탄티누스 황제는 에우세비우스의 연설문을 통해 베르길리우스의 네 번째 전원시에서 가리키는 인물이 아기 그리스도라고 해석했다. 이는 완전히 틀린 추정이라고 볼 수는 없는데 아우구스티누스의 시대에는 그리스인들과 유대인들 사이에 구원에 대한 기대심리가 매우 대중적으로 전파되었을 뿐 아니라 국경을 넘어 번지고 있었기 때문이다.

르네상스 이후에도 베르길리우스의 선언은 종종 정치적으로 이용되었는데 1700년 독일 제국의 달력 개혁을 도입했을 당시 기념 메달이나 1818년 5월 26일 바바리아에 대헌장을 도입하면서 막시밀리아누스 요세푸스 바바리아에 렉스 기념 은화에도 "시대의 위대한 질서가 새로 태어났도다."라는 문장이 새겨졌다. 미합중국의 국가 인장과 달리 지폐화에도 "NOVUS ORDO SAECLORUM"(시대의 새로운 질서)라는 문장이 들어갔으며 1937년 아우구스투스 2,000년 탄신제를 기념하여 무솔리니도 이 같은 구절을 사용했고 1939년 동유럽 쪽으로 영토를 넓히고자 하는 히틀러의 욕망을 대변했던 광역이론Großraumtheorie을 전개한 카를 슈미트Carl Schmitt도 같은 구절을 사용했다.[32]

종말론과 메시아에 대한 희망

○ 아우구스투스 황제 치하에서 이루어진 전환기에 대한 정치적, 종교적 과정과 맥을 같이하는 것으로 유대교에 바탕을 둔 종말론이 세례자 요한이나 예수, 바오로를 통해 중요해졌다.[33] 성경의 전통 속에는 다양하고 열정적인 희망과 약속이 새겨져 있는데 특히 예언서들을 보면 절박한 말세에 대한 언급이 많이 등장한다. 이 예언들은 아우구스투스의 경우와 같이 '구세주'의 현존, 주의 '부름을 받은' 메시아, 그리스도에 대한 믿음과 연관되어 있다.

성경의 가르침은 세속적인 다비드 왕국의 부활에 대한 세속적 상상과 새로운 세상, 완전히 다른 형태의 존재에 대한 우주적 갈망 사이를 왕복하고 있다. 바빌론 유수의 시대에 등장한 정치적 열망은 전자를 담고 있다. 《이사야서》 7장 14절에는 '임마누엘'Immanuel이 나타날 것이라고 약속했고 두 번째 이사야는 키루스 왕이 추방당한 유대인들을 구원할 가능성이 있다고 보고 환영했다. BC 570년 무렵에도 이미 예언자 에제키엘Ezekiel은 세상의 종말이 가까워올 때 이스라엘이 과거의 영광을 되찾을 것이라고 예언했다.

《시편》 72장이나 《즈카르야서》에 쓰인 대로 세상의 종말이 올 때까지 이스라엘이 이 세상을 다스리고 '모든 왕'이 이스라엘의 하느님을 예배할 것이라는 기대는 이후 실망으로 변하여 점점 커졌다. 하지만 위기의 시대에는 이러한 희망이 다시 크게 솟구쳤다.

성경적 우주 종말론은 페르시아의 영향을 받은 것이었다. 《분데헤쉬》 31장에는 죽은 자의 부활과 마지막 심판이 묘사되어 있다. 모든 사람은 타오르는 불길 위를 3일 동안 지나가야 하는데 선한 이들에게는 불길이 따뜻한 우유처럼 느껴질 것이다. 이들은 모두 영원한 천국으로 향할 것이고 세상은 정화되고 새롭게 거듭날 것이다. 이사야는 그 끝에 '새로운 천국과 새로운 지구'가 있다고 예언했으며 《다니엘서》는 죽은 자가 부활하고 많은 이들에게 영원한 삶과 영원한 고통을 안겨다줄 재판정에 대해 언급했다.

시간의 종말과 세상의 종말

○ 《마르코 복음서》 1장 7절에 보면 30년 무렵 세례자 요한은 메시아가 도래할 것이라고 설교했으며 그의 제자인 예수는 그의 메시지를 받아들였다. 예수의 제자들은 그가 예언을 충족시키고 '이스라엘을 구원할' 것이라고 믿었다(루카 24:21). 예수의 전투적인 언어 또한 이와 같은 내용을 암시했다.[34] 그것은 정치적인 비전이기도 했지만 모든 것을 새롭게 만들겠다는 종말론이 무엇보다도 지배적이었다(사도 3:21). 불가타 성경은 이것을 요한이 예언한 모든 것의 복귀라고 불렀다(묵시 21:1). 제자들은 하느님의 귀환과 세상의 종말이 자신들이 살아 있는 동안 일어나리라고 믿었으며(마태 16:28) 바오로도 이를 믿었다(로마 13:11). 《테살로니카 후서》에는 첫 번째의 파루

시아가 지체되는 이유가 곧 사라질 것이라고 설명했다. 교회의 사제들은 종말을 로마 제국과 연결시켰는데 《다니엘서》의 예언에 따르면 로마 제국은 세상에 종말이 올 때까지 유지되는 것이었다. 이 같은 생각이 기이하다고 여긴다면 그 사람은 궁극적인 정부의 형태가 민주주의라는 것도 동의하지 않을 것이다.

'종말기의 산통'이라는 개념은 매우 극적이다(마태 13:8). 2세기의 소아시아에서 쓰인 《베드로 후서》에서는 이를 우주적 재앙이라고 묘사한다. 하늘은 무너져 내릴 것이고 불길이 모든 것을 삼킬 것이며 새로운 하늘과 땅이 열릴 것이다. 세상이 불길에 휩싸인다는 그리스적 개념은 시빌라 무녀의 신탁을 통해 전파되었는데 알렉산드리아 출신의 이 유대 기독교적 멸망의 예언자에게서는 강한 반로마적 악센트가 느껴지기도 한다. 불과 유황이 모든 것을 재로 만들어버릴 것이다. 별들은 바닷속으로 빠지고 태양과 달은 합쳐져 하나가 될 것이다. 사악한 이들은 영원한 불길 속에서 고통받을 것이지만 구원받은 이들은 젖과 꿀과 와인이 흘러넘치는 풍요의 땅에서 천국의 나날을 누릴 것이다. 과일은 천지에 넘치고 아침과 저녁의 경계가 사라지며 계절도 없는 곳에서 영원한 엘리시움의 축복만이 넘칠 것이다. 종말의 시간에 대한 기대는 기독교의 종교사에서 끊임없이 되풀이되는 주제이기도 하다.[35]

히에로니무스의 신약이나 불가타 성경에서 누가Lukas는 현재의 오래된 세상을 새로운 세상에 맞서는 것으로 '지금 여기'를 '저 너머' 세상과 대립되는 것으로 묘사했다. 《마르코 복음서》 1장 15절에 나오는 대로 '현재 충족된' 시간은 죄 많은 인류의 곧 멸망할 조건에 불과한데 신약에서는 보통 우주를 뜻하는 라틴어 '문두스'mundus를 이 세상을 뜻하는 단어로 사용했다. 공간적 중요성이 시간의 한계 속에 갇힌 것이다. 천국의 왕국이 가까워지고 있는 것과 대조적으로 《요한묵시록》에는 '이 세상의 왕자'인 악마, 아르콘Archon이 등장한다(12:31, 16:11). 바오로 서신에서 아르콘은 '이 시간의 신'이며 불가타 성경에서는 '이 세상의 신'이라고 불렸다(2코린 4:4). 그런데도 기독교를 아직도 일신교라 할 수 있을까?

12세기 후반부터 '사악한 세상'은 '여자들의 세상'이라는 이름으로 의인화되었다. 이는 앞모습은 형용할 수 없이 아름답지만 뒷면은 구더기와 뱀 혹은 두꺼비와 같은 동물에게 파 먹히는 허영으로 가득 찬 공허한 세속적 삶을 상징하는 것이다. 이 같은 관념의 중세기적 표상을 13세기 후반에 만들어진 바젤과 스트라스부르 대성당의 조각상을 통해 들여다볼 수 있다.[36] 늙은 발터 폰데어 포겔바이데는 악마의 아내인 베를트에게 안녕을 고하면서 여인숙 주인에게 자신이 모든 빚을 청산했다는 것을 알려달라고 말한다. 그는 영원의 여인숙으로 들어간다.

중세 고지 독일어인 '베를트'werlt는 고대 고지 독일어인 '베랄트'weralt에서 유래한 것으로 영어 단어 '월드'world와 비슷하다. 여기서 '알트'alt는 '시간'이라는 의미이며 '베르'wer는 라틴어로 '사람'을 뜻하는 '비르'vir와 관련되어 있다. 베레볼프Werewolf는 늑대로 변한 인간을 가리키며 '베르겔트'Wergeld는 살인배상금이다. 원래 '베랄트'의 실질적 의미는 '인간의 나이'였지만 이후 '시대'의 의미로 확장되었다. 이는 세쿨룸의 원래 의미와도 일맥상통한다. 현대 독일에서 사용하는 '세상'Welt이란 단어는 원래 시간적인 의미를 가지고 있다. 그 원래의 의미는 오늘날에도 합성어인 '전대'前代, Vorwelt나 '후대'Nachwelt와 같은 단어들에서 확인할 수 있는데 괴테의 《파우스트》에는 이 두 세계가 모두 등장한다. 그 속에서는 '세상'이 현재, 즉 '동시대'Mitwelt의 의미다.

국경을 넘나드는 기독교적 지배에 반대하는 경향은 세상을 중시하는 의미에서 '세속화'Sakularisation를 불러왔다.[37] 그중에서도 프랑스 대사였던 앙리 도를레앙Henri d'Orleans이 베스트팔렌 조약 이전인 1646년 5월 8일 뮌스터에서 교회의 재산을 세속화saecularisatio라는 명목으로 세속으로 전환시킬 것을 꾀한 후 세속화는 정치적 폭발력을 갖게 되었다. 국가가 폭력적으로 교회의 재산을 몰수하는 것은 카를 마르텔Charles Martel 이후 반복된 절차이기도 하다. 1307년에 프랑스의 필리프 4세는 성전기사단의 재산을 몰수했고 1789년 프랑스 혁명과 더불어 수도원이 해체되었을 때 교회의 재산을 국유화했다. 독일의 경우에는 1803년의 독일합병과 바이에른 지역의 몬트겔라스Montgelas가 주도한 세속화를 통해서 많은 교회의 재산이 세속으로 넘어왔다.

재산의 소유권과 관련하여 '세속화'라는 단어가 사용된 것과는 별도로, 기독교가 지배하던 중세 시대에는 인간의 모든 생활을 아우르는 '신성화'라는 대항운동이 지배했다. 신성화된 교회의 속박 속에서 세속적 영역은 떨어져 나오게 되었다. 여기서 이성과 진보에 기반을 두고 있으며 죄악과 신앙의 긴장 사이에서 태어난 역사와 시간에 대한 세속적 관점이 탄생하게 되었다. 이성과 진보의 개념이 지상에서의 영원한 평화를 이루고자 하는 소망을 담고 있으므로 어떤 면에서는 기독교적 구원에 대한 열망이 세속화된 형태라고도 할 수 있다. 근본적으로 세속적인 약속을 바탕으로 한 진보라는 근대 이념은 따라서 재세속화의 한 방식이다.

세속적인 평화에 대한 희망이 사그라들면서 밀교 단체를 중심으로 메시아의 등장을 기다리는 숭배의 움직임이 일었다. 2000년 11월에는 하일레 셀라시에Haile Selassie 1세의 장례식이 아디스아바바에서 열렸다. 그러자 자메이카의 라스타파리언은 그들이 메시아라고 믿었던 네구스Negus 황제를 기리는 애도의 춤을 추었다. 일반적으로 아메리카의 흑인들은 백인들과 마찬가지로 종말론에 약했다. 그리하여 중세 초기에 만들어진 마야 달력에 따르면 2012년 12월 21일부터 세상의 종말이 시작되리라는 시나리오가 언론을 중심으로 퍼져나갔다. 이는 흥밋거리를 찾는 대중 정서에 부합하는 새로운 시대에 대한 신비화 전략이기도 하다.

1960년 이래로 뉴에이지 운동이 캐나다와 캘리포니아를 중심으로 생겨났다. 이들은 지난 2천 년 동안의 물고기자리 대신 물병자리의 시대가 찾아온다고 역설했다. 천문학과 신지학 전통의 관점에서 이들은 '새로운 인간형'을 추구하며 기술문화에 천착하고 자연을 적대시하는 현대 문명 대신에 우주의 내적 변화를 추구하고 일체화된 의식의 확장을 위해 노력한다. 이를 위해 이들은 극동과 고대 아메리카의 종교를 빌려왔다. 기독교의 구원에 대한 약속에 집착하는 대신 신비로운 명상으로 초개인적이고 심리적인 자기 발견을 추구하는 것이다.

'이 세상'에 종말의 시간이 다가오고 있다는 믿음은, 성경 말고도 고대 페르시아의 주르반교에서도 볼 수 있다. 아베스타와 분데헤쉬 이후에도 일종의 아마게돈(묵시 16:16)의 시대가 다가오며 사오시얀트Saoshyant라는 '하느님의 전령'을 통해 선이 마지막 승리를 거두고 나서는 죽은 자가 다시 부활하고 황금의 시대가 올 것이다. 이때가 언제 오냐는 차라투스트라의 물음에 아후라 마즈다는 답한다. "비록 그때가 오기까지는 2,000년이 걸릴지라도 우리가 느끼기에는 20세의 연인과 밤을 보내는 젊은 여인의 시간처럼 짧게 느껴질 것이다."[38]

페르시아와 유대 기독교의 영향을 받아 모하메드도 81번째 수라sura에 우주적 재앙인 세계의 종말이 닥칠 것이라고 설교했다. 그에 따르면 종말의 시간에는 역시 세상을 구원할 마흐디Mahdi가 나타나 세상을 바르게 이끌 것이다. 그리고 《요한묵시록》에 나오는 것과 비슷한 황금시대를 건설할 것이다. 그다음에는 반그리스도인 알다잘이 등장하지만 귀환한 예수(이사Isa)가 그를 무찌를 것이다. 그 후 예수는 이슬람을 받아들이고 결혼하여 아이들을 낳고 모든 돼지를 척살할 것이다. 천사 이스라필Israfil이 승리의 나팔을 불어 마지막 심판을 알리면 세상은 멸망하고 다시 태어날 것이다. 구원받은 이들은 천국으로 가고 죄인들은 영원히 지옥으로 갈 것이다.[39]

영원이란 무엇인가

○ 가장 긴 시간은 영원이다. 이는 하나의 시점을 의미하는 것이 아닐지라도 시간을 이해하는 데 중심 개념이기도 하다. 그리하여 안겔루스 질레지우스는 다음과 같이 질문했다.

> 영원이란 무엇인가? 이것도 아니고 저것도 아니다.
> 지금도 아니고 현재도 아니며 무無도 아니다.
> 그것이 무엇인지 나도 모른다.

어원학적 근거를 살펴보자. 독일어 '영원'ewig이라는 단어는 라틴어 '아이움'aevum과 연관되어 있는데 시대를 가리키는 '아이타스'aetas와 '영원한'이란 형용사 '아에테르누스'aeternus와도 관련 있다. 또한 '항상'이란 뜻의 그리스어 '아이에이'aiei와 '아이온'aion과도 연관성이 있다. 이 단어는 원래 《일리아스》에서 볼 수 있는 것처럼 아이움, 세쿨룸, 베랄트와 같이 인간의 수명을 가리키는 것이었으나 이후에는 헤라클레이토스의 저서나 플라톤의 《티마이오스》에 등장하는 것처럼 '기나긴 시간, 영원'을 의미로 확장되었다. 아이온은 수많은 날과 밤, 사계절을 모두 합한 시간들이다(부록 그림 28 참조). 우선 '영원'이라는 단어에는 세 가지 의미가 있었다. 첫째로는 처음과 마지막을 포함하는 총시간을 의미하며 두 번째로 심판의 시간 이전과 이후를 가리키는, 기독교의 시간 너머의 시간을 가리킨다. 세 번째는 '에온'eon의 시간으로 이 세상의 한 시대 오래된 시간을 의미한다. 시간의 개념으로서 '영원'이라는 용어가 가진 역설은, 이것이 가장 길면서도 동시에 가장 짧은 시간이라는 데 있다. 1829년 괴테는 〈유언〉Vermächtnis이라는 시에서 '순간은 영원이다'라는 표현을 사용했다.

일상적으로 '영원한'이라는 단어는 '언제나', '항상', '영속적으로'와 같은 뜻으로 사용된다. 연인들이 서로에게 '영원한 사랑'을 맹세할 때, 이는 평생을 의미한다. '항상'이라는 말은 언제나 다른 의미를 가진다. '시간의 끝까지'라거나 '영원한 명성'과 같은 표현을 흔히 찾을 수 있다. 이 표현들은 점점 확장되어 '모든 영원의 시간까지 영원히'라거나 '모든 영원함을 위해'라는 표현에까지 이르렀다. 칸트가 1795년에 이야기한 '영원한' 평화란, 사람들이 살아가는 동안의 평화를 의미하며 모든 시간이나 '칸트 스스로가 말한' '아무 일도 일어나지 않는 영원의 시간'을 의미하는 것은 아니었다.

그가 말한 영원이란 아우구스투스가 로마를 가리켜 영원의 도시urbs aeterna라고 부른 것과 일맥상통하는 관습적 의미이며[40] 베르길리우스의 책 《아이네이스》에 나오는, 주피터의 로마에 대한 약속과도 같다. 이들을 위해 나는 시간과 공간의 한계를 정하지 않으니, 그들에게 끝없는 제국을 주겠노라. 대 플리니우스가 베스파시아누스를 우주의 시간의 지배자로 칭송하며 '영원한 우주의 지배자'라고 했듯이 황제들은 영원성이라는 단어를 자신들의 위용을 과시하기 위해 동전에 새겼다. 그리하여 영원성은 황제의 특성이 되었으며[41] 심마쿠스가 쓴 편지에서 황제는 '영원하신 폐하'라는 극존칭으로 불렀다.

신학자 아우구스티누스는 《신국》에서 끝없는 왕국을 로마 제국에서 하느님의 미래 왕국으로 대체했다. 이 왕국은 끝이 없는 마지막 단계이기도 했다. 아우구스티누스에게 영원이란 종말 이전의 시간을 의미하는 것이 아니라 그 이후의 모든 '시간'을 의미했다. 영원은 시간 외적 개념으로서 기독교에서는 최후의 심판 이후의 세속적 시간이 없는 시간을 가리킨다. 그리하여 '시간과 영원'은 상반된 개념으로서 죄인은 시간 속에서 영원을 생각하고 궁극적으로 영원 속으로 들어가야 한다.

영원의 제3의 범주는 복수형이다. 마르쿠스 아우렐리우스의 스토아학파적 시간의 개념에 따르면 시간은 우주의 주기이며 위아래로 영원히 순환하는 것이다. 이는 세상의 수명을 가리키기도 한다. 특이하게도 이 같은 문구는 성경에서도 발견된다. 적어도 두 개 이상의 세상이 모여 하나의 전체를 이룬다는 복합적인 영원성의 개념은 《역대기 상》(16:36)이나 《시편》(106:48) 그리고 예언서 《느헤미아서》(9:5)에도 등장한다. 성경에 나오는 중간 휴지기에 특별한 사건은 기록되지 않았지만 대홍수 신화가 암시되어 있다. 노아가 불의 제단을 만들었을 때 하느님은 코에서 '달콤한 냄새'를 맡고 더 이상 지구와 인간이 파괴되지 않기를 마음속 깊이 바라게 되었다(창세 8:21). 이는 주기적인 대홍수의 아이디어를 포기한 것처럼 들린다.

바오로도 태초부터 영원까지의 공식을 알고 있었는데, 이를 《갈라티아서》에서 라틴어로 '시간의 영원함'이라고 서술했다. 루터의 성경에서는 하느님의 영광이 '영원무궁하도록 있을지어다'라고 서술했는데 하느님의 영광이 '최후의 심판 이전과 이후에도' 드리울 것이라는 의미다. 《마태오 복음서》(13:22)이나 《마르코 복음서》(20:35), 《에페소서》(1:21)에는 아이온이 '속세'의 의미를 가진 삼sam이라는 지시대명사로 쓰이는데 이는 마지막 심판의 전후를 가리키는 것이다. 괴테는 에커만에게 보낸 1824년 5월 2일 자의 편지에서 '영원에서 영원으로'라는 표현을 한다. 아마도 '언제나'를 강조하는 일상적 의미로서 사용하지 않았나 싶다. 또한 《파우스트》의 마지막에 등장하는 〈환상 합창곡〉Chorus Mysticus에 나오는 '영원히 여성적인 것'Ewig Weiblichen이라는 표현은 '보다 높은 단계'를 가리키는 것으로 이때 영원은 비교급의 의미로서 사용되었다. 또한 그림형제의 양치기 소년에 관한 이야기에는 첫 1초가 가진 영원의 상징성에 관한 이야기가 등장한다.

역사는 끝날 것인가

○ 기독교 교리에 따르면, 최후의 심판에 이르러 인류의 역사와 자연은 동시에 멈추고 무한한 영원 속으로 병합된다. 자연의 역사는 계속되지만 인류의 역사는 끝이 난다. 1959년 에른스트 윙거는 《시간의 벽》에서 다가올 '역사의 종말'에 대해 이야기했는데 그로부터 30년 후 프랜시스 후쿠야마에 의해 이 이론은 다시 상당한 언론의 주목을 받았다. 그에 의하면, 전 세계적인 민주주의와 자본주의의 전파로 인해 역사는 더 이상 존재할 필요가 없을 것이다. 그는 포스트 역사주의적 관점으로서 인간의 미래에 대한 반역사주의적 관점을 진지하게 주장했고 이는 수많은 비판과 조롱의 대상이 되었다. 그럼에도 불구하고 인간의 공존하는 삶에서 무역사성이라는 개념은 성립할 수 있다.[42] 사뮈엘 베케트가 1953년에 쓴 희곡 《고도를 기다리며》Warten auf Godot에서 볼 수 있듯이 무역사성은 무시간성이라는 개념의 전주다. 이 연극은 무위성을 수많은 방식으로 변주한다. 고대 후기에 수천 명의 은둔자들은 자신들만의 은둔지에서, 주상柱上 고행자들은 기둥 위에서

수도사들은 동굴 속에서 시간을 잊은 채 구세주나 행복한 종말을 기다렸다. 이들에게는 역사란 존재하지 않는 것이었다. 언제 어디서 무슨 일이 일어나는지 굳이 언급할 가치도 없고 역사가 없으므로 죽은 계절만이 있을 뿐이다. 사건과 행동을 통해서 전통이 형성되고 기억을 통해서 이 전통은 발전한다. 역사는 이러한 것에 대한 사회의 관심과 사건들의 속도에 의해 결정된다.

문화사 속에서의 시간은 공평하게 흘러가는 것이 아니라 지질학적으로 시간학적으로 서로 다른 속도를 가지고 있다. 파라오가 지배하던 나일강 유역과 메소포타미아의 도시에서 중요한 발전이 이루어지고 있던 동안에 콩고강과 볼가강, 라인강 유역에는 언급할 만한 가치가 있는 어떤 발전도 이루어지지 않았다. 페르시아인들이 그리스인들과 맞서 승리한 역사나 로마인들이 카르타고인들과의 전쟁에서 승리한 것은 시대의 획을 긋는 중요한 사건이었지만 게르만족과 켈트족, 스키타이족 들이 연속적으로 벌인 부족 간의 전쟁은 주변적인 사건에 머물렀다. 슈펭글러는 이 같은 싸움을 개미군단 간의 전쟁이라고 불렀다. 현대에도 이 같은 간극을 볼 수 있는데 빠르게 변화하는 산업화된 나라들의 사회적 상황과 오랜 기간 동안 안정된 삶의 형태가 변하지 않고 유지되어온 아마존 인디언들이나 아직 문명 이전의 삶을 영위하고 있는 파푸아뉴기니의 에이포Eipo를 비교하는 것은 불가능하다.

더욱 중요한 것은 문화사적 사건이 각 시대별로 균등하게 분포되어 있지 않다는 사실이다. 어떤 사건들이 한꺼번에 휘몰아치는 상황을 돌아보면서
43 괴테는 다음과 같은 비평을 남겼다. 1825년 6월 6일자 첼터Zelter에게 보내는 편지에서 그는 새로운 '시대의 소용돌이'에 대해서 언급했다. 사람들은 '철도와 속달, 증기선과 모든 정보통신수단의 발달'에 환호하고 더 많은 발달을 추구하지만 괴테는 그것을 '다시 돌아오지 않을 마지막 시대의 징후'라

고 보았다. 고트프리트 벤은 1950년에 이렇게 덧붙였다. "호메로스에서 괴테까지가 한 시간이 걸렸다면 괴테에서 오늘날까지는 24시간이 걸린 것이다."[44] 하지만 그 후 속도가 얼마나 더 빨라졌는가! 사건들 사이의 간격은 점점 더 짧아졌고 변화의 중대성은 점점 더 커졌으며 더 빠른 변화가 일어나게 되었다. 혁신들 사이의 간격도 더 짧아졌고 새로운 것들은 점점 더 빨리 낡은 것이 되었다. 이처럼 과거는 점점 더 멀게 느껴지고 가까운 과거는 훨씬 더 크게 느껴지는 시간의 감소 효과를 주관적인 상상이라고 할 수 있을 것이다. 하지만 많은 영역에서 빠르게 변화가 일어나고 있다는 객관적인 지표들이 있다. 특히 세계 인구 곡선의 증가와 과거에는 마법으로도 불가능할 것 같은 많은 일을 가능하게 만든, 지나친 기술문명의 발달 등이 이에 해당될 것이다. 예술의 경향도 그 주기가 짧아졌다. 낭만주의와 고딕 양식이 100년간 지속되었다면 아르누보나 표현주의 등을 비롯한 최근의 예술 경향들은 10년을 넘기기 어렵다.

역사서도 시간 주기가 짧아지고 있다는 것을 증명하고 있다. 역사의 축은 점점 더 우리 시대로 가까워져오고 있다. 1880년에 발간된 독일의 백과사전인 플로에츠Ploetz는 491페이지로 구성되어 있는데 245페이지까지는 1200년 무렵의 헨리 4세와 호엔슈타우펜 왕조까지의 역사가 기록되어 있었다. 1910년 새롭게 개정된 판에는 중간기가 중세 후기인 1272년으로 이동했다. 1960년의 플로에츠는 역사의 중간기를 1789년으로 다시 이동시켰으며 1980년에 출간된 스물아홉 번째 개정판에는 빅토리아 시대 초기인 1837년이 총 1,597페이지에 달하는 역사서의 중간 지점으로 기록되었다. 다음에 출간될 서른 번째 개정판에는 1914년이 역사의 축이 될 것이다.

야코프 부르크하르트도 가까운 과거로 역사의 축이 이동한 것에 대해 불평한 바가 있다. "역사는 우리가 살고 있는 시간이나 우리가 판단할 수 있는 인물에 가까워올수록 더욱 흥미롭게 느껴지는데 사실 흥미를 느끼는 것은 우리뿐이다.” 주관적 흥미뿐 아니라 객관적 사실을 역사의 기본으로 받아들인다 하더라도 역사는 뒤로 갈수록 사건이 빈약해질 수밖에 없다. 인간의 역사에서 구석기 시대가 차지하는 기간은 98.3퍼센트에 이른다. 네안데르탈인들은 26만 년 동안 자연과 가까이 살며 비슷한 수준의 문화를 영위했다. 이는 거의 무역사와 비슷한 조건이다. 우리 앞에 놓인 역사도 이와 같지 않을까?

역사는 일상의 단조로움에 충격을 주는 특별한 사건을 기록한다. 하지만 이 같은 충격이 계속 이어지고 표준화되면 기억할 만한 가치를 곧 잃게 된다. 사건의 무게를 재고 평가하는 데에서 역사의 개념 속에 개입되는 주관적인 요소 이외에도 물리적 시간과의 구조적인 관계도 무시할 수 없기 때문이다. 역사에서 핵심적인 부분 중 하나는, 시점 사이의 짧은 거리를 헤아림으로써 사건의 시작과 끝을 구별할 수 있는 능력이다. 역사를 구성하는 시점은 시간 속에서 확실히 인식이 가능한 시점이어야 한다. 그렇지 않으면 모든 시간은 무역사의 상태로 남아 있을 수밖에 없다. 문명화된 역사 속의 시간이 점점 가속화되면서 사건들의 밀도도 점점 높아지고 그 속도도 빨라지면서 전체적인 역사는 사건들로 얼룩덜룩해지고 결국에는 회색이 되고 만다. 이는 결국에는 1990년대 장 보드리야르Jean Baudrillard의 후기 역사주의적 관점으로 이어진다. 그는 역사적 사건의 증가와 혼합이 더해지면서 결국 복잡하고 형상이 없는 사건의 소용돌이로 이어져 이 세상은 ‘시간이 없는’ 마지막의 혼란스러운 상태로 빠져들게 될 것이라고 예견했다. 하지만 아직 그 상태에 도달하지는 않았다.

문화와 유적

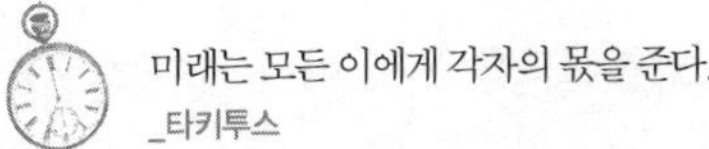

미래는 모든 이에게 각자의 몫을 준다.
_타키투스

동물 세계에서의 시간

○ 개미와 베짱이가 나오는 이솝 우화를 모르는 사람은 없을 것이다.[1] 추운 겨울날 베짱이는 창문을 통해 따뜻한 집에서 저녁을 먹는 개미를 들여다보았다. 배고픈 베짱이는 개미에게 음식을 달라고 청했다. 그러자 개미가 물었다. "음식을 모아둔 게 없나요?" 그러자 베짱이가 이렇게 말했다. "나는 게으름을 피운 게 아니라 노래를 부른 거예요." 그러자 개미가 대답했다. "여름에 노래를 불렀다면 겨울에는 춤을 추면 되겠네요."

과거 경험을 토대로 동물은 미래를 내다본다. 닭장에 난 구멍을 발견하고 닭을 잡은 여우는 3일이면 다시 돌아온다. 바다를 넘어서 비행하는 제비는 자신의 둥지가 있는 곳을 알고 있다. 황새는 수년에 걸쳐 아프리카에서부터 헤센 지역에 있는 자신의 마을로 귀환한다. 이들은 오랜 시간 동안 축적되어온 경험을 통해 지식이 아닌 직관으로 길을 찾아낸다. 선조들이 인간에게 사냥당했던 동물들은 인간을 보면 도망치지만 인간과 전혀 상관없이 살았던 물개 같은 동물은 인간이 가까이 와도 도망치지 않는다. 대서양을 가로지르는 장어의 경로는 놀랄 만하다. 유럽의 강에 사는 장어는 북해에서

사르가소해까지 헤엄쳐서 산란한 다음 스코틀랜드를 돌아 다시 돌아오는데 이들은 이미 1만 년 전에 생긴 영국 해협이라는 지름길로 가로질러 오는 법을 아직 모른다. 미래를 위해 계획을 세우는 것은 모든 존재의 공통점이다. 이 같은 능력은 동물들에게 개별적으로 주어진 것이 아니라 대부분 공통의 유전적 정보로 저장되어 내려온다. 이는 생리학적으로 얻어지는 것이며 유전이라는 형식을 통해 대대손손 전승된다.

돌과 나무

○ 동물들에게 기억이 미래를 계획하게 하는 힘이라면, 인간은 기억 자체를 계획할 수 있다. 인간에게서 미래와 과거에 대한 교훈은 문화적 매체나 예술이나 기술 혹은 언어의 사용을 기반으로 하고 있다. 그러므로 인간과 미래와의 관계는 앞으로 다가올 일을 알고자 하는 욕망뿐 아니라 소중한 가치를 지닌 지식들을 망각하지 않고 보존하고자 하는 욕망에 의해서도 좌우되는 것이다.

가장 오래되었고 가장 지속적으로 기억을 저장해온 인간의 유적은 돌로 된 건물이다. 시간의 변화 속에서 이 같은 기능을 더 훌륭하게 수행해낸 매체는 없었다. 방사성탄소를 이용한 연대 측정을 통해, 거석문화의 흔적이라고 볼 수 있는 가장 오래된 석조 유물은 BC 4500년경에 세워졌다고 밝혀졌다. 프랑스의 브르타뉴에는 3천여 개의 선돌이 있는데 이들은 록마리아퀘르에 있는 돌로 큰 것은 21미터에 달한다. 이들 거석은 요새도 집도 아닌 예배 장소 혹은 무덤이었다. 이 거석들이 처음부터 후대에 어떤 메시지를 전하기 위한 용도로 사용되지는 않았겠지만 영원성을 기리기 위해 세웠던 것은 분명하다. 그리고 이 같은 목적은 적어도 인간 세상에서는 효과가 있었다. 다른 건물들이 수세기가 지난 후에 무너졌어도 선돌과 고인돌 유적은 무너지지 않고 건재하기 때문이다.

3천 년 전에 이집트에서 세워진 피라미드나 오벨리스크 그리고 신전들은 아직까지 남아 있다. 하지만 과거에 있었다고 전해지는 여호수아의 기념석은 더 이상 남아 있지 않다. 첫째 달의 10일째 되는 날에 여호수아가 이스라엘인들을 이끌고 마른 요르단강을 건넜을 때 하느님은 각 부족을 대표하여 마른 강바닥에서 12개의 돌을 들어 올리라 명했다. "뒷날 너희 자손들이 아버지에게 '이 돌들은 무엇을 뜻합니까?' 하고 물으면 너희는 자손들에게 이렇게 알려 주어라. '이스라엘이 이 요르단을 마른땅으로 건넜다.'" 미래의 건물은《창세기》에 나오는 것처럼 언제나 바벨탑이 될 가능성이 있다. 흙으로 만든 벽돌은 그다지 오래가지 못한다. 이는 그리스의 미케네 문명의 거석으로 된 벽이나 대리석으로 만든 신전과는 다르다. 이 돌벽이나 신전은 고대의 이정표일 뿐 아니라 그리스 민주주의의 기념물이기도 한데, 이는 현대의 그리스에도 매우 커다란 교훈을 남겨주고 있다.

돌과 마찬가지로 나무도 기억에 기여한다. 나무의 인상 깊은 모습과 오랜 수명은 기억이라는 목적에 부합되는 역할을 한다. 기억을 담고 있는 나무를 우리는 전 세계 어디에서나 볼 수 있다.[2] 우리는 각종 문헌들을 통해 이 같은 사실을 잘 알 수 있다. 아크로폴리스에서 새로 자라난 올리브 나무는 페르시아 전쟁의 기억을 상기시키며 아르테미스와 아폴론의 출생을 기념하는 델포스의 야자나무나 알렉산드로스 대왕의 도시 건립을 상기시키는 스미르나의 플라타너스 등은 그 예에 속한다. 지중해의 나무들은 트로이 전쟁의 영웅들과 관련되어 있다. 파우사니아스는 안내서를 써 이 같은 내용을 언급했다. 기독교 시대, 순례자들은 성경 속에 언급된 모든 나무를 둘러보았는데 마므레Mamre의 아브라함의 상수리나무나 사순절 일화에 등장하는 무화과나무, 유다가 목을 매단 딱총나무 등이 그에 속했다. 1921년 5월 18일 휴고 발Hugo Ball은 영국 정부가 과거 영국 군인들이 메소포타미아 이슬람 신전에 있던 천국의 '진짜 지식 나무'를 무너뜨린 대가로 신전을 재건축하는 데 1천 파운드를 지불했다고 서술했다. 유명한 시 〈하벨란트의 배나무〉Herrn von Ribbeck im Havelland에 나오는 배나무는 그 명맥을 잇기 위해 사람들이 네 번이나 새로 심었다고 한다. 달콤한 추억을 담고 있는 것은 '성문 앞 우물 앞에 서 있는 보리수'am Brunnen vor dem Tore(슈베르트의 〈겨울 나그네〉에 나오는 가곡의 구절—옮긴이)뿐만이 아니며 수천 그루의 나무에 수많은 기억이 담겨 있다. 사진 업체와 선물 업체들은 나무를 이용한 상품을 통해 우리가 여행의 추억을 흘려보내지 않도록 해준다.

동양의 건물에 새겨진 비문

○ 어느 시대에나 통용되었던 기억의 저장소는 건물이라고 할 수 있다. 역사적 건물은 대체로 권력과 부를 갖춘 주인들이 미래를 내다보며 건립했고 항상 후대에 역사적 관심을 상기시키는 역할을 한다. 1764년 10월 15일 로마의 카피톨리노를 방문한 에드워드 기번Edward Gibbon도 그 수혜를 받은 인물 중 하나였다. 그가 목격한 로마의 폐허는 위대한 저작 《로마 제국 쇠망사》를 쓰게 하는 영감의 밑천이 되었다.[3]

돌에 비문을 새겨서 미래에 메시지를 전하려는 시도를 통해서도 인류의 기억이 보관될 수 있었다. 이 같은 시도는 고대 동양에도 이미 수없이 이루어졌다. 고대 이집트의 돌판 위의 상형문자는 당대뿐 아니라 후대에 전달하고자 하는 의도에서 새겨진 것이며, 이는 아시리아 궁전이나 모술과 니네베, 아수르, 코르사바드의 신전 안팎에서 볼 수 있는 진흙 판이나 진흙 기둥 위 혹은 조각상이나 돌벽에 새겨진 설형문자도 마찬가지다. BC 1750년의 샴시아다드 1세에서 BC 710년의 사르곤 2세에 이르는 왕들의 비문도 유사한 의미를 품고 있다. 신의 뜻에 따른 영광의 왕은 스스로 건물을 지었다는 것을 밝히고 자신이 선조들의 비문을 파괴하지 않았다는 것을 자화자찬하며, 영원히 기록되어야 할 자신의 이름이 후대의 왕에 의해 지워진다면 저주가 내릴 것이라고 경고하고 있다. 그 사악한 인간들의 이름을 신께서 영원히 지워주시기를!

새로운 건물의 반석 한구석에 후대를 위해서 주춧돌을 놓는 것은 초기 메소포타미아 문화의 관습이었다.[4] 건물의 원형을 복원해서 새로운 건물을 세우기 위해서는 과거의 자료가 필요했다.[5] 9세기의 아슈르나시르팔 1세나 8세기의 사르곤 2세 때의 건물에 대한 기록은 금속판에 금과 은, 청동의 재료로 새겨졌다.[6]

근대 유럽의 건물 건립에 관한 자료(타임캡슐)는 대개 동전에 새겨졌는데 이는 고대에 비해 그 가치가 덜했다. 사람들은 건축이 오래 지속되지 않을 것을 이미 알았던 것이다.

아시리아의 전통은 아케메네스 제국에서 번성했다. 다리우스와 그 후의 페르시아 왕들은 페르세폴리스와 수사, 에크바타나에 세워진 궁전의 벽과 기둥, 문에 자신들이 건물의 건립자라는 것을 으스대며 기록해두었다. 후대에 발견된 건물의 토대에는 돌로 된 상자와 금과 은으로 치장된 금속판이 세심하게 숨겨져 있었는데 거기에는 지배자들의 이름과 권세가 기록되어 있었다. 이는 아마도 언젠가 궁전이 파괴될 것을 예상하고 먼 미래의 후대, 어쩌면 우리에게 메시지를 전달하려는 의미였을 것이다. 베히스툰에 있는 페르시아 다리우스 왕의 비문에는 홍해와 나일강 사이에 수에즈 운하를 개통할 것을 후대에게 요청하는 내용이 적혀 있다. 이 비문에서 대왕은 또한 캄비세스의 도플갱어임을 자처했던 캄비세스의 형제 가우타마를 죽인 BC 522년의 쿠데타를 정당화하는 문구를 적었다.[7] 헤로도토스는 이 모험담을 그리스식으로 개작하여 일관성이 결여된 주술사 살해 축제의 기원으로 설명했다. 하지만 이는 성공적으로 고대 역사를 날조한 예에 불과하다.[8] 그중에서도 단 하나 사산 왕조의 사푸르 1세가 아케메네스 왕조의 카바이 제르도식트의 업적을 후대에 알리기 위해 기록한 내용은 믿을 만하다. 이후 선대의 건물을 사푸르는 복원한 다음 그의 무덤으로 사용했다.[9]

기념하려는 의도로 장소에 자신의 이름을 붙이는 것도 동양의 오래된 관습이다. 현재의 코르사바드Khorsabad에 해당되는 듀르 샤루킨Dur-Sharrukin의 사르곤 2세의 궁전은 그의 이름을 따서 사르곤 2세라고 불렸다. 그리스에서는 필리포스 왕과 알렉산드로스 대왕의 이름을 딴 도시를 시작으로 이 문화가 전파되었는데 불가리아에 있는 필리포폴리스(플로브디프)라는 도시와 이집트의 알렉산드리아가 그 증거라고 볼 수 있다. 그라쿠스 형제의 아버지인 티베리우스 그라쿠스와 폼페이우스도 도시에 자신의 이름을 붙였으며 이후 로마 황제들은 콘스탄티누스와 유스티니아누스에 이르기까지 이 같은 관습을 추종했다. 프랑코 왕국이 지배하던 시대부터 독일의 마을 이름도 건립자를 따서 지어졌다. 가령 내가 사는 지역의 이웃 마을인 안츠하임Enzheim과 뒤델스하임Düdelsheim, 뷔딩겐Büdingen은 각 도시의 건립자 이름을 응용하여 도시가 명명되었지만 그들에 대해서는 그 이상 알려진 바가 없다. 그런데 건립자의 이름이 숨겨진 채로 대대로 전해진들 무슨 의미가 있을까? 그에 비해 루트비히스부르크Ludwigsburg나 카를스루에Karlsruhe, 프리드리히샤펜Friedrichshafen과 같은 도시들은 건립자들이 누구인지 알 수 있다. 하지만 정치적으로 상황이 바뀌게 되면 도시의 이름 또한 바뀌는 경우가 많았다. 레닌그라드나 스탈린그라드, 카를 마르크스 거리 등이 그 좋은 예다.

이미 고대 동양에서도 자신의 존재를 남기기 위해 장소에 이름을 붙이는 관습이 성행했다. 베이루트에서 북쪽으로 12킬로미터 떨어진 곳에 나히르 엘켈브Nahr el-Kelb라는 강이 흐르는데 레바논에서 흘러와 바다로 합쳐지는 이 강을 고대에는 리쿠스Lykus라고 불렀다. BC 13년경에 람세스 2세는 이 강의 경계에 있는 바위에 자신의 이름을 새겼는데 아마도 BC 1285년에 히타이트 왕조의 무와탈리스Muwatallis에게 패배한 곳이 아닐까 한다. 이후에 아시리아 왕의 비문이 추가되었으며 BC 9세기에는 샬마네세르 3세Shalmaneser III의 비문이, BC 7세기에는 아사르하돈Assarhaddon의 비문이 덧붙었다. BC 587년에 예루살렘을 파괴한 네부카드네자르 2세도 역시 바위에 비문을 새겼다. 그리스의 비문은 대부분 판독하기 어렵다. 카라칼라 황제는 바위 사이로 난 길을 넓혔다는 것을 215년에 비문을 통해 자랑했다. 맘루크 술탄인 바르쿠스Barkus는 다리를 세웠다는 것을 비문에 언급했는데 이 다리는 1810년에 재건설되었고 1965년 1월에 내가 그곳을 방문했을 때도 여전히 그 자리에 있었다. 나폴레옹 3세도 드루즈인들이 마론파를 학살한 후 1860년 원정에 나서 이들을 무찌른 것을 여기에 기록해두기도 했다. 20세기 들어서 새겨진 비문은 대부분 영국 군과 프랑스 군이 1918년부터 1942년 사이에 남긴 것들로, 1946년에 마침내 레바논인들이 연합군의 퇴각을 알리는 비문을 돌 위에 새겼다.

이집트에는 외부인들이 새긴 벽의 비문이나 낙서가 넘쳐난다. 아스완의 폭포에는 BC 7세기경 소아시아에서 온 카리아karische 용병들이 자신들의 언어를 바위 속에 영원히 새겨두었다. 테베에 있는 멤논의 두 거상은 네로 시대 이래로 로마에서 온 관광객들이 쓴 낙서로 어지럽혀져 있는데 여기에는 북쪽 거상이 떠오르는 태양을 환영하는 소리를 들었다고 하는 하드리아누스 황제의 기록도 포함되어 있다. 필라이섬에는 발자크와 알프레드 브레엠Alfred Brehm이 벽에 남긴 흔적을 확인할 수 있으며 포세이돈 신전의 기둥에는 바이런 경이 남긴 글씨를 볼 수 있다.

그리스, 민주주의 정신에 기반한 전통

○ 개별적인 건물에 비문을 남기는 것은 그리스에서는 거의 찾아볼 수 없었다. 개인숭배는 민주주의 정신에 위배되는 것이었다. BC 479년 플라타이아에서 페르시아 군대를 무찌르고 나서 스파르타의 왕이었던 파우사니아스는 약탈한 청동으로 만든 5.35미터 높이의 뱀 기둥을 델피의 아폴론 신전에 봉헌했다. 그리고 자신의 승리를 자축하는 이행시를 써서 새겼다. 하지만 스파르타인들은 그에 분노를 표하며 시를 지우고 그 자리에 31개의 그리스 연합도시의 이름을 새겨두었다.[10] 현재 이스탄불의 아트 메이단At Meidani에 있는 기둥에서 여전히 그 이름을 확인할 수 있다. 스파르타 사람들과 마찬가지로 아테네 사람들도 비슷한 생각을 했다. 아크로폴리스에 파르테논 신전과 요새를 세우는 비용에 대해 사람들이 불평하자 페리클레스는 비용을 모두 지불하고 거기에 자신의 이름을 새기겠다고 큰소리쳤다. 하지만 비용을 지불한 것은 결국 행정 당국이었다. 신전 건립 총감독이자 당대의 저명한 조각가였던 페이디아스는 자신과 페리클레스의 이름을 역사에 영원히 남겼지만 이후 (아테나 여신의 가호를 받지 못하고) 신성모독죄로 고발되어 감옥에서 죽었다.[11] 에페수스의 사람들도 비슷한 생각을 했다. 알렉산드로스 대왕이 헤로스트라투스Herostratus에 의해 불탄 아르테미스 신전을 재

건축하고 거기에 자신의 이름을 영원히 새기려 하자 자부심에 가득 찬 도시인들은 그것을 거부했다. 그보다 2세기 전 에페수스 시민들은 리디아의 마지막 왕이었던 크로이소스Croesus 왕이 그가 세운 신전의 기둥에 이름을 새기는 것을 허락하기는 했으나 그것마저도 거의 보이지 않게 작은 글씨로 새겨야 했다. 이 기둥은 현재 영국의 박물관에 보관되어 있다. 그리스에서 개인적으로 조각가나 화가들이 자신의 조각품이나 그림에 서명이나 글씨를 남기는 풍습은 BC 6세기경부터 시작되었다.

로마, 기록은 돌보다 오래 지속된다

○ 대담하고 때로 침략적이기조차 했던 로마인들은 동시대인들과 후대에 기억을 전달하기 위해 건물에 자신의 이름이나 업적을 새겼다. 아피아Appia나 바실리카 아에밀리아Basilica Aemilia, 아쿠아 클라우디아Aqua Claudia, 플라비아눔 원형극장Amphiheatrum Flavianum 등이 이에 해당된다. 자신의 이름을 건물에 남기고자 하는 열망에 가득 찼던 트라야누스는 벽 약초herba parietina라는 자신의 별명을 건물에 새겼다.[12] 그의 승계자인 하드리아누스는 로마의 파르테논을 재건설한 후 선대 건설자의 이름을 새기며 멋진 모습을 보여주었다. 아우구스투스는 복원한 건물에 비문을 남기는 것으로 자신의 명성을 드높이겠다는 의지를 포기했다는 것을 자랑했다.[13] 하지만 자신이 세운 건물에는 이름을 새겨 후대에 칭송을 듣고자 했다. 비트루비우스는 '이로써 내 기억이 후대에 전해질 것이다'ut posteris memoriae traderentur라고 기록했다. 당대와 후대의 동전에도 건축 성공을 칭송하는 그림이나 글귀가 새겨졌다.

기독교화로 인해 교회는 건물의 소유자를 기념하는 역할도 추가적으로 하게 되었다. 326년에 세워진 아퀼레이아Aquileia의 남쪽 교회 모자이크에는 콘스탄티누스 황제가 등장했다. 라베나의 산비탈레San Vitale 성당의 장축에는 대주교 막시미안Maximian의 이름이 커다란 글씨로 새겨져 있는데 오히려 황제의 이름은 빠져 있다. 프로코피우스는 유스티니아누스의 전쟁뿐 아니라 영광스러운 건물의 건축 역사에 대해 기록했다. 이는 미래 세대에게 유스티니아누스의 행동을 모범으로 삼기를 당부하는 의미가 있다. 건물이 사라지고 나면 프로코피우스의 기록은 다른 역사가들이 인용할 만한 가치가 충분한 자료가 될 것이다. 어떤 의미에서, 기록은 돌보다 더 오래 지속된다.

기독교 유적과 폐허 가치 이론

○ 종말에 대한 기대로 상징되는 기독교적 관점에서 볼 때, 이러한 일은 무가치하게 받아들여졌다. 콘스탄티노플의 하기아 소피아Hagia Sophia 성당의 기둥머리에는 유스티니아누스와 테오도라Theodora의 모노그램이 장식처럼 새겨져 있었지만 샤를마뉴 대제 때에는 건물이나 무덤 어디에도 그와 같은 비문이 보이지 않는다. 중세의 대성당에는 또한 기부자의 이름이 전혀 기록되지 않았다. 기부자의 이름을 새기는 일이 다시 성행하게 된 것은 르네상스 시대 이후이다. 1612년에 세워진 로마의 성 베드로 성당 전면에는 성당의 건립자인 교황 바오로 5세 보르게제의 이름이 커다란 글씨로 새겨져 있는데 1614년 만들어진 성문 위에도 역시 자신의 이름을 새겨놓았다. 그보다 좀 더 겸손한 예로는 중세 성당에 새겨진 건물 기부자의 이미지인데 보통 봉헌 성자의 이름과 함께 기록되거나 그림으로 그려졌다. 한스 홀바

인Hans Holbein이 1525년에 그린, 바젤 시장과 그의 부인이 함께 그려져 있는 〈다름슈타트 마돈나〉Darmstädt Madonna는 그 대표적인 예에 속한다. 건물 여기저기에 대부분 기부자의 이름이 눈에 띄지만 사실 사람보다 중요한 것은 그의 행동의 결과물이다.

바로크의 궁전은 미적인 기준이 아주 중요했으며 후대 관광객들에 대한 배려 따윈 크게 고려되지 않았다. 후대에 대한 중요성은 19세기의 궁전 건립자를 비롯한 후원자 중심의 궁전문화에서 강조되었으며 최근에는 로마에 자신의 이름을 새긴 무솔리니나 베를린, 뮌헨, 뉘른베르크의 나치당 집회장에 자신의 이름은 빼고 기록을 남긴 히틀러를 통해 그 예를 볼 수 있다. 히틀러 치하의 중요 건축가였던 알베르트 슈페어Albert Speer는 고대 건축물을 복제하는 것을 좋아했는데 그중에는 이후에 파괴된 로마식 특별관람석과 함께 페르가몬의 대제단과 콜로세움의 말발굽 모양 건축물도 포함되어 있다. 1934년에 슈페어는 '폐허 가치 이론'을 주장했다. 스웨덴 대리석과 같은 자연석을 사용하면 무너진 건물도 아주 오랜 세월이 흐른 뒤까지 사람들에게 영감을 줄 수 있다는 것이 그의 관점이었다. 그리스와 로마 시대를 찬양했던 히틀러는 머나먼 미래를 내다보고 건물을 세웠던 것이다.[14] 하지만 지금은 이 같은 관점이 경제적 가치 외에 별다른 역할을 할 수 있을까? 프랑스의 퐁피두 센터는 얼마나 오래 서 있을 수 있을까? 강철과 콘크리트로 만들어진 건물은 언젠가는 무너질 것이다. 반면에 슈페어가 세운 건물은 비록 원래 의도한 대로 후대에게 그 의미가 전해지지는 않겠지만 오랫동안 세월을 견디고 서 있을 것이다.

묘지가 던지는 메시지

○ 성속의 경계를 떠나 건물이 가진 기억 저장소로서의 기능은 부차적인 데 비해 유적지의 경우에는 그것이 일차적으로 중요하다. 그중 가장 오래된 유적지는 죽은 이들의 기억을 품고 있는 무덤이다. 석기 시대 중반부터 무덤은 후대에 던지는 메시지를 품고 있다. 이는 석기 시대 무덤뿐 아니라 구릉묘지에도 해당된다. 《오디세이》에서는 죽은 동지인 아가멤논의 불멸의 명성을 위해 메넬라오스Menelaos가 봉분을 만들어주었다. 호메로스가 묘사한 봉분은 아마도 미케네의 벌집형 무덤을 염두에 둔 것이 아닐까 한다.

후세에 대한 메시지는 한편으로는 건축을 통해 전해지고 다른 한편으로는 그 안에 새겨진 비문을 통해서 전달된다. 피라미드와 파라오들의 실내 무덤을 제외하고는 초기 페르시아 왕들의 돌로 된 무덤에는 모두 비문이 새겨져 있었다. 부르크하르트는 이들이 '승리에 도취하여 오르무즈드'Ormuzd(조로아스터교의 최고 신으로서, 선의 주재자—옮긴이) 스타일로 '허풍떠는 사람들'이라고 평했다. 페르시아와 그리스의 무덤 문화를 비교하는 것은 불가능한데 고대 그리스의 독재자나 왕의 무덤조차도 어디에 있는지 알 수 없다. 또한 솔론이나 클레이스테네스, 페리클레스 같은 이들이 어디에 잠들어 있는지도 모른다. 커다란 무덤Mausoleum의 역사는 소아시아의 마우솔로스Maussolos와 함께 시작되었는데 작은 왕자를 위해 커다란 무덤을 만든 것이었다. 알렉산드리아의 알렉산드로스 대왕의 무덤은 제국 시대까지 많은 이들이 방문하던 명소였지만 지금은 어디에 있는지 찾을 수 없다. 아크로폴리스 서쪽의 으리으리하게 거대한 무덤은 트라야누스의 시대에 아테네로 귀양을 가야 했던 아르콘 필로파포스Philopappos의 무덤이다. 마우솔로스와 마찬가지로 사람과 무덤의 크기는 반비례한다. 카이로네아Chaeronea의 돌로 된 거대한 사자상은 특별한 경우에 속한다. 사자상에는 어떤 비문도 적혀 있지 않았다.[15] 하지만 그리스의 지리학자 스트라본은 300년 이후에 그 안에 필리포스 왕과 알렉산드로스 대왕에게 패한 테베인이 잠들어 있다는 것을 알아냈다. 이 무덤은 승리한 자의 우쭐거림이 아닌 패배한 자의 용기가 담겨 있는 유적이다.[16]

로마인들은 후대에 기억되길 갈구하는 마음을 그들의 매장문화에 담았다. BC 298년에 포르타 카페나Porta Capena 앞에 서 있던 스키피오스의 사르코파구스sarcophagus(시체를 수용하는 상자 모양의 물건이나 관—옮긴이)에는 죽은 이의 행동과 미덕, 명예를 칭송함과 동시에 관직 등이 기록되어 있었다. 로마로 이어지는 길에는 아피아 가도Via Appia뿐 아니라 다른 길에도 돌로 된 유적이 줄지어 서 있다. 만프레트 클라우스Manfred Clauss에 의하면 로마 제국 시대의 무덤에 글씨가 적혀 있는 경우는 거의 13만 개에 달한다.[17] 아우구스투스 황제는 도굴꾼들을 사형에 처하겠다고 위협했는데, 선조를 숭배하기 위한 무덤은 신성불가침의 영역으로 간주되었기 때문이다.[18] 그는 후대에 전하려는 자신의 업적을 두 청동판에 기록하여 로마에 있는 자신의 왕릉 앞에 세워두고 그 사본을 그리스어로도 번역한 다음 각 지역으로 보냈다. 그의 글은 앙카라의 신전 벽과 피시디안 안티오크Pisidian Antioch에 아직도 보존되어 있다. 로마의 가장 큰 무덤 유적은 산탄젤로 성 혹은 하드리아누스의 영묘인데 안토니누스 피우스Antoninus Pius가 139년에 자신의 양아버지이자 황제였던 하드리아누스의 이름과 직위를 완공된 무덤에 새겼다. 고대 전통적 무덤으로는 라베나Ravenna의 테오도리쿠스 대왕의 무덤이 있다. 거대한 단일암체로 된 무덤의 뚜껑은 후대에 깊은 인상을 남기기 위해 동고트 왕이었던 그가 개인적으로 요청한 것으로 전해진다.[19] 그의 의도는 무덤에 비문을 남기지 않고도 성공했다. 초기 중세 시대의 노르딕 문화에서 유래된 거대한 룬 문자가 새겨진 돌도 후대에게 보내는 메시지를 담고 있다. 여기에는 승리의 장소, 고인의 사인, 도굴꾼들에게 향하는 저주까지 담겨 있다. 1917년 노르웨이에서 발견된 가장 긴 비문을 담고 있는 에윰Eggjum 비석은 8세기경에 세워진 것으로 추정된다.

기독교 시대 무덤은 살아남은 이들이 곧 천국의 심판관 앞에 서게 될 죽은 이들을 위한 기도 장소의 역할을 했다. 또 다른 한편으로는 죽은 자를 통해 산 자의 구원을 얻고자 순교자와 성자를 숭배하는 의식의 장이기도 했다. '위령의 날'은 망자의 사망일에 기념되었거나 '영원히' 기념되었다. 셀라노의 토마스Thomas von Celano가 작사한 부속가와 함께 오를란도 디 라소Orlando di Lasso가 작곡한 레퀴엠은 망자를 기리는 음악적 형식이었다. '진노의 날, 죄악의 날, 세상은 불에 타리라.'

왕자들은 교회에 매장되기를 선택했다. 하지만 르네상스 이래로 별도의 무덤과 거대 왕릉이 다시 유행했는데 이탈리아가 처음에 이를 주도했다. 14세기에 만들어진 베로나의 스칼리제Scaliger 무덤 앞에는 기마상마저 등장했다. 고대의 무덤 양식이 현대에까지도 영향을 미치고 있다는 것은 대리석으로 된 여러 기둥이 세워진 미국 대통령의 화려한 로마식 묘지에서도 확인할 수 있다.

나폴레옹이 마지막 휴식을 취하고 있는 바로크 양식의 나폴레옹 무덤은 전통적인 비잔틴 돔 양식으로 지어졌다. 예술적으로 뛰어난 묘지 문화는 20세기 들어서 최후를 맞이했다. 하지만 에른스트 로이터Ernst Reuter와 콘라드 아데나워Konrad Adenauer, 빌리 브란트Willy Brandt의 비석에는 영광스러운 이들의 활동을 후대에 전하는 내용이 적혀 있다. 하지만 동독은 조금 달랐다. 베를린 프리드리히스펠데Friedrichsfelde에는 아직도 1951년에 만들어진 '사회주의자 기념묘지'가 있다. 하노이에 있는 호치민 묘소도 전통적이고 장엄한 스타일이다. 마치 알베르트 슈페어가 만든 작품과도 같다.

승전 기념비

○ 승전 기념 유적은 순수한 정치적 기념물로 볼 수 있다. 이는 수메르 시대로까지 거슬러 올라간다. 루브르 박물관에는 이를 가장 잘 보여주는 두 점의 유적이 있는데 하나는 2,500년 전쯤에 키쉬의 에나툼에 있었던 '독수리 돌기둥'이며 다른 하나는 약 2,200년 전 아카드의 나람 신Naram-Sin이 그 지역에 세운 승리의 돌기둥이다. 아시리아인들이 새긴 승리의 부조물들은 그 풍요로운 묘사에서 단연 눈에 띈다.

그리스의 승전 기념물은 이미지를 새기지 않은 형태였다.[20] 원래 이 기념물은 적들이 '도망가고 난 후'에 전쟁터에 세웠다. 포획한 무기는 나무나 막대에 걸어서 신에게 봉헌한 후 사람의 손이 닿지 않는 곳에 모셔두었다.[21] 하지만 기념품들은 오랜 시간 기억될 수 있는 물건은 아니었다. 승리를 기념하는 물건들은 적개심을 영원히 불러일으키지 않도록 청동이나 돌이 아닌 쉽게 부패되는 나무로 만들어졌다.[22]

승리를 자축하는 이들이 신들에게 공물을 바치는 것은 막을 수 없었다. 다양한 공물들이 위대한 신전에 봉헌되었다. 델피 신전은 그리스인들의 신에 대한 숭배와 각종 불화가 공존하는 공간이었다. 스파르타가 아테네를 상대로 승리한 것을 기념하는 유적이 아테네가 스파르타를 무찌른 것을 기념하는 유적 옆에 나란히 사이좋게 놓여 있었는데 둘 다 아폴론에게 바치는 것이었다. 파우사니아스는 그것들을 일일이 열거했다.

그럼에도 불구하고 그리스에도 청동이나 돌로 만든 승전품이 있었다는 것이 밝혀졌다.[23] 적으로 하여금 영원히 열패감을 느끼도록 만드는 것이 로마인들에게는 중요한 문제였다. 이런 의미에서 아우구스투스는 BC 6년 몬테카를로에 알프스의 부족들을 무찌른 영광의 날을 낱낱이 기록한 승리의 기념비인 라 투르비La Turbie를 세웠다. 이 유적은 중세에는 기사의 성으로 사용되었다. 그것은 50미터 높이에 다키아Dacia 전쟁 모습을 새긴 로마의 트라야누스 기둥이나 마르코마니Marcomanni 승전 기념비의 역할을 하는 마르쿠스 아우렐리우스 원주와 마찬가지로 황제의 상이 부조로 새겨져 있다. 마찬가지로 로마에 하나밖에 없는 개선문도 승리자의 상이 돋을새김돼 있다. 이 모든 유적들에는 잊을 수 없는 이야기를 영원히 일깨우고자 하는 목적이 있다.

중세에는 승전 기념물을 세우는 것이 흔한 관습은 아니었다. 아마도 전쟁이 너무 많아서였을 것이다. 근대에는 세속적 관습의 영향을 받아서 교회나 묘지에서 패배한 자의 기억을 보존했다. 토이토부르크 숲 전투 승전 기념비는 9세기의 데트몰트의 아르미니우스Arminius를 기리기 위해 1875년에 세워진 것이며 1813년에 나폴레옹을 무찌른 라이프치히 전투에 대한 승전 기념비는 1913년에 세워졌으며 1871년 독일 최초의 통일국가 수립을 기념하기 위한 니더발트 기념비Niederwald-Denkmal는 뤼데스하임에 세워졌다. 1914년을 기리기 위한 탄넨베르크 기념비는 독일인들이 1927년에 만들었지만 1945년에 역시 독일인들에 의해 폭파되었다. 1927년에 세워진 키엘 근처의 라보에 해군 기념관은 살아남았다. 1945년 소비에트는 수많은 승전 기념물을 세웠는데(베를린에만 네 개) 서유럽에는 주로 기념비가 세워졌다. 하지만 대부분의 기념비들은 승리와 영웅을 기념하기 위해서가 아니라 범죄와 희생자를 기억하기 위한 것들이다.

역사 기억 장치

○ 죽은 이들을 기념하거나 후대에 메시지를 남기기 위해 명예의 상像을 세우는 것은 오래된 전통에 속한다. 초기의 상으로는 BC 2100년경인 수메르 시대에 만들어져 현재는 파리에 전시된 라가시의 구데아 왕의 동상이나 현재 카이로에 보관된, BC 1450년경의 고대 이집트 왕이었던 투트모세 3세의 석상을 들 수 있다. 그리스인들은 원래 처음에는 신들의 석상만을 만들었다. 고대 후기부터는 대부분 신전을 장식하는 영역에 머무르긴 했지만 유한한 존재들의 이미지도 표현했다. 로마에는 자신의 모습을 본뜬 상image을 만들 권리인 유스 이마기니스ius imaginis가 있었는데 이는 법제화된 것은 아니고 일반적인 관행이었다.[24] 하지만 이마고의 재료나 모양, 크기나 위치를 정하는 것은 로마 당국이었다. 상의 기념적 가치는 제한적이었으며 추가적인 설명이 필요했다. 노인이 된 대 카토에게 누군가 왜 아직 명예 동상을 수여받지 못했는지 물었다. 그는 "이 사람은 이럴 만한 가치가 있나요?"라는 질문을 동상이 받는 것보다는 본인이 직접 받는 것이 더 낫다고 대답했다고 한다. 설령 대 카토의 동상이 있다 하더라도 우리는 알아보지 못했을 것이다. 가장 인상적인 두상인 〈카피톨리노의 브루투스 상〉Brutus Capitolinus은 공화정 시기의 루키우스 유니우스 브루투스를 본뜬 것이나 우리는 잘 알아볼 수 없다. 대부분의 전통적인 입상이나 흉상, 두상이 누구의 것인지 우리는 알지 못한다. 어떤 경우에는 재해석 혹은 잘못된 해석의 대상이 되기도 한다. 가령 중세 시대에 로마인들은 유명한 마르쿠스 아우렐리우스의 승마상을 기독교인인 콘스탄티누스 황제를 본뜬 것이라 보았다. 이로 인해 이 승마상은 용광로에 빠지지 않고 보존될 수 있었다.

바로와 대 플리니우스는 초상화가 영원히 보존될 것이라는 잘못된 믿음을 가지고 있었다. 그 시대에 과거에서 전해 내려오는 초상화라고는 이집트의 작자미상 초상화 수백 점과 셉티미우스 세베루스와 그의 가족을 묘사한 그림 한 점뿐이다. 가장 널리 퍼지고 가장 오래 지속될 수 있었던 것은 동전 속 상이었다. 그리스의 알렉산드로스 대왕과 로마 황제들은 자신들의 초상화를 동전 속에 새겨 넣었다.[25] 그런 방식으로 정보를 전달하고 인물들을 기념했다는 것을 우리는 고대 후기의 유물들을 통해 알 수 있다. 테오도리쿠스 대왕 치하의 보물에 대해 카시오도루스는 《잡문집》에서 그것이 황제의 두상을 미래 세대가 기억하도록 하기 위함이라는 지시의 말을 남겼다.

기독교가 지배하던 중세 시대에 정치가와 역사적 사건을 기리는 유적은 거의 없었다. 샤를마뉴 대제는 테오도리쿠스 대왕이 말에 타고 있는 동상을 라베나에서 아헨으로 옮겨 왔지만 자신의 동상은 세우지 않았다.[26]

이는 단지 기술적인 문제만은 아니었다. 브라운슈바이크 사자상이나 밤베르크 기마상은 언제 어떻게 만들어진 것인지 정보가 부족하다. 그에 비해 콘도티에르 콜레오니의 기마상은 1488년 베네치아에서 만들어진 것이 유적으로 남아 있다. 1508년 황제 막시밀리안은 인스부르크 궁전 교회에 자신의 '선임자'들의 동상을 세웠다. 슐터Schlüter의 위대한 선제후 상은 유적 인플레이션이 시작되었던 18세기 후반, 특히 '역사주의'가 팽배하던 19세기 이전인 1698년에 세워졌다. 레겐스부르크 근처의 발할라Walhalla는 노이도리안 신전에서 영광된 죽음을 맞이한 독일 전사자들을 시성諡聖하고 안치하는 곳으로서 위대한 영국인들을 기념하는 영국의 웨스트민스터 성당과 마찬가지로 묘지 역할을 했다.

인본주의 시대가 도래하자 로마 시대와 마찬가지로 다시 동전과 메달이 성행했는데[27] 그 안에는 인물과 정치적, 문화적 사건을 기억하고자 하는 의도가 담겨 있었다. 국가의 역사와 정치 상황을 전달하는 데에서 더 나은 역할을 한 것은 지폐였다. 지폐 속의 인물들은 전통을 신성화했다.[28] 1840년 무렵에는 이에 더해 빅토리아 여왕을 기념하는 우표도 출시되었다. 대중매체들 모두 기억을 따라잡는 데 일조했다.

기록 말살형

○ 석조 유적을 통해 기념되는 것은 때로 탐탁지 않게 받아들여졌다. 이것은 기록 말살형으로 이어졌다. 죽은 이에 대한 기억을 최대한 말살시키는 일은 죽은 당사자에게 영향을 미치고자 하는 것이 아니라 기록 말살형을 접하는 다른 이들의 행동을 통제하기 위한 의도에서였다. 이는 또한 기록이 말살된 이들을 동정하고 그의 기록이 보존되어야 할 가치가 충분하다고 믿는 자들을 탄압하는 효과도 있었다. 이는 어떤 기록이 남고 어떤 기록이 삭제되어야 할지를 구별하고 걸러내는 역사의 정치학이기도 했다. 오늘날 이것은 나치 시대와 구동독의 '청산'Aufarbeitung과 관련된 '과거극복'Vergangenheitsbewältigung이라는 용어로 불리기도 한다.

기록 말살형이 최초로 노골적으로 행해진 곳은 파라오의 지배를 받았던 이집트였다. BC 1458년 핫셉수트Hatshepsut가 죽은 후 투트모세 3세는 자신의 계모였던 그녀의 유적을 파괴했다. 아크나톤Echnaton도 고대의 다신주의적 유적을 파괴한 후에 태양신 아톤Aton 숭배를 강요했다. 하지만 그의 후계자들은 전통적인 사제들의 입김을 받아 그와는 정반대로 과거의 신앙을 복구시키려 했다. BC 1352년 아크나톤이 죽고 나자 카르나크나 멤피스에 있던 신전은 다시 파괴되었고 벽에 새겨져 있던 '이교도 왕'의 이름과 상은 지워졌다. 하지만 그 같은 시도가 모든 곳에서 성공하지 못했기 때문에 후대에까지 전승될 수 있었다. 지금껏 목표로 한 관념을 완벽하게 구현시킨 경우는 거의 없으며, 있다 하더라도 우리는 알 수 없다.

기록 말살형은 좁은 의미에서는 로마 헌법을 가리킨다. 아우구스투스는 삼두정치의 동료였던 마르쿠스 안토니우스를 BC 31년에 악티움에서 무찌른 다음 그를 '공화국의 적'으로 선언하고 안토니우스의 상을 파괴하고 그의 가족들에게 마르쿠스라는 성을 쓰지 못하도록 금지했다고 플루타르코스는 전한다. 일급 반역 죄인은 묘지를 쓰는 것도 애도의 대상이 되는 것도 허용되지 않았다. 로마 제국 시대에 원로회에서는 왕이 죽은 다음에 사후 재판을 열어서 그가 신의 반열에 오를 것인지 아니면 기록 말살형을 받을 것인지를 결정했다. 후자에 속하는 왕이 칼리굴라와 네로 같은 왕이었는데 결과적으로 보자면 벌칙이 성공적으로 수행되었다고 볼 수는 없다. 고대 후기에는 약탈자에게도 같은 형벌이 내려졌다. 이들이 그려진 초상화는 파괴되었고 동전은 녹여졌으며 이들의 행적을 기록한 비문은 지워지고 제정된 법은 취소되었다.[29] 이들의 기념일도 역시 달력에서 사라졌다. 가령 유게니우스Eugenius는 왕위에서 쫓겨나고 나서 법적으로 존재하지 않는[30] 사람이 되었다. 마야 문명의 상형 문자석에서 볼 수 있는 지배자들의 지워진 이름이나 재위 날짜는 이 같은 형태의 형벌이 인류학적인 범위에서 널리 행해졌다는 것을 방증한다.[31]

르네상스 시대에 이 같은 풍습은 다시 되살아났는데 가령 폐위된 왕의 궁전은 제노바의 경우에서 볼 수 있듯이 완전히 파괴되었다. 카라라에서 제작되고 있던 나폴레옹의 대리석상은 1813년에 파괴되었다. 20세기 들어 유물의 파괴는 레닌이 러시아 차르의 동상들을 파괴하고 그와 왕족들의 시신을 묘지에 안장하는 것을 거부한 일을 비롯하여 '역사의 수정'이라는 명분하에 이루어졌다. 1956년에 헝가리인들은 부다페스트에 서 있던 거대한 스탈린의 상을 깨부수었다. 1989년 사회주의 몰락 이후 동구에서는 사회주의 지도자들의 몰락도 잇달았다. 하지만 부다페스트는 이들의 상을 부수어버리는 대신 동상공원을 모아서 전시하고 있다. 한번 방문해볼 만한 가치가 있는 곳이다.

반면에 스탈린은 트로츠키에 관한 모든 기억을 지우고자 했다. 그의 이름이 적힌 모든 문헌은 가위로 잘려나갔고 그의 모습이 들어간 그림들은 철저하게 수정되었다. 한편 1945년 이후 독일에서 히틀러의 기억을 지우려는 시도는 다르게 진행되었다. 나치당이 저지른 모든 범죄를 기억하기 위해서는 온갖 방법이 동원되었지만 그 밖의 모든 다른 것은 금기시되었다. 공공장소에서 나치를 내세우는 행동은 금지되었다. 우케메르커의 숲에 몰래 형상화시킨 히틀러의 하켄크로이츠 같은 국가사회주의의 상징이나 표식들은 이후 발견되어 제거되었다.[32] 1946년 10월에 연합군들이 뉘른베르크에서 사형당한 전쟁 범죄자들의 재를 넘겨주지 않고 뮌헨 남쪽에 있는 콘벤츠강에 몰래 버린 것은 중범죄자들에게서 매장될 권리를 몰수하던 로마법을 부활시킨 것이나 마찬가지였다. 무덤은 기억의 창고다. 죽은 이가 사전에 매장을 반대할 경우에는 수장을 하기도 하고 2001년부터 독일에서 성행하는 방식처럼 화장하여 그 뼈를 항아리에 담아 휴식의 숲에 묻기도 한다. 그러므로 기억에 대한 거부는 일찍이 기존의 인류사에서 볼 수 없었던 새로움이기도 한다.

기억을 지우는 것은 때로 당사자의 죄를 사면하는 것을 의미하기도 한다. 이 같은 관습은 BC 403년 30인의 참주들이 항복한 후에[33] 아테네인들이 이들의 죄를 사면한 것으로 거슬러 올라간다. 2세기에 그리스 왕들과[34] 아우구스투스[35] 황제가 죄인들의 죄를 사하고 집을 탕감해준 일도 그에 속한다. 카이사르가 살해당한 후 키케로는 〈필리피카 연설문〉에서 과거 아테네의 모든 정치적 혼란 상황에 대한 기록을 삭제하려는 헛된 시도를 했다. 성경에서 빌라도가 바라바를 풀어준 것은 전설적인 이야기지만, 당시 유월절의 사면 풍습에 바탕을 둔 것으로 해석하기도 한다.[36] 오늘날의 형법에서 사면은 특정한 범죄에 한하여 법에 의해서 이루어진다. 한편 주지사에 의한 사면은 개별적으로 이루어진다.[37] 하지만 어떤 경우라도 과거를 계획적으로 지운다는 것은 바람직하지도 가능하지도 않다. 하지만 용서를 통해서 기억은 흐릿해지고 새로운 논쟁거리를 피할 수 있다.

왕족의 연대기와 영웅 노래

○ 필로스트라투스는 《소피스트의 전기》에서 기억(므네모시네)이 시간의 딸인지, 시간의 어머니인지 묻는다. 의미심장한 구절이다. 시간이 없는 기억이란 상상할 수 없지만 시간이라는 개념은 또한 기억을 바탕으로 하고 있다. 기억은 언어를 통해 문화 속에 고정된다. 건물과 유적은 긴 시간 동안 기억을 실어 나르지만 그 내용은 빈약하다. 이소크라테스는 그림을 통해 과거의 형상을 보여줄 수는 있지만 과거의 행적을 알리고 기억하게 하는 것은 언어가 가장 효과적이라는 것을 이미 깨달았다. 그리하여 그는 동상보다는 자신의 글이 새겨진 아름다운 유적을 세우기를 원했다. 그런 의미에서 루카누스는 아킬레우스를 칭송한 호메로스의 시나 카이사르에 대한 자신의 시 같은 훌륭한 문학작품들이 썩지 않는 건물들보다 더 영원히 지속될 것이라고 보았다. BC 1500년에서 BC 1200년 사이 히타이트 제국의 왕에 대한 기록이 적힌 점토판은 그다지 많은 곳으로 전파되지는 못했다.[38] 점토판은 기록하기 어렵고 거추장스러웠기 때문이다. 당시에 사용되던 나무와 밀랍판도

역시 금세 사라지는 것들이었다. 금속판, 특히 은으로 된 것들은 쉽게 불에 녹았다. 글이 기록되었던 여러 가지 재료들을 점토판은 잘 보여준다. 하지만 히타이트 시대를 기록한 글은 전통적으로 전승되지 못했으며 현대에 와서 하인리히 오텐Heinrich Otten의 노력에 의해서 다시 읽힐 수 있었다. 한편 재료의 관점에서 볼 때 거의 가치가 없는 종이는 여전히 지속적으로 사용되고 있다.

BC 1200년경 크레테의 미노스 미케네 문명과 그리스 문명에서 사용되던 선형문자도 전통이 되지 못하고 사라졌다. 이 선형문자판에서 볼 수 있는 것은 글이 아니라 상품의 목록이나 재고 품목뿐이다. 하지만 우리는 주로 정교한 궁정문학을 중심으로 한 구전 설화들과 벽이나 인장 등에서 볼 수 있는 전쟁이나 사냥에 대한 묘사를 통해 과거를 알 수 있다.

음유시인의 노래

○ 구전을 통해 기억을 전승하는 것은 인류 문화의 초기부터 산문보다는 외우기 쉬운 축약된 언어를 통해 이루어졌다. 축제에서는 신과 영웅들에 대한 노래가 불렸다. 음유시인은 신석기 시대부터 중세에 이르기까지 문화적으로 명맥을 이어왔다. BC 3000년경으로 추정되는 젬데트 나스르Djemdet Nasr의 원통 인장에는 하프를 든 남자가 새겨져 있다. 그는 BC 2000년경의 키클라데스 리라 연주자 케로스Keros와 같은 모습으로 노래하고 있다. 호메로스 역시 문헌이 없었던 호메로스 시대 이전의 시간들을 증언하고 있다. 또한 우리는 슐리만Schliemann이 미케네 유적에서 발굴한 키타라 연주자가 《오디세이》에 나오는 표류된 섬의 음악가와 비슷하리라고 추정할 수 있

다. 오디세우스를 위해 베푼 작별 연회에서 눈먼 장님인 데모도쿠스가 나타나 리라를 연주하며 신들의 사랑의 모험과 트로이 전쟁 전 영웅들의 용감무쌍한 행동에 대해 노래를 불렀다. 데모도쿠스는 어떻게 보면 호메로스의 작품 속에 등장하는 호메로스와도 같으며 장님으로 표현된 것도 그와 일맥상통한다.

기억을 담은 수많은 노래 역시 많은 이가 기록했다. 키케로의 《투스쿨란》과의 대화에는 늙은 대 카토가 로마의 축제에 선조들이 유명한 인물들을 칭송하는 노래를 플루트에 곁들여 불렀다는 것을 기록했다는 내용이 나온다. 디오도로스에 의하면 BC 1세기경의 포세이도니우스 치하에서 켈트족 시인들은 종종 리라 연주를 하며 영웅들에 대한 노래를 불렀으며 이는 AD 4세기의 아미아누스 시대까지 이어졌다고 한다. 브르타뉴 지방의 상브리외 석상은 리라와 목걸이를 한 음유시인을 표현하고 있다. 아피아누스는 바이에른 지방의 켈트이베리아인들이 전사들을 칭송하는 노래를 불렀다고 전하며 그리스 역사가인 프리코스 파니타Priskos Panita는 훈족들이 불렀던 영웅가에 대해 전한다. 독일인들을 위한 표준 구절은 타키투스에 의하면 토이토부르크 숲 전투에서 아르미니우스가 승리한 것을 경축하는 바바리아인들의 노래로 그 당시로부터 100년이 지난 '오늘날까지' 불렸다. 투틀링겐 근처의 오버플라흐트 지역에서는 600년경의 알레마니아족의 공동묘지가 발견되었는데 두 개의 6현 리라가 그곳에서 발견되어 현재 슈투트가르트에 있는 박물관에 보관되어 있다. 《에다》Edda(북유럽 신화의 신화를 모아놓은 서사집—옮긴이)에 포함된 고대의 교훈시에는 다음과 같은 구절이 있다.[39]

> 그대가 소유한 것들이나 동족도 모두 죽고
> 그대 자신도 그들과 같이 죽는다.

단 하나 영원히 사는 것이 있다면
죽은 이들의 칭송할 만한 행동뿐.

이러한 노래는 축제뿐 아니라 전투장에 나갈 때에도 불렀다. 타키투스는 헤라클레스를 기려 부른 지그프리트의 노래와 비슷한 바리투스 혹은 바르디투스에 대해 언급했다.[40] 아미아누스는 고트족들이 전투에 나서기 전에 조상을 칭송하는 노래를 부른다고 기록했다. 기억은 특히 큰 소리로 외칠 때 용기를 북돋는 주요한 수단이 된다. 아인하르트는 샤를마뉴 대왕이 이전 왕들의 행적을 기억 속에 남겨두기 위해 '민속어로 된 과거의 명예가'를 지어 부르게 했다고 기록했다. 중세 기사들의 세계는 켈트족의 선사시대에 대한 예술적 전통인 아르투스 왕의 전설을 찬양하는 노래와 그림, 연극 없이는 상상할 수 없을 것이다. 시민들은 귀족들의 삶을 흉내 내면서 아르투스 협회를 결성하기도 했다. 플랑드르에서부터 단치히, 토른과 리가에 이르기까지, 여러 도시에서는 런던의 아르투스의 궁전을 모방한 궁들이 세워지기도 했다. 과거가 현재에 영감을 제공한 것이다. 과거의 기억을 노래라는 형태로 전달하는 방식은 19세기의 발라드에서 잘 볼 수 있는데 〈새덫 속의 하인리히 씨〉, 〈훌륭하고 늙은 바르바로사〉, 〈고귀한 기사〉, 〈오이겐 왕자님〉과 같은 노래들이 대표적이다.

호메로스 시대의 영광

○ 호메로스의 작품들은 그리스 세계의 구전 문학 전통에 대한 가장 오래된 증거일 뿐 아니라 고대의 과거와 미래에 대한 개념을 엿볼 수 있는

매우 중요한 근거이기도 하다. 그의 서사시에 등장하는 영웅들은 자신들의 좁은 지평을 오간다. 그것은 다름 아닌 명성이라는 지평이다. 이를 통해 삶의 덧없음을 극복하려는 것이다. 《일리아스》에서 아킬레우스는 자신의 어머니인 테티스에게 끝까지 트로이에서 싸우다 쓰러져서 영원한 명예를 얻거나 아니면 고국으로 돌아와 길고 불명예스러운 인생을 즐기는 것을 선택하겠다고 고백한다. 아킬레우스는 결국 아가멤논에게 분노를 느끼고 집으로 돌아가기로 결심한다. 그때 포이닉스라는 늙은 장수가 그에게 기나긴 연설을 하면서 고대로부터 내려오는 지식의 원천인 영웅들의 이야기를 들려주었다. 이들은 자신들의 분노를 극복하고 전투에 나가 싸우며 명예를 지켰다. 그런 말로 포이닉스는 아킬레우스에게 머물 것을 설득했다. 아킬레우스와 마찬가지로 그의 적수였던 헥토르 역시 영광을 선택했다. 안드로마케를 떠나면서 그는 자신과 아버지의 명예를 지키기 위해 싸우겠다고 결심한다. 자신의 비겁함으로 인해 아버지의 명예를 더럽히지 말아야겠다는 것이었다. 헥토르는 메넬라오스와의 싸움에 이겨서 영원한 명예를 얻게 해달라고 아폴론에게 간청하며, 소원을 들어줄 경우 신에게 감사드리는 의미에서 무기를 아폴론에게 바치겠다고 맹세했다. 또한 자신의 시체를 아카이아인들에게 넘겨주어 헬레스폰투스에 무덤을 만들어서 후대인들이 영광스러운 헥토르를 기억하도록 하겠다고 청했다. 무덤은 항상 기억의 유적으로서, 무덤에 묻히기를 바라는 것은 《오디세이》에 나오는 죽은 엘페노르의 소원이기도 했다. 유적은 음유시인의 노래와 마찬가지 목적을 가지고 있는데 그것은 어떤 사건의 중요한 핵심을 담고 있는 것이기도 하다. 헬레나는 전쟁에서 발생하는 온갖 불행들이 제우스와 다른 신들에게 괴로움을 안겨다주며 '자신들이 이후에 후대에게 노래거리로 조롱당할'지도 모른다며 헥토르에게 불평했다(《일리아스》 6장). 예술의 여신 뮤즈는 기억의 여신 므네모시네의 딸들이다.

물질적 명성에 대한 추구를 가리키는 필로독시아philodoxia는 호메로스가 쓴 영웅의 입을 빌려 표현되었지만 역으로 호메로스의 문학적 명예를 드높이는 수단이 되기도 했다. 이러한 명예를 위해서는 파피루스나 양피지에 영웅의 행적을 기록하는 게 필요했다. 이야기도 역시 종이에 쓰여서 다시 복사되는 과정을 거쳤다. 이로써 호메로스의 노래가 후대에 전해지게 되었다. 그리스 시대에서 서사시의 의미는 기독교 시대의 성경과 맞먹는다. 호메로스는 모든 문학과 예술 분야에 등장했다. 집으로 돌아가는 길에 각자 다른 지역에 정착하게 된 오디세우스의 동료들은 지중해 해안 지역의 도시를 건립한 신비의 인물들이 되었다. 타키투스에 의하면 라인강 유역의 아스키부르기움의 유래는 이때로 거슬러간다.[41] 아랍인들도 호메로스를 알았다. 신드바드의 세 번째 여행에서 그는《오디세이》의 외눈박이 괴물 폴리페모스와 모험을 되풀이한다.

빛나는 단어들

○ 명성은 과거와 미래를 이어주며 현재의 지평을 초월의 영역으로 확장시킨다. 명성을 추구하는 것은 고대 미덕의 한 부분이기도 했다. 클레오스kleos, 영광이라는 단어는 '부르다'라는 의미의 칼레오Kaleō에서 기원한 것이며 '영광'Ruhm이나 '부름'Ruf과 같이 귀로 향하는 것들이다. 도케오dokeō에서 유래된 단어 독사doxa는 이에 비해 눈을 중요한 대상으로 삼은 듯하다. 유명한berühmt이라는 단어는 '뛰어난'augenfällig, '빛나는'glänzend이라는 표현과 유사하다. 명성이라는 뜻 외에도 '명예'나 '가치 평가'의 의미로도 사용되었다. 명성이라는 단어는 사람의 이름으로도 종종 사용되었는

데, 이는 자신의 아들에 대한 부모의 소망을 담은 것이었다. 테미스토클레스Themistocles는 '정의로움으로 유명한 사람'이라는 뜻이며 페리클레스는 '널리 유명한 사람'이라는 뜻이고 아가토클레스Agathokles는 '널리 퍼진 명성을 즐기는 사람'이라는 의미를 가지고 있었다. 남자나 여자의 이름으로 '팀'Tim이라는 글자가 들어간 이름은 십수 개이다. 로마인들은 이같이 소망을 담은 이름을 짓지 않았지만 게르만인들의 이름에 이 같은 의미는 다시 등장한다. 메르mer나 마르mar, 마레märe와 관련된 이름은 '유명한'이라는 의미를 담고 있다. 현재도 사용되는 리키메르Rikimer나 발라메르Valamer, 크노도마르Chnodomar, 디에트마르Dietmar, 오트마르Ottmar, 발더마르Waldemar 등의 이름이 이에 속한다.

무엇이 기억할 가치가 있는 것인가

○ 가장 오래된 역사 기록조차도 모든 것이 아니라 기억할 만한 사건들만 기록하고 있다. 전쟁이나 재앙과 같은 예외적 상황들을 주로 기록한 것이다. 따라서 헤겔은 역사에 관한 책에서 이렇게 단언했다. '행복한 시기는 백지장과도 같다.'[42] 헤로도토스와 루키아노스, 리비우스나 아미아누스 마르켈리누스와 같은 이들은 자신들의 책에 '특이하고 곱씹을 만하며 숭고하며 기억할 만한 가치가 있는' 것만을 기록한다는 입장을 피력했다. 이들 중 대부분은 폭력적 사건이었다.

전쟁에서의 힘과 용기, 희생은 가장 많은 칭송을 받았다. 길가메시조차 괴물 훔바바Humbaba와 싸워서 이름을 널리 알리려 한다. 헤라클라스와 테세우스는 승리자에 속했다. 호메로스는 트로이 전쟁과 그 결과를 다루었고 헤로도토스는 페르시아 전쟁을 다루었으며 투키디데스는 펠로폰네소스 전쟁을 다룸으로써 위대한 사건들이 망각 속으로 사라지는 것을 막으려 했다. 이 같은 기준은 고대의 역사론에서 아미아누스와 프로코피우스의 저작에까지 매우 중요한 요소로 적용되었다. 뤼베크Lübeck의 홀슈타인 문 위에는 '안으로는 화합 밖으로는 평화'CONCORDIA DOMI FORIS PAX라고 쓰인 글귀가 새겨져 있는데 리비우스에 의하면 이 글이 새겨진 BC 349년에는 불행히도 좋은 일이라고는 하나도 기록되지 않았다. 그저 전염병만 창궐했을 뿐이다.

또한 영광의 반열에 오를 만한 기술적 성취도 있었다. 헤로도토스는 BC 530년에 만든 사모스의 에우팔리누스Eupalinos 수로에 대해서도 기록하고 있는데 도시에 물을 끌어오기 위해 산을 파서 1킬로미터의 수로를 만든 것으로 이는 완벽한 사전 계획에 의해 달성되었다. 또한 BC 250년경에는 세계 7대 불가사의도 공표되었다. 이는 그리스 동쪽에 있는 조각들과 다섯 가지의 건물이었다. 그중에서 오늘날까지 살아남은 것은 피라미드뿐이며 나머지는 그 명성만이 살아남았을 뿐이다. 고대 동양과는 달리 그리스와 로마 시대에는 수많은 예술가와 저자, 온갖 방면의 발명가 이름이 기록으로 남아 있다.[43]

오래된 기독교 문헌에서는 성인과 순교자, 사제 들의 행적과 고난을 칭송했다. 중세의 역사적 서사시는 전쟁과 폭력을 숭배했는데 힐데브란트의 노래나 니벨룽의 노래, 색슨족에 대한 원정이나 재정복, 십자군 전쟁이나 신의 위대한 영광을 노래한 아서왕 시대의 서사시 등에서 이를 잘 볼 수 있다. 하지만 그 밖에 문헌으로 전해져오는 여러 호기심거리도 파우스트의 전체적인 견해를 바꾸지는 못했다. "온갖 곳에서 사람들이 서로를 살육했다는 사실을 굳이 수천 권의 책으로 읽어야만 할까?" 헤겔은 역사란 '도살장'에 지나지 않으며 '절대적 영혼들의 해골이 휴식을 취하고 있는 곳'이라고 정의

내렸다.[44]

루이 14세도 영광에 대한 야망이 컸다. 그는 자신이 하이델베르크를 부수었다는 것을 자랑스럽게 여겼으며 프리드리히 대제도 실레시아를 공격한 부하들의 '영광'을 치하했다. 1812년 러시아 원정 동안에 나폴레옹이 보낸 대육군에 대한 칭송은 그가 얼마나 명성에 집착했는지를 잘 보여준다.[45] 물론 후대인들은 선조들에게 감사할 줄 모른다. 영광된 전쟁에 대한 열광은 더 이상 오늘날 군인들의 주된 동기가 되지 못한다.

전장에서의 승리자 이외에도 그리스 문화에서는 스포츠의 승자도 후대에 길이 기억할 만한 인물로 우대했다. 핀다로스는 그들 중의 일부를 문헌 속에서 각인시켰다. 오늘날 최고의 스포츠 선수들에 대한 숭배는 고대에도 마찬가지였다. 최초의 올림픽 영웅의 이름을 따서 연대를 표기하기도 했고 이후에는 개별적인 해에 올림픽 경기의 승자의 이름을 붙이기도 했다. 고대에서 가장 유명했던 선수는 크레톤의 밀론이었다. 그는 소년 시절인 BC 540년에 델피에서 열린 피티안 경기에서 최초로 승리를 거두었는데 이후 30년 동안 여러 나라에서 31번의 승리를 거두었다. 그의 놀라운 능력에 대한 일화는 수많은 그리스와 라틴 저자에 의해 회자되었고 이는 비잔틴 시대에까지 이어졌다.[46] 파우사니아스는 밀론의 동상을 올림픽 경기에서 보았다고 기록하기도 했다. 시칠리의 왕자였던 폴리잘로스Polyzalos의 승리를 미화한 델피의 마부 동상은 BC 475년에 만들어져 전해져온다. 경주용 전차의 마부나 검투사 들도 로마에서는 똑같이 인기가 많았으며 엄청난 부를 누리긴 했으나 사회적 특권이나 명성을 누리지는 못했다. 영광을 누리지는 못했지만 사람들의 기억 속에 오래 남은 것은 인간 혹은 자연이 초래한 커다란 오류 혹은 재앙이다. 대 플리니우스는 카틸리나가 음모를 꾸미는 것으로 선조들의 명예를 더럽혔다고 기록했다. 몸젠 또한 그에 대해서 언급했는데

'그의 악행은 역사가 아닌 범죄 행위에 포함된다'라고 적었다. 수에토니우스에 의하면 칼리굴라 황제는 자신의 시대가 패배나 기아, 화재나 역병 혹은 지진으로 '유명하지' 않다며 아쉬워했다고 한다. 카이사르의 적들이 저지른 기억 말살형에 해당하는 행위에 대해 칼리굴라는 정보를 수집하고 배포했다. 모든 사건이 후대에 전할 만한 가치가 있다고 보았기 때문이다.[47] 시인 이태백李太白이 '대도'大盜에 대해 한탄한 내용을 보면, 인생의 역설을 다시 한 번 느낄 수 있다. '시인의 명예는 수천 명을 죽인 강도보다도 못하다.' 오늘날 사람들은 아무도 그 강도를 기억하지 못하지만 여전히 이태백의 시를 읽는다.

나를 기록하라

○ 그리스인들 중에 알렉산드로스 대제만큼 큰 명성을 누린 사람은 없을 것이다. 알렉산드로스만큼 성공적이며 계획적으로 후대에 유산을 남긴 사람은 전무후무했다. 알렉산드로스 대왕은 자신의 행적을 칭송해줄 호메로스라는 대시인을 만났다는 이유로 아킬레우스를 칭송하고 또 부러워했다. 코이릴로스Choirilos라는 시인이 대왕에게 서사시를 지어주겠노라고 제안하자 대왕은 그 제안을 받아들이며 멋진 6보격 시를 한 수 지을 때마다 금화 한 냥을, 서투른 시를 지을 경우에는 빰 한 대를 맞는 것으로 정했다. 그런데 아마 시인은 후자에 속하지 않았을까 싶다. 칭송시 중 오늘날까지 전해져오는 것은 일곱 구절밖에 없으니 말이다.

알렉산드로스는 시인보다 전쟁에 수행할 기록 수행원을 원했고 이번에는 성공을 거두었다. 문헌의 역사에서 공식적 전쟁 기록은 신기원이었는데 이

전에는 전쟁에 대한 기록이 자발적으로 이루어졌기 때문이다. 알렉산드로스 대왕은 철학자 메네데모스Menedemos와 크세노크라테스Xenocrates, 그리고 역사가 에포로스에게 전쟁 기록을 맡을 것을 청했지만 이들은 모두 거절했다. 결국 그의 스승이었던 아낙시메네스Anaximenes와 학우였던 칼리스테네스Kallisthenes가 그를 따라 전장으로 나갔고 후자는 알렉산드로스를 미화하는 글을 썼다. 미래의 역사가들을 위한 사료가 되어준 전쟁일지는 알렉산드로스 대왕의 비서인 카르디아의 에우메네스Eumenes가 기록했다. 알렉산드로스도 원정 중 있었던 일을 자신의 어머니인 올림피아스와 스승 아리스토텔레스에게 편지로 알리곤 했다.[48]

오늘날 사람들은 그의 행적뿐 아니라 그의 모습까지 알 수 있다. 초기 그리스의 초상화들은 페리클레스와 소크라테스의 초상화를 보면 알 수 있듯이 이상적인 모습에 가까웠다. 하지만 알렉산드로스 대왕은 거의 실물과 흡사한 초상화를 원했고 광석 주물사였던 리시포스를 비롯하여 화가 아펠레스Apelles와 판화가 폴리텔레스Polyteles와 같은 위대한 예술가들을 고용했다.[49] 그의 옆모습과 헤라클레스의 사자머리가 새겨진 은화가 수십만 개 주조되어 전 세계로 퍼져나갔다.

사후의 명성을 위해 알렉산드로스는 다른 여러 가지 것들과 함께 자신의 이름을 딴 연대를 만들었다. 이후에 그를 모방하는 이들이 잇달았다. 한니발은 셀레누스Silenus와 소실로스Sosylos라는 그리스 역사가들을 고용하여[50] 이탈리아 남쪽의 크로톤에 있는 헤라트 신전의 벽에 카르타고어와 그리스어로 자신의 업적을 새기게 했다.[51] 로마 장군과 동행하여 전쟁의 기록을 남긴 사가들도 있었다. 에니우스Ennius는 마르쿠스 풀비우스 노빌리오르Marcus Fulvius Nobilior를 따라 전쟁터에 나갔고 스키피오 아이밀리아누스나 미틸레네Mytilene의 테오파네스Theophanes는 폼페이 대왕과 동행했다. 그리스의 아르키아스Archias는 마리우스와 루쿨루스의 행적을 칭송했다. 키케로는 자신의 업적을 후대의 기억 속에 영원히 새겨두고 싶어 작가들에게 조금이나마 영원성을 확보해줄 기억을 창조하도록 부채질했다. BC 56년 6월 그는 서사시 작가인 루케이우스Lucceius에게 진실에 그다지 집착하지 말고 약간 살을 붙여서 자신을 칭송하는 시를 써달라고 압박했다. 이때 키케로가 참고한 것은 알렉산드로스의 《친구들에게 보내는 서한》Ad familiares이었다. 《아티쿠스에게 보내는 편지》Ad Atticum를 보면, 그는 동시대인들보다는 후대에게 비칠 자신의 모습에 더 큰 중요성을 부여했다. 《아르키아 변호문》Pro Archia에도 명성을 사랑하는 것amor gloriae은 일반적으로 가장 고귀한 덕목일 뿐 아니라 훌륭한 행동의 유일한 동기라고 언급된다. 타키투스는 《연대기》에서 후대야말로 반박할 수 없는 공정한 심판자라고 단언했다.[52]

명성에 대한 비판

○ 영광에 대한 고대의 개념은 물론 많은 비판을 받았다. 가장 오래된 비판은 종교적 영역에서 출발했다. 인간은 죽음을 넘어서 존재하는 신성한 존재와는 달리 제한적인 삶을 살아갈 뿐이며 이는 후대의 기억조차 마찬가지다. 《창세기》에는 바벨탑 이야기가 등장한다. 사람들은 이름을 영원히 남기기 위해 천국에 도달할 수 있는 탑을 쌓기로 했다. 하느님이 지상에 내려와서는 인간들의 혼란스러운 언어를 접하시고는 사람들을 몰락하게 만든다. 호메로스의 책에 나오는 포세이돈은 질투로 가득 차 있다. 《일리아스》에는 트로이 군에 포위된 아카이아 군이 선단을 벽 옆에 쌓아서 요새를 만든 이야기가 나온다. 포세이돈은 이에 대해 제우스에게 불평했다. 이들이

세운 벽으로 인해 자신이 세운 트로이 성벽의 영광이 가려지게 생겼으니 제우스가 그리스 군의 성벽을 파괴할 수 있도록 허락해달라는 요지였다. 제우스는 전쟁 후에 그것을 용인했고 신의 뜻을 거슬러 세운 성벽은 넘치는 강물에 휩쓸려 가버렸다.

바빌로니아와 트로이 전쟁에서의 명성에 대한 욕망은, 신의 관점에서 볼 때는 인간의 오만함으로써 좌절되어야 마땅한 것이었다. 신과 마찬가지로 후대 로마의 황제들도 명성에 대한 욕망을 단죄했다. 이집트의 총독이었던 코르넬리우스 갈루스Cornelius Gallus가 자신의 상을 세우고 자신의 업적을 피라미드에 새기려 하자 분노한 아우구스투스는 그를 벌하여 스스로 자결하도록 만들었다.[53] 여기서 명성의 역설을 뚜렷하게 볼 수 있다. 비난하고자 하는 이의 명성을 높이는 결과가 발생하는 것이다. 요세푸스가 유대 민족의 적이라며 자신의 책 《아피온 반박문》Contra Apionem에서 아피온Apion을 반박하지 않았다면 알렉산드리아인이었던 아피온은 오래전에 잊혔을 것이다.

티베리우스는 아피온에게 '온 세상의 북'이라는 별명을 붙여주었고 플리니우스도 역시 그에게 '온 세상의 팀파니'라는 별명을 붙여주었다. 아피온은 후대의 모든 작가들에게 영원한 일거리를 안겨준 셈이다. 하지만 아피온의 행적 자체는 오늘날까지 남아 있지 않다.

하지만 파괴 행위를 저지름으로써 이름을 남기려 한 자는 대개 오명을 남기게 된다. 그 예로 헤로스트라투스가 있다. 그는 '신들의 적'이라고 불리었다. 그는 유명해지고 싶은 마음에 BC 365년에 에페수스의 신전을 불태웠는데 그 대가로 사형당했다. 에페수스인들은 이후 그의 이름을 거론하는 것조차 금지시켰다. 하지만 치오스의 테오폼포스는 그에 대해 거론했다.[54] 뿐만 아니라 고대의 작가들 중 일곱 명이 책에서 그의 이름을 언급한 덕분에 그는 오늘날에 대부분의 주요 사전에 등재되어 있다.

헤로스트라투스는 자신의 행동에 대한 보상을
정확하게 예측했다.
그의 행동을 흉내 내는 모든 이들이
그의 이름으로 불린다는 것을.

고대에는 유명한 이들을 모방한 이들이 여러 명 있었지만 명성에 대한 이들의 애착이 명성에 대한 탐욕으로 변질되는 순간 비난을 면치 못했다. 가령 플루타르코스는 《술라의 전기》에서 BC 88년에 미트리다테스와의 전투에서 최고 명령에 대한 논쟁이 일어나자 술라가 자신의 적인 마리우스를 병적인 야망가라고 평가했다고 기록했다. 타키투스는 지혜로운 사람조차도 포기하지 못하는 것이 명성에 대한 욕망이므로 명성을 바라지 않고 영광스러운 행동을 하는 것은 칭송해 마땅한 일이라고 자신의 장인인 아그리콜라Agricola에게 말했다. 물론 그의 친구 소 플리니우스의 의견만이 아니더라도 타키투스는 이미 명성이 자자한 이의 반열에 올라 있다. 자신의 역사서를 통해 등장인물들에게 '영원한 영광'과 불멸성을 부여한 것이다. 오늘날에 같은 질문을 던진다 해도 플리니우스가 맞다는 데는 이견이 없을 것이다.

대 플리니우스가 쓴 《박물지》에서 보이는 스토아적 관점의 명성에 대한 비판을 살펴보자. 이 우주의 한 점에 지나지 않는 지구에서 돈과 명예, 전쟁과 살육을 통해 명성을 얻으려 한다는 것이 얼마나 우스꽝스러운 일인가! 세네카도 후대의 의식을 통해 생존을 지속하려는 노력이 허망하다고 지적했다. 물론 잘 알려진 로마인들의 역사를 소재로 삼긴 했지만 그의 관점에서 볼 때 명성은 허망하고 속기 쉬운 환상에 불과할 뿐이다. 시간은 모든 것을 파괴하기 때문이다. 건물과 여러 상 그리고 공직자들의 이름조차도 지워버린다. 영원불멸성은 오직 지혜로운 이의 의식 속에서나 가능한 일이다. 금욕적이었던 마르쿠스 아우렐리우스는 우주론적 관점에서 명성이 아닌, 운명에 따라 자신에게 맡겨진 일에 오직 최선을 다하는 책무를 행동의 동기로 삼을 것을 강변했다. '유럽이건 아시아건 그저 우주의 한구석일 뿐이다.' 루키아노스는 165년에, 단지 유명해지고 싶어서 올림피아에서 자신의 몸에 불을 질러 숨진 방랑자 페레그리누스 프로테우스의 어리석음에 대해 언급했다. 하지만 그의 기록 덕분에 페레그리누스는 간헐적인 영원성을 획득하게 되었다.

키케로는 《아르키아 변호문》에서 명성을 경멸하는 이조차 명성에 대한 비판가로서 이름을 알리게 된다고 지적했다. 이것이 명성에 대한 비판이 지닌 역설인데, 비판이 효과적이려면 비판을 받는 사람들에게 알려진 인물이어야 한다는 것이다. 한편 명성을 추구하는 사람들을 비판한 이들은 대부분 자신들도 유명인이 되었지만 후대의 기억은 기억되는 당사자의 의견에 따라 달라지는 것은 아니다. 과거는 수용할 수밖에 없는 것이다.

그 동기는 다르지만 역설적이라는 면에서 그리 덜하지 않은 것이 성경에 나오는 명성의 추구에 대한 비판이다. 《마카베오 상》에서 마타티아스는 '영원한 이름'을 얻기 위해서는 아버지의 뒤를 따라야 한다고 아들들에게 설교한다. 이스라엘을 위해 스스로를 희생한 엘레아사르 아와란Eleazar Awaran 역시 영원한 이름을 얻었다. 반면에 영광은 하느님이 선택한 것이 아닌 덧없는 것이라는 구절도 있다. 성공이 그것을 증명해주지 않는가? 기독교인들에게 진정한 명성은 하느님에 속한 것이었다.

이는 단지 이름 붙이는 것에 지나지 않고 하느님께 경배와 명예를 바치는 것이다. 《디모테오 상》 1장 17절에 "한 분뿐이신 하느님께 영예와 영광이" 라는 구절이 나온다. 바오로 자신도 사람이 아닌 오직 하느님에게서 영광을 찾아야 한다고 로마인들에게 보낸 편지에서 강조하고 있다. 결과적으로 의

도하지는 않았지만 엄청난 명성을 얻게 되었다. 그렇다면 하느님은 어떤가? 고대 전통에 따라 에우세비우스는《교회사》에서 편견 없이 이를 써내려갔는데 거기에는 순교자의 명성에서부터 신성한 섭리의 영원한 신호까지 자신과 독자를 위한 이야기들이 포함되어 있다.

> 매일매일이 흘러가면서
> 다음 날의 싹이 솟아오른다.
> 평화기이건 휴식기이건
> 세상의 영광도 지나가기 마련이다.

영원의 시간학

○ 문학과 과학, 지성의 흔적은 서적 판매상과 고서 수집가에 의해 유지된다. 그렇다고 그들만 믿고 있어도 될까? 물론 이에 회의적인 사람들도 있었다. 2세기 무렵 오이노안다에는 디오게네스라는 부유한 시민이 살고 있었는데 그는 에피쿠로스의 유물론적 철학을 열정적으로 추종하던 인물이었다. 에피쿠로스의 철학을 당대와 후대에 알리기 위해 그는 도시 성벽 안쪽에다 길이 40미터에 달하는 120개의 행렬 형식으로 글을 새겼다. 이 글의 중심 주제는 죽음을 두려워할 이유가 없으며 죽음이야말로 영원한 평화를 가져다주는 선물이라는 것이다. 이 '철학적' 벽은 이후 결국 무너졌지만 글의 중요한 부분은 다행히 보존되었다.[55]

우리는 망각에 저항하여 일기와 회고록, 역사 기록을 만들어낸다. 키케로가 '역사의 아버지'라고 부른 헤로도토스가 첫 문장을 써내려간 후, 역사는 키케로의 저작《연설가에 대하여》에서 드러나듯 '시간의 증인이 되었으며testis temporum, 진실의 빛lux veritatis, 살아 있는 기억vita memoriae'이 되었다. 역사는 모든 것을 망각하게 하는 시간과 싸우는데 프로코피우스가 건물에 기록을 새긴 것처럼 사료를 남김으로써 사건들은 미래에 전해진다. 고대의 역사가들은 현대의 역사가들과는 달리 현재를 위해 과거를 보존하는 것보다는 미래의 세대를 위해 현재를 보존하는 일에 더 많이 신경을 썼다. 발굴 작업을 진행하거나 고대 언어와 그 흔적들을 발견하는 것보다는 동시대의 역사에 대해 기록하는 일에 더 많이 주력했다.

그리스와 로마의 저자들은 자신들의 기록이 후대에 전달될 것이라는 믿음을 놀라울 정도로 확고하게 가지고 있었다. 사실 2,000년도 더 된 과거의 대담한 예견을 확인시켜줄 만한 유적이나 유물들이 적지 않다는 사실은, 그중에서도 대부분의 유적들이 시간 속에 사라졌다는 사실보다도 놀라움을 안겨준다. 투키디데스가 '영원한 소유물'을 창조하겠다고 선언한 것이나 사포Sappho나 프로페르티우스가 자신들의 시가 영원히 기억될 것이라고 장담한 것, 오비디우스가《변신이야기》에서 자신의 명성이 '영원에서 영원으로' 이어질 것이라고 선언한 것과 비슷한 표현을 고대 이전의 작가들에게서는 찾아볼 수 없다. 이러한 표현은 혹시 종말에 대한 의식이 내면화된 결과이거나 빠르게 변화하는 시간 때문에 불과 몇 세기 이후를 내다보기 어려운 불안에서 비롯된 것은 아닐까? 죽어가는 파우스트는 자신의 작업이 '시간'Aonen 속에서 사라지지 않을 것이라고 선언했지만 레무르(사람을 괴롭히는 망령—옮긴이)들이 자신의 무덤을 파는 줄도 모르고 인부들이 토지 개량 작업을 한다고 생각했다. 괴테가 자신의 책 어디에서 영원성을 예언했던가?

간혹 역설적으로 당황스러운 부분도 있다. 시돈Sidon의 안티파트로스Antipatros는 BC 130년경에 에리나Erinna의 시는 절대로 망각되지 않겠지만 그의 비문은 사라질 것이라고 예언했다.[56] 하지만 현실은 정반대였다. 호라티우스는《노래》에서 자신이 송시와 함께 '청동보다 오래 지속될' 기념비를 만들었다고 생각했지만 모조리 사라지고 결국 살아남은 것은 파피루스에 적힌 그의 시구였다. 그것들은 시간 속에서 살아남았을 뿐만 아니라 '사제가 카피톨리노 언덕을 조용한 처녀와 같이 올라가는 동안은' 영원히 살아남을 것이다. 베르길리우스도 자신의 '사라지지 않을'《아이네이스》를 넘어서 이후에는 아우구스투스 왕국의 (확실히) 사라지지 않을 법제를 만드는 데 기여했다.

비물질적인 생산품을 통해 영원성을 획득하고자 하는 바람은, 후대에 따라 관심사는 다를 수 있지만 예술을 통해 생명을 얻게 되었다. 대 플리니우스는 인간이 탐욕에 빠져 문화를 무시하고 있다며 한탄했다. 하지만 과거에서 우연히 발생한 일이 기대와는 다르게 미래를 만들기도 한다. 베수비오 화산이 79년 8월 24일에 분출했을 때 미세눔의 해군 지휘관이었던 대 플리니우스는 바다에서 표류하는 사람들을 구조하기 위해 뛰어들었다. 그는 구조 활동 중 사망했지만 그의 조카였던 18세의 소 플리니우스가 이를 목격했다. 그래서 타키투스는 자신의 역사서에 기록하기 위해 소 플리니우스에게 사건 보고서를 작성해달라고 요청했다. 소 플리니우스는 삼촌의 명예를 영원히 보존하기 위해 이 끔찍한 사건에 대한 보고서를 썼다. 하지만 그에 관련된 타키투스의 책은 없어진 반면 소 플리니우스의 보고서 형식의 편지는 그대로 보존되었다. 소 플리니우스처럼 중요한 무엇인가를 후대에 전하려 한 의식은, 고대 사도서에서도 여러 번 발견된다. 에피쿠로스는 자신의 친구인 람프사쿠스Lampsakos의 이도메네우스Idomeneus에게 그 이름을 언급함으로써 유명하게 만들어주겠다고 약속했다. 키케로는 자신의 친구 아티쿠스에게 쓴 편지를 통해 같은 약속을 했다. 세네카는《철학의 위안》De consolatione에서 루킬리우스Lucilius의 이름을 영원히 새기고자 했다. "인간은 시간의 흐름 속에 사라지지 않을 어떤 것을 바란다."

지식과 교훈으로서의 역사

○ 전통적인 역사학은 모든 시대에 통용되었다. 역사학에는 현대 들어 더욱 지배적인 요소가 된 향유의 기능 외에도 두 가지 중요한 목적이 더 있다. 하나는 인간의 본질과 인간의 의무에 대해 가르침을 주려는 목적이고 다른 하나는 과거를 통해 칭송받거나 비난받을 만한 본보기를 되돌아보는 것이다. 역사서를 통한 가르침이라는 목적을 가장 잘 보여준 인물로는 투키디데스를 들 수 있다. 그는 펠로폰네소스 전쟁을 기록하면서 합리적 규정과 사회적 통념이 더 이상 작동하지 않는 전쟁이라는 예외적 상황을 맞닥뜨린 각 인물들을 치밀하게 묘사했다. 여기에 등장하는 인물들의 행동 패턴은 인간의 본성을 잘 드러내는 것으로 특정한 상황에서 거듭 되풀이된다. 1996년 알프바흐에서 철학자 에른스트 토피슈Ernst Topitsch를 만나 이런 말을 들었다. 그는 투키디데스의 역사서를 제2차 세계대전의 상황과 비교하여 읽어보았는데 묘사된 내용이 거의 비슷하다는 사실이 그리 놀랍지도 않았다는 것이다. 그는 역사가 투키디데스의 기록을 통해 부르크하르트의 결론을 유추해냈다. "중요한 것은 역사를 통해 '이후에 똑똑해지는 것'이 아니라 '영원한 지혜'를 얻는 것이다."

꾸짖고 요구하는 역사의 또 다른 목적은 호메로스의 《일리아스》에서 찾을 수 있다. 연로한 네스토르가 아가멤논에게 테세우스와 다른 고대의 영웅들의 훌륭한 행동을 예로 들어 충고한 것이다. 이들은 이후 아킬레우스의 본보기가 되었고 아킬레우스는 또한 알렉산드로스 대왕의 본보기가 되었으며 그는 또다시 수많은 장군과 위정자의 본보기가 되었다. 그리하여 훌륭한 본보기는 사슬처럼 시간을 통해 이어지게 된다. 위대한 본보기에 대한 칭송은 그리스 수사학의 전통적 주제이기도 했는데 가령 이소크라테스는 BC 370년경의 사이프러스 왕이었던 에우아고라스Euagoras를 칭송하는 글을 남겼다. 그들이 조상을 칭송함으로써 후대의 소년들도 그리스의 어떤 누구보다 말과 행동에서 뛰어난 인물이 되리라는 이상을 품을 수 있을 것이라 여긴 것이다. 디오도로스는 역사에서 비판의 대상이 되는 이는 영원한 형벌을 받는 것이라고 했다.

본보기의 기록

○ 의식적인 행동의 효과이자 그로 인한 사후적 행동을 라틴어로 '엑셈플룸'exemplum이라고 했다. 이는 본보기가 되는 예라고 할 수 있다.[57] 즉, 특정한 상황을 선명하게 표현할 수 있는 사건을 가리키는 것이다. '엑셈플룸'이 '가지고 오다'라는 의미의 '엑시미오'eximio에서 유래한 것에서 알 수 있듯, 수없이 전해져오는 사건 속에서 기억할 만큼 의미 있는 특별한 경우로 해석할 수 있다. 리비우스는 자신의 역사서 서론에서 독자들이 개인적으로나 정치적으로나 역사서를 읽으며 조심해야 할 오류와 받아들여야 할 본보기가 무엇인지를 설명했다. 왜냐하면 로마만큼 훌륭한 본보기가 많은 나라가 없고, 다른 나라에 비해 늦게 타락이 시작되었지만 그 정도가 상당히 심각했기 때문이다. 티베리우스 시대에 발레리우스 막시무스Valerius Maximus는 웅변가를 이용해 통치자를 선전하는 본보기로 복무했다. 아우구스투스는

자신의 기록에서 수많은 조상들의 행적을 본보기로 기록했을 뿐 아니라 스스로 후대의 본보기로서 살아왔다며 자화자찬했다. 아우구스투스와 함께 유럽 왕가의 역사가 시작되었는데 현재까지도 그의 왕조는 가장 성공적인 정부의 형식으로 인정되고 있다.

로마의 장례 행렬

○ 그리스인들이 전승해준 과거에 대한 지식을 어떻게 활용할 것인지, 또 당시의 공적을 어떻게 미래에 전달할 것인지에 관한 로마인들의 고민의 결과가 방법론적으로 구현된 것이 통치자의 장례 행렬이다. BC 168년에 전쟁 인질로 로마에 온 그리스인 폴리비우스는 자신의 관점으로 이렇게 기술한다. "뛰어난 업적을 거둔 사람이 세상을 뜨게 되면 로마에서는 그 사람과 그가 소유했던 모든 장신구 등을 웅변가의 무대인 '로스트라'rostra에 올려놓는다. 평민들이 모인 자리에서 고인의 장성한 아들이나 가족이 무대 위로 올라 고인의 미덕과 행적을 사람들 앞에서 칭송하는 시간을 갖는다. 이 연설은 사람들에게 너무나 깊은 감명을 주게 되어 고인의 죽음은 단지 가족들만의 상실이 아니라 전 공동체의 상실로서 받아들여진다. 고인을 매장하고 마지막 예를 치른 다음에는 고인의 훌륭한 미덕이 영원히 사람들의 기억 속에서 되살아나도록 고인의 상을 집 안 가장 잘 보이는 곳에 모셔둔다. 위대한 어떤 일을 성취한 인물의 영광은 불멸의 가치를 가지게 된다. 조국에 헌신한 이의 영광된 기억은 사람들을 일깨우고 그들의 아이들, 그 아이들의 아이들에게까지 길이 전해진다." 카이사르의 시대에 살루스티우스는 《유구르타 전쟁》에서 로마 공화정이라는 영광의 시대에 선조들이 보인 훌륭한

본보기가 얼마나 많은 후대에게 영감을 주었는지에 대해 역설했다. 그리하여 퀸투스 파비우스 막시무스Quintus Fabius Maximus와 푸블리우스 코르넬리우스 스키피오 등 한니발을 무찌른 장군들은 훌륭한 선조의 본보기로서 수없이 많은 밀랍상으로 만들어져 후대의 자손들에게 조국에 헌신하는 모범적인 상으로 제시되었다. 하지만 이 모든 것들이 돈과 쾌락이 유일한 삶의 목적이 된 현대에 와서는 무의미하게 되었다.

기독교의 기념 문화

○ 성경에는 미래에 대한 시선이 다양하고도 빈번하게 등장하는데 하느님이 "거기 빛이 있으라."고 이르신 것이나 뱀이 이브에게 "너희는 하느님과 같이 될 것이다."라고 약속한 것이 그 예에 속한다. 노아는 더 이상 홍수가 일어나지 않을 것이라는 약속을 받았고 아브라함은 수많은 자손의 아버지가 될 것이며 여호수아는 약속의 땅이 그를 기다리고 있다는 말씀을 들었다. 예언자는 또한 변절자에게는 하느님의 처벌이 가해질 것이며 회개한 자들에게는 하느님의 은혜가 내려질 것이라고 약속했다. 구세주의 등장과 다윗의 왕국 재림은《다니엘서》뿐 아니라 다른 곳에서도 자주 반복되는 유대교 신앙의 미래에 대한 모티프라고 할 수 있다.

아우구스티누스는 예수가 구세주라는 증거를 아무 마법사나 보일 수 있는 기적에서 찾은 것이 아니라 예언자들이 구세주가 부활할 것이라고 한 예언을 통해서 확신했다. 예수도 예루살렘의 몰락을 전제로 하며 호라티우스를 능가하는 과장된 예언을 한다. "하늘과 땅은 사라질지라도 내 말은 결코 사라지지 않을 것이다."(루카 21:33) 저녁 식사에서 예수가 남긴 "너희는 나를 기억하여 이를 행하여라."(루카 22:19)라는 말에서, 기억은 표현의 핵심으로 자리하고 있다. 이집트 대탈출의 시기에 대한 유대인의 기억이나 그리스인들이 트로이와의 전쟁을 기억하는 것처럼 공통된 기억은 공동체를 결속시키는 힘이 있다.

중세의 기독교는 기억의 공동체라고 볼 수 있다. 성경 전통에 대한 인용뿐 아니라 과거의 순교자와 성인들은 중세의 전반을 지배하는 존재였다. 이들은 대부분의 저서와 그림에 등장할 뿐 아니라 달력을 지배하기도 했다. 매우 수준 높은 기억의 문화가 발달했지만 이 기억은 '인간의 영광'이 아닌 '오로지 하느님의 영광'만을 위한 것이었다.

중세 기억의 문화에서 과거와 미래에 대한 세속적 기억은 종교적 모티프에 비해 부차적인 것으로 밀려났다. 세속적인 개념이 다시 중요성을 회복한 것은 르네상스 때부터였다. 이는 로마의 유적이나 전통적 문헌에 지대한 관심을 가지고 있던 학자와 작가 들에 의해 조명되었다. 세상을 탐구하는 길에서 고대의 시간과 만나게 된 단테 같은 시인의 시나, 혹은 1587년에 쓰인 민중본 《요한 파우스트 박사 이야기》 등이 그에 속한다. 이 책에서는 카를 5세의 명을 받아 파우스트가 알렉산드로스 대제와 그의 아내인 록사네를 물리친다.

한편 주술은 고대부터 미래를 내다보기 위해 사용했던 기술인데 《사무엘상》에서 사울이 엔도르의 무당을 통해 사무엘의 혼백을 불러낸 이야기나, 《오디세이》에서 오디세우스가 맹인 주술사 테이레시아스에게 자문을 구한 이야기 등을 보면 알 수 있다. 막시밀리안 1세는 말년에 본인의 영광을 후대에 전하기 위해 자신이 치른 64번의 검투 토너먼트에 대한 기록인 《프레이달》Freydal을 남겼다. 바이에른의 윌리엄 4세 백작도 1541년에 이러한 책을 남겼다.

문화의 기록은 어떻게 미래를 만드는가

○ 문화유산은 시간을 이어져오며 인본주의에서 역사주의까지 부르주아들의 의식에 많은 영향을 미쳤다. 유적 보호와 보존은 시대의 과제이기도 하다. 전쟁이 미치는 파괴적인 영향을 고려하자면, 유적 보존에 필수적인 것이 평화로운 시대다. 고대 작가나 예술가 들이 작품으로 독자와 찬미자들을 영원히 만날 수 있을 것이라는 믿음을 가지고 있었던 반면, 그 믿음이 깨어진 이래로 기억에 대한 희망은 땅에 묻힌 유적을 탐색하는 것으로 이동했다. 이 같은 개념은 하인리히 슐리만과 같은 발굴 전문 고고학자들에 의해 발전되었다. 현대의 발굴 전문가들이 오랜 과거의 문화적 유산들을 발견해낸 것처럼 오늘날 우리도 문화적 소양이 넘치는 미래의 발굴자들에 대한 기이한 믿음을 가지고 문화재들을 파묻는다. 1907년 미들섹스 그래모폰 컴퍼니는 오페라 가수 넬리 멜바Nellie Melba의 레코드를 부식 방지 처리가 된 용기에 넣어 묻었는데 1960년대 초 서둘러 다시 끄집어내고 말았다.

땅에 묻어서 문화를 보존하려는 시도는 제2차 세계대전의 상실로 인해 더욱 촉발되었다. 국제타임캡슐협회는 애틀랜타와 조지아에 대규모의 타임캡슐을 묻어두기도 했다. 미국에는 다양한 가격대의 기억 저장 서비스를 제공하는 회사도 있다. 1990년 이래로 이 분야에 관심 있는 사람들을 위해 해마다 관련 기술이 업데이트되고 있다.

문화재를 땅에 묻는다면 보통 지상의 장소를 생각하기 마련이지만 1977년에는 문화적 메시지가 우주 공간을 향해 출발했다. 나사NASA에서 지구 바깥 세계를 탐험하기 위해 탐사선 보이저를 보낸 것이다. 여기에는 카메라와 라디오뿐 아니라 다른 태양계에 존재할 수도 있는 지적 생명체를 위해 지구에 대한 각종 정보와 메시지를 담은 LP 디스크와 플레이어를 만드는 방법

등이 담겼다. 일단 외계인들이 영어를 이해할 수 있어야 하지만 말이다. 탐사선은 1990년에 우리의 태양계를 떠나 계속 우주를 항해하고 있다.

1954년 이래로 문화적 지속성은 국가적 관심사가 되었다. 그 해에 무력 충돌 시 문화재 보호에 관한 헤이그 협약이 체결된 것이다. 1961년 서독은 문화유산을 안전하게 보호하기 위한 체계적 영상화 작업을 시작했다. 그 배경은 정치적 환경 때문이었다. 냉전 시대 동안 핵전쟁에 대한 공포가 만연해졌다. 제1차 세계대전 후에 곧바로 제2차 세계대전을 위한 준비가 이루어졌듯이 제2차 세계대전 후에는 제3차 세계대전을 대비하는 움직임이 일어났다. 기억이 계획을 만든 것이다. 로켓을 발사할 준비가 갖추어졌고 상공을 보호하는 일은 현재까지도 중대한 부분이 되고 있다. 이 경우에 동쪽에서 들어오는 적군이 프랑스로 진입하는 것을 막기 위해 독일은 나토NATO 핵 방위 구역으로서 서유럽에서 발사된 로켓포로 불바다가 될 전망이다.

문화적 삶에 대한 관심은 자료 수집에 대한 욕구를 부채질했다. 야만적인 상태로 다시 몰락하는 것을 회피하고자 하는 욕구이다. 바르바라슈톨렌의 지하 기록 보관소는 프라이부르크 근방의 검은 숲Schwarzwald에 있는 18세기에 폐광된 은광에 있다. 이곳은 핵전쟁을 넘어서 서구의 가장 중요한 지적 자산을 보존하기에 전략적으로 가장 적합한 공간이라고 인정되고 있다. 1975년 이래로 모두 1,466통의 '맥주통'이 독일의 연합국들과의 협조하에 '연방공화국의 중앙 광산소'에 보관되어 있다. 습도와 온도가 잘 조절되어 있고 먼지 하나 없는 통 안에는 영화 필름이나 기록 보관소와 도서관에서 온 서적들, 그림과 악보 등이 들어 있는데 악기는 제외했다. 필름 생산자들은 태양빛이나 촛불 아래서 확대경으로 필름을 들여다볼 수 있도록 한 필름을 넣어두었는데, 핵폭발이 닥치지 않는다면 500년 동안 그 품질이 유지될 것이라 보고 있다. 2009년에 보관 자료들은 총 16억 페이지로 증가했고 매해 매 분기마다 그 양은 점점 증가하고 있다. 1980년 말까지만 해도 기록이 보관된 장소와 열쇠의 주인은 엄격하게 비밀에 부쳐졌다. 입구에 서면 누구나 흰색과 푸른색으로 이루어진 마름모꼴의 유네스코 인장을 세 개 볼 수 있는데 이곳을 제외하고는 전 세계적으로 바티칸과 암스테르담 제국 박물관 입구에서만 볼 수 있는 표식이다. 이곳을 관리할 책임은 본에 있는 시민보호 및 재난구호청에 있다.

장기적인 계획에 의하면 현대미술을 담은 용기는 3504년에나 개봉될 것이라고 한다. 하지만 제1차 세계대전 후 '잃어버린 시간을 찾아서'를 실현하는 일은 마르셀 프루스트Marcel Proust의 소설보다도 어려운 일일 것이다. 과거의 보물이 어디에 놓여 있는지에 대한 지식은 초월적인 방법으로나 전달될 수 있을 것이다. 또한 이것들이 묻혀 있는 자료들을 통째로 날릴 수 있는 재앙이 일어나지 않는다고 어떻게 장담할 수 있겠는가? 만약에 그런 일이 일어난다면? 핵전쟁이 끝난 후의 폐허에서 살아남은 생존자들이 쾰른의 대성당의 설계도나 오토 대제의 대관식 증서, 1989년 바이로이트 축제의 프로그램 따위에 과연 관심을 가질까? 게다가 철문을 부순다 하더라도 터널을 따라가다 보면 자료를 담은 통이 있다는 사실을 어떻게 발견할 수 있을 것인가? 하지만 아슈르바니팔Assurbanipal 왕도 니네베에 있는 자신의 도서관이 2,500년 후에도 여전히 관심을 끌 것이라고는 상상하지 못했을 것이다. 자료가 보존된 것은 도서관이 불탄 후에 점토판이 굳어진 덕분이었다. 폼페이의 예를 통해 볼 수 있듯이 재앙은 상상 이상으로 많은 것을 보존시킨다. 또한 고고학은 사람들의 용기를 북돋기도 한다.

벙커, 인간의 보호 전략

○ 반면 인간을 안전하게 대피시키는 일은 핵 관련 안전 벙커 시설의 수용 능력에 제약을 받는다. 우리 집에서도 가까운 베테라우에 있는 일벤슈타트 근방에는 프랑크푸르트의 오베렌 사람들을 위한 ABC 벙커가 1968년부터 세워져 있는데 이곳에는 92명의 사람들이 30일 동안 살 수 있는 지하시설이 마련되어 있다. 이곳은 지상에 사람들이 살아 있는 동안 지하에서 지휘를 할 수 있는 중앙통제 센터로서 만들어졌다. 〈연방재난구조작업 규칙 100〉에 따르면 불법 침입자들을 무기로 퇴치할 수 있다고 되어 있다. 또 서베를린에는 2주 동안 1퍼센트 이상의 인구를 수용할 수 있는 원자폭탄에 대비한 21개의 벙커가 만들어져 있다. 독일 전역에는 약 2,000여 개의 원폭 대비 벙커가 만들어져 있는데 매년 이를 유지하기 위한 지출액은 수백만 유로에 달한다.

계획은 본에서 시작되었다. 1960년부터 1972년에 이르기까지 독일연방정부는 본에서 아르베일러에 이르는 20킬로미터 구간의 포도밭 아래에 100미터 이상의 깊이와 17킬로미터 이상의 길이로 된 터널 요새를 만들었다. 이 구조물을 짓는 데 약 45억 유로의 경비가 소요되었다고 한다. 이 피난처는 3,000여 명의 인원을 수용할 수 있는 규모로서 '정부 기관 관료'와 연방 군 수장들, 연방은행의 주요 당직자들이 30일 동안 지낼 수 있는 시설이 갖추어져 있었다. 총리를 위한 개인 샤워실과 대통령을 위한 욕조, 장관들을 위한 미용실뿐 아니라 모두를 위한 지하 교회도 만들어졌다. 이 시설을 운영하기 위해서 200여 명의 직원들이 1970년까지 24시간 체계로 근무했는데 한 해에 약 4,000마르크의 예산이 필요했다.

지도자를 위한 이 벙커의 별칭은 '장미정원'이었다. 장소와 유지 비용은 기밀사항이었고 지도는 보안을 위해 조작되었다. 어쩔 수 없는 비상사태를 대비하여 정부는 A 61번 고속도로에서 비행기를 이륙하여 미국 플로리다의 올랜도로 탈출할 수 있는 루트를 만들어놓기도 했다. 하지만 1998년 벙커 관리가 중단되었다. 이후에 독일 정부는 시설을 시장에 내놓기로 했는데 버섯 재배자와 레스토랑 운영자, 방음 기능 때문에 그룹 음악을 하는 이들이 이 벙커에 관심을 보였다. 그러다 2008년에 200미터의 동굴을 박물관으로 만들어 개장했다. 이 박물관은 유럽에서 가장 권위 있는 유적상인 유로파 노스트라 어워드Europa Nostra Award를 받았으며 유럽의 문화 유적으로 인정되었다. 우리는 문화사의 한가운데에서 살아가고 있다.

미래를 그린 소설

○ 1945년 히로시마와 나가사키에 원자폭탄을 투하하고 나서 미국은 '1차 희생자'의 수를 의도적으로 100만 명을 피해서 90만 명 정도로 발표했다. 이 사실은 미국 방위성이 금지하고 싶어 했던 영화 〈그날 이후〉The Day After에서 밝혀진 사실이기도 하다. 미래로 향하는 공상 시간 여행은 오래된 주제이며 언제나 열망과 공포를 불러일으키는 주제이기도 하다. 고대의 예언은 대체로 몇 가지 미래의 사건을 예견하는 데에 그쳤는데 델피의 피티아에서 예언한 오이디푸스의 부친 살해나 알렉산드로스 대왕이 고르디우스의 매듭을 자름으로써 페르시아의 승리를 예견한 것 등이 그 예다. 유대계 기독교인 예루살렘의 시빌은 또한 로마의 몰락을 예언하고 공포스러운 세상의 종말과 천국의 즐거움을 다양하게 묘사하기도 했다.

근대 초기의 유토피아적 문학작품들을 보면 미래에 대한 희망찬 전망을 볼 수 있는데 그 이후의 작가들은 대부분 비관적인 느낌으로 가득 찬 미래를 그렸다. 허버트 조지 웰스가 묘사한 타임머신이나 조지 오웰의 《1984》를 보면 잘 알 수 있다. 오늘날 이들 작가 중 자신들의 이론과 정반대로 세상이 평온하게 흘러가고 있다고 느낄 이는 아무도 없을 것이다. 전후의 공습 방어 장치들은 하루아침에 하늘에서 떨어진 것은 아니다. 하지만 공습이 끝난 후에 우리는 어떻게 살아가야 할까?

모든 것에 시간이 있다

○ 핵 방어용 벙커에서 살아 나온 이들이 대면한 세상은 완전히 새로운 세계일 것이다. 며칠 사이에 세상이 마치 마법에 의해 잠들었다가 수년 후에 깨어나서 보는 것처럼 현저히 변해버린 것이다. 자신들이 머물던 동굴은 거의 변함없지만 어마어마하게 변해버린 바깥세상은 마치 시간이 빠르게 흘러가버린 듯한 착각을 주지 않을까. 이러한 상상은 늘 있어왔다. 고대 초기에도 이미 사람들 속에 싸여 '바쁜 세상'에서 살아가는 사람들에 비해 오지에서 살아가는 사람들의 시간은 천천히 흐른다는 기록이 남아 있다. 이는 주관적인 시간이 아니라 객관적으로 측량되는 시간에 가까우며 사람마다 천천히 혹은 빠르게 나이 먹는 것과도 관련되어 있다. 아인슈타인의 상대성이론은 여러 동화에서도 분명히 암시되어 있을 뿐 아니라 현실에서 실현되기 오래전부터 이미 문헌의 세계에서 기술적인 가능성으로 묘사되어왔다. 피타고라스의 지구 구형론이나 아리스토텔레스의 자동직기自動織機에 대한 희망, 세네카가 상상했던 대서양 너머의 대륙을 비롯하여 고대의 신화나 동화 속에 나오는 비상용 기구 등을 보라.

성경에서 기브온 전투에 나선 여호수아를 위해 시간이 멈춘 것처럼 또한 제우스가 알케메네의 침실에서 밤의 길이를 늘인 것처럼 신은 시간을 조절할 수 있는 능력을 가지고 있다. 《시편》 90장 4절의 지은이가 노래한 것처럼 천국에서는 지상보다 시간이 더 빨리 지나가며 신에게 있어서 1,000년은 우리의 하루 밤낮과도 같다. 그리스 설화에는 BC 600년 무렵에 살았던 크레타 출신의 에피메니데스Epimenides에 대한 이야기가 있는데 그는 소년일 때 아버지의 명에 따라 잃어버린 양을 찾으러 나섰다가 정오쯤 한 동굴에서 잠들게 되는데 깨어보니 어느덧 57년이 지나 노인이 되어 있었다. 그가 집으로 돌아왔을 때 그를 알아보는 이는 자신의 동생 말고는 아무도 없었는데 동생조차 늙어 있었다. 디오게네스 라에르티오스에 의하면 에피메니데스는 신들의 총애를 받았고 신의 형벌이었던 아테네의 전염병을 낫게 했다.

1814년 괴테는 이플란트의 제안에 따라 프리드리히 빌헬름 3세가 베를린으로 귀환한 것을 축하하는 의미에서 《에피메니데스의 각성》Des Epimenides Erwachen이라는 축제극을 썼다. 하지만 이 주제는 약간 당황스러운 것으로 왕이 낮잠을 지나치게 잔 것으로 해석될 여지도 있었다. 어쩌면 저자가 나폴레옹의 추종자였기 때문에 개인적으로 왕의 승리를 성의 없는 태도로 찬양했을 수도 있다. 아무튼 그의 축제극에는 알레고리와 관념으로 가득 찬 시구들 이외에도 압제와 노예적인 삶에 대항해 신앙과 사랑, 일체감에 대한 희망과 자유를 노래하는 애국적 시구들이 줄을 이었다.

> 이제 우리는 괴이한 속박에서
> 스스로를 해방시키자.
> 이제 우리는 다시 독일인이 되었고
> 이제 다시 위대해졌다.

오랫동안 잠들어 있다 깨어난다는 모티프는 인도나 유대인의 문학작품과 마찬가지로 중세의 기독교 문학작품에 종종 등장한다. 자크 드 비트리는 그가 쓴 《예화집》Exempla에서 펠릭스라는 수도승의 일화를 전했다. 수도승은 천국에서의 영원한 축복에 대해 생각하면서 오랫동안 같은 자리에서 머무르다 보면 지치고 지루해질 것 같다는 상상을 했다. 그러면서 수도원의 정원으로 가서 아름다운 새소리에 취해 한동안 시간을 보냈다. 그 후 다시 수도원 건물로 들어가려 하니 문지기가 더 이상 그를 알아보지 못했다. 새소리에 취해 귀를 기울이는 사이에 300년이 지나버린 것이다. 즐거움은 이토록 시간을 짧게 만든다. 만약에 정말로 하느님을 대면한다면 이 같은 기적이 얼마나 자주 일어날 수 있을까? 굳이 천국에서 지루할까 봐 걱정하지 않아도 될 것이다. 수도승 펠릭스의 전설은 여러 가지 형태로 변용되었고 《하이스터바흐의 수도승》이란 제목을 달고 유럽 전역에 널리 전파되었다. 주인공인 수도승은 인간에게 천년은 하느님에겐 고작 하루일 뿐이라는 《시편》 내용에 의구심을 가지고 있었는데 어느 날 새소리를 들으며 잠에 빠진다. 그리고 다시 깨어났을 때 300년이라는 시간이 지난 것을 깨닫고 하느님에 대한 믿음을 되찾게 된다.

잠든 7인Siebenschläfer 전설에서의 시간 단축이라는 모티프는 이러한 이야기와는 조금 다르게 사용되었다. 이 전설은 고대 후기로 그 기원이 거슬러 올라가는데 코란에도 언급되었을 뿐 아니라 보라기네의 야코부스Jacobus de Voragine의 황금전설Legenda Aurea의 원형이 되기도 했다. 251년 황제 데키우스Decius 치하에서 기독교 박해가 심해지자 젊은 기독교인 일곱 사람이 에페수스 근처의 산을 찾아가 몸을 숨겼다. 이들은 그곳에서 하룻밤을 보냈다. 다음 날 아침 그들 중 한 명이 빵을 구하러 도시로 내려갔을 때 그는 어느덧 세월이 흘러 447년의 기독교 왕인 테오도시우스 2세의 시대가 왔다는 것을 알게 되었다. 그가 내민 동전은 시장에서 아무런 소용이 없었다. 사람들은 그가 보물을 숨겼을 것이라고 의심했으나 결국 이들에게서 기적을 보게 되었다. 황제는 이들 7인에게서 그동안 이교도들이 부정해오던 부활과 현신을 확인하게 되었다. 괴테는 1815년 《서동시집》에서 아랍어 버전을 따라 이 이야기를 재구성했는데 이야기 속에는 7인 대신 6인의 잠든 이들과 개 한 마리가 등장한다.

오랜 잠에서 깨어난 사람에 대한 현대적 변용은 워싱턴 어빙Washington Irving이 1819년에 쓴 〈립 밴 윙클〉Rip van Winkle이란 단편소설을 통해 확인할 수 있다. 네덜란드 허드슨강 유역의 마을에 살고 있는 한 남자가 어느 날 사냥에 나섰다가 산골짜기에 사는 옛날 옷을 입은 남자와 그의 무리들을 만나게 되는데, 곧 그들과 어울려 볼링을 치고 술을 마신다. 잠들었다가 깨어난 그 남자의 곁에는 녹슨 총이 놓여 있었다. 마을로 돌아와보니 그를 기억하는 사람은 아무도 없었고 그는 20년이라는 세월이 흘렀다는 사실을 알게 된다. 그새 미국 혁명이 일어났고 그가 만났던 늙은 사내는 강 이름의 근원인 헨드릭 허드슨Hendrick Hudson이었다. 그는 1611년 반란군들에 의해 허드슨 하구에 버려져 실종되었다. 하지만 그 후 20년마다 강어귀로 귀환하는 것이었다. 멀리 떨어진 시간을 연결시켜주는 잠이라는 모티프는 키프하우제Kyffhäuser 전설이나 잠자는 브륀힐트Brünhilde, 그림형제의 동화 속 잠자는 숲속의 공주 이야기에도 되풀이된다. 100년이 지난 후에 잠에서 깨어난 수석 요리사는 부엌 일꾼에게마저 따귀를 날린다. 잠자는 숲속의 공주와 그녀의 왕자는 행복하게 결혼식을 올린다. 그리하여 모든 이들이 영원히 행복하게 살았다. 모든 것에 시간이 있다. 그리고 그것은 나에게도 마찬가지다.

이제 작별의 시간이 왔다.

그러므로 마지막 페이지에 나는 쓴다.

유한한 존재에겐 이것으로 충분하다.

죽을 만큼 충분하다.

▸▸▸ 주석

각 주는 원서에 의거해 약어 형식으로 표기된 것을 옮겨왔으며 세부 서지사항은 그다음에 실린 참고문헌을 참조하기 바란다. 또한 주에 자주 등장하는 약어 'f' 또는 'ff'라는 기호는 한국에서는 생소한 편인데 해당 쪽부터 그 '이하'를 참고하라는 의미다.

서문

* 이 주제의 영역은 넓다. 필자의 마음속에 떠오르는 여러 생각들을 두고 보자면 생각 자체보다는 생각의 순서들이 더 크게 작용한다는 것을 깨달았다. 그러므로 여러 생각들을 착착 정리해두고 그 사이에 비치는 빛을 의지해 걸어가는 것이 필요했다.

제1장 시간의 개념과 메타포

1 Plutarch, Moralia 1007A.

2 Plutarch, Moralia 1007B.

3 Plotin III 7, 13.

4 VS. 22B 49a.

5 Ep. 12, 6.

6 VS. 31B 17; 26.

7 Censorinus 16, 4.

8 Mose 1, 2.

9 Kant VI 646.

10 Hawking 1988, 54ff.

11 VS. 12A 17.

12 Anthologia Graeca X 32; Athenaios 478E.

13 Bujnoch, J. (Hg.), Hus in Konstanz, 1963, 256.

14 De Padova 2013.

15 Demandt 1994.

16 Demandt 1978, 36ff.

17 Heynacher 1905, 182.

18 Demandt 2013(mit Geza Alföoldy), 148ff.

19 Renger in: Falk 2002, 17; Maul 2008.

제2장 시간의 상징과 신들

1 Athenaios 197 Cff.

2 Athenaios 195 B.

3 Diogenes Laertios I 91; Anthologia Graeca XIV 101.

4 Diogenes Laertios I 35.

5 Plutarch, Moralia 1007B.

6 Demandt 1978, 18f.

7 Diogenes Laertios IX 3.

8 Asmus 1911, 31; 64.

9 Clauss 2012, 153ff.

10 K. Preisendanz, Phanes. In: RE. XIX 1938, 1761ff.

11 Lactanz, Institutiones IV 8, 4; Macrobius I 18, 12. 510 Anmerkungen.

12 E. L. v. Leutsch/F. G. Schneidewin(edd.), Paroemiographi Graeci I 1839, 248.

13 Die Schreibweise, Juppiter meint den Gott, Jupiter den Planeten.

14 Athenaios 195B.

15 E. Bernert, Nyx. In: RE. XVII 1937, 1663ff.

16 Athenaios 198AB.

17 Macrobius I 9, 16.

18 Henkel/Schöe 1967, 1818ff.

19 Sittl 1890, 256ff.

20 Ammian XVII 5, 3.

21 Athenaios 535F.

22 Kent 1973, Nr. 143.

23 Helbig II Nr. 1486.

24 Gundel, H., Zodiakos. In: RE. X A, 1972, 462ff.

25 Widengren 1965, 149ff.

26 Ich benutze diese Namensform nach Justi 1868, neuere Publikationen verwenden Namen wie Bundahisn(Widengren, Rypka) oder undahishn(Frye).

27 Clauss 1990, 166ff.

28 Giese 1986, 220f.

29 Henkel/Schöe 1967, 794ff.

30 Riess, E., Alchemie. In: RE. I 1893, 1351ff.

31 Peukert 1976, 107.

32 Henkel/Schöe 1967, 632ff.

33 Widengren 1961, 181f.

34 Preconi 1910, 106.

35 VS. 22B 52.

36 Demandt 1978, 311.

37 Henkel/Schöe 1967, 1341.

38 Henkel/Schöe 1967, 1813ff.

39 Zosimos V 40, 5.

40 Anthologia Graeca VII 225.

41 Henkel/Schöe 1967, 1806ff.

42 Bissing 1955, 129ff.

43 Rosen 1909/1963, 42.

44 Rosen 1909/1963, 43.

45 VS. 31A 12.

46 Demandt 2002, 20ff.

47 LH. 8, 216.

48 Demandt 1978, 528f.

49 Codex Salmasianus 232 bei A. Riese(ed.), Anthologia Latina I 1894, 190; Seneca ep. 91, 11.

50 LH. 2, 80.

51 LH. 49, 74.

52 Ball 1926/84.

53 LH. 23, 150.

제3장 고대의 하루와 시간

1 C. Höer (Hg.), Das Puppenspiel vom Doktor Faust, 1951, 57.

2 Marc Aurel an Fronto II 6.

3 Zu Stunden und Uhren: Bilfinger 1886; Diels 1917/1920, 155 ff; Kubitschek 1928, 174ff.

4 Renger in Falk 2002, 14ff.

5 Plinius (VII 212).

6 Plinius VII (so immer Naturalis Historia) 191ff.

7 Diogenes Laertios II 1.

8 Plinius II 187.

9 Judeich 1931, 80. 아마 태양의 변화heliliotropion를 묘사하는 데서 시작된 메톤이 설치한 달력 기념비calendar stelae와 혼돈하지 않았나 싶다.

10 Plutarch, Dion 29.

11 Athenaios 207F.

12 Diels 1917/1920, 168ff.

13 Diels 1917/1920, 176.

14 Deutsches Museum, Muchen, Fürer durch die Ausstellung "onnenuhrengarten," 1999.

15 Diels 1917/1920, 159.

16 Vitruv IX 8, 237; Buchner 1971; ders. 1976.

17 Diels 1917/1920, 56f.

18 Schüz 1990.

19 Helbig Nr. 1581.

20 Buchner 1980; ders. 1982.

21 Haselberger 2011.

22 P. Kunitzsch in: Lindgren 399ff.

23 Maurice 1980, 110.

24 Plinius XVIII 221.

25 A. Hilka (Hg.), Der altfranzoische Prosa-Alexanderroman, 1920, XXXVIIIf.

26 Josef Eberle, Psalterium Profanum, 1962, 504.

27 Camp 1989, 127f.

28 Räsel Nr. 70, A. Riese (ed.), Anthologia Latina I 1894, 238.

29 Modell bei Camp 1989, 178.

30 Vitruv I 6,4.

31 Judeich 1931, 97.

32 Diels 1917/1920, 213ff.

33 a. O., Tafeln 17f.

34 Anthologia Graeca VII 641; X 43.

35 Plutarch, Moralia 284 D.

36 Cicero, De natura deorum II 87.

37 Solla Price 1974.

38 Diels 1917/120, 219ff.

39 Marcus Diaconus, Vita Porphyrii 26ff.

40 C. R. Tittel, Hydraulis. In: RE. IX, 1914, 60ff; 76.

41 MGH. Epp. III, 528f.

42 Sigrid Hunke, Allahs Sonne uer dem Abendland, 1960, 112.

43 Heinisch 1968, 254.

제4장 기독교 시대의 시간과 시계

1 Demandt 1970, 32.

2 Borst 1990, 34.

3 Ruke 2006, 42ff.

4 Polybios VI 35, 12.

5 Glocke: signum ecclesie quod Galli lingua celtica vocant, Grimm, Wöterbuch 8, 143.

6 Plinius XXXIV 95.

7 Das entspricht der Lautstake eines Gruppengesprähs oder einer Nämaschine.

8 Flachenecker, H. in: Lindgren 1996, 391ff; Maurice 1967; 1976; 1980.

9 Häermann/Schneider 1991, 307ff; 351ff.

10 Borst 1990.

11 Maurice 1980, 147.

12 Maurice 1980, 146ff.

13 Lotz 1989.

14 B. Schneidmüler in: Lotz 1989, 10ff.

15 E. Rotter in: Lotz 1989, 23ff.

16 MacGregor 2011, 681.

17 Sobel 1999.

18 K. Brandi, Kaiser Karl V, 1937/61, 531ff.

19 Groiss 1980, 76.

20 Maurice/Mayr 1980.

21 Gehase der Zeit. Uhren aus fuf Jahrhunderten im Besitz der Hessischen Hausstiftung, Katalog 2002.

22 Maurice 1967, 39ff.

23 MacGregor 2011, 567ff.

24 Maurice 1976, I 146.

25 Grimm, Wöterbuch 12, 2246.

26 Grimm, Wöterbuch 16, 409.

27 Maurice 1980, 146ff.

28 Mraz 1980.

29 Maurice 1980, 30ff.

30 Demandt 1978, 160ff; 2002, 147ff. Dort die Nachweise fü die folgenden Beispiele.

31 Mayr 1980, 1ff.

32 Maurice 1967, Kap. III.

33 Demandt 1978, 271ff.

34 Demandt 2002, 147ff.

35 Varga 1932, 37.

36 Demandt 1978, 146ff.

37 Hinweis von Dr. Ulrich Wanke, Berlin. Bilder und Streckenplan bei Lotz 1989, 419ff.

38 Ilias XVIII 216ff; Diels 1924, 77ff.

39 Moltke im Centralblatt der Bauverwaltung 11, 1891, Nr. 12.

40 Esprit des Lois, 1748, IX 6.

41 'ie Welt'vom 28. Mäz 2014.

42 Klein 2006, 45.

43 Grundgesetz Artikel 73 Absatz 4.

44 Diels 1917/1920, 231f.

45 이 같은 시계 작품들은 런던과 회스트 암 마인Höchst am Main 그리고 작센의 글라쉬테Glashütte의 시계박물관에 전시된 것들이다.

제5장 주와 요일

1 CTh. XV 5, 5.

2 Plutarch, Moralia 354F.

3 Boll, F., Hebdomas. In: RE. VII, 1912, 2547ff; 2552.

4 Ebd., 2549.

5 Sellin 1925, 54.

6 Theodoret, Historia Monachorum.

7 Isidor, Etymologiae V 2, 2.

8 Plinius XXXIII 17.

9 Geist 1960, Nr. 51.

10 Plinius XVIII 13.

11 Mommsen, Röomisches Staatsrecht III, 357.

12 Mommsen, a. O. II, 84.

13 Helbig II 53f; Radke 1990, 11ff.

14 H. Gundel, Planeten. In: RE. XX 1950, 2017ff; 2024.

15 Leisegang 1924/55, 251.

16 Geist 1960, Nr. 30.

17 Clauss 1990, 166f.

18 Radke 1990, 68ff.

19 Boll, F., Hebdomas. In: RE. VII, 1912, 2547ff; 2573.

20 a. O. 2577.

21 Widengren 1861, 132.

22 SHA. Severus Alexander 25, 5.

23 Th. Dombart, Septizodium. In: RE. II A 1923, 1583f.

24 Vorzüuglich ediert und kommentiert 2014 durch Johannes Divjak und Wolfgang Wischmeyer in Wien.

25 Chronica Minora I 42ff; Divjak/Wischmeyer 2014, 111ff.

26 Divjak/Wischmeyer 2014, 125ff.

27 Codex Justinianus IX 18, 2; Chronicon Paschale zum Jahr 302.

28 Giese 1986, 83ff.

29 Giese 1986, 119.

30 Strohmaier 1991, 110f.

31 Colpe 1990, 182ff.

32 Giese 1986, 91ff.

33 Gelpke 1959.

34 Codex Justinianus III 12,2; CTh. II 8,1; Rordorf 1962; Gi–rardet 2009, 177ff.

35 Rüupke 2006, 62.

36 Föorster 1944, 3.

37 CTh. II 8, 18 u. 20.

38 Döopp 1999, 563f.

39 Cicero, De natura deorum I 119. M. Winiarczyk, The Sacred History of Euhemeros of Messene, 2013.

40 CIL. VI 795; Alföldi 1934, 88. Der adventus des Kaisers Tacitus 275 in Rom wurde durch eine Müunzpräagung gefeiert, Kent 1973, Nr. 544.

41 Demandt 1978, 150ff.

42 Glasenapp, H. v., Die fuunf großen Religionen 1952, II 333.

43 Grimm, Wöterbuch 12, 24, 27.

44 Föster 1944, 3.

45 Bourgoing 2000, 131.

제6장 고대의 달력, 한 달과 한 해

1 Censorinus 19,3.

2 Winckler 1906, 45.

3 Joh. Thomann, Zuurich, muundlich.

4 A. U. Stylow/J. D. Thomas, Zur Vermeidung von Theta in Datierungen nach kaiserli-chen Regierungsjahren. In: Chiron 10, 1980, 537ff.

5 Kubitschek 1928, 95. Hilfstafel 219ff.

6 Kubitschek 1928, 89ff.

7 Sontheimer, W., Monat. In: RE. XVI 1933, 44ff, 50.

8 Paroemiographi Graeci, edd. Leutsch, E. L. / Schneidewin, F. G., 1839, I 405.

9 H. Bischoff, Kalender (griechischer). In: RE. X 2, 1919, 1568ff.

10 Aristoteles, Staat der Athener 21.

11 Rhodes 1981, 270.

12 Nilsson, M. P., Oktaeeteris. In: RE. XII, 1937, 2387ff.

13 Diodor XII 36,2 f; Aelian, Varia Historia X 7; Kubitschek, W., Meton. In: RE. XV, 1931, 1458ff.

14 Plutarch, Moralia 489 B.

15 Radke 1990; Rüupke 1995; ders. 2006.

16 Digesten I 2, 2, 6f.

17 Michels 1967.

18 Radke 1990, 43ff.

19 Plutarch, Numa 19.

20 Degrassi 1963, 1ff mit farbiger Abbildung; Rüupke 1995, 43ff.

21 Cassius Dio LIV 21,5.

22 Appian VI 44.

23 Gellius II 24,11.

24 Wissowa, G., Kalendae. In: RE X, 1919, 1560 f.

25 Varro, De lingua Latina VI 27.

26 Ehlers, W., Nonae. In: RE. XVII 1936, 846ff.

27 Macrobius I 15, 15.

28 W. Ehlers, Idus. In: RE. Suppl. VII., 1940, 282ff.

29 Varro, De lingua Latina VI 28ff.

30 Plutarch, Cato maior 21.

31 G. Wissowa, Feriae. In RE. X, 1909, 2212.

32 Johannes Lydus, De Mensibus IV 24.

33 Ovid, Fasti II 533ff.

34 Sueton, Augustus 92; Ammian XXVI 1.

35 F. K. Ginzel, Jahr. In: RE. IX, 1914, 604ff.

36 Macrobius I 13, 21.

37 Fäarber 2012.

38 Sueton, Caesar 40,1. Die kalendarischen Unregelmaaßigkeiten vor Caesar verzeichnet Radke 1990, 74ff.

39 Radke 1990, 62ff.

40 Censorinus 22, 4.

41 Ovid, Fasten II 49f.

42 Censorinus 20, 11.

43 Die Nachrichten zu den einzelnen Tagen der Kalender bietet gesammelt Degrassi 1963, 388ff.

44 Sueton, Grammatici 17.

45 Rehm, A., Parapegma. In: RE. XVIII, 1949, 1295ff; 1302.

46 E. Groag, Fabius. In: RE. VI, 1909, 1782.

47 Leschhorn 1993, 215.

48 Harnack 1906, 301ff. 244 HdA. 7, 996 f.

49 Censorinus 22, 16.

50 Appian XIV 106.

51 Macrobius I 12, 34ff.

52 SHA. Tacitus 13, 6.

53 Kubitschek 1928, 149.

54 Rüke 2006, 103ff.

55 Divjak/Wischmeyer 2014, 140ff.

56 Salzman 1990, 83ff.

57 Rüke 2006, 180ff.

58 Kubitschek 1928, 136ff; Maier 2001, 60 f.

59 Krusche 1965.

제7장 기독교 달력

1 Divjak/Wischmeyer 2014, 475ff; Chronica Minora I 141ff.

2 Chronica Minora I 548; Ausonius X 75ff; Demandt 2007, 3.

3 CIL. I 1893, 254ff.

4 Chronica Minora I 511f.

5 Borst 1998, 531.

6 Borst 1998, 245ff.

7 Clemen 1930, Nr. 3996.

8 Text: Magnum Bullarium Romanum IV 4, S. 11f; Nachdruck Graz 1965.

9 Gregorovius 1859, IV 592f.

10 Lenz 2012, 232.

11 Vogtherr 2006, 81.

12 Rüpke 2006, 139.

13 Divjak/Wischmeyer 2014, 499ff.

14 Borst 1990, 37.

15 Herbers 2013, 91.

16 Borst 1998, 793ff, 달력의 축일을 위한 등록부가 있었다.

17 Borst 1990, 91.

18 Grotefend 1872, 40ff.

19 Fried 2007.

20 1. Könige 22, 27; Jesaja 58, 5.

21 HdA. VIII 1427ff.

22 HdA. III 899ff.

23 HdA. VIII 650ff.

24 HdA. III 53.

25 HdA. IV 931f.

26 HdA. V 140ff.

27 Yule 1903, I 447ff; II 368.

28 Ebenso angelegt ist H. Kurth/H. M. Stuckelberger, Welt– und Kulturgeschichte. 10,000 Daten nach Kalendertagen geordnet, 1974.

29 Eine ebenso prachtvolle Folge von Monatsbildern bietet das "Breviarium Grimani" (um 1510). M. Neumann 1978.

30 Eine synchrone Tabelle bei Lietzmann/Aland 1956, 120f.

31 Borst 1998, 524.

32 Borst 1998, 526.

33 Clemen 1930, Nr. 3996.

제8장 사계절

1 Strabon C 173.

2 Gardiner 1965, 67.

3 Psalm 32, 4.

4 Sprüuche 26, 1.

5 Jeremia 36, 22.

6 3. Mose 26, 5.

7 Josua 3, 15; 2. Samuel 21, 9.

8 4. Mose 13, 20; Jesaja 24, 13; Jeremia 48, 32.

9 Athenaios 99D.

10 Diels 1917/20, Tafel 1.

11 Rehm, A., Parapegma. In: RE. XVIII 1949, 1295ff.

12 Plinius XVI 193f.

13 Plinius a. O.

14 R. Böoker, Wetterzeichen. In: RE. Suppl. IX 1962, 1609ff.

15 Degrassi 1963, 284ff.

16 Rüupke 1995, 89.

17 Fronto ed. Naber 69.

18 Borst 1998, 651.

19 CIL. I 1893, 254ff.

20 Kent 1973, 357; 366. 런던에 있는 리키니우스 이우니오르Licinius iunior도 똑같은 모티프를 가지고 있다; a. O. Nr. 638.

21 Helbig Nr. 3134.

22 Kranz 1984.

23 Burckhardt 1898/1938, 51.

24 Helbig Nr. 2470.

25 Declercq 2000, 25ff.

제9장 고대의 시대와 연대

1 W. Kubitschek, Aera. In: RE. I 1893, 606ff.

2 Gardiner 1965, 65ff.

3 Schmöokel 1961, 180ff.

4 S. M. Burstein, The Babyloniaca of Berossos, 1978.

5 Waddell 1980.

6 2. Mose 16, 35; Josua 5, 6.

7 4. Mose 33, 38.

8 1. Köonige 6, 37f.

9 Hesekiel 1, 2; 33, 21; 40, 1.

10 1. Köonige 6, 1.

11 2. Köonige 22, 8ff.

12 3. Mose 25.

13 3. Mose 25, 21.

14 2. Mose 23, 10f.

15 2. Mose 21, 2.

16 5. Mose 15, 1f.

17 Nehemia 10, 32.

18 3. Mose 25, 8ff.

19 Esra 1, 1f.

20 Leschhorn 1993, 12ff; Sundermann in: Falk 2002, 69ff.

21 Strasburger 1956/82, 661.

22 Demandt 1999, 71.

23 Falk 2002, 77ff.

24 Ed. Meyer, Herodots Chronologie der griechischen Sagengeschichte. In: Ders., Forschungen zur Alten Geschichte I, 1892, 151ff.

25 F. Jacoby, Hellanikos. In: RE. VIII, 1912, 104ff.

26 Rüupke, Fasti 1995, 188.

27 Pfohl 1965, Nr. 13.

28 Platon, Hippias minor 368 B.

29 Censorinus 21, 1.

30 Lydus, De Mensibus IV 64.

31 Chronica Minora II 3ff. 402년과 418년, 447년에 언급된 일식에 의거해 올림픽 경기 연도와 서력기원을 일치시켰을 가능성이 있다. 16년과 29년이라는 일식의 연도 간격은 지중해 지역 이외에서는 볼 수 없기 때문이다. 긴첼Ginzel은 1899년에 쓴 책에서 일식의 연도에 대해 기록했다.

32 W. Kubitschek, Aera. In: RE. I 1893, 626ff.

33 Censorinus 13, 2.

34 Plinius X 5.

35 Nödeke 1879, 407; Sundermann in Falk 2002, 73f.

36 Pfohl 1965, Nr. 23.

37 Leschhorn 1993, 216ff.

38 a. O. 226ff.

39 a. O. 170ff.

40 Plinius XXXVI 69.

41 A. v. Premerstein, Clavus. In: RE. IV 1900, 2ff.

42 Hanell 1946.

43 Servius zu Vergil, Aeneis VIII 363.

44 G. Schö, Fasti. In: RE. VI 1909, 2025.

45 Schö a. O. 2015; Radke 1990.

46 Schö a. O., S. 2028.

47 Chr. J. Simpson, The Original Site of the Fasti Capitolini. In: Historia 42, 1993, 61ff.

48 Helbig II 281ff.

49 Rüke, Fasti 1995, 188.

50 A. Degrassi, I Fasti consolari dell' Impero Romano, 1952.

51 541년이라는 연도는 카시오도로스의 부활절 축제 계산의 결과인데 그는 집정관 바실리우스의 재위 21년째를 562년과 동일시했다.

52 Kubitschek 1893, 622.

53 F. Boll, Finsternisse. In: RE. VI 1909, 2352 f; Demandt 1970, 21.

54 Solin I 18.

55 H. Mattingly/E. A. Sydenham (edd.), Roman Imperial Coi-nage, 1923ff, IV 3, 104ff.

56 F. Böte, Heraia. In: RE. VIII 1912, 413.

57 Das Motiv seines Entkommens aus der Todesschlucht, indem er einem Fuchs folgte, Pausanias IV 18, 4ff, kehrt wieder in der Geschichte von der vierten Reise Sindbad des Seefahrers.

58 Hennig 1942.

59 Macrobius II 3, 2.

60 Demandt 2014, 223.

61 1926년의 스텐펠트Wüstenfeld-말러Mahler의 비교 도표를 통해 도움을 얻을 수 있다.

제10장 기독교 기원

1 J. Baviera (ed.), Fontes Iuris Romani Antejustiniani II, 1968, 541ff.

2 Die Fragmente bietet M. Wallraff 2007.

3 In der Ausgabe von R. Helm 1984, 250.

4 Brincken 1957, 135; 140.

5 Borst 1998, 731.

6 Schwartz, Ed., Chronicon Paschale. In: RE. III, 1899, 2460ff; 2474.

7 Kubitschek 1928, 77f.

8 Mahler 1916.

9 Brincken 1957, 147.

10 Corpus Iuris Civilis, Novellae Iustiniani 47.

11 H. Maier 1991.

12 Euseb, Historia Ecclesiastica V 24, 16; 25, 1.

13 Divjak/Wischmeyer 2014, 475ff.

14 Chronica Minora I 479.

15 Chronica Minora I 667ff; Declercq 2000, 82ff.

16 Chronica Minora I 341ff; 410ff; Grotefend 1872, 22.

17 Declercq 2000, 97ff.

18 Chronica Minora I 410ff.

19 플라톤과 에피쿠로스 세네카, 소 플리니우스의 편지도 마찬가지다.

20 Declercq 2000, 130ff.

21 베다의 서력기원과 우리의 그것이 같다는 사실은 긴첼의 글에서 볼 수 있는 538년과 540년, 664년의 일식에 대한 그의 진술에 비추어 볼 때 확실하다.

22 Derclercq 2000, 180f.

23 Radke 1990, 74.

24 MEW. XXI, 114; 120.

제11장 축일과 축제 그리고 기념일

1 Schmöokel 1961, 289ff.

2 Falkenstein/von Soden 1953, 137ff.

3 Otten 1961, 428.

4 Otten 1961, 434.

5 Widengren 1965, 217.

6 E. Wüust, Mithras. In: RE. XV 1931, 2133.

7 Demandt 1996.

8 Widengren 1965, 140. Mißverstandene, profan gedeutete religiöe Akte gibt es bei Herodot (I 60; 136; V 68; s. XII g) auch sonst.

9 Thukydides II 38.

10 Burkert 2012.

11 Velleius I 8,1.

12 Aelian, Varia Historia X 7.

13 Deubner 1932; Parke 1987.

14 Pausanias III 16, 7ff.

15 Ovid, Metamorphosen X 162ff.

16 Thukydides V 23.

17 W. Schmidt 1908.

18 Achilles Tatius VI 3, 2.

19 So der Befehl von Antiochios IV 167 v. Chr. an die Juden; Josephus, Antiquitates 253ff.

20 Diogenes Laertios VI 101.

21 Diogenes Laertios X 14; 18.

22 Anthologia Graeca XI 44.

23 Euripides, Ion 1132ff.

24 Aristoteles, Staat der Athener 58.

25 Plutarch, Moralia 349 Eff.

26 Xenophon, Anabasis III 2, 12.

27 Aelian, Varia Historia II 25.

28 Plutarch, Aristides 21.

29 Thukydides III 58.

30 Athenaios 196ff.

31 Satiren I 5, 48, dazu den Kommentar von Kießling/Heinze 1921/61.

32 Digesten II 12, 1.

33 SHA. Marcus 10, 10.

34 CTh. II 8, 19.

35 Tertullian, De spectaculis 10.

36 Plutarch, Caesar 9f.

37 Nock 1952.

38 W. Ehlers, Triumphus. In: RE. VII A, 1939, 493ff.

39 Rüke, Fasti 1995.

40 Ovid, Fasti IV 179ff.

41 Divjak/Wischmeyer 2014, 254f.

42 Athenaios 361F.

43 Habel, E., Ludi publici. In: RE. Suppl. V 1931, 608ff.

44 Rüke 2006, 81f.

45 Ovid, Fasti I 63ff.

46 CTh. VII 24.

47 Nilsson, M. P., Kalendae Januariae. In: RE. X 1919, 1562ff.

48 A. Alföldi, Die Kontorniat–Medaillons I 1976, II 1990.

49 Usener 1910, 28.

50 Macrobius I 8, 1ff.

51 Lydus, De mensibus 174.

52 Censorinus 3, 1.

53 Ammian XXI 14, 2.

54 Anné Epigraphique 1940, 62.

55 Dessau 6269; 6271.

56 Juvenal V 36f.

57 Dezember. Horaz, ep. I 20, 27.

58 15. Oktober. Plinius, ep. III 7, 8.

59 3. November. Statius, Silvae II 7.

60 CTh. XVI 10, 12.

61 CTh. XVI 10, 23 u. 25.

62 Cassius Dio LX 12, 4.

63 Rüke, Kalender, 1995, 140f.

64 Appian XI 40.

65 Tacitus, Annalen XIII 41; Historien IV 40.

66 CTh. II 8, 22.

67 Assmann 2011, 159.

68 Livius XXI 62, 10.

69 Cassius Dio LIII 13,1.

70 Demandt 2007, 284.

71 Grant 1950; Kent 1973, Nr. 667f; 686f.

72 Dessau 5050; Helbig III Nr. 2400.

73 Mommsen 1905, 353.

74 Weiß 1973, 251.

75 Radke, G., Quindecemviri. In: RE. XXIV 1963, 1114ff; 1129 f.

76 Chronica Minora II 147.

77 Kent 1973, 460~464.

78 CTh. XVI 8, 18.

79 Strohmaier 1991, 124.

80 Neugebauer 2013.

81 Chronica Minora I 234.

82 Migne, Patrologia Latina 90, 357.

83 HdA. 6, 1311ff.

84 Picker 1963, 442.

85 Usener 1910; Demandt 2005, 1ff; H. Förster 2007.

86 Divjak/Wischmeyer 2014, 329f.

87 Chronica Minora I 234.

88 Divjak/Wischmeyer 2014, 500f.

89 a. O. 410.

90 CTh. XVI 1, 2; 2, 25; 5, 5.

91 이교도의 축제가 기독교 축제로 전환된 것에 대해서는 1859년 그레고로비우스가 다룬 바 있다.

92 Maier 2001, 61.

93 Petersohn 1989.

94 Schimmelpfennig 1988.

95 Vehse 1854, 83ff.

96 S. Krauss-Meyl, Das Oktoberfest, 2015.

97 Essays zu einer Auswahl uberwiegend deutscher 'rinnerungstage' bietet der Sammelband von Francois/Puschner 2010.

98 Lubbe 1993.

99 Demandt 1988.

제12장 인생의 단계

1 R. Herbig, Sphinx. In: RE. III A, 1929, 1716ff.

2 Boll 1913; Schadewaldt 1933.

3 H. Diels, Der antike Pessimismus 1921; W. Nestle, Der Pessimismus und seine ÜUberwindung bei den Griechen. In: Neue Jahrbüucher füur das klassische Altertum,

24, 1921, 81ff.

4 Boll 1913, 30ff.

5 Demandt 2002.

6 E. Steininger, Haartracht. In: RE. VII 1912, 2109ff.

7 Jedding–Gesterling (Hg.), Die Frisur, 1988.

8 Plutarch, Moralia 4 AB.

9 Stobaios 43, 48. Deutsch bei Demandt 1995, 207.

10 Pausanias VI 20, 2ff.

11 Catull 3, 1.

12 T. Parkin, Old Age in the Roman World, 2003; Wagner–Hasel, B., Alter in der Antike, 2012.

13 Anthologia Latina I 28.

14 A. Mau, Bulla. In: RE III 1897, 1050.

15 Codex Justinianus X 50, 1.

16 Pseudo–Homer, Hymne V an Aphrodite, 218ff.

17 Demandt 1978, 36ff.

18 Giese 1986, 82.

19 A. Imhof, Die Lebenszeit–Ursachen und Folgen des demographischen Wandels, 2002.

20 J. Kirchner, Glaukos. In: RE. VII 1910, 1410.

21 Simrock 1859, 586ff.

제13장 시대와 시기

1 Diodor II 30,3.

2 Demandt 1965, 13.

3 Demandt 1978, 232; 250f.

4 Grotefend 1872, 22.

5 Cassius Dio LXXII 15, 6.

6 Hawking 1988, 59,

7 Waddell 1980, XXVI.

8 Censorinus 21,1.

9 Meißner 1999.

10 Boll, F., Dodekaëeris, in: RE. V, 1903, 1254ff.

11 Yule 1903, I 447ff.

12 Pfohl 1965, 37.

13 Liebenam 1909, 125.

14 Grayson 1987, 83.

15 H. Feld, Apokalyptische Ägste an der Wende zum zweiten Millennium? In: International Journal of the Classical Tradition, 5, 1999, 571ff.

16 Tertullian, Auszug 67.

17 Schmitz-Berning 1998, 156ff; 607.

18 Censorinus 18, 11.

19 Plinius X 5.

20 Diogenes Laertios IX 7.

21 SVF. II 625f.

22 Riese 2002.

23 Radke 1990, 71ff.

24 Cassius Dio VL 7, 1f; Servius zu Vergil, Ecl. IX 47.

25 Plutarch, Sulla 7.

26 Censorinus 17.

27 Demandt 2000; Hoff 2014, 173ff.

28 Harnack 1906, 299ff.

29 Kent 1973, Nr. 136; 145. Clemens Alexandrinus, Stromateis V 8, 48; Sueton, Augustus, 50.

30 A. Luther 2002.

31 G. de la Béoyèe, Numismatic Chronicle 158, 1998. Ebenfalls findet sich auf diesen Medaillons die Abküzung RSR Redeunt Saturnia Regna aus der gleichen Vergilekloge. Hinweis von Maria R.-Alfödi.

32 C. Schmitt, Positionen und Begriffe, 1940/88 endet S. 312: Ab integro nascitur ordo.

33 Brugger/Keil 2001; Gatz 1967.

34 Lk., 3,14; 12, 49ff; 19,27: 22, 36ff; Mt. 10,34.

35 Brandes/Schmieder 2008.

36 Klapper Nr. 9; 193.

37 Koselleck 2000, 177ff.

38 Widengren 1961, 195ff; 216ff; Ders. 1965, 87; 105ff.

39 Glasenapp 1952, II 414ff.

40 Livius IV 4; XXVIII 28.

41 Alföldi 1934, 201.

42 Demandt 2002, 190ff.

43 Koselleck 2000, 150ff; 177ff.

44 G. Benn, Doppelleben 1950, 182.

제14장 문화와 유적

1 Demandt 2014, 443 s. v. Gedenkbaum.

2 E. Gibbon, Memoirs of My Life, 1796/1966, 136.

3 Ellis 1968.

4 Maul 2008, 15ff.

5 Fuchs 1993, 296ff.

6 R. G. Kent 1954, 146f.

7 a. O. 107ff.

8 Demandt 1996, 1ff.

9 Demandt 1968, 529.

10 Thukydides I 132.

11 Plutarch, Perikles 14; 31.

12 Ammian XXVII 3, 7.

13 Monumentum Ancyranum 20, 1.

14 Speer 1969, 68f; 1975, 339.

15 Pausanias IX 40, 10.

16 Demandt 2013, 70.

17 Clauss, müdlich.

18 Pfohl 1965, 39.

19 Anonymus Valesianus 96.

20 F. Lammert, tropaion. In: RE. VII A 1939, 663ff.

21 Vitruv II 8,15.

22 Diodor XIII 24, 5; Cicero, De inventione II 70.

23 Pausanias V 27, 11; VIII 10, 5.

24 Pekary 1985, 143ff.

25 Zu den Memoriae Agrippinae-Sesterzen Caligulas: Kent 1973, Nr. 165.

26 Agnellus 94.

27 Grant 1950.

28 G. Gabriel, Äthetik und Rhetorik des Geldes, 2002.

29 Pekary 1985, 134f.

30 CTh. XV 14, 9.

31 Demandt 1997.

32 Demandt, 2014, 320f.

33 Xenophon, Hellenika II 4, 43; Aristoteles, Staat der Athener 39, 6; Plutarch, Cicero 42.

34 Perseus 179 v. Chr., Ptolemaios VIII 145 v. Chr.; Polybios XXV 3.

35 Strabon VII 2, 1.

36 CTh. IX 38, 3f; A. Demandt, Pontius Pilatus, 2012, 75f.

37 Grundgesetz Artikel 60, 4.

38 Otten 1961, 413ff.

39 Genzmer 1933, 112.

40 Anderson 1938/70, 47.

41 Der Ort erscheint auf der "abula Peutingeriana" heute sudlich Asperg bei Mors; Anderson 1938, 50.

42 Hegel 1821/1961, 71.

43 K. Thraede, Fortschritt. In: Reallexikon fur Antike und Christentum VIII 1970, 141ff.

44 G. W. F. Hegel 1822/1831/1961, 64; Ders., Phanomenologie des Geistes, 1807/ 1952, 564.

45 So das unpublizierte Tagebuch von Eduard v. Kamptz, Leutnant im Mecklenburg-Strelitz'schen Rheinbund-Kontingent, Teilnehmer an der Schlacht von Borodino.

46 Suda s. v. Milon.

47 Sueton, Caligula 16, 1.

48 Demandt 2013, 14ff.

49 Plinius VII 125.

50 Nepos XXIII 13, 3.

51 Livius XXVIII 46.

52 U. Knoche, Der romische Ruhmesgedanke. In: Philologus 89, 1934, 102ff.

53 Cassius Dio LIII 23, 5f.

54 Valerius Maximus VIII 14 externa 5.

55 C. W. Chilton (ed.), Diogenes of Oinoanda, 1971.

56 Anthologia Graeca VII 713.

57 Kornhardt 1936.

▸▸▸ 참고문헌

많은 사람들의 도움을 받아 다음 참고문헌을 작성했다. 필자가 이 책을 집필하면서 참고한 문헌 가운데 약 5분의 1 정도에 해당되는 분량이다. 더 지면을 할애하지 못한 것은 참고한 문헌이 워낙 방대했기 때문이다.

- Adler, G. Ch., Ausfuhrliche Beschreibung der Stadt Rom, 1781 Al–Biruni s. Strohmaier.
- Alföldi, A., Die monarchische Reprasentation im romischen Kaiserreiche, 1934/70.
- Anderson, J. G. C. (ed.), Cornelii Taciti De origine et situ Germanorum, 1938/1970.
- Aschoff, J. (u. a.), Die Zeit, 1989.
- Asmus, R., Das Leben des Philosophen Isidoros von Damaskios aus Damaskus, 1911.
- Assmann, J., Steinzeit und Sternzeit. Altägyptische Zeitkonzepte, 2011.
- Ball, H., Der Künstler und die Zeitkrankheit (1926), 1984.
- Barrow. J. D., Time in the Universe. In: Burgen, A. (u. a. edd.), The Idea of Progress, 1997, 155ff.
- Beda, Opera de temporibus, ed. Ch. W. Jones, 1943.
- Bernheim, E., Mittelalterliche Zeitanschauungen in ihrem Einfluß auf Politik und Geschichtsschreibung, 1918.
- Berry, J. Duc de, Les Belles Heures de Jean de Berry, The Cloisters, New York, 1975.
- Bickerman, E., Chronology of the Ancient World, 1968.
- Bilfinger, G., Die antiken Stundenangaben, 1888.

  —— Die mittelalterlichen Horen und die modernen Stunden, 1892.
- Bissing, Fr. W. v., Altägyptische Lebensweisheit, 1955.
- Blumner, H., Die römischen Privataltertumer, 1911.
- Bodin, J., Methodus ad facilem historiarum cognitionem, 1566/1967.

- Boll, F., Die Lebensalter, 1913.
- Borst, A., Geschichte an mittelalterlichen Universitaten, 1969.
  —— Computus. Zeit und Zahl in der Geschichte Europas, 1990.
  —— Die karolingische Kalenderreform, 1998.
- Bourgoing, J. de, The Calendar. Measuring Time, 2000/2001.
- Brandes, W./Schmieder, F. (Hgg.), Endzeiten. Eschatologie in den monotheistischen Weltreligionen, 2008.
- Brandt, H., Wird auch silbern mein Haar. Eine Geschichte des Alters in der Antike, 2012.
- Brincken, A.–D. von den, Weltaren. Archiv fur Kulturgeschichte 39, 1957, 133ff.
- Brugger, E./Keil, M. (Hgg.), Die Wehen des Messias. Zeitenwenden in der judischen Geschichte, 2001.
- Buchner, E., Antike Reiseuhren, Chiron 1, 1971, 457ff.
  —— Antike Medaillons als Sonnenuhren. Chiron 6, 1976, 329ff.
  —— Die Sonnenuhr des Augustus, 1982 Buchner, E., Horologium Solarium Augusti. Mitteilungen des Deutschen Archäologischen Instituts Rom 87, 1980, 355ff.
- Bundehesh s. Justi Burcardus (Johannes Burckard), Alexander der Sechste und sein Hof, hg. L. Geiger, 1912.
- Burckhardt, J., Weltgeschichtliche Betrachtungen, 1868/1955.
  —— Erinnerungen aus Rubens, 1898/1938.
- Burkert, W., Ancient Views on Festivals. In: Brandt, J. R./ Iddeng. J. W. (edd.), Greek and Roman Festivals, 2012, 39ff.
- Camp, J. M., Die Agora von Athen, 1989 Censorinus, Betrachtungen zum Tag der Geburt, lateinisch und deutsch von Sallmann, K., 1988.
- Christ, K., Marc Aurel und die Zeit. In: Ders., Von Caesar zu Konstantin 1996, 142ff.
- Chronica Minora s. Mommsen.
- Clauss, M., Mithras. Kult und Mysterien, 1990.
- Clemen, O. (Hg.), Luthers Werke in Auswahl VIII, Tischreden, 1930.
- Colpe, C., Das Siegel der Propheten, 1990.
- Conen, P. F., Die Zeittheorie des Aristoteles, 1964.
- Declercq, G., Anno Domini. The Origins of the Christian Era, 2000.

- Degrassi, A. (ed.), Inscriptiones Italiae, XIII 1, 1947; XIII 2, 1963.
- Demandt, A., Studien zur Kaaba-i-Zerdoscht. In: Archäologischer Anzeiger 1968, 520ff.

—— Verformungstendenzen in der Überlieferung antiker Sonnen- und Mondfinsternisse, 1970.

—— Metaphern für Geschichte. Sprachbilder und Gleichnisse im historischpolitischen Denken, 1978.

—— Denkbilder des europaischen Epochenbewußtseins (1979). In: Ders., Zeit und Unzeit, 2002, 20ff.

—— Technik und Zeit (1980/1986). In: Ders., Zeit und Unzeit, 2002, 39ff.

—— Der Ursprung des Weihnachtsfestes (1984/2004). In: Ders., Sieben Siegel. Essays zur Kulturgeschichte, 2005, 1ff.

—— Das Jubilaum (1988/98). In: Ders., Zeit und Unzeit, 2002, 124ff.

—— Die Welt als Uhr (1992). In: Ders., Zeit und Unzeit, 2002, 147ff.

—— Endzeit. Die Zukunft der Geschichte, 1993 Demandt, A., Zur Trichterstruktur historischer Prozesse (1994). In: Ders., Zeit und Unzeit, 2002, 165ff.

—— Antike Staatsformen, 1995 Demandt, A., Darius und der "falsche" Smerdis 522 v. Chr. In: Ders. (Hg.), Das Attentat in der Geschichte, 1996, 1ff.

—— Vandalismus. Gewalt gegen Kultur, 1997 Demandt, A., Zeitbegriffe - Antikes in der Moderne (1997). In: Ders., Zeit und Unzeit, 2002, 213ff.

—— Epochenbegriffe. In: Der Neue Pauly 13, 1999, 996ff.

—— Endzeit-Prophetien (1999). In: Ders., Zeit und Unzeit, 2002, 230ff.

—— Ein seltener Schalttag. In: Neue Zurcher Zeitung, 29. Februar 2000.

—— Zeitenwende unter Augustus. Zum Ursprung einer Idee (2000). In: Ders., Zeit und Unzeit, 2002, 240ff.

—— Zeit und Unzeit. Geschichtsphilosophische Essays, 2002.

—— Zeit in der Antike. Vergangenes und Gebliebenes. In: Falk, 2002, 138ff.

—— In: Jordan, St. (Hg.), Lexikon Geschichtswissenschaft, 2002; Dekadenz 54ff; Fortschritt 94ff; Kontrafaktische Geschichte 190ff; Metaphern 209ff.

—— Philosophie der Geschichte. Von der Antike zur Gegenwart, 2011.

—— Zeitenwende. Aufsatze zur Spätantike, 2013.

—— Der Baum. Eine Kulturgeschichte, 2014.

• De Padova, Th., Leibniz, Newton und die Erfindung der Zeit, 2013.

• Dessau, H. (Hg.), Inscriptiones Latinae Selectae, I–III, 1892 bis 1916 (zitiert nach Nummern).

• Deubner, L., Attische Feste, 1932/1966 Diels, H., Die antike Uhr (1917). In: Ders., Antike Technik, 1920, 155ff.

• Diels, H./Kranz, W. (Hgg.), Die Fragmente der Vorsokratiker I–III, 1934–1937 (zitiert VS nach Nummern).

• Divjak, J./Wischmeyer, W. (Hgg.), Das Kalenderbuch von 354 Der Chronograph des Filocalus, I/ II, 2014.

• Dohrn van Rossum, G., Die Geschichte der Stunde. Uhren und moderne Zeitordnung, 1992.

• Döpp, S./Geerlings, W. (Hgg.), Lexikon der antiken christlichen Literatur, 1999.

• Dux, G., Die Zeit in der Geschichte, 1989.

• Edda s. Genzmer.

• Elias, N., Über die Zeit, 1984.

—— R. S., Foundation Deposits in Ancient Mesopotamia, 1968.

• Engels, F., Zur Geschichte der Urgermanen II. In: Ders., Zur Geschichte und Sprache der Deutschen Fruhzeit, 1952, 35ff.

• Esch, A., Zeitalter und Menschenalter. In: Historische Zeitschrift 239, 1984, 309ff.

• Falk, H. (Hg.), Vom Herrscher zur Dynastie. Zum Wesen kontinuierlicher Zeitrechnung in Antike und Gegenwart, 2002.

• Falkenstein, A./Soden, W. v. (Hgg.), Sumerische und akkadische Hymnen und Gebete, 1953.

• Färber, R., Zeit ist Geld. Kalendermanipulationen und die ökonomische Bedeutung des Schaltmonats. In: Hartmann, A./ Weber, G. (Hgg.), Zwischen Antike und Moderne, 2012, 53ff.

• Feig, R./Erlinger, H. D. (Hgg.), Zeit – Zeitlichkeit – Zeiterleben, 1986 Flachenecker, H., Mechanische Uhren. In: Lindgren 1996, 391ff.

• Flasch, K., Was ist Zeit? 1993.

• Förster, H., Die Anfange von Weihnachten und Epiphanias, 2007.

—— M., Vom Fortleben antiker Sammellunare im Englischen und in anderen Volkssprachen. In: Anglia N. F. 50/51, 1944, 1ff.

- Forsythe, G., Time in Roman Religion, 2012.
- Francois, E./Puschner, U. (Hgg.), Erinnerungstage. Wendepunkte der Geschichte von der Antike bis zur Gegenwart, 2010.
- Fränkel, H., Die Zeitauffassung in der frühgriechischen Literatur (1931). In: Ders., Wege und Formen fruhgriechischen Denkens, 1960, 1ff.
- Fried, J., Donation of Constantine and Constitutum Constantini, 2007.
- Frobenius, L., Paideuma. Umrisse einer Kultur- und Seelenlehre, 1921/53.
- Fuchs, A., Die Inschriften Sargons II aus Khorsabad, 1993.
- Fugger-Zeitungen, Ungedruckte Briefe an das Haus Fugger aus den Jahren 1568-1605, hg. V. Klarwill, 1923.
- Fukuyama, F., Das Ende der Geschichte, 1989/92.
- Gardiner, A. H., Geschichte des Alten Ägypten, 1962/65.
- Gatz, B., Weltalter, goldene Zeit und sinnverwandte Vorstellungen, 1967.
- Geerlings, W., Der Kalender. Aspekte einer Geschichte, 2002.
- Geist, H., Pompeianische Wandinschriften, 1960.
- Gelpke, R. (Hg.), Nizami. Die Sieben Geschichten der Sieben Prinzessinnen, 1959.
- Genzmer, F. (Hg.), Die Edda, 1933/40.
- Giese, A. (Hg.), Al-Qazwini. Die Wunder des Himmels und der Erde, 1986.
- Ginzel, F. K., Spezieller Kanon der Sonnen- und Mondfinsternisse fur das Ländergebiet der klassischen Altertumswissenschaften und den Zeitraum von 900 v. Chr. bis 600 n. Chr., 1899.

—— F. K., Handbuch der Chronologie, 1906-1914.

- Girardet, K. M., Kaisertum, Religionspolitik und das Recht von Staat und Kirche in der Spatantike, 2009.
- Glasenapp, H. v., Die funf großen Religionen I/ II, 1950.
- Grant, M., Roman Anniversary Issues, 49 BC - AD 375, 1950.
- Grayson, A. K., Assyrian Royal Inscriptions I, 1987.
- Gregorovius, F., Geschichte der Stadt Rom im Mittelalter, 1859/1910.
- Grimm, J. u. W. (Hgg.), Deutsches Wörterbuch, 1854ff.

- Grözinger, K. E., Zahlen, die Geschichte machen.
- Die Zahl als Orientierungshilfe in der jüdischen Historiosophie. In: Brugger/Keil, 2001, 67ff.
- Groiss, E., Das Augsburger Uhrmacher–Handwerk. In Maurice 1980, 63ff.
- Groningen, P. A. van, In the Grip of the Past, 1953.
- Grotefend, H., Handbuch der historischen Chronologie des deutschen Mittelalters und der Neuzeit, 1872.
- Gumin, H./Meier, H. (Hgg.), Die Zeit – Dauer und Augenblick, 1989.
- Hägermann, D./Schneider, H., Landbau und Handwerk 750 v. Chr. bis 1000 n. Chr. In: Propylaen Technikgeschichte, 1991.
- Hanell, K., Das altrömische eponyme Amt, 1946. In Pöschl, 1969, 292ff.
- Harnack, A., Reden und Aufsätze I, 1906.
- Haselberger, L., A Debate on the Horologium of Augustus. In: Journal of Roman Archeology 24, 2011, 47ff.
- Hawking, St., Die illustrierte kurze Geschichte der Zeit, 1988/2002.
- Hegel, G. W. F., Vorlesungen uber die Philosophie der Geschichte (ed. F. Brunstad) 1831/1961.
- Heidegger, M., Sein und Zeit, 1926/67.
- Heinisch, K. J. (Hg.), Kaiser Friedrich II in Briefen und Berichten seiner Zeit, 1968.
- Helbig, W. (Hg.), Fuhrer durch die öffentlichen Sammlungen klassischer Altertümer in Rom I–IV, 1963–1972.
- Henkel, A./Schöne, A. (Hgg.), Emblemata, 1967 Hennig, R., Die Gleichzeitigkeitsfabel. In: Zeitschrift für angewandte Psychologie 151, 1942, 289ff.
- Herbers, K./Saßenscheidt, Ch., Sakralität und Sakralisierung. Wie kann Zeit geheiligt werden?. In: Beck, A./Berndt, A. (Hgg.), Sakralität und Sakralisierung, 2013, 89ff.
- Heynacher, M., Goethes Philosophie aus seinen Werken, 1905.
- Hitler, A., s. Picker Hoff, R. v. d., u. a. (Hgg.), Divus Augustus. Der erste romische Kaiser und seine Welt, 2014.
- Ibn Khaldun, Die Muqaddima. Aus dem Arabischen von Alma Giese, 2011.
- Ideler, L. (Hg.), Handbuch der mathematischen und technischen Chronologie, 1826 Jones, A., (Hg.), Weltende, 1999.

- Judeich, W., Topographie von Athen, 1931 Junger, E., An der Zeitmauer, 1959.
- Justi, F. (Hg.), Der Bundehesh, 1868.
- Kant, I., Samtliche Werke. Großherzog Wilhelm Ernst–Ausgabe, 1921ff.

  —— I. Kritik der reinen Vernunft (1781/1787), zitiert nach der 2. Aufl. als "B".
- Kent, J. P. C./Overbeck, B./Stylow, A. U., Die römische Münze, 1973.
- Kent, R. G., Old Persian, 1954.
- Kirsch, J. P., Der stadtrömische christliche Festkalender im Altertum, 1924.
- Klapper, J. (Hg.), Erzahlungen des Mittelalters, 1914.
- Klein, E., Staat und Zeit, 2006.
- Kon, J. S., Die Geschichtsphilosophie des 20. Jahrhunderts, I/ II 1966.
- Kornhardt, H., Exemplum. Eine bedeutungsgeschichtliche Studie, 1936.
- Koselleck, R., Zeitschichten, 2000.
- Knoche, U., Der römische Ruhmesgedanke. In: Philologus 89, 1934, 102ff.
- Kranz, P., Jahreszeiten–Sarkophage. Entwicklung und Ikonographie des Motivs der vier Jahreszeiten auf kaiserzeitlichen Sarkophagen und Sarkophagdeckeln, 1984.
- Krusche, R., Schrift und Buchmalerei der Maya–Indianer, 1965.
- Kubitschek, W., Grundriß der antiken Zeitrechnung, 1928,
- Landwehr, A., Zeitrechnung. In: den Boer, u. a. (Hgg.), Europaische Erinnerungsorte I, 2012, 227ff.
- Leisegang, H., Die Gnosis, 1924/1955.
- Lenz, H., Kleine Geschichte der Zeit, 2012.
- Leschhorn, W., Antike Ären. Zeitrechnung, Politik und Geschichte im Schwarzmeerraum und in Kleinasien nördlich des Tauros, 1993.
- Liebenam, W., Fasti Consulares Imperii Romani, 1909.
- Lietzmann, H./Aland, K., Zeitrechnung der römischen Kaiserzeit, des Mittelalters und der Neuzeit für die Jahre 1–2000 nach Christus, 1956.
- Lindgren, U. (Hg.), Europäische Technik im Mittelalter, 800 bis 1200. Tradition und Innovation, 1996.
- Lorenz, O., Die Geschichtswissenschaft in ihren Hauptrichtungen und Aufgaben kritisch dargestellt, 1886.
- Lotz, W. (Hg.), Deutsche Postgeschichte, 1989 Lübbe, H., Geschichtsphilosophie, 1993.

- Lübker, F., Reallexikon des klassischen Altertums, 1891.
- Luther, A., Historische Studien zu den Bucolica Vergils, 2002.
- Luther, M. s. Clemen MacGregor. N., Eine Geschichte der Welt in 100 Objekten (aus dem Britischen Museum, A. D.), 2011.
- Magini, L., Astronomy and Calendar in Ancient Rome. The Eclipse Festivals, 2001.
- Mahler, E., Handbuch der judischen Chronologie, 1916.
- Maier, B., Lexikon der keltischen Religion, 1994.

  —— Die Religion der Kelten, 2001.
- Maier, H., Die christliche Zeitrechnung, 1991.
- Mainzer, K., Zeit. Von der Urzeit zur Computerzeit, 2002.
- Marrou, H. I., L'ambivalence du temps de l'histoire chez Saint Augustin, 1950.
- Maul, St. M., Walking backwards into the future: The conception of time in the ancient Near East. In: Miller, T. (ed.), Given World and Time: Temporalities in Context, 2008, 15ff.
- Maurice, K., Die französische Pendule des 18. Jahrhunderts, 1967.

  —— Von Uhren und Automaten, 1968 Maurice, K., Die deutsche Räderuhr, 1976.
- Maurice, K./Mayr, O. (Hgg.), Die Welt als Uhr. Deutsche Uhren und Automaten 1550–1650. Ausstellungskatalog Munchen, 1980.
- Mayr, O., Die Uhr als Symbol fur Ordnung, Autorität und Determinismus. In: Maurice 1980, 1ff.
- Meißner, R., Geschichte der Erde, 1999 Michels, A. K., The Calendar of the Roman Republic, 1967.
- Momigliano, A., Zeit in der antiken Geschichtsschreibung (1966). In: Ders., Wege in die Alte Welt, 1991, 38ff.
- Mommsen, Th., Romische Geschichte III, 1856/1909.

  —— Abriß des römischen Staatsrechts, 1893/1974.

  —— (ed.), Chronica Minora I. In: Monumenta Germaniae Historica, Auctores antiquissimi IX, 1892.

  —— Reden und Aufsätze, 1905.
- Mraz, G., Die Rolle der Uhrwerke in der kaiserlichen Türkenverehrung im 16. Jahrhundert. In: Maurice 1980, 39ff.

- Neugebauer, A., Einer der glänzendsten Tage in der Geschichte Deutschlands. Das Reichsfest von Mainz 1184 in den Darstellungen des 19. Jahrhunderts. In: Mainzer Zeitschrift 108, 2013, 89ff.
- Neumann, M. (Hg.), Die Freuden des Jahres. Die Monatsbilder des Breviarium Grimani, 1978.
- Neumeister, Ch., Das antike Rom, 1991.
- Nietzsche, F., Werke in drei Bänden, hg. K. Schlechta, I–IV, 1960 bis 1965, nach Bänden zitiert Nock, A. D., The Roman Army and the Roman Religious Year. In: Harvard Theological Review 45, 1952, 239ff.
- Noldeke, Th., Geschichte der Perser und Araber zur Zeit der Sasaniden. Aus der arabischen Chronik des Tabari, 1879.
- Omar s. Rosen Otten, H., Das Hethiterreich. In Schmökel 1961, 313ff.
- Parke, H. W., Athenische Feste, 1987.
- Peisl, A./Mohler, A. (Hgg.), Die Zeit, 1983.
- Pekary, Th., Das römische Kaiserbildnis in Staat, Kultur und Gesellschaft, 1985.
- Petersohn, J., Jubiläumsfrommigkeit vor dem Jubelablaß. In: Deutsches Archiv für Erforschung des Mittelalters 45, 1989, 31ff.
- Peukert, W. E., Pansophie. Ein Versuch zur Geschichte der weißen und schwarzen Magie, 1976.
- Pfohl, G. (Hg.), Griechische Inschriften, 1965.
- Philo von Alexandria, Über die Einzelgesetze. In: Cohn, L. (Hg.), Die Werke Philos von Alexandria in deutscher Übersetzung II, 1910. 3ff.
- Picker, H. (Hg.), Hitlers Tischgesprache im Führerhauptquartier 1941–1942, 1963.
- Plinius: C. Plinius Secundus d. Ä, Naturkunde, hg. R. Konig/G. Winkler u. a., 1973–2004 (exzellenter Kommentar).
- Poschl, V. (Hg.), Romische Geschichtsschreibung, Wege der Forschung 90, 1969.
- Polo, Marco s. Yule.
- Polverini, L., Il calendario Giuliano. In: L'Ultimo Cesare. Atti del convegno internazionale Cividale del Friuli, 1999, 245ff.
- Popper, K., Der Zauber Platons, 1944/70.
- Preconi, H. G., Omar Khayyam. Die Sprüche der Weisheit, 1910/1946.

- Radke, G, Fasti Romani. Betrachtungen zur Fruhgeschichte des römischen Kalenders (Orbis Antiquus 31), 1990.
- Rehm, A., Parapegma-Studien, 1941.
- Rhodes, P. J., A Commentary on the Aristotelian Athenaion Politeia, 1981.
- Riese, B., Die Maya, 2002.
- Rordorf, W., Der Sonntag. Geschichte des Ruhe- und Gottesdiensttages im ältesten Christentum, 1962.
- Rosen, F. (Hg.), Die Sinnsprüche Omars des Zeltmachers, 1909/1963.
- Rüpke, J., Kalender und Öffentlichkeit. Die Geschichte der Repräsentation und religiösen Qualifikation von Zeit in Rom, 1995.

  —— Fasti: Quellen oder Produkte romischer Geschichtsschreibung? In: Klio 77, 1995, 184ff.

  —— Zeit und Fest. Eine Kulturgeschichte des Kalenders, 2006.
- Salzman, M. R., On Roman Time, 1990.
- Sambursky, S., Das physikalische Weltbild der Antike, 1965.
- Samuel, A. E., Greek and Roman Chronology: Calendars and Years in Classical Antiquity, 1972.
- Scaliger, J. J., De emendatione temporum, 1583.
- Schadwaldt, W., Lebensalter und Greisenzeit im fruhen Griechenland. In: Die Antike 9, 1933, 282ff.
- Schimmelpfennig, B., Römische Ablaßfälschungen. In: MGH. Schr. 33 V, 1988, 637ff.
- Schmidt, E., A., Zeit und Geschichte bei Augustin, 1985.

  —— Platons Zeittheorie, 2012.
- Schmidt, W., Geburtstag im Altertum, 1908.
- Schmitz-Berning, C., Vokabular des Nationalsozialismus, 1998.
- Schmökel, H. (Hg.), Kulturgeschichte des Alten Orient, 1961.
- Schürer, E., Die siebentägige Woche im Gebrauch der christlichen Kirche der ersten Jahrhunderte. In: Zeitschrift fur neutestamentliche Wissenschaft 6, 1905, 40ff.
- Schütz, M., Zur Sonnenuhr des Augustus auf dem Marsfeld. In: Gymnasium 97, 1990, 432ff.
- Schwob, A., Zeit als erzähltechnisches Mittel in der volkstumlichen Epik des Mittelalters.

In: P. Dilg u. a. (Hgg.), Rhythmus und Saisonalität, 1995, 151ff.
- Seeck, O., Die Kalendertafel der Pontifices, 1885.
- Sellin, E., Einleitung in das Alte Testament, 1925.
- Simpson, Chr. J., The Original Site of the Fasti Capitolini. In: Historia 42, 1993, 61ff.
- Simrock, K. (Hg.), Das kleine Heldenbuch, 1859.
- Sittl, C., Die Gebärden der Griechen und Romer, 1890.
- Sobel, D./Andrewes, W., Längengrad, 1999.
- Solla Price, Derek de, Gears from the Greeks – The Antikythera Mechanism. A Calendar Computer from 80 B. C. In: Transactions of the American Philosophical Society 64, 1974, 56ff.
- Speer, A., Erinnerungen, 1969.
- Speer, A., Spandauer Tagebücher, 1975.
- Spengler, O., Der Untergang des Abendlandes I 1922; II 1923 Stern, S., Calendars in Antiquity, 2012.
- Störmer–Caysa, U., Augustins philologischer Zeitbgriff. Ein Vorschlag zum Verständnis der distentio animi im Lichte von "De musica". Abhandlungen der Sächsischen Akademie der Wissenschaften zu Leipzig. Philol.–hist. Klasse, Band 74, Heft 3, 1995.
- Strasburger, H., Herodots Zeitrechnung (1956). In: Ders., Studien zur alten Geschichte II 1982, 627ff.
- Strohmaier, G. (Hg.), Al–Biruni. In den Gärten der Wissenschaft, 1991.
- Stylow, A. U./Thomas, J. D., Zur Vermeidung von Theta in Datierungen nach kaiserzeitlichen Regierungsjahren. In: Chiron 10, 1980, 537ff.
- Usener, H., Italische Mythen (1875). In: Ders., Kleine Schriften IV, 1913, 93ff.

  —— Das Weihnachtsfest, 1910.
- Varga, L., Das Schlagwort vom Finsteren Mittelalter, 1932.
- Vehse, A., August der Starke (1854), hg. Von E. Arnold, 1908.
- Vogtherr, Th., Zeitrechnung. Von den Sumerern bis zur Swatch, 2006.
- Waddell, W. G. (ed.), Manetho, 1980.
- Wegner, M., Zeiten, Zeitalter, Lebensalter. Eine archäologische und kunsthistorische Übersicht, 1992.
- Weiß, P., Die Säkularspiele der Republik – eine annalistische Fiktion? In: Römische

Mitteilungen 80, 1973, 205ff.

- Wendorff, R., Zeit und Kultur. Geschichte des Zeitbewußtseins in Europa, 1980.

  —— Tag und Woche, Monat und Jahr. Eine Kulturgeschichte des Kalenders, 1993.

- Widengren, G., Mani und der Manichäismus, 1961.

  —— Die Religionen Irans, 1965.

- Wiedemann, E./Hauser, F., Über die Uhren im Bereich der islamischen Kultur, 1915.

- Winckler, H., Altorientalische Geschichtsauffassung, 1906.

- Yule, H./Cordier, H. (edd.), The Book of Ser Marco Polo I/ II, 1903/1975.

- Zemanek, H., Kalender und Chronologie. Bekanntes und Unbekanntes aus der Kalenderwissenschaft, 1990.

- Zuntz, G., Aion in der Literatur der Kaiserzeit, 1992

▸▸▸ 인명 찾아보기

ㄹ

ㅁ

ㅂ

ㅇ

ㅈ

ㅊ

ㅋ

부록

1. 살바도르 달리, 〈기억의 지속〉, 뉴욕, 1931년.

2. 세바스티앙 스토스코프, 〈바니타스〉, 오를란도 디 라쏘의 클레멘트 마로의 노래에 대한 메모, 바젤, 1630년.

3.
〈왕과의 체스〉,
베를린, 1480~1490년경.

4.
《풀다 전례서》, 한 해의 계절,
달과 밤을 의인화한 달력 그림.
베를린, 10세기 말.

5.
하르트만 셰델, 《연대기》,
피닉스 목판화, 1493년.

6. 《불멸의 서》, 멜크 수도원 도서관, 1730년경.

7.
BC 560년경 아낙시만드로스의
고안을 토대로 한 해시계,
로마식 모자이크, 트리어, 3세기.

8. 11월과 12월의 별자리를 형상화한 돌을새김, 오트란토 대성당의 모자이크, 1163~1966년경.

9. 프리드리히 빌헬름 클로이켄스의 해시계 모자이크, 다름슈타트 마틸다 언덕의 결혼기념탑, 1908년.

10.
아스트롤라베,
이탈리아 밀라노, 1350년경.

11.
G. F. 브랜더의 대大사분의,
바바리안 과학학술원, 뮌헨, 1761년.

12.
24시간 시계,
플로렌스 대성당,
1443년.

13.
부활절 주기가
새겨진 대리석 석판,
라벤나, 6세기.

14. 남부 독일의 배 모양 시계, 뉴욕, 1580년경.

15.
프랑스 혁명력 시기
십진법을 적용한 진자 시계,
파리, 1795년경.

16. 카스파르 다비트 프리드리히, 〈아침〉, 하노버, 1821년.

17. 카스파르 다비트 프리드리히, 〈해변의 저녁〉, 드레스덴, 1831년.

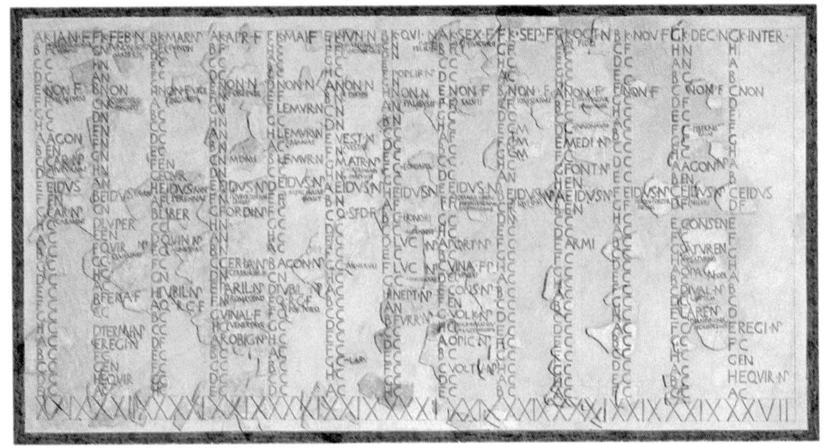

18. 파스티 마이오레스 안티아테스, 안티움 빌라 네로의 벽화, 로마, BC 50년경.

19. 사계절 모자이크, 렙티스 마그나, 3세기.

20.
콜리니의 켈트식 농촌 달력,
리옹, 2세기.

21.
마야의 제례용 달력,
드레스덴, 1200년경.

22. 《베리 공의 지극히 호화로운 시도서》, 샤르트뢰즈 카르투시오 수도회, 뉴욕, 15세기.

23.
산드로 보티첼리,
〈봄〉에서의 플로라 여신,
피렌체, 1480년경.

24.
주세페 아르침볼도,
〈겨울〉,
빈, 1563년.

25. 《노화의 단계》, 니콜라스 비셔의 동판화, 1650년.

26. 루카스 크라나흐, 〈분수〉, 베를린, 1546년.

27.
루카스 크라나흐,
〈어울리지 않는 한쌍〉,
베를린, 1531년.

28.
〈아이온〉(영원),
아폴로, 다이아나 그리고 사계절을
표현한 모자이크,
튀니지 티스드루스, 3세기.

29.
고대 방식을 차용한 8월 달력,
볼테링게로드에서 발견된 후기 시편.